Gazetteer of the Western Front

Farms, Hamlets, Villages, Towns & Cities

and

Prominent Features 1914–1918

Compiled
by
John Reed

The Naval & Military Press Ltd

Published by
The Naval & Military Press Ltd
Unit 10 Ridgewood Industrial Park,
Uckfield, East Sussex,
TN22 5QE England
Tel: +44 (0) 1825 749494
Fax: +44 (0) 1825 765701
www.naval-military-press.com
www.military-genealogy.com

INTRODUCTION

Gazetteer of the Western Front

There is a large interest in the Great War mostly by persons researching family genealogy and enthusiasts of the conflict and peoples thirst for information. One of the published books helping the researchers is the book "Rats Alley" by Peter Chasseaud which goes into great detail about the system of naming Trench Names and a Gazetteer of Trench Names, the layout of the gazetteer is very good for finding the individual trench with ease.

With the advent of Satellite Navigation with PDA with GPS and also the Great War Digital and Memory Map package with Linesman "The Great War Western Front GPS companion". Which contains 750 1:10,000 scale British Trench Maps, I made a decision to compile a Gazetteer of the Western Front. This Gazetteer contains some 14,194 named farms, hamlets, villages, towns, cities and named topographical features and these feature locations given in Latitude and Longitude, so that it can be keyed into a hand held PDA with GPS or a Satellite Navigational System such as Tom Tom or Garmin. I have kept the headings very simple with the Location Name, Map Sheet Number, Map Sheet Name,, Position in Latitude and Longitude and which Map Square the place is in. I have taken the Position in Hamlets, Villages, Towns as either a church or a significant road junction or town square which is easily discernable on a map. As for farms and conspicuous places I have tried to place the position in the major mass of the building or a single building in a group of buildings, but due to the variation in overprints the location might vary slightly. The spelling of places which I have used is what is printed on the map and NOT what is in current use and spelling.

J.A.R.
March 2013

FOREWORD

Gazetteer of the Western Front

When Europe went to war in 1914 it was fully prepared for conflict; perhaps not so prepared for the conflict that the Great War turned into. Within months of the opening moves the war had become a stalemate; a huge siege stretching 450 miles from the Belgian coast to the Swiss Border. The shovel became as important as the rifle and battlefield intelligence gave armies the cutting edge in the fighting.

Battlefield intelligence was based around military mapping. When Britain entered the conflict the maps its officers used was based on local Belgian or French editions. These maps quickly proved unreliable and in 1915 the Royal Engineers re-surveyed the entire British sector of the Western Front and by 1918 produced some of the most detailed and accurate maps of the war. For many years hidden away in archives, these Trench Maps are now widely available in digital form and are in many ways the key to unlocking the battlefield history of the Great War; these maps show us where both sides positions were, the locations of bunkers and artillery and the lie of the land.

Locations on these maps were named; sometimes randomly (whole areas were named with words starting with a particular letter) but often following the names given by the soldiers who fought there. These names like Hyde Park Corner or Kitchen's Wood evocated thoughts of home or famous soldiers, but how to find them today when they are mentioned in sources like Regimental Histories or War Diaries.

This is where John Reed's Gazetteer of the Western Front comes into its own. John has spent some considerable time painstakingly indexing the locations on the battlefield – farms, hamlets, villages, towns, physical features and battle sites- and here presents them in an easy format. For each site the wartime location is identified using contemporary map sheet data but more importantly the modern GPS location means that they can easily be found on the landscape today.

John Reed's work is an invaluable addition to our ability to understand the Great War and the battlefield landscape that dominated it for those four long years of conflict. The names of those once famous sites can now be located and visited easily, ensuring the memory of what took place can be passed on to future generations.

Paul Reed

TRENCH MAP INDEX

1 : 10,000

							5NW4 FORT ORANGE
					4SE2 &4 BLANKENBERGE	5SW1 ZEEBRUGGE	
				4SE3 & 4 WENDUYNE			
			12NW2 & 4 OSTENDE	12NE1 CLEMSKERKE	12NE2 HOUTTAVE	13NW1 HEYST	13NW2 WESTCAPPELLE
		12NE3 & 4 MIDDLEKERKE	12NW2 & 4 OSTENDE(Part of)	12NE OUDENBURG	12NE4 JABBEKE	13NW3 BRUGES	13NW4 OEDELEM
		12SW1 NIEUPORT	12SW2 SLYPE	12SE1 GHISTELLES	12SE2 SNELLEGHEM	13SW1 Bruges	13SW2 MOERKERKE
	11SE4 OOST-DUNKERKE	12SW3 RAMSCAPPELLE	12SW4 LEKE	12SE3 LEEUGENBOOM	12SE4 AERTRYCKE	13SW3 WYNGHENE	13SW4 THIELT
		20NW1 Nieuport	20NW2 LEKE	20NE1 Ghistelles	20NE2 ZEDELGHEM	21NW1 LOPEM	21NW2 OEDELEM
		20NW3 Loo	20NW4 DIXMUDE	20NE3 ZARREN	20NE4 LICHTERVELDE	21NW3 ISEGHEM	21NW4 WACKEN
		20SW1 LAMPERNISSE	20SW2 WARTEGAT	20SE1 STADEN	20SE2 HOOGLEDE		
		20SW3 OOSTVLETEREN	20SW4 BIXSCHOOTE	20SE3 WESTROOSEBEKE	20SE4 ROULERS	21SW3 ISEGHEM	
		28NW1 ELVERDINGHE	28NW2 ST JULIEN	28NE1 ZONNEBEKE	28NE2 MOORSLEDE	29NW1 LENDELEDE	
		28NW3 POPERINGHE	28NW4 YPRES	28NE3 GHELUVELT	28NE4 DADIZEELE	29NW3 COURTAI	
		28SW1 KEMMEL	28SW2 WYTSCHETE	28SE1 WERVICQ	28SE2 MENIN	29SW1 MARCKE	
		28SW3 BAILLEUL	28SW4 PLOEGSTEERT	28SE3 COMINES	28SE4 RONCQ	29SW3 MOUSCRON	
36ANE1 MORBEQUE	36ANE2 VIEUXBERQUIN	36NW2 STEENWERCK	6NW2 ARMENTIERES	36NE1 QUESNOY			
36ANE3 HAVERSKERQUE	36ANE4 MERVILLE	36NW3 FLEURBAIX	36NE4 BOISGRENIER	36NE3 PERENCHIES			
36ASE1 ST VENANT	36ASE2 LESTREM	36SW1 AQUBERS	36SW2 RADINGHEM	36SE1 HARBOURDIN			
36ASE3 GONNEHEM	36ASE4 LOCON	36SW3 RICHEBOURG	36SW4 SAINGHIN	36SE3 SECLIN			
	36B(44B)NE2 BEUVRY	36C(44A)NW1 LA BASSEE	36C(44A)NW2 BAUVIN				
	36B(44B)NE4 NOEXLESMINES	36C(44A)NW3 LOOS	36C(44A) PONT-A-VENDIN				
	36B(44B)SE2 BOYEFFLES	36C(44A) LENS	36C(44A) HARNESS	36C(44A)SE1 DOURGES			
	36B(44B)SE4 CARRENCY	36C(44A) VIMY	36C(44A) ROUVROY	36C(44A)SE3 ESQUERCHIN			
	51CNE2 ECOIVRES	51BNW1 ROCLINCOURT	51BNW2 OPPY	51BNE1 BREBIERES	51BNE2 DECHY		
	51CNE4 WAGONLIEU	51BNW3 ARRAS	51BNW4 FAMPOUX	51BNE3 NOYELLE-SOUS-BELLONNE	51BNE4 CANTIN		
	51CSE2 BEAUMETZ	51BSW1 NEUVILLE VITASSE	51BSW2 VIS-EN-ARTOIS	51BSE1 SAUDENMONT	51BSE2 OISY-LE-VERGER		
	51CSE4 BLAIREVILLE	51BSW3 BOISEUX	51BSW4 BULLECOURT	51BSE3 CAGNICOURT	51BSE4 MARQUION	51ASW3 ESWARS	
	57DNE1 & 2 FONTQUEVILLERS	57CNW1 GOMIECOURT	57CNW2 VAULX-VRAUCOURT	57CNE1 QUEANT	57CNE2 BOURLON	57BNW1 CAMBRAI	
	57DNE3 & 4 HEBUTERINE	57CNW3 BAPUME	57CNW4 BEUGNY	57CNE3 HERMIES	57CNE4 MARCOING	57BNW3 RUMILLY	
	57DSE1 & 2 BEAUMONT	57CSW1 QUEDECOURT	57CSW2 VILLER-AU-FLOS	57CSE1 SAUDENMONT	57CSE2 GONNELIEU	57BSW1 BANTOUZELLE	57BSW2 CLARY
	57DSE1 & 2 OVILLERS	57CSW3 LONGUEVAL	57CSW4 COMBLES	57CSE3 SOREL-LE-GRAND	57CSE4 VILLERS-GUISLAIN	57BSW3 HONNECOURT	57BSW4 SERIN
	62DNE2 MEAULTE	62CNW1 MARICOURT	62CNW3 BOUCHAVESNES	62CNE1 LIERAMONT	62CNE2 EPHEY	62BNW1 GOUY	62BNW2 BRABCOURT-LE-GRAND
		62CNW3 VAUX	62CNW4 PERONNE	62CNE3 BUIRE	62CNE4 ROISEL	62BNW3 BELLICOURT	62BNW4 RAMICOURT
		62CSW1 DOMPIERRE	62CSW2 BARLEUX	62CSE1 BOUVINCOURT	62CSE2 VERMAND	62BSW1 GRICOURT	62BSW2 FONSOMMES
		62CSW3 VERMANDOVILLERS	62CSW4 ST CHRIST	62CSE3 ATHIES		62BSW3 ST QUENTIN	62BSW4 HOMBLIERS
	62ENE2 VRELY	66DNW1 PUNCHY	66DNW2 MORCHAIN			66CNW1 GRUIES	66CNE2 TANCOURT
	62ENE4 BEAUFORT	66DNW3 HATTENCOURT	66DNW4 NESLE			66CNW3 ESSIGNY	66CNW4 BERTHENHICOURT
						66CSW1 REMIGNY	66CSW2 VENDEUIL
						66CSW3 TERGNIER	66CSW4 LA FERE
							70DNW2 SERVAIS
							70DNW4 ST. GOBAIN

Location	Map Sheet	Map Sheet Name	Position Lat & Long	Map Square
120 Millimètre Wood	62CNW3	Vaux	49° 57.118'N 2° 47.156'E	G10
12SW4	12SW3	Ramscappelle	51° 05.413'N 2° 44.528'E	S21
14 Camp	28NW3	Poperinghe	50° 51.021'N 2° 48.608'E	H8
16 Poplars	57DNE3+4	Hebuterne	50° 07.408'N 2° 39.211'E	K17
19 Metre Hill	20SE3 & 28NE1-3	Poelcappelle	50° 55.351'N 2° 56.603'E	U18
19 Metre Hill	20SW4	Bixschoote	50° 55.345'N 2° 56.592'E	U18
2 Chapels Farm	20SW2	Zwartegat	50° 57.500'N 2° 50.921'E	N29
2 Puits	36C(44A) SW1	Lens	50° 25.336'N 2° 49.893'E	N20
3 Inns	36C(44A) NW1	LaBassee	50° 30.250'N 2° 47.210'E	A29
3 Maisons Farm	20SW4	Bixschoote	50° 56.134'N 2° 50.250'E	T10
30th October Wood	62CNW3	Vaux	49° 55.764'N 2° 46.765'E	G27
4 Huns Farm	28SW2	Wytschaete	50° 46.424'N 2° 53.529'E	O26
4 Window House	12SW1	Nieuport	51° 08.937'N 2° 48.179'E	N14
5 Chemins Est.	28NW2	St Julien	50° 53.275'N 2° 53.298'E	C14
5.9 Copse	28SW1	Kemmel	50° 48.012'N 2° 47.550'E	M12
5-6 Farm	20SW3	Oostvleteren	50° 55.704'N 2° 49.461'E	T9
6 K Farm	28NE1	Zonnebeke	50° 52.413'N 3° 00.152'E	D23
71 North	62DNE2	Méaulte	49° 59.111'N 2° 42.628'E	F15
71 South	62DNE2	Méaulte	49° 58.940'N 2° 42.828'E	F15
A Young & Jacksons	28SW2	Wytschaete	50° 48.730'N 2° 56.713'E	O6
A la Belle-Vue Cabt.	28SE2	Menin	50° 47.501'N 3° 10.439'E	R24
a la Clef la Belgique	36NW2	Armentieres	50° 42.376'N 2° 52.055'E	B18
A la Promenade	36ANE1	Morbecque	50° 42.483'N 2° 33.904'E	D12
a l'Esperance Caberet	28SW2	Wytschaete	50° 46.338'N 2° 56.815'E	O36
A l'Hirondelle Cabt.	28SW4	Ploegsteert	50° 45.648'N 2° 55.389'E	U6
a l'Holette	36SW3	Richebourg	50° 33.433'N 2° 49.861'E	T21
A.A. Gun	12NE1	Clemskerke	51° 15.034'N 2° 59.928'E	D11
A.A. Guns x 2	12NE1	Clemskerke	51° 14.756'N 2° 59.375'E	D17
A.A. Guns x 2	12NE1	Clemskerke	51° 14.672'N 2° 59.709'E	D17
A.A. Guns x 4	12NE1	Clemskerke	51° 14.579'N 2° 57.390'E	D14
A.A. House	12SW1	Nieuport	51° 07.992'N 2° 46.702'E	M30
Aardappelhoek	20SE4	Roulers	50° 57.023'N 3° 09.044'E	R34
Abadie Bridge	20SW4	Bixschoote	50° 55.932'N 2° 53.189'E	U8
Abattoir Comines	28SE3	Comines	50° 45.413'N 3° 00.202'E	V10
Abattoir Halluin de la Rouge Porte	28SE2	Menin	50° 47.016'N 3° 08.029'E	R27
Abattoir Lille	36NE3	Perenchies	50° 38.916'N 3° 03.360'E	K26
Abattoir NE Quesnoy-sur-Deule	36NE1	Quesnoy	50° 42.864'N 2° 58.906'E	D9
Abattoirs East of Peronne	62CNW4	Peronne	49° 55.989'N 2° 56.973'E	I22
Abbatoir NE of Harnes	36C(44A) SW2	Harnes	50° 26.878'N 2° 54.066'E	O2
Abbaye de Loos Central Prison	36SE1	Haubourdin	50° 37.234'N 3° 00.026'E	P10
Abbaye des Chartreux	36SW2	Radinghem	50° 37.798'N 2° 51.253'E	N5
Abbaye du Verger Farm	51BSE2	Oisy-le-Verger	50° 15.682'N 3° 08.352'E	R14
Abbaye Farm	20SW3	Oostvleteren	50° 56.268'N 2° 46.380'E	S5
Abbaye Farm	57CNE1	Queant	50° 10.634'N 2° 58.729'E	D7
Abbe's Copse	20SE2	Hooglede	50° 59.603'N 3° 06.107'E	R1
Abbé's Farm	20SE2	Hooglede	50° 59.548'N 3° 06.182'E	R1
Abbot Corner	28NE4	Dadizeele	50° 50.070'N 3° 09.312'E	L22
Abdulla Farm	20SE4	Roulers	50° 56.522'N 3° 04.499'E	W4
Abeele	27NE4	Abeele	50° 49.234'N 2° 40.124'E	L25
Abeele Line Finish	27NE4	Abeele	50° 50.248'N 2° 42.166'E	L17
Abeele Line Start	27NE4	Abeele	50° 49.335'N 2° 37.562'E	K29
Abeele Mill	20NE3	Zarren	51° 00.971'N 3° 00.396'E	J23
Abeelenhof Inn	20SW3	Oostvleteren	50° 56.101'N 2° 47.868'E	T7
Abercrombie Farm	20SE3	Westroosebeke	50° 55.917'N 3° 03.323'E	W9
Aberdour House	20SE1	Staden	50° 59.971'N 3° 02.132'E	Q7
Aberlady Farm	20SE1	Staden	50° 58.831'N 3° 02.542'E	Q8
Abingdon Farm	28SE1	Wervicq	50° 47.862'N 2° 59.755'E	P16
Abingdon Farm	28SW2	Wytschaete	50° 47.863'N 2° 59.755'E	P16
Ablaincourt	62CSW3	Vermandovillers	49° 50.449'N 2° 49.293'E	S18
Ablain-St. Nazaire	36B(44B) SE4	Carency	50° 23.562'N 2° 42.536'E	X10
Ablainzevelle	57DNE2	Essarts	50° 09.143'N 2° 43.912'E	F23

Name	Sheet	Location	Coordinates	Ref
Abraham Heights	28NE1	Zonnebeke	50° 53.283'N 2° 59.099'E	D15
Abri Farm	20SW4	Bixschoote	50° 54.545'N 2° 53.054'E	U26
Abri Wood	20SW4	Bixschoote	50° 54.427'N 2° 52.985'E	U26
Absence Farm	20NW4	Dixmunde	51° 01.062'N 2° 50.491'E	H11
Acacia Copse	62BNW4	Ramicourt	49° 55.720'N 3° 23.409'E	I34
Academy Buildings	28NE2	Moorslede	50° 52.243'N 3° 09.884'E	F28
Accostage Fork	20NE3	Zarren	51° 00.433'N 2° 59.286'E	J28
Accra Cottage	36ANE3	Haverskerque	50° 39.951'N 2° 30.175'E	J7
Achery	66CSW4	La Fere	49° 41.588'N 3° 23.442'E	O34
Acheville	36C(44A) SW4	Rouvroy	50° 22.946'N 2° 53.016'E	T18
Achicourt	51BNW3	Arras	50° 16.484'N 2° 45.792'E	G33
Achiet-le-Grand	57CNW3	Bapaume	50° 07.819'N 2° 47.074'E	G10
Achiet-le-Petit	57CNW3	Bapaume	50° 07.437'N 2° 44.939'E	G13
Acid Drop Copse	57DSE4	Ovillers	50° 01.206'N 2° 44.164'E	X17
Acklon House	36ANE2	Vieux Berquin	50° 42.565'N 2° 40.145'E	F8
Acland House	20SE4	Roulers	50° 56.534'N 3° 06.777'E	X1
Acorn Farm	28NE4	Dadizeele	50° 49.377'N 3° 09.140'E	L34
Acq	51CNE2	Ecoivres	50° 20.862'N 2° 39.293'E	E11
Acre Farm	28NE2	Moorslede	50° 52.748'N 3° 09.062'E	F22
Acrobat Cross Roads	28NE2	Moorslede	50° 53.418'N 3° 07.343'E	F14
Acton Cross	36ANE2	Vieux Berquin	50° 40.686'N 2° 42.051'E	L4
Actors Fork	28NE2	Moorslede	50° 52.375'N 3° 08.866'E	F28
Actress Wood	62CSW4	St. Christ	49° 51.626'N 2° 54.441'E	O1
Adam Corner	28SW3	Bailleul	50° 45.637'N 2° 49.253'E	T2
Adda Farm	28NW3	Poperinghe	50° 50.511'N 2° 43.475'E	G13
Adder Farm	28NE4	Dadizeele	50° 49.277'N 3° 10.389'E	L36
Addle Mill	20SE2	Hooglede	50° 57.816'N 3° 09.533'E	R29
Adelaide House	28NE4	Dadizeele	50° 49.366'N 3° 08.436'E	L33
Adelphi Post	20SW4	Bixschoote	50° 55.026'N 2° 52.912'E	U19
Aden House	20SE3	Westroosebeke	50° 56.344'N 2° 56.909'E	V1
Adhemar Farm	20SW2	Zwartegat	50° 57.912'N 2° 51.222'E	N23
Adinfer	51CSE3	Ransart	50° 11.628'N 2° 42.458'E	X21
Adinfer Wood	51CSE3	Ransart	50° 11.212'N 2° 41.829'E	X26
Adinfer Wood	57DNE2	Essarts	50° 10.861'N 2° 41.603'E	F2
Adlard's Farm	20SE4	Roulers	50° 54.750'N 3° 10.050'E	X29
Adler Farm	20SE3 & 28NE1-3	Poelcappelle	50° 54.161'N 2° 58.676'E	D3
Admiral Farm	28NE4	Dadizeele	50° 49.096'N 3° 09.443'E	L34
Admiralty Farm	20NE3	Zarren	51° 00.289'N 2° 59.237'E	J28
Adobe Cottage	27SE2	Berthen	50° 46.118'N 2° 36.996'E	Q34
Adra Fork	27NE4	Abeele	50° 50.145'N 2° 39.619'E	L19
Advance Farm	28NE4	Dadizeele	50° 49.536'N 3° 10.537'E	L36
Advanced Est.	28SW4	Ploegsteert	50° 44.788'N 2° 53.470'E	U14
Aero Junction	20SW2	Zwartegat	50° 58.827'N 2° 54.989'E	O10
Aerodrome Brayelle	51BNE1	Brébières	50° 21.987'N 3° 02.164'E	D6
Aerodrome Dorignies	36C(44A) SE3	Esquerchin	50° 23.321'N 3° 04.345'E	W15
Aerodrome East of Rifle Range	36C(44A) SE3	Esquerchin	50° 22.028'N 3° 02.129'E	V30
Aerodrome Near Cuincy	36C(44A) SE3	Esquerchin	50° 23.167'N 3° 03.135'E	W13
Aerodrome North of Peronne	62CNW4	Peronne	49° 56.274'N 2° 55.794'E	I21
Aertrycke	12SE4	Aertrycke	51° 07.513'N 3° 05.421'E	6080
Affica Junction	28NE4	Dadizeele	50° 49.102'N 3° 07.758'E	L32
Afford Cottages	27NE4	Abeele	50° 51.275'N 2° 41.632'E	L4
Affut Farm	20SW1	Loo	50° 58.846'N 2° 46.169'E	M11
Afghan Corner	28NE2	Moorslede	50° 52.736'N 3° 04.367'E	E22
Agache Copse	62CNE1	Liéramont	49° 58.428'N 3° 02.030'E	D29
Agadir Farm	28NW2	St Julien	50° 52.103'N 2° 51.626'E	B30
Agamemon Farm	20SE3	Westroosebeke	50° 56.979'N 3° 02.619'E	Q32
Agar Copse	20SE4	Roulers	50° 56.068'N 3° 06.582'E	X7
Agency Farm	28NE4	Dadizeele	50° 49.124'N 3° 09.050'E	L34
Agnez-des-Duisans	51CNE4	Wagnonlieu	50° 18.434'N 2° 39.531'E	K12
Agny	51BSW1	Neuville Vitasse	50° 15.557'N 2° 45.431'E	M8
Agra Cross	27NE4	Abeele	50° 51.356'N 2° 42.738'E	L5
Aid Post	36NW2	Armentieres	50° 42.576'N 2° 54.123'E	C9

Aileron Farm	36ANE2	Vieux Berquin	50° 40.728'N 2° 42.572'E	L5
Aircraft Farm	28SW1	Kemmel	50° 46.165'N 2° 48.990'E	N32
Airman House	12SW1	Nieuport	51° 09.435'N 2° 45.259'E	M10
Airplane Post	51BNW1	Roclincourt	50° 20.905'N 2° 50.754'E	B15
Airy Corner	51BSW1	Neuville Vitasse	50° 15.896'N 2° 50.606'E	N9
Aisne Farm	28NE1	Zonnebeke	50° 53.009'N 2° 57.152'E	D13
Aix Farm	62CSE2	Vermand	49° 53.969'N 3° 05.436'E	Q15
Aix-Noulette	36B(44B) SE2	Boyeffles	50° 25.614'N 2° 42.688'E	R22
Aizecourt-le-Bas	62CNE1	Liéramont	49° 58.914'N 3° 01.927'E	D23
Aizecourt-le-Haut	62CNE1	Liéramont	49° 57.870'N 2° 58.894'E	J1
Ajax House	20SW4	Bixschoote	50° 56.325'N 2° 56.097'E	U6
Akba Cottage	28NW3	Poperinghe	50° 49.536'N 2° 43.493'E	G25
Akkerhoek	20NE4	Lichtervelde	51° 00.601'N 3° 08.547'E	6368
Alaincourt	66CNW4	Berthenicourt	49° 45.843'N 3° 22.529'E	I21
Alaska Houses	28NE3	Gheluvelt	50° 49.339'N 2° 59.155'E	J33
Albania	28NE1	Zonnebeke	50° 51.883'N 2° 59.070'E	J3
Albania Woods	28NE3	Gheluvelt	50° 51.568'N 2° 59.140'E	J3
Albatross Farm	28NE1	Zonnebeke	50° 53.943'N 2° 58.132'E	D2
Albermarle Camp?	28NW3	Poperinghe	50° 49.588'N 2° 49.223'E	H27
Albermarle House	28NW3	Poperinghe	50° 49.650'N 2° 49.271'E	H27
Albert	12SW1	Nieuport	51° 09.016'N 2° 44.823'E	M16
Albert	57DSE4	Ovillers	50° 00.220'N 2° 38.886'E	W28
Alberta	20SE3 & 28NE1-3	Poelcappelle	50° 53.502'N 2° 55.638'E	C11
Alberta Camp	28NW2	St Julien	50° 53.583'N 2° 55.697'E	C11
Alberta Dugouts	28SW2	Wytschaete	50° 47.089'N 2° 51.305'E	N23
Alberta Farm	28NW2	St Julien	50° 53.493'N 2° 55.660'E	C11
Albion Farm	20SE3	Westroosebeke	50° 56.729'N 3° 03.083'E	W3
Alcock House	28SW3	Bailleul	50° 45.327'N 2° 49.075'E	T8
Aldebaran Copse	62BNW4	Ramicourt	49° 55.227'N 3° 19.405'E	H35
Alder Spinney	62CNE4	Roisel	49° 57.534'N 3° 06.411'E	K10
Aldershot Camp	28SW3	Bailleul	50° 44.112'N 2° 48.531'E	T19
Alderweireld B Farm	20SW1	Loo	50° 58.152'N 2° 44.840'E	M15
Ale Cottage	28NW3	Poperinghe	50° 50.579'N 2° 47.049'E	G18
Alert Crossing	36ANE2	Vieux Berquin	50° 42.575'N 2° 39.364'E	F7
Alex House	20SE4	Roulers	50° 56.395'N 3° 06.315'E	X1
Alexander Camp	28SW3	Bailleul	50° 45.108'N 2° 48.554'E	T7
Alexander Cross Roads	20SE1	Staden	50° 57.814'N 2° 57.394'E	P19
Alexander Farm	28SW3	Bailleul	50° 45.088'N 2° 48.548'E	T7
Alexandra Farm	28NW1	Elverdinghe	50° 52.660'N 2° 47.646'E	B19
Algebra Farms	27NE3	Winnezeele	50° 50.431'N 2° 31.885'E	J15
Algitha Farm	28NE4	Dadizeele	50° 50.775'N 3° 05.957'E	K18
Algy Farm	27NE3	Winnezeele	50° 49.573'N 2° 32.645'E	J22
Alidor Van Eecke Farm	20SW3	Oostvleteren	50° 54.290'N 2° 49.537'E	T27
Alise Farm	28NE2	Moorslede	50° 53.784'N 3° 08.920'E	F10
All Saints Copse	62CSE3	Athies	49° 51.142'N 3° 04.193'E	W8
Allaertshuizen Farm	12SW3	Ramscappelle	51° 06.235'N 2° 43.864'E	S14
Allan Farm	20SE1	Staden	50° 58.657'N 3° 02.284'E	Q14
Allennes-les-Marais	36C(44A) NW2	Bauvin	50° 32.145'N 2° 57.165'E	C12
Allhambra Farm	20SE4	Roulers	50° 55.901'N 3° 08.612'E	X10
Alliance Farm	20NW4	Dixmunde	51° 01.056'N 2° 52.995'E	I20
Allies Farm	20NW4	Dixmunde	51° 01.150'N 2° 52.526'E	I13
Alloy Farm	20SW2	Zwartegat	50° 58.153'N 2° 53.146'E	O20
Allsopp Farm	20SE3	Westroosebeke	50° 56.250'N 2° 58.996'E	V9
Allumette	36NE2	Tourcoing	50° 41.383'N 3° 08.803'E	F27
Alma	28NE1	Zonnebeke	50° 52.733'N 2° 59.305'E	D22
Alma Farm	28SW1	Kemmel	50° 47.056'N 2° 46.802'E	M23
Alma Lines	28SW1	Kemmel	50° 47.094'N 2° 46.916'E	M23
Almond House	36ANE1	Morbecque	50° 42.144'N 2° 31.725'E	D15
Alouette Farm	20SW4	Bixschoote	50° 54.672'N 2° 55.674'E	U29
Alston House	28SW2	Wytschaete	50° 47.147'N 2° 50.682'E	N22
Altair Copse	66CNW4	Berthenicourt	49° 45.495'N 3° 23.339'E	I22
Altar Cross Roads	36ANE1	Morbecque	50° 42.050'N 2° 30.315'E	D13

Altar House	28NE2	Moorslede	50° 52.463'N 3° 06.691'E	F25
Aluminium Farm	20SW2	Zwartegat	50° 58.997'N 2° 53.854'E	O9
Alva Farm	28SW2	Wytschaete	50° 47.270'N 2° 59.438'E	P22
Alwar Farm	36ANE1	Morbecque	50° 41.041'N 2° 31.966'E	D27
Alwyn Farm	27SE4	Meteren	50° 43.979'N 2° 41.151'E	X21
Amands Farm	20SE2	Hooglede	50° 57.468'N 3° 06.479'E	R25
Amatt farm	36ANE1	Morbecque	50° 41.056'N 2° 31.197'E	D26
Amberg Copse	62CSW3	Vermandovillers	49° 49.893'N 2° 47.445'E	S28
Ambit House	36ANE2	Vieux Berquin	50° 42.172'N 2° 43.255'E	F18
Amble Farm	20SE1	Staden	50° 58.842'N 3° 01.459'E	Q7
Ambrose Farm	28NE3	Gheluvelt	50° 49.980'N 2° 58.606'E	J21
Ambulance Farm	28NW3	Poperinghe	50° 50.607'N 2° 48.032'E	H14
Ameer Farm	28NE2	Moorslede	50° 52.856'N 3° 04.541'E	E22
Ameloot Farm	20SW1	Loo	50° 58.339'N 2° 44.579'E	M15
America	28SE1	Wervicq	50° 48.141'N 3° 00.613'E	P12
America Cabt.	28SE1	Wervicq	50° 48.236'N 3° 01.604'E	P12
America Inn	20NE3	Zarren	50° 59.984'N 2° 58.565'E	J33
Amersvelde	20NE3	Zarren	51° 00.653'N 2° 58.955'E	J27
Amethyst Farm	20SE3	Westroosebeke	50° 56.606'N 3° 02.626'E	W2
Amiteuse	36SE3	Seclin	50° 34.878'N 3° 03.191'E	W2
Ammn Dump Near Railway Sidings	62BSW3	St. Quentin	49° 50.235'N 3° 18.571'E	T28
Ammn Dump Near Submarine Shelter	12NE3	Oudenburg	51° 13.028'N 2° 56.773'E	J1
Ammn Dump Near Tweezer Corner	20SE2	Hooglede	50° 57.216'N 3° 08.148'E	R33
Ammn Dump Near Voltaire X Roads	20NE3	Zarren	51° 01.276'N 3° 00.762'E	J18
Ammunition Dump N E of MiddleKerke	12NW3 & 4	Middlekerke	51° 11.260'N 2° 48.794'E	H27
Ammunition Dump Near Grand Hotel	12NE2 & 4	Ostende	51° 12.967'N 2° 52.745'E	I2
Ammunition Dump Near Grand Hotel	12NE2 & 4	Ostende	51° 12.989'N 2° 52.788'E	I2
Ammunition Dump Near Palace Hotel	12NE2 & 4	Ostende	51° 12.652'N 2° 52.186'E	I7
Ammunition Dump Near Palace Hotel	12NE2 & 4	Ostende	51° 12.697'N 2° 52.289'E	I7
Ammunition Dump Near Parc Albert	12NE2 & 4	Ostende	51° 13.383'N 2° 53.698'E	I3
Ammunition Dump Near Parc Albert	12NE2 & 4	Ostende	51° 13.385'N 2° 53.748'E	I3
Ammunition Dump Near Widor Roads	20SW2	Zwartegat	50° 58.761'N 2° 55.757'E	O11
Ammunition Dump North of Parc	12NE2 & 4	Ostende	51° 13.922'N 2° 54.706'E	C29
Ammunition Dump Sauchy-Cauchy	51BSE3	Oisy-le-Verger	50° 14.326'N 3° 07.137'E	Q34
Ammunition Dump South of Parc Albert	12NE2 & 4	Ostende	51° 12.858'N 2° 53.229'E	I9
Ammunition Dump St Quentin	62BSW3	St. Quentin	49° 50.686'N 3° 17.391'E	T20
Ammunition Dump St Quentin	62BSW3	St. Quentin	49° 50.649'N 3° 17.415'E	T20
Ammunition Dump St Quentin	62BSW3	St. Quentin	49° 50.539'N 3° 17.265'E	T20
Ammunition Dump St Quentin	62BSW3	St. Quentin	49° 50.476'N 3° 17.432'E	T20
Ammunition Dump SW of Harly	62BSW4	Homblieres	49° 50.411'N 3° 19.272'E	T22
Ammunition Pits Souchy-Cauchy	51BSE2	Oisy-le-Verger	50° 14.225'N 3° 05.213'E	Q28
Ammunition Pits Souchy-Cauchy	51BSE2	Oisy-le-Verger	50° 14.326'N 3° 07.137'E	Q30
Amont Wood	36ANE3	Haverskerque	50° 39.160'N 2° 31.073'E	J19/20
Amur Cottage	28NW3	Poperinghe	50° 49.169'N 2° 45.165'E	G33
Amy Farm	20SE2	Hooglede	50° 58.015'N 3° 03.805'E	Q23
Anc. Phare	12SW1	Nieuport	51° 08.516'N 2° 44.462'E	M21
Anchain Farm	36ANE3	Haverskerque	50° 37.814'N 2° 32.190'E	J33
Anchin Farm	36SE3	Seclin	50° 35.392'N 2° 59.791'E	P34
Anchovy Farm	36ANE3	Haverskerque	50° 38.680'N 2° 36.351'E	K26
Ancn Min de Briques	36C(44A) SW2	Harnes	50° 25.929'N 2° 52.788'E	N18
Ancoisne	36SE3	Seclin	50° 34.424'N 2° 59.482'E	V9
Ancons Farm	28NE4	Dadizeele	50° 49.192'N 3° 07.665'E	L32
And Cottage	28NW1	Elverdinghe	50° 53.070'N 2° 45.830'E	A16
Anderlain	70DNW2	Servais	49° 39.383'N 3° 22.287'E	C8
Andes Farm	28NW3	Poperinghe	50° 50.142'N 2° 49.899'E	H21
Andover Place	62CNW2	Bouchavesnes	49° 59.266'N 2° 54.237'E	C13
Andre Smit Farm	20SW4	Bixschoote	50° 55.657'N 2° 52.483'E	U13
Andromeda Wood	66CNW4	Berthenicourt	49° 46.378'N 3° 24.905'E	I18
Andros Camp	27NE4	Abeele	50° 51.089'N 2° 40.539'E	L8
Angist	27SE1	St Sylvestre	50° 46.923'N 2° 32.408'E	P22
Angle Bank	62BNW3	Bellicourt	49° 55.457'N 3° 12.328'E	G31
Angle Farm	28SW2	Wytschaete	50° 46.364'N 2° 56.604'E	O36

Angle Point	20SW4	Bixschoote	50° 56.345'N 2° 56.605'E	U6
Angle Point Post	20SW4	Bixschoote	50° 56.343'N 2° 56.570'E	U6
Angle Post	36SW3	Richebourg	50° 34.995'N 2° 44.535'E	S2
Angle Wood	57BSW1	Bantouzelle	50° 03.419'N 3° 18.224'E	N33
Angle Wood	62CNW1	Maricourt	49° 59.908'N 2° 49.999'E	B1
Anglers Lane	36ASE1	St. Venant	50° 37.693'N 2° 33.666'E	P5
Angles Chateau	57BSW3	Honnecourt	50° 03.041'N 3° 17.526'E	N33
Angles Orchard	57BSW3	Honnecourt	50° 02.437'N 3° 16.972'E	T8
Angora	27NE2	Proven	50° 52.521'N 2° 40.147'E	F20
Angora Copse	27NE2	Proven	50° 52.452'N 2° 39.889'E	F20
Angres	36C(44A) SW1	Lens	50° 24.732'N 2° 45.509'E	M27
Anguille Farm	20SW1	Loo	50° 58.484'N 2° 49.488'E	N15
Angus Cottage	28NW3	Poperinghe	50° 49.993'N 2° 45.066'E	G21
Angus Farm	20SE2	Hooglede	50° 59.098'N 3° 08.565'E	R10
Angus Sidings?	28NW3	Poperinghe	50° 50.004'N 2° 45.046'E	G21
Anjou Farm	28NW3	Poperinghe	50° 50.072'N 2° 44.290'E	G20
Ankle Farm	36ANE2	Vieux Berquin	50° 41.811'N 2° 38.031'E	E23
Annandale Camp	28SW3	Bailleul	50° 43.885'N 2° 44.908'E	S21
Annandale House	28NE4	Dadizeele	50° 50.120'N 3° 05.255'E	K23
Annandale House	28SW3	Bailleul	50° 43.856'N 2° 44.788'E	S21
Annay	36C(44A) NW4	Pont-à-Vendin	50° 27.784'N 2° 52.757'E	H30
Annequin	36B(44B) NE2	Beuvry	50° 30.422'N 2° 43.802'E	F30
Anneux	57CNE2	Bourlon	50° 09.195'N 3° 07.501'E	F25
Anneux Chapel	57CNE2	Bourlon	50° 09.566'N 3° 07.518'E	F19
Annibal Farm	20SW4	Bixschoote	50° 55.931'N 2° 54.702'E	U10
Annœullin	36C(44A) NW2	Bauvin	50° 31.378'N 2° 56.227'E	C17
Annul Farm	36ANE2	Vieux Berquin	50° 43.253'N 2° 37.603'E	E4
Anson Crossing	36ANE3	Haverskerque	50° 37.968'N 2° 32.185'E	J33
Ant House	28NE3	Gheluvelt	50° 49.583'N 2° 59.786'E	J28
Anthony Mill	27NE3	Winnezeele	50° 50.825'N 2° 33.752'E	J11
Anti Aircraft Camp	28NW3	Poperinghe	50° 50.740'N 2° 47.050'E	G18
Anti-Aircraft Camp	28SW1	Kemmel	50° 48.360'N 2° 49.599'E	N3
Antic House	28SE2	Menin	50° 49.007'N 3° 07.718'E	R2
Antic Wood	62CSW4	St. Christ	49° 51.858'N 2° 52.984'E	T5
Antoinette Junction	27SE2	Berthen	50° 47.102'N 2° 38.292'E	Q24
Antons Farm	28SW4	Ploegsteert	50° 44.850'N 2° 53.884'E	U14
Antrim Lines	28SW3	Bailleul	50° 43.667'N 2° 50.045'E	T27
Antrim Road	28SW2	Wytschaete	50° 46.768'N 2° 54.102'E	O27
Antwerp Farm	20SW4	Bixschoote	50° 55.367'N 2° 50.200'E	T16
Anvil Wood	28NE1	Zonnebeke	50° 52.366'N 3° 01.015'E	D30
Anxious Cross Roads	20SW2	Zwartegat	50° 57.711'N 2° 53.123'E	O20
Anyan Farm	20SE4	Roulers	50° 56.405'N 3° 03.734'E	W3
Anzac	28NE1	Zonnebeke	50° 51.738'N 2° 58.536'E	J2
Anzac Camp	28NW4	Ypres	50° 49.548'N 2° 51.684'E	H30
Anzac Farm	28SW2	Wytschaete	50° 46.667'N 2° 54.817'E	O28
Anzin-St. Aubin	51BNW3	Arras	50° 18.848'N 2° 44.661'E	G7
Aoe Farm	27SE1	St Sylvestre	50° 48.219'N 2° 35.494'E	Q2
Ape Buildings	20SE2	Hooglede	50° 58.786'N 3° 08.589'E	R16
Apes Wood	62CSW4	St. Christ	49° 51.779'N 2° 52.095'E	T4
Apex Farm	28NE2	Moorslede	50° 54.189'N 3° 10.404'E	F6
Aphrodite Wood	66CNW2	Itancourt	49° 47.943'N 3° 21.283'E	C19
Aplin House	36ANE1	Morbecque	50° 42.202'N 2° 32.298'E	D16
Apollo's Fork	20SE4	Roulers	50° 56.552'N 3° 05.448'E	W6
Appam House	36ANE1	Morbecque	50° 42.867'N 2° 34.167'E	D6
Appetite Farm	27SE4	Meteren	50° 44.580'N 2° 43.114'E	X17
Apple Farm	28SE1	Wervicq	50° 47.275'N 2° 57.402'E	P19
Apple Farm	28SW2	Wytschaete	50° 47.246'N 2° 57.231'E	P19
Apple Farm	36ANE4	Merville	50° 39.231'N 2° 37.397'E	K22
Apple Trees	57DSE1 & 2	Beaumont	50° 05.358'N 2° 37.072'E	Q2
Apple Trees	62CNW1	Maricourt	50° 00.075'N 2° 45.330'E	A1
Apple Villa	28NW2	St Julien	50° 52.592'N 2° 56.555'E	C24
Apricot House	12SW1	Nieuport	51° 09.535'N 2° 46.600'E	M12

Apricote Farm	20SE2	Hooglede	50° 58.737'N 3° 09.089'E	R16
April Copse	57BSW4	Serain	50° 01.533'N 3° 23.979'E	U23
April Cottages	27NE2	Proven	50° 52.239'N 2° 39.909'E	F20
Apulia	27NE3	Winnezeele	50° 50.124'N 2° 36.007'E	K15
Aqueduc a Siphon	36ASE1	St. Venant	50° 35.706'N 2° 32.203'E	P27
Arab Cottages	36ANE4	Merville	50° 40.133'N 2° 37.403'E	K10
Arab House	12SW1	Nieuport	51° 09.370'N 2° 45.616'E	M17
Arale Farm	20SW4	Bixschoote	50° 56.903'N 2° 53.315'E	O32
Aran Cottages	27SE2	Berthen	50° 47.214'N 2° 39.437'E	R13
Aran Farm	28NW3	Poperinghe	50° 50.314'N 2° 44.018'E	G15
Aras Wood	62CSW4	St. Christ	49° 51.634'N 2° 52.231'E	T4
Arber Cottage	20SE3	Westroosebeke	50° 55.443'N 3° 03.354'E	W15
Arbon Farm	36ANE1	Morbecque	50° 42.292'N 2° 32.783'E	D10
Arbousiers Wood	62BSW1	Gricourt	49° 53.503'N 3° 13.377'E	M21
Arbra	20SE3 & 28NE1-3	Poelcappelle	50° 53.738'N 2° 57.138'E	D7
Arbre	28NE1	Zonnebeke	50° 53.743'N 2° 57.142'E	D7
Arbre de Sissy	66CNW2	Itancourt	49° 48.360'N 3° 24.870'E	C24
Arbre Touffu	57DNE 1&2	Fonquevillers	50° 09.909'N 2° 41.186'E	F13
Arbre Touffu	57DNE2	Essarts	50° 09.909'N 2° 41.186'E	F13
Arbroath Farm	28SE1	Wervicq	50° 48.121'N 2° 58.706'E	P9
Arbroath Farm	28SW2	Wytschaete	50° 48.120'N 2° 58.708'E	P9
Arcade Camp	36ANE3	Haverskerque	50° 39.937'N 2° 31.082'E	J8
Archer Post	20SW4	Bixschoote	50° 55.062'N 2° 52.883'E	U19
Architect's Fork	28NE2	Moorslede	50° 52.787'N 3° 08.984'E	F22
Arcot House	28NW3	Poperinghe	50° 49.880'N 2° 45.756'E	G22
Arcturus Wood	66CNW4	Berthenicourt	49° 46.490'N 3° 24.721'E	I11
Ardath Fork	20SE4	Roulers	50° 54.773'N 3° 03.715'E	W27
Ardee Copse	27NE2	Proven	50° 53.291'N 2° 41.388'E	F9
Arderlu Wood	62CNW2	Bouchavesnes	49° 59.830'N 2° 52.661'E	B11
Ardissart Copse	57BSW1	Bantouzelle	50° 03.798'N 3° 17.245'E	N26
Ardissart Farm	57BSW1	Bantouzelle	50° 03.574'N 3° 17.203'E	N26
Ardmore House	27NE2	Proven	50° 51.903'N 2° 42.719'E	F29
Ardoise House	12SW1	Nieuport	51° 09.163'N 2° 47.565'E	N13
Argent	57BSW1	Bantouzelle	50° 05.851'N 3° 12.242'E	M2
Argent Copse	62CNE4	Roisel	49° 55.632'N 3° 05.283'E	K27
Argus House	27NE3	Winnezeele	50° 50.673'N 2° 31.405'E	J9
Argyle Farm	28NW2	St Julien	50° 52.324'N 2° 55.423'E	C29
Argyle Road	36ASE1	St. Venant	50° 37.443'N 2° 34.700'E	P6
Ark Farm	36ANE4	Merville	50° 40.258'N 2° 37.122'E	K10
Ark Royal Farm	20SE3	Westroosebeke	50° 55.836'N 3° 02.673'E	W8
Arklow House	27NE2	Proven	50° 53.443'N 2° 41.470'E	F10
Arkmolen	28NE4	Dadizeele	50° 50.770'N 3° 04.362'E	K16
Arleux	51BNE4	Cantin	50° 16.858'N 3° 06.269'E	K35
Arleux-en-Gohelle	51BNW2	Oppy	50° 21.651'N 2° 52.540'E	B6
Armagh Wood	28NW4	Zillebeke	50° 49.739'N 2° 56.383'E	I30
Armand Farm	20SE1	Staden	50° 57.066'N 2° 58.933'E	P33
Armentieres	36NW2	Armentieres	50° 41.227'N 2° 53.023'E	C25
Armoede	20SE4	Roulers	50° 55.507'N 3° 10.148'E	X18
Armour Farm	28SW3	Bailleul	50° 45.888'N 2° 49.842'E	N33
Arnim Copse	66DNW1	Punchy	49° 48.480'N 2° 50.005'E	B13
Arnim Cross	27SE4	Meteren	50° 43.771'N 2° 41.532'E	X27
Arno House	27NE4	Abeele	50° 49.278'N 2° 42.467'E	L29
Aroola Villa	28NW2	St Julien	50° 52.331'N 2° 52.268'E	C19
Arras	51BNW3	Arras	50° 17.587'N 2° 46.546'E	G22
Arras Farm	36NE1	Quesnoy	50° 41.600'N 2° 58.997'E	D27
Arrewage	36ANE4	Merville	50° 40.195'N 2° 37.318'E	K10
Arrival Farm	28NW2	St Julien	50° 51.880'N 2° 50.532'E	B28
Arrival Siding	28NW2	St Julien	50° 51.920'N 2° 50.761'E	B29
Arrocourt Farm	28NW2	St Julien	50° 52.809'N 2° 50.373'E	B16
Arrol Wood	28NE4	Dadizeele	50° 49.401'N 3° 05.599'E	K36
Arrow Farm	20SW2	Zwartegat	50° 57.704'N 2° 50.435'E	N22
Arrow Farm	28SW2	Wytschaete	50° 46.635'N 2° 56.486'E	O30

Name	Sheet	Location	Coordinates	Ref
Arrow Head Copse	51BSW2	Vis-en-Artois	50° 16.387'N 2° 54.203'E	O2
Arrowhead Copse	57CSW3	Longueval	50° 00.528'N 2° 48.977'E	S30
Arsenal	36SE1	Haubourdin	50° 37.122'N 3° 03.301'E	Q14
Arthur Corons	36C(44A) SW1	Lens	50° 24.898'N 2° 50.425'E	N27
Arthurs Keep	36C(44A) NW1	LaBassee	50° 30.477'N 2° 45.560'E	A27
Artic Buildings	27SE4	Meteren	50° 44.681'N 2° 40.454'E	X14
Artichoke Farm	20SE2	Hooglede	50° 59.439'N 3° 08.849'E	R4
Artillery Depot	66CSW4	La Fere	49° 39.543'N 3° 20.055'E	T23
Artillery Farm	28SW1	Kemmel	50° 48.234'N 2° 50.110'E	N10
Artillery Ground	66CSW4	La Fere	49° 39.470'N 3° 23.732'E	U28
Artillery Hill	51BNW4	Fampoux	50° 16.582'N 2° 56.479'E	I35
Artillery Road	28SW1	Kemmel	50° 46.670'N 2° 47.840'E	N25
Artillery Wood	28NW2	St Julien	50° 53.886'N 2° 52.243'E	C1
Artists Cross Roads	28NE2	Moorslede	50° 52.131'N 3° 08.950'E	F28
Artois Farm	20SW2	Zwartegat	50° 59.443'N 2° 53.215'E	O2
Artoishoek	28NE4	Dadizeele	50° 49.743'N 3° 05.561'E	K30
Arundel	28NW4	Zillebeke	50° 49.007'N 2° 54.078'E	I33
Arvillers	66ENE4	Beaufort	49° 44.666'N 2° 38.958'E	K27
Asbestos Farm	20SW2	Zwartegat	50° 57.775'N 2° 52.063'E	O19
Ascension Farm	62CNE4	Roisel	49° 55.688'N 3° 11.935'E	L30
Ascension Spur	62BNW3	Bellicourt	49° 55.463'N 3° 12.225'E	G31
Ascension Valley	62BNW3	Bellicourt	49° 55.655'N 3° 12.493'E	G26
Ascension Wood	62BNW3	Bellicourt	49° 56.003'N 3° 12.244'E	G25
Aschhoop	20SW2	Zwartegat	50° 57.229'N 2° 52.618'E	O25
Aschhoop Farm	20SW2	Zwartegat	50° 57.213'N 2° 52.331'E	O25
Ascot Cottage	28NW2	St Julien	50° 53.334'N 2° 54.641'E	C10
Ascot Cottages	28SE1	Wervicq	50° 46.801'N 2° 58.076'E	P26
Ascot Cottages	28SW2	Wytschaete	50° 46.794'N 2° 58.068'E	P26
Asfordby House	20SE4	Roulers	50° 56.043'N 3° 09.675'E	X11
Ash Wood	62BSW1	Gricourt	49° 53.078'N 3° 16.240'E	N25
Ash Wood	66CSW2	Vendeuil	49° 42.848'N 3° 19.915'E	N23
Ashby House	27NE3	Winnezeele	50° 49.828'N 2° 34.290'E	J24
Ashcroft Buildings	28NE4	Dadizeele	50° 51.249'N 3° 08.145'E	L9
Ashmore Farm	28NE4	Dadizeele	50° 50.545'N 3° 08.198'E	L15
Ashwin Farm	36ANE1	Morbecque	50° 41.347'N 2° 32.179'E	D21
Asile d'Aliénés	36ASE1	St. Venant	50° 37.006'N 2° 32.084'E	P9
Asile de Nuit	36SE1	Haubourdin	50° 36.496'N 3° 02.896'E	Q20
Asphalt Farm	27NE3	Winnezeele	50° 51.110'N 2° 31.401'E	J2
Aspinall House	27NE2	Proven	50° 52.272'N 2° 39.606'E	F19
Assam Farm	28NW3	Poperinghe	50° 50.194'N 2° 50.056'E	H22
Assegai Valley	62BNW1	Gouy	49° 58.603'N 3° 17.495'E	B26
Asser Farm	27NE2	Proven	50° 52.269'N 2° 39.163'E	F19
Asset Farm	36ANE2	Vieux Berquin	50° 42.332'N 2° 39.696'E	F13
Assevillers	62CSW1	Dompierre	49° 53.820'N 2° 50.077'E	N13
Assisi Farm	28SW3	Bailleul	50° 44.638'N 2° 46.694'E	S17
Assisi Hill	28SW3	Bailleul	50° 44.631'N 2° 46.710'E	S17
Assyrie	28NE1	Zonnebeke	50° 53.202'N 3° 01.211'E	D18
Astill Farm	28SW3	Bailleul	50° 45.319'N 2° 48.373'E	T7
Aston Farm	28SE1	Wervicq	50° 46.539'N 2° 58.584'E	P26
Aston Farm	28SW2	Wytschaete	50° 46.533'N 2° 58.588'E	P26
Asylum	28SW3	Bailleul	50° 44.809'N 2° 44.587'E	S14
Asylum	36NE3	Perenchies	50° 39.489'N 3° 03.960'E	K21
Asylum	36NW2	Armentieres	50° 40.909'N 2° 53.511'E	I2
Asylum	36SE1	Haubourdin	50° 37.136'N 3° 02.200'E	Q14
Asylum	28NW4	Ypres	50° 5o.998'N 2° 52.108'E	H12
Asylum Junction	28NW4	Ypres	50° 51.871'N 2° 52.036'E	H12
Asylum Road	36ASE1	St. Venant	50° 36.810'N 2° 32.034'E	P9
Athel Farm	27SE1	St Sylvestre	50° 46.868'N 2° 29.938'E	P19
Atherley Junction	28NW4	Ypres	50° 51.421'N 2° 50.327'E	H4
Athies	51BNW3	Arras	50° 18.073'N 2° 50.241'E	H15
Athies	62CSE3	Athies	49° 51.285'N 2° 58.836'E	V7
Athies Wood No 1	62CSW2	Barleux	49° 52.474'N 2° 57.688'E	O35

Name	Map	Commune	Coordinates	Ref
Athies Wood No 2	62CSW2	Barleux	49° 52.532'N 2° 58.015'E	O30
Athies Wood No 3	62CSW2	Barleux	49° 52.386'N 2° 58.014'E	O36
Athies Wood No 4	62CSW2	Barleux	49° 52.550'N 2° 58.233'E	O30
Athies Wood No 5	62CSW2	Barleux	49° 52.406'N 2° 58.448'E	O36
Athies Wood No 6	62CSW2	Barleux	49° 52.544'N 2° 58.554'E	O30
Athies Wood No 7	62CSW2	Barleux	49° 52.638'N 2° 58.557'E	O30
Athies Wood No 8	62CSW2	Barleux	49° 52.659'N 2° 58.332'E	O30
Athletic Ground	62CNW4	Peronne	49° 56.192'N 2° 55.784'E	I21
Atlantic Farm	28NW3	Poperinghe	50° 50.852'N 2° 44.713'E	G9
Atom Farm	36ANE4	Merville	50° 39.503'N 2° 39.049'E	K18
Atom Mill	27SE1	St Sylvestre	50° 46.623'N 2° 30.574'E	P19
Attock House	27NE3	Winnezeele	50° 50.427'N 2° 35.128'E	K13
au Bois Blanc	36NE2	Tourcoing	50° 43.189'N 3° 06.157'E	E6
Au Bois de Boulogne	28SW4	Ploegsteert	50° 44.365'N 2° 52.737'E	U19
Au Bon Fermier Cabt.	28SW4	Ploegsteert	50° 45.738'N 2° 53.729'E	U2
Au duc de Bourgogne Cabt.	28SE1	Wervicq	50° 47.238'N 3° 03.093'E	Q20
Au Luxembourg Cabt.	28SW1	Kemmel	50° 46.810'N 2° 43.766'E	M19
Au Pompier Est.	28SW1	Kemmel	50° 47.571'N 2° 48.680'E	N14
Au Pont Neuf Cabt.	28SE2	Menin	50° 47.432'N 3° 09.021'E	R22
au Pot de Fer	36NE2	Tourcoing	50° 43.128'N 3° 05.528'E	E11
Au Rossignol Cabt.	28NE3	Gheluvelt	50° 49.340'N 3° 01.954'E	K31
Aubencheul-au-Bac	51BSE2	Oisy-le-Verger	50° 15.400'N 3° 09.662'E	R16
Aubencheul-aux-Bois	57BSW3	Honnecourt	50° 01.731'N 3° 16.004'E	T13
Auber Junction	20SW2	Zwartegat	50° 57.709'N 2° 54.283'E	O21
Aubers	36SW1	Aubers	50° 36.709'N 2° 49.497'E	N26
Aubigny-au-Bac	51BSE2	Oisy-le-Verger	50° 15.740'N 3° 09.741'E	R10
Auby	36C(44A) SE1	Dourges	50° 24.963'N 3° 03.323'E	Q26
Auchonvillers	57DSE1 & 2	Beaumont	50° 04.900'N 2° 37.763'E	Q9
Auchy lez-la-Bassee	36C(44A) NW1	LaBassee	50° 30.704'N 2° 47.199'E	A23
Auckland	28NW3	Poperinghe	50° 50.252'N 2° 46.665'E	G23
Auckland Farm	28NW3	Poperinghe	50° 50.389'N 2° 46.684'E	G17
Audenne Farm	20NW4	Dixmunde	51° 01.198'N 2° 53.662'E	I15
Audran Junction	20SW2	Zwartegat	50° 57.864'N 2° 55.215'E	O23
Auger Wood	62CSW3	Vermandovillers	49° 49.920'N 2° 45.725'E	S19
Augereau Cross Roads	20SW2	Zwartegat	50° 57.424'N 2° 56.338'E	O30
Augusta Holmos Cross Roads	20SW2	Zwartegat	50° 58.425'N 2° 56.148'E	O18
Augustus	28NE1	Zonnebeke	50° 53.401'N 3° 00.001'E	D11
Augustus Wood	28NE1	Zonnebeke	50° 53.441'N 3° 00.180'E	D11
Auk House	36ANE2	Vieux Berquin	50° 43.261'N 2° 42.071'E	F4
Austerlitz Farm	28NW2	St Julien	50° 51.219'N 2° 51.435'E	B29
Austin Farm	27NE3	Winnezeele	50° 50.134'N 2° 35.510'E	K14
Austral Siding	28NW4	Zillebeke	50° 50.887'N 2° 54.341'E	I9
Author's Corner	28NE2	Moorslede	50° 54.005'N 3° 10.044'E	F5
Authuille	57DSE4	Ovillers	50° 02.522'N 2° 40.119'E	W6
Authuille Wood	57DSE4	Ovillers	50° 02.152'N 2° 40.699'E	W6
aux Rietz	51BNW1	Roclincourt	50° 21.056'N 2° 44.961'E	A8
Aux Trois Rols Cabaret	28SW3	Bailleul	50° 44.485'N 2° 48.677'E	T14
Avaiation Ground	62CSE3	Athies	49° 49.783'N 3° 01.483'E	V28
Aval Wood	36ANE1	Morbecque	50° 41.181'N 2° 36.239'E	E26-E27
Avecappelle	20NW1	Nieuport	51° 03.941'N 2° 44.003'E	3575
Avelette	36ASE4	Locon	50° 33.694'N 2° 38.502'E	W17
Avelu	57BSW4	Serain	50° 02.681'N 3° 23.794'E	U5
Aveluy	57DSE4	Ovillers	50° 01.422'N 2° 39.673'E	W17
Aveluy Wood	57DSE4	Ovillers	50° 02.384'N 2° 39.074'E	W4
Avenue Cottage	28SW4	Ploegsteert	50° 45.169'N 2° 55.203'E	U10
Avenue Farm	28SW4	Ploegsteert	50° 45.136'N 2° 54.147'E	U9
Avesnes-les-Bapaume	57CNW3	Bapaume	50° 06.462'N 2° 50.319'E	H26
Aviatik Farm	20SE3 & 28NE1-3	Poelcappelle	50° 53.640'N 2° 57.854'E	D8
Aviatik Farm	28NE1	Zonnebeke	50° 53.642'N 2° 57.852'E	D8
Aviation Park	62CSE3	Athies	49° 50.408'N 3° 01.827'E	V23
Aviators Cross Roads	28NE2	Moorslede	50° 52.374'N 3° 10.290'E	F30
Aviators Farm	20SW2	Zwartegat	50° 57.582'N 2° 51.323'E	N30

Name	Sheet	Map	Coordinates	Ref
Avion	36C(44A) SW1	Lens	50° 24.782'N 2° 50.022'E	N33
Avion	36C(44A) SW3	Vimy	50° 24.447'N 2° 49.722'E	N32
Avon Wood	62CNW3	Vaux	49° 56.784'N 2° 50.250'E	H14
Avondale Copse	51CSE2	Beaumetz	50° 15.135'N 2° 41.024'E	R13
Awatuni Lines	28NW4	Ypres	50° 50.044'N 2° 50.872'E	H23
Awoingt	57BNW1	Cambrai	50° 09.231'N 3° 16.772'E	B26
Axe Mill	27SE4	Meteren	50° 44.729'N 2° 41.683'E	X16
Axholme Cross Roads	28NE4	Dadizeele	50° 51.114'N 3° 07.631'E	L8
Axis Farm	36ANE2	Vieux Berquin	50° 42.415'N 2° 40.380'E	F8
Ayette	57CNW1	Gomiecourt	50° 10.387'N 2° 43.812'E	F11
Ayette	57DNE2	Essarts	50° 10.387'N 2° 43.812'E	F11
Ayette	57DNE2+57CNW1	Courcelles	50° 10.387'N 2° 43.812'E	F11
Ayres Cottage	28SW3	Bailleul	50° 45.807'N 2° 49.430'E	T3
Ayrshire Camp	28SW3	Bailleul	50° 45.911'N 2° 46.707'E	M35
Aztec Farm	27SE4	Meteren	50° 44.360'N 2° 39.625'E	X13
Azure Copse	62CSW4	St. Christ	49° 51.762'N 2° 52.786'E	T5
Azure Post	20SW4	Bixschoote	50° 54.563'N 2° 53.543'E	U26
B' Camp	28NW3	Poperinghe	50° 51.392'N 2° 47.164'E	G6
B lue Lock	12NE2 & 4	Ostende	51° 11.866'N 2° 55.117'E	I24
Baart Buildings	28NE2	Moorslede	50° 52.781'N 3° 09.281'E	F22
Bab Farm	28SW2	Wytschaete	50° 47.170'N 2° 56.120'E	O23
Bab Farm	28SW2	Wytschaete	50° 47.174'N 2° 56.114'E	O23
Babble Junction	28NE4	Dadizeele	50° 49.655'N 3° 08.794'E	L28
Baberton Farm	20SE1	Staden	50° 58.469'N 3° 02.756'E	Q14
Babilie Farm	28NE2	Moorslede	50° 54.337'N 3° 06.948'E	F1
Babington Camp	28SW1	Kemmel	50° 48.056'N 2° 47.299'E	M12
Babington Farm	28SW1	Kemmel	50° 47.974'N 2° 47.290'E	M12
Baby Farm	20SE4	Roulers	50° 54.033'N 3° 04.255'E	W22
Baby Farm	36ANE3	Haverskerque	50° 38.841'N 2° 31.841'E	J21
Bac de Wavrin	36SE3	Seclin	50° 34.213'N 2° 58.104'E	V7
Bac Inn	20SW1	Loo	50° 57.908'N 2° 47.636'E	N19
Bac St Meur	36NW3	Fleurbaix	50° 39.662'N 2° 47.639'E	G18
Bacchante Farm	20SE3	Westroosebeke	50° 56.335'N 3° 02.002'E	W1
Bacchus Farm	36ANE1	Morbecque	50° 42.668'N 2° 33.591'E	D11
Bach Buildings	20SE2	Hooglede	50° 59.377'N 3° 09.915'E	R5
Bach Farm	20SW2	Zwartegat	50° 58.937'N 2° 54.540'E	O10
Bachelor Cross Roads	28NE4	Dadizeele	50° 49.369'N 3° 09.767'E	L35
Back Est	28SW4	Ploegsteert	50° 44.726'N 2° 53.456'E	U14
Back House	28SW4	Ploegsteert	50° 43.985'N 2° 54.808'E	U21
Bacon Camp	27NE4	Abeele	50° 51.177'N 2° 39.444'E	L1
Bacon House	20SE4	Roulers	50° 55.945'N 3° 04.120'E	W10
Bacquart	36SW2	Radinghem	50° 37.481'N 2° 53.058'E	O7
Bacquencourt	66DNW4	Nesle	49° 44.340'N 2° 57.961'E	I35
Bad House	28SE2	Menin	50° 48.535'N 3° 03.951'E	Q15
Badger Copse	62CSE3	Athies	49° 52.370'N 3° 12.779'E	M32
Badger Cross Roads	28NE4	Dadizeele	50° 49.150'N 3° 09.942'E	L35
Badminton Farm	28NE4	Dadizeele	50° 49.730'N 3° 06.428'E	L25
Baeck Houck	27SE2	Berthen	50° 46.847'N 2° 37.121'E	Q22
Baert Farm	12SW3	Ramscappelle	51° 05.339'N 2° 45.191'E	S28
Baes Farm	20SW3	Oostvleteren	50° 54.989'N 2° 45.837'E	S22
Baffin Row	28NW3	Poperinghe	50° 49.284'N 2° 45.400'E	G28
Bagatelle	62BSW3	St. Quentin	49° 51.129'N 3° 16.143'E	S18
Bagdad Siding	28NW2	St Julien	50° 51.750'N 2° 56.645'E	I6
Bagot Housr	27NE3	Winnezeele	50° 50.963'N 2° 30.795'E	J8
Bail Copse	28NE2	Moorslede	50° 54.104'N 3° 04.712'E	E5
Bailiff Cross Roads	28NE4	Dadizeele	50° 49.397'N 3° 10.152'E	L36
Bailiff Farm	20SW2	Zwartegat	50° 59.263'N 2° 54.198'E	O3
Bailiff Wood	57DSE4	Ovillers	50° 01.414'N 2° 43.315'E	X16
Baillescourt Farm	57DSE1 & 2	Beaumont	50° 05.102'N 2° 42.555'E	R3
Bailleul	28SW3	Bailleul	50° 44.404'N 2° 44.039'E	S14
Bailleul	51BNW1	Roclincourt	50° 20.247'N 2° 51.010'E	B22
Bailleul	51BNW2	Oppy	50° 20.297'N 2° 51.132'E	B22

Name	Sheet	Location	Coordinates	Ref
Bailleul Farm	20SW1	Loo	50° 59.429'N 2° 43.329'E	M1
Bailleullmont	51CSE3	Ransart	50° 12.940'N 2° 36.880'E	W2
Baillie Farm	20SE2	Hooglede	50° 57.403'N 3° 09.476'E	R29
Baillie Farm	20SE2	Hooglede	50° 57.424'N 3° 09.512'E	R29
Baillieulval	51CSE3	Ransart	50° 13.403'N 2° 38.202'E	Q34
Baillon	70DNW4	St. Gobain	49° 35.504'N 3° 19.656'E	H17
Bairn Farm	12NW3 & 4	Middlekerke	51° 10.880'N 2° 50.034'E	H34
Bait Junction	28NE4	Dadizeele	50° 49.455'N 3° 09.716'E	L35
Bakerloo	28NW2	St Julien	50° 54.292'N 2° 56.069'E	C6
Baku Copse	28NW3	Poperinghe	50° 49.016'N 2° 44.208'E	G32
Bala Cottages	28NW3	Poperinghe	50° 48.819'N 2° 43.604'E	G31
Balance Copse	66CNW4	Berthenicourt	49° 45.675'N 3° 23.657'E	I22
Balance Cottage	28NE2	Moorslede	50° 52.805'N 3° 07.331'E	F20
Balance Inn	12NE1	Clemskerke	51° 15.043'N 2° 58.188'E	D9
Balcony Corner	28NE4	Dadizeele	50° 50.718'N 3° 09.531'E	L29
Bald Junction	28NE4	Dadizeele	50° 49.815'N 3° 10.240'E	L30
Baldry Fork	28SW3	Bailleul	50° 43.655'N 2° 48.550'E	T25
Baldry House	36ANE1	Morbecque	50° 41.626'N 2° 31.546'E	D20
Balerno Farm	20SE1	Staden	50° 58.728'N 3° 00.246'E	P17
Balique Farm	51ASW3	Eswars	50° 13.365'N 3° 13.254'E	S3
Ball Bridge	20SW4	Bixschoote	50° 55.563'N 2° 53.232'E	U14
Ball Copse	62CSE1	Bouvincourt	49° 52.833'N 2° 59.952'E	P26
Ballantine Forest	28NW1	Elverdinghe	50° 53.768'N 2° 46.000'E	A5
Ballantine Forest	28NW1	Elverdinghe	50° 53.626'N 2° 45.832'E	A10
Ballast Fork	28NE4	Dadizeele	50° 51.612'N 3° 10.116'E	L5
Ballast Spur	28NW3	Poperinghe	50° 51.222'N 2° 46.473'E	G11
Balloon Bed	20NE3	Zarren	51° 00.199'N 2° 59.163'E	J34
Balloon Shed	28NE2	Moorslede	50° 53.161'N 3° 07.519'E	F14
Balloon Shed	57CNE2	Bourlon	50° 09.246'N 3° 06.172'E	E29
Balloon Shed	57CNW1	Gomiecourt	50° 09.319'N 2° 47.583'E	A23
Balloon Shed	57DNE2+57CNW1	Courcelles	50° 09.318'N 2° 47.583'E	A23
Balloy Farm	20SW1	Loo	50° 59.181'N 2° 46.561'E	M6
Balls Pond Farm	20SE2	Hooglede	50° 57.281'N 3° 06.604'E	R31
Balmoral Copse	51CSE2	Beaumetz	50° 14.802'N 2° 40.478'E	R19
Balta Farm	27NE4	Abeele	50° 48.847'N 2° 37.305'E	K34
Bambecque Bridge	27NE1	Herzeele	50° 53.855'N 2° 32.881'E	D4
Bambour Farm	20NW4	Dixmunde	51° 00.485'N 2° 56.605'E	I30
Bame Buildings	20SE1	Staden	50° 59.813'N 2° 59.694'E	P10
Banana Junction	28SE2	Menin	50° 48.383'N 3° 07.534'E	R8
Banbury Cross	20SE1	Staden	50° 57.520'N 2° 59.797'E	P28
Banbury Hill	57CSE1	Bertincourt	50° 05.551'N 3° 04.127'E	Q2
Bancourt	57CNW4	Beugny	50° 06.059'N 2° 53.349'E	H36
Bandeaux House	12SW1	Nieuport	51° 10.275'N 2° 46.996'E	N1
Bandika Wood	62CNW4	Peronne	49° 55.162'N 2° 53.013'E	H35
Bandit Fork	28NE2	Moorslede	50° 52.476'N 3° 03.879'E	E21
Bandon Road	28SW1	Kemmel	50° 47.498'N 2° 47.785'E	N13
Bandy Farm	28SE4	Ronq	50° 44.901'N 3° 04.659'E	W16
Banff Dugouts	28SW2	Wytschaete	50° 47.111'N 2° 51.355'E	N23
Banff House	20SE3	Westroosebeke	50° 54.681'N 2° 58.948'E	V27
Bang Farm	28SW2	Wytschaete	50° 47.761'N 2° 56.235'E	O17
Bang Farm	28SW2	Wytschaete	50° 47.767'N 2° 56.234'E	O17
Bangle Farm	27SE2	Berthen	50° 47.541'N 2° 42.855'E	R17
Bangor Farm	27NE3	Winnezeele	50° 50.810'N 2° 29.814'E	J6
Bank Copse	51BSW3	Boisleux	50° 11.595'N 2° 50.560'E	T21
Bank Copse	62BNW1	Gouy	49° 58.541'N 3° 15.901'E	K30
Bank Farm	28NW2	St Julien	50° 52.753'N 2° 56.626'E	C24
Banks Wood	57CNW2	Vaulx-Vraucourt	50° 10.444'N 2° 52.298'E	B11
Bannister Corner	28NE4	Dadizeele	50° 51.431'N 3° 09.712'E	L11
Banshee Farm	36ANE2	Vieux Berquin	50° 41.799'N 2° 37.346'E	E22
Bantam Copse	28NE2	Moorslede	50° 52.784'N 3° 04.887'E	E23
Banteux	57BSW1	Bantouzelle	50° 03.616'N 3° 11.920'E	M25
Banteuzelle	57BSW1	Bantouzelle	50° 03.662'N 3° 12.376'E	M26

Bantigny	51ASW3	Eswars	50° 13.738'N 3° 13.801'E	S4
Bantry Cottage	27NE2	Proven	50° 53.000'N 2° 41.359'E	F15
Bapaume	57CNW3	Bapaume	50° 06.237'N 2° 50.986'E	H27
Baptist Farm	28SW3	Bailleul	50° 45.167'N 2° 49.090'E	T8
Baquerolles Farm	36ASE1	St. Venant	50° 36.390'N 2° 35.706'E	Q14
Bara Farm	27NE4	Abeele	50° 49.261'N 2° 39.173'E	L24
Barabas Mill	51BNE4	Cantin	50° 17.536'N 3° 11.180'E	L30
Barakken	28NE4	Dadizeele	50° 51.249'N 3° 08.931'E	L10
Baralle	51BSE3	Cagnicourt	50° 12.728'N 3° 03.411'E	W7
Baralle Woods	51BSE3	Cagnicourt	50° 12.783'N 3° 03.095'E	W7
Barastre	57CSW2	Villers-Au-Flos	50° 04.550'N 2° 55.945'E	O15
Barbam House	27NE4	Abeele	50° 51.189'N 2° 39.864'E	L2
Barbed Wire Farm	66DNW2	Morchain	49° 48.967'N 2° 52.810'E	B11
Barbour House	28NE4	Dadizeele	50° 49.052'N 3° 04.362'E	K34
Barclay Farm	20SE3	Westroosebeke	50° 56.457'N 2° 59.111'E	V3
Bard Cottage	28NW2	St Julien	50° 52.613'N 2° 52.152'E	B24
Bardenbrug	28SW1	Kemmel	50° 48.480'N 2° 49.870'E	N3
Bards Causeway	28NW2	St Julien	50° 52.881'N 2° 52.276'E	C13
Bargain House	28NE2	Moorslede	50° 53.567'N 3° 07.393'E	F8
Bargues	36SE3	Seclin	50° 34.813'N 3° 02.018'E	V6
Barisis	70DNW4	St. Gobain	49° 34.777'N 3° 19.948'E	H23
Barkenham	36NW2	Armentieres	50° 42.806'N 2° 55.293'E	C10
Barking	28NW2	St Julien	50° 52.971'N 2° 54.367'E	C15
Barlette Farm	36NW3	Fleurbaix	50° 38.843'N 2° 48.936'E	H26
Barleux	62CSW2	Barleux	49° 53.731'N 2° 53.405'E	N18
Barleux Bridge	20SW4	Bixschoote	50° 55.810'N 2° 53.355'E	U8
Barleux Copse	62CSW2	Barleux	49° 54.046'N 2° 54.462'E	O7
Barley Copse	20SE2	Hooglede	50° 59.479'N 3° 04.934'E	Q5
Barley Corner	28NE4	Dadizeele	50° 50.584'N 3° 10.335'E	L18
Barn Fork	28NE4	Dadizeele	50° 51.113'N 3° 10.470'E	L12
Barnards Farm	20SE2	Hooglede	50° 59.696'N 3° 04.517'E	Q5
Barnes	28NW2	St Julien	50° 53.576'N 2° 55.870'E	C11
Barnes Corner	20SE4	Roulers	50° 56.262'N 3° 05.625'E	W12
Barnes Farm	28NW1	Elverdinghe	50° 53.883'N 2° 44.922'E	A3
Barney Road	28SW1	Kemmel	50° 47.431'N 2° 49.862'E	N15
Barnsley	28NW2	St Julien	50° 52.438'N 2° 50.516'E	B22
Barnton Farm	20SE1	Staden	50° 58.134'N 3° 01.432'E	Q19
Baron Farm	27SE2	Berthen	50° 47.777'N 2° 36.822'E	Q10
Barossa	28SW4	Ploegsteert	50° 45.085'N 2° 53.265'E	U8
Barracade House	28SW4	Ploegsteert	50° 44.008'N 2° 54.845'E	U22
Barrack Junction	28NW4	Zillebeke	50° 50.859'N 2° 52.894'E	I7
Barracks	12NE2 & 4	Ostende	51° 13.411'N 2° 55.340'E	I5
Barracks	36SE1	Haubourdin	50° 37.828'N 3° 03.996'E	Q3
Barracks	57BNW1	Cambrai	50° 10.685'N 3° 13.615'E	A10
Barracks	57BNW1	Cambrai	50° 10.255'N 3° 14.593'E	A17
Barracks	62CNW4	Peronne	49° 55.818'N 2° 56.309'E	I28
Barracks	66CSW4	La Fere	49° 39.780'N 3° 22.224'E	U20
Barrel House	28SW4	Ploegsteert	50° 44.570'N 2° 52.659'E	U13
Barrie Sidings	28NW1	Elverdinghe	50° 51.752'N 2° 48.012'E	H1
Barristers Corner	28NE2	Moorslede	50° 52.773'N 3° 09.573'E	F23
Barron Cforner	28NE4	Dadizeele	50° 51.540'N 3° 05.056'E	K5
Barrow	28NW2	St Julien	50° 53.476'N 2° 54.514'E	C9
Barrow Fork	28NE4	Dadizeele	50° 50.639'N 3° 09.875'E	L17
Barry	28NW2	St Julien	50° 53.130'N 2° 54.718'E	C16
Barsdam	20NE3	Zarren	51° 00.951'N 2° 58.097'E	J20
Barter Farm	36ANE2	Vieux Berquin	50° 43.044'N 2° 38.275'E	E6
Barteux Ravine	57CSE2	Gonnelieu	50° 03.310'N 3° 11.359'E	R35
Barteux Spur	57CSE2	Gonnelieu	50° 03.603'N 3° 10.716'E	R29
Barton Farm	20SE3	Westroosebeke	50° 56.952'N 3° 01.069'E	P36
Bas Chemin	36NE1	Quesnoy	50° 43.324'N 3° 00.952'E	D5
Bas Copse	62CNE3	Buire	49° 55.383'N 3° 02.478'E	J36
Bas d'Annesin	36ASE4	Locon	50° 33.125'N 2° 38.536'E	W23

Bas Flandre	36SW2	Radinghem	50° 36.000'N 2° 53.151'E	O25
Bas Hamel	36ANE3	Haverskerque	50° 37.997'N 2° 30.891'E	J31
Bas Maisnil	36SW2	Radinghem	50° 37.480'N 2° 52.237'E	N12
Bas Plat	36NE1	Quesnoy	50° 42.527'N 3° 03.658'E	E15
Bas Pommereau	36SW1	Aubers	50° 35.421'N 2° 48.962'E	N32
Bas Quartier Farm	28SE4	Ronq	50° 45.251'N 3° 08.708'E	X9
Bas Rieux	36ASE3	Gonnehem	50° 33.349'N 2° 30.761'E	V13
Bas Trou	36NW4	Bois Grenier	50° 39.582'N 2° 56.699'E	I24
Bas Warneton	28SE3	Comines	50° 45.240'N 2° 57.881'E	V7
Basin Wood	57DNE3+4	Hebuterne	50° 06.107'N 2° 38.545'E	K28
Baskerville	62BSW2	Fonsommes	49° 52.634'N 3° 23.092'E	O33
Basket Wood	57BSW3	Honnecourt	50° 01.719'N 3° 14.461'E	S16
Bass Copse	20SE1	Staden	50° 57.645'N 3° 02.746'E	Q26
Bass Farm	28NE4	Dadizeele	50° 50.647'N 3° 05.567'E	K18
Bass Wood	28NE3	Gheluvelt	50° 50.194'N 2° 58.285'E	J20
Bassé Boulogne	62CNE2	Epéhy	49° 59.195'N 3° 09.993'E	F16
Basse Cense Farm	28SE2	Menin	50° 47.454'N 3° 08.860'E	R22
Basse Flandre	28SE2	Menin	50° 47.014'N 3° 05.139'E	Q29
Basse Noyelle	36C(44A) SE1	Dourges	50° 25.517'N 2° 59.681'E	P21
Basse Rue	36SW4	Sainghin	50° 33.595'N 2° 54.253'E	U21
Basseije	28SW2	Wytschaete	50° 47.841'N 2° 50.651'E	N16
Basset Cottage	36ANE1	Morbecque	50° 41.698'N 2° 35.398'E	E19
Basseux	51CSE3	Ransart	50° 13.540'N 2° 38.677'E	Q34
Basseville Cabt.	28SE1	Wervicq	50° 48.880'N 2° 58.218'E	P2
Basseville Cabt.	28SW2	Wytschaete	50° 48.878'N 2° 58.314'E	P2
Basseville Farm	28SE1	Wervicq	50° 48.432'N 2° 57.512'E	P7
Basseville Farm	28SW2	Wytschaete	50° 48.421'N 2° 57.523'E	P7
Basseville Wood	28NE3	Gheluvelt	50° 49.015'N 2° 58.507'E	J32
Basuto Fork	28NE2	Moorslede	50° 53.251'N 3° 05.196'E	E17
Bat Copse	28NE2	Moorslede	50° 54.037'N 3° 04.562'E	E4
Bat Corner	28NE4	Dadizeele	50° 51.020'N 3° 10.045'E	L17
Battersea Bridge	36B(44B) NE2	Beuvry	50° 31.692'N 2° 43.251'E	F11
Battersea Farm	28NW4	Zillebeke	50° 49.935'N 2° 55.739'E	I23
Battery 15 Farm	12SW1	Nieuport	51° 09.415'N 2° 49.096'E	N1
Battery 62 Farm	12SW1	Nieuport	51° 09.449'N 2° 48.032'E	N8
Battery Copse	57CSW1	Guedecourt	50° 04.988'N 2° 48.633'E	M12
Battery Copse	62CNW1	Maricourt	49° 58.624'N 2° 50.201'E	B20
Battery House	36SW2	Radinghem	50° 37.657'N 2° 53.499'E	O2
Batteuse Farm	20SW1	Loo	50° 58.449'N 2° 47.569'E	N13
Battle	28NW2	St Julien	50° 52.844'N 2° 54.063'E	C15
Battle Wood	28NW4	Zillebeke	50° 49.031'N 2° 56.005'E	I35
Battye Farm	27NE2	Proven	50° 52.124'N 2° 39.061'E	F25
Bauvin	36C(44A) NW2	Bauvin	50° 30.982'N 2° 53.662'E	C19
Bavaria House	28NW2	St Julien	50° 51.961'N 2° 56.367'E	C30
Bavaroisa House	20SE3	Westroosebeke	50° 54.416'N 2° 57.156'E	V25
Bawtry Farm	20SE4	Roulers	50° 55.560'N 3° 09.958'E	X17
Bax Cottage	28SW3	Bailleul	50° 43.466'N 2° 47.508'E	S30
Baxter House	36ANE2	Vieux Berquin	50° 41.718'N 2° 37.724'E	E22
Bay Farm	28SW2	Wytschaete	50° 46.820'N 2° 53.850'E	O26
Bayaroise House	20SE3 & 28NE1-3	Poelcappelle	50° 54.419'N 2° 57.155'E	V25
Baylands Wood	20SE2	Hooglede	50° 59.655'N 3° 06.565'E	R1
Bays Wood	62BSW4	Homblieres	49° 50.270'N 3° 23.534'E	U28
Baza Cottage	28NW3	Poperinghe	50° 49.032'N 2° 44.892'E	G33
Bazelaar	12SW2	Slype	51° 08.150'N 2° 53.691'E	O27
Bazentin-le-Grand	57CSW3	Longueval	50° 01.519'N 2° 46.654'E	S15
Bazentin-le-Grand Wood	57CSW3	Longueval	50° 01.498'N 2° 46.121'E	S14
Bazentin-le-Petit	57CSW3	Longueval	50° 01.858'N 2° 45.715'E	S8
Bazentin-le-Petit Wood	57CSW3	Longueval	50° 01.742'N 2° 45.436'E	S8
Bazincourt Farm	62CNW4	Peronne	49° 56.216'N 2° 53.872'E	H24
Bazincourt Wood	62CNW4	Peronne	49° 56.233'N 2° 53.386'E	H24
Beach Farm	20SW2	Zwartegat	50° 58.053'N 2° 50.425'E	N22
Beadle Farm	28NE2	Moorslede	50° 52.111'N 3° 05.763'E	E30

Beak Farm	27SE1	St Sylvestre	50° 46.767'N 2° 30.858'E	P20
Beale Farm	28SW3	Bailleul	50° 45.135'N 2° 49.377'E	T9
Bean Copse	51BNE4	Cantin	50° 18.368'N 3° 08.160'E	L14
Bean Farm	28NW1	Elverdinghe	50° 53.005'N 2° 44.723'E	A15
Bear Copse	20SE3 & 28NE1-3	Poelcappelle	50° 55.476'N 2° 55.547'E	U17
Bear Copse	20SW4	Bixschoote	50° 55.473'N 2° 55.548'E	U17
Beater Farm	36ANE1	Morbecque	50° 41.610'N 2° 35.446'E	E19
Beau Puits	36SW3	Richebourg	50° 32.843'N 2° 48.025'E	S30
Beau Sejour	36NE2	Tourcoing	50° 43.534'N 3° 07.769'E	F2
Beau Terrain	12NW3 & 4	Middlekerke	51° 10.690'N 2° 47.556'E	H31
Beaucamp	57CSE2	Gonnelieu	50° 04.966'N 3° 07.001'E	Q12
Beaucamp Ridge	57CSE2	Gonnelieu	50° 04.389'N 3° 06.799'E	Q24
Beaucamps	36SW2	Radinghem	50° 36.214'N 2° 55.142'E	O21
Beaucourt sur Ancre	57DSE1 & 2	Beaumont	50° 04.761'N 2° 41.279'E	R7
Beaufort	66ENE4	Beaufort	49° 46.581'N 2° 40.073'E	K5
Beaufort Cross	12NW3 & 4	Middlekerke	51° 10.548'N 2° 47.648'E	H31
Beaulencourt	57CSW2	Villers-Au-Flos	50° 04.499'N 2° 52.766'E	N17
Beaulieu	70DNW4	St. Gobain	49° 36.051'N 3° 21.820'E	I7
Beaulieu Farm	36ANE2	Vieux Berquin	50° 40.893'N 2° 37.548'E	E28
Beaumetz	62CSE1	Bouvincourt	49° 54.146'N 3° 02.664'E	P12
Beaumetz Woods No 1	62CSE1	Bouvincourt	49° 53.812'N 3° 01.323'E	P16
Beaumetz Woods No 2	62CSE1	Bouvincourt	49° 53.854'N 3° 01.827'E	P17
Beaumetz Woods No 3	62CSE1	Bouvincourt	49° 54.156'N 3° 01.849'E	P11
Beaumetz-les-Loges	51CSE2	Beaumetz	50° 14.513'N 2° 39.165'E	Q23
Beaumetz-lez-Cambrai	57CNE3	Hermies	50° 07.253'N 2° 58.861'E	J19
Beaumont	36C(44A) SE3	Esquerchin	50° 23.439'N 2° 58.133'E	V7
Beaumont Hamel	57DSE1 & 2	Beaumont	50° 05.023'N 2° 39.407'E	Q11
Beaupré	36ANE4	Merville	50° 38.116'N 2° 40.655'E	L32
Beaupré Chateau	36SE1	Haubourdin	50° 36.046'N 2° 59.398'E	P27
Beaurains	51BSW1	Neuville Vitasse	50° 15.785'N 2° 47.351'E	M11
Beauregard	62BNW4	Ramicourt	49° 56.940'N 3° 23.020'E	I16
Beauregard Dovecote	57DNE4 & 5	Achiet	50° 06.102'N 2° 43.322'E	L28
Beaurevoir	62BNW1	Gouy	49° 59.849'N 3° 18.460'E	B10
Beaurevoir Mill	62BNW1	Gouy	49° 59.554'N 3° 18.108'E	B15
Beaurevoir Ridge	57BSW4	Serain	50° 00.682'N 3° 18.750'E	T28
Beausejour Farm	20SW3	Oostvleteren	50° 55.044'N 2° 49.806'E	T22
Beautor	70DNW2	Servais	49° 38.924'N 3° 20.936'E	B6
Beauvoir Copse	62CSE3	Athies	49° 51.000'N 3° 03.692'E	W13
Beauvoorde Farm	27NE4	Abeele	50° 48.849'N 2° 36.981'E	K34
Beauvoorde Line Start	27NE3	Winnezeele	50° 49.318'N 2° 36.540'E	K27
Beauvoorde Wood	27NE4	Abeele	50° 48.964'N 2° 36.657'E	K33
Beauvoorde Wood	27NE4	Abeele	50° 48.964'N 2° 36.657'E	K34
Beaver Corner	28SW1	Kemmel	50° 47.425'N 2° 49.359'E	N15
Beaver Dam	12NW3 & 4	Middlekerke	51° 10.697'N 2° 51.401'E	H36
Beaver Hall	28SW1	Kemmel	50° 46.186'N 2° 48.152'E	N31
Beaver Hall Camp	28SW1	Kemmel	50° 46.174'N 2° 48.131'E	N31
Beaver Hat	28SW2	Wytschaete	50° 46.996'N 2° 51.182'E	N23
Becasse Corner	20SE1	Staden	50° 57.650'N 2° 58.621'E	P27
Becelaere	28NE3	Gheluvelt	50° 50.877'N 3° 01.500'E	J18
Beck House	28NE1	Zonnebeke	50° 52.441'N 2° 57.335'E	D19
Becket Corner	36ANE2	Vieux Berquin	50° 41.117'N 2° 40.579'E	F26
Becordel-Becourt	62DNE2	Méaulte	49° 59.371'N 2° 41.135'E	F7
Becourt	57DSE4	Ovillers	50° 00.320'N 2° 41.487'E	X25
Becourt Wood	62DNE2	Méaulte	50° 00.044'N 2° 41.521'E	F1
Becquincourt	62CSW1	Dompierre	49° 54.550'N 2° 48.904'E	M6
Bedding Cottages	27SE2	Berthen	50° 48.220'N 2° 38.277'E	Q5
Bedeleem Farm	20SW3	Oostvleteren	50° 55.115'N 2° 46.076'E	S23
Bedford Camp	28NW1	Elverdinghe	50° 53.409'N 2° 47.063'E	A12
Bedford Camp	28NW4	Ypres	50° 51.003'N 2° 51.680'E	H12
Bedford Farm	28NW1	Elverdinghe	50° 53.378'N 2° 47.346'E	A12
Bedford Farm	36ANE3	Haverskerque	50° 39.195'N 2° 36.501'E	K21
Bedford House	28NW4	Zillebeke	50° 49.701'N 2° 53.444'E	I26

Name	Sheet	Location	Coordinates	Ref
Bedford House Camp	28NW4	Zillebeke	50° 49.673'N 2° 53.418'E	I26
Bedford Junction	28NW4	Zillebeke	50° 49.805'N 2° 53.543'E	I26
Bedford Road	36ANE3	Haverskerque	50° 39.091'N 2° 36.591'E	K21
Bedon Copse	28NE2	Moorslede	50° 53.710'N 3° 09.025'E	F10
Bedouin Triangle	28NE2	Moorslede	50° 52.581'N 3° 04.217'E	E22
Bee Farm	20SE2	Hooglede	50° 58.290'N 3° 07.855'E	R21
Bee Farm	28SW2	Wytschaete	50° 47.309'N 2° 55.929'E	O23
Bee Farm	28SW2	Wytschaete	50° 47.313'N 2° 55.927'E	O23
Beecham	28NE1	Zonnebeke	50° 53.213'N 2° 59.449'E	D16
Beecham Farm	28SE1	Wervicq	50° 47.342'N 2° 59.551'E	P22
Beecham Farm	28SW2	Wytschaete	50° 47.322'N 2° 59.548'E	P22
Beechbank Farm	20SE2	Hooglede	50° 58.094'N 3° 05.751'E	Q24
Beef House	12SW1	Nieuport	51° 09.654'N 2° 46.311E	M12
Beek Farm	20SE3 & 28NE1-3	Poelcappelle	50° 52.889'N 2° 56.298'E	C18
Beek Farm	28SW2	Wytschaete	50° 46.913'N 2° 55.936'E	O29
Beek Farm	28SW2	Wytschaete	50° 46.943'N 2° 55.930'E	O23
Beek Houses	20SE3 & 28NE1-3	Poelcappelle	50° 54.792'N 2° 58.026'E	V20
Beek Villas	20SE3 & 28NE1-3	Poelcappelle	50° 55.197'N 2° 56.726'E	U24
Beek Villas	20SW4	Bixschoote	50° 55.181'N 2° 55.702'E	U24
Beer	28NW2	St Julien	50° 53.037'N 2° 53.505'E	C14
Beer Wood	66DNW1	Punchy	49° 49.329'N 2° 48.590'E	A5
Beerbohm Houses	28NE2	Moorslede	50° 53.980'N 3° 08.869'E	F10
Beerst	20NW2	Leke	51° 03.509'N 2° 53.180'E	4674
Beeston	28NW2	St Julien	50° 53.306'N 2° 55.257'E	C16
Beet Factory	57CSE1	Bertincourt	50° 03.915'N 3° 03.583'E	Q19
Beet Factory	57CSE2	Gonnelieu	50° 05.030'N 3° 07.142'E	Q12
Beet Factory	57CSE4	Villers-Guislain	50° 01.821'N 3° 08.712'E	X14
Beet Factory	62CSE1	Bouvincourt	49° 53.728'N 3° 03.874'E	Q13
Beet Factory	66ENE4	Beaufort	49° 45.182'N 2° 39.426'E	K22
Beethoven Farm	20SW2	Zwartegat	50° 58.765'N 2° 53.509'E	O8
Beetle Farm	20SW2	Zwartegat	50° 59.481'N 2° 56.532'E	O6
Beetroot Factory	57CSE1	Bertincourt	50° 05.273'N 2° 59.252'E	P8
Beetroot Factory	62CSW1	Dompierre	49° 53.638'N 2° 49.321'E	M18
Beetroot Factory	66CNW2	Itancourt	49° 48.889'N 3° 25.243'E	C18
Beetroot Factory	66CNW4	Berthenicourt	49° 45.427'N 3° 21.900'E	I26
Beetroot Factory	66CSW4	La Fere	49° 41.400'N 3° 23.775'E	U4
Beetroot Factory	66DNW1	Punchy	49° 48.409'N 2° 48.016'E	A16
Beet-root Factory	57CNE4	Marcoing	50° 07.558'N 3° 07.650'E	L13
Beet-root Factory	57CSE3	Sorel-le-Grand	50° 02.551'N 2° 59.509'E	V2
Beezle Farms	36ANE1	Morbecque	50° 40.985'N 2° 31.318'E	D26
Bégard Wood No 1	62CSE1	Bouvincourt	49° 53.149'N 2° 59.146'E	P19
Bégard Wood No 2	62CSE1	Bouvincourt	49° 53.089'N 2° 59.240'E	P19
Bégard Wood No 3	62CSE1	Bouvincourt	49° 53.064'N 2° 59.393'E	P19
Beggars Rest	28SW2	Wytschaete	50° 48.566'N 2° 52.011'E	N6
Begger's Corner	20SE1	Staden	50° 57.745'N 3° 00.234'E	P29
Beilby Farm	36ANE1	Morbecque	50° 42.783'N 2° 35.964'E	E2
Bel Aise	57BSW1	Bantouzelle	50° 04.855'N 3° 15.506'E	M18
Bel Vue	20SE2	Hooglede	50° 58.718'N 3° 06.041'E	Q18
Belchiers Cottages	28SW4	Ploegsteert	50° 43.987'N 2° 54.710'E	U21
Belean Mill	28SE4	Ronq	50° 45.040'N 3° 04.706'E	W16
Belfrey	57DNE2	Essarts	50° 08.970'N 2° 43.111'E	F28
Belfrey	57DNE2+57CNW1	Courcelles	50° 08.970'N 2° 43.111'E	F28
Belfry	57CNW1	Gomiecourt	50° 08.979'N 2° 43.111'E	F28
Belgian Wood	28NE3	Gheluvelt	50° 49.044'N 2° 57.682'E	J31
Belgium Battery Corner	28NW4	Ypres	50° 50.295'N 2° 51.668'E	H24
Belgium Chateau	28NW4	Ypres	50° 50.268'N 2° 51.253'E	H23
Belgrade Cross Roads	20SW2	Zwartegat	50° 57.506'N 2° 55.098'E	O28
Bell Buildings	28SE1	Wervicq	50° 48.682'N 2° 58.548'E	P2
Bell Buildings	28SW2	Wytschaete	50° 48.682'N 2° 58.544'E	P2
Bell Copse	62BNW3	Bellicourt	49° 55.485'N 3° 13.780'E	G33
Bell Farm	20SE3	Westroosebeke	50° 56.278'N 2° 58.441'E	V9
Bell Farm	28SW4	Ploegsteert	50° 46.147'N 2° 52.594'E	O31

Bellacourt	51CSE2	Beaumetz	50° 13.747'N 2° 40.799'E	R31
Belle	28NW2	St Julien	50° 52.522'N 2° 53.403'E	C20
Belle Croix Farm	27SE4	Meteren	50° 43.471'N 2° 41.279'E	X27
Belle Inconnue Farm	12SW1	Nieuport	51° 08.367'N 2° 48.986'E	N27
Belle Vue Cabaret	28SW1	Kemmel	50° 46.735'N 2° 48.752'E	N26
Bellecourt Farm	62BSW2	Fonsommes	49° 54.668'N 3° 20.689'E	N12
Bellegoed Camp	28NW4	Ypres	50° 49.681'N 2° 52.271'E	H30
Bellegoed Farm	28NW4	Zillebeke	50° 49.657'N 2° 52.337'E	I25
Bellenglise	62BNW3	Bellicourt	49° 55.362'N 3° 14.619'E	G34
Bellenglise Mill	62BNW3	Bellicourt	49° 55.501'N 3° 15.096'E	G35
Bellenville	36B(44B) NE2	Beuvry	50° 31.235'N 2° 42.601'E	F16
Bellerive	36ASE3	Gonnehem	50° 34.363'N 2° 34.483'E	V12
Bellevue	28NE1	Zonnebeke	50° 53.940'N 2° 59.838'E	D4
Bellevue	66CSW4	La Fere	49° 40.619'N 3° 25.533'E	U12
Bellevue	66CSW4	La Fere	49° 40.438'N 3° 24.752'E	U17
Bellevue	62BSW3	St. Quentin	49° 51.201'N 3° 18.082'E	T15
Bellevue Farm	62BNW1	Gouy	49° 59.904'N 3° 17.758'E	B9
Bellevue Farm	62CSW2	Barleux	49° 54.296'N 2° 55.644'E	O9
Bellevue Valley	62BNW1	Gouy	49° 59.972'N 3° 16.777'E	B7
Bellewaarde Farm	28NW4	Zillebeke	50° 51.132'N 2° 56.369'E	I12
Bellewarde Ridge	28NE3	Gheluvelt	50° 51.128'N 2° 57.112'E	J7
Bellicourt	62BNW3	Bellicourt	49° 57.580'N 3° 14.127'E	G10
Bellonne	51BNE3	Noyelle-sous-Bellonne	50° 18.142'N 3° 02.498'E	J18
Belloy en-Santerre	62CSW1	Dompierre	49° 52.973'N 2° 51.312'E	N21
Bellvue	28NW2	St Julien	50° 52.570'N 2° 55.217'E	C22
Bellvue Farm	62DNE2	Méaulte	49° 59.778'N 2° 39.531'E	E5
Belmont	28SW3	Bailleul	50° 43.737'N 2° 49.773'E	T27
Belmont Farm	28NW2	St Julien	50° 52.856'N 2° 51.312'E	B17
Belmont Lines	28SW3	Bailleul	50° 43.775'N 2° 49.636'E	T27
Below Farm	28NW2	St Julien	50° 53.284'N 2° 54.040'E	C15
Belt Cottages	27SE1	St Sylvestre	50° 48.321'N 2° 31.195'E	P2
Belxage Farm	36ASE4	Locon	50° 33.119'N 2° 38.079'E	W22
Ben Cottages	20SE2	Hooglede	50° 57.187'N 3° 09.472'E	R35
Bench Farm	51BNW4	Fampoux	50° 16.736'N 2° 56.893'E	I35
Bench House	28NE2	Moorslede	50° 52.196'N 3° 06.828'E	F25
Bend Farm	20SE1	Staden	50° 58.126'N 3° 01.176'E	P24
Benedict Cross Roads	27SE4	Meteren	50° 45.000'N 2° 42.514'E	X11
Benedictine	12NW3 & 4	Middlekerke	51° 10.942'N 2° 48.169'E	H26
Benedictine Abbey	12NE3	Oudenburg	51° 11.163'N 3° 00.423'E	J30
Benefit Row	36ANE2	Vieux Berquin	50° 41.694'N 2° 42.619'E	F23
Bengal Cottages	27SE2	Berthen	50° 47.751'N 2° 43.281'E	R18
Benger Copse	27SE2	Berthen	50° 48.131'N 2° 42.983'E	R11
Benger Corner	27SE2	Berthen	50° 48.753'N 2° 43.200'E	R12
Bénifontaine	36C(44A) NW3	Loos	50° 29.065'N 2° 49.699'E	H14
Benin House	36ANE1	Morbecque	50° 40.595'N 2° 32.978'E	J4
Benjamin Godard Junction	20SW2	Zwartegat	50° 58.205'N 2° 55.063'E	O22
Benson's Farm	28NW1	Elverdinghe	50° 54.082'N 2° 46.051'E	A5
Bent Road Camp	28NW2	St Julien	50° 52.054'N 2° 53.491'E	C26
Benton Farm	36ANE1	Morbecque	50° 42.455'N 2° 33.756'E	D11
Berbaert Farm	20SW3	Oostvleteren	50° 54.267'N 2° 46.197'E	S29
Berceau Farm	12SW3	Ramscappelle	51° 06.478'N 2° 49.596'E	T10
Berclau	36C(44A) NW2	Bauvin	50° 31.338'N 2° 52.404'E	B18
Berg Wood	20SE1	Staden	50° 57.973'N 3° 00.649'E	P24
Bergen	20NE2	Zedelghem	51° 05.120'N 3° 09.702'E	6577
Berghe Farm	28SW2	Wytschaete	50° 47.580'N 2° 51.163'E	N17
Bergmolens	20SE4	Roulers	50° 55.217'N 3° 07.821'E	X21
Berkelhof Farm	12SW3	Ramscappelle	51° 05.280'N 2° 47.748'E	T25
Berks House	20SE3	Westroosebeke	50° 54.669'N 2° 58.504'E	V27
Berks Houses	20SE3 & 28NE1-3	Poelcappelle	50° 54.642'N 2° 58.553'E	V27
Berkshire Farm	36ASE1	St. Venant	50° 36.539'N 2° 35.866'E	Q14
Berles-au-Bois	51CSE3	Ransart	50° 12.065'N 2° 37.585'E	W15
Berlin	28NE1	Zonnebeke	50° 53.496'N 2° 59.006'E	D9

Berlin Wood	28NE1	Zonnebeke	50° 53.468'N 2° 59.404'E	D10
Berlloz Cross Roads	20SW2	Zwartegat	50° 58.988'N 2° 56.481'E	O12
Bernadette Farm	20SE3	Westroosebeke	50° 56.003'N 2° 58.460'E	V9
Bernafay Wood	57CSW3	Longueval	50° 00.508'N 2° 47.762'E	S29
Bernard Pleats Bridge	20SW3	Oostvleteren	50° 55.352'N 2° 49.554'E	T15
Bernes	62CSE2	Vermand	49° 54.551'N 3° 06.186'E	Q10
Bernes Wood	62CSE2	Vermand	49° 55.042'N 3° 06.704'E	Q5
Berneville	51CSE2	Beaumetz	50° 16.045'N 2° 40.086'E	Q6
Bernic Farm	20SE3	Westroosebeke	50° 55.942'N 3° 00.079'E	V11
Berniere Farm	36SW2	Radinghem	50° 36.601'N 2° 52.196'E	N18
Berny Wood	62CSW3	Vermandovillers	49° 51.709'N 2° 51.006'E	T2
Berny-en-Santerre	62CSW3	Vermandovillers	49° 51.877'N 2° 50.903'E	T2
Berruches Wood	66CSW4	La Fere	49° 40.836'N 3° 21.130'E	U7
Berry Cottages	28NE3	Gheluvelt	50° 49.801'N 2° 58.691'E	J27
Bersaucourt	66DNW1	Punchy	49° 47.975'N 2° 51.657'E	B21
Bertaucourt-Epourdon	70DNW2	Servais	49° 37.387'N 3° 23.097'E	C21
Bertenacre	27SE2	Berthen	50° 46.617'N 2° 37.666'E	Q29
Bertha Farm	20NW4	Dixmunde	51° 00.826'N 2° 56.341'E	I24
Berthaucourt In ruins	62BSW1	Gricourt	49° 54.274'N 3° 12.985'E	M8
Berthen	27SE2	Berthen	50° 46.998'N 2° 41.697'E	R22
Berthenicourt	66CNW4	Berthenicourt	49° 46.317'N 3° 23.018'E	I15
Berthier Farm	20SE3	Westroosebeke	50° 56.023'N 2° 57.291'E	V7
Berthonval Farm	51CNE2	Ecoivres	50° 21.334'N 2° 43.120'E	F4
Berthonval Wood	51CNE2	Ecoivres	50° 21.756'N 2° 43.062'E	F4
Berthonval Wood	62CSW1	Dompierre	49° 53.774'N 2° 46.647'E	M15
Bertincourt	57CSE1	Bertincourt	50° 05.144'N 2° 58.921'E	P7
Berwick	28NW2	St Julien	50° 54.167'N 2° 56.123'E	C6
Berwick Farm	20SE2	Hooglede	50° 59.487'N 3° 04.028'E	Q4
Berwick Farm	28SE1	Wervicq	50° 47.176'N 2° 59.447'E	P22
Berwick Farm	28SW2	Wytschaete	50° 47.175'N 2° 59.459'E	P22
Besace Farm	20NW4	Dixmunde	51° 01.192'N 2° 54.609'E	I16
Besace Farm	20SE3	Westroosebeke	50° 55.760'N 2° 57.576'E	V14
Besant Farm	28SW3	Bailleul	50° 44.832'N 2° 50.228'E	T16
Beston Farm	28SW3	Bailleul	50° 44.159'N 2° 49.912'E	T21
Bet House	28NE2	Moorslede	50° 52.361'N 3° 05.631'E	E30
Béthencourt	66DNW2	Morchain	49° 47.717'N 2° 57.939'E	C23
Bethléem	28SE4	Ronq	50° 45.160'N 3° 08.578'E	X9
Bethléem	36SW4	Sainghin	50° 34.167'N 2° 51.387'E	T11
Bethleem Farm	12SW3	Ramscappelle	51° 06.682'N 2° 44.921'E	S10
Bethleem Farm	28SW4	Ploegsteert	50° 45.602'N 2° 54.580'E	U3
Bethune	36B(44B) NE2	Beuvry	50° 31.916'N 2° 38.286'E	E11
Bètricourt Farm	36C(44A) SW4	Rouvroy	50° 23.879'N 2° 54.245'E	U2
Betterole Camp	28SW3	Bailleul	50° 45.160'N 2° 49.574'E	T9
Betterole Farm	28SW3	Bailleul	50° 45.125'N 2° 49.467'E	T9
Betton Farm	20SE4	Roulers	50° 56.735'N 3° 10.357'E	X6
Beucher Wood	62CNW3	Vaux	49° 55.108'N 2° 49.367'E	G24
Beugnâtre	57CNW4	Beugny	50° 07.753'N 2° 52.562'E	H11
Beugny	57CNW4	Beugny	50° 07.148'N 2° 55.964'E	I22
Beukle Farm	28SE1	Wervicq	50° 46.318'N 3° 01.642'E	P36
Beulemens House	20SW4	Bixschoote	50° 55.021'N 2° 51.457'E	T24
Beurre Mill	57BNW1	Cambrai	50° 08.801'N 3° 14.463'E	G5
Beusignies	36SW4	Sainghin	50° 34.496'N 2° 57.259'E	U12
Beuvry	36B(44B) NE2	Beuvry	50° 31.354'N 2° 40.801'E	F14
Bevedyk Farm	12SW3	Ramscappelle	51° 05.084'N 2° 49.420'E	T27
Bevel Farm	28NE2	Moorslede	50° 53.227'N 3° 05.627'E	E18
Beveren	20SE2	Hooglede	50° 58.100'N 3° 08.679'E	R22
Bevis House	28SW3	Bailleul	50° 43.716'N 2° 49.117'E	T26
Bexhill Farm	20SE2	Hooglede	50° 57.485'N 3° 05.230'E	Q29
Beythem	28NE2	Moorslede	50° 53.585'N 3° 06.902'E	F7
Biache St Vaast	51BNW4	Fampoux	50° 18.584'N 2° 56.864'E	I11
Biaches	62CNW4	Peronne	49° 56.443'N 2° 54.650'E	I25
Biaches Wood	62CNW4	Peronne	49° 55.172'N 2° 54.870'E	I32

Bias	62CSE1	Bouvincourt	49° 54.158'N 3° 00.129'E	P8
Bias Farm	62CSE1	Bouvincourt	49° 53.836'N 3° 00.307'E	P15
Bias House	27NE3	Winnezeele	50° 51.217'N 2° 30.373'E	J1
Bias Woods	62CSE1	Bouvincourt	49° 53.773'N 3° 00.889'E	P15
Bib Crossing	20SE2	Hooglede	50° 59.773'N 3° 09.014'E	R4
Bibby Farm	27SE4	Meteren	50° 45.871'N 2° 39.495'E	R31
Bibge Cottage	28NW4	Ypres	50° 51.539'N 2° 51.026'E	H5
Bichecourt Wood	57CSE3	Sorel-le-Grand	50° 02.383'N 3° 03.220'E	W7
Bicks Farm	28NE2	Moorslede	50° 52.533'N 3° 06.055'E	F21
Bida Farm	28NW3	Poperinghe	50° 49.154'N 2° 43.912'E	G32
Bidgee Farm	28SW1	Kemmel	50° 48.217'N 2° 47.549'E	M12
Bidston Building	20SE1	Staden	50° 57.349'N 3° 02.542'E	Q26
Biebuyk	20SE1	Staden	50° 58.435'N 3° 03.359'E	Q15
Biefvillers-les-Bapaume	57CNW3	Bapaume	50° 06.932'N 2° 49.347'E	H19
Bien Acquis Farm	20NW3	Lampernisse	51° 01.846'N 2° 48.224'E	4071
Bienvillers-au-Bois	57DNE 1&2	Fonquevillers	50° 10.515'N 2° 37.246'E	E2
Biera Farm	28NW3	Poperinghe	50° 49.478'N 2° 44.830'E	G27
Biez Wood	57DNE 1&2	Fonquevillers	50° 08.401'N 2° 40.875'E	L1
Biez Wood	57DNE2	Essarts	50° 08.401'N 2° 40.875'E	L1
Bifur	20SW3	Oostvleteren	50° 55.728'N 2° 43.416'E	S7
Big Bill	62BNW3	Bellicourt	49° 56.112'N 3° 12.633'E	G26
Big Bosun Hill	62BSW2	Fonsommes	49° 53.327'N 3° 22.830'E	O21
Big Bull Cottage	28SW4	Ploegsteert	50° 45.624'N 2° 52.816'E	U1
Big Clump	28NW2	St Julien	50° 53.902'N 2° 52.597'E	C1
Bihécourt	62CSE2	Vermand	49° 53.633'N 3° 10.042'E	R21
Bihucourt	57CNW3	Bapaume	50° 07.603'N 2° 47.958'E	G17
Bihucourt	57DNE4 & 5	Achiet	50° 07.558'N 2° 47.923'E	G17
Bijou Farm	20NW4	Dixmunde	50° 59.811'N 2° 55.297'E	I35
Bike Farm	20SE1	Staden	50° 59.330'N 2° 59.107'E	P4
Bilhem	57CSE2	Gonnelieu	50° 05.484'N 3° 06.199'E	Q5
Bill Corner	20SE2	Hooglede	50° 58.719'N 3° 06.041'E	Q18
Bill Cottage	28NW2	St Julien	50° 51.825'N 2° 56.633'E	I6
Billancourt	66DNW4	Nesle	49° 44.186'N 2° 53.712'E	H36
Billet Farm	36NW4	Bois Grenier	50° 39.396'N 2° 53.237'E	I20
Billet Post	20SW4	Bixschoote	50° 55.024'N 2° 53.324'E	U20
Billiard Copse	62BNW3	Bellicourt	49° 56.407'N 3° 15.216'E	G23
Billon Copse	62DNE2	Méaulte	49° 58.277'N 2° 44.763'E	F24
Billon Farm	62DNE2	Méaulte	49° 58.305'N 2° 45.081'E	F24
Billon Wood	62CNW1	Maricourt	49° 58.291'N 2° 45.452'E	A19
Billy	36C(44A) NW2	Bauvin	50° 30.798'N 2° 51.368'E	B23
Billy Montigny	36C(44A) SW2	Harnes	50° 25.079'N 2° 54.758'E	O27
Bilmont	28SE4	Ronq	50° 45.472'N 3° 07.766'E	X8
Biltong Farm	27NE3	Winnezeele	50° 48.699'N 2° 32.383'E	J34
Binge Farm	36ANE1	Morbecque	50° 41.731'N 2° 33.660'E	D23
Binghams	20SE4	Roulers	50° 54.930'N 3° 09.208'E	X22
Binney Farm	28SW3	Bailleul	50° 45.613'N 2° 48.410'E	T1
Birbeck House	28SW3	Bailleul	50° 45.987'N 2° 48.950'E	N32
Birch House	20SE2	Hooglede	50° 58.915'N 3° 05.579'E	Q12
Birch Tree Wood	57DSE4	Ovillers	50° 00.779'N 2° 43.069'E	X21
Birch Tree Wood	66CSW4	La Fere	49° 41.146'N 3° 19.091'E	T4
Bird Bridge	36ANE3	Haverskerque	50° 38.728'N 2° 34.961'E	K25
Bird Farm	20NE3	Zarren	51° 00.965'N 2° 57.208'E	J19
Bird House	20SE3 & 28NE1-3	Poelcappelle	50° 54.611'N 2° 55.636'E	U29
Birdkin House	28NW4	Zillebeke	50° 49.918'N 2° 56.230'E	I24
Birdkin House Tunnel	28NW4	Zillebeke	50° 49.930'N 2° 56.257'E	I24
Birds Wood	66CSW4	La Fere	49° 40.978'N 3° 24.352'E	U11
Birma	28NE1	Zonnebeke	50° 52.869'N 3° 01.032'E	D24
Birma Copse	28NE1	Zonnebeke	50° 52.914'N 3° 01.238'E	D24
Birmingham	28NW2	St Julien	50° 54.113'N 2° 52.709'E	C1
Birmingham Spur	28NW4	Ypres	50° 50.507'N 2° 50.578'E	H16
Birr Barracks	28SW1	Kemmel	50° 46.763'N 2° 46.541'E	M29
Birr Cross Roads	28NW4	Zillebeke	50° 50.842'N 2° 55.861'E	I17

Name	Map	Location	Coordinates	Grid
Birthday Farm	28SW4	Ploegsteert	50° 46.024'N 2° 53.220'E	O32
Biscay House	27NE3	Winnezeele	50° 48.737'N 2° 31.129'E	J32
Bishops Corner	36ANE2	Vieux Berquin	50° 40.638'N 2° 41.098'E	L3
Bismarek Woods No 1	62CSW1	Dompierre	49° 52.614'N 2° 50.494'E	N26
Bismarek Woods No 2	62CSW1	Dompierre	49° 52.562'N 2° 50.875'E	N26
Bismarek Woods No 3	62CSW1	Dompierre	49° 52.428'N 2° 50.303'E	N26
Bitter Wood	28NE3	Gheluvelt	50° 49.738'N 2° 58.193'E	J26
Biuliet Farm	28SE4	Ronq	50° 45.653'N 3° 08.147'E	X3
Bixschoote	20SW4	Bixschoote	50° 55.573'N 2° 51.886'E	T18
Black Cottage	28SW2	Wytschaete	50° 47.435'N 2° 52.357'E	N18
Black Cottages	28NE3	Gheluvelt	50° 49.212'N 2° 58.831'E	J33
Black Farm	20SE2	Hooglede	50° 57.274'N 3° 09.443'E	R35
Black Hedge	62DNE2	Méaulte	49° 59.665'N 2° 44.755'E	F12
Black Triangle House	12SW1	Nieuport	51° 08.489'N 2° 48.002'E	N20
Black Watch Corner	28NE3	Gheluvelt	50° 50.896'N 2° 58.886'E	J15
Black Wood	62CNW3	Vaux	49° 55.007'N 2° 49.058'E	G36
Black Wood	62DNE2	Méaulte	50° 00.084'N 2° 39.531'E	E5
Blackbird Copse	66CNW4	Berthenicourt	49° 45.634'N 3° 20.663'E	H24
Blackbird Farm	20SE2	Hooglede	50° 59.555'N 3° 07.030'E	R2
Blackdown	62BNW3	Bellicourt	49° 56.570'N 3° 14.417'E	G22
Blackford Farm	20SE1	Staden	50° 58.580'N 3° 03.047'E	Q15
Blackfriars Bridge	36ASE1	St. Venant	50° 35.254'N 2° 34.552'E	P36
Blackfriars Bridge	57DNE3+4	Hebuterne	50° 06.004'N 2° 38.110'E	K27
Blackwell Farm	28NE4	Dadizeele	50° 50.999'N 3° 04.923'E	K11
Blackwood Camp	28NW1	Elverdinghe	50° 53.755'N 2° 46.169'E	A5
Blade House	27NE3	Winnezeele	50° 50.207'N 2° 35.820'E	K14
Blaireville	51CSE4	Blaireville	50° 13.209'N 3° 42.957'E	X4
Blaireville Wood	51CSE4	Blaireville	50° 13.365'N 3° 43.369'E	R34
Blake Cross Roads	20SE3	Westroosebeke	50° 54.659'N 3° 02.690'E	W26
Blamont Mill	51CSE2	Beaumetz	50° 13.919'N 3° 42.540'E	R27
Blanc Bols	28SE4	Ronq	50° 43.871'N 3° 05.097'E	W30
Blanc Four	28SE4	Ronq	50° 44.376'N 3° 06.980'E	X19
Blanche Banniere	28SE3	Comines	50° 45.189'N 3° 02.311'E	W7
Blanche Post	51BNW3	Arras	50° 19.040'N 2° 49.292'E	H1
Blanchecourt	70DNW2	Servais	49° 39.015'N 3° 25.508'E	C6
Blanche-Maison Tile Works	36C(44A) SE1	Dourges	50° 25.609'N 3° 03.274'E	Q20
Blanco Farm	20SE1	Staden	50° 57.386'N 3° 00.560'E	P29
Blanco House	36NW4	Bois Grenier	50° 38.277'N 2° 53.631'E	I32
Bland Farm	28SW3	Bailleul	50° 44.303'N 2° 49.812'E	T21
Blandrisse	28SE4	Ronq	50° 46.070'N 3° 04.127'E	Q34
Blangy	51BNW3	Arras	50° 17.681'N 2° 48.027'E	G24
Blank Farm	36ANE4	Merville	50° 38.831'N 2° 37.053'E	K27
Blankaart Chateau	20SW2	Zwartegat	50° 59.050'N 2° 52.281'E	O7
Blankaart Farm	20SW3	Oostvleteren	50° 55.282'N 2° 44.706'E	S15
Blankenberghe	4SE 2 & 4	Blankenberghe	51° 18.709'N 3° 07.962'E	R34
Blasthell	28NW4	Zillebeke	50° 50.335'N 2° 55.012'E	I22
Blauw Duyve Kot Farm	4SE 2 & 4	Blankenberghe	51° 17.573'N 3° 07.251'E	X9
Blauw Huis Farm	20NW1	Nieuport	51° 04.799'N 2° 47.499'E	3976
Blauw Voet Bridge	12SW3	Ramscappelle	51° 05.749'N 2° 48.071'E	T20
Blauwe Poort Farm	28NW4	Zillebeke	50° 49.714'N 2° 54.436'E	I27
Blauwen Melon	28SW4	Ploegsteert	50° 46.114'N 2° 54.268'E	O33
Blauwentoren Farm	20SE2	Hooglede	50° 57.358'N 3° 08.577'E	R34
Blauwepoortbeek	28SW2	Wytschaete	50° 46.381'N 2° 55.232'E	O34
Blauwhof Farm	12SW2	Slype	51° 08.168'N 2° 52.447'E	O25
Blauwhof Farm	12SW3	Ramscappelle	51° 07.000'N 2° 46.321'E	S6
Blauwhuis Farm	27NE4	Abeele	50° 51.310'N 2° 37.571'E	K5
Blavet Wood	66ENE4	Beaufort	49° 44.335'N 2° 45.139'E	L35
Ble Croix	36NW3	Fleurbaix	50° 38.266'N 2° 44.210'E	G32
Bleak House	36ANE3	Haverskerque	50° 38.963'N 2° 35.824'E	K20
Bleak House	57CSE2	Gonnelieu	50° 04.468'N 3° 10.874'E	R17
Bleak Quarry	57BSW1	Bantouzelle	50° 04.346'N 3° 11.816'E	M19
Bleat Farm	20SE4	Roulers	50° 55.689'N 3° 05.224'E	W17

Name	Sheet	Location	Coordinates	Ref
Blécourt	51ASW3	Eswars	50° 13.154'N 3° 12.731'E	S9
Bleekery	27NE2	Proven	50° 52.951'N 2° 39.049'E	F11
Blegnaert Farm	28SE1	Wervicq	50° 48.207'N 3° 00.907'E	P11
Blessing Farm	28NE2	Moorslede	50° 51.758'N 3° 08.075'E	L3
Bletchley	28NW2	St Julien	50° 53.075'N 2° 51.626'E	B18
Bleu	36ANE2	Vieux Berquin	50° 41.537'N 2° 39.892'E	F19
Bleu Bourdeau	36NE1	Quesnoy	50° 41.172'N 3° 01.444'E	D30
Bleuet Farm	28NW1	Elverdinghe	50° 53.351'N 2° 49.959'E	B10
Blind Mans' Fork	20SE1	Staden	50° 59.344'N 3° 02.187'E	Q2
Blindee Farm	20SW3	Oostvleteren	50° 55.546'N 2° 49.107'E	T15
Blindee House	20NW4	Dixmunde	51° 01.779'N 2° 51.240'E	H11
Blink House	27NE3	Winnezeele	50° 50.305'N 2° 30.253'E	J13
Blinker Farms	28NE4	Dadizeele	50° 50.954'N 3° 04.503'E	K16
Blinker Farms	28NE4	Dadizeele	50° 51.000'N 3° 04.540'E	K10
Bliss Cottage	27SE1	St Sylvestre	50° 47.620'N 2° 35.634'E	Q14
Blither Farm	36ANE1	Morbecque	50° 41.596'N 2° 33.217'E	D23
Blob Farm	36ANE1	Morbecque	50° 41.147'N 2° 32.969'E	D28
Block House Farm	12SW1	Nieuport	51° 09.657'N 2° 48.177'E	N8
Block Post	20SW4	Bixschoote	50° 54.269'N 2° 53.379'E	U26
Blockhouse Copse	62CSW3	Vermandovillers	49° 50.218'N 2° 46.822'E	S21
Bloke Hose	27NE3	Winnezeele	50° 49.407'N 2° 35.276'E	K26
Bloks Chapel	20SW3	Oostvleteren	50° 55.750'N 2° 43.840'E	S8
Blokstraat Cabt.	28SE1	Wervicq	50° 47.676'N 3° 01.714'E	Q13
Blonde Corner	20SE2	Hooglede	50° 57.793'N 3° 05.857'E	Q30
Blondin House	28SW3	Bailleul	50° 44.006'N 2° 47.473'E	S24
Blood Putteken	20NW4	Dixmunde	51° 02.336'N 2° 52.460'E	I1
Bloodstone Corner	20SW2	Zwartegat	50° 57.937'N 2° 53.708'E	O21
Bloomer Farm	28SW3	Bailleul	50° 43.994'N 2° 48.193'E	T19
Blot Farm	27NE3	Winnezeele	50° 49.232'N 2° 31.976'E	J27
Blount Farm	28SW3	Bailleul	50° 43.563'N 2° 47.926'E	T25
Blow Building	28NE2	Moorslede	50° 52.302'N 3° 06.157'E	E30
Bloxam Farm	28SW3	Bailleul	50° 44.044'N 2° 48.828'E	T20
Blucher Wood	66ENE4	Beaufort	49° 45.046'N 2° 44.719'E	L23
Blue Copse	62CNE3	Buire	49° 57.095'N 2° 59.428'E	J8
Blue Corner	20SE2	Hooglede	50° 58.286'N 3° 09.348'E	R23
Blue House	20SE3 & 28NE1-3	Poelcappelle	50° 55.079'N 2° 55.086'E	U24
Blue House	20SW4	Bixschoote	50° 55.095'N 2° 56.087'E	U24
Blue House	66ENE4	Beaufort	49° 45.205'N 2° 44.374'E	L22
Blue Mill Cross Roads	20SW4	Bixschoote	50° 55.277'N 2° 52.101'E	T18
Blue Port	28NW4	Zillebeke	50° 49.831'N 2° 54.809'E	I28
Bluerbell Copse	20SE2	Hooglede	50° 59.438'N 3° 07.720'E	R3
Bluff Junction	28NW4	Zillebeke	50° 49.084'N 2° 54.525'E	I33
Blush Farm	28SW3	Bailleul	50° 43.847'N 2° 47.742'E	S30
Blyth	28NW2	St Julien	50° 52.992'N 2° 55.776'E	C17
Blyton House	20SE4	Roulers	50° 55.723'N 3° 04.505'E	W16
Boar Copse	57CSE2	Gonnelieu	50° 05.558'N 3° 06.933'E	Q6
Boardman Fork	20SE4	Roulers	50° 54.546'N 3° 04.502'E	W28
Boaze's Farm	36ASE1	St. Venant	50° 36.312'N 2° 35.900'E	Q20
Bobbin Farm	36ANE2	Vieux Berquin	50° 40.908'N 2° 37.932'E	E29
Bobstay Castle	28NW4	Ypres	50° 51.153'N 2° 51.410'E	H11
Bocage Shed	12SW1	Nieuport	51° 08.888'N 2° 48.368'E	N20
Bochcastel	28NW2	St Julien	50° 53.538'N 2° 54.814'E	C10
Bochcastel Estamit	28NW2	St Julien	50° 53.498'N 2° 54.923'E	C10
Boche House	28NW2	St Julien	50° 53.785'N 2° 52.995'E	C8
Bodger Farm	28SW3	Bailleul	50° 45.693'N 2° 48.195'E	T1
Bodmin Copse	28NE3	Gheluvelt	50° 50.056'N 2° 57.501'E	J19
Bodo Farm	27NE4	Abeele	50° 49.555'N 2° 41.833'E	L28
Boellmann Farm	20SW2	Zwartegat	50° 57.806'N 2° 54.038'E	O21
Boemeval	27NE1	Herzeele	50° 52.258'N 2° 30.622'E	D19
Boeschèpe	27SE2	Berthen	50° 47,992'N 2° 42.482'E	R10
Boeschepe Ballast Spur	27SE2	Berthen	50° 48.054'N 2° 40.433'E	R8
Boeschepe Line	27SE2	Berthen	50° 48.221'N 2° 42.142'E	R10-R5

Boesinghe	28NW2	St Julien	50° 53.738'N 2° 51.339'E	B11
Boesinghe Point Junction	28NW4	Ypres	50° 51.093'N 2° 51.978'E	H12
Boesinghe Sidings	28NW2	St Julien	50° 53.422'N 2° 51.506'E	B12
Boethoek	28NE1	Zonnebeke	50° 53.191'N 2° 58.851'E	D15
Boetieer	20SE3 & 28NE1-3	Poelcappelle	50° 53.606'N 2° 58.120'E	D8
Boetieer	28NE1	Zonnebeke	50° 53.611'N 2° 58.116'E	D8
Bogaert Farm	28SW2	Wytschaete	50° 46.890'N 2° 52.782'E	O25
Bogey Farm	20SE1	Staden	50° 58.055'N 3° 02.165'E	Q19
Boggart Hole	57CNE3	Hermies	50° 06.302'N 3° 04.718'E	K33
Bogle Farm	36ANE2	Vieux Berquin	50° 43.072'N 2° 42.762'E	F5
Bogside	28NW2	St Julien	50° 52.855'N 2° 55.518'E	C17
Boil Farm	27NE2	Proven	50° 51.849'N 2° 39.659'E	F25
Boileau Farm	20NE3	Zarren	51° 02.090'N 2° 59.137'E	J10
Boiry St. Martin	51BSW3	Boisleux	50° 12.041'N 2° 45.657'E	S14
Boiry-Becquerelle	51BSW3	Boisleux	50° 12.744'N 2° 49.238'E	T7
Boiry-Notre-Dame	51BSW2	Vis-en-Artois	50° 16.342'N 2° 56.621'E	O5
Boiry-Ste-Rictrude	51BSW3	Boisleux	50° 12.026'N 2° 45.387'E	S14
Bois 125	36B(44B) SE4	Carency	50° 23.030'N 2° 42.255'E	X15
Bois â Leups	70DNW2	Servais	49° 36.775'N 3° 21.685'E	C25
Bois Blancs	36NW4	Bois Grenier	50° 38.377'N 2° 53.769'E	I32
Bois Carre	28SW2	Wytschaete	50° 48.320'N 2° 52.062'E	N12
Bois Carre	36C(44A) SW3	Vimy	50° 22.572'N 2° 46.344'E	S22
Bois Carré	36C(44A) NW3	Loos	50° 28.593'N 2° 47.271'E	G17
Bois Carré	51BNW1	Roclincourt	50° 21.016'N 2° 48.733'E	B7
Bois Confluent	28SW2	Wytschaete	50° 48.420'N 2° 52.666'E	O1
Bois de Abbaye	36SE1	Haubourdin	50° 37.219'N 2° 59.352'E	P9
Bois de Berthonval	36B(44B) SE4	Carency	50° 21.891'N 2° 43.117'E	X28
Bois de Bonval	36C(44A) SW3	Vimy	50° 21.947'N 2° 48.000'E	S30
Bois de Bouche	51BSE3	Cagnicourt	50° 12.085'N 3° 00.648'E	V22
Bois de Bouvigny	36B(44B) SE4	Carency	50° 24.213'N 2° 41.214'E	R32
Bois de Bouvigny Observatory	36B(44B) SE4	Carency	50° 24.163'N 2° 42.326'E	X4
Bois de Carency	36B(44B) SE4	Carency	50° 23.040'N 2° 43.360'E	X17
Bois de Cocret	51BSE4	Marquion	50° 12.790'N 3° 06.694'E	W12
Bois de Dames	36C(44A) NW3	Loos	50° 28.484'N 2° 50.513'E	H21
Bois de Dix-huit	36C(44A) NW3	Loos	50° 27.646'N 2° 50.127'E	H33
Bois de Givenchy	36C(44A) SW3	Vimy	50° 23.924'N 2° 45.711'E	S3
Bois de la Buequiere	51BNE1	Brébières	50° 19.565'N 3° 02.820'E	E25
Bois de la Chaudière	36C(44A) SW3	Vimy	50° 23.432'N 2° 49.247'E	T7
Bois de la Folie	36C(44A) SW3	Vimy	50° 22.399'N 2° 47.268'E	S23
Bois de la Haie	36B(44B) SE4	Carency	50° 23.512'N 2° 40.212'E	X7
Bois de la Maison Blanche	51BNW3	Arras	50° 19.064'N 2° 49.173'E	H1
Bois de la Ville	51BNW1	Roclincourt	50° 21.466'N 2° 49.097'E	B1
Bois de l'Ecluse	51BNE3	Noyelle-sous-Bellonne	50° 18.015'N 3° 01.350'E	J23
Bois de l'Hirondelle	36C(44A) SW3	Vimy	50° 24.233'N 2° 47.132'E	S5
Bois de l'Hospice	36SE3	Seclin	50° 33.148'N 3° 00.165'E	V28
Bois de l'Offlardé	36C(44A) SE1	Dourges	50° 27.314'N 3° 02.978'E	Q1
Bois de Loison	51BSE3	Cagnicourt	50° 12.580'N 3° 00.660'E	V16
Bois de Marœnil	51CNE2	Ecoivres	50° 20.056'N 2° 41.787'E	F21
Bois de Noulette	36B(44B) SE2	Boyeffles	50° 24.990'N 2° 42.484'E	R28
Bois de Ploegsteert	28SW4	Ploegsteert	50° 44.281'N 2° 53.330'E	U20
Bois de Puits	51BSE2	Oisy-le-Verger	50° 14.344'N 3° 07.799'E	R25
Bois de Quatorze	36C(44A) NW3	Loos	50° 28.004'N 2° 50.021'E	H27
Bois de Quesnoy	51BSE2	Oisy-le-Verger	50° 16.605'N 3° 06.812'E	Q18
Bois de Récourt	51BSE1	Saudemont	50° 15.791'N 3° 02.146'E	P12
Bois de Rive Farm	36SE3	Seclin	50° 35.035'N 2° 57.432'E	V1
Bois de Rive Farm	36SW4	Sainghin	50° 35.029'N 2° 57.404'E	U6
Bois de Sart	51BSW2	Vis-en-Artois	50° 16.453'N 2° 55.440'E	O3
Bois de Savy	62BSW3	St. Quentin	49° 50.492'N 3° 12.592'E	S20
Bois de Souchez	36C(44A) SW3	Vimy	50° 23.264'N 2° 44.345'E	S7
Bois de Vaulx	57CNW2	Vaulx-Vraucourt	50° 08.924'N 2° 55.645'E	C27
Bois de Verdrel	36B(44B) SE2	Boyeffles	50° 25.733'N 2° 37.768'E	Q16
Bois de Verlinghem	36NE1	Quesnoy	50° 40.957'N 2° 59.341'E	J3

Bois de Wytschaete	28SW2	Wytschaete	50° 47.185'N 2° 52.458'E	O19
Bois d'en Haut	62CNW1	Maricourt	49° 59.093'N 2° 48.785'E	A18
Bois des Alleux	51CNE2	Ecoivres	50° 21.481'N 2° 40.930'E	F2
Bois des Aubepines	51BSW2	Vis-en-Artois	50° 16.461'N 2° 54.667'E	O2
Bois des Boeufs	51BSW1	Neuville Vitasse	50° 16.385'N 2° 49.642'E	N2
Bois des Corbeaux	66CNW2	Itancourt	49° 47.251'N 3° 20.884'E	H6
Bois des Crapouillots	28NW2	St Julien	50° 53.990'N 2° 51.598'E	B6
Bois des Ecouloirs	36C(44A) SW3	Vimy	50° 22.010'N 2° 45.193'E	S14
Bois d'Harponlieu	36C(44A) SE1	Dourges	50° 27.089'N 2° 59.409'E	P3
Bois d'Hollande	57DSE1 & 2	Beaumont	50° 05.036'N 2° 41.720'E	R8
Bois d'Inchy	51BSE3	Cagnicourt	50° 11.219'N 3° 01.104'E	V28
Bois d'Inchy	57CNE1	Queant	50° 11.183'N 3° 01.107'E	D4
Bois du Biez	36SW3	Richebourg	50° 34.631'N 2° 47.500'E	S6
Bois du Carosse Trees cut Down	51BSE3	Cagnicourt	50° 11.217'N 3° 00.016'E	V27
Bois du Champ Pourri	36C(44A) SW3	Vimy	50° 22.695'N 2° 47.448'E	S23
Bois du Froissart	36B(44B) SE2	Boyeffles	50° 26.007'N 2° 39.266'E	Q18
Bois du Goulot	36C(44A) SW3	Vimy	50° 21.904'N 2° 48.431'E	S30
Bois du Sart	51BNW4	Fampoux	50° 16.550'N 2° 55.295'E	I33
Bois du Vert	51BSW2	Vis-en-Artois	50° 15.941'N 2° 55.206'E	O9
Bois en Hache	36C(44A) SW3	Vimy	50° 24.105'N 2° 45.125'E	S2
Bois en T	36C(44A) SW4	Rouvroy	50° 22.083'N 2° 55.774'E	U28
Bois Farm	28NW2	St Julien	50° 54.190'N 2° 51.809'E	B6
Bois Francale	62DNE2	Méaulte	49° 59.395'N 2° 43.154'E	F9
Bois Hugo	36C(44A) NW3	Loos	50° 27.864'N 2° 49.256'E	H26
Bois II	36C(44A) SW3	Vimy	50° 23.909'N 2° 44.828'E	S2
Bois Mailard	57BSW3	Honnecourt	50° 01.836'N 3° 14.663'E	S17
Bois Muiron	36C(44A) NW2	Bauvin	50° 32.374'N 2° 54.492'E	C3
Bois Quarante	28SW2	Wytschaete	50° 48.098'N 2° 52.712'E	O7
Bois Rasé	36C(44A) NW3	Loos	50° 27.590'N 2° 49.099'E	H31
Bois Riaumont	36C(44A) SW1	Lens	50° 25.125'N 2° 47.527'E	M29
Bois Rivaux	36C(44A) SE3	Esquerchin	50° 23.294'N 3° 02.899'E	W13
Bois Rollencourt	36C(44A) SW1	Lens	50° 24.806'N 2° 45.803'E	M27
Bois Soufflard	51BSE1	Saudemont	50° 15.483'N 2° 58.223'E	P13
Bois Soufflard	51BSW2	Vis-en-Artois	50° 16.150'N 2° 57.822'E	O18
Bois Vilain	36C(44A) SW4	Rouvroy	50° 22.671'N 2° 53.804'E	U19
Bois-Bernard	36C(44A) SW4	Rouvroy	50° 22.851'N 2° 54.807'E	U21
Bois-Grenier	36NW4	Bois Grenier	50° 38.952'N 2° 52.445'E	H30
Boisileux-au-Mont	51BSW3	Boisleux	50° 12.601'N 2° 46.941'E	S10
Boisleux St Marc	51BSW3	Boisleux	50° 12.697'N 2° 47.905'E	S11
Boitshoucke	12SW3	Ramscappelle	51° 05.333'N 2° 44.905'E	S27
Bolan Farm	27NE4	Abeele	50° 49.176'N 2° 38.453'E	K30
Bold Farm	36ANE1	Morbecque	50° 42.367'N 2° 33.012'E	D10
Bollaartbeek Junction	28NW4	Zillebeke	50° 49.089'N 2° 52.715'E	I31
Bolo Farm	36NW2	Armentieres	50° 42.438'N 2° 55.296'E	C16
Bolo House	36NW2	Armentieres	50° 42.431'N 2° 55.151'E	C16
Bolton Bank	57CSE4	Villers-Guislain	50° 02.121'N 3° 10.677'E	X11
Bolton Farm	28NW4	Ypres	50° 50.037'N 2° 50.190'E	H22
Bolton Keep	36NW2	Armentieres	50° 41.084'N 2° 51.468'E	B29
Bolus Cottage	28SW3	Bailleul	50° 44.023'N 2° 47.216'E	S24
Bomb Farm	28SW2	Wytschaete	50° 47.668'N 2° 56.512'E	O18
Bon Porc Farm	20SW1	Loo	50° 58.570'N 2° 48.040'E	N13
Bonabus Farm	57BSW3	Honnecourt	50° 02.474'N 3° 15.090'E	S11
Bonaparte Farm	20SE3	Westroosebeke	50° 56.354'N 2° 59.962'E	V5
Bonar Cross	36ANE4	Merville	50° 39.746'N 2° 37.232'E	K16
Bonar Farm	36ANE4	Merville	50° 39.784'N 2° 37.399'E	K16
Bonavis	57BSW1	Bantouzelle	50° 04.734'N 3° 11.902'E	M13
Bonavis Ridge	57CSE2	Gonnelieu	50° 04.705'N 3° 11.278'E	R17
Bondi House	28SE3	Comines	50° 45.557'N 2° 57.667'E	V1
Bondues	36NE2	Tourcoing	50° 42.229'N 3° 05.502'E	E17
Bondulle Farm	28SW2	Wytschaete	50° 47.783'N 2° 53.966'E	O15
Bones Post	36SW3	Richebourg	50° 34.740'N 2° 44.693'E	S2
Bonne Enfance Copse	57BSW1	Bantouzelle	50° 04.193'N 3° 16.307'E	N19

Bonne Enfance Farm	57BSW1	Bantouzelle	50° 03.831'N 3° 15.509'E	M30
Bonney Farm	20SE3	Westroosebeke	50° 55.804'N 3° 03.379'E	W15
Bontems	36SW2	Radinghem	50° 37.152'N 2° 55.681'E	O10
Bontoff Farm	20SE4	Roulers	50° 55.451'N 3° 05.789'E	W18
Bony	62BNW1	Gouy	49° 59.285'N 3° 13.390'E	K15
Bony Point	62BNW1	Gouy	49° 59.657'N 3° 13.994'E	K10
Boo Farm	20SE2	Hooglede	50° 58.776'N 3° 09.958'E	R17
Booby Buildings	20SE1	Staden	50° 59.001'N 3° 00.647'E	P12
Boodle Farm	27SE2	Berthen	50° 48.506'N 2° 42.452'E	R5
Boom Wood	28NE2	Moorslede	50° 51.771'N 3° 05.313'E	K5
Boomerang Copse	62CNE3	Buire	49° 57.461'N 3° 00.069'E	J9
Boon Farm	28NE2	Moorslede	50° 51.870'N 3° 08.188'E	L3
Boone Camp	27NE4	Abeele	50° 50.400'N 2° 39.409'E	L13
Boonhoek	28NE2	Moorslede	50° 51.826'N 3° 07.960'E	L3
Boonor	28NW2	St Julien	50° 53.268'N 2° 54.314'E	C15
Boor Copse	62BSW2	Fonsommes	49° 54.980'N 3° 21.518'E	O2
Boot Factory Wervicq	28SE1	Wervicq	50° 46.472'N 3° 02.463'E	Q31
Booth Farm	28NW1	Elverdinghe	50° 53.058'N 2° 44.073'E	A14
Booze Farm	28NW1	Elverdinghe	50° 51.763'N 2° 48.223'E	H1
Borba House	27NE3	Winnezeele	50° 49.106'N 2° 33.190'E	J29
Borden Camp	27NE4	Abeele	50° 51.252'N 2° 36.621'E	K3
Border Camp	28NW1	Elverdinghe	50° 52.028'N 2° 47.213'E	A30
Border House	20SE3 & 28NE1-3	Poelcappelle	50° 53.313'N 2° 56.486'E	C18
Border House	28NW2	St Julien	50° 53.311'N 2° 56.486'E	C18
Border Post	51BNW1	Roclincourt	50° 20.681'N 2° 48.633'E	B13
Borderer Ridge	57CSE2	Gonnelieu	50° 04.154'N 3° 06.932'E	Q24
Borogrove Trees	62CNW3	Vaux	49° 57.430'N 2° 49.943'E	H1
Borry Farm	28NE1	Zonnebeke	50° 51.341'N 2° 57.509'E	D25
Bosche Cross Roads	20SW4	Bixschoote	50° 54.852'N 2° 51.887'E	T24
Boschoek	20SW1	Loo	50° 57.026'N 2° 47.171'E	M36
Boschscheedewege	20NE1	Chistelles	51° 02.645'N 3° 00.425'E	5472
Bosham Farm	36ANE4	Merville	50° 39.054'N 2° 36.962'E	K21
Bosky Wood	66ENE4	Beaufort	49° 46.547'N 2° 40.601'E	K6
Bosquet Farm	20SW4	Bixschoote	50° 56.447'N 2° 50.960'E	T5
Bosquet Farm	57CSE4	Villers-Guislain	50° 01.820'N 3° 11.664'E	X18
Bossaert Farm	20SW3	Oostvleteren	50° 55.006'N 2° 45.360'E	S22
Bossaert Farm	28NW2	St Julien	50° 52.662'N 2° 55.985'E	C23
Bossuet Fork	20NE3	Zarren	51° 01.886'N 2° 59.370'E	J10
Bossy Quarry	62CNE4	Roisel	49° 57.412'N 3° 10.872'E	L11
Bostin Farm	28NE1	Zonnebeke	50° 52.429'N 2° 58.367'E	D20
Boston	28NW2	St Julien	50° 53.228'N 2° 55.953'E	C17
Boston	28NW2	St Julien	50° 51.904'N 2° 56.363'E	C30
Boston	36ANE1	Morbecque	50° 42.894'N 2° 34.225'E	D6
Bosun Farm	62BSW2	Fonsommes	49° 53.248'N 3° 22.351'E	O27
Bosun Valley	62BSW2	Fonsommes	49° 53.732'N 3° 22.677'E	O21
Boswell Cottage	36ANE2	Vieux Berquin	50° 42.266'N 2° 37.699'E	E16
Botany Bend	27NE3	Winnezeele	50° 48.842'N 2° 31.448'E	J33
Botha Farm	27SE4	Meteren	50° 43.328'N 2° 38.178'E	W29
Botha Farm	28SW3	Bailleul	50° 43.617'N 2° 48.926'E	T26
Bottle Buildings	28NE2	Moorslede	50° 52.591'N 3° 09.285'E	F22
Bottom Bridge	51BSW2	Vis-en-Artois	50° 14.360'N 2° 55.654'E	O27
Bottom Copse	62BSW3	St. Quentin	49° 51.629'N 3° 15.238'E	S11
Bottom Wood	57DSE4	Ovillers	50° 00.505'N 2° 44.107'E	X29
Bottom Wood	62BSW4	Homblieres	49° 51.178'N 3° 19.723'E	T17
Bouchavesnes	62CNW2	Bouchavesnes	49° 59.056'N 2° 55.307'E	C14
Bouchoir	66ENE4	Beaufort	49° 44.865'N 2° 40.389'E	K24
Boucly	62CNE3	Buire	49° 56.087'N 3° 03.009'E	J24
Boudry Farm	20SW3	Oostvleteren	50° 55.355'N 2° 48.491'E	T26
Boue Farm	20NW4	Dixmunde	51° 00.697'N 2° 50.128'E	H22
Bouleaux Copse	62BNW4	Ramicourt	49° 55.264'N 3° 21.388'E	I31
Bouleaux Wood	57CSW3	Longueval	50° 01.107'N 2° 51.392'E	N21
Bouleaux Woods 1	62CNE2	Epéhy	49° 58.443'N 3° 08.352'E	F25

Bouleaux Woods 2	62CNE2	Epéhy	49° 58.408'N 3° 08.667'E	F26
Boulogne Wood	62CSW2	Barleux	49° 53.728'N 2° 52.116'E	N16
Boulon	57CNE2	Bourlon	50° 10.662'N 3° 06.892'E	E12
Boundary Road	28NW2	St Julien	50° 52.793'N 2° 53.947'E	C21
Boundry Farm	28NW4	Zillebeke	50° 51.352'N 2° 55.333'E	I10
Bounty Farm	36ANE2	Vieux Berquin	50° 43.252'N 2° 42.610'E	F5
Bourbaki Cross Roads	20SW2	Zwartegat	50° 57.151'N 2° 55.563'E	O35
Bourcheuil	36C(44A) SE1	Dourges	50° 26.194'N 2° 57.906'E	P13
Bourdeaux Farm	28NE1	Zonnebeke	50° 53.066'N 2° 59.051'E	D15
Bourg	36SW4	Sainghin	50° 32.799'N 2° 57.224'E	U30
Bourkes	36ASE3	Locon	50° 34.964'N 2° 37.609'E	Q34
Bourlon Wood	57CNE2	Bourlon	50° 10.208'N 3° 07.823'E	F13
Bourne	28NW2	St Julien	50° 53.053'N 2° 54.504'E	C15
Bourne Farm	28SW1	Kemmel	50° 46.256'N 2° 46.345'E	M35
Boursies	57CNE3	Hermies	50° 08.369'N 3° 01.867'E	J5
Bousbecque	28SE2	Menin	50° 46.328'N 3° 04.736'E	Q34
Bousbecque	28SE4	Ronq	50° 46.328'N 3° 04.736'E	Q34
Bousbecque Chateau	28SE2	Menin	50° 46.449'N 3° 04.321'E	Q34
Bousmaere Farm	20SW1	Loo	50° 58.932'N 2° 45.585'E	M10
Boussat Farm	28NW2	St Julien	50° 53.502'N 2° 50.405'E	B10
Bout Deville	36ASE2	Lestrem	50° 35.583'N 2° 41.187'E	R24
Bout Deville Post	36ASE2	Lestrem	50° 36.218'N 2° 43.369'E	R23
Bout Farm	28NE2	Moorslede	50° 52.659'N 3° 04.961'E	E23
Boute Farm	20SW3	Oostvleteren	50° 56.061'N 2° 45.494'E	S10
Bouvigny-Boyeffles	36B(44B) SE2	Boyeffles	50° 25.302'N 2° 40.177'E	R19
Bouvincourt	62CSE1	Bouvincourt	49° 53.498'N 3° 02.253'E	P23
Bouvines Farm	20SW4	Bixschoote	50° 54.251'N 2° 50.539'E	T28
Bouwen Farm	28SW2	Wytschaete	50° 47.917'N 2° 54.058'E	O9
Bouwen Farm	28SW2	Wytschaete	50° 47.917'N 2° 54.058'E	O9
Bovekerke	20NE1	Chistelles	51° 03.260'N 2° 57.822'E	5173
Bovent	62CSW3	Vermandovillers	49° 51.282'N 2° 49.575'E	T7
Bovent Copse	62CSW3	Vermandovillers	49° 51.475'N 2° 49.268'E	S6
Bovril House	27NE2	Proven	50° 51.715'N 2° 37.667'E	E29
Bow Bridge	28SW2	Wytschaete	50° 48.703'N 2° 55.702'E	O5
Bow Farm	28SW2	Wytschaete	50° 46.811'N 2° 56.628'E	O30
Bow Farm	28SW2	Wytschaete	50° 46.821'N 2° 56.641'E	O30
Bower House	20SE3	Westroosebeke	50° 55.023'N 2° 57.577'E	V8
Bowery Cottages	36ANE4	Merville	50° 40.124'N 2° 40.411'E	L8
Bowl Farm	20SE1	Staden	50° 57.082'N 2° 59.559'E	P34
Bowline House	28NW3	Poperinghe	50° 51.235'N 2° 50.030'E	H10
Bowman Farm	28SE4	Ronq	50° 45.166'N 3° 09.874'E	X11
Box	28NW2	St Julien	50° 52.823'N 2° 54.449'E	C21
Box Camp	28NW1	Elverdinghe	50° 53.660'N 2° 46.317'E	A11
Box Farm	20SW2	Zwartegat	50° 58.525'N 2° 52.765'E	O13
Box Wood	57DNE3+4	Hebuterne	50° 07.177'N 2° 40.991'E	L13
Boxers Cross Roads	28NE2	Moorslede	50° 52.694'N 3° 05.277'E	E23
Boyd Farm	28SW3	Bailleul	50° 43.766'N 2° 49.309'E	T26
Boyeffles	36B(44B) SE2	Boyeffles	50° 25.932'N 2° 40.423'E	R13
Boyelles	51BSW3	Boisleux	50° 12.239'N 2° 49.002'E	T13
Boyles Farm	28SW4	Ploegsteert	50° 45.669'N 2° 52.548'E	U1
Boyles's Farm	28SW4	Ploegsteert	50° 45.667'N 2° 52.589'E	U1
Brabant Cross Roads	20SE1	Staden	50° 57.927'N 2° 56.830'E	P19
Bracauquement	36B(44B) NE4	Noex-les-Mines	50° 27.987'N 2° 40.349'E	L25
Brace Farm	27NE4	Abeele	50° 49.282'N 2° 36.710'E	K27
Bracken Farm	36ANE2	Vieux Berquin	50° 41.375'N 2° 39.503'E	F19
Bracker House	12SW1	Nieuport	51° 08.921'N 2° 45.914'E	M17
Bracquencourt	36B(44B) SE2	Boyeffles	50° 26.455'N 2° 37.454'E	Q9
Bradawl House	27NE2	Proven	50° 51.820'N 2° 39.898'E	F25
Bradbury House	27NE3	Winnezeele	50° 49.106'N 2° 33.873'E	J30
Braddell Castle	36C(44A) NW1	LaBassee	50° 30.796'N 2° 45.074'E	A20
Braddell Point	36C(44A) NW1	LaBassee	50° 30.848'N 2° 45.245'E	A21
Bradford	28NW2	St Julien	50° 53.278'N 2° 55.709'E	C17

Bradshaw	27NE3	Winnezeele	50° 49.151'N 2° 31.657'E	J27
Brag Farm	28NE2	Moorslede	50° 52.487'N 3° 09.997'E	F29
Brahmin Bridge	27SE4	Meteren	50° 43.963'N 2° 40.386'E	X20
Brahms Farm	20SW2	Zwartegat	50° 59.229'N 2° 52.772'E	O1
Braid Farm	20SE1	Staden	50° 57.637'N 3° 01.620'E	Q25
Brain Cottage	28SW3	Bailleul	50° 45.861'N 2° 48.143'E	N31
Brake Camp	28NW1	Elverdinghe	50° 51.768'N 2° 47.197'E	A30
Brake Woods	28NW1	Elverdinghe	50° 51.693'N 2° 47.195'E	G6
Bram Copse	62CSW1	Dompierre	49° 52.527'N 2° 48.826'E	M30
Bramble Cottage	36ANE2	Vieux Berquin	50° 43.041'N 2° 38.745'E	E6
Bran Farm	12NE1	Clemskerke	51° 13.293'N 3° 00.687'E	J6
Brandhoek	20SW1	Loo	50° 57.537'N 2° 46.920'E	M30
Brandhoek	28NW3	Poperinghe	50° 51.166'N 2° 47.078'E	G12
Brandhoek Camp?	28NW3	Poperinghe	50° 51.093'N 2° 47.541'E	G12
Brandhoek Junction	28NW3	Poperinghe	50° 51.215'N 2° 47.977'E	H7
Brandon Bridge	36ANE1	Morbecque	50° 42.237'N 2° 33.615'E	D17
Brands Gully	28NE1	Zonnebeke	50° 52.165'N 2° 58.121'E	D26-J4
Brandy House	28NW1	Elverdinghe	50° 52.703'N 2° 48.030'E	B19
Brant Farm	28SW3	Bailleul	50° 44.053'N 2° 47.674'E	S24
Brash Cottage	36ANE1	Morbecque	50° 42.937'N 2° 34.621'E	D6
Brass Cross Roads	20SW2	Zwartegat	50° 58.418'N 2° 55.316'E	O17
Brassarie du Lion	12NW3 & 4	Middlekerke	51° 10.484'N 2° 48.069'E	H32
Brasserie	28SW2	Wytschaete	50° 48.638'N 2° 51.614'E	N6
Brasserie	28SE4	Ronq	50° 44.463'N 3° 04.341'E	W22
Brasserie Farm	28SW2	Wytschaete	50° 48.620'N 2° 51.506'E	N5
Brasshat Farm	36ASE1	St. Venant	50° 35.428'N 2° 35.222'E	Q25
Brassie Farm	20SE1	Staden	50° 58.493'N 3° 02.444'E	Q14
Brawlers Cross Roads	20SE1	Staden	50° 59.577'N 3° 02.807'E	Q2
Brawn House	36ANE1	Morbecque	50° 42.173'N 2° 33.895'E	D17
Bray	51CNE2	Ecoivres	50° 20.230'N 2° 41.356'E	F20
Bray Farm	20SE3	Westroosebeke	50° 54.654'N 2° 58.911'E	V27
Brayelle	51BNE1	Brébières	50° 21.614'N 3° 02.261'E	D6
Brea Buildings	20SE1	Staden	50° 59.164'N 2° 59.624'E	P10
Brea House	20SE1	Staden	50° 59.071'N 2° 57.930'E	P8
Breadfruit Farm	20SW2	Zwartegat	50° 58.558'N 2° 52.680'E	O13
Breathless Crossing	20SE1	Staden	50° 57.440'N 2° 59.176'E	P28
Brébiéres	51BNE1	Brébières	50° 20.217'N 3° 01.202'E	D23
Brecourt Bridge	20SW4	Bixschoote	50° 55.710'N 2° 53.629'E	U14
Breda Farm	27NE4	Abeele	50° 50.147'N 2° 42.786'E	L23
Breda Farm	28NW1	Elverdinghe	50° 52.857'N 2° 45.786'E	A16
Bree	27SE1	St Sylvestre	50° 46.933'N 2° 31.780'E	P21
Breech Farm	20SW2	Zwartegat	50° 59.384'N 2° 54.266'E	O3
Breedene	12NE1	Clemskerke	51° 14.097'N 2° 58.640'E	D22
Breedensteeger	20NE2	Zedelghem	51° 02.663'N 3° 09.107'E	6472
Breemeeraschen	28SW3	Bailleul	50° 44.347'N 2° 47.112'E	S24
Breese Camp Wood	28SW1	Kemmel	50° 47.951'N 2° 45.982'E	M10
Breezy Corner	28NE4	Dadizeele	50° 49.474'N 3° 06.541'E	L31
Breilen Siding	28NW2	St Julien	50° 51.928'N 2° 50.555'E	B28
Brellemont Farm	70DNW4	St. Gobain	49° 33.996'N 3° 22.867'E	I33
Brent Cottage	27SE4	Meteren	50° 45.551'N 2° 43.475'E	X6
Breskins	20NE2	Zedelghem	51° 03.196'N 3° 06.311'E	6173
Brètencourt	51CSE2	Beaumetz	50° 14.009'N 2° 41.819'E	R26
Breughel Farm	20NE3	Zarren	51° 02.177'N 2° 56.735'E	J1
Breuil	66DNW4	Nesle	49° 44.267'N 2° 57.360'E	I34
Brewers Fork	28NE2	Moorslede	50° 53.853'N 3° 06.561'E	F7
Brewery Corner	36SW3	Richebourg	50° 32.959'N 2° 44.230'E	S25
Brewery in Chez Bontemps	36C(44A) SW4	Rouvroy	50° 22.620'N 2° 54.146'E	U20
Brewery in Fonquevillers	57DNE 1&2	Fonquevillers	50° 09.184'N 2° 37.892'E	E21
Brewery in LaBassee E at Rd Junct.	36C(44A) NW1	LaBassee	50° 32.004'N 2° 48.718'E	B7
Brewery in Le Marais	36SE1	Haubourdin	50° 38.021'N 3° 00.694'E	P5
Brewery in Le Marais	36SE1	Haubourdin	50° 37.678'N 3° 00.992'E	P11
Brewery in Poelcappelle	20SE3 & 28NE1-3	Poelcappelle	50° 55.253'N 2° 57.735'E	V20

Name	Map	Location	Coordinates	Ref
Brewery in Touquet des Maqes Femmes	36NW4	Bois Grenier	50° 38.339'N 2° 52.529'E	H36
Brewery in Woumen	20NW4	Dixmunde	51° 00.180'N 2° 52.167'E	I25
Brewery in Zevecote	12SW2	Slype	51° 08.332'N 2° 55.388'E	O29
Brewery NE of Brewery Corner	36SW3	Richebourg	50° 33.103'N 2° 44.843'E	S20
Brewery S of Frelinghien	36NW2	Armentieres	50° 42.473'N 2° 55.721'E	C17
Brewery S of Large Farm	36NW4	Bois Grenier	50° 39.188'N 2° 55.272'E	I22
Brewery SE of Farm de la Faveille	36SW2	Radinghem	50° 36.216'N 2° 51.231'E	N23
Brewery SW of White City	36NW4	Bois Grenier	50° 38.402'N 2° 52.680'E	I31
Brick Heap	12SW1	Nieuport	51° 09.740'N 2° 46.507'E	M12
Brick Pile Sidings	28NW4	Zillebeke	50° 49.068'N 2° 54.001'E	I33
Brick Works in Cité St. Auguste	36C(44A) SW1	Lens	50° 26.913'N 2° 50.268'E	N3
Brick Works NW of Corvette Corner	20SE1	Staden	50° 58.916'N 2° 59.913'E	P10
Brick Works NW of Groening Polder	12SW1	Nieuport	51° 08.266'N 2° 46.006'E	M29
Brick Works SW of Og Corner	27SE4	Meteren	50° 43.935'N 2° 37.725'E	W22
Brick Works W of Achiet-le-Grand	57DNE4 & 5	Achiet	50° 07.865'N 2° 46.528'E	G9
Brick Works W of Nurlu	62CNE1	Liéramont	50° 00.118'N 3° 00.573'E	D3
Brick Yard E of Ytres	57CSE1	Bertincourt	50° 03.883'N 3° 00.262'E	P21
Brickfield E of Artillery Depot	66CSW4	La Fere	49° 39.580'N 3° 20.679'E	T24
Brickfield Near Lindenhoek	28SW1	Kemmel	50° 46.639'N 2° 49.481'E	N27
Brickfield Roncq	28SE4	Ronq	50° 45.132'N 3° 07.665'E	X8
Brickfield Wervicq	28SE1	Wervicq	50° 46.954'N 3° 02.028'E	Q25
Brickfield Wervicq	28SE2	Menin	50° 46.648'N 3° 06.965'E	R25
Brickfield by la Chapelle d'Armentieres	36NW5	Bois Grenier	50° 40.340'N 2° 53.665'E	I8
Brickfield By Station des Francs	36NE2	Tourcoing	50° 43.001'N 3° 07.955'E	F8
Brickfield E of Ablain-St Nazaire	36B(44B) SE4	Carency	50° 23.427'N 2° 42.983'E	X10
Brickfield E of Artillery Depot	66CSW4	La Fere	49° 39.487'N 3° 20.527'E	T30
Brickfield E of Haubourdin	36SE1	Haubourdin	50° 36.508'N 3° 00.189'E	P22
Brickfield E of Haubourdin	36SE1	Haubourdin	50° 36.318'N 3° 00.515'E	P23
Brickfield E of la Miterie	36NE3	Perenchies	50° 38.928'N 3° 00.237'E	J28
Brickfield in Ginchy	57CSW3	Longueval	50° 01.264'N 2° 49.960'E	N13
Brickfield N of Glue Factory	36SW2	Radinghem	50° 36.475'N 2° 57.184'E	O24
Brickfield N of Lambersart	36NE3	Perenchies	50° 39.310'N 3° 01.124'E	J23
Brickfield N of Miraumont	57DNE4 & 5	Achiet	50° 05.944'N 2° 43.902'E	L35
Brickfield N of Montigny	36C(44A) SW2	Harnes	50° 25.912'N 2° 55.938'E	O16
Brickfield N of Quarante Selles	36SE1	Haubourdin	50° 37.984'N 2° 59.345'E	P3
Brickfield N of Thilloy	57CSW1	Guedecourt	50° 05.563'N 2° 50.057'E	N2
Brickfield NE of Combles	57CSW4	Combles	50° 00.795'N 2° 52.165'E	T22
Brickfield NE of Ste. Hélene	36NE3	Perenchies	50° 39.541'N 3° 03.288'E	K20
Brickfield NE of Villers Farm	57BSW3	Honnecourt	50° 01.534'N 3° 17.821'E	T21
Brickfield Near les Ecluses	28SW4	Ploegsteert	50° 43.550'N 2° 56.828'E	U30
Brickfield Near Most	20SE4	Roulers	50° 56.777'N 3° 04.191'E	W4
Brickfield NW of Faubourg des Postes	36SE1	Haubourdin	50° 36.959'N 3° 02.214'E	Q13
Brickfield S of Asile de Nuit	36SE1	Haubourdin	50° 36.345'N 3° 03.111'E	Q20
Brickfield S of Farm Delddoulle	36NE2	Tourcoing	50° 41.528'N 3° 08.286'E	F27
Brickfield S of l'Arbrisseau	36SE1	Haubourdin	50° 35.530'N 3° 03.110'E	Q32
Brickfield S of Servais	70DNW2	Servais	49° 36.460'N 3° 20.360'E	H5
Brickfield SE of Cité Mulot	36C(44A) SW2	Harnes	50° 24.775'N 2° 57.412'E	O36
Brickfield SE of Gas Works	36NE2	Tourcoing	50° 42.456'N 3° 10.672'E	F18
Brickfield SE of Haverskerque	36ANE3	Haverskerque	50° 37.918'N 2° 32.077'E	J34
Brickfield SE of la Balaterie	36NE3	Perenchies	50° 38.233'N 3° 00.610'E	J35
Brickfield SE of la Croix de Pierre	36NE3	Perenchies	50° 38.547'N 3° 00.385'E	J34
Brickfield SE of Oblinghem	36ASE3	Gonnehem	50° 33.079'N 2° 36.883'E	W21
Brickfield SW of Troll X Rds.	36ANE3	Haverskerque	50° 38.218'N 2° 35.794'E	K32
Brickfield SW of White Farm	36NW2	Armentieres	50° 43.330'N 2° 55.468'E	C4
Brickfield W of Farm du Sapin	36NE1	Quesnoy	50° 43.142'N 2° 58.099'E	D2
Brickfield W of Fourness-en-Weppes	36SW4	Sainghin	50° 34.962'N 2° 52.710'E	T6
Brickfield W of Villers Outréaux	57BSW3	Honnecourt	50° 01.992'N 3° 17.396'E	T14
Brickfield Wood	20SW2	Zwartegat	50° 57.091'N 2° 54.381'E	O33
Brickfields behind St Josephs Church	36NW2	Armentieres	50° 41.967'N 2° 53.250'E	C19
Brickfields E of Choigny	66CSW2	Vendeuil	49° 43.064'N 3° 23.150'E	O15
Brickfields E of Fosse 6 de Haisnes	36C(44A) NW1	LaBassee	50° 30.788'N 2° 48.626'E	B19
Brickfields E of Haisnes	36C(44A) NW1	LaBassee	50° 30.487'N 2° 48.589'E	B25

Brickfields NW of Strong Farm	36C(44A) NW1	LaBassee	50° 32.509'N 2° 46.586'E	A4
Brickstacks NW of Auchy lez-la Bassee	36C(44A) NW1	LaBassee	50° 31.057'N 2° 46.068'E	A22
Brickworks E of Bellevue	62BSW3	St. Quentin	49° 51.203'N 3° 18.571'E	T16
Brickworks E of Faubourg St. Eloi	51BNE2	Dechy	50° 21.226'N 3° 05.776'E	E11
Brickworks E of Rue du nMarais	36SW3	Richebourg	50° 32.839'N 2° 47.320'E	S29
Brickworks E of Villers-Carbonnel	62CSW2	Barleux	49° 52.600'N 2° 54.060'E	N30
Brickworks N of Albert	57DSE4	Ovillers	50° 00.941'N 2° 38.684'E	W22
Brickworks N of Albert	57DSE4	Ovillers	50° 00.784'N 2° 39.052'E	W22
Brickworks N of Halt	62CNW4	Peronne	49° 56.315'N 2° 55.594'E	I21
Brickworks N of Tile Works over Canal	12NE3	Oudenburg	51° 13.118'N 2° 58.856'E	J4
Brickworks Next to Sugar Factory	62CNW4	Peronne	49° 56.386'N 2° 56.515'E	I22
Brickworks NW by Y Junct. from Warlus	51CNE4	Wagnonlieu	50° 16.842'N 2° 38.600'E	K28
Brickworks NW of Ecourt St. Quentin	51BSE1	Saudemont	50° 15.387'N 3° 04.065'E	Q14
Brickworks S of Béthencourt	66DNW2	Morchain	49° 47.201'N 2° 57.023'E	C29
Brickworks S of Clement Farm	12SW3	Ramscappelle	51° 06.675'N 2° 44.391'E	T9
Brickworks S of Vis-en-Artois	51BSW2	Vis-en-Artois	50° 14.169'N 2° 56.539'E	O29
Brickworks SE from Dainville	51CNE4	Wagnonlieu	50° 16.635'N 2° 44.171'E	L36
Brickworks SW of Chapellette	62CSW2	Barleux	49° 54.741'N 2° 55.458'E	O2
Brickworks W of Achiet-le-Grand	57CNW3	Bapaume	50° 07.865'N 2° 46.528'E	G9
Brickworks W of Biache St. Vaast	51BNW4	Fampoux	50° 18.897'N 2° 55.456'E	I9
Brickworks W of Cagnicourt	51BSE3	Cagnicourt	50° 12.690'N 2° 58.799'E	V7
Brickyard E of Dourges	36C(44A) SE1	Dourges	50° 26.029'N 2° 58.179'E	P13
Brickyard E of Dourges	57CNW4	Beugny	50° 06.228'N 2° 51.642'E	H28
Brickyard SW of Old Sugar Factory	57CSE3	Sorel-le-Grand	50° 00.958'N 3° 04.575'E	W21
Bride Farm next to Bride Farm	27SE2	Berthen	50° 47.465'N 2° 39.917'E	R13
Bride Mill	27SE2	Berthen	50° 47.315'N 2° 39.770'E	R13
Bridge	36ASE4	Locon	50° 34.267'N 2° 40.868'E	X8
Bridge	51BNW2	Oppy	50° 21.426'N 2° 57.287'E	C12
Bridge	57CNE2	Bourlon	50° 09.262'N 3° 11.099'E	F29
Bridge destroyed	51BNW3	Arras	50° 18.019'N 2° 49.343'E	H13
Bridge 2	28NW2	St Julien	50° 51.797'N 2° 52.841'E	I1
Bridge 3	28NW2	St Julien	50° 51.967'N 2° 52.714'E	C25
Bridge 4	28NW2	St Julien	50° 52.299'N 2° 52.466'E	C25
Bridge 5	28NW2	St Julien	50° 52.494'N 2° 52.321'E	C19
Bridge Camp	28NW1	Elverdinghe	50° 52.665'N 2° 48.792'E	B20
Bridge Copse	62CSW2	Barleux	49° 52.556'N 2° 54.978'E	O26
Bridge House	28NW2	St Julien	50° 52.743'N 2° 56.246'E	C24
Bridge House	36ANE4	Merville	50° 39.490'N 2° 37.554'E	K16
Bridge J 4	20SW4	Bixschoote	50° 55.326'N 2° 50.491'E	T16
Bridge J1	28NW2	St Julien	50° 54.085'N 2° 51.251'E	B5
Bridge J2	20SW4	Bixschoote	50° 54.808'N 2° 50.954'E	T23
Bridge J3	20SW4	Bixschoote	50° 55.190'N 2° 50.675'E	T23
Bridge Junction	28NW1	Elverdinghe	50° 52.676'N 2° 48.816'E	B20
Bridge of Allah	20SW4	Bixschoote	50° 55.880'N 2° 53.248'E	U8
Bridge of Asses	28SE2	Menin	50° 48.222'N 3° 06.682'E	R7
Bridge of Sighs	12SW1	Nieuport	51° 07.739'N 2° 44.587'E	M33
Bridge of Sighs	36ANE3	Haverskerque	50° 38.455'N 2° 35.224'E	K25
Bridge of Sighs	36ASE1	St. Venant	50° 37.581'N 2° 32.991'E	P4
Bridge of Sighs Lock	36ASE1	St. Venant	50° 37.581'N 2° 33.018'E	P4
Bridge under Construction	36NW2	Armentieres	50° 43.430'N 2° 55.751'E	C5
Bridge Wood	62BNW3	Bellicourt	49° 56.315'N 3° 14.451'E	G22
Bridges Camp	28NW1	Elverdinghe	50° 53.836'N 2° 46.130'E	A5
Brie	62CSW2	Barleux	49° 52.532'N 2° 55.807'E	O27
Brie Bridge	20SW4	Bixschoote	50° 55.766'N 2° 53.427'E	U8
Brie Woods	62CSW4	St. Christ	49° 52.118'N 2° 57.313'E	O35
Brief Houses	28NE2	Moorslede	50° 52.826'N 3° 09.459'E	F23
Briel	27NE1	Herzeele	50° 51.491'N 2° 31.298'E	J2
Briel Cross	27NE3	Winnezeele	50° 50.785'N 2° 32.501'E	J10
Brielan Farm	28NW2	St Julien	50° 52.200'N 2° 50.575'E	B28
Brielen	28NW2	St Julien	50° 51.079'N 2° 50.914'E	B29
Brienne House	20SW4	Bixschoote	50° 55.450'N 2° 53.060'E	U15
Brig Corner	20SE2	Hooglede	50° 59.128'N 3° 06.020'E	Q12

Name	Sheet	Location	Coordinates	Ref
Brigade Farm	28NW3	Poperinghe	50° 51.073'N 2° 47.604'E	H7
Brigadier Farm	12SW1	Nieuport	51° 09.415'N 2° 49.096'E	N1
Brigands' Corner	28NE2	Moorslede	50° 52.320'N 3° 03.886'E	E27
Brighton Farm	20SE2	Hooglede	50° 58.056'N 3° 03.630'E	Q21
Brigly Farm	20SE1	Staden	50° 57.952'N 2° 59.361'E	P22
Brim Wood	20SE1	Staden	50° 57.242'N 3° 00.029'E	P35
Brin Chateau Farm	28SE3	Comines	50° 44.381'N 2° 57.852'E	V19
Brindle Farm	20SE2	Hooglede	50° 57.729'N 3° 10.242'E	R30
Brine Farm	20SW2	Zwartegat	50° 57.863'N 2° 52.729'E	O19
Briost	62CSW4	St. Christ	49° 51.480'N 2° 55.320'E	O8
Briquenay Farm	70DNW4	St. Gobain	49° 36.155'N 3° 20.535'E	H6
Briqueterie	62CNW1	Maricourt	50° 00.120'N 2° 47.466'E	A4
Briquette Factory	36C(44A) NW2	Bauvin	50° 30.311'N 2° 53.174'E	C25
Brisbane Dump	28NW4	Ypres	50° 50.275'N 2° 51.929'E	H24
Briseux Wood	57BSW1	Bantouzelle	50° 04.695'N 3° 18.158'E	N15
Brissay-Choigny	66CSW2	Vendeuil	49° 43.466'N 3° 22.578'E	O9
Brissein House	20SW4	Bixschoote	50° 54.874'N 2° 52.414'E	U19
Bristol	28NW2	St Julien	50° 52.126'N 2° 51.773'E	B30
Bristol Camp	28NW4	Ypres	50° 49.002'N 2° 51.325'E	H35
Bristol Castle	28SW4	Ploegsteert	50° 45.498'N 2° 52.257'E	T6
Britannia	12SW2	Slype	51° 09.348'N 2° 55.117'E	O18
Britannia Castle	20SW2	Zwartegat	50° 57.143'N 2° 51.798'E	N36
Britannia Farm	28NW2	St Julien	50° 53.390'N 2° 54.375'E	C9
Britling Cross	20SE2	Hooglede	50° 58.733'N 3° 08.528'E	R16
Britten Farm	28NE4	Dadizeele	50° 51.463'N 3° 06.760'E	L7
Brixham Junction	28NW2	St Julien	50° 52.985'N 2° 53.305'E	C14
Broad Street	28NW2	St Julien	50° 53.742'N 2° 53.059'E	C8
Brocourt	62BSW4	Homblieres	49° 52.387'N 3° 18.823'E	N34
Brodie House	20SE4	Roulers	50° 56.942'N 3° 05.232'E	Q35
Broke Farm	27NE2	Proven	50° 53.656'N 2° 37.647'E	E5
Broken Gable	12SW1	Nieuport	51° 09.862'N 2° 46.133'E	M12
Broken Mill	51BNW3	Arras	50° 17.263'N 2° 50.726'E	H27
Broken Tree House	28SW4	Ploegsteert	50° 44.718'N 2° 54.523'E	U15
Bromdries	28NE4	Dadizeele	50° 50.726'N 3° 10.045'E	L17
Brome Copse	62CSW3	Vermandovillers	49° 49.592'N 2° 49.987'E	T25
Brome House	28NW3	Poperinghe	50° 51.447'N 2° 44.600'E	G3
Bronco Farm	36ANE4	Merville	50° 39.655'N 2° 39.132'E	K18
Bronfay Farm	62DNE2	Méaulte	49° 58.075'N 2° 44.570'E	F29
Bronfay Wood	62DNE2	Méaulte	49° 58.054'N 2° 44.902'E	F30
Bronx Mill	20SE2	Hooglede	50° 58.860'N 3° 09.055'E	R16
Brood Farm	28SE2	Menin	50° 48.598'N 3° 08.733'E	R4
Broodseinde	28NE1	Zonnebeke	50° 52.538'N 3° 00.104'E	D23
Brooklyn	28NW2	St Julien	50° 53.945'N 2° 56.194'E	C6
Brosse Woods No 1	62CNE4	Roisel	49° 56.548'N 3° 09.818'E	L21
Brosse Woods No 2	62CNE4	Roisel	49° 56.348'N 3° 09.931'E	L21
Broussiloff Farm	20NW4	Dixmunde	51° 00.275'N 2° 56.048'E	I30
Brouwerietje Inn	20SW1	Loo	50° 57.008'N 2° 49.639'E	N33
Brown Quarry	62BSW3	St. Quentin	49° 50.526'N 3° 13.473'E	S21
Browne Camp	28NW1	Elverdinghe	50° 52.255'N 2° 45.938'E	A22
Browning Wood	66DNW1	Punchy	49° 48.512'N 2° 46.970'E	A9
Brownlow Lines	28SW3	Bailleul	50° 43.919'N 2° 48.728'E	T20
Brownloy Farm	28SW3	Bailleul	50° 43.871'N 2° 48.689'E	T26
Browns Farm	20SE2	Hooglede	50° 57.322'N 3° 08.183'E	R33
Bruaneburg	20SE4	Roulers	50° 56.610'N 3° 08.818'E	X4
Brubant	28NW2	St Julien	50° 51.831'N 2° 51.163'E	B29
Brubant Farm	28NW2	St Julien	50° 51.846'N 2° 51.367'E	B29
Bruce Siding	28SW2	Wytschaete	50° 47.618'N 2° 53.852'E	O14
Brue Gaye	36NW2	Armentieres	50° 42.934'N 2° 50.603'E	B10
Brue Gaye Camp	36NW2	Armentieres	50° 42.831'N 2° 50.444'E	B10
Bruet Wood	20SW4	Bixschoote	50° 54.953'N 2° 51.290'E	T23
Bruin Pain	28SE4	Ronq	50° 43.740'N 3° 07.962'E	X26
Bruise House	27NE3	Winnezeele	50° 50.644'N 2° 30.683'E	J7

Brule Wood	62CSE2	Vermand	49° 53.084'N 3° 06.083'E	Q28
Bruled Farm	20SW1	Loo	50° 58.126'N 2° 47.231'E	M18
Brulée Farm	28SE2	Menin	50° 47.855'N 3° 08.536'E	R15
Brûlée Farm	20NW4	Dixmunde	51° 00.992'N 2° 50.479'E	H23
Bruloose	28SW1	Kemmel	50° 47.196'N 2° 47.358'E	M24
Bruloose Spur	28SW1	Kemmel	50° 46.861'N 2° 47.894'E	M24
Brune Rue	36NW2	Armentieres	50° 41.059'N 2° 56.365'E	C5
Brunehaul Farm	51CNE2	Ecoivres	50° 19.840'N 2° 43.027'E	F22
Brunemont	51BSE2	Oisy-le-Verger	50° 16.357'N 3° 08.389'E	R2
Brunettes Corner	20SE2	Hooglede	50° 58.100'N 3° 05.565'E	Q24
Bruno Copse	28NE4	Dadizeele	50° 49.795'N 3° 07.156'E	L26
Bruno Farm	36ANE3	Haverskerque	50° 39.886'N 2° 36.721'E	K9
Bruno Mill	57CNE3	Hermies	50° 07.300'N 3° 00.713'E	J16
Brunswick Copse	28NE4	Dadizeele	50° 50.587'N 3° 05.796'E	K18
Bruntel Woods	62CSW2	Barleux	49° 54.201'N 2° 57.756'E	O11
Brush Copse	28NE2	Moorslede	50° 54.325'N 3° 09.841'E	F5
Brusle	62CNE3	Buire	49° 55.347'N 3° 01.355'E	J34
Brussel Hooch	27SE1	St Sylvestre	50° 47.556'N 2° 32.675'E	P16
Brust Copse	62CSW3	Vermandovillers	49° 49.592'N 2° 48.419'E	S30
Bruton Farm	20SE1	Staden	50° 57.562'N 2° 58.777'E	P27
Brutus Farm	27NE3	Winnezeele	50° 50.352'N 2° 34.389'E	K13
Bruyant Wood No 1	62CSW3	Vermandovillers	49° 51.664'N 2° 51.623'E	T3
Bruyant Wood No 2	62CSW3	Vermandovillers	49° 51.553'N 2° 51.612'E	T3
Bruyere Copse	62BNW4	Ramicourt	49° 55.528'N 3° 23.301'E	I34
Bruyere Farm	20NE3	Zarren	51° 01.561'N 2° 59.064'E	J16
Bruyère Ravine	62BNW3	Bellicourt	49° 56.893'N 3° 13.762'E	G15
Bryke	20SE3	Westroosebeke	50° 55.904'N 3° 02.250'E	W8
Bryke	20SE3	Westroosebeke	50° 55.903'N 3° 02.246'E	W7
Bryke Wood	20SE3	Westroosebeke	50° 55.807'N 3° 02.424'E	W14
Brykerie Farm	28SW2	Wytschaete	50° 47.749'N 2° 51.219'E	N17
Bubble Cottage	28NW1	Elverdinghe	50° 51.681'N 2° 44.409'E	G2
Bubble Cross	36ANE1	Morbecque	50° 42.216'N 2° 31.454'E	D8
Bubbles Wood	28NW1	Elverdinghe	50° 53.821'N 2° 44.684'E	A3
Buchanan Farm	28NE4	Dadizeele	50° 51.058'N 3° 05.099'E	K11
Buchanan's Cross	57CSW1	Guedecourt	50° 05.031'N 2° 49.851'E	N7
Buchhan Farm	20SE2	Hooglede	50° 58.938'N 3° 03.857'E	Q10
Buckingham Farm	12NE1	Clemskerke	51° 15.089'N 3° 02.346'E	E8
Buckle Farm	28NE4	Dadizeele	50° 51.370'N 3° 10.453'E	L12
Buckler Post	20SW4	Bixschoote	50° 55.135'N 2° 53.348'E	U20
Buckminster Farm	20SE4	Roulers	50° 55.031'N 3° 04.256'E	W22
Buckshot Ravine	62BNW3	Bellicourt	49° 57.639'N 3° 12.985'E	G2
Buckstane Farm	20SE1	Staden	50° 57.450'N 3° 03.175'E	Q27
Bucquoy	57DNE 1&2	Fonquevillers	50° 08.310'N 2° 42.647'E	L3
Bucquoy	57DNE2	Essarts	50° 08.310'N 2° 42.647'E	L3
Buddha Farm	27SE4	Meteren	50° 44.419'N 2° 37.809'E	W17
Bude	28NW2	St Julien	50° 52.865'N 2° 54.409'E	C15
Budge Farm	27SE1	St Sylvestre	50° 47.715'N 2° 30.937'E	P8
Budget Copse	27SE2	Berthen	50° 46.836'N 2° 43.257'E	R24
Bud's Farm	28NE2	Moorslede	50° 51.800'N 3° 06.916'E	L1
Buff Gable House	12SW1	Nieuport	51° 09.049'N 2° 47.998'E	N14
Buffer Buildings	20SE1	Staden	50° 57.207'N 2° 58.931'E	P33
Buffet House	36ANE1	Morbecque	50° 42.698'N 2° 35.333'E	E7
Buffs	28NW2	St Julien	50° 52.454'N 2° 54.606'E	C22
Bufjon Farm	20NE3	Zarren	51° 00.926'N 2° 59.699'E	J22
Bug Farm	28SW2	Wytschaete	50° 47.635'N 2° 54.899'E	O16
Bug Wood	28SW2	Wytschaete	50° 47.642'N 2° 54.733'E	O16
Bugle Farm	28NE4	Dadizeele	50° 50.416'N 3° 07.636'E	L20
Bugnicourt	51BNE4	Cantin	50° 17.544'N 3° 09.372'E	L27
Buick Farm	28NE4	Dadizeele	50° 51.598'N 3° 05.641'E	K6
Buire Wood	62CNE3	Buire	49° 57.025'N 3° 01.366'E	J10
Buire-Courcells	62CNE3	Buire	49° 55.579'N 3° 00.825'E	J27
Buissob-Gaulaine Farm	62BNW3	Bellicourt	49° 56.515'N 3° 12.688'E	G20

Buisson Noir	12SW1	Nieuport	51° 08.125'N 2° 48.718'E	N27
Buisson Ridge	62BNW3	Bellicourt	49° 56.583'N 3° 12.157'E	G19
Buissy	51BSE3	Cagnicourt	50° 12.359'N 3° 02.450'E	V18
Bulb Farm	27SE1	St Sylvestre	50° 48.411'N 2° 31.026'E	P2
Bulford Camp	28SW3	Bailleul	50° 43.893'N 2° 48.789'E	T20
Bulgar Wood	28NE3	Gheluvelt	50° 49.422'N 2° 57.915'E	J32
Bullecourt	51BSW4	Bullecourt	50° 11.570'N 2° 55.799'E	U27
Bullet Copse	62BNW3	Bellicourt	49° 55.572'N 3° 14.445'E	G36
Bullet Road	28SW1	Kemmel	50° 46.954'N 2° 45.827'E	M22
Bullrush Farm	20SE2	Hooglede	50° 57.979'N 3° 08.307'E	R21
Bulls Wood	62CNW3	Vaux	49° 55.563'N 2° 48.598'E	G29
Bully-Grenay	36B(44B) SE2	Boyeffles	50° 26.586'N 2° 43.142'E	R11
Bulow Farm	20SE3 & 28NE1-3	Poelcappelle	50° 54.288'N 2° 56.363'E	U30
Bülow Farm	28NW2	St Julien	50° 54.295'N 2° 56.365'E	C6
Bulow Woods No 1	62CSW1	Dompierre	49° 53.190'N 2° 49.858'E	N19
Bulow Woods No 2	62CSW1	Dompierre	49° 53.179'N 2° 50.179'E	N19
Bulow Woods No 3	62CSW1	Dompierre	49° 52.965'N 2° 49.991'E	N19
Bulow Woods No 4	62CSW1	Dompierre	49° 52.976'N 2° 50.446'E	N20
Bulow Woods No 5	62CSW1	Dompierre	49° 52.911'N 2° 49.820'E	N19
Bultz Copse	66DNW1	Punchy	49° 49.283'N 2° 47.923'E	A4
Bumble Villa	36ANE2	Vieux Berquin	50° 42.132'N 2° 40.561'E	F14
Bund Cottages	28NE3	Gheluvelt	50° 49.060'N 2° 58.704'E	J33
Bungle Farm	27NE2	Proven	50° 53.771'N 2° 38.032'E	E5
Bunker House	20SE1	Staden	50° 58.180'N 3° 02.541'E	Q20
Bunkum House	27NE3	Winnezeele	50° 49.549'N 2° 31.171'E	J28
Bunny Wood	62DNE2	Méaulte	50° 00.094'N 2° 43.990'E	F5
Bunting House	28SW3	Bailleul	50° 45.676'N 2° 47.927'E	T1
Bunyan Farm	20SE2	Hooglede	50° 59.587'N 3° 10.028'E	R6
Buquet Mill	36C(44A) SW3	Vimy	50° 24.210'N 2° 45.610'E	S3
Burberry House	28NE4	Dadizeele	50° 49.466'N 3° 05.301'E	K35
Burbure	36C(44A) NW1	LaBassee	50° 30.793'N 2° 45.140'E	A20
Burford House	20SE1	Staden	50° 57.558'N 3° 00.133'E	P29
Burge Farm	28NW1	Elverdinghe	50° 52.711'N 2° 43.260'E	A13
Burgess Farm	20SW2	Zwartegat	50° 57.786'N 2° 51.314'E	N24
Burglars Rest	27NE2	Proven	50° 51.679'N 2° 40.795'E	F26
Burgomaster Farm Camp	28NW4	Ypres	50° 49.231'N 2° 50.203'E	H34
Burgomaster's Farm	12SW3	Ramscappelle	51° 05.521'N 2° 45.024'E	S22
Burke Farm	28NW1	Elverdinghe	50° 53.416'N 2° 47.309'E	A12
Burnham	28NW2	St Julien	50° 53.434'N 2° 55.137'E	C10
Burnham House	28NE4	Dadizeele	50° 50.080'N 3° 05.157'E	K23
Burnley	28NW2	St Julien	50° 52.562'N 2° 53.167'E	C20
Burns Camp	28NW3	Poperinghe	50° 50.785'N 2° 47.126'E	G12
Burns Farm	28NW3	Poperinghe	50° 50.816'N 2° 47.718'E	G12
Burns House	20SE3	Westroosebeke	50° 54.434'N 2° 58.170'E	V26
Burns House	20SE3 & 28NE1-3	Poelcappelle	50° 54.433'N 2° 58.170'E	V26
Burnt Copse	66DNW3	Hattencourt	49° 44.273'N 2° 47.865'E	G34
Burnt Farm	28NW1	Elverdinghe	50° 53.616'N 2° 47.776'E	B7
Burnt farm	28NW2	St Julien	50° 52.390'N 2° 53.060'E	C20
Burnt Farm	28SW4	Ploegsteert	50° 45.875'N 2° 51.397'E	T5
Burnt Farm	36NW4	Bois Grenier	50° 39.233'N 2° 53.919'E	I20
Burnt House	20SW3	Oostvleteren	50° 55.103'N 2° 49.696'E	T9
Burnt Mill	62BSW4	Homblieres	49° 51.981'N 3° 19.050'E	T4
Burnt Out Farm	28SW4	Ploegsteert	50° 43.758'N 2° 54.918'E	U28
Burnt Out Farm	36NW2	Armentieres	50° 42.746'N 2° 54.522'E	C9
Burrow Farm	28SE4	Ronq	50° 45.995'N 3° 08.996'E	X4
Burr's Mill Ruins	51BSE4	Marquion	50° 12.078'N 3° 10.295'E	X22
Burslem	28NW2	St Julien	50° 53.373'N 2° 54.549'E	C10
Bury	28NW2	St Julien	50° 54.185'N 2° 53.757'E	C3
Bus	57CSW2	Villers-Au-Flos	50° 03.890'N 2° 57.801'E	O24
Bus Bridge	20SW1	Loo	50° 58.383'N 2° 46.425'E	M17
Bus House	28SW2	Wytschaete	50° 48.797'N 2° 53.265'E	O2
Bus House Siding	28SW2	Wytschaete	50° 48.747'N 2° 53.371'E	O2

Busbrug	12SW2	Slype	51° 07.801'N 2° 50.157'E	N35
Busbrug Farm	20SW1	Loo	50° 58.387'N 2° 46.217'E	M17
Buscourt	62CNW3	Vaux	49° 56.793'N 2° 51.766'E	H16
Bushey	28NW2	St Julien	50° 53.527'N 2° 51.683'E	B12
Busk Farm	28SW3	Bailleul	50° 44.926'N 2° 47.687'E	S12
Busnes	36ASE1	St. Venant	50° 35.229'N 2° 31.029'E	P31
Busnettes	36ASE3	Gonnehem	50° 33.590'N 2° 31.793'E	V14
Busschemeerschen	28SW4	Ploegsteert	50° 44.556'N 2° 51.544'E	T17
Busseboom	28NW3	Poperinghe	50° 50.288'N 2° 45.510'E	G16
Busseboom Sidings?	28NW3	Poperinghe	50° 50.159'N 2° 45.097'E	G21
Bussu	62CNE3	Buire	49° 56.825'N 2° 58.658'E	J13
Bussu Wood	62CNE3	Buire	49° 57.349'N 2° 58.834'E	J7
Bussu Wood	62CNW4	Peronne	49° 57.197'N 2° 58.467'E	I12
Bussus	62CSW1	Dompierre	49° 54.038'N 2° 48.857'E	M12
Bussus Copse	62CSW1	Dompierre	49° 54.124'N 2° 47.762'E	M10
Bustle Farm	20SE4	Roulers	50° 55.178'N 3° 07.568'E	X20
Bustle Mill	20SE4	Roulers	50° 55.188'N 3° 07.469'E	X20
Busy Wood	28NE1	Zonnebeke	50° 52.729'N 3° 00.849'E	D24
Butchers Shop	36NW2	Armentieres	50° 42.765'N 2° 55.093'E	C10
Butlers Corner	20SE2	Hooglede	50° 58.805'N 3° 05.328'E	Q18
Butlers Cross	57CSE1	Bertincourt	50° 05.644'N 3° 04.880'E	Q3
Butlers House	28SW4	Ploegsteert	50° 44.121'N 2° 52.905'E	U19
Butt House	36SW1	Aubers	50° 36.028'N 2° 48.808'E	N25
Butt Wood	51BSE3	Cagnicourt	50° 12.815'N 2° 58.129'E	V7
Butte de Tir	51BNW3	Arras	50° 17.658'N 2° 44.904'E	G20
Butte de Warlencourt	57CSW1	Guedecourt	50° 04.540'N 2° 47.685'E	M17
Butte de Warlencourt	57DSE2+57CSW1	Le Sars	50° 04.540'N 2° 47.685'E	M17
Buttercup Farm	27SE1	St Sylvestre	50° 47.176'N 2° 34.561'E	Q13
Butterfly Farm	28SW1	Kemmel	50° 47.307'N 2° 47.952'E	N19
Buxton	28NW2	St Julien	50° 52.665'N 2° 53.585'E	C20
Buxton Farm	28NW1	Elverdinghe	50° 54.009'N 2° 46.347'E	A5
Buzz Mill	20SE1	Staden	50° 59.522'N 3° 02.821'E	Q2
Byfleet	28NW2	St Julien	50° 52.899'N 2° 53.167'E	C14
Byles Farm	36ANE1	Morbecque	50° 42.373'N 2° 33.063'E	D10
Byron Farm	20SE2	Hooglede	50° 59.265'N 3° 04.809'E	Q11
Byron Farm	28SW2	Wytschaete	50° 47.723'N 2° 51.726'E	N18
C2 Line	28NW4	Zillebeke	50° 51.041'N 2° 55.738'E	I11
C2 Line	28NW4	Zillebeke	50° 49.950'N 2° 53.789'E	I20
C2A Line	28NW4	Zillebeke	50° 50.642'N 2° 55.559'E	I17
C3 Line	28NW4	Zillebeke	50° 50.425'N 2° 54.763'E	I16
C7 Line	28NW4	Zillebeke	50° 50.471'N 2° 54.087'E	I15
C8 Line	28NW4	Zillebeke	50° 50.540'N 2° 54.517'E	I15
C9 Line	28NW4	Zillebeke	50° 49.727'N 2° 54.929'E	I28
Caaret Rouge	36C(44A) SW3	Vimy	50° 22.899'N 2° 44.532'E	S13
Cab Farm	20SE3	Westroosebeke	50° 56.680'N 2° 59.766'E	V4
Cabaret Wood Farm	62BNW1	Gouy	49° 58.297'N 3° 14.883'E	K29
Cabbage Cottages	28NE1	Zonnebeke	50° 52.840'N 2° 58.113'E	D20
Cabbage Farm	20SE2	Hooglede	50° 59.130'N 3° 08.548'E	R10
Cabbage House	12SW1	Nieuport	51° 09.144'N 2° 44.912'E	M16
Cabbage Tree	57CNE3	Hermies	50° 06.047'N 3° 04.357'E	K32
Cabier Corner	20SE1	Staden	50° 59.346'N 2° 57.485'E	P2
Cabin Copse	28NE4	Dadizeele	50° 49.413'N 3° 10.039'E	L35
Cabin Hill	28SW2	Wytschaete	50° 46.426'N 2° 54.321'E	O27
Cable Camp	28NW2	St Julien	50° 53.612'N 2° 52.425'E	C7
Cable Copse	28NE4	Dadizeele	50° 51.653'N 3° 10.191'E	L6
Cabret des Jardins	36C(44A) SW1	Lens	50° 25.315'N 2° 46.155'E	M22
Cabri Copse	66DNW1	Punchy	49° 49.009'N 2° 51.269'E	B9
Cabt. Du Berthor	28SW3	Bailleul	50° 43.684'N 2° 46.312'E	S29
Cackle Copse	28NE4	Dadizeele	50° 50.125'N 3° 04.123'E	K22
Cadastral Farm	28NE2	Moorslede	50° 52.638'N 3° 07.928'E	F21
Caddie Trench Camp	28NW2	St Julien	50° 53.467'N 2° 52.992'E	C8
Caddies Corner	20SE1	Staden	50° 58.450'N 3° 02.482'E	Q14

Name	Sheet	Location	Coordinates	Ref
Cadiz Corner	27SE2	Berthen	50° 47.902'N 2° 37.630'E	Q11
Cadmium Corner	27SE1	St Sylvestre	50° 48.354'N 2° 37.075'E	Q4
Caesar Farm	27SE1	St Sylvestre	50° 48.361'N 2° 32.377'E	P4
Caeskerke	20NW4	Dixmunde	51° 02.298'N 2° 50.295'E	H4
Cafard Cross Roads	20SE3	Westroosebeke	50° 56.201'N 2° 59.129'E	V10
Café	12SW3	Ramscappelle	51° 06.755'N 2° 44.562'E	T9
Café Belge	28NW4	Ypres	50° 49.690'N 2° 51.431'E	H29
Café Belge Camp	28NW4	Ypres	50° 49.640'N 2° 51.504'E	H29
Caftet Wood	62DNE2	Méaulte	49° 58.946'N 2° 44.996'E	F18
Cagebert	28SE4	Ronq	50° 43.710'N 3° 04.105'E	W27
Cagnicourt	51BSE3	Cagnicourt	50° 12.688'N 2° 59.847'E	V9
Cagnicourt Mill Site of	51BSE3	Cagnicourt	50° 13.062'N 3° 00.165'E	V9
Cagnicourt Wood	51BSE3	Cagnicourt	50° 12.893'N 2° 59.445'E	V8
Caille Farm	20NW4	Dixmunde	51° 00.003'N 2° 54.719'E	I34
Caillour	28SE4	Ronq	50° 44.011'N 3° 04.600'E	W28
Cailloux N Keep	36SW3	Richebourg	50° 33.054'N 2° 44.334'E	S20
Cailloux S Keep	36SW3	Richebourg	50° 32.963'N 2° 44.339'E	S26
Cain Copse	62CSW3	Vermandovillers	49° 49.606'N 2° 46.562'E	S27
Cairo House	20SW4	Bixschoote	50° 56.086'N 2° 56.458'E	U12
Cairo House Post	20SW4	Bixschoote	50° 56.104'N 2° 56.470'E	U12
Caix	66ENE2	Vrely	49° 49.001'N 2° 38.837'E	E3
Calais Cabt.	28SW4	Ploegsteert	50° 44.090'N 2° 50.558'E	T22
Caledonian Club	20SW4	Bixschoote	50° 55.820'N 2° 54.180'E	U9
Calette Junction	20SW2	Zwartegat	50° 58.814'N 2° 56.544'E	O12
Calf Copse	20SE3	Westroosebeke	50° 55.000'N 3° 02.837'E	W20
Calgary Grange	20SE3 & 28NE1-3	Poelcappelle	50° 53.712'N 2° 58.740'E	D9
Calgary Grange	28NE1	Zonnebeke	50° 53.713'N 2° 58.746'E	D9
Calico Farm	20SE3	Westroosebeke	50° 56.949'N 3° 02.294'E	Q32
California	28NW2	St Julien	50° 52.552'N 2° 55.000'E	C22
Callaghans Corner	20SE2	Hooglede	50° 58.187'N 3° 05.296'E	Q23
Callewaert Farm	20SE2	Hooglede	50° 59.545'N 3° 06.126'E	R13
Calling Card Wood	51BSE3	Cagnicourt	50° 12.216'N 2° 58.366'E	V13
Calonne Bridge	20SW4	Bixschoote	50° 55.502'N 2° 53.234'E	U14
Calonne-sur-la-Lys	36ASE1	St. Venant	50° 37.333'N 2° 36.099'E	Q8
Calstock Houses	20SE1	Staden	50° 59.532'N 2° 59.697'E	P4
Calvados Farm	20SW2	Zwartegat	50° 58.836'N 2° 53.254'E	O8
Calvaire	57DNE 1&2	Fonquevillers	50° 08.986'N 2° 38.227'E	E22
Calvalry Farm	51BSW2	Vis-en-Artois	50° 15.386'N 2° 54.343'E	O14
Calverley Copse	57DNE2	Essarts	50° 09.741'N 2° 43.261'E	F16
Calverley Copse	57DNE2+57CNW1	Courcelles	50° 09.741'N 2° 43.261'E	F16
Cam Cottage	20SE1	Staden	50° 57.996'N 3° 00.656'E	P24
Camber Farm	20SE1	Staden	50° 59.039'N 2° 59.280'E	P10
Camblain-l'Abbe	36B(44B) SE4	Carency	50° 22.266'N 2° 38.049'E	W22
Cambrai	28NW2	St Julien	50° 52.451'N 2° 55.771'E	C23
Cambrai	57BNW1	Cambrai	50° 10.591'N 3° 13.841'E	A10
Cambrai	57BNW1	Cambrai	50° 10.320'N 3° 13.997'E	A16
Cambrelin Farm	20SW2	Zwartegat	50° 57.323'N 2° 53.815'E	O27
Cambrelin Wood	20SW2	Zwartegat	50° 57.435'N 2° 53.881'E	O27
Cambridge Copse	62CNW1	Maricourt	49° 59.107'N 2° 46.433'E	A15
Cambridge Siding	28SW1	Kemmel	50° 48.599'N 2° 48.156'E	N1
Cambrie	66CNW2	Itancourt	49° 49.265'N 3° 22.810'E	C9
Cambrin	36C(44A) NW1	LaBassee	50° 30.703'N 2° 44.546'E	A20
Cambrin Keep	36C(44A) NW1	LaBassee	50° 30.724'N 2° 44.835'E	A20
Camel Valley	62BSW3	St. Quentin	49° 50.885'N 3° 15.300'E	S17
Camelia Farm	20SW4	Bixschoote	50° 55.616'N 2° 52.666'E	U13
Camera Farm	20SE4	Roulers	50° 54.681'N 3° 07.584'E	X25
Cameron Covert	28NE3	Gheluvelt	50° 50.825'N 2° 59.780'E	J16
Cameron House	20SE3	Westroosebeke	50° 55.272'N 2° 58.461'E	V21
Cameron House	20SE3 & 28NE1-3	Poelcappelle	50° 55.184'N 2° 58.449'E	V21
Cameron House	28NE3	Gheluvelt	50° 50.863'N 2° 59.346'E	J16
Cameron Siding	28NW2	St Julien	50° 52.069'N 2° 56.117'E	C29
Camp 11	28NW3	Poperinghe	50° 48.969'N 2° 47.548'E	G36

Campagne Drove	27SE1	St Sylvestre	50° 46.241'N 2° 30.114'E	P25
Can Farm	20SE3 & 28NE1-3	Poelcappelle	50° 53.163'N 2° 56.367'E	C18
Can Pond	20SE3 & 28NE1-3	Poelcappelle	50° 53.157'N 2° 56.342'E	C18
Canaan Farm	20SE1	Staden	50° 57.779'N 3° 02.440'E	Q26
Canada	27NE2	Proven	50° 52.845'N 2° 40.644'E	F14
Canada Corner	28SW1	Kemmel	50° 47.416'N 2° 46.383'E	M17
Canada Farm	28NW1	Elverdinghe	50° 53.156'N 2° 46.786'E	A18
Canada Street Tunnels	28NW4	Zillebeke	50° 49.676'N 2° 56.479'E	I30
Canadian Camp	28NW2	St Julien	50° 52.898'N 2° 54.302'E	C15
Canadian Farm	28NW2	St Julien	50° 52.950'N 2° 54.435'E	C15
Canadian Siding	28NW4	Ypres	50° 51.484'N 2° 51.225'E	H5
Canal Angle	36C(44A) NW2	Bauvin	50° 31.967'N 2° 52.011'E	B11
Canal Basin	36C(44A) NW2	Bauvin	50° 30.236'N 2° 52.780'E	H6
Canal Basin	36C(44A) NW4	Pont-à-Vendin	50° 29.935'N 2° 52.741'E	H6
Canal Copse	57CNE3	Hermies	50° 06.689'N 3° 04.076'E	K26
Canal Cottage	28NW2	St Julien	50° 53.655'N 2° 51.991'E	B12
Canal Dugouts	28SW2	Wytschaete	50° 48.778'N 2° 55.893'E	O5
Canal House	20SW4	Bixschoote	50° 54.514'N 2° 51.193'E	T29
Canal Reserve Camp	28NW3	Poperinghe	50° 49.637'N 2° 49.930'E	H27
Canal Tee	36C(44A) NW2	Bauvin	50° 31.439'N 2° 53.275'E	C13
Canal Walk	28NW4	Zillebeke	50° 48.988'N 2° 54.517'E	I33
Canal Wood	51BSE4	Marquion	50° 13.798'N 3° 05.466'E	Q34
Canal Wood	57CSE4	Villers-Guislain	50° 01.479'N 3° 11.772'E	X24
Canal Wood	66CNW4	Berthenicourt	49° 45.488'N 3° 22.987'E	I21
Canard Wood	62CSW4	St. Christ	49° 51.411'N 2° 52.395'E	T10
Canard Woods	62CSW1	Dompierre	49° 54.060'N 2° 45.674'E	M8
Canary Farm	20SE2	Hooglede	50° 57.586'N 3° 07.155'E	R26
Cancer Farm	28NW1	Elverdinghe	50° 51.738'N 2° 46.731'E	G5
Candle Tree Corner	66ENE2	Vrely	49° 48.495'N 2° 43.943'E	F10
Candle Trench	28NW2	St Julien	50° 53.787'N 2° 53.489'E	C8
Cane Post	28NW2	St Julien	50° 53.665'N 2° 54.037'E	C9
Canfield Farm	36ANE1	Morbecque	50° 41.923'N 2° 34.578'E	D18
Canis Farm	28NW1	Elverdinghe	50° 51.877'N 2° 47.510'E	A30
Canister Farm	20SE4	Roulers	50° 55.667'N 3° 09.097'E	X16
Cannes Farm	20SW4	Bixschoote	50° 55.199'N 2° 54.596'E	U22
Cannibal Fork	27NE2	Proven	50° 52.391'N 2° 41.715'E	F22
Cannock Spur	28NW2	St Julien	50° 54.187'N 2° 54.468'E	C3
Cannon Corner	28SW2	Wytschaete	50° 46.356'N 2° 55.681'E	O35
Cannon Corner	28SW2	Wytschaete	50° 46.356'N 2° 55.680'E	O35
Cannon Gate Siding	28SW1	Kemmel	50° 47.542'N 2° 49.853'E	N15
Cannon Inn	27NE2	Proven	50° 52.529'N 2° 40.720'E	F21
Cannon Revolver Farm	20SW1	Loo	50° 57.093'N 2° 49.733'E	N33
Canoe Wood	62CNW4	Peronne	49° 56.244'N 2° 57.474'E	I23
Canon farm	28NW2	St Julien	50° 53.897'N 2° 52.425'E	C1
Canot Junction	20NE3	Zarren	50° 59.983'N 3° 00.013'E	J35
Canpous Farm	20SE3	Westroosebeke	50° 56.748'N 3° 02.796'E	W2
Cant Farm	20SE4	Roulers	50° 54.821'N 3° 05.674'E	W4
Canta Corner	27SE2	Berthen	50° 46.999'N 2° 39.349'E	R19
Cantab Farm	36ANE1	Morbecque	50° 42.718'N 2° 35.041'E	E7
Cantaing	57CNE2	Bourlon	50° 08.869'N 3° 09.722'E	F28
Cantaing Mill	57CNE2	Bourlon	50° 08.964'N 3° 08.886'E	F26
Canteen Farm	36NW4	Bois Grenier	50° 39.551'N 2° 51.477'E	H17
Canteleu	36NE3	Perenchies	50° 38.347'N 3° 01.484'E	J36
Canteleux	36C(44A) NW1	LaBassee	50° 31.870'N 2° 46.741'E	A11
Cantigneul Mill	57CNE2	Bourlon	50° 09.266'N 3° 11.265'E	F30
Cantimpré	51BSE4	Marquion	50° 11.845'N 3° 10.770'E	X23
Cantin	51BNE4	Cantin	50° 18.506'N 3° 07.533'E	L13
Canton Copse	66DNW2	Morchain	49° 47.473'N 2° 57.038'E	C28
Canton Junction	28NW4	Zillebeke	50° 49.731'N 2° 55.397'E	I28
Cantonnier House	12SW3	Ramscappelle	51° 07.362'N 2° 48.420'E	T2
Cantrainne	36ASE3	Gonnehem	50° 34.135'N 2° 30.872'E	V7
Cantrill Copse	20SE3	Westroosebeke	50° 55.332'N 3° 03.257'E	W21

Canvas Hill	20SE3 & 28NE1-3	Poelcappelle	50° 53.208'N 2° 56.438'E	C18
Cap Farm	20NW4	Dixmunde	50° 59.712'N 2° 52.678'E	I31
Cap Pond	20SE3 & 28NE1-3	Poelcappelle	50° 52.956'N 2° 56.353'E	C18
Cape Wood	28NE3	Gheluvelt	50° 49.112'N 2° 59.368'E	J34
Capelle Farm	20SE2	Hooglede	50° 59.341'N 3° 09.287'E	R11
Capelle Farm	28NW1	Elverdinghe	50° 53.773'N 2° 48.479'E	B2
Caperat Wood	62CNW3	Vaux	49° 56.068'N 2° 49.160'E	G24
Capinghem	36NE3	Perenchies	50° 38.579'N 2° 57.737'E	J31
Capital Farm	28NE3	Gheluvelt	50° 49.663'N 2° 58.740'E	J27
Capon Copse	27NE3	Winnezeele	50° 50.774'N 2° 31.871'E	J9
Capon Farm	27NE3	Winnezeele	50° 50.739'N 2° 31.655'E	J9
Caponne Farm	66CNW4	Berthenicourt	49° 44.839'N 3° 19.040'E	H34
Capper Lines	28SW3	Bailleul	50° 43.573'N 2° 47.289'E	S30
Cappy	62CNW3	Vaux	49° 55.682'N 2° 45.434'E	G25
Capri House	27NE4	Abeele	50° 49.033'N 2° 38.968'E	K36
Capricorn Junction	28NW2	St Julien	50° 52.990'N 2° 56.489'E	C18
Capron Copse	62CNE2	Epéhy	49° 59.389'N 3° 06.442'E	E17
Capstan Farm	28NE4	Dadizeele	50° 50.006'N 3° 06.578'E	L25
Captain Post	28SW2	Wytschaete	50° 48.422'N 2° 51.400'E	N5
Captains Farm	20SW4	Bixschoote	50° 54.648'N 2° 53.396'E	U26
Carabet Copse	62BNW1	Gouy	49° 58.310'N 3° 15.296'E	K29
Carabine Farm	20NW4	Dixmunde	51° 00.791'N 2° 53.648'E	I21
Caramel Copse	62BSW2	Fonsommes	49° 52.948'N 3° 22.080'E	O26
Carancy	36B(44B) SE4	Carency	50° 22.778'N 2° 42.257'E	X15
Caravan Fork	20SE1	Staden	50° 59.627'N 3° 03.051'E	Q3
Caravan Siding	28NW4	Zillebeke	50° 50.649'N 2° 54.342'E	I15
Carbine Camp	28NW4	Ypres	50° 50.616'N 2° 50.249'E	H16
Carcaillot Farm	62DNE2	Méaulte	49° 59.092'N 2° 40.298'E	E18
Carde Farm	20NW4	Dixmunde	51° 01.013'N 2° 55.009'E	I22
Cardiff Farm	28SE1	Wervicq	50° 46.309'N 2° 58.754'E	P33
Cardiff Farm	28SW2	Wytschaete	50° 46.388'N 2° 58.759'E	P33
Cardiff Siding	28NW4	Zillebeke	50° 49.118'N 2° 55.135'E	I34
Cardinal Copse	62CSW1	Dompierre	49° 52.636'N 2° 47.622'E	M28
Cardinal Cottage	28NE2	Moorslede	50° 53.025'N 3° 06.789'E	F13
Cardinal Wood	62CNW4	Peronne	49° 56.337'N 2° 57.948'E	I24
Cardoen Camp	28NW1	Elverdinghe	50° 53.053'N 2° 47.153'E	A18
Cardoen Farm	28NW1	Elverdinghe	50° 53.186'N 2° 47.162'E	A18
Care Cross	36ANE4	Merville	50° 38.698'N 2° 39.183'E	K30
Carew Farm	20SE2	Hooglede	50° 58.020'N 3° 06.802'E	R19
Careys Farm	20SE2	Hooglede	50° 58.338'N 3° 09.666'E	R23
Caribou Camp	28NW1	Elverdinghe	50° 53.322'N 2° 46.767'E	A12
Caribou Hill	62BSW2	Fonsommes	49° 54.608'N 3° 24.892'E	O12
Carlisle Farm	28NE3	Gheluvelt	50° 50.734'N 2° 58.975'E	J15
Carlisle Farm	28SW3	Bailleul	50° 43.467'N 2° 49.645'E	T27
Carlisle Lines	28SW3	Bailleul	50° 43.484'N 2° 49.712'E	T27
Carlo Farm	28NW1	Elverdinghe	50° 52.826'N 2° 46.288'E	A17
Carmels Farm	20SW3	Oostvleteren	50° 56.334'N 2° 46.682'E	S6
Carmen Copse	62CSW4	St. Christ	49° 50.039'N 2° 56.192'E	O21
Carmen Farm	20SW2	Zwartegat	50° 59.290'N 2° 56.168'E	O6
Carmen House	12SW1	Nieuport	51° 09.442'N 2° 46.133'E	M11
Carnation	28NW2	St Julien	50° 52.653'N 2° 56.293'E	C24
Carnival Copse	62CNE3	Buire	49° 55.689'N 2° 59.352'E	J26
Carnival Valley	62BSW2	Fonsommes	49° 53.485'N 3° 23.480'E	O22
Carnot Farm	20SW4	Bixschoote	50° 56.201'N 2° 51.756'E	T6
Carnoy	62CNW1	Maricourt	49° 59.093'N 2° 45.355'E	A13
Carons de la Longue Pierre	36B(44B) SE2	Boyeffles	50° 26.949'N 2° 38.491'E	Q5
Carons du Caivaire	36B(44B) SE2	Boyeffles	50° 26.845'N 2° 39.142'E	Q6
Carp House	36ANE2	Vieux Berquin	50° 42.031'N 2° 41.212'E	F15
Carpenter Farm	12NE2 & 4	Ostende	51° 11.585'N 2° 52.008'E	I19
Carpentier Cottage	28NE2	Moorslede	50° 52.794'N 3° 05.542'E	E24
Carpeza Copse	62CNE4	Roisel	49° 56.705'N 3° 09.276'E	L15
Carr House	28NE4	Dadizeele	50° 51.498'N 3° 04.016'E	K4

Carre Farm	28SW2	Wytschaete	50° 48.240'N 2° 51.818'E	N12
Carreaux Mill	27SE1	St Sylvestre	50° 48.035'N 2° 35.017'E	Q7
Carrée Farm	20SW4	Bixschoote	50° 56.260'N 2° 50.445'E	T4
Carrée Farm	28NW2	St Julien	50° 54.210'N 2° 51.453'E	B6
Carref de Londres	20SW4	Bixschoote	50° 55.078'N 2° 53.562'E	U8
Carriere Wood No 1	66ENE2	Vrely	49° 49.401'N 2° 44.522'E	F5
Carriere Wood No 2	66ENE2	Vrely	49° 49.356'N 2° 44.663'E	F5
Carrion Cross	36ANE1	Morbecque	50° 43.103'N 2° 31.612'E	D3
Carrot House	27NE2	Proven	50° 52.708'N 2° 37.616'E	E16
Carso Farm	27NE4	Abeele	50° 48.800'N 2° 39.518'E	L31
Carson Farm	20SW2	Zwartegat	50° 57.890'N 2° 50.334'E	N22
Carson Farm	28NE2	Moorslede	50° 52.828'N 3° 09.839'E	F23
Cartenoy Woods	62BSW1	Gricourt	49° 52.992'N 3° 13.090'E	M26
Carters Copse	62CSW4	St. Christ	49° 51.260'N 2° 54.529'E	O7
Carters Farm	36NW2	Armentieres	50° 42.622'N 2° 55.286'E	C10
Carter's Keep	36C(44A) NW1	LaBassee	50° 30.662'N 2° 44.052'E	A19
Carthage Siding	28NW4	Zillebeke	50° 49.853'N 2° 52.747'E	I19
Cartigny	62CSE1	Bouvincourt	49° 54.822'N 3° 00.501'E	P3
Carton House	28NE4	Dadizeele	50° 49.928'N 3° 05.617'E	K30
Cartridge Siding	28NW4	Zillebeke	50° 50.243'N 2° 52.371'E	I19
Caruso Copse	57DNE2	Essarts	50° 10.129'N 2° 42.308'E	F10
Carvers Cross Roads	28NE2	Moorslede	50° 52.009'N 3° 10.459'E	L6
Carvin	36ASE2	St. Venant	50° 36.033'N 2° 34.844'E	P24
Carvin	36C(44A) NW2	Bauvin	50° 31.137'N 2° 57.396'E	C24
Carvin	36C(44A) NW4	Pont-à-Vendin	50° 29.598'N 2° 57.459'E	I12
Cas. Du Raux	36ASE4	Locon	50° 33.480'N 2° 43.028'E	X23
Casa Duss	36ANE3	Haverskerque	50° 39.615'N 2° 34.857'E	K13
Casa Niente	28SW1	Kemmel	50° 46.578'N 2° 47.782'E	N25
Casa Pin	36ANE3	Haverskerque	50° 39.777'N 2° 31.558'E	J8
Casablanca Farm	28NW1	Elverdinghe	50° 53.719'N 2° 49.819'E	B9
Casba Farm	12SW1	Nieuport	51° 10.204'N 2° 48.807'E	N3
Casbah Farm	20NW4	Dixmunde	51° 02.262'N 2° 51.132'E	H5
Case Bianca	36ANE3	Haverskerque	50° 38.466'N 2° 30.408'E	J25
Casemate Farm	36ANE1	Morbecque	50° 42.972'N 2° 34.769'E	E13
Casey Farm	36ANE2	Vieux Berquin	50° 41.457'N 2° 42.226'E	F22
Cash Farm	27NE2	Proven	50° 53.376'N 2° 37.798'E	E11
Cashel Farm	12NE3	Oudenburg	51° 10.902'N 2° 58.443'E	J33
Cashel Hill	28SW3	Bailleul	50° 44.987'N 2° 47.810'E	T7
Casiel Farm	28SE4	Ronq	50° 44.409'N 3° 07.706'E	X20
Casino	12SW1	Nieuport	51° 10.276'N 2° 46.541'E	M6
Casque House	20SW4	Bixschoote	50° 54.038'N 2° 51.186'E	T23
Cassell Farm	28NE4	Dadizeele	50° 50.297'N 3° 04.047'E	K22
Cassius House	27NE3	Winnezeele	50° 49.559'N 2° 30.753'E	J20
Cast Farm	36ANE1	Morbecque	50° 41.621'N 2° 36.574'E	E21
Castaway Corner	28NE2	Moorslede	50° 54.057'N 3° 04.162'E	E4
Castor Wood	66CNW2	Itancourt	49° 48.732'N 3° 22.119'E	C14
Cat Copse	62CNE1	Liéramont	49° 59.078'N 3° 00.448'E	D15
Cat House	20SE3 & 28NE1-3	Poelcappelle	50° 54.490'N 2° 55.936'E	U29
Cat Houses	28SE1	Wervicq	50° 47.864'N 2° 58.667'E	P15
Cat Houses	28SW2	Wytschaete	50° 47.868'N 2° 58.700'E	P15
Catcus Bridge	28NW2	St Julien	50° 53.476'N 2° 52.194'E	C7
Catelet	62CSE1	Bouvincourt	49° 54.453'N 3° 00.158'E	P9
Catelet Copse	57CSE4	Villers-Guislain	50° 00.689'N 3° 10.342'E	X28
Catelet Valley	57CSE4	Villers-Guislain	50° 00.680'N 3° 09.653'E	X27
Catelet Wood	62CSE1	Bouvincourt	49° 54.435'N 2° 59.850'E	P7
Caterpillar Crater	28NW4	Zillebeke	50° 49.334'N 2° 55.709'E	I35
Caterpiller Wood	57CSW3	Longueval	50° 00.698'N 2° 45.838'E	S20
Catinat Farm	20SW4	Bixschoote	50° 56.097'N 2° 53.739'E	U9
Catnat Post	20SW4	Bixschoote	50° 56.122'N 2° 53.720'E	U9
Cato Copse	27SE2	Berthen	50° 47.367'N 2° 41.970'E	R16
Cato Corner	27SE2	Berthen	50° 47.400'N 2° 41.640'E	R16
Catry Farm	36NE1	Quesnoy	50° 42.259'N 3° 02.258'E	E13

Cat's Post	36SW3	Richebourg	50° 33.954'N 2° 45.355'E	S15
Catteau Farm	28SW2	Wytschaete	50° 48.013'N 2° 53.469'E	O8
Catteuw Farm	28NW1	Elverdinghe	50° 53.569'N 2° 47.974'E	B7
Cattle Farm	27NE3	Winnezeele	50° 49.801'N 2° 34.541'E	K19
Cattle Market	51BNE2	Dechy	50° 21.885'N 3° 05.099'E	E4
Cattrysse Farm	20NW4	Dixmunde	51° 00.841'N 2° 50.609'E	H23
Caubrieres Woods No 1	62CSE2	Vermand	49° 54.572'N 3° 09.812'E	R9
Caubrieres Woods No 2	62CSE2	Vermand	49° 54.597'N 3° 10.234'E	R10
Caubrieres Woods No 3	62CSE2	Vermand	49° 54.578'N 3° 10.885'E	R11
Caubrieres Woods No 4	62CSE2	Vermand	49° 54.457'N 3° 10.711'E	R10
Caubrieres Woods No 5	62CSE2	Vermand	49° 54.373'N 3° 10.398'E	R10
Caucas Farm	20SE2	Hooglede	50° 57.567'N 3° 04.423'E	Q28
Caudescure	36ANE3	Haverskerque	50° 40.339'N 2° 36.570'E	K3
Caudescure Station	36ANE3	Haverskerque	50° 39.834'N 2° 35.707'E	K8
Caudreleux Farm	28SE4	Ronq	50° 44.926'N 3° 09.990'E	X17
Caullery	57BSW2	Clary	50° 05.102'N 3° 22.398'E	O9
Cauroir	57BNW1	Cambrai	50° 10.369'N 3° 18.051'E	B15
Caustic Farm	28SE4	Ronq	50° 44.425'N 3° 04.140'E	W22
Caution Paddock	62CNE4	Roisel	49° 56.975'N 3° 11.409'E	L17
Cauyigny	62BSW2	Fonsommes	49° 53.272'N 3° 19.219'E	N22
Cavalry Farm	28NW4	Zillebeke	50° 51.225'N 2° 54.610'E	I10
Cavalry Houses	12SW1	Nieuport	51° 09.363'N 2° 45.170'E	M16
Cave St Paul Farm	36NE1	Quesnoy	50° 42.731'N 3° 03.294'E	E8
Cavender House	28NE4	Dadizeele	50° 49.916'N 3° 05.085'E	K29
Cavenne Mill	20SW1	Loo	50° 57.471'N 2° 49.595'E	N27
Caves	70DNW4	St. Gobain	49° 35.384'N 3° 22.038'E	I14
Caxton Row	36ANE3	Haverskerque	50° 40.416'N 2° 32.010'E	J3
Cayouse Copse	62BSW2	Fonsommes	49° 53.188'N 3° 21.715'E	O26
Cayphas	20SE4	Roulers	50° 55.245'N 3° 08.551'E	X22
Cedar Copse	62CSW1	Dompierre	49° 53.812'N 2° 48.562'E	M17
Cedar Farm	20SE2	Hooglede	50° 58.812'N 3° 06.099'E	R13
Cedar House	12SW1	Nieuport	51° 08.659'N 2° 45.916'E	M23
Cedric Farm	27SE4	Meteren	50° 44.956'N 2° 39.146'E	W12
Ceinck Farm	20NW4	Dixmunde	51° 01.924'N 2° 50.486'E	H11
Celery Copse	36ANE2	Vieux Berquin	50° 42.474'N 2° 39.376'E	F7
Celery Cottages	36ANE2	Vieux Berquin	50° 42.582'N 2° 39.086'E	E12
Celery House	12SW1	Nieuport	51° 09.187'N 2° 46.395'E	M18
Celibate Farm	27NE2	Proven	50° 51.661'N 2° 42.192'E	L4
Cello Farm	28NE4	Dadizeele	50° 49.963'N 3° 08.499'E	L27
Celtic	28NE1	Zonnebeke	50° 52.034'N 3° 00.547'E	D29
Celtic Park	28SW3	Bailleul	50° 45.069'N 2° 47.230'E	S12
Celtic Park Camp?	28SW3	Bailleul	50° 45.016'N 2° 47.127'E	S12
Celtic Wood	28NE1	Zonnebeke	50° 52.055'N 3° 00.932'E	D30
Cement Crossing	20NE3	Zarren	51° 01.083'N 3° 02.025'E	K19
Cemetery	28NW2	St Julien	50° 53.963'N 2° 54.755'E	C4
Cemetery	28NW2	St Julien	50° 54.247'N 2° 55.989'E	C5
Cemetery	28NW2	St Julien	50° 53.601'N 2° 56.756'E	C12
Cemetery Farm	20SE1	Staden	50° 58.722'N 2° 57.159'E	P13
Cemetery Farm	20SW4	Bixschoote	50° 55.806'N 2° 52.203'E	U7
Cemetery Road	36ASE1	St. Venant	50° 35.857'N 2° 32.815'E	P22
Cemetery Wood	51BSE2	Oisy-le-Verger	50° 14.109'N 3° 06.689'E	Q36
Cemetery Wood	62CNW1	Maricourt	49° 57.990'N 2° 48.008'E	A29
Cense la Vallée	36ASE3	Gonnehem	50° 33.999'N 2° 33.453'E	V11
Cent House	36ANE4	Merville	50° 40.004'N 2° 39.017'E	K12
Centaur Copse	62CSE3	Athies	49° 50.639'N 3° 00.736'E	V16
Centaur Fork	28NE2	Moorslede	50° 52.207'N 3° 05.165'E	E29
Central Electric Generating Station	36C(44A) SW1	Lens	50° 24.699'N 2°48.328'E	M36
Centre Cross Roads	20SE3	Westroosebeke	50° 56.460'N 2° 59.319'E	V4
Centre Farm	28SW2	Wytschaete	50° 47.468'N 2° 56.424'E	O18
Centre Farm	28SW2	Wytschaete	50° 47.469'N 2° 56.413'E	O18
Cepy Farm	62BSW3	St. Quentin	49° 51.838'N 3° 16.144'E	S6
Cerise Wood	62BNW4	Ramicourt	49° 55.427'N 3° 21.228'E	I31

Name	Map	Location	Coordinates	Grid
Cerisy Bridge	20SW4	Bixschoote	50° 55.609'N 2° 54.148'E	U15
Cerizy	66CNW4	Berthenicourt	49° 45.609'N 3° 19.729'E	H23
Cert Farm	27NE2	Proven	50° 51.455'N 2° 41.186'E	L3
Ceston House	20SE4	Roulers	50° 55.780'N 3° 04.468'E	W16
Chain Farm	20SE1	Staden	50° 58.075'N 3° 02.846'E	Q20
Chalet Copse	36ANE1	Morbecque	50° 42.030'N 2° 32.830'E	D16
Chalet Royal	12NE2 & 4	Ostende	51° 13.681'N 2° 54.373'E	C28
Chalk Farm	20SW2	Zwartegat	50° 58.707'N 2° 50.231'E	N10
Chalk Farm	28SE1	Wervicq	50° 48.461'N 2° 57.377'E	P1
Chalk Farm	28SW2	Wytschaete	50° 48.464'N 2° 57.380'E	P1
Chalk Mound	57DSE2+57CSW1	Le Sars	50° 03.478'N 2° 43.907'E	R29
Chalk Pit	51BNW4	Fampoux	50° 18.099'N 2° 53.855'E	I13
Chalk Pit	51BNW4	Fampoux	50° 17.205'N 2° 54.379'E	I26
Chalk Pit	51BSE1	Saudemont	50° 15.201'N 2° 59.801'E	P15
Chalk Pit	51BSE1	Saudemont	50° 14.717'N 3° 02.074'E	P24
Chalk Pit	51BSE1	Saudemont	50° 13.975'N 3° 02.417'E	P36
Chalk Pit	51BSE1	Saudemont	50° 14.151'N 3° 04.337'E	Q33
Chalk Pit	57CNW3	Bapaume	50° 06.431'N 2° 51.535'E	H28
Chalk Pit	57DSE2+57CSW1	Le Sars	50° 04.593'N 2° 46.430'E	M15
Chalk Pit	57DSE4	Ovillers	50° 01.759'N 2° 43.235'E	X10
Chalk Pit Cottage	62CNW3	Vaux	49° 57.520'N 2° 49.499'E	H1
Chalk Pit Wood	36C(44A) NW3	Loos	50° 27.940'N 2° 48.565'E	H25
Chalkpit	57CSW3	Longueval	50° 01.700'N 2° 51.309'E	N15
Champ de Manœuvre Aerodrome	57BNW1	Cambrai	50° 10.329'N 3° 12.218'E	A14
Champaubert Farm	20SW4	Bixschoote	50° 55.564'N 2° 53.666'E	U14
Champignons Copse	62BNW4	Ramicourt	49° 57.340'N 3° 22.191'E	I8
Champreuille	36NE1	Quesnoy	50° 41.247'N 2° 58.481'E	D26
Chancel Houses	28NE2	Moorslede	50° 52.215'N 3° 06.704'E	F25
Chandler's Fork	20SE4	Roulers	50° 55.755'N 3° 05.084'E	W17
Chaneaux Copse	57BSW1	Bantouzelle	50° 04.947'N 3° 14.375'E	M16
Chaneaux Wood	57BSW1	Bantouzelle	50° 04.757'N 3° 13.948'E	M16
Changford Corner	20SE2	Hooglede	50° 57.228'N 3° 05.581'E	Q36
Channel Syphon House	12NE3	Oudenburg	51° 10.814'N 2° 56.946'E	J31
Chantecler	51BNW3	Arras	50° 18.927'N 2° 48.309'E	G6
Chantecler Redoubt	51BNW3	Arras	50° 18.829'N 2° 48.133'E	G12
Chanzy Corner	20SW2	Zwartegat	50° 57.030'N 2° 54.591'E	O34
Chap Farm	27SE1	St Sylvestre	50° 46.225'N 2° 30.762'E	P26
Chapeau de Gendarme	62CNW1	Maricourt	49° 58.043'N 2° 48.526'E	A29
Chapel At Lyssenthoek	27NE4	Abeele	50° 49.942'N 2° 43.076'E	L24
Chapel AT Menham Cross Rds	27NE4	Abeele	50° 48.786'N 2° 38.082'E	K35
Chapel At X Rds S of Lappe	27SE2	Berthen	50° 48.494'N 2° 41.742'E	R4
Chapel By Fork in Rd NW of Boeschepe	27SE2	Berthen	50° 48.248'N 2° 41.036'E	R3
Chapel E of Blauwhuis Farm	27NE4	Abeele	50° 51.303'N 2° 37.904'E	K5
Chapel E of Hipshoek	27NE2	Proven	50° 51.463'N 2° 40.531'E	L2
Chapel In Watou	27NE2	Proven	50° 51.516'N 2° 37.593'E	K4
Chapel N of Focus Farm	27NE2	Proven	50° 51.691'N 2° 39.580'E	F25
Chapel NE of Abeele	27NE4	Abeele	50° 49.595'N 2° 40.365'E	L26
Chapel NE of Trappistes Farm	27NE4	Abeele	50° 50.602'N 2° 38.073'E	K17
Chapel NW of Jacobinessen Battery	12NE1	Clemskerke	51° 15.196'N 2° 58.855'E	D10
Chapel S of Hamhoek	27NE2	Proven	50° 51.974'N 2° 43.006'E	F30
Chapel SE of Abancourt	51ASW3	Eswars	50° 14.014'N 3° 13.056'E	M33
Chapel SW of Abeele	27NE4	Abeele	50° 48.041'N 2° 39.825'E	L31
Chapel SW of Bleekery	27NE2	Proven	50° 52.906'N 2° 38.766'E	E18
Chapel SW of Convent	27NE2	Proven	50° 52.250'N 2° 41.356'E	F22
Chapel SW of Melton Fork	27NE4	Abeele	50° 50.785'N 2° 40.092'E	L8
Chapel at Rd. Juncts SE of Sauchy-Lestree	51BSE4	Marquion	50° 13.254'N 3° 06.987'E	W6
Chapel at X Rds N of Saudemont	51BSE1	Saudemont	50° 15.054'N 3° 01.986'E	P24
Chapel at Y Junct SW of Boiry-Ste. Rictrude	51BSW3	Boisleux	50° 11.849'N 2° 44.779'E	S19
Chapel ay Y Junct E of Saudemont	51BSE1	Saudemont	50° 14.735'N 3° 02.665'E	Q19
Chapel by Rue Verte	51ASW3	Eswars	50° 12.413'N 3° 16.637'E	T14
Chapel by T Junct.	51BNW2	Oppy	50° 21.231'N 2° 53.618'E	C7
Chapel Crossing	57CSE4	Villers-Guislain	50° 02.038'N 3° 07.639'E	X7

Chapel Dewetz	36C(44A) SW2	Harnes	50° 25.936'N 2° 55.986'E	O16
Chapel E of Bailleulmont	51CSE3	Ransart	50° 13.045'N 2° 37.374'E	W3
Chapel E of Berles-au-Bois	51CSE3	Ransart	50° 12.071'N 2° 38.200'E	W16
Chapel E of Cantin by Cemetery	51BNE4	Cantin	50° 18.493'N 3° 07.994'E	L14
Chapel E of Pommier	51CSE3	Ransart	50° 11.177'N 2° 36.577'E	W25
Chapel Farm	36NW4	Bois Grenier	50° 38.718'N 2° 51.225'E	H29
Chapel Hill	57CSE4	Villers-Guislain	50° 01.866'N 3° 07.176'E	W18
Chapel in Aubigny-au-Bac	51BSE2	Oisy-le-Verger	50° 15.847'N 3° 09.945'E	R10
Chapel in Aubigny-au-Bac	51BSE2	Oisy-le-Verger	50° 15.789'N 3° 10.156'E	R10
Chapel in Bantigny	51ASW3	Eswars	50° 13.920'N 3° 13.920'E	M34
Chapel in Bantigny	51ASW3	Eswars	50° 13.654'N 3° 13.839'E	S4
Chapel in Barastre at T Junct.	57CSW2	Villers-Au-Flos	50° 04.286'N 2° 55.897'E	O15
Chapel in Blécourt	51ASW3	Eswars	50° 13.016'N 3° 12.581'E	S8
Chapel in Bourlon	57CNE2	Bourlon	50° 11.209'N 3° 07.873'E	F5
Chapel In Brébières	51BNE1	Brébières	50° 20.019'N 3° 01.300'E	D29
Chapel in Buissy	51BSE3	Cagnicourt	50° 12.409'N 3° 02.233'E	V18
Chapel in Ecourt St. Quentin	51BSE1	Saudemont	50° 15.139'N 3° 03.766'E	Q20
Chapel in Escaudœuvres	51ASW3	Eswars	50° 11.676'N 3° 16.209'E	T25
Chapel In Eswars	51ASW3	Eswars	50° 13.278'N 3° 15.903'E	T7
Chapel in Etricourt	57CSE3	Sorel-le-Grand	50° 02.238'N 2° 59.419'E	V8
Chapel in Guesnain	51BNE2	Dechy	50° 21.095'N 3° 08.998'E	F15
Chapel in Guesnain	51BNE2	Dechy	50° 21.107'N 3° 09.107'E	F15
Chapel in Lécluse	51BSE1	Saudemont	50° 16.452'N 3° 02.235'E	P6
Chapel in Lewarde	51BNE2	Dechy	50° 20.691'N 3° 10.115'E	F16
Chapel In Ramilies	51ASW3	Eswars	50° 12.378'N 3° 15.862'E	T13
Chapel In Thun near Lock	51ASW3	Eswars	50° 13.415'N 3° 17.726'E	T2
Chapel in Thun St. Martin	51ASW3	Eswars	50° 13.458'N 3° 18.158'E	T4
Chapel in Tortéquenne	51BNE3	Noyelle-sous-Bellonne	50° 17.374'N 3° 02.396'E	J30
Chapel Lannoy	36SW3	Richebourg	50° 34.292'N 2° 50.007'E	T9
Chapel N of Brunemont	51BSE2	Oisy-le-Verger	50° 16.562'N 3° 08.246'E	R2
Chapel N of Cantin by Y Junct	51BNE4	Cantin	50° 19.010'N 3° 07.969'E	L8
Chapel NE of Baralle	51BSE3	Cagnicourt	50° 12.823'N 3° 04.263'E	W9
Chapel NE of Caix	66ENE2	Vrely	49° 49.148'N 2° 38.994'E	E4
Chapel NE of Duisans at Y Junct.	51CNE4	Wagnonlieu	50° 18.954'N 2° 41.074'E	L2
Chapel NE of Havrincourt by Rly Line	57CNE4	Marcoing	50° 06.954'N 3° 05.628'E	K22
Chapel NE of Quarry	51BNE2	Dechy	50° 19.939'N 3° 11.005'E	F30
Chapel Nof Eterpigny	51BSE1	Saudemont	50° 15.718'N 2° 58.862'E	P8
Chapel NW of Lebucquière	57CNW4	Beugny	50° 06.970'N 2° 57.566'E	I24
Chapel Redoubt	57CSE4	Villers-Guislain	50° 01.780'N 3° 07.243'E	W18
Chapel S of Blécourt near X Rds	51ASW3	Eswars	50° 12.630'N 3° 13.276'E	S15
Chapel S of Fosse 3	36C(44A) SW1	Lens	50° 25.527'N 2° 46.665'E	M22
Chapel S of Lewarde	51BNE2	Dechy	50° 20.172'N 3° 10.120'E	F22
Chapel S of l'Homme mort Farm	51BNE1	Brébières	50° 21.239'N 3° 01.623'E	D11
Chapel S of Rumaucourt	51BSE1	Saudemont	50° 14.190'N 3° 03.632'E	Q26
Chapel S of Thyun St. Martin	51ASW3	Eswars	50° 13.266'N 3° 17.736'E	T9
Chapel SE of Sains-lez-Marquion	51BSE4	Marquion	50° 11.390'N 3° 04.903'E	W27
Chapel SE of Aubigny-au-Bac	51BSE2	Oisy-le-Verger	50° 15.285'N 3° 11.095'E	R18
Chapel SE of Beugny	57CNW4	Beugny	50° 07.049'N 2° 56.555'E	I22
Chapel SE of Marquion	51BSE4	Marquion	50° 12.355'N 3° 05.537'E	W16
Chapel SW of Dury	51BSE1	Saudemont	50° 14.709'N 3° 00.246'E	P21
Chapel SW of Méaulte	62DNE2	Méaulte	49° 58.657'N 2° 39.145'E	E22
Chapel W of Acq	51CNE2	Ecoivres	50° 20.866'N 2° 39.042'E	E11
Chapel W of Mjontigny	51BNE2	Dechy	50° 21.943'N 3° 10.537'E	F5
Chapel W of Moy	66CNW4	Berthenicourt	49° 45.095'N 3° 21.299'E	I25
Chapel Wood	57CNE4	Marcoing	50° 06.851'N 3° 05.989'E	K29
Chapel Wood	62CNE1	Liéramont	49° 58.659'N 3° 01.939'E	D23
Chapelle Bridge	12NE2	Houttave	51° 13.887'N 3° 09.473'E	F29
Chapelle d'Armentières	36NW4	Bois Grenier	50° 40.360'N 2° 53.782'E	I8
Chapelle du Prémont	51BNE3	Noyelle-sous-Bellonne	50° 18.773'N 3° 02.089'E	J12
Chapelle Duvelle	36ANE4	Merville	50° 38.630'N 2° 40.796'E	L26
Chapelle Rompue	36NW2	Armentieres	50° 42.560'N 2° 52.767'E	C7
Chapello Boem	36ANE3	Haverskerque	50° 40.271'N 2° 36.096'E	K8

Chapes Spur	57DSE4	Ovillers	50° 00.643'N 2° 41.579'E	X19
Chapigny Farm	36SW1	Aubers	50° 36.132'N 2° 47.343'E	M24
Chappawa Wood	28SW1	Kemmel	50° 48.719'N 2° 47.007'E	M6
Chappelle House	12SW1	Nieuport	51° 07.912'N 2° 48.837'E	N33
Chappelle Nord Farm	20SW4	Bixschoote	50° 56.693'N 2° 50.572'E	N35
Chappelle Sud Farm	20SW4	Bixschoote	50° 55.712'N 2° 50.683'E	T11
Chapple N D de Grâce	36C(44A) NW4	Pont-à-Vendin	50° 29.729'N 2° 54.005'E	I8
Chapska Farm	20NW4	Dixmunde	51° 00.761'N 2° 52.180'E	I19
Chapter Wood	62CNW3	Vaux	49° 56.485'N 2° 51.378'E	H15
Charcoal Copse	28SE4	Ronq	50° 46.086'N 3° 05.831'E	Q36
Chardon-Vert	62BNW4	Ramicourt	49° 55.371'N 3° 20.067'E	H36
Chards Farm	36NW4	Bois Grenier	50° 39.887'N 2° 55.298'E	I16
Chariot House	20SW1	Loo	50° 57.484'N 2° 49.549'E	N27
Chariot Wood	62BSW4	Homblieres	49° 51.347'N 3° 19.510'E	T11
Charity Farm	28SW2	Wytschaete	50° 48.092'N 2° 55.690'E	O11
Charity Farm	28SW2	Wytschaete	50° 48.092'N 2° 55.690'E	O11
Charity Woods	62BNW4	Ramicourt	49° 55.654'N 3° 22.969'E	I33
Charles Fontaine	70DNW4	St. Gobain	49° 34.825'N 3° 25.048'E	I24
Charlie Farm	28NW1	Elverdinghe	50° 52.006'N 2° 45.587'E	A28
Charmes	66CSW4	La Fere	49° 39.292'N 3° 22.666'E	U27
Charmes	70DNW2	Servais	49° 38.990'N 3° 22.964'E	C3
Charnillard Copse	62CSE1	Bouvincourt	49° 53.299'N 2° 59.751'E	P20
Charpentier Cross Roads	20SW4	Bixschoote	50° 54.799'N 2° 51.669'E	T24
Charpentier Wood	20SW4	Bixschoote	50° 54.762'N 2° 51.899'E	T24
Charring Cross	57CSE2	Gonnelieu	50° 04.812'N 3° 06.351'E	Q17
Chartreuse Old Convent	12NE4	Jabbeke	51° 10.816'N 3° 09.940'E	L36
Chasse Lock	12NE1	Clemskerke	51° 13.506'N 2° 56.499'E	D25
Chasse Royal	28SE3	Comines	50° 45.978'N 3° 01.533'E	V6
Chasseur Farm	28NW2	St Julien	50° 53.319'N 2° 51.154'E	B11
Chataigniers Wood	62BNW4	Ramicourt	49° 56.654'N 3° 19.517'E	H23
Chateau In Wagnonville	36C(44A) SE3	Esquerchin	50° 23.430'N 3° 04.098'E	W15
Chateau S of Desbert Farm	28SE3	Comines	50° 43.847'N 3° 03.944'E	W27
Chateau SE of Jut Farm	28NE3	Gheluvelt	50° 50.492'N 2° 59.794'E	J16
Chateau At Sancourt	51ASW3	Eswars	50° 12.936'N 3° 11.810'E	S7
Chateau By Happlincourt	62CSW2	Barleux	49° 52.287'N 2° 58.221'E	O32
Chateau By Lankhof Farm	28NW4	Zillebeke	50° 49.383'N 2° 53.506'E	I26
Chateau By Station	36C(44A) NW4	Pont-à-Vendin	50° 29.659'N 2° 51.129'E	H10
Chateau Dadizeele	28NE4	Dadizeele	50° 51.038'N 3° 05.749'E	K12
Chateau E of Aubencheul-au-Bac	51BSE2	Oisy-le-Verger	50° 15.336'N 3° 09.975'E	R16
Chateau E of Beuvry	36B(44B) NE2	Beuvry	50° 31.372'N 2° 41.130'E	F14
Chateau E of Grand Priel Woods	62CNE4	Roisel	49° 56.419'N 3° 10.934'E	L23
Chateau E of Hendecourt-lez-Cagnicourt	51BSW4	Bullecourt	50° 12.691'N 2° 57.301'E	U11
Chateau E of Inverness Copse	28NE3	Gheluvelt	50° 50.539'N 2° 58.305'E	J14
Chateau E of Lambres	51BNE1	Brébières	50° 21.176'N 3° 02.603'E	E7
Chateau E of Saint Andre	12NE4	Jabbeke	51° 12.122'N 3° 09.000'E	L17
Chateau E of Saint Andre	12NE4	Jabbeke	51° 12.179'N 3° 09.481'E	L17
Chateau E of Strong Farm	36C(44A) NW1	LaBassee	50° 32.338'N 2° 47.300'E	A5
Chateau E of Sugar Factory	36SW4	Sainghin	50° 33.777'N 2° 52.069'E	T18
Chateau E of Zandvoorde	28SE1	Wervicq	50° 48.825'N 2° 59.493'E	P4
Chateau E of Zandvoorde	28SE1	Wervicq	50° 48.828'N 2° 59.498'E	P4
Chateau Hinges	36ASE4	Locon	50° 33.834'N 2° 37.409'E	W16
Chateau In Ablaincourt	62CSW3	Vermandovillers	49° 50.497'N 2° 49.360'E	S18
Chateau In Allennes-les-Marais	36C(44A) NW2	Bauvin	50° 32.410'N 2° 57.036'E	C6
Chateau In Auby	36C(44A) SE1	Dourges	50° 24.836'N 3° 03.204'E	Q32
Chateau In Aveluy	57DSE4	Ovillers	50° 01.581'N 2° 39.630'E	W17
Chateau in Barastre	57CSW2	Villers-Au-Flos	50° 04.563'N 2° 56.072'E	O16
Chateau In Bellacourt	51CSE3	Ransart	50° 13.604'N 2° 40.668'E	R31
Chateau In Brètencourt	51CSE2	Beaumetz	50° 14.147'N 2° 41.848'E	R26
Chateau In Bugnicourt	51BNE4	Cantin	50° 17.613'N 3° 09.460'E	L27
Chateau In Cagnicourt	51BSE3	Cagnicourt	50° 12.796'N 2° 59.724'E	V9
Chateau In Chaulnes	66DNW1	Punchy	49° 49.094'N 2° 47.810'E	A4
Chateau In Contalmaison	57DSE4	Ovillers	50° 01.452'N 2° 43.759'E	X16

Chateau In Deniécourt	62CSW3	Vermandovillers	49° 51.900'N 2° 48.906'E	S6
Chateau In Douvrin	36C(44A) NW1	LaBassee	50° 30.406'N 2° 49.516'E	B26
Chateau In Erchin	51BNE4	Cantin	50° 19.104'N 3° 09.787'E	L10
Chateau In Eterpigny	51BSE1	Saudemont	50° 15.417'N 2° 58.644'E	P13
Chateau In Fayet	62BSW3	St. Quentin	49° 52.121'N 3° 15.261'E	S5
Chateau In Gœulzin	51BNE4	Cantin	50° 19.078'N 3° 05.430'E	K10
Chateau In Havrincourt	57CNE4	Marcoing	50° 06.567'N 3° 05.094'E	K27
Chateau In Hendecourt-lez-Ransart	51CSE4	Blaireville	50° 12.284'N 3° 43.767'E	X17
Chateau In Manancourt	57CSE3	Sorel-le-Grand	50° 01.582'N 2° 58.832'E	V13
Chateau In Maricourt	62CNW1	Maricourt	49° 58.963'N 2° 47.165'E	A16
Chateau In Monchy-le-Preux	51BSW2	Vis-en-Artois	50° 16.273'N 2° 53.620'E	O1
Chateau In Moy	66CNW4	Berthenicourt	49° 45.081'N 3° 22.105'E	I26
Chateau In Noyeelles-sur-l' Escaut	57CNE4	Marcoing	50° 08.284'N 3° 11.067'E	L11
Chateau In Potte	66DNW2	Morchain	49° 48.058'N 2° 54.074'E	B24
Chateau In Remy	51BSW2	Vis-en-Artois	50° 15.245'N 2° 57.527'E	O18
Chateau In Sailly-Saillisel	57CSW4	Combles	50° 01.701'N 2° 54.647'E	U14
Chateau In Suzanne	62CNW3	Vaux	49° 56.903'N 2° 45.956'E	G8
Chateau In Thiepval	57DSE1 & 2	Beaumont	50° 03.202'N 2° 41.194'E	R25
Chateau In Villers-au-Flos	57CSW2	Villers-Au-Flos	50° 04.877'N 2° 54.370'E	O7
Chateau In Villers-lez-Cagnicourt	51BSE3	Cagnicourt	50° 13.495'N 3° 00.438'E	V4
Chateau In Willerval	51BNW1	Roclincourt	50° 21.344'N 2° 50.469'E	B9
Chateau Inside Fort in Peronne	62CNW4	Peronne	49° 55.742'N 2° 55.894'E	I27
Chateau Maisnil-Bouche	36B(44B) SE4	Carency	50° 23.471'N 2° 37.974'E	W10
Chateau N of Ablain-St.-Nazaire	36B(44B) SE4	Carency	50° 23.636'N 2° 42.603'E	X10
Chateau N of Awoingt	57BNW1	Cambrai	50° 09.751'N 3° 17.150'E	B20
Chateau N of Cuincy	36C(44A) SE3	Esquerchin	50° 23.063'N 3° 02.905'E	W13
Chateau N of Herly Wood	66DNW3	Hattencourt	49° 45.590'N 2° 51.934'E	H21
Chateau N of La Place	36SW4	Sainghin	50° 33.272'N 2° 52.625'E	T24
Chateau N of Lancer Farm	28NW2	St Julien	50° 51.701'N 2° 54.929'E	I4
Chateau N of Louverval	57CNE3	Hermies	50° 08.464'N 3° 00.683'E	J4
Chateau N of Manners Farm	28SW1	Kemmel	50° 46.779'N 2° 43.560'E	M19
Chateau N of Montigny	51BNE2	Dechy	50° 22.065'N 3° 11.094'E	F6
Chateau N of Morbecque	36ANE1	Morbecque	50° 42.728'N 2° 31.202'E	D14
Chateau N of Old Convent	12NE4	Jabbeke	51° 11.108'N 3° 09.844'E	L36
Chateau N of Pt. Levis	36ASE2	Lestrem	50° 36.680'N 2° 41.619'E	R15
Chateau N of Selency	62BSW3	St. Quentin	49° 51.727'N 3° 13.890'E	S3
Chateau NE of Agny	51BSW1	Neuville Vitasse	50° 15.865'N 2° 45.154'E	M8
Chateau NE of Andelain	70DNW2	Servais	49° 38.694'N 3° 22.411'E	C2
Chateau NE of Cappy	62CNW3	Vaux	49° 55.731'N 2° 45.925'E	G26
Chateau NE of Gorre	36B(44B) NE2	Beuvry	50° 32.444'N 2° 41.839'E	F3
Chateau NE of Lesdain	57BNW3	Rumilly	50° 06.072'N 3° 16.292'E	H31
Chateau NE of Seclin	36SE3	Seclin	50° 33.271'N 3° 00.813'E	V23
Chateau NE of Wifnendaaleveld	12SE4	Aertrycke	51° 05.628N 3° 05.150'E	6078
Chateau Near Fosse 10 de Lens	36C(44A) NW4	Pont-à-Vendin	50° 28.628'N 2° 52.048'E	H23
Chateau Near Stalhillebrugge	12NE4	Jabbeke	51° 12.133'N 3° 05.791'E	L13
Chateau Near Station	51BNW4	Fampoux	50° 18.012'N 2° 53.700'E	I13
Chateau Near Troll House	62CSW1	Dompierre	49° 52.412'N 2° 47.136'E	M27
Chateau NW of Exempt Wood	28NE1	Zonnebeke	50° 54.159'N 3° 02.336'E	E2
Chateau NW of Varssenaere	12NE4	Jabbeke	51° 11.991'N 3° 08.053'E	L21
Chateau Orchard	62CNW3	Vaux	49° 55.513'N 2° 46.433'E	G27
Chateau S of Houtkerque	27NE1	Herzeele	50° 52.264'N 2° 35.540'E	E20
Chateau S of Hulluch	36C(44A) NW3	Loos	50° 28.832'N 2° 49.160'E	H14
Chateau S of Montigny	51BNE2	Dechy	50° 21.590'N 3° 11.230'E	F12
Chateau S of Quarry	57CNE2	Bourlon	50° 10.708'N 3° 06.592'E	E12
Chateau S of Sains-lez-Marquion	51BSE3	Cagnicourt	50° 11.451'N 3° 04.275'E	W27
Chateau S of Terdeghem	27SE1	St Sylvestre	50° 47.789'N 2° 32.154'E	P10
Chateau S of Vélu	57CNE3	Hermies	50° 06.244'N 2° 58.533'E	J31
Chateau S of Wattignies	36SE3	Seclin	50° 34.823'N 3° 02.411'E	W1
Chateau S vof La Place	36SW4	Sainghin	50° 32.995'N 2° 52.639'E	T30
Chateau SE of Corons	36B(44B) NE4	Noex-les-Mines	50° 28.137'N 2° 43.225'E	L29
Chateau SE of Ramillies	51ASW3	Eswars	50° 12.987'N 3° 15.896'E	T19
Chateau SE of Sugar Factory	36SW4	Sainghin	50° 33.711'N 2° 52.142'E	T18

Chateau SE of Varssenaere	12NE4	Jabbeke	51° 11.196'N 3° 09.111'E	L29
Chateau Soyécourt	62CSW3	Vermandovillers	49° 51.653'N 2° 47.904'E	S4
Chateau SW of Leforest	36C(44A) SE1	Dourges	50° 26.102'N 3° 03.641'E	Q14
Chateau SW of Lewarde	51BNE2	Dechy	50° 20.219'N 3° 09.881'E	F22
Chateau SW of Morenchies	51ASW3	Eswars	50° 11.544'N 3° 14.422'E	S29
Chateau SW of Tile Works	36C(44A) SE1	Dourges	50° 25.471'N 3° 03.170'E	Q20
Chateau SW of Varssenaere	12NE4	Jabbeke	51° 11.034'N 3° 07.405'E	L33
Chateau SW of Zonnebeke	28NE1	Zonnebeke	50° 52.268'N 2° 59.220'E	D27
Chateau W of Bethune	36B(44B) NE2	Beuvry	50° 31.970'N 2° 37.373'E	E9
Chateau W of Farm B	20NW4	Dixmunde	51° 01.281'N 2° 51.835'E	H18
Chateau W of l' Abbaye	36ASE3	Gonnehem	50° 32.864'N 2° 35.040'E	W25
Chateau W of la Motte au Bois	36ANE1	Morbecque	50° 40.910'N 2° 34.243'E	D30
Chateau W of Langemarck	20SW4	Bixschoote	50° 54.868'N 2° 55.104'E	U22
Chateau W of Lettenburg	12NE4	Jabbeke	51° 11.315'N 3° 05.017'E	K30
Chateau W of Roucourt	51BNE2	Dechy	50° 19.637'N 3° 08.638'E	L2
Chateau W of Straffer's Nest	28SW4	Ploegsteert	50° 44.549'N 2° 53.300'E	U14
Chateau Wingles	36C(44A) NW4	Pont-à-Vendin	50° 29.575'N 2° 51.215'E	H10
Chateau Boesinghe	28NW2	St Julien	50° 53.640'N 2° 51.387'E	B11
Chateau Briseux	57BSW1	Bantouzelle	50° 05.062'N 3° 18.266'E	N9
Chateau Carleul	36B(44B) SE4	Carency	50° 23.345'N 2° 44.118'E	X12
Chateau Crocus	20SW2	Zwartegat	50° 57.263'N 2° 50.968'E	N29
Chateau daq la Cessoie	36NE3	Perenchies	50° 39.382'N 3° 01.675'E	J24
Chateau de Bondues	36NE2	Tourcoing	50° 42.516'N 3° 05.686'E	E17
Chateau de Cliquenois	36NE3	Perenchies	50° 40.514'N 3° 01.545'E	J12
Chateau de Flandre	36SW2	Radinghem	50° 36.755'N 2° 54.765'E	O15
Chateau de Germanez	36SE3	Seclin	50° 35.152'N 3° 00.251'E	V4
Chateau de la Cessoie	36NE3	Perenchies	50° 39.717'N 3° 01.873'E	J18
Chateau de la Croix Blanche	36NE2	Tourcoing	50° 43.267'N 3° 06.899'E	F1
Chateau de la Haie	36B(44B) SE4	Carency	50° 23.400'N 2° 39.596'E	W12
Chateau de la Roseraie	36NE3	Perenchies	50° 39.435'N 3° 02.051'E	K19
Chateau de la Vallée	36SW4	Sainghin	50° 34.853'N 2° 55.177'E	U4
Chateau de Lasserre	36NE2	Tourcoing	50° 42.482'N 3° 04.595'E	E16
Chateau de Lomme	36NE3	Perenchies	50° 39.064'N 2° 58.972'E	J27
Chateau de Loos	36SE1	Haubourdin	50° 37.209'N 3° 01.128'E	P11
Chateau de Pérenchicourt	36NE3	Perenchies	50° 39.856'N 2° 58.128'E	J14
Chateau de Villers	36NE3	Perenchies	50° 39.665'N 2° 59.313'E	J15
Chateau de Werppe	36ASE3	Gonnehem	50° 33.303'N 2° 35.153'E	W19
Chateau Deborg	36SW3	Richebourg	50° 33.380'N 2° 50.237'E	T21
Chateau des Bois	36NE1	Quesnoy	50° 42.923'N 3° 02.604'E	E8
Chateau des Prês	36B(44B) NE2	Beuvry	50° 30.277'N 2° 41.817'E	F27
Chateau des Trois Tours	28NW2	St Julien	50° 52.069'N 2° 50.133'E	B28
Chateau d'Eswars	51ASW3	Eswars	50° 12.236'N 3° 16.141'E	T19
Chateau d'Eswars	51ASW3	Eswars	50° 12.240'N 3° 16.139'E	T19
Chateau Devos or Reims Farm	20SW2	Zwartegat	50° 57.511'N 2° 55.664'E	O29
Chateau d'Hancardry	36NW4	Bois Grenier	50° 39.095'N 2° 56.072'E	I29
Chateau d'Hespel	36NW4	Bois Grenier	50° 39.223'N 2° 56.651'E	I24
Chateau du Bois	36SW4	Sainghin	50° 33.060'N 2° 56.190'E	U29
Chateau du Quesnoy	36ASE3	Gonnehem	50° 34.740'N 2° 31.707'E	V2
Chateau Elizabeth	28NW3	Poperinghe	50° 51.012'N 2° 43.551'E	G8
Chateau Elverdinghe	28NW1	Elverdinghe	50° 53.034'N 2° 48.746'E	B14
Chateau Farm	20SW3	Oostvleteren	50° 54.514'N 2° 46.319'E	S29
Chateau Farm	28SE1	Wervicq	50° 48.361'N 2° 57.306'E	P7
Chateau Farm	28SW2	Wytschaete	50° 48.359'N 2° 57.311'E	P7
Chateau Grand Ville	36SE1	Haubourdin	50° 38.124'N 2° 58.257'E	P2
Chateau In Misery	62CSW4	St. Christ	49° 50.785'N 2° 53.192'E	T17
Chateau Jules Dujardin	20SE3	Westroosebeke	50° 56.932'N 2° 57.768'E	P32
Chateau Kemmel	28SW1	Kemmel	50° 46.993'N 2° 49.745'E	N21
Chateau Lassus	36NE3	Perenchies	50° 39.259'N 3° 00.260'E	J22
Chateau Mouvaux	36NE2	Tourcoing	50° 42.143'N 3° 07.932'E	F20
Chateau Near le Ruage	36NW2	Armentieres	50° 42.012'N 2° 55.143'E	C22
Chateau Park	62CSW3	Vermandovillers	49° 51.779'N 2° 48.777'E	S6
Chateau Park	66DNW1	Punchy	49° 49.053'N 2° 47.698'E	A4

Chateau re Riant	36NE2	Tourcoing	50° 42.698'N 3° 06.490'E	E12
Chateau Redoubt	36SW3	Richebourg	50° 35.153'N 2° 46.931'E	M35
Chateau Riche	36SW2	Radinghem	50° 37.267'N 2° 51.734'E	N11
Chateau Segard	28NW4	Ypres	50° 49.598'N 2° 52.040'E	H30
Chateau Spur	28SW2	Wytschaete	50° 47.729'N 2° 52.310'E	N18
Chateau Taima	57CNE4	Marcoing	50° 07.597'N 3° 11.100'E	L17
Chateau Tower	36C(44A) SW1	Lens	50° 24.959'N 2° 46.700'E	M28
Chateau Vanderheyden	20SE3	Westroosebeke	50° 56.988'N 2° 57.781'E	P32
Chateau Wood	28NE3	Gheluvelt	50° 50.887'N 2° 57.044'E	J13
Chateau Wood	51BSE2	Oisy-le-Verger	50° 15.350'N 3° 10.075'E	R16
Chateau Wood	51CSE4	Blaireville	50° 12.164'N 3° 43.679'E	X17
Chateau Wood	62CNW3	Vaux	49° 56.902'N 2° 45.180'E	G7
Chateay	51BNW3	Arras	50° 16.526'N 2° 49.156'E	H31
Chatham Spur	28SW2	Wytschaete	50° 46.576'N 2° 52.300'E	N30
Chatillon-sur-Oise	66CNW2	Itancourt	49° 47.578'N 3° 25.371'E	C30
Chaudiere Bridge	20SW4	Bixschoote	50° 55.345'N 2° 53.331'E	U14
Chaufours Wood	57CNW4	Beugny	50° 07.849'N 2° 57.832'E	I12
Chaufours Wood	62CNE2	Epéhy	49° 59.823'N 3° 05.773'E	E10
Chaulnes	66DNW1	Punchy	49° 49.114'N 2° 48.055'E	A4
Chaulnes Wood No 1	62CSW3	Vermandovillers	49° 49.798'N 2° 47.961'E	S28
Chaulnes Wood No 2	62CSW3	Vermandovillers	49° 49.706'N 2° 48.361'E	S29
Chaulnes Wood No 3	62CSW3	Vermandovillers	49° 49.592'N 2° 48.048'E	S28
Chaulnes Wood No 4	62CSW3	Vermandovillers	49° 49.610'N 2° 47.816'E	S28
Chaulnes Wood No 6	62CSW3	Vermandovillers	49° 49.634'N 2° 47.502'E	S28
Chaulnes Wood No 7	62CSW3	Vermandovillers	49° 49.611'N 2° 47.173'E	S27
Chaume Farm	20SW4	Bixschoote	50° 55.039'N 2° 52.388'E	U19
Chavattes Post	36SW3	Richebourg	50° 33.973'N 2° 44.085'E	S13
Chayeau Woesten	28NW1	Elverdinghe	50° 53.998'N 2° 47.210'E	A6
Cheapside	28NW2	St Julien	50° 53.082'N 2° 51.346'E	B17
Cheapside Siding	28NW2	St Julien	50° 53.089'N 2° 51.556'E	B18
Chedder Villa	28NW2	St Julien	50° 52.852'N 2° 55.502'E	C17
Cheese Copse	28NE2	Moorslede	50° 53.607'N 3° 04.939'E	E11
Cheese Wood	62CNW3	Vaux	49° 57.373'N 2° 50.720'E	H2
Cheetham Hill	57CNE3	Hermies	50° 06.036'N 3° 03.824'E	K32
Chelmsford Cottage	36NW2	Armentieres	50° 43.243'N 2° 54.508'E	C3
Chelsea Bridge	36ASE3	Gonnehem	50° 35.110'N 2° 35.986'E	Q32
Chemical Crossing	36ANE1	Morbecque	50° 42.639'N 2° 32.977'E	D10
Chemical Works	51BNW4	Fampoux	50° 18.147'N 2° 53.810'E	I13
Chemin de la Latte	28SE4	Ronq	50° 44.037'N 3° 08.502'E	X27
Chemin de Sainghien	36NE1	Quesnoy	50° 41.759'N 3° 59.834'E	D22
Chemin Vert Mill	27NE1	Herzeele	50° 52.565'N 2° 33.710'E	D18
Chemise Farm	28NW1	Elverdinghe	50° 52.212'N 2° 45.364'E	A28
Chemist's House	12SW1	Nieuport	51° 09.769'N 2° 45.889'E	M11
Chenab House	27NE3	Winnezeele	50° 49.232'N 2° 33.874'E	J30
Chérisy	51BSW2	Vis-en-Artois	50° 13.980'N 2° 54.705'E	O32
Cherry Bridge	51BSW2	Vis-en-Artois	50° 13.931'N 2° 54.960'E	O32
Cherry Farm	20SE2	Hooglede	50° 58.707'N 3° 08.452'E	R16
Cherry Farm	36ANE4	Merville	50° 38.461'N 2° 37.548'E	K28
Cherry Wood	51BSW2	Vis-en-Artois	50° 13.843'N 2° 54.799'E	O32
Cherrypicker Copse	62CSW3	Vermandovillers	49° 50.949'N 2° 47.626'E	S10
Cherrytree Woods No 1	62CSE1	Bouvincourt	49° 53.731'N 3° 00.032'E	P14
Cherrytree Woods No 2	62CSE1	Bouvincourt	49° 53.647'N 2° 59.590'E	P14
Cherrytree Woods No 3	62CSE1	Bouvincourt	49° 53.671'N 2° 59.362'E	P13
Cherub Farm	28NE2	Moorslede	50° 51.805'N 3° 06.319'E	L1
Cheshire Quarry	57CSE4	Villers-Guislain	50° 03.196'N 3° 09.943'E	R34
Chester Copse	62BSW4	Homblieres	49° 52.086'N 3° 20.473'E	T6
Chester Farm	28NW4	Zillebeke	50° 49.276'N 2° 54.165'E	I33
Chesterman Farm	28NE4	Dadizeele	50° 49.507'N 3° 04.209'E	K28
Chestnut Farm	20SE2	Hooglede	50° 58.805'N 3° 05.816'E	Q18
Cheurot Farm	20SW4	Bixschoote	50° 55.187'N 2° 51.622'E	T24
Cheurot Wood	20SW4	Bixschoote	50° 55.102'N 2° 51.792'E	T24
Cheval Blanc Farm	20SW4	Bixschoote	50° 55.472'N 2° 52.690'E	U13

Chevelure Wood	66CNW4	Berthenicourt	49° 46.805'N 3° 24.455'E	I11
Cheviot Corner	28NE4	Dadizeele	50° 50.267'N 3° 06.259'E	K24
Chévre Copse	66CNW4	Berthenicourt	49° 45.570'N 3° 23.518'E	I22
Chevreuse Farm	20SW2	Zwartegat	50° 57.330'N 2° 53.126'E	O26
Cheyne Row	27SE4	Meteren	50° 45.487'N 2° 39.256'E	X1
Chez Bontemps	36C(44A) SW4	Rouvroy	50° 22.581'N 2° 54.109'E	U20
Chib Wood	51BSE2	Oisy-le-Verger	50° 14.023'N 3° 06.224'E	Q35
Chick Farm	12NE3	Oudenburg	51° 11.406'N 3° 01.505'E	K25
Chicken Row	36ASE1	St. Venant	50° 37.423'N 2° 33.476'E	P5
Chicken Run	36NW2	Armentieres	50° 42.440'N 2° 55.795'E	C17
Chicory Farm	12NE3	Oudenburg	51° 11.718'N 3° 02.919'E	K21
Chien Farm	20SW4	Bixschoote	50° 54.440'N 2° 54.777'E	U28
Chile Farm	27NE4	Abeele	50° 49.062'N 2° 42.000'E	L34
Chilly	66DNW1	Punchy	49° 47.582'N 2° 45.837'E	A19
Chimney	36C(44A) SW2	Harnes	50° 24.832'N 2° 57.472'E	O36
Chimney House	28NW2	St Julien	50° 54.078'N 2° 53.067'E	C2
Chimney Wood	62CSW1	Dompierre	49° 53.412'N 2° 51.671'E	N21
China Farm	20SW2	Zwartegat	50° 57.623'N 2° 51.047'E	N29
China Wood	28NE1	Zonnebeke	50° 52.449'N 3° 00.861'E	D24
Chinese Camp	36ANE3	Haverskerque	50° 40.023'N 2° 36.581'E	K9
Chinese House	20SE3 & 28NE1-3	Poelcappelle	50° 55.201'N 2° 55.811'E	U23
Chinese House	20SW4	Bixschoote	50° 55.207'N 2° 55.810'E	U23
Chink Mill	27SE1	St Sylvestre	50° 46.444'N 2° 33.374'E	P29
Chirrip Farm	28NW1	Elverdinghe	50° 52.522'N 2° 46.362'E	A23
Chisel Farm	28NE2	Moorslede	50° 52.405'N 3° 10.199'E	F30
Chiswick Farm	20SE2	Hooglede	50° 57.657'N 3° 05.824'E	Q30
Chit Mill	27SE2	Berthen	50° 47.605'N 2° 41.207'E	R15
Chivers Wood	28NE4	Dadizeele	50° 50.744'N 3° 04.934'E	K17
Chlle d Epines	28NE3	Gheluvelt	50° 49.015'N 3° 00.095'E	J34
Chlle de N.D. de Lourdes	28SW1	Kemmel	50° 47.239'N 2° 45.869'E	M22
Chlle Lamey	28SE1	Wervicq	50° 47.236'N 2° 58.203'E	P20
Chlle N D de Consolation	36C(44A) NW3	Loos	50° 29.184'N 2° 46.230'E	G10
Chocolat Menier Corner	36SW3	Richebourg	50° 33.864'N 2° 45.068'E	S15
Chocolate House	12SW1	Nieuport	51° 10.076'N 2° 46.370'E	M6
Chocolate House	36SW2	Radinghem	50° 36.803'N 2° 53.136'E	O13
Chocques	36ASE3	Gonnehem	50° 32.642'N 2° 34.532'E	V30
Choigny	66CSW2	Vendeuil	49° 43.007'N 3° 22.770'E	O15
Choir Farm	28NE2	Moorslede	50° 52.332'N 3° 06.875'E	F25
Cholic Cottage	27SE4	Meteren	50° 44.899'N 2° 39.759'E	X7
Cholon Fork	20SW2	Zwartegat	50° 57.505'N 2° 56.568'E	O30
Chopin Farm	20SE2	Hooglede	50° 59.709'N 3° 09.469'E	R5
Chopin Farm	20SW2	Zwartegat	50° 57.866'N 2° 53.047'E	O20
Chopper Ravine	62BNW3	Bellicourt	49° 55.514'N 3° 13.913'E	G34
Chow Farm	20SE2	Hooglede	50° 59.560'N 3° 04.572'E	Q5
Chrimes Junction	28NE4	Dadizeele	50° 51.706'N 3° 04.755'E	K5
Christian Cottage	27SE4	Meteren	50° 44.240'N 2° 40.502'E	X20
Chrome Crossing	27SE2	Berthen	50° 47.851'N 2° 39.071'E	Q12
Chuckles	27NE3	Winnezeele	50° 49.423'N 2° 30.783'E	J26
Church	57CSE1	Bertincourt	50° 04.472'N 3° 01.948'E	P17
Church	62CNW4	Peronne	49° 55.893'N 2° 54.828'E	I26
Church	28SE3	Comines	50° 45.938'N 3° 00.437'E	V5
Church	36ASE2	Lestrem	50° 36.120'N 2° 39.080'E	Q24
Church Cross Roads	20SW2	Zwartegat	50° 58.144'N 2° 54.721'E	O22
Church End	28SE1	Wervicq	50° 48.818'N 2° 58.825'E	P3
Church End	28SW2	Wytschaete	50° 48.836'N 2° 58.918'E	P3
Church Redoubt	36SW3	Richebourg	50° 35.005'N 2° 46.700'E	S5
Church Sacred Heart Lille	36SE1	Haubourdin	50° 37.990'N 3° 03.140'E	Q2
Church St. Benoit - Labre Lille	36SE1	Haubourdin	50° 37.211'N 3° 03.158'E	Q14
Church St. Martin Lille	36SE1	Haubourdin	50° 37.460'N 3° 02.386'E	Q7
Church St. Maurice Lille	36SE1	Haubourdin	50° 38.151'N 3° 04.056'E	Q3
Church St. Michel Lille	36SE1	Haubourdin	50° 37.621'N 3° 03.682'E	Q9
Church St. Pierre/St. Paul Lille	36SE1	Haubourdin	50° 37.576'N 3° 03.046'E	Q8

Church St. Vincent de Paul Lille	36SE1	Haubourdin	50° 37.176'N 3° 04.058'E	Q15
Church West Keep	36C(44A) NW1	LaBassee	50° 30.520'N 2° 44.136'E	A25
Churchmans Cross Roads	20SE4	Roulers	50° 54.807'N 3° 04.644'E	W29
Churchmans Cross Roads	20SE4	Roulers	50° 54.807'N 3° 04.644'E	W29
Cider Cottage	28NW1	Elverdinghe	50° 51.602'N 2° 48.902'E	H2
Ci-derriere Wood	62CNE1	Liéramont	49° 58.257'N 3° 01.082'E	D28
Ci-Devant Copse	62CNE4	Roisel	49° 55.999'N 3° 07.194'E	K30
Cigar Copse	51BNW4	Fampoux	50° 16.530'N 2° 54.635'E	I32
Cigarette Copse	51BNW4	Fampoux	50° 16.569'N 2° 57.690'E	I36
Cinder	28SW4	Ploegsteert	50° 43.908'N 2° 52.683'E	U19
Cinema Road	28SW2	Wytschaete	50° 46.288'N 2° 56.545'E	O36
Cipher House	20SE2	Hooglede	50° 57.644'N 3° 07.905'E	R27
Circ House	36ANE2	Vieux Berquin	50° 42.080'N 2° 38.348'E	E17
Circe Wood	62CSW4	St. Christ	49° 51.319'N 2° 53.611'E	T12
Circle Farm	28SE1	Wervicq	50° 46.424'N 2° 57.267'E	P31
Circle Farm	28SW2	Wytschaete	50° 46.407'N 2° 57.262'E	P31
Circle Point	36NW2	Armentieres	50° 42.619'N 2° 56.503'E	C12
Circuit House	28SW3	Bailleul	50° 44.655'N 2° 46.435'E	S17
Circus Pint	28SW2	Wytschaete	50° 48.675'N 2° 57.816'E	P2
Ciros Copse	62BSW4	Homblieres	49° 52.365'N 3° 22.135'E	O32
Cisterne Wood	66CSW2	Vendeuil	49° 43.558'N 3° 20.133'E	N11
Citadel	51BNW3	Arras	50° 16.949'N 2° 45.411'E	G26
Citadel	62DNE2	Méaulte	49° 58.575'N 2° 42.984'E	F21
Cité Armand Voisin	36C(44A) SW4	Rouvroy	50° 24.603'N 2° 56.716'E	O35
Cité Basse Noyelles	36C(44A) SE1	Dourges	50° 25.269'N 3° 00.013'E	P27
Cité Boiselin	36C(44A) SW2	Harnes	50° 25.714'N 2° 55.130'E	O22
Cite Bon Jean	36NW2	Armentieres	50° 41.128'N 2° 51.948'E	B30
Citè Bruno de Boisgelin	36C(44A) SE1	Dourges	50° 25.821'N 2° 59.349'E	P21
Cité Calonne	36C(44A) SW1	Lens	50° 25.948'N 2° 44.815'E	M14
Cité Darcy	36C(44A) SW4	Rouvroy	50° 24.552'N 2° 56.237'E	O35
Cité de Bully les Mines	36B(44B) NE4	Noex-les-Mines	50° 27.235'N 2° 44.086'E	L36
Cité de Caumont	36C(44A) SW1	Lens	50° 24.558'N 2° 46.039'E	M33
Cité de Caumont	36C(44A) SW3	Vimy	50° 24.314'N 2° 45.827'E	M33
Cité de Ciercq	36C(44A) SW2	Harnes	50° 25.245'N 2° 56.276'E	C29
Cité de Coupigny	36B(44B) SE2	Boyeffles	50° 26.671'N 2° 38.620'E	Q5
Cité de Courcelles	36C(44A) SE1	Dourges	50° 24.733'N 3° 00.984'E	P35
Cité de Douai	36C(44A) SW2	Harnes	50° 25.131'N 2° 57.284'E	O30
Cité de Douvring	36C(44A) NW1	LaBassee	50° 30.988'N 2° 48.472'E	B19
Cité de Godault	36C(44A) SE1	Dourges	50° 24.742'N 2° 59.335'E	P33
Cité de la Borne des Loupe	36C(44A) SE1	Dourges	50° 24.784'N 2° 58.466'E	P31
Cité de la Filature	36C(44A) SW2	Harnes	50° 25.382'N 2° 57.371'E	O30
Cité de la Grosse-Borne	36C(44A) NW4	Pont-à-Vendin	50° 29.364'N 2° 51.080'E	H10
Cité de la Plaine	36C(44A) SW1	Lens	50° 25.833'N 2° 46.381'E	M16
Cité de l'Abattoir	36C(44A) SW1	Lens	50° 24.667'N 2° 47.010'E	M35
Cité de l'Abreuvoir	36C(44A) SE1	Dourges	50° 24.929'N 3° 01.047'E	P29
Cité de Leforest	36C(44A) SE1	Dourges	50° 25.809'N 3° 03.564'E	Q20
Cité de Moulin Fardel	36B(44B) SE2	Boyeffles	50° 26.664'N 2° 39.824'E	Q6
Cité de No 5	36B(44B) NE4	Noex-les-Mines	50° 27.377'N 2° 37.641'E	K34
Cité de Riaumont	36C(44A) SW1	Lens	50° 25.290'N 2° 47.799'E	M24
Cité de Verquin	36B(44B) NE4	Noex-les-Mines	50° 29.716'N 2° 39.042'E	K6
Cité des Alouettes	36C(44A) SW1	Lens	50° 26.672'N 2° 44.185'E	M7
Cité des Burèaux	36C(44A) SW1	Lens	50° 25.144'N 2° 47.028'E	M29
Cité des Champs Grenette	36C(44A) SW1	Lens	50° 25.496'N 2° 46.201'E	M22
Cité des Cornailles	36C(44A) SW1	Lens	50° 25.506'N 2° 45.102'E	M20
Cité des Deux Cent Quatre-Vingt-Dix	36C(44A) NW4	Pont-à-Vendin	50° 29.150'N 2° 51.058'E	H16
Cité des Petit Bois	36C(44A) SW1	Lens	50° 24.575'N 2° 47.560'E	M35
Cité des Petit Bois	36C(44A) SW3	Vimy	50° 24.503'N 2° 47.637'E	M35
Cité des Saucelles	36C(44A) SW2	Harnes	50° 25.417'N 2° 55.682'E	O22
Cité des Taberneaux	36C(44A) NW3	Loos	50° 29.381'N 2° 50.679'E	H10
Cité du Bois de Liévin	36C(44A) SW1	Lens	50° 25.474'N 2° 47.854'E	M24
Cité du Bon Air	36C(44A) SE1	Dourges	50° 25.315'N 3° 03.865'E	Q26
Cité du Gd Condé	36C(44A) SW1	Lens	50° 26.195'N 2° 50.332'E	N15

Cité du Moulin	36C(44A) SW1	Lens	50° 25.391'N 2° 48.901'E	N19
Cité du No 1	36B(44B) NE4	Noex-les-Mines	50° 28.069'N 2° 40.026'E	L25
Cité du No 10	36B(44B) SE2	Boyeffles	50° 26.603'N 2° 41.325'E	R8
Cité du No 11	36C(44A) SW1	Lens	50° 26.600'N 2° 45.355'E	M9
Cité du No 2	36B(44B) NE4	Noex-les-Mines	50° 27.710'N 2° 42.569'E	L28
Cité du Nord	36C(44A) SW1	Lens	50° 25.197'N 2° 50.408'E	N27
Cité du Village	36C(44A) SE1	Dourges	50° 25.048'N 3° 01.365'E	P29
Cité Garennes	36C(44A) SW1	Lens	50° 24.897'N 2° 47.454'E	M29
Cité Hely d' Oissel	36C(44A) SE1	Dourges	50° 25.000'N 2° 59.945'E	P27
Cité Jean Promper	36C(44A) SW4	Rouvroy	50° 24.476'N 2° 56.588'E	O35
Cité Jeanne d'Arc	36C(44A) SW1	Lens	50° 25.947'N 2° 47.856'E	M18
Cité Margodillot	36C(44A) SW2	Harnes	50° 24.658'N 2° 56.448'E	O35
Cité Mulot	36C(44A) SW2	Harnes	50° 24.982'N 2° 56.904'E	O29
Cité Ouvriere	36C(44A) SE3	Esquerchin	50° 24.218'N 3° 01.653'E	V6
Cité Rollencourt	36C(44A) SW1	Lens	50° 25.209'N 2° 45.748'E	M27
Cité St Amé	36C(44A) SW1	Lens	50° 25.617'N 2° 46.939'E	M23
Cité St Antoine	36C(44A) SW1	Lens	50° 25.257'N 2° 50.016'E	N27
Cité St Auguste	36C(44A) NW3	Loos	50° 27.287'N 2° 50.102'E	H33
Cité St Auguste	36C(44A) SW1	Lens	50° 27.165'N 2° 50.189'E	N3
Cité St Edouard	36C(44A) SW1	Lens	50° 26.586'N 2° 48.695'E	N7
Cite St Elie	36C(44A) NW3	Loos	50° 29.581'N 2° 48.390'E	H7
Cité St Elizabeth	36C(44A) SW1	Lens	50° 26.303'N 2° 49.345'E	N8
Cité St Emile	36C(44A) SW1	Lens	50° 26.685'N 2° 49.351'E	N8
Cité St Laurent	36C(44A) SW1	Lens	50° 26.648'N 2° 48.948'E	N7
Cité St Leonard	36C(44A) NW3	Loos	50° 29.701'N 2° 50.466'E	H9
Cité St Pierre	36C(44A) SW1	Lens	50° 26.437'N 2° 47.795'E	M12
Cité St Pierre	36C(44A) SW2	Harnes	50° 25.376'N 2° 56.671'E	O23
Cité St. Théodore	36C(44A) SW1	Lens	50° 26.050'N 2° 48.325'E	M18
Cité Thibout	36C(44A) SW2	Harnes	50° 24.950'N 2° 56.367'E	O29
Civet Crossing	28SE2	Menin	50° 47.530'N 3° 05.552'E	Q23
Civil Farm	20SE2	Hooglede	50° 58.182'N 3° 03.810'E	Q22
Civilization Farm	28NW2	St Julien	50° 53.038'N 2° 54.640'E	C16
Cizancourt	62CSW4	St. Christ	49° 50.710'N 2° 55.405'E	O14
Claim Farm	27SE2	Berthen	50° 46.329'N 2° 38.420'E	Q29
Clair Wood	62CSW4	St. Christ	49° 51.160'N 2° 52.282'E	T10
Clairon Farm	20NW4	Dixmunde	51° 00.329'N 2° 53.590'E	I27
Clairon Wood	62CSW4	St. Christ	49° 51.321'N 2° 53.296'E	T11
Clairyville House	12SW1	Nieuport	51° 09.017'N 2° 46.550'E	M18
Clanusk Farm	28NE4	Dadizeele	50° 51.671'N 3° 07.017'E	L1
Clapbanck	27SE4	Meteren	50° 43.630'N 2° 42.833'E	X29
Clapham Farm	62CNW1	Maricourt	49° 59.147'N 2° 49.134'E	A18
Clapham Junction	28NE3	Gheluvelt	50° 50.652'N 2° 57.532'E	J13
Clapham Junction	28SW3	Bailleul	50° 45.074'N 2° 46.818'E	S11
Clapham Road	28SW3	Bailleul	50° 45.389'N 2° 47.140'E	S6
Clapham Road	28SW3	Bailleul	50° 44.929'N 2° 47.180'E	S12
Clarborough House	28NE4	Dadizeele	50° 49.668'N 3° 05.758'E	K30
Clare House	27NE4	Abeele	50° 50.480'N 2° 43.028'E	L17
Clarinet Farm	28NE4	Dadizeele	50° 49.683'N 3° 07.651'E	L26
Clarnico Buildings	28NE4	Dadizeele	50° 50.696'N 3° 04.413'E	K16
Clary	57BSW2	Clary	50° 04.656'N 3° 24.031'E	O17
Clay Farm	20SW2	Zwartegat	50° 58.662'N 2° 50.230'E	N11
Clay Pit	57CSW2	Villers-Au-Flos	50° 04.555'N 2° 53.907'E	O13
Clay Quarry	57CSE3	Sorel-le-Grand	50° 02.511'N 2° 59.915'E	V3
Claymore Valley	62BNW1	Gouy	49° 59.272'N 3° 12.443'E	K14
Clayton Cross	57CSE1	Bertincourt	50° 05.271'N 3° 03.679'E	Q8
Cle de Hollande	36NW2	Armentieres	50° 42.282'N 2° 52.218'E	B18
Clear Farm	20SE3	Westroosebeke	50° 55.346'N 2° 59.733'E	V16
Cleat Cottages	27SE2	Berthen	50° 48.598'N 2° 39.582'E	R1
Cleaver Form	20SE1	Staden	50° 58.556'N 2° 57.653'E	P14
Clebert Wood	36ANE1	Morbecque	50° 40.972'N 2° 33.371'E	D29
Cleek Copse	20SE1	Staden	50° 58.460'N 3° 01.975'E	Q13
Clement Farm	12SW3	Ramscappelle	51° 06.816'N 2° 49.328'E	T9

Name	Map	Location	Coordinates	Grid
Clement Farm	28NE4	Dadizeele	50° 49.077'N 3° 05.699'E	K36
Clemskerke	12NE1	Clemskerke	51° 15.537'N 3° 01.516'E	E13
Clemsons Lane	28NW4	Zillebeke	50° 49.736'N 2° 55.246'E	I28
Clent Farm	28SE1	Wervicq	50° 47.921'N 2° 58.191'E	P14
Clercken	20NW4	Dixmunde	50° 59.786'N 2° 55.003'E	I33
Clercken Smisse	20NW4	Dixmunde	50° 59.787'N 2° 55.001'E	I34
Clery Copse	62CNW2	Bouchavesnes	49° 57.645'N 2° 54.101'E	I1
Clery-sur-Somme	62CNW4	Peronne	49° 57.365'N 2° 53.042'E	H11
Cleve Farm	28SE1	Wervicq	50° 46.761'N 2° 59.111'E	P27
Cleve Farm	28SW2	Wytschaete	50° 46.759'N 2° 59.114'E	P27
Client Cottage	28NE2	Moorslede	50° 52.762'N 3° 09.594'E	F23
Client Farm	28SW2	Wytschaete	50° 47.916'N 2° 58.191'E	P14
Clifton Bridge	36ASE1	St. Venant	50° 36.608'N 2° 30.335'E	P13
Clifton Central Post	36ASE2	Lestrem	50° 36.734'N 2° 43.790'E	R18
Clifton Farm	28SE1	Wervicq	50° 47.270'N 3° 00.157'E	P22
Clifton Farm	28SW2	Wytschaete	50° 47.255'N 3° 00.148'E	P22
Clifton House	20SE3 & 28NE1-3	Poelcappelle	50° 53.691'N 2° 57.576'E	D7
Clifton House	28NE1	Zonnebeke	50° 53.693'N 2° 57.571'E	D7
Clifton N Post	36ASE2	Lestrem	50° 36.960'N 2° 43.558'E	R18
Clifton S Post	36ASE2	Lestrem	50° 36.671'N 2° 43.553'E	R18
Climber Cottage	27NE2	Proven	50° 52.306'N 2° 42.599'E	F23
Clio Copse	62CSW4	St. Christ	49° 51.312'N 2° 52.585'E	T10
Clipper Copse	27NE3	Winnezeele	50° 49.978'N 2° 32.359'E	J22
Clive House	27SE4	Meteren	50° 44.978'N 2° 37.792'E	W11
Clocheton Farm	20NW4	Dixmunde	51° 01.291'N 2° 50.089'E	H16
Clochette Farm	27NE3	Winnezeele	50° 50.289'N 2° 35.160'E	K14
Cloghel Farm	27NE2	Proven	50° 51.806'N 2° 42.256'E	F29
Clonmel Copse	28NE3	Gheluvelt	50° 49.959'N 2° 57.151'E	J19
Clooster Molen	27SE1	St Sylvestre	50° 48.363'N 2° 35.255'E	Q2
Clos Lenthumy	70DNW4	St. Gobain	49° 35.861'N 3° 20.322'E	H11
Cloth Hall	28NW4	Zillebeke	50° 51.063'N 2° 53.127'E	I8
Cloud Farm	28SE2	Menin	50° 48.305'N 3° 05.506'E	Q11
Clough Fork	20SE3	Westroosebeke	50° 55.155'N 3° 03.499'E	W21
Clout Farm	28SE2	Menin	50° 48.654'N 3° 07.539'E	R2
Clown Crossing	28NE2	Moorslede	50° 52.215'N 3° 07.589'E	F26
Cloyne Farm	27NE2	Proven	50° 53.337'N 2° 40.815'E	F9
Club Farm	20SE1	Staden	50° 58.486'N 3° 01.783'E	Q13
Club Quarry	62CNE4	Roisel	49° 57.346'N 3° 11.564'E	L12
Cluster Houses	20SE3 & 28NE1-3	Poelcappelle	50° 53.566'N 2° 57.494'E	D7
Cluster Houses	28NE1	Zonnebeke	50° 53.582'N 2° 57.434'E	D7
Clyde Farm	27NE4	Abeele	50° 49.588'N 2° 42.286'E	L29
Clydesdale Camp	28SW1	Kemmel	50° 47.674'N 2° 49.115'E	N14
Clydesdale Farm	28SW1	Kemmel	50° 47.738'N 2° 48.883'E	N14
Coal Farm	20SW2	Zwartegat	50° 58.409'N 2° 52.183'E	O13
Cobalt Cross Roads	20SE2	Hooglede	50° 58.215'N 3° 07.999'E	R21
Cobham	36ANE4	Merville	50° 38.300'N 2° 37.431'E	K34
CoBley Cottage	36ANE1	Morbecque	50° 41.627'N 2° 36.644'E	E21
Coburn Copse	27NE2	Proven	50° 52.469'N 2° 40.401'E	F20
Cochon Copse	62CSW4	St. Christ	49° 51.250'N 2° 52.922'E	T11
Cochons Farm	12SW3	Ramscappelle	51° 05.610'N 2° 48.692'E	T21
Cochran Cottage	27SE4	Meteren	50° 44.302'N 2° 40.784'E	X14
Cock Farm	20SW2	Zwartegat	50° 59.050'N 2° 55.310'E	O11
Cockle Cotts	27NE3	Winnezeele	50° 49.954'N 2° 31.088'E	J20
Cocktail Cottage	20SE1	Staden	50° 58.798'N 2° 58.918'E	P9
Cocoa Copse	62CSW4	St. Christ	49° 51.508'N 2° 54.318'E	O1
Cod Farm	28SW2	Wytschaete	50° 46.459'N 2° 56.705'E	O30
Code Farm	28SW2	Wytschaete	50° 47.139'N 2° 56.197'E	O23
Code Farm	28SW2	Wytschaete	50° 47.142'N 2° 56.194'E	O23
Coffer House	36ANE1	Morbecque	50° 41.901'N 2° 34.206'E	D18
Cofton Farm	28SE1	Wervicq	50° 47.637'N 2° 59.412'E	P16
Cofton Farm	28SW2	Wytschaete	50° 47.632'N 2° 59.424'E	P16
Cog Cottage	27NE3	Winnezeele	50° 49.974'N 2° 35.329'E	|K20

Cognac Cottage	28NW1	Elverdinghe	50° 52.221'N 2° 47.606'E	B25
Cohen House	28NE4	Dadizeele	50° 50.880'N 3° 08.667'E	L16
Coke Ovens	36C(44A) NW4	Pont-à-Vendin	50° 28.369'N 2° 52.478'E	H24
Coke Ovens	36C(44A) NW4	Pont-à-Vendin	50° 27.343'N 2° 51.032'E	H34
Coke Ovens	36C(44A) SE1	Dourges	50° 25.335'N 2° 58.134'E	P25
Coke Ovens	36C(44A) SW1	Lens	50° 27.172'N 2° 50.719'E	N3
Cokes Cottage	28NE3	Gheluvelt	50° 49.547'N 2° 57.525'E	J25
Colbert Cross Roads	20SE3	Westroosebeke	50° 56.584'N 2° 57.502'E	V1
Colbri Farm	20SE3	Westroosebeke	50° 56.267'N 2° 57.230'E	V1
Colenso Farm	28NW2	St Julien	50° 53.080'N 2° 52.040'E	B18
Colincamps	57DNE3+4	Hebuterne	50° 06.037'N 2° 36.350'E	K25
Coliseum Fork	20SE4	Roulers	50° 56.516'N 3° 08.878'E	X4
Colleague House	20SW4	Bixschoote	50° 54.766'N 2° 50.731'E	T23
Colleen Cross	28NE2	Moorslede	50° 53.616'N 3° 08.774'E	F10
College	36ANE4	Merville	50° 39.044'N 2° 38.470'E	K23
College	57BNW1	Cambrai	50° 10.562'N 3° 13.731'E	A10
College	57BNW1	Cambrai	50° 10.356'N 3° 14.532'E	A17
College	62CNW4	Peronne	49° 55.522'N 2° 55.927'E	I27
College les Jeunes Filles	36B(44B) NE2	Beuvry	50° 31.740'N 2° 38.690'E	E11
Collie Wood	20SE4	Roulers	50° 55.581'N 3° 03.765'E	W15
Colliemolenhoek	20SE4	Roulers	50° 55.765'N 3° 03.711'E	W15
Collin Cross Roads	20SW2	Zwartegat	50° 58.347'N 2° 56.436'E	O18
Collins Copse	62CNE4	Roisel	49° 55.513'N 3° 11.386'E	L35
Collins Quarry	62CNE4	Roisel	49° 55.566'N 3° 11.394'E	L35
Colman Farm	27SE4	Meteren	50° 45.852'N 2° 36.818'E	W9
Colne Farm	27NE4	Abeele	50° 49.726'N 2° 42.858'E	L23
Cologne Farm	62CNE4	Roisel	49° 57.766'N 3° 11.642'E	L6
Cologne Ridge	62BNW3	Bellicourt	49° 57.398'N 3° 12.244'E	G7
Colombe Wood	62BSW1	Gricourt	49° 53.947'N 3° 17.568'E	N14
Colombie Farm	20SW1	Loo	50° 58.981'N 2° 44.816'E	M9
Colombier Farm	28SE4	Ronq	50° 45.348'N 3° 06.668'E	X7
Colon Mill	27SE4	Meteren	50° 45.448'N 2° 37.224'E	W4
Colonel's Cross	12NE3	Oudenburg	51° 12.404'N 2° 58.548'E	J15
Colonel's Farm	20NW4	Dixmunde	51° 00.507'N 2° 53.010'E	I26
Colonel's Farm	20SW4	Bixschoote	50° 54.854'N 2° 52.950'E	U20
Colonels House	36B(44B) SE2	Boyeffles	50° 24.828'N 2° 43.681'E	R29
Colonne de Condé	36C(44A) SW1	Lens	50° 26.493'N 2° 44.650'E	M8
Columbine Farm	12NE3	Oudenburg	51° 11.804'N 3° 01.063'E	K19
Colville Farm	20SE4	Roulers	50° 55.085'N 3° 07.936'E	X21
Comb Copse	62CNE3	Buire	49° 56.358'N 2° 58.860'E	J19
Combles	57CSW4	Combles	50° 00.561'N 2° 51.907'E	T28
Comedian Crossing	28NE2	Moorslede	50° 52.033'N 3° 07.523'E	F26
Comedy Cross Roads	20SE4	Roulers	50° 54.801'N 3° 06.034'E	W30
Comernhoek	28SE2	Menin	50° 48.559'N 3° 05.801'E	Q6
COMINES	28SE3	Comines	50° 46.127'N 2° 59.935'E	P34
Comiston Farm	20SE1	Staden	50° 59.146'N 3° 01.715'E	Q7
Commandant's House	51BNW1	Roclincourt	50° 20.948'N 2° 49.197'E	B7
Commerestaat	28NE4	Dadizeele	50° 50.406'N 3° 07.745'E	L20
Commet Camp	28SW3	Bailleul	50° 43.739'N 2° 46.461'E	S29
Commet Farm	28SW3	Bailleul	50° 43.701'N 2° 46.423'E	S29
Commune Wood	62CSW1	Dompierre	49° 53.828'N 2° 47.577'E	M16
Communication Farm	20SW2	Zwartegat	50° 57.083'N 2° 50.063'E	N34
Como Cross	28NW3	Poperinghe	50° 51.236'N 2° 48.522'E	H8
Comox Siding	28NW4	Zillebeke	50° 49.242'N 2° 54.739'E	I34
Comp Farm	28NE2	Moorslede	50° 52.777'N 3° 08.789'E	F22
Company Cottage	28SW1	Kemmel	50° 48.193'N 2° 47.197'E	M12
Compromis Farm	20SE3	Westroosebeke	50° 55.568'N 2° 57.208'E	V13
Conchie Farm	27SE1	St Sylvestre	50° 48.072'N 2° 36.419'E	Q9
Condé N Puits	36C(44A) SW1	Lens	50° 26.377'N 2° 50.518'E	N9
Condé S Puits	36C(44A) SW1	Lens	50° 26.300'N 2° 50.385'E	N9
Condiment Cross	28NW3	Poperinghe	50° 48.833'N 2° 44.452'E	G32
Condo House	20SE3	Westroosebeke	50° 55.734'N 2° 56.841'E	V13

Coney Cottage	36ANE4	Merville	50° 39.354'N 2° 38.782'E	K24
Coneys Farm	20SE2	Hooglede	50° 57.274'N 3° 04.707'E	Q35
Confluent Junction	28SW2	Wytschaete	50° 48.690'N 2° 52.743'E	O1
Conger Farm	28NE2	Moorslede	50° 54.101'N 3° 06.683'E	F1
Coningsby Farm	20SE4	Roulers	50° 56.284'N 3° 09.260'E	X11
Conna Farm	28NE4	Dadizeele	50° 49.374'N 3° 04.352'E	K34
Connaught Road	28SW3	Bailleul	50° 43.448'N 2° 49.335'E	T26
Connoor Farm	27NE3	Winnezeele	50° 48.634'N 2° 34.220'E	J36
Conscript Cross	36ANE1	Morbecque	50° 42.810'N 2° 31.890'E	D3
Consulate Farm	28NW2	St Julien	50° 52.517'N 2° 52.191'E	B24
Contalmaison	57DSE4	Ovillers	50° 01.348'N 2° 43.761'E	X16
Contalmaison Bridge	20SW4	Bixschoote	50° 55.635'N 2° 54.050'E	U15
Contalmaison Villa	57DSE4	Ovillers	50° 01.862'N 2° 44.432'E	X11
Contalmaison Wood	57DSE4	Ovillers	50° 01.683'N 2° 43.409'E	X10
Contour Copse	62DNE2	Méaulte	49° 58.495'N 2° 44.784'E	F24
Contradam Lock	12NE3	Oudenburg	51° 13.099'N 2° 56.278'E	J1
Convent SW of Canon Inn	27NE2	Proven	50° 52.296'N 2° 41.497'E	F22
Convent Iin Hooghe	20SE2	Hooglede	50° 58.960'N 3° 04.068'E	Q10
Convent in Voormezeele	28NW4	Zillebeke	50° 49.074'N 2° 52.552'E	I31
Convent in Zevecote	12SW2	Slype	51° 08.192'N 2° 55.175'E	O29
Convent Lane	28NW4	Zillebeke	50° 49.108'N 2° 53.291'E	I32
Convent NW of Infantry Barracks	28NW4	Zillebeke	50° 50.964'N 2° 52.853'E	I7
Convent SE of Beaucamps	36SW2	Radinghem	50° 36.144'N 2° 55.194'E	O22
Convent W of Burnt out Farm	28SW4	Ploegsteert	50° 43.796'N 2° 54.739'E	U27
Coogee Farm	28SE3	Comines	50° 45.458'N 2° 58.602'E	V8
Coohin Corner	36ANE4	Merville	50° 39.927'N 2° 39.753'E	L7
Cook Copse	28NE2	Moorslede	50° 52.231'N 3° 07.011'E	F25
Cooker Farm	28SW4	Ploegsteert	50° 46.098'N 2° 51.009'E	N35
Cooker Quarry	62CSE2	Vermand	49° 54.381'N 3° 11.129'E	R11
Coolie Cross Roads	28NE2	Moorslede	50° 51.944'N 3° 04.994'E	K5
Coombe Farm	20SE3	Westroosebeke	50° 56.421'N 2° 58.886'E	V3
Coombe Fork	28NE4	Dadizeele	50° 49.100'N 3° 04.333'E	K34
Cooper Farm	20SE2	Hooglede	50° 57.354'N 3° 04.296'E	Q28
Coorong Farm	28SW4	Ploegsteert	50° 46.184'N 2° 56.932'E	O36
Coote Corner	27SE4	Meteren	50° 44.142'N 2° 42.700'E	X23
Cope's Farm	28NE4	Dadizeele	50° 49.876'N 3° 06.652'E	L25
Copper Corner	28NE4	Dadizeele	50° 50.395'N 3° 09.446'E	L23
Copper Wood	66DNW1	Punchy	49° 48.583'N 2° 48.881'E	A12
Coppernolkehoek	28NW1	Elverdinghe	50° 53.592'N 2° 44.797'E	A10
Coppernolle Cabt.	28NW1	Elverdinghe	50° 53.188'N 2° 45.770'E	A16
Copse 101	66ENE4	Beaufort	49° 44.298'N 2° 42.899'E	L32
Copse 22	62CNW2	Bouchavesnes	49° 58.907'N 2° 55.913'E	C22
Copse 5	62CNW2	Bouchavesnes	49° 57.844'N 2° 52.781'E	H5
Copse 99	66ENE4	Beaufort	49° 44.362'N 2° 42.332'E	L32
Copse A	62CNW1	Maricourt	49° 58.499'N 2° 45.836'E	A20
Copse B	62CNW1	Maricourt	49° 58.660'N 2° 46.394'E	A21
Copse C	62CNW1	Maricourt	49° 58.510'N 2° 46.745'E	A21
Copse Cottages	28NE3	Gheluvelt	50° 49.832'N 2° 59.478'E	J28
Copse D	62CNW1	Maricourt	49° 58.201'N 2° 46.531'E	A27
Copse E	62CNW1	Maricourt	49° 58.305'N 2° 46.172'E	A20
Copse F	62CNW1	Maricourt	49° 58.216'N 2° 46.012'E	A26
Copse Farm	28SW2	Wytschaete	50° 47.562'N 2° 56.951'E	O18
Copse Farm	28SW2	Wytschaete	50° 47.557'N 2° 56.966'E	O18
Copse G	62CNW1	Maricourt	49° 58.151'N 2° 45.880'E	A26
Copse H	62CNW1	Maricourt	49° 57.993'N 2° 48.490'E	A25
Copse J	62CNW1	Maricourt	49° 57.890'N 2° 46.117'E	A26
Copse K	62CNW1	Maricourt	49° 57.947'N 2° 46.351'E	A27
Copse Keep	36SW3	Richebourg	50° 34.216'N 2° 46.037'E	S10
Copse L	62CNW1	Maricourt	49° 57.595'N 2° 46.473'E	G3
Copse M	62CNW1	Maricourt	49° 57.542'N 2° 46.137'E	G2
Copse N	62CNW1	Maricourt	49° 57.783'N 2° 45.731'E	G2
Copse O	62CNW1	Maricourt	49° 57.656'N 2° 45.565'E	G1

Name	Map	Location	Coordinates	Grid
Copse P	62CNW1	Maricourt	49° 57.542'N 2° 45.762'E	G2
Copse S	62CNW3	Vaux	49° 57.412'N 2° 45.376'E	G1
Copse T	62CNW3	Vaux	49° 57.434'N 2° 45.644'E	G2
Copse U	62CNW3	Vaux	49° 57.331'N 2° 45.780'E	G2
Copurte Croix	27SE4	Meteren	50° 44.562'N 2° 38.944'E	W18
Coquelicot Farm	20SW4	Bixschoote	50° 55.484'N 2° 51.474'E	T18
Coquelmonde	28SE4	Ronq	50° 43.779'N 3° 05.930'E	W30
Coquinage	36NE2	Tourcoing	50° 42.677'N 3° 04.610'E	E10
Coral Copse	62CNE3	Buire	49° 56.490'N 2° 58.820'E	J13
Corbeaux Copse	62CNE1	Liéramont	49° 58.834'N 3° 00.340'E	D21
Corbeaux Valley	66CNW4	Berthenicourt	49° 46.935'N 3° 21.030'E	I1
Corbehem	51BNE1	Brébières	50° 20.290'N 3° 02.875'E	E19
Corbie South	36ANE3	Haverskerque	50° 38.095'N 2° 34.330'E	J36
Corby House	20SE4	Roulers	50° 55.626'N 3° 05.070'E	W17
Cordova	28NW3	Poperinghe	50° 49.970'N 2° 47.659'E	H19
Corduroy Road	28SW3	Bailleul	50° 44.923'N 2° 49.466'E	T9
Corfu Farm	27NE4	Abeele	50° 49.832'N 2° 42.015'E	L22
Corin	36ANE2	Vieux Berquin	50° 42.102'N 2° 42.567'E	F17
Corins de Maroc	36C(44A) NW1	LaBassee	50° 30.127'N 2° 46.849'E	G5
Cork Copse	28NE4	Dadizeele	50° 51.098'N 3° 08.709'E	L10
Cork Cottage	28NE2	Moorslede	50° 52.565'N 3° 09.431'E	F23
Cork Cottages	28NW4	Zillebeke	50° 51.174'N 2° 54.896'E	I10
Corn Hill	20SE3 & 28NE1-3	Poelcappelle	50° 53.093'N 2° 56.561'E	C18
Corn Pond	20SE3 & 28NE1-3	Poelcappelle	50° 53.029'N 2° 56.580'E	C18
Corncrake Cross Roads	20SE2	Hooglede	50° 59.035'N 3° 07.073'E	R8
Corner Copse	20SE3	Westroosebeke	50° 55.342'N 3° 01.785'E	W13
Corner Copse	51BNW4	Fampoux	50° 16.578'N 2° 57.786'E	I36
Corner Cot	20SE3 & 28NE1-3	Poelcappelle	50° 53.190'N 2° 55.932'E	C17
Corner Cottage	28NW2	St Julien	50° 53.167'N 2° 55.928'E	C17
Corner Cottage	36ASE1	St. Venant	50° 36.411'N 2° 36.005'E	Q14
Corner House	12NW3 & 4	Middlekerke	51° 11.881'N 2° 51.045'E	H24
Corner House	28NW2	St Julien	50° 53.996'N 2° 53.270'E	C2
Corner House	28NW4	Zillebeke	50° 49.387'N 2° 56.199'E	I35
Cornet	36SE1	Haubourdin	50° 35.561'N 2° 58.145'E	P31
Cornet Spinney	28SE3	Comines	50° 46.112'N 2° 58.809'E	P33
Cornet Farm	28NE4	Dadizeele	50° 50.181'N 3° 07.872'E	L21
Cornet Malo	36ANE3	Haverskerque	50° 37.902'N 2° 35.253'E	K31
Cornet Malo	36ASE1	St. Venant	50° 37.711'N 2° 35.750'E	Q2
Cornhuyse	27NE3	Winnezeele	50° 49.507'N 2° 30.351'E	J25
Cornil Farm	20SW1	Loo	50° 58.529'N 2° 43.816'E	M14
Cornouillers Copse	62CNE4	Roisel	49° 55.298'N 3° 06.636'E	K35
Cornouillers Wood	62BSW1	Gricourt	49° 53.394'N 3° 14.062'E	M22
Cornu Copse	66DNW3	Hattencourt	49° 45.143'N 2° 47.399'E	G21
Cornwallis Farm	20SE3	Westroosebeke	50° 56.532'N 3° 02.694'E	W2
Coroner Houses	28NE2	Moorslede	50° 53.559'N 3° 10.248'E	F12
Corons	36C(44A) SW2	Harnes	50° 27.183'N 2° 56.371'E	O5
Corons	36C(44A) SW2	Harnes	50° 26.325'N 2° 55.857'E	O16
Corons Béclet	36B(44B) SE2	Boyeffles	50° 26.736'N 2° 39.879'E	Q6
Corons d'Aix	36B(44B) SE2	Boyeffles	50° 26.200'N 2° 43.144'E	R11
Corons de Dechy	51BNE2	Dechy	50° 21.016'N 3° 07.935'E	F14
Corons de Guesnain	51BNE2	Dechy	50° 21.164'N 3° 08.339'E	F8
Corons de la Croix Ricort	36B(44B) NE4	Noex-les-Mines	50° 28.334'N 2° 39.923'E	L19
Corons de Marqueffles	36B(44B) SE2	Boyeffles	50° 24.902'N 2° 41.251'E	R26
Corons de Niveau	51BNE2	Dechy	50° 21.460'N 3° 07.267'E	F7
Corons de Pekin	36C(44A) NW1	LaBassee	50° 30.275'N 2° 47.052'E	A29
Corons de Varenne	51BNE2	Dechy	50° 20.832'N 3° 08.622'E	F14
Corons du Fond de Sains	36B(44B) NE4	Noex-les-Mines	50° 27.760'N 2° 40.613'E	L26
Corons du No 2	36B(44B) NE4	Noex-les-Mines	50° 27.502'N 2° 40.232'E	L31
Corons du No 3	36B(44B) NE4	Noex-les-Mines	50° 28.813'N 2° 40.038'E	L13
Corons du Rutoire	36C(44A) NW3	Loos	50° 28.711'N 2° 44.904'E	G14
Corporals Copse	62CSW4	St. Christ	49° 50.590'N 2° 56.197'E	O15
Corp's Main Dressing Station	28NW2	St Julien	50° 51.748'N 2° 52.760'E	I1

Corrège Farm	20SE1	Staden	50° 58.397'N 2° 59.515'E	P16
Corry Copse	28SE1	Wervicq	50° 46.785'N 2° 59.413'E	P28
Corry Copse	28SW2	Wytschaete	50° 46.784'N 2° 59.417'E	P28
Corsage Farm	20NW4	Dixmunde	51° 00.666'N 2° 54.261'E	I21
Corsage Farm	20NW4	Dixmunde	51° 00.697'N 2° 54.262'E	I27
Corsair Fork	28NE2	Moorslede	50° 51.741'N 3° 04.722'E	K5
Corsican Cross Roads	28NE2	Moorslede	50° 53.578'N 3° 04.075'E	E10
Cortemarcke	20NE3	Zarren	51° 01.685'N 3° 02.624'E	K14
Corton Cross	27NE4	Abeele	50° 49.879'N 2° 39.053'E	K24
Corton House	27NE4	Abeele	50° 49.953'N 2° 39.088'E	L18
Cortyriendt Chateau	20SW4	Bixschoote	50° 56.950'N 2° 56.161'E	O36
Corvette Corner	20SE1	Staden	50° 58.803'N 2° 59.302'E	P10
Cossak Corner	28NE2	Moorslede	50° 53.287'N 3° 04.550'E	E16
Cost Cottage	20SE1	Staden	50° 59.648'N 2° 58.385'E	P3
Costers Corner	20SE1	Staden	50° 57.126'N 3° 02.604'E	Q32
Cosy Cottages	28NE3	Gheluvelt	50° 49.748'N 2° 59.568'E	J28
Cote 4 Farm	12SW1	Nieuport	51° 09.646'N 2° 47.260'E	N7
Cote Wood	62CNE4	Roisel	49° 57.139'N 3° 10.161'E	L10
Cotta Crossing	27SE2	Berthen	50° 46.700'N 2° 37.123'E	Q22
Cottage Copse	62CNE4	Roisel	49° 56.569'N 3° 11.445'E	L23
Cotton Farm	28NE4	Dadizeele	50° 49.563'N 3° 07.340'E	L26
Couch Wood	66DNW2	Morchain	49° 47.514'N 2° 56.456'E	C27
Couchez Farm	20NE3	Zarren	50° 59.985'N 2° 57.805'E	J32
Coucou	28SE2	Menin	50° 47.681'N 3° 05.522'E	Q17
Coucou Aerodrome disused	28SE2	Menin	50° 47.476'N 3° 06.180'E	Q24
Coud d'Avoué Farm	36SW3	Richebourg	50° 33.484'N 2° 46.106'E	S22
Couillet Wood	57CNE4	Marcoing	50° 05.996'N 3° 08.993'E	L32
Couillet Wood	57CSE2	Gonnelieu	50° 05.664'N 3° 08.690'E	R2
Coulin	36SW4	Sainghin	50° 34.413'N 2° 57.042'E	U12
Couling Farm	36ANE2	Vieux Berquin	50° 42.093'N 2° 43.364'E	F18
Counsel Buildings	28NE2	Moorslede	50° 53.330'N 3° 10.259'E	F18
Counter Copse	27NE2	Proven	50° 52.239'N 2° 39.909'E	F20
Count's Wood	51BNW1	Roclincourt	50° 21.757'N 2° 48.180'E	A6
County Cross Roads	20SE3	Westroosebeke	50° 54.559'N 2° 57.957'E	V26
County Cross Roads	20SE3 & 28NE1-3	Poelcappelle	50° 54.561'N 2° 57.954'E	V26
Coupez Copse	57CNE3	Hermies	50° 07.593'N 3° 00.770'E	J16
Coupez Mill	57CNE2	Bourlon	50° 11.242'N 3° 07.713'E	F1
Coupigny	36B(44B) SE2	Boyeffles	50° 26.395'N 2° 38.598'E	Q11
Coupland Farm	28NE4	Dadizeele	50° 51.560'N 3° 07.516'E	L2
Cour St. Vaast	36ASE4	Locon	50° 34.860'N 2° 43.773'E	X6
Courcelette	57DSE2+57CSW1	Le Sars	50° 03.509'N 2° 44.933'E	R30
Courcelles	62BSW2	Fonsommes	49° 53.983'N 3° 22.921'E	O15
Courcelles	62CNE3	Buire	49° 55.165'N 2° 59.592'E	J32
Courcelles Wood	62CNE3	Buire	49° 55.793'N 3° 00.294'E	J27
Courcelles-le-Comte	57CNW1	Gomiecourt	50° 09.845'N 2° 46.443'E	A15
Courcelles-lez-Lens	36C(44A) SE1	Dourges	50° 25.110'N 3° 00.991'E	P29
Courchelettes	51BNE1	Brébières	50° 20.698'N 3° 03.557'E	E14
Couronne Wood	20SW2	Zwartegat	50° 57.529'N 2° 53.635'E	O27
Courrières	36C(44A) NW4	Pont-à-Vendin	50° 27.417'N 2° 56.881'E	I36
Courrières	36C(44A) SW2	Harnes	50° 27.333'N 2° 56.730'E	O5
Cours Copse	62CNE1	Liéramont	49° 57.763'N 3° 01.774'E	J5
Cours Copse	62CNE3	Buire	49° 57.587'N 3° 01.697'E	J5
Courte Dreve Farm	28SW4	Ploegsteert	50° 44.303'N 2° 51.885'E	T24
Courte Rue	36NW2	Armentieres	50° 42.559'N 2° 50.748'E	B10
Courteiroie Farm	36ANE3	Haverskerque	50° 38.814'N 2° 36.850'E	K27
Courtier Cottages	36ANE2	Vieux Berquin	50° 41.740'N 2° 38.944'E	E24
Cousin Farm	27NE1	Herzeele	50° 52.943'N 2° 34.884'E	E13
Couteau Farm	20NW4	Dixmunde	51° 00.667'N 2° 54.500'E	I28
Couthove	27NE2	Proven	50° 52.759'N 2° 40.026'E	F14
Couthove Chateau	27NE2	Proven	50° 52.543'N 2° 40.599'E	F21
Couthove Cross	27NE2	Proven	50° 52.164'N 2° 40.634'E	F21
Coutts	20SE3	Westroosebeke	50° 56.793'N 2° 59.349'E	V10

Couture Copse	62CNE3	Buire	49° 56.748'N 3° 03.770'E	K13
Coutures Copse	62CNE1	Liéramont	49° 58.227'N 2° 59.043'E	D25
Couvent des Trappistes	28NW1	Elverdinghe	50° 53.763'N 2° 43.269'E	A1
Couvigny Farm	62CSE3	Athies	49° 52.140'N 3° 04.721'E	Q32
Cowboy Corner	28NE2	Moorslede	50° 53.920'N 3° 05.551'E	E12
Cowes Farm	28SE1	Wervicq	50° 46.664'N 2° 58.254'E	P26
Cowes Farm	28SW2	Wytschaete	50° 46.663'N 2° 58.255'E	P26
Cowl Cottage	27NE3	Winnezeele	50° 50.849'N 2° 31.401'E	J8
Cowley Cottages	27NE1	Herzeele	50° 53.397'N 2° 30.787'E	D7
Cows Wood	62CNW3	Vaux	49° 55.796'N 2° 48.165'E	G29
Cowshed Point	36NW2	Armentieres	50° 42.432'N 2° 56.630'E	C18
Cowslip Corner	20SE2	Hooglede	50° 58.961'N 3° 07.910'E	R9
Coxs	20SE3	Westroosebeke	50° 56.794'N 2° 59.271'E	V10
Coxyde	11SE4	No Edition 0617	51° 06.187'N 2° 39.227'E	X13
Coxyde-Bains	11SE4	No Edition 0617	51° 07.254'N 2° 37.740'E	W6
Coy Farm	28SE1	Wervicq	50° 48.864'N 2° 59.944'E	P4
Coz Farm	20SE4	Roulers	50° 54.692'N 3° 03.832'E	W28
Crab Apple Tree	28NW2	St Julien	50° 53.598'N 2° 53.695'E	C8
Crab Copse	62CSW4	St. Christ	49° 51.555'N 2° 54.813'E	O1
Crack Farm	28SE4	Ronq	50° 44.873'N 3° 04.340'E	W16
Cradle Mill	20SE4	Roulers	50° 55.230'N 3° 09.001'E	X22
Craetsteem Copse	27SE2	Berthen	50° 47.652'N 2° 41.942'E	R16
Craft Cottage	28NE2	Moorslede	50° 52.325'N 3° 06.318'E	F25
Craie Pit	51BSW4	Bullecourt	50° 13.345'N 2° 56.773'E	U5
Crampton Cross Roads	20SW2	Zwartegat	50° 57.649'N 2° 56.200'E	O30
Cranberry Halt	20SE4	Roulers	50° 55.292'N 3° 07.208'E	X20
Crane Cross Roads	20SE2	Hooglede	50° 57.338'N 3° 09.257'E	R35
Crank Farm	27NE3	Winnezeele	50° 51.166'N 2° 31.158'E	J1
Cranmer House	36ANE4	Merville	50° 38.191'N 2° 40.119'E	L31
Cranny Farm	27SE1	St Sylvestre	50° 48.075'N 2° 34.517'E	Q7
Cranny Farm	28SE4	Ronq	50° 45.062'N 3° 05.100'E	W17
Craonne Farm	20SW4	Bixschoote	50° 55.377'N 2° 54.168'E	U15
Crassus House	27NE3	Winnezeele	50° 50.497'N 2° 34.332'E	J18
Craster Cotts	27NE3	Winnezeele	50° 50.202'N 2° 31.535'E	J15
Crater Spur	28SW2	Wytschaete	50° 48.557'N 2° 53.840'E	O2
Craven Corner	20SE2	Hooglede	50° 59.035'N 3° 06.661'E	R7
Craven Farm	20SE4	Roulers	50° 55.752'N 3° 06.639'E	X13
Crawford House	28NE4	Dadizeele	50° 51.271'N 3° 04.542'E	K10
Crawl Cottage	27NE3	Winnezeele	50° 48.765'N 2° 32.895'E	J35
Crawley Copse	57DNE2	Essarts	50° 10.450'N 2° 42.136'E	F9
Crawley Farm	27NE1	Herzeele	50° 53.396'N 2° 30.780'E	D8
Craye Farm	20SW1	Loo	50° 56.979'N 2° 48.452'E	N32
Crayot Farm	28NE4	Dadizeele	50° 50.606'N 3° 06.984'E	L13
Cream House	28SE2	Menin	50° 48.470'N 3° 05.658'E	Q12
Crease Copse	20SE1	Staden	50° 58.887'N 3° 01.950'E	Q7
Crease Wood	28NE2	Moorslede	50° 54.046'N 3° 04.445'E	E4
Creed House	28NE2	Moorslede	50° 52.513'N 3° 06.946'E	F19
Creeper Cross Roads	20SW2	Zwartegat	50° 59.508'N 2° 55.930'E	O6
Crémery	66DNW3	Hattencourt	49° 44.514'N 2° 49.323'E	G36
Creole Fork	28NE2	Moorslede	50° 54.120'N 3° 04.197'E	E4
Crescent Pond	20SW4	Bixschoote	50° 55.663'N 2° 55.964'E	U17
Creslow	28SW4	Ploegsteert	50° 43.909'N 2° 52.893'E	U25
Cressy Farm	12NE1	Clemskerke	51° 15.319'N 3° 02.644'E	E9
Crest Farm	28NE1	Zonnebeke	50° 53.864'N 3° 00.804'E	D12
Crest House	28SW4	Ploegsteert	50° 44.578'N 2° 52.965'E	U13
Crèvecœur-sur-l'Escaut	57BNW3	Rumilly	50° 06.360'N 3° 14.999'E	G35
Crevice Cottage	27NE3	Winnezeele	50° 48.805'N 2° 30.397'E	J31
Crewe Farm	28SE1	Wervicq	50° 47.796'N 3° 00.576'E	P17
Crewe Farm	28SW2	Wytschaete	50° 47.800'N 3° 00.574'E	P17
Crib Cottage	36ANE1	Morbecque	50° 42.324'N 2° 35.258'E	E7
Cribbage House	27NE3	Winnezeele	50° 50.271'N 2° 33.833'E	J17
Cricifix	51BNW2	Oppy	50° 21.584'N 2° 52.673'E	B6

Cricifix	51BSW3	Boisleux	50° 12.620'N 2° 47.883'E	S11
Crime Corner	28SE1	Wervicq	50° 47.804'N 2° 58.836'E	P14
Crime Corner	28SW2	Wytschaete	50° 47.805'N 2° 57.837'E	P14
Criminal Cross	27NE3	Winnezeele	50° 49.973'N 2° 34.369'E	J24
Cringe Cottage	36ANE1	Morbecque	50° 42.556'N 2° 32.128'E	D9
Crinkle Farm	27NE3	Winnezeele	50° 50.470'N 2° 30.284'E	J13
Crinquette Lotte	36ANE4	Merville	50° 38.419'N 2° 39.974'E	L25
Cripples Fork	20SE1	Staden	50° 58.384'N 3° 00.990'E	P18
Cripps Cross Roads	20SE2	Hooglede	50° 58.485'N 3° 06.224'E	R13
Cripps Farm	20SE2	Hooglede	50° 59.495'N 3° 06.402'E	R13
Crisp Farm	20SE4	Roulers	50° 56.372'N 3° 05.222'E	W5
Crispin House	28SE1	Wervicq	50° 46.560'N 2° 58.277'E	P26
Crispin House	28SW2	Wytschaete	50° 46.565'N 2° 58.274'E	P26
Criss Farm	27SE1	St Sylvestre	50° 47.834'N 2° 34.686'E	Q7
Criterion Cross Roads	20SE4	Roulers	50° 54.667'N 3° 05.573'E	W30
Critic Cross Roads	28NE2	Moorslede	50° 54.130'N 3° 08.410'E	F3
Croesus House	27NE3	Winnezeele	50° 51.165'N 2° 33.907'E	J6
Croft Camp	27NE1	Herzeele	50° 52.616'N 2° 35.982'E	E14
Croisade Farm	20NW4	Dixmunde	51° 00.847'N 2° 54.910'E	I22
Croise	28SE2	Menin	50° 46.464'N 3° 10.361'E	R36
Croisette Copse	62CSE3	Athies	49° 51.479'N 3° 02.206'E	V11
Croisilles	51BSW4	Bullecourt	50° 11.992'N 2° 52.783'E	T24
Croix Blanche	36NE2	Tourcoing	50° 43.177'N 3° 06.562'E	F7
Croix Blanche	36NE2	Tourcoing	50° 42.876'N 3° 07.085'E	F7
Croix Blanche	36NW3	Fleurbaix	50° 38.338'N 2° 49.751'E	H33
Croix Boulette	36NE2	Tourcoing	50° 42.938'N 3° 07.611'E	F8
Croix de Poperinghe	28SW1	Kemmel	50° 46.150'N 2° 44.482'E	M32
Croix de Rome	36NW3	Fleurbaix	50° 39.306'N 2° 49.882'E	H21
Croix desTable Cross Roads	70DNW4	St. Gobain	49° 34.949'N 3° 24.596'E	I23
Croix du Bac	36NW3	Fleurbaix	50° 40.528'N 2° 47.426'E	G6
Croix Marechal	36NW4	Bois Grenier	50° 38.455'N 2° 50.686'E	H34
Croix Marraisse	36ANE3	Haverskerque	50° 38.854'N 2° 32.180'E	J21
Croix-Barbee	36SW1	Aubers	50° 35.555'N 2° 44.565'E	M26
Croix-Fonsommes	62BSW2	Fonsommes	49° 55.155'N 3° 24.087'E	O5
Crojack Farm	28NW4	Ypres	50° 51.245'N 2° 51.435'E	H11
Crombez Hpose	12SW1	Nieuport	51° 09.255'N 2° 44.671'E	M16
Cronstadt Farm	20NE3	Zarren	51° 00.596'N 2° 56.939'E	J25
Crook Quarry	57CSE4	Villers-Guislain	50° 03.153'N 3° 10.367'E	R34
Crooked Farm	66DNW2	Morchain	49° 48.199'N 2° 52.446'E	B16
Croonaert Chapel	28SW2	Wytschaete	50° 47.977'N 2° 52.517'E	O7
Cross Cottages	20SE3 & 28NE1-3	Poelcappelle	50° 53.190'N 2° 57.475'E	D13
Cross Cottages	28NE1	Zonnebeke	50° 53.200'N 2° 57.474'E	D13
Cross Farm	20SE2	Hooglede	50° 59.811'N 3° 08.613'E	R4
Cross Roads	28NW2	St Julien	50° 52.542'N 2° 54.785'E	C22
Cross Roads Farm	20SW4	Bixschoote	50° 54.811'N 2° 51.609'E	T24
Cross Roads Farm	28NW2	St Julien	50° 52.551'N 2° 54.672'E	C22
Cross Wood	62CNE4	Roisel	49° 55.665'N 3° 07.626'E	K30
Cross Wood	66DNW2	Morchain	49° 49.098'N 2° 58.741'E	C12
Crosse Cottage	28NE4	Dadizeele	50° 51.065'N 3° 04.730'E	K10
Crosshill House	28SE3	Comines	50° 45.370'N 2° 58.589'E	V8
Crossing Lodge	28NW2	St Julien	50° 53.223'N 2° 51.537'E	B18
Crossley Farm	28NE4	Dadizeele	50° 51.534'N 3° 05.733'E	K6
Cross-road of the Dead	66ENE4	Beaufort	49° 46.287'N 2° 43.035'E	L9
Crotchet Farm	28NE4	Dadizeele	50° 49.600'N 3° 07.699'E	L26
Crouch End	28SE1	Wervicq	50° 47.823'N 3° 00.119'E	P16
Crouch End	28SW2	Wytschaete	50° 47.830'N 3° 00.130'E	P16
Crouch Farm	28NE2	Moorslede	50° 53.835'N 3° 04.522'E	E10
Croup Farm	20NW4	Dixmunde	51° 01.523'N 2° 52.785'E	I14
Crow Farm	28NW1	Elverdinghe	50° 52.007'N 2° 43.817'E	A26
Crown Buildings	28NE4	Dadizeele	50° 50.972'N 3° 09.427'E	L17
Crown Copse	51BNW4	Fampoux	50° 17.219'N 2° 56.301'E	I28
Crown Prince Farm	36NW2	Armentieres	50° 42.934'N 2° 55.561'E	C10

Crown Prince House	36NW4	Bois Grenier	50° 40.607'N 2° 52.792'E	I1
Crows Nest	28SE1	Wervicq	50° 48.884'N 3° 00.128'E	P5
Crows Nest	51BSW4	Bullecourt	50° 12.941'N 2° 57.366'E	U12
Crowsnest	28SW2	Wytschaete	50° 48.888'N 3° 00.123'E	P5
Crowsnest Farm	20SE2	Hooglede	50° 58.153'N 3° 04.333'E	Q22
Crowther Farm	27NE3	Winnezeele	50° 50.892'N 2° 33.450'E	J11
Croxton Farm	20SE4	Roulers	50° 54.548'N 3° 07.232'E	X26
Croydon Farm	28SW3	Bailleul	50° 45.606'N 2° 46.230'E	S5
Crozier Cross	27NE3	Winnezeele	50° 49.996'N 2° 31.878'E	J21
Crucifix At X Rds N of Beaumetz	57CNE3	Hermies	50° 07.693'N 2° 58.528'E	J13
Crucifix At X Rds. NW of Rouy-le-Grand	66DNW4	Nesle	49° 46.818'N 2° 56.884'E	I4
Crucifix By edge of Coupez Copse	57CNE3	Hermies	50° 07.510'N 3° 00.825'E	J16
Crucifix By T Junction	51BSE3	Cagnicourt	50° 11.849'N 2° 59.420'E	V20
Crucifix By T Junction SW of Agny	51BSW1	Neuville Vitasse	50° 15.481'N 2° 45.329'E	M8
Crucifix E of Etrun	51CNE4	Wagnonlieu	50° 18.818'N 2° 41.956'E	L2
Crucifix N W of Boiry-Becquerelle	51BSW3	Boisleux	50° 13.035'N 2° 48.744'E	S6
Crucifix At Fork in Road Quéant	57CNE1	Queant	50° 10.364'N 2° 59.113'E	D8
Crucifix At Longatte	57CNW2	Vaulx-Vraucourt	50° 10.620'N 2° 54.927'E	C8
Crucifix At Rd Junct. Villers-au-Flos	57CSW2	Villers-Au-Flos	50° 05.105'N 2° 54.485'E	O8
Crucifix At T Junct Near Vélu	57CNE3	Hermies	50° 06.424'N 2° 58.881'E	J25
Crucifix At T Junct. Ficheux	51CSE4	Blaireville	50° 13.451'N 3° 44.067'E	R35
Crucifix At X Rds Barastre	57CSW2	Villers-Au-Flos	50° 04.306'N 2° 55.820'E	O15
Crucifix At X Rds Berles-au-Bois	51CSE3	Ransart	50° 11.803'N 2° 38.153'E	W22
Crucifix At X Rds in Basseux	51CSE2	Beaumetz	50° 13.697'N 2° 38.749'E	Q34
Crucifix At X Rds in Beaumetz-les-Loges	51CSE2	Beaumetz	50° 14.649'N 2° 39.378'E	Q23
Crucifix At X Rds South of Wailly	51CSE2	Beaumetz	50° 14.582'N 2° 43.650'E	R23
Crucifix At X Rds W of Mesnil-le-Petit	66DNW4	Nesle	49° 46.431'N 2° 53.939'E	H12
Crucifix At X Rds. N of Fléchin	62CSE2	Vermand	49° 54.080'N 3° 06.109'E	Q16
Crucifix At X Rds.W of Liberty Copse	66DNW4	Nesle	49° 44.369'N 2° 52.750'E	H34
Crucifix At Y Junct Boursies	57CNE3	Hermies	50° 08.182'N 3° 02.330'E	J12
Crucifix At Y Junct. Maurepas	62CNW1	Maricourt	49° 59.174'N 2° 50.491'E	B14
Crucifix At Y Junct. N of Bernes	62CSE2	Vermand	49° 54.822'N 3° 06.113'E	Q4
Crucifix At Y Junct. Vaulx-Vraucourt	57CNW2	Vaulx-Vraucourt	50° 08.805'N 2° 54.981'E	C26
Crucifix By level Crossing E of Lock 15	66DNW4	Nesle	49° 45.671'N 2° 56.936'E	I16
Crucifix Cross Roads Eterpigny	51BSE1	Saudemont	50° 15.554'N 2° 58.964'E	P14
Crucifix Erchin	51BNE4	Cantin	50° 19.036'N 3° 09.776'E	L10
Crucifix In cemetery of Hénin-sur-Cojeul	51BSW3	Boisleux	50° 13.070'N 2° 50.299'E	T2
Crucifix la Fontaine	51BNE4	Cantin	50° 17.363'N 3° 11.360'E	L30
Crucifix N of Béhagnies	57CNW1	Gomiecourt	50° 08.584'N 2° 49.942'E	H2
Crucifix N of Boiry Ste. Rictrude	51BSW3	Boisleux	50° 12.405'N 2° 45.109'E	S14
Crucifix N of Boiry-Notre-Dame	51BSW2	Vis-en-Artois	50° 16.509'N 2° 56.467'E	O5
Crucifix N of Curlu near Quarry	62CNW1	Maricourt	49° 58.256'N 2° 49.122'E	A30
Crucifix N of Rumilly	57BNW3	Rumilly	50° 07.963'N 3° 13.408'E	G9
Crucifix N of Station at T Junction	57CNE2	Bourlon	50° 10.234'N 3° 09.787'E	F16
Crucifix NE of Bray by Rly Bridge	51CNE2	Ecoivres	50° 20.285'N 2° 41.058'E	F20
Crucifix NE of Seranvillers	57BNW3	Rumilly	50° 07.462'N 3° 16.548'E	H13
Crucifix Near Aubencheul-au-Bac	51BSE2	Oisy-le-Verger	50° 14.899'N 3° 11.236'E	R24
Crucifix North of Bailleul	51BNW1	Roclincourt	50° 20.525'N 2° 50.902'E	B15
Crucifix North of Buissy	51BSE3	Cagnicourt	50° 12.632'N 3° 02.673'E	V18
Crucifix On hill east of Simencourt	51CSE2	Beaumetz	50° 15.370'N 2° 38.111'E	Q10
Crucifix Rd Junct. Maurepas	62CNW1	Maricourt	49° 58.872'N 2° 51.018'E	B15
Crucifix Site of SE of Schwaben Redoubt	57DSE1 & 2	Beaumont	50° 03.644'N 2° 41.468'E	R19
Crucifix South 0f Fresnes-les-Montauban	51BNW2	Oppy	50° 19.764'N 2° 55.825'E	C28
Crucifix South of Cagnicourt	51BSE3	Cagnicourt	50° 12.357'N 2° 59.965'E	V15
Crucifix South West of Rumacourt	51BSE1	Saudemont	50° 14.200'N 3° 03.117'E	Q25
Crucifix SW Near Hayncourt	51BSE4	Marquion	50° 12.546'N 3° 09.296'E	X15
Crucifix SW of Boiry Ste. Rictrude	51BSW3	Boisleux	50° 11.798'N 2° 45.413'E	S20
Crucifix SW of Bourlon Wood	57CNE2	Bourlon	50° 10.294'N 3° 06.116'E	E17
Crucifix SW of Moyenneville	57CNW1	Gomiecourt	50° 10.729'N 2° 46.500'E	A3
Crucifix T Junction Dury	51BSE1	Saudemont	50° 14.646'N 3° 00.419'E	P22
Crucifix Thélus	51BNW1	Roclincourt	50° 21.372'N 2° 48.170'E	A6
Crucifix Thun Leveque	51ASW3	Eswars	50° 13.644'N 3° 16.962'E	T2

Name	Map	Location	Coordinates	Grid
Crucifix Vitry-en-Artois	51BNE1	Brébières	50° 19.683'N 2° 59.206'E	D26
Crucifix West of Neuvireuil	51BNW2	Oppy	50° 21.121'N 2° 54.229'E	C8
Crucifix X Rds at Villers Outréaux	57BSW3	Honnecourt	50° 01.651'N 3° 17.787'E	T15
Crucifix X Rds E of Bucquoy	57DNE2	Essarts	50° 08.435'N 2° 42.013'E	L4
Crucifix X Rds S of Templeux-le-Guérard	62CNE4	Roisel	49° 57.537'N 3° 08.780'E	L8
Crucifix X Rds SE of Sains-lez-Marquion	51BSE3	Cagnicourt	50° 11.491'N 3° 04.628'E	W27
Crucifix X Rds Villers-au-Tertre	51BNE4	Cantin	50° 18.325'N 3° 11.234'E	L18
Crucifix X Road on Bullecourt	51BSW4	Bullecourt	50° 11.563'N 2° 55.467'E	U27
Crucifix Y Junct N of Hébuterne	57DNE3+4	Hebuterne	50° 07.987'N 2° 37.976'E	K3
Crucifix Y Junct. Jeancourt	62CNE4	Roisel	49° 55.563'N 3° 09.085'E	L32
Crucifix Y Junct. S of Hannescamps	57DNE 1&2	Fonquevillers	50° 09.861'N 2° 38.387'E	E16
Crucifix at Y Junct Pont-á-Vendin	36C(44A) NW4	Pont-à-Vendin	50° 27.630'N 2° 52.519'E	H36
Crucifix Corner	28SW3	Bailleul	50° 44.648'N 2° 47.259'E	S18
Crucifix Corner	51BNW2	Oppy	50° 21.016'N 2° 53.196'E	B12
Crucifix Corner	57DSE4	Ovillers	50° 01.611'N 2° 40.015'E	W11
Crucifix Hill	28SW3	Bailleul	50° 44.647'N 2° 47.321'E	S18
Crucifix N of Bopisleux-au-Mont	51BSW3	Boisleux	50° 12.860'N 2° 46.885'E	S10
Crucifix N of Crèvecœur-sur-l'Escaut	57BNW3	Rumilly	50° 06.741'N 3° 14.846'E	G29
Crucifix SE of Crèvecœur-sur-l'Escaut	57BNW3	Rumilly	50° 06.221'N 3° 15.467'E	G36
Crude Farm	20SE4	Roulers	50° 54.845'N 3° 03.858'E	W29
Cruet Cross	28SE4	Ronq	50° 45.238'N 3° 04.146'E	W10
Cruet Farm	28SE4	Ronq	50° 45.180'N 3° 04.019'E	W9
Crugstraette	27SE1	St Sylvestre	50° 47.106'N 2° 31.028'E	P14
Cruiser Farm	36ANE2	Vieux Berquin	50° 42.884'N 2° 43.464'E	F12
Crumlin Farm	28SW3	Bailleul	50° 43.708'N 2° 49.593'E	T27
Crumlin Lines	28SW3	Bailleul	50° 43.752'N 2° 49.534'E	T27
Crump Farm	28NW2	St Julien	50° 51.474'N 2° 55.707'E	I5
Crusoe Copse	62BSW2	Fonsommes	49° 52.775'N 3° 24.017'E	O35
Crusoe Cross Roads	28NE2	Moorslede	50° 52.163'N 3° 03.972'E	E28
Crusoe Farm	12NE2 & 4	Ostende	51° 12.118'N 2° 52.603'E	I14
Crutch Farm	20SE1	Staden	50° 58.384'N 3° 00.990'E	P18
Crystal Cross Roads	20SW2	Zwartegat	50° 59.365'N 2° 55.702'E	O5
Cub Copse	20SE1	Staden	50° 58.686'N 3° 03.337'E	Q15
Cuba Copse	28SE4	Ronq	50° 45.555'N 3° 05.863'E	W12
Cuba Cross	28SE4	Ronq	50° 45.669'N 3° 05.760'E	W6
Cuban Cross	27SE2	Berthen	50° 46.781'N 2° 36.295'E	Q23
Cudgel Woods No 1	62CSE3	Athies	49° 50.716'N 3° 02.958'E	V18
Cudgel Woods No 2	62CSE3	Athies	49° 50.847'N 3° 03.431'E	W13
Cuinchy	36C(44A) NW1	LaBassee	50° 31.104'N 2° 45.429'E	A21
Cuincy	36C(44A) SE3	Esquerchin	50° 22.980'N 3° 02.808'E	W13
Cuirassier Farm	20SW4	Bixschoote	50° 55.444'N 2° 52.201'E	U13
Cuirassiers House	12SW1	Nieuport	51° 09.516'N 2° 45.586'E	M11
Cuisine Wood	62CSW1	Dompierre	49° 53.432'N 2° 46.897'E	M15
Cul du Sac Farm	36NW3	Fleurbaix	50° 39.977'N 2° 44.179'E	G8
Cullen Buildings	28SE1	Wervicq	50° 47.654'N 2° 59.808'E	P16
Cullen Buildings	28SW2	Wytschaete	50° 47.658'N 2° 59.808'E	P16
Culloden Siding	28NW1	Elverdinghe	50° 51.794'N 2° 48.821'E	B26
Cult Farm	27SE2	Berthen	50° 46.454'N 2° 38.671'E	Q30
Culture Farm	20SE4	Roulers	50° 56.132'N 3° 04.572'E	W10
Culvert Farm	36NW4	Bois Grenier	50° 38.650'N 2° 52.771'E	I26
Cupidon Copse	62BSW4	Homblieres	49° 51.435'N 3° 21.611'E	U8
Cupola Buildings	28NE4	Dadizeele	50° 50.830'N 3° 10.522'E	L18
Cupola Dugouts	28SW1	Kemmel	50° 46.324'N 2° 49.173'E	N32
Curas Cross Roads	20SE1	Staden	50° 58.819'N 2° 57.695'E	P8
Curchy	66DNW3	Hattencourt	49° 46.523'N 2° 51.613'E	H9
Curd Farm	27NE2	Proven	50° 51.776'N 2° 41.049'E	F27
Curio Farm	20SE2	Hooglede	50° 58.892'N 3° 09.614'E	R11
Curl Farm	20SE1	Staden	50° 59.431'N 3° 03.342'E	Q3
Curlew Farm	12NE2 & 4	Ostende	51° 10.669'N 2° 53.447'E	I33
Curlew House	36ANE1	Morbecque	50° 42.930'N 2° 36.089'E	E2
Curlu	62CNW1	Maricourt	49° 57.927'N 2° 48.994'E	A30
Curlu Chapel	62CNW1	Maricourt	49° 58.160'N 2° 49.570'E	B25

Curragh Camp	28SW1	Kemmel	50° 47.546'N 2° 46.329'E	M17
Curragh Copse	28SW1	Kemmel	50° 47.427'N 2° 46.100'E	M16
Curry Farm	36ANE3	Haverskerque	50° 38.891'N 2° 36.922'E	K24
Cury Farm	20SE1	Staden	50° 59.370'N 2° 59.534'E	P4
Curzon Park	27NE3	Winnezeele	50° 49.604'N 2° 31.643'E	J21
Curzon Post	36SW3	Richebourg	50° 35.283'N 2° 46.142'E	M34
Cusp Cottage	36ANE1	Morbecque	50° 42.019'N 2° 34.166'E	D18
Custard Farm	20SE4	Roulers	50° 56.158'N 3° 06.245'E	X7
Custom House	27NE2	Proven	50° 51.637'N 2° 37.035'E	E28
Custom House	27NE4	Abeele	50° 50.213'N 2° 37.332'E	K16
Custom House	27NE4	Abeele	50° 49.365'N 2° 40.193'E	L26
Custom House	28SW1	Kemmel	50° 46.825'N 2° 46.384'E	M23
Custom House	28SW3	Bailleul	50° 43.971'N 2° 48.813'E	T20
Custom House	28SW4	Ploegsteert	50° 43.844'N 2° 56.129'E	U29
Custom House	36NW2	Armentieres	50° 42.303'N 2° 51.894'E	B18
Cute Farm	36ANE2	Vieux Berquin	50° 41.230'N 2° 41.698'E	F27
Cuthbert Villas	20SE1	Staden	50° 59.583'N 2° 59.313'E	P4
Cutlet Corner	36ANE2	Vieux Berquin	50° 41.736'N 2° 40.953'E	F21
Cutter Farm	28NE2	Moorslede	50° 53.175'N 3° 05.728'E	E18
Cutting Farm	28SW2	Wytschaete	50° 47.608'N 2° 55.495'E	O17
Cutting Farm	28SW2	Wytschaete	50° 47.611'N 2° 55.478'E	O16
Cuttle Farm	20SE2	Hooglede	50° 58.416'N 3° 05.961'E	Q18
Cuvillers	51ASW3	Eswars	50° 13.413'N 3° 14.206'E	S5
Cycle Track	28SE2	Menin	50° 47.963'N 3° 08.594'E	R15
Cyclone Corner	28NE4	Dadizeele	50° 49.229'N 3° 07.141'E	L32
Cyclops	28NE1	Zonnebeke	50° 52.191'N 3° 00.346'E	D29
Cygnet Farm	20SE2	Hooglede	50° 57.926'N 3° 07.136'E	R20
Cylinder Farm	20SW2	Zwartegat	50° 58.217'N 2° 52.934'E	O14
Cymbal House	27SE4	Meteren	50° 43.885'N 2° 36.985'E	W22
Cyprian Farm	28SW3	Bailleul	50° 44.912'N 2° 46.513'E	S11
Cyprus Farm	36ANE2	Vieux Berquin	50° 42.547'N 2° 38.748'E	E12
Cyprus Wood	62CSW4	St. Christ	49° 51.605'N 2° 52.617'E	T5
Cyrille Vandamme Farm	28NW1	Elverdinghe	50° 53.985'N 2° 48.227'E	B1
D Camp	28NW1	Elverdinghe	50° 52.123'N 2° 47.217'E	A30
D10 Spur	28NW4	Ypres	50° 49.519'N 2° 51.389'E	H29
D11 Spur	28NW4	Ypres	50° 49.356'N 2° 51.340'E	H29
D15 Line	28NW4	Ypres	50° 50.713'N 2° 50.697'E	H16
D2 Line	28NW4	Ypres	50° 50.534'N 2° 50.431'E	H16
D2A	28NW4	Ypres	50° 50.531'N 2° 50.580'E	H16
D4 Line	28NW4	Ypres	50° 49.653'N 2° 51.208'E	H29
D6 Line	28NW4	Ypres	50° 49.974'N 2° 51.230'E	H23
D8 Line	28NW4	Ypres	50° 49.487'N 2° 50.284'E	H28
Dab Farm	28NE4	Dadizeele	50° 50.066'N 3° 10.394'E	L24
Dadizeele	28NE4	Dadizeele	50° 51.070'N 3° 05.714'E	K12
Dadizeelehoek	28NE4	Dadizeele	50° 50.866'N 3° 07.499'E	L14
Dados Loop	57CSE4	Villers-Guislain	50° 00.970'N 3° 10.445'E	X28
Dahlia Cross Roads	20NW4	Dixmunde	51° 00.000'N 2° 55.918'E	I30
Dahlia Cross Roads	20SW2	Zwartegat	50° 58.494'N 2° 55.506'E	O17
Daimler House	28NE4	Dadizeele	50° 51.459'N 3° 05.924'E	K12
Dainty Copse	28NE1	Zonnebeke	50° 52.990'N 3° 01.305'E	D18
Dainville	51CNE4	Wagnonlieu	50° 16.882'N 2° 43.387'E	L29
Dairy Farm	20SE1	Staden	50° 58.807'N 3° 03.412'E	Q9
Dairy Farm	36ANE4	Merville	50° 38.925'N 2° 37.749'E	K22
Dairy Wood	28NE1	Zonnebeke	50° 52.660'N 3° 00.521'E	D23
Daisy Farm	20SE2	Hooglede	50° 59.774'N 3° 07.982'E	R3
Daisy Wood	28NE1	Zonnebeke	50° 52.681'N 3° 00.391'E	D23
Dakar Cottage	36ANE1	Morbecque	50° 42.358'N 2° 31.061'E	D8
Dalbby Fork	20SE4	Roulers	50° 54.491'N 3° 06.511'E	X25
Dalkey Cottages	27NE2	Proven	50° 53.916'N 2° 41.093'E	F3
Dallas Cottage	36ANE1	Morbecque	50° 42.926'N 2° 30.269'E	D1
Dalluiq Farm	36SW3	Richebourg	50° 33.871'N 2° 49.004'E	T14
Dalmeny Farm	20SE1	Staden	50° 59.357'N 3° 01.340'E	P6

Dalmeny Farm	28SE1	Wervicq	50° 46.628'N 2° 58.794'E	P27
Dalmeny Farm	28SW2	Wytschaete	50° 46.637'N 2° 58.786'E	P27
Dalton Farms	27NE3	Winnezeele	50° 49.046'N 2° 32.711'E	J34
Daly Cross Roads	20SE4	Roulers	50° 54.605'N 3° 04.887'E	W29
Daly's Copse	62BNW4	Ramicourt	49° 55.856'N 3° 24.265'E	I29
Dambre Camp	28NW1	Elverdinghe	50° 51.928'N 2° 49.476'E	B27
Dambre Farm	28NW1	Elverdinghe	50° 52.026'N 2° 49.427'E	B27
Dame House	28NE1	Zonnebeke	50° 52.098'N 3° 01.338'E	D30
Dame Wood	28NE1	Zonnebeke	50° 52.224'N 3° 01.420'E	D30
Damerval Copse	62CSE1	Bouvincourt	49° 53.415'N 3° 05.010'E	Q21
Damier Farm	20NW4	Dixmunde	51° 00.786'N 2° 54.866'E	I22
Damloup Copse	62CSW1	Dompierre	49° 52.351'N 2° 51.937'E	N34
Damm Wood	28SW2	Wytschaete	50° 48.086'N 2° 54.194'E	O9
Damp Copse	28SW2	Wytschaete	50° 48.913'N 2° 58.017'E	P2
Damp Farm	28NE1	Zonnebeke	50° 52.027'N 3° 01.146'E	D30
Damper Copse	27NE3	Winnezeele	50° 49.785'N 2° 31.943'E	J21
Dan House	28NE1	Zonnebeke	50° 52.826'N 2° 58.960'E	D21
Dana Copse	62CSW4	St. Christ	49° 50.230'N 2° 56.931'E	O22
Dandelion Farm	20SE2	Hooglede	50° 59.421'N 3° 07.888'E	R3
Dandin Fork	20SW2	Zwartegat	50° 57.104'N 2° 56.681'E	O36
Daniel Cross	20SW2	Zwartegat	50° 57.413'N 2° 56.739'E	O30
Danizy	66CSW4	La Fere	49° 39.917'N 3° 23.602'E	U22
Dank Cottage	36ANE4	Merville	50° 40.222'N 2° 42.876'E	L11
Dapple Farm	12NE1	Clemskerke	51° 14.247'N 3° 02.745'E	E21
Darby	62BSW2	Fonsommes	49° 53.102'N 3° 20.380'E	N30
Daring Crossing	28NE1	Zonnebeke	50° 52.960'N 2° 59.847'E	D16
Dark Buidings	28NE4	Dadizeele	50° 50.872'N 3° 10.084'E	L29
Darling House	36NW1	Steenwerck	50° 42.298'N 2° 44.491'E	A14
Darnley Farm	27NE3	Winnezeele	50° 51.037'N 2° 33.027'E	J11
Dart House	27NE4	Abeele	50° 50.532'N 2° 40.622'E	L14
Dartford Wood	51BSE4	Marquion	50° 13.009'N 3° 06.488'E	W11
Darwin Cross	28NW3	Poperinghe	50° 50.046'N 2° 44.741'E	G21
Dash Crossing	28NE1	Zonnebeke	50° 53.111'N 3° 00.087'E	D17
Dashwood	27NE3	Winnezeele	50° 49.788'N 2° 35.248'E	K20
Dastard House	36ANE2	Vieux Berquin	50° 41.686'N 2° 41.676'E	F21
Datum House	28SW2	Wytschaete	50° 46.257'N 2° 56.411'E	O35
Datum House	28SW2	Wytschaete	50° 46.275'N 2° 56.483'E	O36
Datum House	36SW2	Radinghem	50° 37.920'N 2° 53.072'E	O1
Dauphine Farm	20SW2	Zwartegat	50° 59.399'N 2° 54.419'E	O4
Dave Farm	27SE1	St Sylvestre	50° 48.340'N 2° 35.686'E	Q2
David Copse	20SE3	Westroosebeke	50° 55.974'N 3° 02.927'E	W8
Davidson Camp	27NE4	Abeele	50° 50.647'N 2° 39.647'E	L13
Davit Cottage	27SE4	Meteren	50° 44.679'N 2° 38.373'E	W17
Davout Farm	20SE3	Westroosebeke	50° 56.252'N 2° 58.087'E	V8
Davy's Corner	20SE2	Hooglede	50° 57.456'N 3° 09.215'E	R28
Dawers Copse	62CNE4	Roisel	49° 56.169'N 3° 11.081'E	L23
Dawes Quarry	62CNE4	Roisel	49° 56.195'N 3° 11.237'E	L23
Dawn Farm	20SW2	Zwartegat	50° 58.593'N 2° 54.464'E	O16
Dawson Camp	27NE4	Abeele	50° 50.989'N 2° 40.714'E	L9
Dawson Farm	20SE2	Hooglede	50° 59.437'N 3° 08.375'E	R3
Dawson Junction?	28NW4	Ypres	50° 50.097'N 2° 51.320'E	H23
Dawson's Corner	28NW2	St Julien	50° 52.471'N 2° 50.201'E	B22
Daydream Farm	36ANE1	Morbecque	50° 41.654'N 2° 33.113'E	D22
Daylight Camp	28SW3	Bailleul	50° 46.105'N 2° 49.659'E	N33
Daylight Corner	28SW3	Bailleul	50° 46.062'N 2° 49.621'E	N33
De Zen Cabt.	28NW1	Elverdinghe	50° 51.914'N 2° 45.378'E	A28
De Backer Farm	20SW3	Oostvleteren	50° 56.371'N 2° 48.956'E	T2
De Beysser Farm	20SW1	Loo	50° 58.723'N 2° 46.298'E	M11
De Blauwe Steenput Farm	12SW4	Leke	51° 06.613'N 2° 54.184'E	U10
De Blauwepoort Farm	20SW3	Oostvleteren	50° 54.423'N 2° 46.351'E	S29
De Broeken	28SW3	Bailleul	50° 43.747'N 2° 47.742'E	S30
De Broeken Road	28SW3	Bailleul	50° 43.667'N 2° 48.011'E	T25

De Brulooze Cabt.	28SW1	Kemmel	50° 47.149'N 2° 47.233'E	M24
Dé Copse	66DNW1	Punchy	49° 48.081'N 2° 46.768'E	A15
De Dayzeelen Farm	20SE4	Roulers	50° 54.718'N 3° 08.362'E	X27
De Drie Goen Farm	28NW3	Poperinghe	50° 50.254'N 2° 47.447'E	G24
De God	28NE2	Moorslede	50° 53.874'N 3° 09.703'E	F11
De Groote Kwinte Farm	11SE4	No Edition 0617	51° 06.299'N 2° 39.100'E	X15
De Haan	4SE 3 & 4	Wenduyne	51° 16.280'N 3° 02.140'E	W26
De Hoogeschuur Farm	20NE2	Zedelghem	51° 03.450'N 3° 05.168'E	6074
De Kat Cabt.	20SE3	Westroosebeke	50° 55.945'N 3° 01.729'E	W7
De Kennebak Cabaret	28SW3	Bailleul	50° 45.663'N 2° 49.824'E	T3
De Kennebak Sidings	28SW3	Bailleul	50° 45.596'N 2° 50.051'E	T3
de Keude Schuur Farm	12SW1	Nieuport	51° 08.590'N 2° 48.176'E	N20
De Kliene Kwinte Farm	11SE4	No Edition 0617	51° 05.502'N 2° 39.284'E	X20
De Knoet Farm	28NE1	Zonnebeke	50° 52.301'N 2° 59.867'E	D28
de la Croix Farm	28SW4	Ploegsteert	50° 45.424'N 2° 56.036'E	U11
De la l'Eau	57BSW3	Honnecourt	50° 01.067'N 3° 12.814'E	S20
De Mauwe Farm	12SE4	Aertrycke	51° 06.154'N 3° 06.399'E	6178
De Mispelaere Cabt.	28NE1	Zonnebeke	50° 52.620'N 3° 01.274'E	D24
De Molder Farm	20SW3	Oostvleteren	50° 55.888'N 2° 45.671'E	S10
De Nieuwe Kruiseecke Cabt.	28NE3	Gheluvelt	50° 49.665'N 3° 00.840'E	J29
De Reske Corner	20SE4	Roulers	50° 56.240'N 3° 05.409'E	W12
De Ruiter	20SE4	Roulers	50° 55.858'N 3° 05.578'E	W12
De Ruy Farm	20SE4	Roulers	50° 55.925'N 3° 05.418'E	W12
de Schuddebeurze	12SW1	Nieuport	51° 09.122'N 2° 46.268'E	M18
De Seine Lines	36NW2	Armentieres	50° 42.792'N 2° 50.731'E	B10
De Seule	36NW1	Steenwerck	50° 43.197'N 2° 48.262'E	B1
De Slauteis Inn	12SW2	Slype	51° 10.424'N 2° 54.840'E	O5
de Sloepe Farm	4SE 2 & 4	Blankenberghe	51° 18.249'N 3° 07.511'E	X3
De Sponde Farm	20NE3	Zarren	51° 01.536'N 3° 00.811'E	J18
De Ster Cabt.	28SW1	Kemmel	50° 48.065'N 2° 46.741'E	M11
De Stillen Farm	12NE2 & 4	Ostende	51° 11.491'N 2° 55.128'E	I23
De Stroolput	12SE4	Aertrycke	51° 06.083'N 3° 09.308'E	6478
De Torreele Farm	11SE4	No Edition 0617	51° 05.254'N 2° 40.554'E	X27
de Toulotte Farm	36SW3	Richebourg	50° 33.461'N 2° 46.554'E	S22
De Vinke	28NE2	Moorslede	50° 54.134'N 3° 09.762'E	F5
De Vorststraat Cabt.	28SE1	Wervicq	50° 48.413'N 2° 59.323'E	P9
De Vorststraat Cabt.	28SW2	Wytschaete	50° 48.416'N 2° 59.327'E	P9
De Welgelegen Farm	12NE3	Oudenburg	51° 12.276'N 2° 57.706'E	J14
De Wilde Farm	20SW3	Oostvleteren	50° 55.821'N 2° 45.952'E	S11
De Wilde Farm	20SW3	Oostvleteren	50° 55.237'N 2° 49.728'E	T27
De Wippe Cabt	28NW1	Elverdinghe	50° 53.511'N 2° 46.450'E	A11
De Wippe Camp	28NW1	Elverdinghe	50° 53.558'N 2° 46.305'E	A11
De Wolf Camp	28SW3	Bailleul	50° 45.523'N 2° 49.615'E	T3
De Zeepanne	11SE4	No Edition 0617	51° 06.156'N 2° 37.300'E	W17
De Zon Cabt.	28SW1	Kemmel	50° 47.769'N 2° 47.016'E	M18
Deacon Mill	27NE2	Proven	50° 53.338'N 2° 39.221'E	F5
Dead Cow Farm	28SW4	Ploegsteert	50° 44.795'N 2° 53.163'E	U13
Dead Cow Farm	36NW4	Bois Grenier	50° 39.332'N 2° 54.061'E	I20
Dead Cow Farm	36SW3	Richebourg	50° 32.751'N 2° 44.865'E	S26
Dead Cow Post	36SW3	Richebourg	50° 33.585'N 2° 45.252'E	S15
Dead Dog Bridge	36ASE1	St. Venant	50° 37.792'N 2° 33.811'E	P5
Dead Dog Farm	28SW2	Wytschaete	50° 48.617'N 2° 52.017'E	N6
Dead Horse Corner	28SW4	Ploegsteert	50° 44.434'N 2° 54.127'E	U21
Dead Man Farm	28NW2	St Julien	50° 52.931'N 2° 50.803'E	B17
Dead Mans Corner	57CSE2	Gonnelieu	50° 03.955'N 3° 06.268'E	Q23
Dead Man's Corner	51BNW3	Arras	50° 17.870'N 2° 45.649'E	G21
Dead Wood	66DNW3	Hattencourt	49° 46.550'N 2° 46.760'E	G3
Deal Farm	36ANE4	Merville	50° 39.642'N 2° 43.543'E	L18
Dean Copse	57CNE3	Hermies	50° 06.272'N 3° 04.335'E	K32
Dean Copse	62CSE2	Vermand	49° 54.818'N 3° 10.682'E	R4
Dean Hall	27NE4	Abeele	50° 49.982'N 2° 42.356'E	L23
Deanery	20SE2	Hooglede	50° 57.834'N 3° 04.227'E	Q22

Dear House	20SE3 & 28NE1-3	Poelcappelle	50° 53.585'N 2° 57.861'E	D8
Dear House	28NE1	Zonnebeke	50° 53.588'N 2° 57.859'E	D8
Dearborth Junction	28NE3	Gheluvelt	50° 51.006'N 2° 57.156'E	J7
Deauville	12SW1	Nieuport	51° 09.889'N 2° 46.724'E	M6
Debaenst Farm	20SW1	Loo	50° 59.023'N 2° 43.062'E	M7
Debate House	28NE4	Dadizeele	50° 49.382'N 3° 08.843'E	L34
Debris Farm	36NW2	Armentieres	50° 42.407'N 2° 56.092'E	C17
Debruyne Farm	20SW3	Oostvleteren	50° 55.762'N 2° 47.687'E	T7
Dechy	51BNE2	Dechy	50° 21.249'N 3° 07.562'E	F7
Deck Wood	28NE1	Zonnebeke	50° 53.724'N 3° 00.716'E	D11
Decline Copse	28NE1	Zonnebeke	50° 53.296'N 3° 00.970'E	D18
Deconinck Farm	28SW2	Wytschaete	50° 46.369'N 2° 55.404'E	O34
Decouck Camp	28NW1	Elverdinghe	50° 53.204'N 2° 48.179'E	B13
Decouck Farm	28NW1	Elverdinghe	50° 53.183'N 2° 48.981'E	B13
Decoy Cross Roads	20SE2	Hooglede	50° 58.433'N 3° 06.803'E	R13
Decoy Farm	28NE2	Moorslede	50° 51.957'N 3° 04.114'E	K4
Decoy Wood	28NE1	Zonnebeke	50° 53.190'N 3° 00.834'E	D18
Decraem Farm	20SW3	Oostvleteren	50° 54.925'N 2° 48.841'E	T20
Decroix Farm	20SW3	Oostvleteren	50° 55.969'N 2° 44.840'E	S9
Dee Copse	62BSW1	Gricourt	49° 52.868'N 3° 14.599'E	M28
Dee Farm	28SE3	Comines	50° 46.048'N 2° 58.096'E	P32
Deeolerck Farm	12SW3	Ramscappelle	51° 07.295'N 2° 45.256'E	S5
Deep Moat Farm	28SW4	Ploegsteert	50° 44.029'N 2° 56.244'E	U23
Deer Farm	27SE1	St Sylvestre	50° 47.079'N 2° 35.332'E	Q20
Defiled Farm	20NW4	Dixmunde	51° 00.477'N 2° 52.747'E	I26
Defoe Farm	28NE2	Moorslede	50° 52.079'N 3° 04.001'E	E28
Defy Crossing	28NE1	Zonnebeke	50° 53.218'N 3° 00.505'E	D17
Dehaene Farm	20SW1	Loo	50° 59.259'N 2° 44.672'E	M3
Dehéries	57BSW2	Clary	50° 03.111'N 3° 20.441'E	N36
Dekart Farm	28NW1	Elverdinghe	50° 53.712'N 2° 48.596'E	B8
Dekien Farm	20SW3	Oostvleteren	50° 55.001'N 2° 46.417'E	S11
Dekort Farm	28NW1	Elverdinghe	50° 54.018'N 2° 49.126'E	B3
Delanote Farm	20SW1	Loo	50° 59.514'N 2° 43.403'E	M2
Delbar Wood	51BNW4	Fampoux	50° 17.897'N 2° 55.003'E	I21
Delbeke Farm	28SW2	Wytschaete	50° 48.229'N 2° 55.115'E	O10
Delbeke Farm	28SW2	Wytschaete	50° 48.229'N 2° 55.115'E	O10
Delcourt Farm	28SE4	Ronq	50° 44.495'N 3° 05.496'E	W23
Delebeque Farm	28SW2	Wytschaete	50° 47.379'N 2° 58.860'E	P21
Delêbeque Farm	28SE1	Wervicq	50° 47.377'N 2° 58.856'E	P21
Delegate Farm	36ANE1	Morbecque	50° 40.568'N 2° 30.668'E	J1
Delennelle Farm	36NW2	Armentieres	50° 43.048'N 2° 53.051'E	C1
Delennelle Sidings	36NW2	Armentieres	50° 43.065'N 2° 53.173'E	C1
Deleval Farm Site of	36SW1	Aubers	50° 36.641'N 2° 49.466'E	N14
Delheye Farm	20NE3	Zarren	50° 59.726'N 2° 57.887'E	J32
Delhi Farm	28NW3	Poperinghe	50° 48.962'N 2° 45.398'E	G34
Delicatesse Farm	20NW4	Dixmunde	51° 01.237'N 2° 55.519'E	I17
Deligny Mill	57CNE2	Bourlon	50° 11.082'N 3° 05.338'E	E4
Delloye Wood	51BNE2	Dechy	50° 19.562'N 3° 10.796'E	L5
Delmotte Farm	36NW2	Armentieres	50° 41.852'N 2° 53.019'E	C19
Delores Woode	62CNE3	Buire	49° 55.402'N 2° 59.987'E	J32
Delporte Farm	28SW2	Wytschaete	50° 46.416'N 2° 55.472'E	O34
Delsaux Farm	57CNW4	Beugny	50° 06.623'N 2° 55.107'E	I28
Delta House	20SE3 & 28NE1-3	Poelcappelle	50° 54.777'N 2° 56.984'E	V19
Delta Huts	20SE3 & 28NE1-3	Poelcappelle	50° 54.764'N 2° 56.417'E	U30
Delva Farm	28NE1	Zonnebeke	50° 52.701'N 2° 57.869'E	D20
Delville Wood	57CSW3	Longueval	50° 01.695'N 2° 48.711'E	S18
Delys Farm	20SE2	Hooglede	50° 57.910'N 3° 03.378'E	Q22
Demey Farm	27NE3	Winnezeele	50° 49.053'N 2° 32.268'E	J34
Demicourt	57CNE3	Hermies	50° 07.571'N 3° 02.637'E	J18
Demilune Siding	36NW2	Armentieres	50° 43.223'N 2° 54.219'E	C3
Demonder Farm	20SW3	Oostvleteren	50° 55.734'N 2° 45.944'E	S11
Den Aap	20SE4	Roulers	50° 55.066'N 3° 06.683'E	X19

Den Copse	20SE1	Staden	50° 58.683'N 3° 01.396'E	Q13
Den Gapaard Cabt.	28SE1	Wervicq	50° 48.815'N 3° 03.752'E	Q3
Den Groehon Jager Cabt.	28NW4	Ypres	50° 50.313'N 2° 50.290'E	H22
Den Leeuw Farm	4SE 2 & 4	Blankenberghe	51° 16.027'N 3° 06.782'E	X26
Den Stier Inn	20SW3	Oostvleteren	50° 54.542'N 2° 45.726'E	S28
Den Wildeman Cabt.	20SE3	Westroosebeke	50° 56.536'N 3° 01.740'E	W1
Denain Farm	20SW4	Bixschoote	50° 55.014'N 2° 54.237'E	U21
Denbenham House	28NE4	Dadizeele	50° 50.027'N 3° 05.437'E	K23
Denbigh	36ANE1	Morbecque	50° 41.663'N 2° 36.398'E	E21
Dene Farm	36ANE4	Merville	50° 39.807'N 2° 36.930'E	K15
Deniécourt	62CSW3	Vermandovillers	49° 51.690'N 2° 49.135'E	S6
Deniécourt Wood	62CSW3	Vermandovillers	49° 52.025'N 2° 49.126'E	M36
Denis Wood	62CNW4	Peronne	49° 56.243'N 2° 56.894'E	I22
Denise Farm	36ANE3	Haverskerque	50° 40.342'N 2° 30.957'E	J2
Dense Cottage	36ANE1	Morbecque	50° 41.676'N 2° 32.651'E	D22
Dental Farm	27NE3	Winnezeele	50° 50.823'N 2° 33.091'E	J11
Dentist's Cross Roads	28NE2	Moorslede	50° 53.052'N 3° 08.900'E	F16
Denver	36ANE4	Merville	50° 40.363'N 2° 39.946'E	L7
Denys Farm	28SW2	Wytschaete	50° 47.814'N 2° 54.554'E	O15
Denys Wood	28SW2	Wytschaete	50° 48.018'N 2° 54.516'E	O9
Denys Wood	28SW2	Wytschaete	50° 48.018'N 2° 54.516'E	O9
Depôt	36C(44A) NW4	Pont-à-Vendin	50° 28.196'N 2° 53.247'E	I25
Dequekar Farm	20SW1	Loo	50° 58.193'N 2° 44.777'E	M15
Dequidt Farm	20SW1	Loo	50° 58.622'N 2° 43.148'E	M7
Dequien Farm	20SW3	Oostvleteren	50° 56.701'N 2° 46.838'E	M36
Dequist Farm	20SW1	Loo	50° 59.350'N 2° 45.064'E	M4
Der Groote Chateau	20SE1	Staden	50° 58.459'N 2° 57.521'E	P14
Derack Farm	28SW1	Kemmel	50° 46.582'N 2° 48.299'E	N25
Deraedt Farm	20SW3	Oostvleteren	50° 54.833'N 2° 45.000'E	S21
Derby Buildings	20SE1	Staden	50° 57.549'N 3° 00.986'E	P30
Derby House	28NW3	Poperinghe	50° 51.466'N 2° 47.900'E	H1
Derg Farm	27NE2	Proven	50° 53.923'N 2° 37.976'E	E5
Derision Farm	28NE4	Dadizeele	50° 50.750'N 3° 10.010'E	L29
Dermis House	28NE4	Dadizeele	50° 49.166'N 3° 08.306'E	L33
Dermot House	36ANE2	Vieux Berquin	50° 42.939'N 2° 41.678'E	F4
Dermot Mill	36NW1	Steenwerck	50° 43.072'N 2° 48.413'E	B1
Derrièrela Croix	36NE1	Quesnoy	50° 41.223'N 3° 00.413'E	D29
Derrt Lodge	28SW2	Wytschaete	50° 46.770'N 2° 54.040'E	O27
Derry Farm	28SE1	Wervicq	50° 48.143'N 2° 59.382'E	P10
Derry Farm	28SW2	Wytschaete	50° 48.147'N 2° 59.365'E	P10
Derry House	28SW2	Wytschaete	50° 46.816'N 2° 54.091'E	O27
Derry House	28SW2	Wytschaete	50° 46.609'N 2° 54.066'E	O27
Dervish Cross Roads	28NE2	Moorslede	50° 52.518'N 3° 03.860'E	E21
des Obeaux Farm	28SE1	Wervicq	50° 48.413'N 2° 59.791'E	P10
des Obeaux Farm	28SW2	Wytschaete	50° 48.411'N 2° 59.722'E	P10
des Trois Tableaux Farm	28SE1	Wervicq	50° 46.658'N 3° 00.721'E	P29
des Trois Tableaux Farm	28SW2	Wytschaete	50° 46.658'N 3° 00.719'E	P29
Desbert Farm	28SE3	Comines	50° 44.023'N 3° 03.841'E	W27
Desbierre Farm	36NW2	Armentieres	50° 43.194'N 2° 54.346'E	C3
Desert Corner	28NE2	Moorslede	50° 52.400'N 3° 03.988'E	E28
Deserted Farm	36ASE1	St. Venant	50° 36.252'N 2° 36.442'E	Q20
Desherite Fork	20SE1	Staden	50° 57.935'N 3° 00.887'E	P24
Desinet Farm	28SW2	Wytschaete	50° 47.443'N 2° 50.626'E	N16
Desolanque Farm	36NW4	Bois Grenier	50° 39.734'N 2°53.880'E	I14
Despagne Farm	28SW2	Wytschaete	50° 46.395'N 2° 54.566'E	O33
Despagnes Farm	28SW2	Wytschaete	50° 46.398'N 2° 54.560'E	O33
Despaing	36NE1	Quesnoy	50° 42.184'N 3° 03.450'E	E15
Despature Farm	36SW3	Richebourg	50° 33.953'N 2° 49.648'E	T14
Despot Farm	36ANE2	Vieux Berquin	50° 42.245'N 2° 41.632'E	F15
Dessart Ridge	57CSE1	Bertincourt	50° 03.677'N 3° 04.263'E	Q26
Dessart Wood	57CSE3	Sorel-le-Grand	50° 02.681'N 3° 03.648'E	W1
Destiny Buildings	28NE4	Dadizeele	50° 50.993'N 3° 09.462'E	L29

Destremont Farm	57CSW1	Guedecourt	50° 03.974'N 2° 46.336'E	M21
Destroyed Mill	28SW4	Ploegsteert	50° 45.666'N 2° 50.627'E	T4
Detect Crossing	28NE1	Zonnebeke	50° 53.446'N 3° 01.521'E	D12
Deuce House	20SE3 & 28NE1-3	Poelcappelle	50° 53.291'N 2° 58.379'E	D14
Deuce House	28NE1	Zonnebeke	50° 53.275'N 2° 58.216'E	D14
Deuillet	70DNW2	Servais	49° 37.844'N 3° 21.862'E	C13
Deulémont	28SW4	Ploegsteert	50° 44.102'N 2° 56.733'E	U24
Deux Lucannes Farm	20SW4	Bixschoote	50° 56.538'N 2° 51.863'E	T6
Deva Farm	28NE2	Moorslede	50° 53.541'N 3° 05.259'E	E11
Devies Camp	28SW1	Kemmel	50° 47.466'N 2° 46.517'E	M17
Devillers Farm	57CSE2	Gonnelieu	50° 03.372'N 3° 07.120'E	Q36
Devils Crossing	28NE1	Zonnebeke	50° 52.239'N 2° 58.429'E	D26
Devil's Elbow	28SE1	Wervicq	50° 48.239'N 2° 57.626'E	P7
Devil's Elbow	28SW2	Wytschaete	50° 48.243'N 2° 57.637'E	P7
Devils Wood	51BNW3	Arras	50° 16.747'N 2° 48.749'E	H31
Devise	62CSE3	Athies	49° 51.451'N 3° 00.197'E	V8
Devise Wood	62CSE3	Athies	49° 51.227'N 3° 01.312'E	V10
Devla Farm	20SW3	Oostvleteren	50° 56.806'N 2° 45.789'E	M34
Devloo Farm	20SW3	Oostvleteren	50° 56.288'N 2° 45.398'E	S4
Devolder Farm	12SW3	Ramscappelle	51° 07.238'N 2° 45.837'E	S4
Devon Bank	51BSW2	Vis-en-Artois	50° 14.977'N 2° 55.608'E	O22
Devon Camp	36ANE3	Haverskerque	50° 40.396'N 2° 32.619'E	J4
Devon Farm	12NE3	Oudenburg	51° 11.624'N 3° 02.537'E	K20
Devon Wood	28SW1	Kemmel	50° 47.760'N 2° 47.790'E	N13
Devonshire Camp	28NW3	Poperinghe	50° 50.187'N 2° 46.099'E	G23
Devonshire Farm	28NW3	Poperinghe	50° 50.172'N 2° 45.959'E	G22
Devos Farm	20SW3	Oostvleteren	50° 56.689'N 2° 45.672'E	M34
Dew Copse	20SE4	Roulers	50° 55.001'N 3° 08.204'E	X21
Dewaele Farm	12SW3	Ramscappelle	51° 06.097'N 2° 46.749'E	S18
Dewar Farm	28NE2	Moorslede	50° 53.511'N 3° 06.234'E	F7
Dewey Cottage	20SE3	Westroosebeke	50° 54.887'N 3° 03.554'E	W21
Dewilde Farm	20NE3	Zarren	51° 00.789'N 2° 57.308'E	J19
Dewing Post	20SW4	Bixschoote	50° 56.105'N 2° 54.026'E	U9
Dewit Farm	12SW3	Ramscappelle	51° 05.587'N 2° 44.609'E	S21
Deystere Brewery	12SW3	Ramscappelle	51° 06.000'N 2° 49.264'E	T15
D'Hoine Farm	28SW2	Wytschaete	50° 46.598'N 2° 50.875'E	N29
Dial Cross Roads	20SE2	Hooglede	50° 58.791'N 3° 09.038'E	R16
Diamond Copse	62BNW3	Bellicourt	49° 57.478'N 3° 12.717'E	G8
Diamond Farm	20SE4	Roulers	50° 55.942'N 3° 07.357'E	X8
Diana Buildings	28NE2	Moorslede	50° 53.465'N 3° 08.047'E	F15
Diana's Hill	62BSW4	Homblieres	49° 52.082'N 3° 21.974'E	U2
Diana's Valley	62BSW4	Homblieres	49° 52.298'N 3° 21.841'E	O32
Diana's Wood	62BSW4	Homblieres	49° 52.087'N 3° 22.292'E	U2
Diapason Farm	20NE3	Zarren	51° 01.140'N 2° 58.295'E	J21
Dibs Cottage	20SE2	Hooglede	50° 59.072'N 3° 08.234'E	R9
Dibsland Farm	28NE4	Dadizeele	50° 50.024'N 3° 06.168'E	K24
Dice Farm	28SE1	Wervicq	50° 47.622'N 2° 57.289'E	P13
Dice Farm	28SW2	Wytschaete	50° 47.625'N 2° 57.291'E	P13
Dickebusch	28NW3	Poperinghe	50° 49.176'N 2° 49.957'E	H33
Dickebusch East Sidings	28NW4	Ypres	50° 49.522'N 2° 50.542'E	H28
Dickebusch Huts	28NW3	Poperinghe	50° 49.711'N 2° 49.063'E	H26
Dickebusch West Siding	28NW3	Poperinghe	50° 49.462'N 2° 49.124'E	H26
Dicker Farm	20SE2	Hooglede	50° 58.984'N 3° 05.249'E	Q11
Dicks Cut	36C(44A) NW1	LaBassee	50° 30.588'N 2° 44.879'E	A26
Dickson Cross Roads	28NE4	Dadizeele	50° 51.525'N 3° 06.594'E	L1
Dierville Farm	57CNW1	Gomiecourt	50° 08.953'N 2° 43.099'E	F28
Dierville Farm	57DNE2	Essarts	50° 08.953'N 2° 43.099'E	F28
Dierville Farm	57DNE2+57CNW1	Courcelles	50° 08.953'N 2° 43.099'E	F28
Digger Farm	27NE2	Proven	50° 51.861'N 2° 36.594'E	E27
Dijon Farm	27NE4	Abeele	50° 49.545'N 2° 38.836'E	K30
Dijon House	28NW3	Poperinghe	50° 50.322'N 2° 43.416'E	G13
Dilke House	27NE3	Winnezeele	50° 49.599'N 2° 33.391'E	J23

Dillon nFarm	27NE3	Winnezeele	50° 50.965'N 2° 36.226'E	K9
Dilly Farm	28NW4	Zillebeke	50° 51.376'N 2° 55.461'E	I5
Dime House	28NE4	Dadizeele	50° 50.395'N 3° 05.879'E	K24
Dimity Farm	36NW1	Steenwerck	50° 43.212'N 2° 44.184'E	A2
Dimple Mill	20SE1	Staden	50° 57.804'N 2° 59.882'E	P21
Dinas Farm	20SE1	Staden	50° 57.723'N 2° 58.540'E	P27
Dingle Cottages	27NE2	Proven	50° 53.739'N 2° 40.600'E	F2
Dingo Farm	28NW4	Ypres	50° 50.697'N 2° 50.150'E	H16
Dink Buildings	28NE2	Moorslede	50° 52.179'N 3° 07.914'E	F27
Dinky House	28SE1	Wervicq	50° 48.288'N 2° 59.510'E	P10
Dinky House	28SW2	Wytschaete	50° 48.290'N 2° 59.503'E	P10
Dinneford House	28NE4	Dadizeele	50° 50.456'N 3° 05.498'E	K23
Diogenes Cross Roads	20SE3	Westroosebeke	50° 55.834'N 3° 01.866'E	W7
Dip Farm	20SE4	Roulers	50° 54.884'N 3° 03.887'E	W22
Dipper Bridge	36NW1	Steenwerck	50° 40.962'N 2° 46.328'E	A28
Dipper Farm	12NE1	Clemskerke	51° 15.380'N 3° 01.971'E	E8
Directors Farm	20SE3	Westroosebeke	50° 56.591'N 3° 00.175'E	V5
Dirk Cottages	36ANE4	Merville	50° 39.600'N 2° 41.708'E	L15
Dirk Valley	62BNW1	Gouy	49° 58.043'N 3° 12.742'E	K20
Dirty Bucket Camp	28NW1	Elverdinghe	50° 52.039'N 2° 46.876'E	A30
Dirty Bucket Corner	28NW1	Elverdinghe	50° 52.423'N 2° 47.643'E	B19
Dirty Bucket Sidings	28NW1	Elverdinghe	50° 52.300'N 2° 47.475'E	A24
Distaff Farm	27NE3	Winnezeele	50° 50.468'N 2° 35.678'E	K14
Distillery Near Violaines	36C(44A) NW1	LaBassee	50° 32.433'N 2° 48.084'E	A6
Distillery At le Pont de Courrières	36C(44A) NW4	Pont-à-Vendin	50° 28.039'N 2° 56.213'E	I29
Distillery At Pont Maudit	36C(44A) NW4	Pont-à-Vendin	50° 28.155'N 2° 54.762'E	I27
Distillery Comines	28SE3	Comines	50° 46.020'N 3° 00.543'E	P35
Distillery In Ruins	51BSE3	Cagnicourt	50° 11.326'N 3° 00.432'E	V28
Distillery Near Bacquencourt	66DNW4	Nesle	49° 44.655'N 2° 58.556'E	I36
Distillery Near Beautor	66CSW4	La Fere	49° 39.199'N 3° 19.094'E	T28
Distillery Near Douvrin	36C(44A) NW1	LaBassee	50° 30.467'N 2° 49.255'E	B26
Distillery Near Farm de la Buterne	36NW2	Armentieres	50° 41.046'N 2° 55.102'E	I4
Distillery Near l'Abbaye	36ASE3	Gonnehem	50° 32.713'N 2° 35.738'E	W25
Distillery Near Oresmieux Farm	36SW4	Sainghin	50° 33.952'N 2° 51.518'E	T17
Distillery Near Tourelle X Rds.	36SW3	Richebourg	50° 33.829'N 2° 47.071'E	S17
Distillery Nesle	66DNW4	Nesle	49° 45.987'N 2° 54.367'E	I13
Distillery Pt. de Neuville	28SE4	Ronq	50° 44.564'N 3° 09.726'E	X23
Distillery Rumacourt	51BSE1	Saudemont	50° 14.347'N 3° 03.397'E	Q25
Distillery S of Nœux-les-Mines	36B(44B) NE4	Noex-les-Mines	50° 28.543'N 2° 39.214'E	K24
Distillery Seclin	36SE3	Seclin	50° 33.125'N 3° 01.324'E	V29
Distillery Ste. Marguerite	28SE3	Comines	50° 44.493'N 3° 00.682'E	V23
Distillery SW of La Bassee	36C(44A) NW1	LaBassee	50° 31.267'N 2° 47.582'E	A18
Distillery The Factory	36NW4	Bois Grenier	50° 38.979'N 2° 54.749'E	I27
Distillery Vaulx-Vraucourt	57CNW2	Vaulx-Vraucourt	50° 08.453'N 2° 53.955'E	I1
Distillery Vis-en-Artois	51BSW2	Vis-en-Artois	50° 14.930'N 2° 56.188'E	O22
Distillery W of Houplin	36SE3	Seclin	50° 33.894'N 2° 59.601'E	V15
Distillery Wambrechies	36NE1	Quesnoy	50° 41.279'N 3° 03.335'E	E26
Disused Aerodrome	28SE2	Menin	50° 47.428'N 3° 08.513'E	R21
Ditch Post	51BNW2	Oppy	50° 19.416'N 2° 51.577'E	H4
Div. HQ Camp	28NW2	St Julien	50° 52.347'N 2° 52.317'E	C19
Diver House	27NE2	Proven	50° 52.236'N 2° 38.309'E	E23
Dixmude	20NW4	Dixmunde	51° 02.034'N 2° 51.861'E	H12
Dixmunde Gate	28NW4	Zillebeke	50° 51.330'N 2° 53.192'E	I8
Dixon House	27NE3	Winnezeele	50° 49.266'N 2° 32.994'E	J29
Dobin Farm	27NE3	Winnezeele	50° 48.899'N 2° 30.996'E	J32
Dochy Farm	20SE3 & 28NE1-3	Poelcappelle	50° 52.918'N 2° 58.477'E	D15
Dochy Farm	28NE1	Zonnebeke	50° 52.920'N 2° 58.484'E	D15
Dock	36B(44B) NE2	Beuvry	50° 32.087'N 2° 39.325'E	E6
Dock	57BNW1	Cambrai	50° 11.138'N 3° 13.642'E	A4
Dock Farm	20SE2	Hooglede	50° 58.314'N 3° 07.975'E	R21
Docks	36SE1	Haubourdin	50° 38.111'N 3° 02.469'E	Q1
Doctor's Corner	28NE2	Moorslede	50° 52.910'N 3° 10.420'E	F24

Doctors Hall	27SE1	St Sylvestre	50° 48.124'N 2° 30.766'E	P2
Dodger Farm	28SE2	Menin	50° 46.889'N 3° 09.814'E	R29
Dodo Farm	12NE1	Clemskerke	51° 15.740'N 3° 00.807'E	D6
Dodo Wood	27NE2	Proven	50° 53.518'N 2° 42.017'E	F10
Dog Copse	62BSW4	Homblieres	49° 51.499'N 3° 21.095'E	U7
Dog Corner	20SE4	Roulers	50° 55.469'N 3° 03.939'E	W16
Dog Farm	12SW3	Ramscappelle	51° 05.651'N 2° 46.540'E	S24
Dog Hill	62BSW4	Homblieres	49° 51.487'N 3° 20.986'E	U7
Dog Houses	20SE3 & 28NE1-3	Poelcappelle	50° 54.593'N 2° 55.934'E	U29
Dog leg House	20SE1	Staden	50° 57.494'N 3° 02.341'E	Q26
Dogs Post	36SW3	Richebourg	50° 34.229'N 2° 45.182'E	S9
Doignies	57CNE3	Hermies	50° 07.684'N 3° 00.871'E	J16
Doingt	62CNW4	Peronne	49° 55.364'N 2° 58.030'E	I35
Doingt Copse	62CNW4	Peronne	49° 55.058'N 2° 58.114'E	I35
Doingt Woods	62CNE3	Buire	49° 55.665'N 2° 58.583'E	J25
Dole Cottage	20SE1	Staden	50° 57.939'N 2° 58.667'E	P21
Dolls House	36ANE3	Haverskerque	50° 39.029'N 2° 33.260'E	J23
Dolls House	36SW2	Radinghem	50° 37.147'N 2° 51.277'E	N11
Doll's House	28NW4	Zillebeke	50° 50.226'N 2° 52.741'E	I19
Doll's House	28SW4	Ploegsteert	50° 44.039'N 2° 56.643'E	U24
Dolls House Howitzer Spur	28NW4	Zillebeke	50° 50.426'N 2° 53.113'E	I14
Dolphin Buildings	28NE4	Dadizeele	50° 51.718'N 3° 10.085'E	L5
Dolt Cottages	20SE1	Staden	50° 59.120'N 2° 57.639'E	P8
Dombey Farm	36NW1	Steenwerck	50° 43.073'N 2° 44.289'E	A2
Dome House	28SW2	Wytschaete	50° 48.063'N 2° 53.880'E	O8
Dominie Farm	28NE2	Moorslede	50° 53.634'N 3° 09.204'E	F10
Dominion Camp	28NW3	Poperinghe	50° 50.129'N 2° 46.651'E	G23
Dominion Farm	28NW3	Poperinghe	50° 50.116'N 2° 46.930'E	G24
Dompierre	62CSW1	Dompierre	49° 54.368'N 2° 48.445'E	M5
Dompierre Bridge	20SW4	Bixschoote	50° 55.521'N 2° 54.362'E	U15
Don	36SW4	Sainghin	50° 32.930'N 2° 55.201'E	U28
Donald Farm	20SE2	Hooglede	50° 59.277'N 3° 03.581'E	Q9
Doncaster Bridge	20SW4	Bixschoote	50° 55.595'N 2° 54.187'E	U15
Doncaster Camp	28SW1	Kemmel	50° 46.759'N 2° 46.250'E	M29
Donegal Camp	28SW3	Bailleul	50° 46.083'N 2° 48.760'E	N32
Donizetti Junction	20SW2	Zwartegat	50° 58.126'N 2° 56.030'E	O24
Donkerklok Farm	4SE 2 & 4	Blankenberghe	51° 18.302'N 3° 09.450'E	X5
Donkey House	12SW1	Nieuport	51° 09.608'N 2° 46.233'E	M12
Donnington Hall	28SW4	Ploegsteert	50° 45.156'N 2° 53.374'E	U8
Donson House	20SE4	Roulers	50° 54.808'N 3° 07.728'E	X26
Doode Stappen Bridge	27NE4	Abeele	50° 50.215'N 2° 37.521'E	K17
Dook Farm	36NW1	Steenwerck	50° 43.215'N 2° 44.782'E	A3
Dooley House	27NE3	Winnezeele	50° 48.772'N 2° 30.674'E	J32
Doom Farm	20SW3	Oostvleteren	50° 56.433'N 2° 46.080'E	S5
Doon Copse	62BNW4	Ramicourt	49° 57.576'N 3° 22.512'E	I9
Doon Hill	62BNW4	Ramicourt	49° 57.576'N 3° 22.512'E	I9
Doon Mill	62BNW4	Ramicourt	49° 57.599'N 3° 22.028'E	I8
Doone Farm	20SE2	Hooglede	50° 57.559'N 3° 05.572'E	Q30
Dooren Farm	20SW3	Oostvleteren	50° 55.159'N 2° 49.036'E	T21
Doornpanne	11SE4	No Edition 0617	51° 07.276'N 2° 39.454'E	X2
Dora Farm	27SE1	St Sylvestre	50° 47.842'N 2° 36.293'E	Q9
Doré Wood	62CSW4	St. Christ	49° 50.255'N 2° 56.217'E	O21
Doreen	36ANE2	Vieux Berquin	50° 41.038'N 2° 41.695'E	F27
Dorel House	36ANE3	Haverskerque	50° 40.268'N 2° 30.733'E	J1
Dorignies	36C(44A) SE3	Esquerchin	50° 23.413'N 3° 04.252'E	W15
Doris House	27SE1	St Sylvestre	50° 48.291'N 2° 31.942'E	P3
Dorman Cottage	27SE4	Meteren	50° 43.586'N 2° 38.900'E	W30
Dormy House	28NW4	Zillebeke	50° 50.244'N 2° 55.621'E	I23
Dormy House Tunnel	28NW4	Zillebeke	50° 50.235'N 2° 55.616'E	I23
Dormy Junction	28NW4	Zillebeke	50° 50.322'N 2° 55.302'E	I22
Dorothy Bridge	28NE4	Dadizeele	50° 50.597'N 3° 10.450'E	L18
Doss House	28SE2	Menin	50° 46.623'N 3° 04.891'E	Q29

Dot Farm	28NE4	Dadizeele	50° 51.616'N 3° 08.859'E	L4
Dotheboys Hall	28SE3	Comines	50° 44.064'N 3° 00.499'E	V23
Douage Wood	62CNW2	Bouchavesnes	50° 00.197'N 2° 51.779'E	B4
Douai	36C(44A) SE3	Esquerchin	50° 22.259'N 3° 04.533'E	W27
Douai	51BNE2	Dechy	50° 21.998'N 3° 06.172'E	E4
Douai Barracks	36C(44A) SE3	Esquerchin	50° 22.193'N 3° 04.200'E	W27
Douai Gun Foundry	36C(44A) SE3	Esquerchin	50° 22.063'N 3° 04.469'E	W27
Douai School	36C(44A) SE3	Esquerchin	50° 22.172'N 3° 04.302'E	W27
Douane	36NW4	Bois Grenier	50° 39.667'N 2° 56.522'E	I16
Double Copse	20SE3	Westroosebeke	50° 54.997N 2° 59.925'E	V22
Double Cottages	20SW4	Bixschoote	50° 54.803'N 2° 55.783'E	U23
Double Cotts	20SE3 & 28NE1-3	Poelcappelle	50° 54.804'N 2° 55.783'E	U23
Double Crassier	36C(44A) SW1	Lens	50° 26.779'N 2° 46.592'E	M4
Double Deux Farm	12SW1	Nieuport	51° 09.845'N 2° 46.537'E	M12
Double Quatre	12NW3 & 4	Middlekerke	51° 10.670'N 2° 49.716'E	H34
Double T Farm	12SW1	Nieuport	51° 10.289'N 2° 49.340'E	N4
Doublet Farm	27NE3	Winnezeele	50° 51.226'N 2° 32.918'E	J4
Douce Crême Farm	36ASE1	St. Venant	50° 35.229'N 2° 34.582'E	P36
Douchy-les-Ayette	57CNW1	Gomiecourt	50° 10.526'N 2° 42.925'E	F4
Douchy-les-Ayette	57DNE2	Essarts	50° 10.526'N 2° 42.925'E	F4
Douchy-les-Ayette	57DNE2+57CNW1	Courcelles	50° 10.526'N 2° 42.925'E	F4
Douddu Farm	36NW2	Armentieres	50° 43.150'N 2° 51.245'E	B5
Douddu Lines	36NW2	Armentieres	50° 43.208'N 2° 51.229'E	B5
Douglas Camp	27NE4	Abeele	50° 50.379'N 2° 39.921'E	L14
Douglas Copse	62BSW3	St. Quentin	49° 51.613'N 3° 15.693'E	S12
Douglas Farm	20NW4	Dixmunde	51° 00.179'N 2° 54.207'E	I27
Douglas Villa	28NE1	Zonnebeke	50° 51.855'N 2° 56.953'E	J1
Doulieu	36ANE2	Vieux Berquin	50° 40.929'N 2° 43.100'E	F29
Dourges	36C(44A) SE1	Dourges	50° 26.098'N 2° 59.081'E	P14
Dournez Farm	20SW1	Loo	50° 58.059'N 2° 45.709'E	M22
Douvieux	62CSE3	Athies	49° 50.300'N 3° 02.768'E	V24
Douvrin	36C(44A) NW1	LaBassee	50° 30.527'N 2° 49.849'E	B27
Dovecot Corner	20SE2	Hooglede	50° 58.053'N 3° 07.008'E	R20
Dovecote	36ASE4	Locon	50° 33.726'N 2° 37.666'E	W16
Dover Camp	36NW2	Armentieres	50° 43.364'N 2° 50.818'E	B4
Dover Copse	51CSE2	Beaumetz	50° 14.981'N 2° 40.736'E	R13
Dover Farm	28SE1	Wervicq	50° 46.870'N 2° 58.915'E	P27
Dover Farm	28SW2	Wytschaete	50° 46.871'N 2° 58.922'E	P27
Downshire Camp	28NW3	Poperinghe	50° 49.492'N 2° 47.624'E	G30
Downshire Farm	28NW3	Poperinghe	50° 49.493'N 2° 47.450'E	G30
Downshire Lines	28NW3	Poperinghe	50° 49.572'N 2° 47.304'E	G30
Dozen Farm	36ANE1	Morbecque	50° 42.814'N 2° 30.812'E	D2
Draaibank Farm	20SW4	Bixschoote	50° 56.536'N 2° 52.733'E	U1
Drabble Farm	28SW1	Kemmel	50° 47.949'N 2° 48.309'E	N7
Dragoman Farm	28NE4	Dadizeele	50° 50.041'N 3° 09.288'E	L28
Dragon Camp	28NW1	Elverdinghe	50° 53.156'N 2° 44.993'E	A15
Dragon Wood	28NW1	Elverdinghe	50° 53.241'N 2° 45.257'E	A10
Dragon Wood	62CSW3	Vermandovillers	49° 50.790'N 2° 51.323'E	T15
Dragon Wood	66CNW2	Itancourt	49° 48.255'N 3° 19.456'E	B23
Dragoon Copse	62BSW4	Homblieres	49° 50.138'N 3° 22.623'E	U27
Dragoon Farm	28NW4	Zillebeke	50° 51.406'N 2° 54.763'E	I4
Dragoon House	28NW2	St Julien	50° 53.907'N 2° 52.773'E	C1
Dragoon Houses	12SW1	Nieuport	51° 09.226'N 2° 45.570'E	M17
Dramatist Cross Roads	28NE2	Moorslede	50° 54.146'N 3° 08.662'E	F4
Dranoutre	28SW3	Bailleul	50° 45.978'N 2° 46.990'E	M36
Drapkin Crossing	28NE4	Dadizeele	50° 50.505'N 3° 07.368'E	L20
Draught House	28NE1	Zonnebeke	50° 52.030'N 2° 58.571'E	D27
Draughty Junction	28NE4	Dadizeele	50° 51.600'N 3° 07.182'E	L2
Drawbridge	36ANE1	Morbecque	50° 42.793'N 2° 32.979'E	D4
Drawbridge	36ANE4	Merville	50° 38.388'N 2° 42.295'E	L34
Drawbridge	36ANE4	Merville	50° 38.228'N 2° 42.270'E	L34
Drawbridge	36ASE4	Locon	50° 34.183'N 2° 38.270'E	W11

Drawbridge	36ASE4	Locon	50° 33.705'N 2° 38.562'E	W17
Drawbridge	36C(44A) NW1	LaBassee	50° 31.675'N 2° 48.189'E	A12
Drawbridge Wood	36B(44B) NE2	Beuvry	50° 31.606'N 2° 42.346'E	F10
Drawbridge Wood	36B(44B) NE2	Beuvry	50° 31.170'N 2° 41.117'E	F14
Drawbridge Wood	36B(44B) NE2	Beuvry	50° 31.383'N 2° 41.790'E	F15
Dresaert Farm	20NE3	Zarren	50° 59.991'N 2° 58.463'E	J33
Dreslincourt	66DNW2	Morchain	49° 47.266'N 2° 52.794'E	B29
Dreslincourt Wood	66DNW2	Morchain	49° 47.226'N 2° 53.626'E	B30
Dress Farm	27NE2	Proven	50° 52.041'N 2° 37.577'E	E29
Drie Grachten	20SW1	Loo	50° 57.549'N 2° 49.020'E	N27
Drie Linden Farm	28SE1	Wervicq	50° 46.550'N 2° 59.110'E	P27
Drie Linden Farm	28SW2	Wytschaete	50° 46.542'N 2° 59.096'E	P27
Driencourt	62CNE3	Buire	49° 57.464'N 3° 00.554'E	J9
Driewegen	20NE4	Lichtervelde	51° 00.131'N 3° 04.333'E	5867
Drocourt	36C(44A) SW4	Rouvroy	50° 23.419'N 2° 55.623'E	U10
Droglandt	27NE3	Winnezeele	50° 50.964'N 2° 34.295'E	J12
Droll Farm	12NE3	Oudenburg	51° 11.329'N 2° 59.362'E	J28
Dromans	36ANE2	Vieux Berquin	50° 41.985'N 2° 41.555'E	F15
Dromore Corner	28NW1	Elverdinghe	50° 52.925'N 2° 47.207'E	A18
Dromore Corner	28NW1	Elverdinghe	50° 52.869'N 2° 47.673'E	B13
Dromore House	28NW1	Elverdinghe	50° 52.901'N 2° 47.469'E	A18
Dronckaert	28SE4	Ronq	50° 44.687'N 3° 08.806'E	X16
Drone House	36ANE2	Vieux Berquin	50° 42.715'N 2° 42.613'E	F11
Dronekeert	28SE4	Ronq	50° 45.307'N 3° 08.911'E	X10
Dronkaard	28SE4	Ronq	50° 46.226'N 3° 09.969'E	R35
Dronkart	28SE4	Ronq	50° 45.958'N 3° 09.759'E	X5
Droogenbroodhoek	28NE1	Zonnebeke	50° 52.895'N 3° 02.258'E	E19
Droogentak Farm	28NW1	Elverdinghe	50° 52.545'N 2° 44.751'E	A21
Droop House	27NE3	Winnezeele	50° 50.858'N 2° 35.853'E	K8
Drop Farm	27NE3	Winnezeele	50° 50.945'N 2° 32.339'E	J9
Drouvin	36B(44B) NE4	Noex-les-Mines	50° 29.638'N 2° 37.705'E	K4
Drovers Crossing	20SE4	Roulers	50° 54.873'N 3° 04.561'E	W22
Drug Farm	20NE3	Zarren	51° 01.734'N 3° 01.236'E	J12
Druid Farm	28SW2	Wytschaete	50° 47.276'N 2° 55.550'E	O23
Drum Copse	62BSW3	St. Quentin	49° 51.782'N 3° 12.077'E	S1
Dry Dock	66CSW4	La Fere	49° 39.280'N 3° 20.515'E	T30
du Biez Farm	36SW3	Richebourg	50° 34.132'N 2° 47.442'E	S12
du Bois Farm	36NW1	Steenwerck	50° 41.786'N 2° 43.843'E	A19
du Bois Farm	36SW3	Richebourg	50° 33.750'N 2° 46.187'E	S16
du gros Ballot Farm	28SE1	Wervicq	50° 48.744'N 3° 00.296'E	P5
du gros Ballot Farm	28SW2	Wytschaete	50° 48.748'N 3° 00.292'E	P5
Dubem	36SW2	Radinghem	50° 36.078'N 2° 51.569'E	N17
Dublin Camp	28NW1	Elverdinghe	50° 53.281'N 2° 45.978'E	A11
Duchess Farm	20NW4	Dixmunde	51° 01.190'N 2° 54.158'E	I15
Duck Copse	62CSE3	Athies	49° 50.012'N 3° 04.580'E	W26
Duck Farm	12SW1	Nieuport	51° 07.752'N 2° 47.493'E	N31
Duck Farm	20SW2	Zwartegat	50° 58.608'N 2° 50.559'E	N17
Duck Lodge	28NE1	Zonnebeke	50° 53.940'N 3° 00.317'E	D5
Duck Ponds	20SW1	Loo	50° 58.995'N 2° 49.570'E	N9
Duck-Keeper Farm	20SW2	Zwartegat	50° 58.619'N 2° 49.973'E	N16
Dud House	36ANE4	Merville	50° 39.692'N 2° 37.073'E	K15
Dud Wood	62CNW3	Vaux	49° 54.963'N 2° 47.464'E	G34
Dudley Farm	28SE1	Wervicq	50° 47.428'N 2° 57.173'E	P19
Dudley Farm	28SW2	Wytschaete	50° 47.418'N 2° 57.141'E	P19
Duffers Cottage	20SE1	Staden	50° 59.208'N 3° 00.700'E	P12
Duffield Wood	28NW1	Elverdinghe	50° 53.100'N 2° 43.752'E	A14
DuHallow Camp	28NW2	St Julien	50° 51.801'N 2° 52.736'E	I1
Duis Farm	20SW3	Oostvleteren	50° 55.540'N 2° 45.823'E	S16
Duisans	51CNE4	Wagnonlieu	50° 18.501'N 2° 41.019'E	L8
Duivel Wood	20SE4	Roulers	50° 54.593'N 3° 05.968'E	W30
Duivels Waale Farm	12SW4	Leke	51° 05.850'N 2° 51.932'E	U19
Duizendzinnen	28NE2	Moorslede	50° 53.485'N 3° 08.564'E	F16

Duke of Connaught Sidings	28SW3	Bailleul	50° 43.528'N 2° 48.778'E	T26
Duke of York Sidings	28SW3	Bailleul	50° 44.566'N 2° 45.233'E	S15
Duke's Farm	28NE4	Dadizeele	50° 49.676'N 3° 08.200'E	L27
Dullards Buildings	20SE1	Staden	50° 59.261'N 3° 00.305'E	P5
Dum Copse	62BSW1	Gricourt	49° 52.806'N 3° 14.793'E	M29
Dumbarton Lakes	28NE3	Gheluvelt	50° 50.294'N 2° 57.961'E	J20
Dumbarton Track	28NW4	Zillebeke	50° 49.774'N 2° 56.788'E	I30
Dumbell Fork	27NE3	Winnezeele	50° 50.563'N 2° 32.863'E	J10
Dummy Fork	28NE4	Dadizeele	50° 50.561'N 3° 10.167'E	L17
Dumortier Farm	36SW3	Richebourg	50° 34.212'N 2° 49.663'E	T8
Dump None Specific	20SE2	Hooglede	50° 59.599'N 3° 10.075'E	R6
Dump None Specific	20SE4	Roulers	50° 55.444'N 3° 05.038'E	W18
Dump None Specific	20SE4	Roulers	50° 55.037'N 3° 04.907'E	W23
Dump None Specific near Hulle Bridge	20SW1	Loo	50° 57.915'N 2° 44.771'E	M21
Dump None Specific near Messines	28SW4	Ploegsteert	50° 45.991'N 2° 53.806'E	O32
Dump House	20SE3 & 28NE1-3	Poelcappelle	50° 53.572'N 2° 58.320'E	D8
Dump House	28NE1	Zonnebeke	50° 53.577'N 2° 58.311'E	D8
Dunbar Wood	28NE3	Gheluvelt	50° 50.212'N 2° 57.862'E	J20
Dunce Farm	20SE1	Staden	50° 58.959'N 3° 00.977'E	P12
Dundee Farm	28NE2	Moorslede	50° 52.619'N 3° 09.524'E	F23
Dune Farm	28NE4	Dadizeele	50° 50.934'N 3° 05.195'E	K18
Dungehoof Farm	20SW4	Bixschoote	50° 56.764'N 2° 53.587'E	O32
Dungeon Farm	20SE4	Roulers	50° 54.708'N 3° 04.316'E	W28
Dunlop Farm	28NE4	Dadizeele	50° 49.077'N 3° 05.340'E	K35
Dunmore House	20SE4	Roulers	50° 55.884'N 3° 03.968'E	W10
Dunn's Junction	20SE4	Roulers	50° 54.942'N 3° 09.435'E	X23
Dunoon Farm	28SE1	Wervicq	50° 47.188'N 2° 58.817'E	P21
Dunoon Farm	28SW2	Wytschaete	50° 47.189'N 2° 58.805'E	P21
Dunville Farm	28NE2	Moorslede	50° 53.525'N 3° 05.715'E	E12
Dupleix Farm	20SW4	Bixschoote	50° 56.812'N 2° 53.833'E	O33
Duplex Farm	28NE3	Gheluvelt	50° 49.637'N 2° 59.338'E	J28
Duplex Wood	20SW4	Bixschoote	50° 56.788'N 2° 54.271'E	O33
Duquesne House	20SW4	Bixschoote	50° 56.290'N 2° 54.257'E	U3
Duration Farm	36ANE1	Morbecque	50° 42.650'N 2° 36.436'E	E9
Durban Cross	28SW3	Bailleul	50° 45.696'N 2° 46.954'E	S5
Durban Farm	28SW3	Bailleul	50° 45.714'N 2° 46.906'E	S5
Durban Lines	28SW3	Bailleul	50° 45.632'N 2° 46.927'E	S5
Duriez	36NE2	Tourcoing	50° 41.907'N 3° 08.441'E	F21
Duriez Farm	36NW2	Armentieres	50° 43.290'N 2° 56.128'E	C5
Durumont Farm	28SE4	Ronq	50° 45.839'N 3° 09.679'E	X5
Dury	51BSE1	Saudemont	50° 14.874'N 3° 00.337'E	P22
Dusty Cottages	36ANE4	Merville	50° 39.675'N 2° 37.007'E	K15
Dutton Farm	27SE2	Berthen	50° 48.063'N 2° 39.642'E	R7
Duveen Farm	28SW3	Bailleul	50° 45.618'N 2° 47.540'E	S6
Dwarf Bank	51BSW2	Vis-en-Artois	50° 14.166'N 2° 55.976'E	O28
Dwarf Copse	20SE1	Staden	50° 57.068'N 2° 59.743'E	P34
Dwarf Crossing Halt	28NE2	Moorslede	50° 54.071'N 3° 07.469'E	F2
Dwarf House	28NE2	Moorslede	50° 51.800'N 3° 06.576'E	L1
Dye Works	36NW2	Armentieres	50° 42.705'N 2° 55.852'E	C11
Dykes Camp	28NW1	Elverdinghe	50° 53.828'N 2° 44.699'E	A3
Dynamite Factory	36C(44A) NW2	Bauvin	50° 31.718'N 2° 52.551'E	B30
Dynamite Magazine	36C(44A) NW3	Loos	50° 27.444'N 2° 45.146'E	G32
Dynamite Magazine	36C(44A) SW1	Lens	50° 26.910'N 2° 48.880'E	N1
Dynamite Woods	62CNE2	Epéhy	49° 58.502'N 3° 06.329'E	E29
Dynamo Farm	20NW4	Dixmunde	51° 01.362'N 2° 53.773'E	I15
Eagle Copse	66CNW4	Berthenicourt	49° 45.292'N 3° 23.045'E	I27
Eagle House	20SE3 & 28NE1-3	Poelcappelle	50° 54.978'N 2° 55.160'E	U24
Eagle House	20SW4	Bixschoote	50° 54.974'N 2° 56.163'E	U24
Eagle Quarry	57CSE4	Villers-Guislain	50° 00.560'N 3° 11.206'E	X29
Ealing	27SE4	Meteren	50° 45.860'N 2° 37.724'E	Q35
Earl Farm	28SW2	Wytschaete	50° 46.531'N 2° 52.921'E	O25
Earls Fork	28NE4	Dadizeele	50° 51.025'N 3° 08.141'E	L9

Name	Map	Location	Coordinates	Grid
Earl's Wood	62CNW3	Vaux	49° 55.009'N 2° 45.268'E	G31
Early Cottage	27NE3	Winnezeele	50° 51.172'N 2° 36.055'E	K3
Earth Farm	28SE2	Menin	50° 47.958'N 3° 05.556'E	Q17
Earthenware Farm	20SW2	Zwartegat	50° 57.925'N 2° 50.459'E	N22
Earthworks Copse	62CNW1	Maricourt	49° 57.795'N 2° 51.492'E	H3
Easel Farm	28NE1	Zonnebeke	50° 53.206'N 3° 02.041'E	E13
Easel Wood	28NE1	Zonnebeke	50° 53.320'N 3° 02.253'E	E13
East Clocheton Farm	20NW4	Dixmunde	51° 01.250'N 2° 50.272'E	H16
East Cloet Farm	12SW1	Nieuport	51° 07.898'N 2° 43.670'E	M26
East Farm	28NE3	Gheluvelt	50° 49.039'N 2° 58.340'E	J32
East Gable of Barn	62BNW4	Ramicourt	49° 56.450'N 3° 23.384'E	I22
East Pier	12NE2 & 4	Ostende	51° 14.393'N 2° 55.152'E	C23
East Wood	62CSW2	Barleux	49° 53.512'N 2° 52.146'E	N16
Easton House	20SE4	Roulers	50° 55.189'N 3° 05.314'E	W11
Eastwood	28SW3	Bailleul	50° 44.780'N 2° 48.917'E	T14
Eastwood Camp	28SW3	Bailleul	50° 44.756'N 2° 48.974'E	T14
Easy Farm	28NE1	Zonnebeke	50° 53.115'N 3° 02.125'E	E13
Eaucourt-L'Abbaye	57CSW1	Guedecourt	50° 03.859'N 2° 47.887'E	M23
Eaucourt-L'Abbaye	57DSE2+57CSW1	Le Sars	50° 03.859'N 2° 47.887'E	M23
Ebb Cottage	28NE2	Moorslede	50° 51.858'N 3° 06.442'E	L1
Ebro Farm	28NW3	Poperinghe	50° 49.253'N 2° 43.469'E	G25
Eburons Farm	20NE3	Zarren	51° 00.995'N 2° 58.057'E	J20
Eburons Farm	20NW4	Dixmunde	51° 01.541'N 2° 54.133'E	I15
Eccles Fork	20SE4	Roulers	50° 56.704'N 3° 10.305'E	X6
Echo Copse	28NE1	Zonnebeke	50° 53.686'N 3° 01.854'E	E7
Echo Farm	20SW3	Oostvleteren	50° 55.089'N 2° 46.536'E	S23
Ecle Commune	36C(44A) SW3	Vimy	50° 22.371'N 2° 47.023'E	S23
Eclusette Farm	20NW2	Leke	51° 03.462'N 2° 52.410'E	4574
Eclusier	62CNW3	Vaux	49° 56.230'N 2° 47.206'E	G22
Eclusive Quarry	62CNW3	Vaux	49° 55.730'N 2° 47.820'E	G28
Ecoivres	51CNE2	Ecoivres	50° 20.550'N 2° 40.893'E	F13
Ecôle Howitzer Spur	28NW4	Zillebeke	50° 50.623'N 2° 53.949'E	I15
Ecole Junction	28NW4	Zillebeke	50° 50.877'N 2° 53.871'E	I9
Ecole Professionnelle	36NW2	Armentieres	50° 41.342'N 2° 52.306'E	B30
Economy House	28NW4	Ypres	50° 50.978'N 2° 51.390'E	H11
Ecosse Farm	20NW4	Dixmunde	50° 59.870'N 2° 52.497'E	I31
Ecourt St Quentin	51BSE1	Saudemont	50° 14.958'N 3° 03.951'E	Q20
Ecoust-St.-Mein	57CNW2	Vaulx-Vraucourt	50° 10.928'N 2° 54.533'E	C2
Ecrou Farm	20SW3	Oostvleteren	50° 55.027'N 2° 44.850'E	S21
Ecurie	51BNW1	Roclincourt	50° 19.779'N 2° 46.174'E	A27
Ecurie Station Sidings	51BNW1	Roclincourt	50° 20.135'N 2° 45.449'E	A20
Eddy Farm	28NE1	Zonnebeke	50° 53.156'N 3° 01.591'E	E13
Edewaarthoek	28NW1	Elverdinghe	50° 51.573'N 2° 45.281'E	G4
Edewalle	20NE1	Chistelles	51° 03.179'N 3° 00.875'E	5573
Edge Copse	28NE1	Zonnebeke	50° 52.574'N 3° 01.830'E	E19
Edge Copse	51ASW3	Eswars	50° 13.978'N 3° 13.830'E	N31
Edge Farm	28SW2	Wytschaete	50° 46.780'N 2° 55.500'E	O28
Edge House	28NE1	Zonnebeke	50° 52.486'N 3° 01.877'E	E19
Edgeworth Copse	20SE3	Westroosebeke	50° 56.039'N 3° 03.054'E	W9
Edict Farm	28NE2	Moorslede	50° 52.827'N 3° 06.744'E	F19
Edinburgh Castle	36ASE1	St. Venant	50° 37.552'N 2° 33.423'E	P5
Edit Cottages	28NE1	Zonnebeke	50° 52.599'N 3° 02.233'E	E19
Edwaarthoek	28NW1	Elverdinghe	50° 51.830'N 2° 44.974'E	A27
Edward Post	36SW3	Richebourg	50° 34.471'N 2° 45.509'E	S9
Eecke	27SE1	St Sylvestre	50° 46.689'N 2° 35.762'E	Q20
Eel Copse	62BSW2	Fonsommes	49° 52.716'N 3° 21.065'E	O31
Eel Farm	20SE2	Hooglede	50° 58.458'N 3° 09.348'E	R17
Eel Farm	28SW2	Wytschaete	50° 47.104'N 2° 56.366'E	O24
Eessen	20NW4	Dixmunde	51° 01.772'N 2° 54.160'E	I9
Effect Copse	28NE1	Zonnebeke	50° 52.439'N 3° 01.546'E	D24
Egbert House	27SE1	St Sylvestre	50° 47.534'N 2° 29.842'E	P13
Egg Farm	28NE1	Zonnebeke	50° 52.251'N 3° 02.062'E	E25

Eggewaertscappelle	20NW1	Nieuport	51° 03.013'N 2° 43.316'E	3473
Egham House	27SE2	Berthen	50° 46.837'N 2° 41.644'E	R22
Eglon Farm	27NE4	Abeele	50° 50.530'N 2° 39.871'E	L14
Egress Farm	28NE1	Zonnebeke	50° 52.162'N 3° 02.118'E	E25
Egret Farm	27NE1	Herzeele	50° 52.323'N 2° 30.209'E	D19
Egypt House	20SW4	Bixschoote	50° 56.232'N 2° 55.462'E	U12
Egypt West Post	20SW4	Bixschoote	50° 56.268'N 2° 56.313'E	U6
Eiffel Farm	27NE2	Proven	50° 53.411'N 2° 40.610'E	F9
Eight House	28NE1	Zonnebeke	50° 52.153'N 3° 01.732'E	E25
Eikhoek	20SW3	Oostvleteren	50° 54.746'N 2° 44.152'E	S20
Eikhoek	27NE2	Proven	50° 51.959'N 2° 42.141'E	F28
Eikof Farm	28SW2	Wytschaete	50° 48.451'N 2° 54.468'E	O3
Eindner Farm	28NE2	Moorslede	50° 52.137'N 3° 07.010'E	F25
Eindsdijk	20NW4	Dixmunde	51° 02.289'N 2° 55.836'E	I6
Eindsdijk Inn	20NW4	Dixmunde	51° 02.107'N 2° 55.588'E	I11
Eitel Fritz Farm	28NW2	St Julien	50° 51.773'N 2° 55.988'E	I5
Eksternest Farm	28SW2	Wytschaete	50° 48.656'N 2° 50.555'E	N4
El Teb A Camp	28SW1	Kemmel	50° 47.877'N 2° 46.323'E	M11
El Teb B Camp	28SW1	Kemmel	50° 47.935'N 2° 46.193'E	M11
El Teb Farm	28SW1	Kemmel	50° 47.976'N 2° 46.266'E	M11
El Teb Wood	28SW1	Kemmel	50° 47.869'N 2° 46.541'E	M11
Elam Copse	62BSW2	Fonsommes	49° 54.905'N 3° 22.052'E	O2
Elam Copse	62CSE1	Bouvincourt	49° 54.558'N 3° 02.561'E	P5
Eland Farm	28NE2	Moorslede	50° 52.904'N 3° 07.156'E	F20
Elank Farm	36ANE3	Haverskerque	50° 40.106'N 2° 36.321'E	K9
Elba Corner	28NE4	Dadizeele	50° 49.976'N 3° 08.530'E	L27
Elbe Cottage	28NW1	Elverdinghe	50° 52.644'N 2° 47.173'E	A24
Elbow Farm	28SW4	Ploegsteert	50° 46.033'N 2° 51.053'E	N35
Elbow Farm	36NW4	Bois Grenier	50° 38.605'N 2° 51.153'E	H29
Elbow Fork	20SE4	Roulers	50° 55.478'N 3° 10.152'E	X18
Elder Wood	62CSW4	St. Christ	49° 51.704'N 2° 53.663'E	T6
Electric House	12SW1	Nieuport	51° 09.089'N 2° 46.403'E	M18
Electric Power Station	36C(44A) NW3	Loos	50° 27.740'N 2° 45.247'E	G26
Electric Power Station	51BNW4	Fampoux	50° 18.409'N 2° 57.028'E	I17
Electricity Works	36SE1	Haubourdin	50° 37.930'N 3° 01.172'E	P5
Electricity Works	36SE1	Haubourdin	50° 37.502'N 3° 00.216'E	P10
Electricity Works	66CSW4	La Fere	49° 39.079'N 3° 20.317'E	T29
Eleu dit Leauvette	36C(44A) SW1	Lens	50° 25.083'N 2° 49.124'E	N25
Eleven Trees	62BNW3	Bellicourt	49° 55.342'N 3° 13.328'E	G33
Elf Copse	62BNW4	Ramicourt	49° 55.893'N 3° 23.797'E	I29
Elf Crossing	20SE2	Hooglede	50° 59.193'N 3° 07.273'E	R8
Elf Farm	20SE1	Staden	50° 58.933'N 2° 56.757'E	P9
Elger House	28SW4	Ploegsteert	50° 44.319'N 2° 54.579'E	U21
Elgin Copse	28NW3	Poperinghe	50° 50.419'N 2° 45.998'E	G16
Elgin Farm	28NW3	Poperinghe	50° 50.450'N 2° 45.829'E	G16
Elie Farm	20SE1	Staden	50° 57.367'N 3° 01.839'E	Q25
Elincourt	57BSW4	Serain	50° 02.625'N 3° 22.305'E	U3
Elizabeth Bridge	28NE4	Dadizeele	50° 50.580'N 3° 09.860'E	L17
Elizabeth House	12SW1	Nieuport	51° 09.308'N 2° 45.898'E	M17
Elk Farm	36ANE2	Vieux Berquin	50° 41.604'N 2° 37.181'E	E22
Elkhof Farm	28SW2	Wytschaete	50° 48.452'N 2° 54.450'E	O3
Ell Copse	20SE4	Roulers	50° 55.935'N 3° 04.832'E	W11
Ellarsyde House	28NW3	Poperinghe	50° 49.913'N 2° 44.720'E	G21
Ellarsyde Siding?	28NW3	Poperinghe	50° 49.853'N 2° 44.763'E	G21
Elle	20NE4	Lichtervelde	51° 01.455'N 3° 03.706'E	5870
Elles Wood	20SE3	Westroosebeke	50° 55.691'N 3° 02.682'E	W14
Ellesmere House	20SE1	Staden	50° 57.413'N 3° 01.039'E	P30
Ellinck	27NE1	Herzeele	50° 53.859'N 2° 35.303'E	E2
Elliot Corner	27NE1	Herzeele	50° 51.246'N 2° 30.222'E	J1
Ellis Farm	20SE2	Hooglede	50° 59.158'N 3° 03.785'E	Q10
Elm Wood	66CSW2	Vendeuil	49° 42.167'N 3° 20.280'E	N30
Elmina	27NE4	Abeele	50° 50.724'N 2° 40.596'E	L9

Elms Corner	28NE1	Zonnebeke	50° 52.808'N 2° 57.678'E	D20
Elsendamme	20SW1	Loo	50° 57.026'N 2° 43.277'E	M31
Elsenwalle	28NW4	Ypres	50° 49.052'N 2° 51.823'E	H36
Elsenwalle Sidings	28NW4	Ypres	50° 48.998'N 2° 51.994'E	H36
Elsom Copse	57CSE3	Sorel-le-Grand	50° 01.281'N 3° 00.666'E	V21
Elsom House	12NW3 & 4	Middlekerke	51° 10.932'N 2° 51.316'E	H30
Elverdinge Sidings	28NW1	Elverdinghe	50° 53.348'N 2° 48.263'E	B7
Elverdinghe	28NW1	Elverdinghe	50° 53.064'N 2° 48.956'E	B14
Elves Farm	12NE3	Oudenburg	51° 11.684'N 2° 59.125'E	J22
Ely Farm	36NW4	Bois Grenier	50° 39.264'N 2° 53.013'E	I19
Embassy House	28SE4	Ronq	50° 46.242'N 3° 10.473'E	R36
Ember Farm	28NW4	Ypres	50° 50.479'N 2° 50.932'E	H17
Emerald House	20SE4	Roulers	50° 55.584'N 3° 07.858'E	X15
Emery Farm	20SE1	Staden	50° 59.431'N 3° 03.044'E	Q3
Emile Camp	28NW1	Elverdinghe	50° 53.480'N 2° 49.485'E	B9
Emile Farm	28NW1	Elverdinghe	50° 53.395'N 2° 49.433'E	B9
Emir Buildings	28NW3	Poperinghe	50° 50.844'N 2° 45.374'E	G10
Emmerin	36SE1	Haubourdin	50° 35.555'N 3° 00.116'E	P34
Emmy Bridge	28NE4	Dadizeele	50° 51.269'N 3° 08.558'E	L9
Empire Lines	28SW3	Bailleul	50° 44.426'N 2° 49.766'E	T15
Empire Valley	62BSW4	Homblieres	49° 50.585'N 3° 24.356'E	U23
Empire Villas	28SW3	Bailleul	50° 44.471'N 2° 49.779'E	T15
Empire Wood	62BSW4	Homblieres	49° 50.445'N 3° 23.964'E	U23
Empty Farm	27NE1	Herzeele	50° 52.487'N 2° 29.723'E	D12
Emu Camp	28SW3	Bailleul	50° 44.942'N 2° 49.915'E	T9
Emu Farm	28SW3	Bailleul	50° 44.967'N 2° 49.975'E	T9
Enclave de Carnin	36C(44A) NW2	Bauvin	50° 31.286'N 2° 57.254'E	C24
Encliffe Cross Roads	20SE4	Roulers	50° 55.700'N 3° 09.779'E	X17
Encore Wood	28NE1	Zonnebeke	50° 54.072'N 3° 02.125'E	E1
End Farm	28NE3	Gheluvelt	50° 49.460'N 2° 58.945'E	J27
Endeavour Farm	20SE3	Westroosebeke	50° 56.116'N 3° 02.997'E	W8
Endiye Farm	28SE4	Ronq	50° 44.967'N 3° 05.109'E	W29
Endor Cottage	28NW3	Poperinghe	50° 49.509'N 2° 48.095'E	H25
Energy Farm	28NW4	Ypres	50° 50.440'N 2° 51.102'E	H17
Enfants Farm	20SW3	Oostvleteren	50° 55.916'N 2° 48.052'E	T7
Enfer Wood	62CNE2	Epéhy	49° 59.674'N 3° 09.620'E	F9
Engelshof Inn	20NE3	Zarren	51° 01.875'N 3° 00.441'E	J11
Engine Houses	28NE2	Moorslede	50° 52.757'N 3° 08.488'E	F21
Engineer Corner	28NE2	Moorslede	50° 52.804'N 3° 08.228'E	F21
Engineer Farm	20SW2	Zwartegat	50° 58.206'N 2° 53.385'E	O14
Engineer Farm	20SW4	Bixschoote	50° 56.668'N 2° 51.656'E	T6
Engineers Wood	20SW4	Bixschoote	50° 54.593'N 2° 51.645'E	T30
England Farm	20SW2	Zwartegat	50° 58.995'N 2° 52.508'E	O7
Englebelmer	57DSE1 & 2	Beaumont	50° 03.729'N 2° 36.711'E	Q19
Englebrien Farm	28SW2	Wytschaete	50° 48.099'N 2° 54.668'E	O9
Englebrien Farm	28SW2	Wytschaete	50° 48.099'N 2° 54.668'E	O9
English Farm	20SW4	Bixschoote	50° 54.998'N 2° 52.499'E	U19
English Farm	28NW2	St Julien	50° 52.169'N 2° 54.337'E	C27
English Farm	28SW3	Bailleul	50° 43.905'N 2° 49.952'E	T21
English Farm Howitzer Spurs	28NW2	St Julien	50° 52.295'N 2° 54.272'E	C27
English Lines	28SW3	Bailleul	50° 43.945'N 2° 49.789'E	T21
English Trees	28NW2	St Julien	50° 53.379'N 2° 54.378'E	C9
English Wood	28NW4	Ypres	50° 49.403'N 2° 51.322'E	H29
Enlist Farm	28NE1	Zonnebeke	50° 53.943'N 3° 01.798'E	E1
Ennemain	62CSW4	St. Christ	49° 50.773'N 2° 57.909'E	O17
Ennequin	36SE1	Haubourdin	50° 36.441'N 3° 01.284'E	P24
Ennetiéres-en-Weppes	36SW2	Radinghem	50° 38.072'N 2° 56.555'E	O6
Ennis	36ANE4	Merville	50° 38.070'N 2° 37.431'E	K34
Enseigne Farm	20SE1	Staden	50° 59.431'N 3° 00.255'E	P5
Entice Cottage	28NE1	Zonnebeke	50° 53.976'N 3° 02.192'E	E1
Entrepôt	36NE2	Tourcoing	50° 41.023'N 3° 06.390'E	K6
Eolian Farm	28NW2	St Julien	50° 53.472'N 2° 53.069'E	C8

Eolusette Farm	12SW1	Nieuport	51° 08.238'N 2° 49.506'E	N28
Epéhy	62CNE2	Epéhy	50° 00.263'N 3° 07.923'E	F1
Epénancourt	66DNW2	Morchain	49° 49.426'N 2° 55.869'E	C3
Epénancourt Wood	66DNW2	Morchain	49° 49.338'N 2° 55.405'E	C2
Epernon Farm	20SW2	Zwartegat	50° 57.395'N 2° 52.741'E	O25
Epic Cottage	28NE2	Moorslede	50° 51.826'N 3° 08.369'E	L3
Epinette Bridge	36ASE1	St. Venant	50° 36.077'N 2° 31.458'E	P20
Epinette Wood	62CNE1	Liéramont	49° 59.202'N 3° 00.878'E	D16
Epinoy	36C(44A) NW4	Pont-à-Vendin	50° 29.075'N 2° 56.482'E	I18
Epinoy	51BSE4	Marquion	50° 13.065'N 3° 09.941'E	R34
Epistle House	28NE2	Moorslede	50° 52.626'N 3° 06.732'E	F19
Epourdon	70DNW2	Servais	49° 37.744'N 3° 23.397'E	C16
Epourdon	70DNW2	Servais	49° 37.744'N 3° 23.397'E	C16
Epsom Cross Roads	27SE4	Meteren	50° 43.791'N 2° 41.826'E	X22
Epstein Farm	27NE1	Herzeele	50° 53.689'N 2° 33.952'E	D5
Equancourt	57CSE3	Sorel-le-Grand	50° 02.266'N 3° 01.075'E	V10
Equarrissage	51BNW3	Arras	50° 18.815'N 2° 47.210'E	G11
Erables Wood	62BSW1	Gricourt	49° 53.111'N 3° 17.001'E	N26
Erancourt	70DNW2	Servais	49° 36.509'N 3° 24.402'E	I5
Eratic Farm	28NE1	Zonnebeke	50° 53.960'N 3° 02.340'E	E7
Erchin	51BNE4	Cantin	50° 19.064'N 3° 09.818'E	L10
Erebus Farm	28NW1	Elverdinghe	50° 52.442'N 2° 48.811'E	B20
Eridau Wood	66CNW2	Itancourt	49° 48.029'N 3° 21.901'E	C20
Erie Camp	28NW3	Poperinghe	50° 50.784'N 2° 46.278'E	G11
Erie Farm	28NW3	Poperinghe	50° 50.801'N 2° 46.444'E	G11
Erin Cottage	27SE4	Meteren	50° 43.900'N 2° 38.888'E	W24
Erisey Buildings	20SE1	Staden	50° 58.954'N 2° 57.257'E	P7
Ermitage	27SE2	Berthen	50° 46.288'N 2° 43.434'E	R30
Ermitage	36C(44A) SE1	Dourges	50° 27.096'N 3° 02.616'E	Q1
Eros Farm	20SE1	Staden	50° 59.152'N 3° 03.237'E	Q9
Erquinghem-le-Sec	36SW2	Radinghem	50° 36.697'N 2° 55.960'E	O17
Erquinghem-Lys	36NW3	Fleurbaix	50° 40.569'N 2° 50.309'E	H4
Erquinghem-Lys	36NW4	Bois Grenier	50° 40.733'N 2° 50.758'E	H4
Error House	20SE1	Staden	50° 59.516'N 2° 58.031'E	P2
Erwood Cross Roads	20SE4	Roulers	50° 56.759'N 3° 09.856'E	X5
Escaudœuvres	51ASW3	Eswars	50° 11.663'N 3° 15.983'E	T25
Esclainvillers Wood	62CNE2	Epéhy	49° 58.624'N 3° 08.658'E	F20
Escobecques	36SW2	Radinghem	50° 37.312'N 2° 55.834'E	O11
Esmond Farm	20SE2	Hooglede	50° 58.934'N 3° 09.856'E	R11
Espalier Farm	12SW1	Nieuport	51° 08.953'N 2° 49.069'E	N15
Esperande Cabt.	28SW2	Wytschaete	50° 46.338'N 2° 56.814'E	O36
Esqerchin	36C(44A) SE3	Esquerchin	50° 22.556'N 3° 00.880'E	V23
Essars	36ASE4	Locon	50° 32.831'N 2° 39.891'E	X25
Essarts	57DNE 1&2	Fonquevillers	50° 09.211'N 2° 40.448'E	E24
Essarts	57DNE2	Essarts	50° 09.211'N 2° 40.448'E	E24
Essarts	57DNE2	Essarts	50° 09.185'N 2° 40.572'E	F19
Essen Farm	28NW2	St Julien	50° 53.131'N 2° 53.274'E	C14
Essex	28NW4	Zillebeke	50° 49.738'N 2° 55.095'E	I28
Essex Central Farm	36NW2	Armentieres	50° 43.295'N 2° 55.072'E	C4
Essex Farm	28NW2	St Julien	50° 52.291'N 2° 52.354'E	C25
Essex Farm	28SW4	Ploegsteert	50° 43.933'N 2° 53.986'E	U26
Essex House	36NW2	Armentieres	50° 43.127'N 2° 53.941'E	C2
Essigny-le-Petit	62BSW2	Fonsommes	49° 53.970'N 3° 22.016'E	O14
Esssen Kruisstraat Inn	20NW4	Dixmunde	51° 00.981'N 2° 53.849'E	I21
Estaires	36ANE4	Merville	50° 38.609'N 2° 43.486'E	L30
Estaminet	28SW2	Wytschaete	50° 47.980'N 2° 54.048'E	O9
Estaminet	28SW2	Wytschaete	50° 47.378'N 2° 53.298'E	O20
Estaminet	36C(44A) NW1	LaBassee	50° 30.494'N 2° 46.936'E	A29
Estaminet Corner	36B(44B) NE2	Beuvry	50° 32.346'N 2° 43.692'E	F6
Estaminet Corner	51BNW3	Arras	50° 16.705'N 2° 49.202'E	H31
Estaminet du Bon Coin	36NW2	Armentieres	50° 43.457'N 2° 55.001'E	C4
Estaminet House	36NW2	Armentieres	50° 42.874'N 2° 55.515'E	C10

Esterminet De la Barrier	36NW4	Bois Grenier	50° 39.353'N 2° 55.519'E	I22
Estevelles	36C(44A) NW4	Pont-à-Vendin	50° 28.463'N 2° 54.384'E	I20
Esther Bridge	28NE4	Dadizeele	50° 51.191'N 3° 06.573'E	L7
Estrées	51BNE3	Noyelle-sous-Bellonne	50° 18.011'N 3° 04.232'E	K21
Estrées	62BNW1	Gouy	49° 58.056'N 3° 17.212'E	H2
Estrées	62CSW1	Dompierre	49° 52.485'N 2° 49.433'E	M30
Estrées-en-Chaussée	62CSE1	Bouvincourt	49° 52.690'N 3° 02.194'E	P28
Eswars	51ASW3	Eswars	50° 13.155'N 3° 16.200'E	T7
Etaing	51BSE1	Saudemont	50° 16.461'N 3° 00.079'E	P3
Etalon	66DNW3	Hattencourt	49° 45.908'N 2° 51.333'E	H15
Etange Farm	20SW4	Bixschoote	50° 55.733'N 2° 50.588'E	T11
Eterpigny	62CSW2	Barleux	49° 53.503'N 2° 56.713'E	O15
Eterpigny	51BSE1	Saudemont	50° 15.529'N 2° 58.646'E	P13
Eterpigny Woods	51BSE1	Saudemont	50° 15.799'N 2° 58.639'E	P7
Ethel's Bridge	28NE4	Dadizeele	50° 51.153'N 3° 07.628'E	L8
Etricourt	57CSE3	Sorel-le-Grand	50° 02.147'N 2° 59.317'E	V8
Etricourt	62BNW3	Bellicourt	49° 56.719'N 3° 16.012'E	G18
Etrun	51CNE4	Wagnonlieu	50° 18.874'N 2° 42.114'E	L3
Etswitha	20SE4	Roulers	50° 55.029'N 3° 06.178'E	W23
Ettelghem	12NE3	Oudenburg	51° 10.736'N 3° 01.725'E	K31
Etuve Farm	20NW4	Dixmunde	50° 59.983'N 2° 52.699'E	I31
Euphonium Junction	28NE4	Dadizeele	50° 50.505'N 3° 07.894'E	L21
Eureka	28SE3	Comines	50° 45.922'N 2° 57.244'E	V1
Euryalus Farm	20SE3	Westroosebeke	50° 56.209'N 3° 01.725'E	W7
Euston	28NW2	St Julien	50° 53.263'N 2° 50.170'E	B16
Euston	57DNE3+4	Hebuterne	50° 05.918'N 2° 37.640'E	K33
Eva Farm	28NE2	Moorslede	50° 53.302'N 3° 08.935'E	F16
Evans Farm	28SW2	Wytschaete	50° 47.710'N 2° 53.667'E	O14
Evasion Farm	28NE1	Zonnebeke	50° 53.887'N 3° 02.644'E	E8
Eve Copse	57CSE4	Villers-Guislain	50° 01.537'N 3° 11.165'E	X17
Eve Farm	28NE3	Gheluvelt	50° 49.873'N 2° 57.756'E	J26
Event Farm	27NE1	Herzeele	50° 52.132'N 2° 32.547'E	D22
Everest Farm	27NE1	Herzeele	50° 53.893'N 2° 32.238'E	D4
Eversfield Copse	20SE2	Hooglede	50° 59.361'N 3° 04.913'E	Q5
Evert Farm	20NW4	Dixmunde	51° 00.266'N 2° 55.756'E	I29
Evescliff Copse	20SE2	Hooglede	50° 58.576'N 3° 03.653'E	Q15
Evin-Malmaison	36C(44A) SE1	Dourges	50° 26.266'N 3° 02.215'E	P18
Ewbank Cottages	27NE1	Herzeele	50° 53.387'N 2° 32.434'E	D10
Ewe Farm	27SE4	Meteren	50° 43.798'N 2° 40.460'E	X20
Ewell Farm	27SE4	Meteren	50° 43.360'N 2° 42.144'E	X28
Exam Buildings	28NE2	Moorslede	50° 53.527'N 3° 09.324'E	F10
Excelsier Hotel	12NW3 & 4	Middlekerke	51° 11.356'N 2° 49.084'E	H27
Exchange House	28NW1	Elverdinghe	50° 51.907'N 2° 44.788'E	A27
Exchange Sidings	28NW1	Elverdinghe	50° 51.822'N 2° 44.721'E	A27
Excise Farm	27NE1	Herzeele	50° 51.586'N 2° 30.031'E	D24
Exe House	20SE4	Roulers	50° 56.667'N 3° 06.353'E	X1
Exempt Wood	28NE1	Zonnebeke	50° 54.081'N 3° 02.722'E	E2
Exert Copse	28NE1	Zonnebeke	50° 54.322'N 3° 01.862'E	E1
Exert Farm	28NE1	Zonnebeke	50° 54.212'N 3° 01.623'E	E1
Exit Wood	28NE1	Zonnebeke	50° 54.206'N 3° 02.897'E	E2
Exmouth Farm	20SE3	Westroosebeke	50° 56.578'N 3° 02.187'E	W1
Expert Farm	27NE1	Herzeele	50° 52.007'N 2° 29.917'E	D19
Express Farm	27NE1	Herzeele	50° 53.810'N 2° 34.566'E	J6
F Camp	28NW1	Elverdinghe	50° 52.937'N 2° 45.587'E	A16
Faber Farm	28NE4	Dadizeele	50° 50.811'N 3° 09.187'E	L16
Fabius Farm	27NE3	Winnezeele	50° 50.608'N 2° 35.760'E	K8
Face Farm	20SE4	Roulers	50° 55.871'N 3° 07.748'E	X15
Factories	36NE1	Quesnoy	50° 42.535'N 3° 00.193'E	D16
Factories	36NE3	Perenchies	50° 39.821'N 3° 03.834'E	K15
Factories in Ruins Comines	28SE3	Comines	50° 45.639'N 2° 59.790'E	V4
Factory	28SE2	Menin	50° 46.916'N 3° 06.521'E	R25
Factory	28SE2	Menin	50° 46.663'N 3° 07.936'E	R26

Factory	28SE3	Comines	50° 45.600'N 3° 00.275'E	V5
Factory	28SE4	Ronq	50° 44.839'N 3° 05.072'E	W17
Factory	28SE4	Ronq	50° 44.097'N 3° 04.360'E	W22
Factory	28SE4	Ronq	50° 45.673'N 3° 07.321'E	X2
Factory	36ANE4	Merville	50° 39.071'N 2° 38.131'E	K23
Factory	36C(44A) NW1	LaBassee	50° 31.989'N 2° 48.651'E	B7
Factory	36C(44A) SW2	Harnes	50° 26.970'N 2° 55.953'E	O4
Factory	36NE1	Quesnoy	50° 43.043'N 2° 58.846'E	D9
Factory	36NE3	Perenchies	50° 38.692'N 3° 00.691'E	J29
Factory	36NE3	Perenchies	50° 38.853'N 3° 00.620'E	J29
Factory	36NE3	Perenchies	50° 38.605'N 2° 58.232'E	J32
Factory	36NE3	Perenchies	50° 38.388'N 3° 01.639'E	J36
Factory	36NE3	Perenchies	50° 40.738'N 3° 02.740'E	K2
Factory	36NE3	Perenchies	50° 40.211'N 3° 03.731'E	K9
Factory	36NE3	Perenchies	50° 39.314'N 3° 02.762'E	K20
Factory	36SE1	Haubourdin	50° 37.722'N 3° 00.294'E	P4
Factory	36SE1	Haubourdin	50° 37.851'N 3° 01.423'E	P6
Factory	36SE1	Haubourdin	50° 37.556'N 3° 00.186'E	P10
Factory	36SE1	Haubourdin	50° 37.367'N 3° 00.771'E	P11
Factory	36SE1	Haubourdin	50° 36.789'N 3° 00.118'E	P16
Factory	36SE1	Haubourdin	50° 36.716'N 3° 00.927'E	P17
Factory	36SE1	Haubourdin	50° 37.111'N 3° 01.354'E	P18
Factory	36SE1	Haubourdin	50° 36.291'N 2° 58.817'E	P20
Factory	36SE1	Haubourdin	50° 35.993'N 3° 02.970'E	Q26
Factory	36SE3	Seclin	50° 35.093'N 3° 03.117'E	W2
Factory	36SW3	Richebourg	50° 34.199'N 2° 45.697'E	S9
Factory	51BNE1	Brébières	50° 19.496'N 2° 58.617'E	J1
Factory	51BNE1	Brébières	50° 19.385'N 3° 04.219'E	K3
Factory	51BNE2	Dechy	50° 21.243'N 3° 07.189'E	F7
Factory	51BNE3	Noyelle-sous-Bellonne	50° 19.310'N 3° 04.208'E	K3
Factory	51BNE4	Cantin	50° 17.020'N 3° 07.245'E	L31
Factory	51BNW3	Arras	50° 18.187'N 2° 47.053'E	G16
Factory	51BNW4	Fampoux	50° 18.510'N 2° 57.156'E	I18
Factory	51BSE1	Saudemont	50° 15.304'N 3° 04.549'E	Q15
Factory	51BSE3	Cagnicourt	50° 13.680'N 3° 00.962'E	P34
Factory	51BSE3	Cagnicourt	50° 13.465'N 3° 00.923'E	V4
Factory	51BSE4	Marquion	50° 13.972'N 3° 10.395'E	R35
Factory	51BSW2	Vis-en-Artois	50° 14.975'N 2° 56.164'E	O22
Factory	51BSW4	Bullecourt	50° 11.907'N 2° 53.120'E	T24
Factory	51BSW4	Bullecourt	50° 12.008'N 2° 56.187'E	U22
Factory	51CNE4	Wagnonlieu	50° 18.670'N 2° 42.818'E	L10
Factory	51CNE4	Wagnonlieu	50° 16.760'N 2° 43.860'E	L35
Factory	51CNE4	Wagnonlieu	50° 16.864'N 2° 44.112'E	L36
Factory	57BNW1	Cambrai	50° 10.417'N 3° 13.045'E	A9
Factory	57BNW1	Cambrai	50° 10.768'N 3° 15.054'E	A12
Factory	57BNW1	Cambrai	50° 10.097'N 3° 13.978'E	A16
Factory	57BSW1	Bantouzelle	50° 05.827'N 3° 14.437'E	M6
Factory	57BSW1	Bantouzelle	50° 04.088'N 3° 11.816'E	M19
Factory	57CNE2	Bourlon	50° 09.269'N 3° 06.089'E	E29
Factory	57CNE2	Bourlon	50° 09.872'N 3° 09.085'E	F15
Factory	57CNE3	Hermies	50° 08.064'N 3° 00.301'E	J9
Factory	57CNE3	Hermies	50° 07.383'N 3° 02.551'E	J18
Factory	57CNE4	Marcoing	50° 08.441'N 3° 11.479'E	L6
Factory	57CNW3	Bapaume	50° 07.393'N 2° 47.983'E	G17
Factory	57CNW4	Beugny	50° 07.433'N 2° 57.270'E	I17
Factory	62BNW1	Gouy	49° 57.965'N 3° 11.981'E	G1
Factory	62CNE1	Liéramont	49° 59.285'N 3° 00.084'E	D15
Factory	62CNE1	Liéramont	49° 58.932'N 3° 00.696'E	D21
Factory	62CNE4	Roisel	49° 57.106'N 3° 05.842'E	K10
Factory	62CNE4	Roisel	49° 57.014'N 3° 05.943'E	K16
Factory	62CSW4	St. Christ	49° 49.792'N 2° 54.113'E	T30
Factory	66DNW2	Morchain	49° 47.234'N 2° 52.410'E	B28

Factory	66ENE4	Beaufort	49° 46.307'N 2° 43.021'E	L9
Factory	70DNW4	St. Gobain	49° 36.166'N 3° 22.526'E	I2
Factory	36NE2	Tourcoing	50° 42.990'N 3° 08.087'E	F9
Factory	57BNW1	Cambrai	50° 10.972'N 3° 17.320'E	B2
Factory	62CNE1	Liéramont	49° 59.337'N 3° 04.777'E	E13
Factory	57DNE4 & 5	Achiet	50° 07.393'N 2° 47.981'E	G17
Factory Corner	36SW3	Richebourg	50° 34.127'N 2° 45.606'E	S9
Factory Corner	57CSW1	Guedecourt	50° 03.716'N 2° 49.496'E	N19
Factory Corner	57DSE2+57CSW1	Le Sars	50° 03.716'N 2° 49.496'E	N19
Factory Farm	28SW4	Ploegsteert	50° 44.513'N 2° 54.809'E	U16
Factory Keep	36SW3	Richebourg	50° 34.065'N 2° 45.698'E	S9
Fag Copse	20SE1	Staden	50° 57.510'N 3° 01.140'E	P30
Fag Farm	27NE1	Herzeele	50° 53.836'N 2° 30.820'E	D2
Faggot Farm	36ANE4	Merville	50° 39.197'N 2° 43.078'E	L23
Faggot Wood	62CNE4	Roisel	49° 55.165'N 3° 11.174'E	L35
Faggot Wood	62CSE2	Vermand	49° 55.114'N 3° 11.146'E	R5
Faidherbe Cross Roads	20SW4	Bixschoote	50° 56.334'N 2° 55.703'E	U5
Faidherbe Post	20SW4	Bixschoote	50° 56.368'N 2° 55.763'E	U5
Fair Cottages	28NE3	Gheluvelt	50° 49.804'N 2° 59.533'E	J28
Fairy House	28SW1	Kemmel	50° 47.330'N 2° 47.493'E	M18
Fairy House Camp	28SW1	Kemmel	50° 47.329'N 2° 47.526'E	M18
Fairy Wood	62BNW4	Ramicourt	49° 56.021'N 3° 22.319'E	I27
Faith Farm	28SW2	Wytschaete	50° 47.959'N 2° 55.490'E	O11
Faith Farm	28SW2	Wytschaete	50° 47.959'N 2° 55.490'E	O11
Fal Farm	36ANE4	Merville	50° 39.820'N 2° 38.292'E	K17
Falaba House	27NE2	Proven	50° 52.946'N 2° 39.841'E	F13
Falcon Farm	20SE4	Roulers	50° 54.686'N 3° 05.204'E	W29
Falcon Wood	66CSW4	La Fere	49° 40.822'N 3° 24.639'E	U11
Falemprise	36C(44A) SE1	Dourges	50° 25.733'N 3° 03.371'E	Q20
Falfemont Farm	62CNW1	Maricourt	50° 00.186'N 2° 50.409'E	B2
Fallen Tree Keep	36SW3	Richebourg	50° 33.705'N 2° 45.941'E	S16
Falvy	66DNW2	Morchain	49° 49.289'N 2° 57.488'E	C5
Falvy Copse	62CSW4	St. Christ	49° 49.790'N 2° 57.663'E	O29
Famine Farm	36ANE2	Vieux Berquin	50° 42.609'N 2° 42.492'E	F11
Fampoux	51BNW4	Fampoux	50° 18.173'N 2° 52.124'E	H17
Fang Farm	36ANE2	Vieux Berquin	50° 42.769'N 2° 43.301'E	F12
Fanny Farm	28NE2	Moorslede	50° 51.966'N 3° 05.751'E	K6
Fanny Mill	28NE2	Moorslede	50° 51.934'N 3° 05.702'E	K6
Fanny's Farm	28SW2	Wytschaete	50° 46.301'N 2° 54.243'E	O33
Fantasia Farm	28NW1	Elverdinghe	50° 52.418'N 2° 49.676'E	B21
Fantassin House	12SW1	Nieuport	51° 09.173'N 2° 45.577'E	M17
Fantasy Farm	36ANE2	Vieux Berquin	50° 41.654'N 2° 37.709'E	E22
Farbus	51BNW1	Roclincourt	50° 21.442'N 2° 49.370'E	B2
Farbus Post	51BNW1	Roclincourt	50° 21.074'N 2° 49.222'E	B7
Farbus Wood	51BNW1	Roclincourt	50° 21.081'N 2° 49.598'E	B8
Farce Farm	27NE1	Herzeele	50° 53.090'N 2° 30.672'E	D7
FarFar Lines	28SW3	Bailleul	50° 44.212'N 2° 48.372'E	T19
Fargny Mill	62CNW1	Maricourt	49° 58.035'N 2° 48.196'E	A29
Fargny Wood	62CNW1	Maricourt	49° 58.167'N 2° 47.817'E	A29
Farley Farm	36ANE1	Morbecque	50° 41.779'N 2° 35.811'E	E20
Farm	62CSW1	Dompierre	49° 53.121'N 2° 47.738'E	M22
Farm Near Tilloy	51ASW3	Eswars	50° 11.869'N 3° 13.083'E	S21
Farm & Brewery	12SW1	Nieuport	51° 09.913'N 2° 49.280'E	N3
Farm 14	28NW2	St Julien	50° 53.563'N 2° 52.349'E	C7
Farm 25	20NW4	Dixmunde	51° 01.659'N 2° 52.378'E	I7
Farm 31	20SW2	Zwartegat	50° 57.459'N 2° 50.925'E	N29
Farm 32	20SW2	Zwartegat	50° 57.630'N 2° 50.585'E	N29
Farm 33	20SW2	Zwartegat	50° 57.610'N 2° 50.350'E	N28
Farm 35	20SW2	Zwartegat	50° 57.817'N 2° 50.259'E	N22
Farm 36	20SW2	Zwartegat	50° 57.615'N 2° 50.117'E	N22
Farm 380	20NW4	Dixmunde	51° 00.671'N 2° 55.337'E	I29
Farm 43	20NW4	Dixmunde	51° 01.957'N 2° 50.254'E	H10

Farm A	12SW3	Ramscappelle	51° 05.933'N 2° 48.723'E	T21
Farm B	12SW3	Ramscappelle	51° 05.826'N 2° 48.622'E	T20
Farm B	20NW4	Dixmunde	51° 01.250'N 2° 52.049'E	I13
Farm Bailly	36NE3	Perenchies	50° 39.694'N 3° 02.204'E	K13
Farm Belcop	36NE1	Quesnoy	50° 43.185'N 3° 02.393'E	E1
Farm Blanche	28SE3	Comines	50° 45.173'N 2° 58.758'E	V9
Farm C	12SW3	Ramscappelle	51° 05.414'N 2° 49.039'E	T27
Farm Carnoye	36SW2	Radinghem	50° 35.423'N 2° 54.429'E	O33
Farm Cartier	36SW2	Radinghem	50° 37.950'N 2° 52.842'E	O13
Farm Cordonnerie	36SW2	Radinghem	50° 37.408'N 2° 50.697'E	N10
Farm Corner	36SW3	Richebourg	50° 33.697'N 2° 46.011'E	S16
Farm D	20NW4	Dixmunde	51° 00.825'N 2° 51.921'E	H23
Farm Dambre	36SW3	Richebourg	50° 34.097'N 2° 48.882'E	T7
Farm de Baye	36C(44A) SE1	Dourges	50° 25.573'N 2° 59.608'E	P21
Farm de Bretagne	36NW3	Fleurbaix	50° 39.048'N 2° 44.605'E	G20
Farm de Jardins	36NW2	Armentieres	50° 40.928'N 2° 53.933'E	I2
Farm de Kamarade	28NW2	St Julien	50° 54.015'N 2° 52.631'E	C1
Farm de la Beguerelle	36NE3	Perenchies	50° 40.356'N 3° 02.697'E	K8
Farm de la Bussche	28SE3	Comines	50° 45.781'N 2° 57.767'E	V1
Farm de la Buterne	36NW2	Armentieres	50° 41.122'N 2° 55.165'E	C28
Farm de la Chapelle	28SE3	Comines	50° 44.747'N 2° 58.688'E	V15
Farm de la Croix	28SW4	Ploegsteert	50° 45.424'N 2° 56.036'E	U11
Farm de la Dessous	28SE3	Comines	50° 46.105'N 3° 01.155'E	P36
Farm de la dessus	28SE3	Comines	50° 45.951'N 3° 00.864'E	V5
Farm de la Falèque	36NE3	Perenchies	50° 39.917'N 2° 59.886'E	J16
Farm de la Faveilie	36SW2	Radinghem	50° 36.292'N 2° 51.138'E	N22
Farm de la Grand Couc	36NW4	Bois Grenier	50° 38.186'N 2° 57.041'E	I36
Farm de la Grange	28SE3	Comines	50° 43.852'N 3° 02.028'E	W25
Farm de la Hallerie	36NW4	Bois Grenier	50° 40.113'N 2° 54.097'E	I8
Farm de la Marlaque	36SW2	Radinghem	50° 37.013'N 2° 51.681'E	N17
Farm de la Masure	36NE2	Tourcoing	50° 41.114'N 3° 08.228'E	L3
Farm de la Motte	36SW2	Radinghem	50° 37.581'N 2° 57.102'E	O12
Farm de la Moularder	36NW2	Armentieres	50° 42.043'N 2° 55.839'E	C23
Farm de la Vacherie	36NW2	Armentieres	50° 42.481'N 2° 56.675'E	C18
Farm de la Vigne	36NE2	Tourcoing	50° 43.047'N 3° 08.148'E	F9
Farm de l'Ecangerie	28SE3	Comines	50° 43.954'N 2° 59.257'E	V27
Farm de l'Eperonnerie	36NW4	Bois Grenier	50° 39.339'N 2° 56.135'E	I23
Farm de l'Hotel	36NE2	Tourcoing	50° 42.462'N 3° 05.615'E	E17
Farm de Ila Voierie	36SW2	Radinghem	50° 35.897'N 2° 52.281'E	N30
Farm de Mouquet	36SW2	Radinghem	50° 37.333'N 2° 50.167'E	N11
Farm de Pres	36NE2	Tourcoing	50° 41.978'N 3° 07.527'E	F20
Farm Delangre	36SW2	Radinghem	50° 37.124'N 2° 50.800'E	N10
Farm Delaporte	36SW1	Aubers	50° 36.934'N 2° 49.904'E	N15
Farm Deldoulle	36NE2	Tourcoing	50° 41.667'N 3° 08.216'E	F27
Farm Delebecq	36NE1	Quesnoy	50° 41.567'N 3° 02.735'E	E26
Farm Delfaux	36NE2	Tourcoing	50° 42.865'N 3° 05.978'E	E12
Farm Delvigne	36NE2	Tourcoing	50° 42.865'N 3° 04.442'E	E16
Farm des deux Treilles	36NE1	Quesnoy	50° 43.266'N 2° 57.885'E	D1
Farm des Fichaux	28SE3	Comines	50° 43.796'N 3° 02.282'E	W25
Farm des Fosses du Bois	36NE3	Perenchies	50° 39.605'N 3° 00.148'E	J22
Farm des Lilas	51BSE4	Marquion	50° 11.741'N 3° 08.870'E	X27
Farm des Mines de Lens	36C(44A) NW3	Loos	50° 27.549'N 2° 50.155'E	H33
Farm des Prés	51BNE3	Noyelle-sous-Bellonne	50° 17.267'N 2° 58.408'E	J25
Farm d'Esnel	36NE1	Quesnoy	50° 40.893'N 3° 01.020'E	J5
Farm Devasier	36NE1	Quesnoy	50° 42.028'N 3° 01.384'E	D24
Farm Dillies	36NE2	Tourcoing	50° 41.335'N 3° 04.052'E	E27
Farm du B de la Vache	36B(44B) SE4	Carency	50° 23.131'N 2° 38.663'E	W17
Farm du Barlet	36C(44A) SW2	Harnes	50° 25.509'N 2° 55.437'E	O22
Farm du Biez	36NW4	Bois Grenier	50° 39.961'N 2°54.691'E	I15
Farm du Bôcarme	36NE2	Tourcoing	50° 41.797'N 3° 06.414'E	E24
Farm du Bois Blanc	36NE2	Tourcoing	50° 43.532'N 3° 05.989'E	E6
Farm du Cagebert	36NE2	Tourcoing	50° 43.514'N 3° 04.327'E	E4

Farm du Cerisler	36NE1	Quesnoy	50° 43.374'N 2° 58.018'E	D2
Farm du Chastel	36NW2	Armentieres	50° 42.108'N 2° 56.893'E	C18
Farm du Forest	36NE2	Tourcoing	50° 43.198'N 3° 07.612'E	F2
Farm du Gibet	36NE3	Perenchies	50° 40.255'N 3° 01.999'E	K7
Farm du Grand Verquin	36NE1	Quesnoy	50° 42.804'N 2° 57.196'E	D7
Farm du Haut Ballot	36NE1	Quesnoy	50° 43.128'N 3° 02.946'E	E8
Farm du Haut hotel	36NE1	Quesnoy	50° 42.681'N 3° 02.387'E	E7
Farm du Hoyon	36SW2	Radinghem	50° 36.240'N 2° 50.825'E	N22
Farm du Mouquet	57DSE1 & 2	Beaumont	50° 03.070'N 2° 42.768'E	R33
Farm du Paradis	36SW2	Radinghem	50° 36.319'N 2° 51.155'E	N22
Farm du Pont d' Or	36NE1	Quesnoy	50° 42.958'N 3° 01.460'E	D12
Farm du Roi	36B(44B) NE2	Beuvry	50° 32.161'N 2° 39.288'E	E6
Farm du Savin	36NE1	Quesnoy	50° 43.024'N 2° 58.613'E	D8
Farm Dulas	36NE1	Quesnoy	50° 41.595'N 3° 01.039'E	D29
Farm E	12SW3	Ramscappelle	51° 05.643'N 2° 49.221'E	T21
Farm E	20NW4	Dixmunde	51° 00.587'N 2° 52.058'E	I25
Farm F	20NW4	Dixmunde	51° 00.263'N 2° 51.879'E	H30
Farm F	20NW4	Dixmunde	51° 00.576'N 2° 54.041'E	I27
Farm G	20NW4	Dixmunde	51° 00.076'N 2° 51.831'E	H36
Farm Gallet	36SW4	Sainghin	50° 33.028'N 2° 52.169'E	T30
Farm Houssain	36SW2	Radinghem	50° 38.018'N 2° 53.592'E	O2
Farm K	20NW4	Dixmunde	51° 01.093'N 2° 52.846'E	I20
Farm L	20NW4	Dixmunde	51° 00.872'N 2° 52.813'E	I20
Farm le Croquet	36NE3	Perenchies	50° 39.230'N 3° 00.659'E	J23
Farm le Gross Ballot	36NE3	Perenchies	50° 39.475'N 3° 00.921'E	J23
Farm Lefèvre	36NE3	Perenchies	50° 39.462'N 3° 01.155'E	J23
Farm l'Epinette	36SW1	Aubers	50° 36.666'N 2° 45.399'E	M16
Farm M	20NW4	Dixmunde	51° 00.891'N 2° 53.280'E	I20
Farm Masure	36NE2	Tourcoing	50° 42.587'N 3° 07.721'E	F14
Farm Montagnne Béaque	36NE1	Quesnoy	50° 41.808'N 3° 59.962'E	D22
Farm N	20NW4	Dixmunde	51° 00.667'N 2° 52.796'E	I20
Farm Nr Gonnehem	36ASE3	Gonnehem	50° 33.616'N 2° 34.187'E	V17
Farm Nr Gonnehem	36ASE3	Gonnehem	50° 33.387'N 2° 34.173'E	V17
Farm O	20NW4	Dixmunde	51° 00.388'N 2° 52.375'E	I25
Farm Quennelle	36NW3	Fleurbaix	50° 38.872'N 2° 44.356'E	G26
Farm Ravine	57CSE2	Gonnelieu	50° 04.354'N 3° 08.468'E	R20
Farm Ruelle de la Blanche	36NW4	Bois Grenier	50° 39.982'N 2° 56.236'E	I17
Farm Six	36NE1	Quesnoy	50° 41.816'N 3° 00.615'E	D23
Farm St Pte	36SE1	Haubourdin	50° 36.903'N 2° 58.326'E	P14
Farm St. Martin	36NE3	Perenchies	50° 38.388'N 2° 58.252'E	J32
Farm St. Venant	36NE3	Perenchies	50° 40.402'N 3° 03.669'E	K9
Farm Tavoy	36SE1	Haubourdin	50° 37.082'N 2° 57.513'E	P13
Farm Terrage	36NE1	Quesnoy	50° 42.943'N 3° 03.409'E	E9
Farm Timborne	28SE3	Comines	50° 44.613'N 3° 01.116'E	V18
Farm Vanbesien	36SW1	Aubers	50° 35.751'N 2° 46.899'E	M29
Farm Vandecareye	20NE4	Lichtervelde	51° 02.061'N 3° 07.928'E	6371
Farm Walmonchy	36SW1	Aubers	50° 35.489'N 2° 50.262'E	N33
Farm Waustine	28SE3	Comines	50° 44.606'N 2° 57.228'E	V13
Farm Wicart	36SW3	Richebourg	50° 35.205'N 2° 50.036'E	N33
Farm Wood	20SW4	Bixschoote	50° 54.820'N 2° 52.288'E	U19
Farm Woods	62CSW1	Dompierre	49° 53.085'N 2° 47.920'E	M22
Farms	66CSW4	La Fere	49° 40.321'N 3° 24.388'E	U17
Farn de Caniers	66CSW2	Vendeuil	49° 41.513'N 3° 19.355'E	N34
Farragut Farm	27NE3	Winnezeele	50° 50.724'N 2° 36.424'E	K9
Fascines Farm	20SW3	Oostvleteren	50° 56.459'N 2° 45.132'E	S4
Fasker Farm	27NE1	Herzeele	50° 51.903'N 2° 34.978'E	E25
Fatimar Farm	28NE4	Dadizeele	50° 51.129'N 3° 09.801'E	L11
Faub St Sauveur	51BNW3	Arras	50° 17.130'N 2° 47.464'E	G29
Faubg. d' Isle	62BSW3	St. Quentin	49° 50.403'N 3° 18.102'E	T21
Faubg. St Martin	62BSW3	St. Quentin	49° 50.539'N 3° 16.499'E	T19
Faubg. St. Jean	62BSW3	St. Quentin	49° 51.407'N 3° 16.663'E	T7
Faubourg Cantimpre	57BNW1	Cambrai	50° 10.694'N 3° 12.890'E	A9

Faubourg d' Esquerchin	36C(44A) SE3	Esquerchin	50° 22.319'N 3° 03.212'E	W26
Faubourg de Paris	57BNW1	Cambrai	50° 09.496'N 3° 13.475'E	A22
Faubourg de Selles	57BNW1	Cambrai	50° 11.024'N 3° 13.326'E	A3
Faubourg des Postes	36SE1	Haubourdin	50° 36.879'N 3° 02.700'E	Q13
Faubourg N.D.	51BNE2	Dechy	50° 21.916'N 3° 05.719'E	E5
Faubourg Paris	62CNW4	Peronne	49° 55.320'N 2° 55.955'E	I33
Faubourg Ronville	51BNW3	Arras	50° 16.892'N 2° 45.850'E	G34
Faubourg St Roch	57BNW1	Cambrai	50° 11.107'N 3° 14.472'E	A5
Faubourg St Sépulcre	57BNW1	Cambrai	50° 10.008'N 3° 13.295'E	A15
Faubourg St. Eloi	51BNE2	Dechy	50° 21.277'N 3° 05.036'E	E10
Faubourg St. Germain	51BNE2	Dechy	50° 21.475'N 3° 07.583'E	F7
Faubourge St Druon	57BNW1	Cambrai	50° 09.682'N 3° 14.442'E	A23
Faulkner Farm	20SE4	Roulers	50° 55.525'N 3° 05.897'E	W18
Fauna Farm	27SE4	Meteren	50° 45.514'N 2° 39.731'E	X1
Fauquelin	36ASE1	St. Venant	50° 37.201'N 2° 30.378'E	P7
Fauquissart	36SW1	Aubers	50° 36.549'N 2° 47.857'E	M18
Faurè Farm	20SW2	Zwartegat	50° 58.342'N 2° 53.039'E	O14
Faustine Quarry	62CNE4	Roisel	49° 57.588'N 3° 06.512'E	K5
Faux Copse	62CNE2	Epéhy	49° 58.544'N 3° 09.579'E	F27
Faviere Wood	62CNW1	Maricourt	49° 59.508'N 2° 48.226'E	A11
Favreuil	57CNW3	Bapaume	50° 07.565'N 2° 51.492'E	H16
Fawcett House	20SE4	Roulers	50° 56.711'N 3° 05.627'E	W6
Fay	62CSW1	Dompierre	49° 53.197'N 2° 48.218'E	M23
Fay Woods	62CSW1	Dompierre	49° 53.431'N 2° 47.885'E	M16
Faye de Servais	70DNW2	Servais	49° 36.435'N 3° 19.712'E	H5
Fayet	62BSW3	St. Quentin	49° 52.153'N 3° 15.091'E	S5
Fbg d'Amiens	51BNW3	Arras	50° 17.223'N 2° 44.824'E	G26
Fbg d'Arras	57CNW3	Bapaume	50° 06.445'N 2° 50.850'E	H27
Fbg de Peronne	57CNW3	Bapaume	50° 05.819'N 2° 51.524'E	H34
Fbg Notre-Dame	66CSW4	La Fere	49° 39.582'N 3° 22.896'E	U20
Fbg. De Baudimont	51BNW3	Arras	50° 17.855'N 2° 45.015'E	G20
Fbg. St. Firmin	66CSW4	La Fere	49° 39.747'N 3° 21.414'E	U19
Fearon Camp	27NE4	Abeele	50° 50.688'N 2° 39.813'E	L7
Feastubert E Keep	36SW3	Richebourg	50° 32.644'N 2° 44.598'E	S26
Feather Farm	28SW2	Wytschaete	50° 46.646'N 2° 56.439'E	O30
Feather Farm	28SW2	Wytschaete	50° 46.469'N 2° 56.443'E	O30
Fee Cottage	28NE2	Moorslede	50° 51.829'N 3° 09.349'E	L4
Fellow Farm	36ANE2	Vieux Berquin	50° 43.027'N 2° 43.450'E	F6
Felon Cottage	28NE2	Moorslede	50° 53.707'N 3° 10.098'E	F11
Felt Farm	36ANE4	Merville	50° 38.821'N 2° 41.465'E	L27
Femur Farm	36ANE4	Merville	50° 38.777'N 2° 43.475'E	L30
Femy Wood	57CNE4	Marcoing	50° 06.091'N 3° 05.719'E	K34
Fender Farm	28SE4	Ronq	50° 45.053'N 3° 05.716'E	W18
Fenelon Farm	20NE3	Zarren	51° 01.851'N 3° 01.715'E	K7
Fennel Farm	28NW1	Elverdinghe	50° 53.163'N 2° 44.217'E	A14
Fenton Farm	27NE2	Proven	50° 53.245'N 2° 38.257'E	E11
Fer a Cheval Farm	28NW2	St Julien	50° 54.162'N 2° 50.282'E	B4
Ferdan House	20SE3 & 28NE1-3	Poelcappelle	50° 55.161'N 2° 57.080'E	V19
Ferdinand Farm	20SE3 & 28NE1-3	Poelcappelle	50° 53.969'N 2° 55.317'E	C5
Ferdinand Farm	28NW2	St Julien	50° 53.963'N 2° 55.303'E	C5
Fereyn Farm	20SW1	Loo	50° 58.635'N 2° 47.301'E	M12
Ferin	51BNE1	Brébières	50° 19.712'N 3° 04.353'E	E27
Ferme Mailly	36SW3	Richebourg	50° 34.985'N 2° 49.341'E	T2
Fermont	51CSE2	Beaumetz	50° 14.374'N 2° 42.081'E	R27
Fermoy Farm	28SW1	Kemmel	50° 47.554'N 2° 47.779'E	N13
Fern Copse	62CSE3	Athies	49° 50.763'N 3° 04.673'E	W14
Fern Wood	62BNW4	Ramicourt	49° 54.992'N 3° 23.171'E	O4
Fernes Farm	20SE2	Hooglede	50° 58.253'N 3° 05.289'E	Q23
Ferns Camp	28SW1	Kemmel	50° 48.166'N 2° 47.940'E	N7
Ferret Junction	20SW2	Zwartegat	50° 57.028'N 2° 54.862'E	O34
Ferret Wood	62BSW4	Homblieres	49° 51.732'N 3° 21.246'E	U7
Ferrieres	36SE1	Haubourdin	50° 35.586'N 3° 03.579'E	Q32

Ferrure Farm	20SW4	Bixschoote	50° 56.523'N 2° 50.772'E	T5
Ferry	20SW1	Loo	50° 57.864'N 2° 47.646'E	N19
Ferry	36NE1	Quesnoy	50° 43.000'N 2° 58.773'E	D9
Fertile Farm	28NW1	Elverdinghe	50° 52.003'N 2° 45.867'E	A28
Fervaque Farm	62CNE4	Roisel	49° 56.811'N 3° 10.323'E	L16
Fervaques Farm	62BSW2	Fonsommes	49° 54.403'N 3° 24.161'E	O11
Feryn Aine Farm	20SW3	Oostvleteren	50° 55.743'N 2° 45.369'E	S10
Feryn Farm	20SW3	Oostvleteren	50° 55.994'N 2° 45.035'E	S9
Festival Farm	28SE4	Ronq	50° 44.656'N 3° 05.429'E	W17
Festive Farm	27NE2	Proven	50° 53.275'N 2° 37.439'E	E11
Festubert	36SW3	Richebourg	50° 32.623'N 2° 44.207'E	S25
Festubert Keep	36SW3	Richebourg	50° 32.633'N 2° 43.983'E	S25
Feterie	36SW2	Radinghem	50° 37.246'N 2° 53.977'E	O8
Fettle Farm	36ANE1	Morbecque	50° 41.563'N 2° 34.218'E	D24
Feuchy	51BNW3	Arras	50° 17.574'N 2° 50.777'E	H21
Feuchy Chapel	51BSW1	Neuville Vitasse	50° 16.272'N 2° 50.986'E	N3
Feuchy Copse	51BNW3	Arras	50° 17.638'N 2° 51.067'E	H22
Feuelle Farm	36SW3	Richebourg	50° 33.801'N 2° 49.869'E	T15
Feuillaucourt	62CNW4	Peronne	49° 57.335'N 2° 55.584'E	I9
Feuillére	62CNW3	Vaux	49° 56.860'N 2° 50.779'E	H14
Feuter Farm	28SW3	Bailleul	50° 44.009'N 2° 46.857'E	S23
Fez Cottages	28SE4	Ronq	50° 45.473'N 3° 05.555'E	W11
Ficheux Mill	51CSE2	Beaumetz	50° 13.756'N 2° 43.582'E	R35
Ficheux Mill	51CSE4	Blaireville	50° 13.525'N 3° 44.138'E	R35
Field Camp	28NW1	Elverdinghe	50° 52.907'N 2° 49.294'E	B15
Field Farm	28NW3	Poperinghe	50° 50.877'N 2° 45.945'E	G10
Fieu Farm	28NW1	Elverdinghe	50° 53.440'N 2° 45.191'E	A10
Fife Wood	28SE1	Wervicq	50° 48.535'N 3° 00.562'E	P5
Fife Wood	28SW2	Wytschaete	50° 48.545'N 3° 00.567'E	P5
Fifteen Ravine	57CSE2	Gonnelieu	50° 04.276'N 3° 07.756'E	R19
Fig Mill	27NE1	Herzeele	50° 51.978'N 2° 30.646'E	D26
Fig Wood	62BSW3	St. Quentin	49° 51.710'N 3° 15.074'E	S11
Figit Farm	27SE2	Berthen	50° 46.476'N 2° 39.434'E	R25
Figure Farm	28SE4	Ronq	50° 46.260'N 3° 06.609'E	R31
Filey Forks	20SE2	Hooglede	50° 59.115'N 3° 04.924'E	Q11
Filgate Farm	27NE1	Herzeele	50° 52.603'N 2° 30.697'E	D14
Filiform Tree	62DNE2	Méaulte	49° 58.178'N 2° 41.539'E	F25
Filles Wood	28SE4	Ronq	50° 45.883'N 3° 05.993'E	W6
Fillet Farm	20SE2	Hooglede	50° 57.887'N 3° 09.340'E	R23
Fillet Farm	20SE2	Hooglede	50° 57.861'N 3° 09.345'E	R29
Filly Farm	28NE2	Moorslede	50° 52.524'N 3° 04.927'E	E23
Film Farm	27NE1	Herzeele	50° 52.686'N 2° 30.537'E	D13
Filter Beds	66DNW2	Morchain	49° 49.176'N 2° 56.494'E	C4
Filter Farm	28NE4	Dadizeele	50° 51.722'N 3° 07.598'E	L3
Fin de la Guerre	36SW2	Radinghem	50° 37.111'N 2° 56.258'E	O17
Fin Farm	27NE1	Herzeele	50° 53.871'N 2° 31.184'E	D2
Finance	20NE4	Lichtervelde	50° 59.929'N 3° 05.900'E	6067
Fine Air Farm	66DNW1	Punchy	49° 47.293'N 2° 49.869'E	B25
Finger Fork	20SW2	Zwartegat	50° 58.758'N 2° 55.028'E	O10
Finnon Cross	36ANE1	Morbecque	50° 42.184'N 2° 30.502'E	D13
Fins	57CSE3	Sorel-le-Grand	50° 02.161'N 3° 02.629'E	V12
Fintelle	20SW1	Loo	50° 57.489'N 2° 44.334'E	M27
Fir Copse	62CNE4	Roisel	49° 55.169'N 3° 11.336'E	L35
Fir Copse	62CSE2	Vermand	49° 55.101'N 3° 11.361'E	R5
Fir Tree Wood	66CSW4	La Fere	49° 41.037'N 3° 19.581'E	T5
Firefly Farm	12NE1	Clemskerke	51° 14.692'N 3° 01.939'E	E14
Firsland Farm	20SE2	Hooglede	50° 57.815'N 3° 06.134'E	R25
Fischouck	27SE1	St Sylvestre	50° 47.407'N 2° 36.229'E	Q15
Fish Bridge	36ASE1	St. Venant	50° 37.573'N 2° 33.378'E	P5
Fish Market	12NE2 & 4	Ostende	51° 13.793'N 2° 55.554'E	C30
Fish Pond	28SE1	Wervicq	50° 48.918'N 2° 57.648'E	P1
Fisher Crater	62BSW1	Gricourt	49° 54.778'N 3° 13.010'E	M2

Fisher Wood	20SE2	Hooglede	50° 58.958'N 3° 06.933'E	R8
Fishers Cross Roads	20SE1	Staden	50° 59.627'N 2° 59.467'E	P4
Fitzclarence Farm	28NE3	Gheluvelt	50° 50.652'N 2° 58.288'E	J14
Five Chemins Post	20SW4	Bixschoote	50° 56.372'N 2° 56.342'E	U6
Five Houses	12SW3	Ramscappelle	51° 05.173'N 2° 46.077'E	S29
Five Ways	28SE1	Wervicq	50° 46.669'N 2° 59.764'E	P28
Five Ways	28SW2	Wytschaete	50° 46.669'N 2° 59.763'E	P28
Five Wood	62CNE3	Buire	49° 55.476'N 2° 58.786'E	J31
Five-Lane-End	20SE4	Roulers	50° 56.536'N 3° 04.641'E	W5
Fiver Wood	20SE3	Westroosebeke	50° 56.060'N 3° 01.435'E	V12
Fiz Farm	28NW1	Elverdinghe	50° 51.823'N 2° 44.001'E	A26
Flag Ravine	57CSE2	Gonnelieu	50° 03.782'N 3° 08.155'E	R25
Flagon Farm	36ANE4	Merville	50° 38.407'N 2° 37.041'E	K27
Flail Farm	27SE1	St Sylvestre	50° 47.547'N 2° 31.714'E	P15
Flame Farm	28SE2	Menin	50° 47.898'N 3° 05.653'E	Q18
Flamicourt	62CNW4	Peronne	49° 55.487'N 2° 56.528'E	I28
Flan Post	36NW2	Armentieres	50° 42.113'N 2° 52.954'E	C13
Flanders Farm	20SW2	Zwartegat	50° 59.442'N 2° 53.599'E	O3
Flaques Copse	62CNE3	Buire	49° 56.519'N 2° 59.283'E	J13
Flare Farm	36ANE1	Morbecque	50° 42.447'N 2° 35.309'E	E7
Flash	28NW2	St Julien	50° 53.252'N 2° 52.517'E	C13
Flash Cottages	28NW2	St Julien	50° 53.220'N 2° 53.027'E	C14
Flat Farm	36SW3	Richebourg	50° 32.667'N 2° 47.248'E	S29
Flatiron Copse	57CSW3	Longueval	50° 01.223'N 2° 45.588'E	S14
Flatiron Wood	62BSW2	Fonsommes	49° 54.530'N 3° 19.623'E	N11
Flattened Farm	28SW4	Ploegsteert	50° 44.737'N 2° 55.152'E	U16
Flaucourt	62CSW1	Dompierre	49° 54.830'N 2° 51.770'E	N4
Flavie Farm	20SW1	Loo	50° 57.149'N 2° 48.387'E	N26
Flèche Wood	62BSW1	Gricourt	49° 54.953'N 3° 17.896'E	N3
Fléchin	62CSE2	Vermand	49° 53.888'N 3° 06.269'E	Q17
Fleet Cottage	28NE1	Zonnebeke	50° 53.699'N 2° 59.326'E	D10
Fleet Farm	12NE1	Clemskerke	51° 13.629'N 2° 59.822'E	D29
Flemings Villa	28NW2	St Julien	50° 52.086'N 2° 54.722'E	C28
Flemish House	12SW1	Nieuport	51° 10.061'N 2° 46.636'E	M6
Fléquières	36SE3	Seclin	50° 35.335'N 3° 01.402'E	P36
Flers	36C(44A) SE3	Esquerchin	50° 24.066'N 3° 01.121'E	W1
Flers	57CSW3	Longueval	50° 02.862'N 2° 49.301'E	N31
Flesquieres	57CNE4	Marcoing	50° 07.454'N 3° 06.933'E	K18
Fletchers Field	28SW4	Ploegsteert	50° 44.865'N 2° 51.972'E	T18
Flêtre	27SE4	Meteren	50° 45.213'N 2° 38.672'E	W12
Flett House	20SE3	Westroosebeke	50° 55.040'N 3° 01.663'E	W19
Fleurbaix	36NW3	Fleurbaix	50° 39.092'N 2°49.997'E	H21
Fleuryskot Farm	12NW3 & 4	Middlekerke	51° 11.104'N 2° 51.588'E	H30
Flez	62CSE3	Athies	49° 50.312'N 3° 01.895'E	V23
Flight House	28NE2	Moorslede	50° 52.397'N 3° 10.451'E	F30
Flimsy Farm	27SE1	St Sylvestre	50° 46.226'N 2° 32.858'E	P28
Flinte Copse	28NE1	Zonnebeke	50° 52.305'N 3° 00.540'E	D29
Flinte Farm	28NE1	Zonnebeke	50° 52.243'N 3° 00.640'E	D29
Flip Mill	28NE2	Moorslede	50° 54.014'N 3° 05.824'E	E6
Floating Dock	12NE3	Oudenburg	51° 13.066'N 2° 56.591'E	J1
Flock Farm	27SE1	St Sylvestre	50° 46.413'N 2° 32.651'E	P28
Flood Gates	66DNW2	Morchain	49° 46.936'N 2° 58.254'E	I6
Flora Cot	20SE3 & 28NE1-3	Poelcappelle	50° 54.184'N 2° 56.933'E	D1
Flora Cottage	28NE1	Zonnebeke	50° 54.213'N 2° 56.963'E	D1
Flora Farm	28NE4	Dadizeele	50° 49.199'N 3° 08.682'E	L34
Floral Farm	27SE1	St Sylvestre	50° 47.798'N 2° 36.051'E	Q9
Florand Siding	28NW1	Elverdinghe	50° 52.965'N 2° 48.506'E	B14
Florend Farm	28NW1	Elverdinghe	50° 53.087'N 2° 48.041'E	B13
Flores Farm	27NE3	Winnezeele	50° 50.767'N 2° 34.667'E	K7
Florimont Copse	62CNE4	Roisel	49° 55.317'N 3° 06.339'E	K35
Florin House	28NE4	Dadizeele	50° 50.519'N 3° 08.845'E	L22
Floss Farm	36ANE4	Merville	50° 38.913'N 2° 40.529'E	L20

Name	Sheet	Location	Coordinates	Grid
Flot Farm	57BNW3	Rumilly	50° 07.925'N 3° 11.908'E	G7
Fluke Farm	12NE2 & 4	Ostende	51° 12.300'N 2° 52.606'E	I14
Fluke Farm	12NE2 & 4	Ostende	51° 12.311'N 2° 52.605'E	I14
Flume Copse	62BSW2	Fonsommes	49° 54.693'N 3° 19.093'E	N10
Flute Farm	28NE4	Dadizeele	50° 50.043'N 3° 07.644'E	L20
Fly Buildings	28SW2	Wytschaete	50° 47.418'N 2° 56.129'E	O23
Fly Buildings	28SW2	Wytschaete	50° 47.417'N 2° 56.119'E	O23
Fly Catcher Wood	66CSW4	La Fere	49° 41.129'N 3° 23.773'E	U4
Foal Farm	27NE1	Herzeele	50° 52.338'N 2° 31.031'E	D20
Focal Farm	27SE1	St Sylvestre	50° 46.289'N 2° 34.333'E	P30
Foch Farm	20NW4	Dixmunde	51° 00.112'N 2° 53.648'E	I33
Foch Farm	28NW2	St Julien	50° 52.556'N 2° 53.446'E	C20
Focus Farm	27NE2	Proven	50° 51.562'N 2° 39.311'E	L1
Fog Farm	28SE4	Ronq	50° 45.354'N 3° 05.885'E	W12
Fogo Farm	27NE3	Winnezeele	50° 48.956'N 2° 31.935'E	J33
Fois Farm	20SW3	Oostvleteren	50° 54.224'N 2° 46.842'E	S30
Fokker Farm	20SE3 & 28NE1-3	Poelcappelle	50° 53.191'N 2° 57.809'E	D14
Fokker Farm	28NE1	Zonnebeke	50° 53.186'N 2° 57.818'E	D14
Folemprise Farm	62BNW1	Gouy	49° 58.279'N 3° 16.440'E	B25
Folies	66ENE4	Beaufort	49° 46.658'N 2° 40.275'E	K17
Folk Farm	27NE1	Herzeele	50° 52.755'N 2° 29.974'E	D13
Folly Copse	62CSW4	St. Christ	49° 49.723'N 2° 55.518'E	O26
Folly Farm	12NW3 & 4	Middlekerke	51° 10.558'N 2° 50.699'E	H35
Folly Farm	20SE1	Staden	50° 57.816'N 3° 01.322'E	P24
Folly Quarry	66CNW4	Berthenicourt	49° 46.000'N 3° 20.049'E	H17
Fonchette	66DNW1	Punchy	49° 46.808'N 2° 49.480'E	G6
Fonck Cottages	27NE1	Herzeele	50° 51.789'N 2° 35.710'E	E25
Foncreregoed Farm	20SE3	Westroosebeke	50° 55.793'N 3° 00.069'E	V17
Fonquevillers	57DNE 1&2	Fonquevillers	50° 08.894'N 2° 37.947'E	E27
Fonsommes	62BSW2	Fonsommes	49° 54.243'N 3° 23.990'E	O17
Font Copse	62BSW2	Fonsommes	49° 54.842'N 3° 21.665'E	O2
Font Farm	28NE2	Moorslede	50° 52.164'N 3° 06.697'E	F25
Fontaine	36SW4	Sainghin	50° 33.839'N 2° 55.029'E	U15
Fontaine de Bray	36B(44B) NE4	Noex-les-Mines	50° 29.100'N 2° 42.948'E	L17
Fontaine Farm	20NE3	Zarren	51° 02.115'N 2° 59.979'E	J11
Fontaine Farm	20SW1	Loo	50° 58.799'N 2° 43.062'E	M7
Fontaine Houck	27SE4	Meteren	50° 45.387'N 2° 41.708'E	X4
Fontaine les-Cappy	62CSW1	Dompierre	49° 53.870'N 2° 46.755'E	M9
Fontaine Wood	51BSW4	Bullecourt	50° 13.401'N 2° 54.521'E	U2
Fontaine-les-Pargny	66DNW2	Morchain	49° 48.212'N 2° 57.336'E	C17
Fontaine-lez-Croisilles	51BSW4	Bullecourt	50° 13.176'N 2° 54.471'E	U2
Fontaine-Notre-Dame	57CNE2	Bourlon	50° 09.897'N 3° 09.609'E	F15
Fontaines	27SE2	Berthen	50° 47.282'N 2° 40.456'E	R14
Fontaine-Uterte	62BNW4	Ramicourt	49° 55.322'N 3° 22.228'E	I32
Fontaine-Uterte	62BSW2	Fonsommes	49° 55.179'N 3° 22.297'E	O3
Fonte des Marichons	36C(44A) NW3	Loos	50° 29.715'N 2° 44.694'E	G2
Foolscrap Copse	51BSE3	Cagnicourt	50° 11.271'N 3° 01.179'E	V28
Foot Bridge	36ANE3	Haverskerque	50° 37.860'N 2° 34.564'E	J36
Foot Bridge	36ASE1	St. Venant	50° 37.404'N 2° 33.201'E	P4
Foot Bridge	36ASE1	St. Venant	50° 36.152'N 2° 31.303'E	P20
Foot Bridge	36ASE1	St. Venant	50° 35.299'N 2° 31.043'E	P31
Foot Bridge	57CSE3	Sorel-le-Grand	50° 01.555'N 2° 59.029'E	V13
Foot Bridge	57CSE3	Sorel-le-Grand	50° 01.241'N 2° 58.721'E	V19
Foot Traffic	57CSE3	Sorel-le-Grand	50° 01.173'N 2° 58.711'E	V19
Foot Traffic	57CSE3	Sorel-le-Grand	50° 00.793'N 2° 58.439'E	V25
Foot Traffic	57CSE3	Sorel-le-Grand	50° 00.738'N 2° 58.435'E	V25
Footbridge	20SE4	Roulers	50° 56.206'N 3° 10.201'E	X12
Footbridge	36ANE4	Merville	50° 39.548'N 2° 39.379'E	K16
Footbridge	36ASE4	Locon	50° 32.925'N 2° 38.391'E	W29
Footbridge	36ASE4	Locon	50° 32.662'N 2° 38.308'E	W29
Footbridge	36ASE4	Locon	50° 34.642'N 2° 41.087'E	X2
Footbridge	36B(44B) NE2	Beuvry	50° 31.555'N 2° 43.754'E	F18

Footbridge	36NW2	Armentieres	50° 41.594'N 2° 54.158'E	C21
Footbridge	57DSE4	Ovillers	50° 02.166'N 2° 39.749'E	W5
Footbridge	57DSE4	Ovillers	50° 01.416'N 2° 39.739'E	W17
Footbridge	57DSE4	Ovillers	50° 01.305'N 2° 39.761'E	W17
Footbridge	57DSE4	Ovillers	50° 01.235'N 2° 39.599'E	W17
Footbridge	57DSE4	Ovillers	50° 00.374'N 2° 39.209'E	W28
Footbridge	62DNE2	Méaulte	49° 58.411'N 2° 38.500'E	E21
Foot-bridge	36B(44B) NE2	Beuvry	50° 31.942'N 2° 42.302'E	F10
Footbridges	36B(44B) SE4	Carency	50° 23.642'N 2° 42.592'E	X10
Footbridges	36B(44B) SE4	Carency	50° 23.628'N 2° 42.757'E	X10
Footbridges	36B(44B) SE4	Carency	50° 23.612'N 2° 42.838'E	X10
Footbridges	36B(44B) SE4	Carency	50° 23.567'N 2° 42.978'E	X10
Footbridges	36B(44B) SE4	Carency	50° 23.520'N 2° 43.076'E	X10
Footplate Buildings	20SE1	Staden	50° 58.629'N 3° 00.635'E	P18
Forage Farm	12NE2 & 4	Ostende	51° 11.065'N 2° 54.556'E	I28
Forbes Villa	36ANE2	Vieux Berquin	50° 41.951'N 2° 42.086'E	F16
Force Farm	27NE1	Herzeele	50° 51.787'N 2° 34.339'E	E21
Ford	57BSW4	Serain	50° 01.683'N 3° 23.634'E	U16
Ford Corner	20SE4	Roulers	50° 55.815'N 3° 04.512'E	W16
Foreign House	28SE4	Ronq	50° 44.355'N 3° 10.523'E	X24
Foremans Farm	20SE1	Staden	50° 57.348'N 3° 02.346'E	Q26
Forenville	57BNW3	Rumilly	50° 08.145'N 3° 16.813'E	H8
Forest Corner	36ANE3	Haverskerque	50° 39.167'N 2° 33.275'E	J23
Forest Farm	20SW2	Zwartegat	50° 58.009'N 2° 53.611'E	O21
Forest Lodge	51CSE3	Ransart	50° 11.052'N 2° 41.573'E	X26
Forest Lodge	57DNE4 & 5	Achiet	50° 08.307'N 2° 45.656'E	G2
Forest of Saint Gobain	70DNW2	Servais	49° 36.587'N 3° 23.220'E	I1 to I6
Forest Road	28NE3	Gheluvelt	50° 49.538'N 2° 57.934'E	J26
Foresters Bridge	36B(44B) NE2	Beuvry	50° 32.055'N 2° 38.782'E	E5
Foresters House	20SW2	Zwartegat	50° 57.068'N 2° 53.930'E	O33
Foresters House	70DNW2	Servais	49° 36.514'N 3° 24.508'E	I5
Foresters House	70DNW4	St. Gobain	49° 36.325'N 3° 22.646'E	I2
Foresters House	70DNW4	St. Gobain	49° 35.558'N 3° 22.490'E	I14
Foresters House	70DNW4	St. Gobain	49° 35.245'N 3° 24.682'E	I17
Foresters House	70DNW4	St. Gobain	49° 35.040'N 3° 23.654'E	I22
Foresters House	70DNW4	St. Gobain	49° 34.971'N 3° 24.539'E	I23
Foresters Hut	70DNW4	St. Gobain	49° 33.883'N 3° 23.460'E	I33
Forêt Bridge	28SE4	Ronq	50° 46.032'N 3° 07.272'E	X2
Forêt Farm	28SE4	Ronq	50° 45.958'N 3° 07.551'E	X2
Forge	36ANE3	Haverskerque	50° 38.472'N 2° 33.061'E	J28
Forge Vandenbussche	12SW3	Ramscappelle	51° 05.294'N 2° 49.308'E	T21
Fork Tree	62DNE2	Méaulte	49° 57.706'N 2° 42.090'E	L2
Fork Wood	57DNE3+4	Hebuterne	50° 07.701'N 2° 41.845'E	L8
Formal Farm	28NE4	Dadizeele	50° 51.480'N 3° 03.853'E	K3
Formalin Farm	28SE2	Menin	50° 47.894'N 3° 08.888'E	R16
Formby Farm	28NW1	Elverdinghe	50° 51.576'N 2° 46.607'E	G5
Forrester Camp	28NW4	Zillebeke	50° 49.654'N 2° 52.395'E	I25
Forresters Post	28SW2	Wytschaete	50° 47.035'N 2° 54.539'E	O21
Forret Farm	28SW2	Wytschaete	50° 48.188'N 2° 55.949'E	O11
Forret Farm	28SW2	Wytschaete	50° 48.188'N 2° 55.949'E	O11
Forster House	20SE4	Roulers	50° 56.230'N 3° 04.298'E	W10
Forsyth Farm	28SW3	Bailleul	50° 45.503'N 2° 46.889'E	S5
Fort Buildings	28SW2	Wytschaete	50° 47.671'N 2° 56.897'E	O18
Fort Calgary	28SW2	Wytschaete	50° 47.167'N 2° 50.911'E	N23
Fort de Bondues	36NE2	Tourcoing	50° 41.555'N 3° 05.226'E	E29
Fort de l' Entrepot	36NE2	Tourcoing	50° 41.051'N 3° 06.641'E	L1
Fort de Lompret	36NE3	Perenchies	50° 40.413'N 2° 58.848'E	J9
Fort de Noyelles	36SE3	Seclin	50° 33.928'N 3° 01.677'E	V18
Fort de Seclin	36SE3	Seclin	50° 33.351'N 3° 03.196'E	W20
Fort de Sénarmont	36NE3	Perenchies	50° 39.591'N 2° 57.460'E	J19
Fort de Wambrechies	36NE1	Quesnoy	50° 41.601'N 3° 03.503'E	E27
Fort Debout	36NE2	Tourcoing	50° 43.123'N 3° 04.542'E	E10

Fort d'Englos	36SE1	Haubourdin	50° 38.005'N 2° 57.430'E	P1
Fort d'Houplin	36SE3	Seclin	50° 34.161'N 3° 00.353'E	V16
Fort du Min Neuf d'Haubourdin	36SE1	Haubourdin	50° 36.593'N 2° 57.412'E	P19
Fort du Vert Galant	36NE1	Quesnoy	50° 41.186'N 3° 00.981'E	D29
Fort Estel Farm	51BSE2	Oisy-le-Verger	50° 16.547'N 3° 06.759'E	Q6
Fort Garston SP	28SW2	Wytschaete	50° 47.219'N 2° 55.149'E	O22
Fort Garston SP	28SW2	Wytschaete	50° 47.220'N 2° 55.138'E	O22
Fort Halifax	28SW2	Wytschaete	50° 47.367'N 2° 51.117'E	N17
Fort Hill	20SE3 & 28NE1-3	Poelcappelle	50° 53.225'N 2° 56.551'E	C18
Fort Mount Royal	28SW2	Wytschaete	50° 47.248'N 2° 50.904'E	N23
Fort Mount Royal	28SW2	Wytschaete	50° 47.367'N 2° 51.117'E	N23
Fort Pinkie	28SW4	Ploegsteert	50° 45.790'N 2° 51.574'E	T5
Fort Regina	28SW2	Wytschaete	50° 46.747'N 2° 50.398'E	N28
Fort Rompu	36NW3	Fleurbaix	50° 40.087'N 2° 48.721'E	H7
Fort Saskatchewan	28SW2	Wytschaete	50° 46.989'N 2° 50.598'E	N22
Fort Toronto	28SW2	Wytschaete	50° 48.183'N 2° 50.930'E	N11
Fort Victoria	28SW2	Wytschaete	50° 46.463'N 2° 50.284'E	N28
Forthem	20NW3	Lampernisse	51° 00.835'N 2° 43.799'E	3469
Fortin 17	28NW2	St Julien	50° 53.468'N 2° 52.619'E	C7
Fortin House	20SW4	Bixschoote	50° 54.666'N 2° 51.147'E	T29
Fortuin	20SE3 & 28NE1-3	Poelcappelle	50° 53.176'N 2° 56.521'E	C18
Fortuin	28NW2	St Julien	50° 53.170'N 2° 56.518'E	C18
Forward Cottage	28NW2	St Julien	50° 52.714'N 2° 54.461'E	C21
Forward Farm	36ASE1	St. Venant	50° 36.475'N 2° 36.065'E	Q14
Forward Farm	36ASE1	St. Venant	50° 35.556'N 2° 36.168'E	Q26
Fosse	36ASE2	Lestrem	50° 36.298'N 2° 42.078'E	R22
Fosse 1	36C(44A) NW2	Bauvin	50° 31.342'N 2° 54.933'E	C15
Fosse 1	36C(44A) NW2	Bauvin	50° 30.053'N 2° 53.462'E	I1
Fosse 1	36C(44A) SW1	Lens	50° 25.936'N 2° 49.446'E	N14
Fosse 1 de Drocourt	36C(44A) SW4	Rouvroy	50° 24.168'N 2° 56.188'E	U4
Fosse 1 de Liévin	36C(44A) SW1	Lens	50° 25.362'N 2° 46.467'E	M22
Fosse 1 St Barbe	36C(44A) NW2	Bauvin	50° 30.378'N 2° 55.839'E	C30
Fosse 10 de Courriéres	36C(44A) SW2	Harnes	50° 24.776'N 2° 54.412'E	O32
Fosse 10 de Lens	36C(44A) NW4	Pont-à-Vendin	50° 28.704'N 2° 52.361'E	H24
Fosse 11 de Bethune	36C(44A) SW1	Lens	50° 26.557'N 2° 44.967'E	M8
Fosse 11 de Lens	36C(44A) SW1	Lens	50° 26.574'N 2° 47.280'E	M11
Fosse 12 de Lens	36C(44A) SW1	Lens	50° 26.780'N 2° 46.325'E	M6
Fosse 12 de Liévin	36C(44A) SW1	Lens	50° 25.861'N 2° 45.292'E	M14
Fosse 13	36C(44A) SW1	Lens	50° 25.184'N 2° 50.940'E	N28
Fosse 13	36C(44A) SW2	Harnes	50° 25.164'N 2° 50.989'E	N28
Fosse 14	36C(44A) SW1	Lens	50° 26.838'N 2° 49.278'E	N2
Fosse 14	36C(44A) SW2	Harnes	50° 25.599'N 2° 54.340'E	O20
Fosse 16	36C(44A) NW4	Pont-à-Vendin	50° 28.156'N 2° 57.035'E	I30
Fosse 16 de Lens	36C(44A) SW1	Lens	50° 26.363'N 2° 45.430'E	M10
Fosse 17	36C(44A) SW2	Harnes	50° 26.300'N 2° 54.206'E	O14
Fosse 19	36C(44A) SW2	Harnes	50° 26.277'N 2° 55.432'E	O16
Fosse 2	36C(44A) NW4	Pont-à-Vendin	50° 29.851'N 2° 54.418'E	I2
Fosse 2	36C(44A) NW4	Pont-à-Vendin	50° 29.750'N 2° 56.543'E	I11
Fosse 2	36C(44A) SW2	Harnes	50° 25.020'N 2° 54.151'E	O26
Fosse 2 & 2bis	36C(44A) SE1	Dourges	50° 25.192'N 2° 58.168'E	P25
Fosse 2 de Drocourt	36C(44A) SW4	Rouvroy	50° 24.415'N 2° 54.741'E	O33
Fosse 2 de l'escarpelle	36C(44A) SE1	Dourges	50° 25.579'N 3° 03.696'E	Q20
Fosse 21	36C(44A) SW2	Harnes	50° 26.762'N 2° 52.760'E	N12
Fosse 22	36C(44A) SW2	Harnes	50° 26.713'N 2° 52.723'E	N12
Fosse 3	36C(44A) NW4	Pont-à-Vendin	50° 29.526'N 2° 57.046'E	I12
Fosse 3	36C(44A) SW2	Harnes	50° 24.891'N 2° 56.674'E	O29
Fosse 3 & 15	36C(44A) SW2	Harnes	50° 25.042'N 2° 53.227'E	O25
Fosse 3 de Drocourt	36C(44A) SW4	Rouvroy	50° 24.389'N 2° 55.805'E	O34
Fosse 3 de Lens	36C(44A) SW1	Lens	50° 25.569'N 2° 46.796'E	M22
Fosse 3bis de Liévin	36C(44A) SW1	Lens	50° 25.077'N 2° 48.263'E	M30
Fosse 4	36C(44A) NW4	Pont-à-Vendin	50° 29.231'N 2° 56.225'E	I17
Fosse 4 & 4bis de Liévin	36C(44A) SW1	Lens	50° 24.625'N 2° 50.293'E	N33

Fosse 4 & 4bis de Liévin	36C(44A) SW3	Vimy	50º 24.489'N 2º 50.129'E	N33
Fosse 4 de Courrières	36C(44A) SW2	Harnes	50º 24.982'N 2º 52.185'E	N29
Fosse 4 Hely d'Oisse	36C(44A) SE1	Dourges	50º 24.783'N 2º 59.711'E	P33
Fosse 5	36C(44A) SW1	Lens	50º 25.313'N 2º 49.955'E	N20
Fosse 5 Dahcy	36C(44A) SE1	Dourges	50º 24.822'N 2º 58.519'E	P32
Fosse 5 de Béthune	36C(44A) SW1	Lens	50º 26.996'N 2º 45.558'E	M3
Fosse 5 de Courrières	36C(44A) SW2	Harnes	50º 25.451'N 2º 51.599'E	N23
Fosse 5 de Liévin	36C(44A) SW1	Lens	50º 25.630'N 2º 44.688'E	M20
Fosse 6	36C(44A) NW4	Pont-à-Vendin	50º 29.384'N 2º 54.752'E	I9
Fosse 6	36C(44A) SW2	Harnes	50º 25.145'N 2 º55.858'E	O28
Fosse 6	36C(44A) SW2	Harnes	50º 25.546'N 2º 54.316'E°	O20
Fosse 6 bis	36C(44A) SW2	Harnes	50º 24.734'N 2º 55.811'E	O34
Fosse 6 de Haisnes	36C(44A) NW1	LaBassee	50º 30.754'N 2º 48.194'E	A24
Fosse 6 de l'escarpelle	36C(44A) SE1	Dourges	50º 25.899'N 3º 03.887'E	Q21
Fosse 7	36C(44A) SW2	Harnes	50º 26.324'N 2º 55.439'E	O16
Fosse 7 & 7 bis	36C(44A) SW2	Harnes	50º 25.542'N 2º 56.336'E	O23
Fosse 7 & 7 bis de l'Escarpelle	36C(44A) SE3	Esquerchin	50º 24.597'N 3º 00.908'E	P35
Fosse 8	36C(44A) NW4	Pont-à-Vendin	50º 28.152'N 2º 57.267'E	I30
Fosse 8 de l' Escarpelle	36C(44A) SE1	Dourges	50º 24.739'N 3º 02.654'E	Q31
Fosse 8 de Lens	36C(44A) SW2	Harnes	50º 27.253'N 2º 51.163'E	N4
Fosse 9	36C(44A) SW2	Harnes	50º 26.317'N 2º 54.131'E	O14
Fosse Dechy	51BNE2	Dechy	50º 21.507'N 3º 07.588'E	F7
Fosse Delloye	51BNE2	Dechy	50º 19.898'N 3º 10.269'E	F29
Fosse No 1	36B(44B) SE2	Boyeffles	50º 26.876'N 2º 43.393'E	R5
Fosse No 1	36C(44A) SW3	Vimy	50º 22.867'N 2º 48.276'E	S18
Fosse No 1 de Nœux dite de Bracauquement	36B(44B) NE4	Noex-les-Mines	50º 28.263'N 2º 40.416'E	L19
Fosse No 10 de Nœux	36B(44B) SE2	Boyeffles	50º 25.897'N 2º 38.653'E	Q17
Fosse No 10bis de Nœux	36B(44B) SE2	Boyeffles	50º 26.001'N 2º 39.821'E	Q18
Fosse No 2 de Azincourt	51BNE4	Cantin	50º 19.021'N 3º 11.319'E	L12
Fosse No 2 de Bethune	36B(44B) NE4	Noex-les-Mines	50º 27.461'N 2º 42.692'E	L34
Fosse No 2 de Nœux dite Dupont	36B(44B) NE4	Noex-les-Mines	50º 27.370'N 2º 40.185'E	L31
Fosse No 3 de Nœux	36B(44B) NE4	Noex-les-Mines	50º 28.678'N 2º 40.365'E	L13
Fosse No 4	36B(44B) SE2	Boyeffles	50º 26.655'N 2º 39.150'E	Q6
Fosse No 5	36B(44B) NE4	Noex-les-Mines	50º 27.155'N 2º 38.126'E	K34
Fosse No 6	36C(44A) SW3	Vimy	50º 24.117'N 2º 46.079'E	S3
Fosse No 6 de Bethune	36B(44B) NE4	Noex-les-Mines	50º 27.663'N 2º 43.918'E	L36
Fosse No 6 de Nœux	36B(44B) NE2	Beuvry	50º 30.189'N 2º 41.126'E	F26
Fosse No 7	36C(44A) SW3	Vimy	50º 24.136'N 2º 48.921'E	T1
Fosse No 7 de Bethune	36C(44A) NW3	Loos	50º 27.677'N 2º 45.687'E	G33
Fosse No 8 de Bethune	36C(44A) NW1	LaBassee	50º 30.166'N 2º 47.139'E	G5
Fosse No 9 de Bethune	36B(44B) NE2	Beuvry	50º 30.171'N 2º 43.286'E	F29
Fosse Post	36ASE2	Lestrem	50º 36.393'N 2º 42.283'E	R22
Fosse René	51BNE2	Dechy	50º 20.880'N 3º 08.774'E	F15
Fosse Roucourt	51BNE2	Dechy	50º 19.877'N 3º 08.952'E	F27
Fosse St Louis	36C(44A) SW1	Lens	50º 25.494'N 2º49.347'E	N20
Fosse Wood	28NW4	Zillebeke	50º 49.785'N 2º 55.958'E	I29
Fosse Wood	62BNW3	Bellicourt	49º 56.178'N 3º 17.334'E	H26
Fosse Wood	66DNW3	Hattencourt	49º 45.617'N 2º 48.649'E	G17
Fosserelle	12SW2	Slype	51º 08.975'N 2º 55.309'E	O23
Fosses 8 & 8bis	36C(44A) SE1	Dourges	50º 26.275'N 3º 01.275'E	P17
Foster Camp	28NW3	Poperinghe	50º 51.475'N 2º 47.693'E	H1
Foster Copse	62CSW1	Dompierre	49º 53.057'N 2º 49.191'E	M24
Fouquescourt	66ENE4	Beaufort	49º 46.136'N 2º 45.162'E	L12
Fouquescourt Cross	66ENE2	Vrely	49º 47.124'N 2º 44.293'E	F28
Fouquierses	36C(44A) SW2	Harnes	50º 25.693'N 2º 54.818'E	O21
Four Sheaves Wood	62CSW4	St. Christ	49º 50.929'N 2º 57.028'E	O16
Four Trees	66DNW3	Hattencourt	49º 44.920'N 2º 46.932'E	G27
Four Winds Farm	57CSE3	Sorel-le-Grand	50º 03.020'N 2º 58.723'E	P31
Fourche Farm	20SW4	Bixschoote	50º 54.782'N 2º 53.289'E	U20
Fourme Cross Roads	20SW2	Zwartegat	50º 57.021'N 2º 56.520'E	O36
Fournes-en-Weppes	36SW4	Sainghin	50º 35.029'N 2º 53.316'E	U1
Fourques	62CSE3	Athies	49º 51.048'N 2º 59.187'E	V13

Name	Sheet	Location	Coordinates	Ref
Fourteen Tree Clump	36SW1	Aubers	50° 36.417'N 2° 49.537'E	N20
Fox Copse	57BSW1	Bantouzelle	50° 03.930'N 3° 14.917'E	M29
Fox Copse	62CSE3	Athies	49° 51.751'N 3° 01.446'E	V4
Fox Covert	62BSW3	St. Quentin	49° 52.387'N 3° 16.041'E	M36
Fox Farm	57BSW1	Bantouzelle	50° 04.158'N 3° 13.962'E	M23
Foxby Junction	20SE4	Roulers	50° 55.350'N 3° 08.152'E	X21
Foxglove Farms	28SW3	Bailleul	50° 45.388'N 2° 46.489'E	S5
Foxglove Hill	28SW3	Bailleul	50° 45.370'N 2° 46.287'E	S5
Fragile Farm	28SE4	Ronq	50° 44.686'N 3° 04.889'E	W16
Fram Farm	28NW1	Elverdinghe	50° 52.060'N 2° 48.210'E	B25
France Farm	20SW2	Zwartegat	50° 59.466'N 2° 52.049'E	O1
Francois Farm	28NW2	St Julien	50° 53.925'N 2° 54.710'E	C4
Frank Cross Roads	20SW2	Zwartegat	50° 58.972'N 2° 56.308'E	O12
Franklin Farm	27NE3	Winnezeele	50° 51.199'N 2° 34.629'E	K1
Frankton Junction?	28NW4	Ypres	50° 50.509'N 2° 51.362'E	H17
Franoilly-Selency	62BSW3	St. Quentin	49° 51.028'N 3° 13.514'E	S15
Franque Wood	57BSW3	Honnecourt	50° 02.081'N 3° 12.543'E	S8
Franqueville	57BSW3	Honnecourt	50° 01.945'N 3° 12.118'E	S13
Fransart	66DNW3	Hattencourt	49° 46.053'N 2° 46.412'E	G8
Fransart Wood	66DNW3	Hattencourt	49° 46.091'N 2° 46.533'E	G8
Frantic Corner	28SE2	Menin	50° 47.388'N 3° 05.642'E	Q24
Frascati Camp	28NW2	St Julien	50° 52.059'N 2° 53.306'E	C26
Frascati Farm	28NW2	St Julien	50° 51.990'N 2° 53.302'E	C26
Freak Crossing	28NE2	Moorslede	50° 53.639'N 3° 07.543'E	F8
Frean Houses	28NE4	Dadizeele	50° 50.861'N 3° 04.134'E	K16
Freckles Wood	62CNW4	Peronne	49° 56.947'N 2° 54.104'E	I7
Frederick's Copse	66DNW1	Punchy	49° 47.965'N 2° 46.786'E	A21
Fred's Wood	51BNW3	Arras	50° 17.765'N 2° 48.704'E	H19
Freeby House	20SE4	Roulers	50° 56.914'N 3° 06.178'E	R31
Frégicourt	57CSW4	Combles	50° 00.729'N 2° 53.171'E	T30
Frelinghien	36NW2	Armentieres	50° 42.726'N 2° 55.898'E	C11
Fremaux Farm	36SW3	Richebourg	50° 33.240'N 2° 50.318'E	T21
Fremicourt	57CNW4	Beugny	50° 06.650'N 2° 54.176'E	I25
French Farm	12SW3	Ramscappelle	51° 06.547'N 2° 45.309'E	S10
French Farm	20NW4	Dixmunde	51° 00.068'N 2° 54.222'E	I33
French Farm	28NW4	Zillebeke	50° 49.804'N 2° 54.118'E	I27
Frenchman's Farm	28SW2	Wytschaete	50° 46.208'N 2° 50.783'E	N34
Frenzy Farm	28SE2	Menin	50° 48.042'N 3° 04.352'E	Q10
Frères Lowagie Farm	20SW3	Oostvleteren	50° 54.545'N 2° 45.946'E	S29
Fresh Wood	66DNW1	Punchy	49° 48.045'N 2° 46.551'E	A14
Freshwater Wood	20SE2	Hooglede	50° 57.694'N 3° 04.616'E	Q29
Fresnes	62CSW3	Vermandovillers	49° 51.129'N 2° 51.805'E	T9
Fresnes Wood	62CSW3	Vermandovillers	49° 51.206'N 2° 51.586'E	T9
Fresnes-les Montauban	51BNW2	Oppy	50° 19.968'N 2° 55.867'E	C28
Fresnoy	36C(44A) SW4	Rouvroy	50° 21.906'N 2°53.354'E	U25
Fresnoy Wood	51BNW2	Oppy	50° 21.779'N 2° 53.347'E	C1
Fresnoy-le-Grand	62BNW4	Ramicourt	49° 56.835'N 3° 24.908'E	I18
Fresnoy-le-Petit	62BSW1	Gricourt	49° 53.072'N 3° 13.681'E	M27
Fresnoy-les-Roye	66DNW3	Hattencourt	49° 44.218'N 2° 46.539'E	G32
Fressancourt	70DNW2	Servais	49° 37.857'N 3° 25.657'E	C18
Frevin-Capelle	51CNE2	Ecoivres	50° 21.066'N 2° 38.177'E	E10
Freyberg Farm	27NE1	Herzeele	50° 52.047'N 2° 35.769'E	E26
Frezenberg	28NE1	Zonnebeke	50° 52.042'N 2° 57.021'E	D25
Friant Post	20SW4	Bixschoote	50° 56.389'N 2° 54.062'E	U3
Fricourt	62DNE2	Méaulte	49° 59.960'N 2° 42.983'E	F3
Fricourt Farm	57DSE4	Ovillers	50° 00.358'N 2° 43.254'E	X28
Fricourt Wood	62DNE2	Méaulte	50° 00.130'N 2° 43.296'E	F4
Friday Copse	28NE2	Moorslede	50° 52.040'N 3° 03.909'E	E27
Friedland Farm	28NW2	St Julien	50° 52.587'N 2° 51.395'E	B23
Frien Farm	12SW3	Ramscappelle	51° 05.139'N 2° 47.128'E	T25
Friendship Cross Roads	20SE4	Roulers	50° 55.472'N 3° 08.372'E	X15
Friesland Copse	28NE1	Zonnebeke	50° 53.945'N 3° 00.448'E	D5

Frigid House	28SE2	Menin	50° 48.475'N 3° 08.732'E	R10
Frill Farm	12NW3 & 4	Middlekerke	51° 11.368'N 2° 50.831'E	H30
Frippery Farm	36ANE1	Morbecque	50° 42.531'N 2° 33.982'E	D12
Frisco Farm	36ANE2	Vieux Berquin	50° 42.335'N 2° 43.417'E	F18
Frise	62CNW3	Vaux	49° 56.510'N 2° 49.141'E	G18
Frisk Farm	27NE1	Herzeele	50° 53.894'N 2° 29.680'E	D1
Frog Farm	27NE1	Herzeele	50° 52.436'N 2° 35.460'E	E20
Frogs Wood	62CSW4	St. Christ	49° 51.384'N 2° 52.050'E	T10
Froid Nid Farm	36NW1	Steenwerck	50° 41.133'N 2° 45.244'E	A27
Froidmont	66DNW4	Nesle	49° 45.118'N 2° 54.862'E	I25
Froidure	36SE1	Haubourdin	50° 36.419'N 3° 03.638'E	Q21
Fromage Farm	20NW4	Dixmunde	51° 01.478'N 2° 53.505'E	I15
Frome Farm	28NW3	Poperinghe	50° 48.987'N 2° 47.622'E	G36
Fromelles	36SW2	Radinghem	50° 36.467'N 2° 51.194'E	N23
Fromez Farm	36SE1	Haubourdin	50° 36.333'N 2° 58.193'E	P20
Frost House	28NE1	Zonnebeke	50° 52.167'N 2° 57.174'E	D25
Frosts Homestead	20SE2	Hooglede	50° 57.543'N 3° 06.278'E	R25
Froth Farm	20SE1	Staden	50° 57.633'N 3° 02.396'E	Q26
Froucaucourt	62CSW1	Dompierre	49° 52.470'N 2° 46.321'E	M26
Frowsty House	28SW1	Kemmel	50° 48.390'N 2° 47.020'E	M6
Fructidor Wood	66CNW2	Itancourt	49° 49.351'N 3° 23.503'E	C10
Frugal Farm	28SE4	Ronq	50° 46.203'N 3° 07.622'E	R32
Fruit Farm	27NE1	Herzeele	50° 53.335'N 2° 29.613'E	D7
Fry Farm	27SE4	Meteren	50° 44.730'N 2° 41.302'E	X15
Ft. d'Esquin	36SW1	Aubers	50° 37.196'N 2° 46.460'E	M10
Fuddle Farm	20SE2	Hooglede	50° 59.561'N 3° 03.895'E	Q4
Fudge Farm	28NE4	Dadizeele	50° 51.661'N 3° 09.820'E	L5
Fuel Farm	27NE1	Herzeele	50° 51.486'N 2° 30.881'E	J2
Fullerton Villas	28SE1	Wervicq	50° 48.125'N 2° 59.739'E	P10
Fullerton Villas	28SW2	Wytschaete	50° 48.128'N 2° 59.737'E	P10
Fum Farm	36NW1	Steenwerck	50° 43.035'N 2° 44.297'E	A2
Fun Farm	27NE1	Herzeele	50° 51.871'N 2° 30.930'E	D26
Fundy Farm	27NE1	Herzeele	50° 53.654'N 2° 30.534'E	D2
Funke Farm	20SE2	Hooglede	50° 59.824'N 3° 10.270'E	R6
Funny Farm	28NE3	Gheluvelt	50° 49.062'N 2° 58.154'E	J32
Funquereau	36NE1	Quesnoy	50° 41.179'N 2° 57.797'E	D25
Furlough Cross	36ANE2	Vieux Berquin	50° 42.589'N 2° 42.600'E	F11
Furmston Farm	20SE1	Staden	50° 57.674'N 3° 00.904'E	P30
Furnes	20NE4	Lichtervelde	51° 01.729'N 3° 06.018'E	6170
Fürst Farm	28NE1	Zonnebeke	50° 54.133'N 3° 00.030'E	D5
Furtive Farm	28SW1	Kemmel	50° 48.235'N 2° 49.026'E	N8
Fuse Meadow	62CSW3	Vermandovillers	49° 49.781'N 2° 45.709'E	S25
Fushia Farm	36ANE1	Morbecque	50° 41.199'N 2° 31.575'E	D26
Fusilier Farm	28NW2	St Julien	50° 52.917'N 2° 53.143'E	C14
Fusilier Farm	28SW3	Bailleul	50° 45.553'N 2° 49.710'E	T3
Fusilier Farm	28SW4	Ploegsteert	50° 44.974'N 2° 53.335'E	U8
Fusilier House	12SW1	Nieuport	51° 09.551'N 2° 45.627'E	M11
Fusilier Lines	28SW3	Bailleul	50° 45.589'N 2° 49.759'E	T3
Fusilier Ridge	57CSE2	Gonnelieu	50° 03.905'N 3° 08.754'E	R26
Fuze Cottage	28SW4	Ploegsteert	50° 45.007'N 2° 55.377'E	U10
Fuzeville Fork	28NW3	Poperinghe	50° 49.224'N 2° 45.941'E	G34
Fuzeville Sidings?	28NW3	Poperinghe	50° 49.167'N 2° 46.182'E	G35
Fuzzy farm	28SE4	Ronq	50° 44.994'N 3° 08.078'E	X15
G Camp	28NW1	Elverdinghe	50° 52.906'N 2° 45.819'E	A16
G Farm	12SW1	Nieuport	51° 07.832'N 2° 48.389'E	N32
Gabion Farm	28SW4	Ploegsteert	50° 45.429'N 2° 53.179'E	U1
Gable Farm	28SW4	Ploegsteert	50° 45.769'N 2° 50.843'E	T4
Gable House	28NW2	St Julien	50° 54.158'N 2° 52.954'E	C2
Gables Farm	20SE2	Hooglede	50° 57.278'N 3° 03.665'E	Q33
Gabriel Cross Roads	28NE2	Moorslede	50° 52.520'N 3° 06.727'E	F19
Gabriel Farm	20SW2	Zwartegat	50° 57.667'N 2° 53.122'E	O26
Gaby Cottage	28NW1	Elverdinghe	50° 51.870'N 2° 47.046'E	A30

Gadfly Farm	28NW1	Elverdinghe	50° 52.409'N 2° 44.694'E	A21
Gadget Crossing	27SE2	Berthen	50° 47.164'N 2° 38.213'E	Q23
Gai Farm	20SE1	Staden	50° 59.044'N 3° 02.772'E	Q8
Gaiety Cross Roads	20SE4	Roulers	50° 55.768'N 3° 08.380'E	X15
Gailes Farm	28SE1	Wervicq	50° 48.040'N 3° 00.696'E	P11
Gailes Farm	28SW2	Wytschaete	50° 48.057'N 3° 00.682'E	P11
Gainsborough House	20SE4	Roulers	50° 54.524'N 3° 04.630'E	W28
Gale Farm	12NE3	Oudenburg	51° 12.712'N 2° 59.539'E	J11
Gale Junction	28NE4	Dadizeele	50° 49.461'N 3° 06.718'E	L31
Galilee	20NW4	Dixmunde	51° 01.996'N 2° 52.723'E	I8
Gall Cottages	28NE2	Moorslede	50° 52.710'N 3° 08.456'E	F21
Galley Wood	51BSE1	Saudemont	50° 16.202'N 2° 58.407'E	P1
Gallipoli	20SE3 & 28NE1-3	Poelcappelle	50° 52.891'N 2° 57.430'E	D13
Gallipoli	28NE1	Zonnebeke	50° 52.896'N 2° 57.429'E	D13
Gallipoli Copse	28NE1	Zonnebeke	50° 52.945'N 2° 57.854'E	D14
Gallipoli Copse	20SE3 & 28NE1-3	Poelcappelle	50° 52.900'N 2° 57.835'E	D14
Gallois	27NE1	Herzeele	50° 53.703'N 2° 31.505'E	D3
Gallows Corner	27NE1	Herzeele	50° 53.670'N 2° 29.895'E	D1
Gallwitz Farm	28NW2	St Julien	50° 53.620'N 2° 53.185'E	C8
Galo Farm	27NE4	Abeele	50° 50.259'N 2° 39.277'E	L13
Galooper	11SE4	No Edition 0617	51° 06.618'N 2° 39.545'E	X8
Galwall Lines	28SW3	Bailleul	50° 43.594'N 2° 47.157'E	S30
Gamages	20SE3	Westroosebeke	50° 55.660'N 2° 59.561'E	V16
Gambler's Corner	28NE4	Dadizeele	50° 51.523'N 3° 07.580'E	L2
Game Copse	28SE1	Wervicq	50° 48.618'N 2° 57.284'E	P1
Game Copse	28SW2	Wytschaete	50° 48.607'N 2° 57.272'E	P1
Gamins Corner	20SE1	Staden	50° 58.811'N 3° 01.203'E	P12
Gamme Cross Roads	20SW2	Zwartegat	50° 57.755'N 2° 56.134'E	O24
Gammon Farm	36ANE1	Morbecque	50° 42.835'N 2° 36.554'E	E3
Gander Crossing	36ANE2	Vieux Berquin	50° 42.708'N 2° 41.800'E	F10
Gandy Cottage	20SE2	Hooglede	50° 57.477'N 3° 09.675'E	R29
Gangers Cottage	28SW4	Ploegsteert	50° 44.061'N 2° 55.858'E	U23
Ganterre Fork	20NE3	Zarren	51° 02.028'N 3° 02.046'E	K7
Gapaard	28SW4	Ploegsteert	50° 46.174'N 2° 55.577'E	O35
Gara Farm	27NE4	Abeele	50° 49.122'N 2° 37.911'E	K35
Garage	36ANE1	Morbecque	50° 42.898'N 2° 33.345'E	D5
Garage de Malakoff	51BSE4	Marquion	50° 12.340'N 3° 06.563'E	W18
Garage de Tramways	36NE2	Tourcoing	50° 40.961'N 3° 06.137'E	K6
Gard Wood	57BSW2	Clary	50° 04.143'N 3° 20.838'E	O19+O25
Garda Die Cabt.	28SW2	Wytschaete	50° 46.376'N 2° 56.838'E	O36
Garde House	20SW4	Bixschoote	50° 55.093'N 2° 51.544'E	T12
Garde-Dieu	28SW2	Wytschaete	50° 46.435'N 2° 56.345'E	O36
Garde-Dieu Cabaret	28SW2	Wytschaete	50° 46.396'N 2° 56.763'E	O36
Garden Block	28SW3	Bailleul	50° 43.645'N 2° 45.484'E	S27
Garden Farm	28SW1	Kemmel	50° 47.444'N 2° 48.418'E	N13
Garden Farm	62CSW2	Barleux	49° 54.066'N 2° 55.473'E	O8
Garden Farm	66DNW1	Punchy	49° 48.002'N 2° 50.628'E	B14
Garden Villa	28NW2	St Julien	50° 52.128'N 2° 54.758'E	C28
Gardiner Bank	57CSE4	Villers-Guislain	50° 03.048'N 3° 10.772'E	R35
Gare d'eau	51BNE1	Brébières	50° 20.675'N 3° 03.253'E	E14
Garenne Copse	66DNW1	Punchy	49° 48.745'N 2° 50.008'E	B7
Garfield Farm	20SE4	Roulers	50° 56.826'N 3° 04.523'E	W4
Garland Farm	20SE4	Roulers	50° 55.075'N 3° 06.334'E	X19
Garrick Cross Roads	20SE4	Roulers	50° 56.750'N 3° 08.723'E	X4
Gars Brugghe	36ANE2	Vieux Berquin	50° 40.770'N 2° 38.560'E	K5
Garstin Cottages	27NE1	Herzeele	50° 53.886'N 2° 35.751'E	E2
Garter Copse	28NE2	Moorslede	50° 53.476'N 3° 05.586'E	E12
Garter Point	28NE1	Zonnebeke	50° 51.768'N 2° 58.681'E	J3
Garvin Corner	27NE1	Herzeele	50° 51.619'N 2° 30.409'E	D25
Garvin Farm	27NE1	Herzeele	50° 51.578'N 2° 30.431'E	D25
Garwood House	20SE3	Westroosebeke	50° 55.015'N 3° 03.062'E	W21
Gas Works	12NW3 & 4	Middlekerke	51° 11.070'N 2° 49.468'E	H28

Gas Works	28SE3	Comines	50° 45.906'N 3° 00.673'E	V5
Gas Works	28SE4	Ronq	50° 44.877'N 3° 07.237'E	X14
Gas Works	36ANE1	Morbecque	50° 43.127'N 2° 32.633'E	D4
Gas Works	36C(44A) NW4	Pont-à-Vendin	50° 29.399'N 2° 57.149'E	I12
Gas Works	36NE1	Quesnoy	50° 42.522'N 3° 00.571'E	D17
Gas Works	36NE2	Tourcoing	50° 42.480'N 3° 10.274'E	F17
Gas Works	36SE1	Haubourdin	50° 36.729'N 3° 00.309'E	P16
Gas Works	36SE1	Haubourdin	50° 37.911'N 3° 02.252'E	Q1
Gas Works	36SE1	Haubourdin	50° 37.276'N 3° 02.815'E	Q8
Gas Works	57BNW1	Cambrai	50° 10.781'N 3° 13.361'E	A10
Gascogne Farm	20SW2	Zwartegat	50° 59.392'N 2° 52.812'E	O2
Gasometer	36C(44A) NW4	Pont-à-Vendin	50° 29.275'N 2° 52.137'E	H11
Gasometer	36NW2	Armentieres	50° 42.806'N 2° 55.138'E	C7
Gasometer Corner	36NW2	Armentieres	50° 42.789'N 2° 53.908'E	C7
Gaspipe House	28SW3	Bailleul	50° 44.371'N 2° 46.897'E	S17
Gasthof House	20SW4	Bixschoote	50° 54.983'N 2° 51.586'E	T24
Gastineau Tuileries	51CSE3	Ransart	50° 12.675'N 2° 39.563'E	W11
Gate Walk	28NW4	Zillebeke	50° 50.533'N 2° 53.642'E	I14
Gatefield Farm	20SE2	Hooglede	50° 59.648'N 3° 05.006'E	Q5
Gattem Cross	28SE2	Menin	50° 46.870'N 3° 04.750'E	Q28
Gattem Farm	28SE2	Menin	50° 46.938'N 3° 04.885'E	Q29
Gatwick Cottage	28NW2	St Julien	50° 53.296'N 2° 54.621'E	C16
Gauche Wood	57CSE4	Villers-Guislain	50° 02.535'N 3° 08.204'E	X1
Gaul Farm	36ANE2	Vieux Berquin	50° 41.870'N 2° 41.937'E	F22
Gaul Post	51BNW1	Roclincourt	50° 19.686'N 2° 49.552'E	B26
Gaunt Farm	28NW1	Elverdinghe	50° 52.154'N 2° 45.266'E	A28
Gauwy Mill	36NW1	Steenwerck	50° 42.209'N 2° 47.111'E	A17
Gave Bridge	28SE2	Menin	50° 47.041'N 3° 08.431'E	R27
Gavion	36B(44B) NE4	Noex-les-Mines	50° 27.303'N 2° 39.099'E	K35
Gavrelle	51BNW2	Oppy	50° 19.828'N 2° 53.184'E	B30
Gawkers Farm	20SE2	Hooglede	50° 57.626'N 3° 04.645'E	Q29
Gay Bridge	28NW2	St Julien	50° 53.274'N 2° 51.248'E	B17
Gayser Corner	20SW2	Zwartegat	50° 58.032'N 2° 53.965'E	O21
Gaza Cross Roads	27SE4	Meteren	50° 44.050'N 2° 41.658'E	X22
Gaziers House	20SW4	Bixschoote	50° 55.307'N 2° 51.618'E	T18
Gd Hel Farm	28SE3	Comines	50° 44.904'N 2° 59.177'E	V15
Gd Porte Egal Farm	36NW4	Bois Grenier	50° 40.499'N 2° 55.523'E	I10
Gde Rue	36B(44B) NE2	Beuvry	50° 30.531'N 2° 43.387'E	F29
Gde. Barrière House	28NW2	St Julien	50° 54.195'N 2° 53.355'E	C2
Geelfoort	27NE1	Herzeele	50° 53.156'N 2° 35.686'E	E8
Geemeenhof	20SE4	Roulers	50° 57.078'N 3° 04.889'E	Q35
Geikie Farm	20SE3	Westroosebeke	50° 55.213'N 3° 02.514'E	W20
Geite St Joseph	20NE3	Zarren	51° 00.043'N 3° 02.107'E	K31
Gem Farms	27SE2	Berthen	50° 46.853'N 2° 37.925'E	Q23
Gemeenendreisch	27NE1	Herzeele	50° 53.273'N 2° 35.641'E	E8
Gemeeneveld	12SE4	Aertrycke	51° 07.206'N 3° 03.671'E	5891
Gendarmerie	28SE3	Comines	50° 45.376'N 3° 00.308'E	V11
Gendarmerie	36C(44A) NW1	LaBassee	50° 32.192'N 2° 48.111'E	A6
Gendarmerie	57DNE 1&2	Fonquevillers	50° 09.446'N 2° 38.025'E	E21
Gendarmery	28NW4	Zillebeke	50° 51.257'N 2° 52.952'E	I7
General Farm	28NW2	St Julien	50° 53.029'N 2° 52.440'E	C1
General's Farm	20NW4	Dixmunde	51° 00.190'N 2° 53.208'E	I26
Generating Station	12NE1	Clemskerke	51° 13.352'N 2° 57.161'E	J2
Generating Station	57CSE1	Bertincourt	50° 03.805'N 3° 00.152'E	P27
Genermont	62CSW3	Vermandovillers	49° 51.063'N 2° 51.091'E	T9
Genet Corner	36ANE4	Merville	50° 40.293'N 2° 39.534'E	L7
Genevriers Wood	62BSW1	Gricourt	49° 54.229'N 3° 15.204'E	M11
Genin Well Copse No 1	57CSE4	Villers-Guislain	50° 01.761'N 3° 05.726'E	W17
Genin Well Copse No 2	57CSE4	Villers-Guislain	50° 01.701'N 3° 06.676'E	W17
Genoa	20SE3 & 28NE1-3	Poelcappelle	50° 53.912'N 2° 56.988'E	D1
Genoa	28NE1	Zonnebeke	50° 53.917'N 2° 56.993'E	D1
Georges	12SW1	Nieuport	51° 09.059'N 2° 44.758'E	M16

Name	Sheet	Location	Coordinates	Ref
Georges Copse	62CNE4	Roisel	49° 57.677'N 3° 08.084'E	L1
Georgia	27NE3	Winnezeele	50° 49.116'N 2° 35.727'E	K32
Gerald Farm	27NE1	Herzeele	50° 52.780'N 2° 31.586'E	D15
Geranium Farm	20SE2	Hooglede	50° 58.968'N 3° 07.645'E	R9
Gerard Farm	12NW3 & 4	Middlekerke	51° 11.185'N 2° 50.757'E	H29
Gerard Farm	20SW3	Oostvleteren	50° 56.560'N 2° 45.401'E	S4
Gerbedoen Farm	36ANE2	Vieux Berquin	50° 43.140'N 2° 40.030'E	F1
German House	36NW4	Bois Grenier	50° 39.365'N 2° 54.652'E	I21
German M.G. House	36NW2	Armentieres	50° 42.950'N 2° 55.393'E	C10
Germans Wood	62CNW1	Maricourt	49° 59.630'N 2° 47.208'E	A10
Gertie House	28NW3	Poperinghe	50° 51.436'N 2° 46.072'E	G5
Gesle	36NE2	Tourcoing	50° 42.138'N 3° 06.698'E	F19
Geusschesmis	28NE2	Moorslede	50° 53.136'N 3° 08.518'E	F15
Gheluvelt	28NE3	Gheluvelt	50° 50.084'N 2° 59.626'E	J22
Gheluvelt Wood	28NE3	Gheluvelt	50° 50.078'N 2° 59.245'E	J21
Gheluwe	28SE2	Menin	50° 48.616'N 3° 04.623'E	Q4
Ghent Cottages	28NW2	St Julien	50° 52.286'N 2° 50.542'E	B28
Ghewy Farm	12SW3	Ramscappelle	51° 06.880'N 2° 46.691'E	S12
Ghoorka Fork	28NE2	Moorslede	50° 51.915'N 3° 04.597'E	K4
Ghost Farm	27NE2	Proven	50° 53.265'N 2° 37.193'E	E10
Giana Farm	27SE2	Berthen	50° 47.167'N 2° 37.265'E	Q22
Gibb Farm	20SE1	Staden	50° 57.853'N 2° 58.411'E	P21
Giblet House	27NE2	Proven	50° 53.569'N 2° 36.900'E	E10
Gibraltar	62DNE2	Méaulte	49° 57.914'N 2° 42.349'E	F26
Gibralter	28NW4	Zillebeke	50° 51.547'N 2° 54.326'E	I3
Gibralter Camp	28SW1	Kemmel	50° 46.800'N 2° 49.656'E	N27
Gibralter Mill In Ruins	51BSE3	Cagnicourt	50° 13.119'N 3° 01.396'E	V11
Gig Farm	27NE1	Herzeele	50° 52.427'N 2° 34.735'E	E19
Gilbeys Farm	28NE4	Dadizeele	50° 50.815'N 3° 05.431'E	K17
Gilders Farm	20SE2	Hooglede	50° 57.532'N 3° 03.693'E	Q27
Gilford Cross Roads	28NW1	Elverdinghe	50° 53.512'N 2° 46.436'E	A11
Gillemont Farm	62BNW1	Gouy	49° 59.429'N 3° 12.050'E	K13
Gilles Farm	20SW4	Bixschoote	50° 56.740'N 2° 51.927'E	N36
Gillie Farm	36ANE2	Vieux Berquin	50° 41.189'N 2° 41.390'E	F27
Gillow Farm	28NE4	Dadizeele	50° 49.585'N 3° 05.174'E	K29
Gilmerton Farm	20SE1	Staden	50° 58.220'N 3° 03.528'E	Q21
Gilotin Mill or Neuf Mill	70DNW4	St. Gobain	49° 33.927'N 3° 20.478'E	H36
Gimble Wood	62CNW1	Maricourt	49° 57.596'N 2° 49.838'E	H1
Gimble Wood	62CNW3	Vaux	49° 57.566'N 2° 49.819'E	H1
Gin Copse	66DNW4	Nesle	49° 46.001'N 2° 53.436'E	H17
Gin Palace	28NW1	Elverdinghe	50° 52.165'N 2° 47.052'E	A30
Ginchy	57CSW3	Longueval	50° 01.446'N 2° 49.905'E	N13
Ginchy Farm	57CSW3	Longueval	50° 01.306'N 2° 49.783'E	N13
Gingham Farm	27NE1	Herzeele	50° 52.804'N 2° 32.305'E	D15
Gippy Mill	27SE1	St Sylvestre	50° 46.403'N 2° 33.280'E	P29
Giren Farm	20SW3	Oostvleteren	50° 54.701'N 2° 48.990'E	T20
Girls Convent	36SW2	Radinghem	50° 36.959'N 2° 53.519'E	O14
Girls School	36NW4	Bois Grenier	50° 38.910'N 2°52.567'E	H30
Gironde Farm	20SW2	Zwartegat	50° 59.570'N 2° 54.286'E	O3
Girton Cross	28NW3	Poperinghe	50° 50.097'N 2° 45.889'E	G22
Gist Farm	36ANE2	Vieux Berquin	50° 43.266'N 2° 43.282'E	F6
Gita Farm	28NW3	Poperinghe	50° 50.061'N 2° 47.894'E	H19
Gits	20SE2	Hooglede	50° 59.803'N 3° 05.724'E	Q6
Gitsberg	20SE2	Hooglede	50° 59.318'N 3° 06.412'E	R7
Givenchy	36C(44A) SW3	Vimy	50° 23.541'N 2°46.206'E	S10
Givenchy Camp	28NW3	Poperinghe	50° 50.953'N 2° 48.921'E	H8
Givenchy Farm	28NW3	Poperinghe	50° 50.963'N 2° 48.656'E	H8
Givenchylez-la-Bassee	36C(44A) NW1	LaBassee	50° 31.747'N 2° 45.417'E	A10
Gladiator Farm	28NW4	Ypres	50° 50.752'N 2° 51.506'E	H18
Glasgow Spur	28NE1	Zonnebeke	50° 52.057'N 2° 59.060'E	D27-J4
Glass Farm	28NE2	Moorslede	50° 53.532'N 3° 09.381'E	F11
Glass Houses	28NE3	Gheluvelt	50° 49.885'N 2° 59.749'E	J28

Glass Works	51BNE4	Cantin	50° 16.966'N 3° 07.282'E	L31
Glatignies	36NE1	Quesnoy	50° 42.416'N 3° 01.419'E	D18
Glatz Woods No 1	62CSW1	Dompierre	49° 53.507'N 2° 50.408'E	N14
Glatz Woods No 2	62CSW1	Dompierre	49° 53.415'N 2° 50.336'E	N14
Glen Farm	20SE2	Hooglede	50° 57.156'N 3° 03.883'E	Q34
Glenche Maison	36NW1	Steenwerck	50° 42.592'N 2° 44.155'E	A8
Glencorse Wood	28NE3	Gheluvelt	50° 50.830'N 2° 58.170'E	J14
Glenfield Farm	28NE4	Dadizeele	50° 49.283'N 3° 04.718'E	K34
Glentham Copse	28NE4	Dadizeele	50° 50.672'N 3° 06.625'E	L13
Glim Farm	36ANE1	Morbecque	50° 41.507'N 2° 35.495'E	E20
Glimpse Cottage	28NW2	St Julien	50° 53.142'N 2° 52.655'E	C13
Gloriette	62BSW4	Homblieres	49° 52.077'N 3° 19.105'E	T4
Glory Farm	20SE3	Westroosebeke	50° 56.797'N 3° 03.111'E	W3
Gloster Farm	20SE3	Westroosebeke	50° 54.856'N 2° 57.749'E	V20
Gloster Farm	20SE3 & 28NE1-3	Poelcappelle	50° 54.847'N 2° 57.739'E	V20
Gloster House	28SW4	Ploegsteert	50° 44.164'N 2° 53.442'E	U20
Gloster Road	36ANE3	Haverskerque	50° 38.728'N 2° 36.292'E	K26
Gloster Wood	51BNW2	Oppy	50° 19.798'N 2° 57.046'E	C29
Glove Cottage	28NE2	Moorslede	50° 52.318'N 3° 05.749'E	E30
Glow Worm Farm	12NE1	Clemskerke	51° 14.154'N 3° 02.008'E	E20
Gloy Farm	28SE4	Ronq	50° 44.426'N 3° 05.873'E	W24
Gluck Junction	20SW2	Zwartegat	50° 58.488'N 2° 56.313'E	O18
Glue Factory	36SW2	Radinghem	50° 36.402'N 2° 57.258'E	O24
Glynde Corner	20SE2	Hooglede	50° 57.520'N 3° 04.525'E	Q28
Gnat Wood	66CSW4	La Fere	49° 40.943'N 3° 24.199'E	U11
Gnome Farm	12NE3	Oudenburg	51° 12.847'N 3 °00.524'E	J12
Goal Farm	27NE1	Herzeele	50° 51.616'N 2° 31.244'E	D26
Goauquie Farm	20SW3	Oostvleteren	50° 56.180'N 2° 46.784'E	S6
Gobalt Cottages	36ANE4	Merville	50° 39.595'N 2° 42.131'E	L16
Goblin Bank	51BSW2	Vis-en-Artois	50° 14.311'N 2° 56.066'E	O28
God Farm	28SW2	Wytschaete	50° 46.459'N 2° 56.707'E	O30
Goderis Farm	28SW2	Wytschaete	50° 46.712'N 2° 52.866'E	O25
Godewaersvelde	27SE2	Berthen	50° 47.634'N 2° 38.651'E	Q18
Godezmme Farm	28SW2	Wytschaete	50° 48.006'N 2° 50.474'E	N10
Godfrey's Fork	20SE4	Roulers	50° 55.189'N 3° 05.314'E	W10
Godshuis	28SE1	Wervicq	50° 46.584'N 3° 00.614'E	P29
Godwin Farm	27NE1	Herzeele	50° 53.366'N 2° 34.384'E	E7
Goed Moat Mill	28NW3	Poperinghe	50° 49.644'N 2° 47.599'E	G30
Goed te Vestern Farm	20SW4	Bixschoote	50° 55.297'N 2° 55.877'E	U17
Goedbeek Farm	28NW3	Poperinghe	50° 50.220'N 2° 48.432'E	H20
Goethals Farm	28SW2	Wytschaete	50° 47.331'N 2° 50.549'E	N22
Gœuizin	51BNE4	Cantin	50° 19.085'N 3° 05.426'E	K10
Gœuizin Wood	51BNE4	Cantin	50° 18.541'N 3° 05.588'E	K16
Gogra House	27NE3	Winnezeele	50° 49.185'N 2° 30.374'E	J25
Golan Farm	28NW3	Poperinghe	50° 49.115'N 2° 46.485'E	G35
Golden Cross Roads	28NE4	Dadizeele	50° 50.263'N 3° 08.675'E	L22
Golden Eagle Inn	20NE3	Zarren	51° 00.562'N 2° 57.609'E	J26
Golden Farm	20SE2	Hooglede	50° 58.392'N 3° 10.352'E	R18
Golderis Farm	20SW1	Loo	50° 59.056'N 2° 46.764'E	M12
Golders Green	28SE1	Wervicq	50° 46.899'N 3° 00.018'E	P28
Golders Green	28SW2	Wytschaete	50° 46.901'N 3° 00.018'E	P29
Goldfish Chateau	28NW4	Ypres	50° 51.096'N 2° 51.005'E	H11
Goldie Farm	36ANE2	Vieux Berquin	50° 40.999'N 2° 39.912'E	F25
Goldsmith Farm	28NE4	Dadizeele	50° 49.759'N 3° 04.890'E	K29
Golf Copse	20SE1	Staden	50° 57.602'N 3° 01.792'E	Q25
Goliath Farm	20SE3	Westroosebeke	50° 56.836'N 3° 02.925'E	Q32
Gollane Farm	20SE1	Staden	50° 57.621'N 3° 01.462'E	Q25
Gombert Farm	36ANE2	Vieux Berquin	50° 40.872'N 2° 38.170'E	E29
Gomeecourt Wood	57DNE 1&2	Fonquevillers	50° 08.718'N 2° 38.885'E	E28
Gomicourt	62CSW3	Vermandovillers	49° 50.469'N 2° 50.190'E	T13
Gomiecourt	57CNW1	Gomiecourt	50° 09.093'N 2° 47.877'E	A29
Gomiecourt	57DNE2+57CNW1	Courcelles	50° 09.093'N 2° 47.877'E	A29

Gommecourt	57DNE2	Essarts	50° 08.425'N 2° 38.597'E	K4
Gommecourt	57DNE 1&2	Fonquevillers	50° 08.425'N 2° 38.597'E	K4
Gommecourt Park	57DNE 1&2	Fonquevillers	50° 08.255'N 2° 38.529'E	K4
Gondezeune Farm	28SW2	Wytschaete	50° 47.751'N 2° 54.330'E	O15
Gondola Farm	20SE2	Hooglede	50° 59.107'N 3° 08.965'E	R10
Gong Spinney	28NE2	Moorslede	50° 53.079'N 3° 05.335'E	E17
Gonnehem	36ASE3	Gonnehem	50° 33.778'N 2° 34.508'E	V18
Gonnelieu	57CSE2	Gonnelieu	50° 03.460'N 3° 09.178'E	R27
Gonnelieu Ridge	57CSE2	Gonnelieu	50° 03.904'N 3° 10.301'E	R28
Gooch Farm	20SW2	Zwartegat	50° 59.498'N 2° 56.282'E	O6
GoodMan Farm	57CSE2	Gonnelieu	50° 05.212'N 3° 09.308'E	R9
Goodrich Junction	28NE4	Dadizeele	50° 49.314'N 3° 05.153'E	K35
Goods Station	36NW2	Armentieres	50° 41.395'N 2° 52.281'E	B30
Goods Station	57DNE4 & 5	Achiet	50° 06.420'N 2° 44.640'E	L30
Goodwood House	36ANE3	Haverskerque	50° 40.265'N 2° 34.680'E	J12
Goose Foot Cross Roads	20SE3	Westroosebeke	50° 55.163'N 2° 59.728'E	V10
Gooseberry Farm	28SW4	Ploegsteert	50° 45.379'N 2° 52.970'E	U7
Gophir Cross Roads	27NE1	Herzeele	50° 52.751'N 2° 34.509'E	E13
Gordon Copse	62BNW4	Ramicourt	49° 57.171'N 3° 23.201'E	I16
Gordon Farm	28SW2	Wytschaete	50° 48.775'N 2° 50.836'E	N5
Gordon Farm Junction	28SW2	Wytschaete	50° 48.723'N 2° 50.831'E	N5
Gordon House	28NW4	Zillebeke	50° 50.700'N 2° 55.117'E	I16
Gordon House Howitzer Spurs	28NW4	Zillebeke	50° 50.726'N 2° 54.509'E	I15
Gordon Road	28SW1	Kemmel	50° 47.025'N 2° 46.724'E	M23
Gordon Road	28SW1	Kemmel	50° 46.950'N 2° 48.943'E	N20
Gordon Road	36ASE1	St. Venant	50° 37.495'N 2° 35.113'E	Q1
Gorey Farm	27NE2	Proven	50° 53.112'N 2° 40.844'E	F15
Gorgen Cottage	36ANE1	Morbecque	50° 41.323'N 2° 35.151'E	E19
Gorre	36B(44B) NE2	Beuvry	50° 32.376'N 2° 41.869'E	F3
Gorre Bridge Drawbridge	36B(44B) NE2	Beuvry	50° 32.172'N 2° 41.453'E	F3
Gospel Villa	36NW1	Steenwerck	50° 40.779'N 2° 49.691'E	H3
Gosset Farm	27NE1	Herzeele	50° 52.884'N 2° 31.293'E	D14
Goudberg	20SE3	Westroosebeke	50° 54.445'N 3° 00.559'E	V29
Goudberg Copse	20SE3	Westroosebeke	50° 54.621'N 3° 00.367'E	V29
Goudezeune Farm	28SW2	Wytschaete	50° 47.742'N 2° 54.349'E	O15
Gough House	28SW3	Bailleul	50° 43.734'N 2° 47.078'E	S30
Gough Lines	28SW3	Bailleul	50° 43.665'N 2° 47.034'E	S29
Goulot Wood	51BNW1	Roclincourt	50° 21.720'N 2° 48.703'E	B1
Gounod Farm	20SW2	Zwartegat	50° 59.256'N 2° 55.783'E	O5
Gounod Wood	20SE2	Hooglede	50° 59.818'N 3° 09.813'E	R5
Goupil Farm	36ANE2	Vieux Berquin	50° 41.703'N 2° 40.179'E	F20
Gourbi Farm	20SW4	Bixschoote	50° 55.998'N 2° 53.180'E	U8
Gournier Farm	28NW2	St Julien	50° 53.500'N 2° 54.195'E	C9
Gouves	51CNE4	Wagnonlieu	50° 17.925'N 2° 39.018'E	K16
Gouvy Farm	28NW2	St Julien	50° 53.660'N 2° 50.675'E	B11
Gouy	62BNW1	Gouy	50° 00.098'N 3° 15.278'E	K11
Gouy -Servins	36B(44B) SE4	Carency	50° 24.162'N 2° 38.948'E	Q35
Gouy-sous-Bellonne	51BNE3	Noyelle-sous-Bellonne	50° 18.750'N 3° 03.296'E	K8
Gouzeaucourt	57CSE2	Gonnelieu	50° 03.294'N 3° 07.219'E	Q36
Gouzeaucourt Valley	57CSE4	Villers-Guislain	50° 03.164'N 3° 07.697'E	R31
Gouzeaucourt Wood	57CSE2	Gonnelieu	50° 03.785'N 3° 05.297'E	Q28
Govaert Mill	12SW3	Ramscappelle	51° 07.632'N 2° 48.157'E	N32
Government Farm	57CSW4	Combles	50° 01.083'N 2° 56.623'E	U22
Gower Buildings	28NW3	Poperinghe	50° 49.710'N 2° 43.776'E	G26
Grace Farm	28NE2	Moorslede	50° 54.296'N 3° 04.613'E	E4
Grade Crossing	36ANE1	Morbecque	50° 41.337'N 2° 31.259'E	D20
Graf	28NE1	Zonnebeke	50° 54.050'N 3° 00.594'E	D5
Graf Wood	28NE1	Zonnebeke	50° 54.096'N 3° 00.785'E	D6
Grafton Copse	62BSW4	Homblieres	49° 51.964'N 3° 21.789'E	U2
Grafton House	20SE3	Westroosebeke	50° 56.604'N 3° 02.397'E	W2
Grail Copse	62BSW4	Homblieres	49° 51.294'N 3° 20.039'E	T11
Grail Farm	27SE1	St Sylvestre	50° 47.607'N 2° 35.060'E	Q13

Graincourt-lez-Havrincourt	57CNE2	Bourlon	50° 08.630'N 3° 06.616'E	K5
Gram Farm	36ANE2	Vieux Berquin	50° 42.175'N 2° 42.806'E	F17
Gramophone Farm	20SW2	Zwartegat	50° 57.955'N 2° 53.424'E	O20
Grampus Cottage	28SW3	Bailleul	50° 44.463'N 2° 48.101'E	T13
Granby Junction	20SE4	Roulers	50° 54.858'N 3° 08.401'E	X27
Grand Bois	28SW2	Wytschaete	50° 47.714'N 2° 52.637'E	O13
Grand Cambron Farm	20NW1	Nieuport	51° 03.223'N 2° 47.291'E	3974
Grand Chêne Farm	28SE4	Ronq	50° 45.743'N 3° 04.700'E	W4
Grand Court	62BNW1	Gouy	49° 59.237'N 3° 15.684'E	K18
Grand Dam Lock	36ANE3	Haverskerque	50° 40.509'N 2° 35.610'E	K2
Grand Hotel	12NE2 & 4	Ostende	51° 12.985'N 2° 52.758'E	I2
Grand Marais	36NW4	Bois Grenier	50° 38.705'N 2° 55.043'E	I28
Grand Mogol Farm	20SW2	Zwartegat	50° 57.840'N 2° 53.738'E	O21
Grand Moisnil	36SW4	Sainghin	50° 32.892'N 2° 52.079'E	T30
Grand Oevise	36ANE3	Haverskerque	50° 39.483'N 2° 36.137'E	K14
Grand Place	36B(44B) NE2	Beuvry	50° 31.857'N 2° 38.362'E	E11
Grand Priel Farm	62CNE4	Roisel	49° 56.008'N 3° 11.331'E	L29
Grand Priel Woods	62CNE4	Roisel	49° 56.495'N 3° 10.864'E	L22
Grand Sec Bois	36ANE1	Morbecque	50° 42.549'N 2° 35.942'E	E8
Grand Servins	36B(44B) SE4	Carency	50° 24.373'N 2° 37.961'E	Q34
Grand Slam	36NW1	Steenwerck	50° 41.151'N 2° 47.292'E	A30
Grand Treille	36ANE3	Haverskerque	50° 37.921'N 2° 32.458'E	J33
Grand Wood	28SE4	Ronq	50° 45.961'N 3° 05.395'E	W5
Grand Wood	62CNW4	Peronne	49° 55.334'N 2° 54.027'E	I31
Grandcourt	57DSE1 & 2	Beaumont	50° 04.858'N 2° 42.488'E	R9
Grande Champs	51BSE2	Oisy-le-Verger	50° 16.528'N 3° 08.289'E	R2
Grande Couture	36SE1	Haubourdin	50° 37.458'N 2° 58.205'E	P8
Grande Flamengrie Farm	36NW4	Bois Grenier	50° 38.649'N 2° 53.468'E	I26
Grande Haie Farm	28SW4	Ploegsteert	50° 44.385'N 2° 55.944'E	U23
Grande Marquette Farm	36ANE1	Morbecque	50° 42.733'N 2° 34.755'E	E7
Grande Polka Cabaret	28SW1	Kemmel	50° 46.964'N 2° 49.858'E	N21
Grande Rabéque	36NW2	Armentieres	50° 42.768'N 2° 53.619'E	C8
Grande Rue	36SW4	Sainghin	50° 34.136'N 2° 53.525'E	U13
Grande Rue	51BNE2	Dechy	50° 21.232'N 3° 07.789'E	F7
Grandfather Farm	20SW2	Zwartegat	50° 57.575'N 2° 52.037'E	N30
Grand-Servins	36B(44B) SE2	Boyeffles	50° 24.525'N 2° 38.021'E	Q34
Grange	62BSW1	Gricourt	49° 53.908'N 3° 16.556'E	N13
Grange	62CSE2	Vermand	49° 54.356'N 3° 07.834'E	R7
Granite Farm	20SW2	Zwartegat	50° 57.584'N 2° 50.704'E	N29
Granny's House	28SW2	Wytschaete	50° 47.083'N 2° 59.839'E	P22
Granny's Houses	28SE1	Wervicq	50° 47.115'N 2° 58.834'E	P22
Grant Cottage	27NE3	Winnezeele	50° 48.799'N 2° 36.035'E	K33
Grantchester Farm	20SE3	Westroosebeke	50° 56.735'N 3° 01.667'E	W1
Grantham Farm	20SE4	Roulers	50° 54.673'N 3° 06.301'E	X25
Granton Farm	20SE1	Staden	50° 59.587'N 3° 00.598'E	P6
Granville Camp?	28NW3	Poperinghe	50° 50.523'N 2° 47.952'E	H13
Grass Farm	28SW2	Wytschaete	50° 46.749'N 2° 55.598'E	O29
Grass Farm	28SW2	Wytschaete	50° 46.756'N 2° 55.589'E	O29
Gratte-Panche Farm	57BSW1	Bantouzelle	50° 03.357'N 3° 14.543'E	M35
Grave Copse	20SE2	Hooglede	50° 59.286'N 3° 05.284'E	Q12
Gravel Copse	51BNE4	Cantin	50° 19.199'N 3° 09.508'E	L4
Gravel Farm	20SE3	Westroosebeke	50° 56.019'N 2° 57.580'E	V8
Gravel Pit N of Arleux	51BNE4	Cantin	50° 17.264'N 3° 06.150'E	K29
Gravel Pit By Saw Wood	51BNE4	Cantin	50° 17.922'N 3° 08.639'E	L20
Gravelin	36SW3	Richebourg	50° 33.525'N 2° 50.176'E	T21
Gravenstafel	20SE3 & 28NE1-3	Poelcappelle	50° 53.438'N 2° 58.734'E	D9
Graves Copse	28SW2	Wytschaete	50° 48.625'N 2° 56.547'E	O6
Graves Cottage	28NW3	Poperinghe	50° 51.441'N 2° 45.744'E	G4
Graveyard Cottage	28NE3	Gheluvelt	50° 49.404'N 2° 57.053'E	J31
Gravier	36NW2	Armentieres	50° 43.126'N 2° 51.101'E	B5
Gravier Inn	27NE2	Proven	50° 53.315'N 2° 39.562'E	F7
Gray House	20SE3	Westroosebeke	50° 55.797'N 3° 03.189'E	W15

Great Bear	62BNW3	Bellicourt	49° 55.315'N 3° 13.855'E	G33
Great Bear	62DNE2	Méaulte	49° 58.363'N 2° 43.993'E	F23
Great Wood	62CSW1	Dompierre	49° 53.597'N 2° 51.677'E	N15
Grébaussart Wood	62CNE1	Liéramont	49° 58.903'N 3° 04.978'E	E21
Grébaussart Wood	62CNE2	Epéhy	49° 58.987'N 3° 05.264'E	E21
Greek Fork	28NE2	Moorslede	50° 53.366'N 3° 04.308'E	E16
Green Copse	66DNW3	Hattencourt	49° 46.676'N 2° 46.982'E	G3
Green Crassier	36C(44A) SW1	Lens	50° 25.393'N 2° 49.617'E	N20
Green Farm	28SW2	Wytschaete	50° 47.768'N 2° 55.993'E	O17
Green Farm	28SW2	Wytschaete	50° 47.783'N 2° 56.002'E	O17
Green House	20SE3 & 28NE1-3	Poelcappelle	50° 53.262'N 2° 57.580'E	D13
Green House	28NE1	Zonnebeke	50° 53.259'N 2° 57.584'E	D13
Green Jacket Ride	28NE3	Gheluvelt	50° 50.142'N 2° 57.232'E	J19
Green Jacket Ridge	57CSE1	Bertincourt	50° 04.122'N 3° 02.212'E	P24
Green Wood	28SW2	Wytschaete	50° 47.764'N 2° 55.730'E	O17
Green Wood	62CNW3	Vaux	49° 55.192'N 2° 49.269'E	G36
Greenbank Farm	20SE1	Staden	50° 58.394'N 3° 02.977'E	Q15
Greenfly Corner	20SE3	Westroosebeke	50° 54.909'N 3° 03.053'E	W20
Greenland Farm	27NE3	Winnezeele	50° 51.102'N 2° 34.843'E	K1
Greenland Hill	51BNW4	Fampoux	50° 18.763'N 2° 54.782'E	I8
Greenwood Farm	28SE4	Ronq	50° 45.215'N 3° 10.225'E	X11
Gregory Cross Roads	28NE4	Dadizeele	50° 49.927'N 3° 03.963'E	K27
Greig Junction	20SW2	Zwartegat	50° 57.995'N 2° 55.592'E	O23
Grenade Farm	20NW4	Dixmunde	51° 00.524'N 2° 53.535'E	I27
Grenadier Farm	20SW4	Bixschoote	50° 55.398'N 2° 52.866'E	U13
Grenay	36C(44A) SW1	Lens	50° 26.927'N 2° 44.246'E	M1
Grenouillère Bridge	57BSW1	Bantouzelle	50° 04.224'N 3° 12.397'E	M20
Gretna Cross	28NW3	Poperinghe	50° 49.296'N 2° 48.985'E	H32
Greve Farm	36ANE4	Merville	50° 39.036'N 2° 39.200'E	K24
Grévillers	57CNW3	Bapaume	50° 06.349'N 2° 48.793'E	G30
Grévillers	57DNE4 & 5	Achiet	50° 06.349'N 2° 45.793'E	G30
Grey Corner	20SE2	Hooglede	50° 58.370'N 3° 09.062'E	R22
Grey Farm	28SW4	Ploegsteert	50° 45.189'N 2° 54.627'E	U9
Grey Gable	12SW1	Nieuport	51° 08.923'N 2° 46.319'E	M18
Grey House	12SW1	Nieuport	51° 09.214'N 2° 45.076'E	M16
Grey Ruin	28NW2	St Julien	50° 52.162'N 2° 56.524'E	C30
Grey Ruin	28NW2	St Julien	50° 52.159'N 2° 56.394'E	C30
Gric House	28NW1	Elverdinghe	50° 52.998'N 2° 45.563'E	A16
Gricourt	62BSW1	Gricourt	49° 53.291'N 3° 14.500'E	M22
Grid House	28NE2	Moorslede	50° 52.572'N 3° 07.783'E	F20
Griddle Farm	20SE1	Staden	50° 59.612'N 3° 01.235'E	P6
Griete	20NE2	Zedelghem	51° 03.662'N 3° 08.091'E	6374
Gril Copse	62CNE3	Buire	49° 57.678'N 3° 01.188'E	J4
Grill Farm	12NE3	Oudenburg	51° 12.223'N 3° 01.255'E	K13
Grime Farm	36NW1	Steenwerck	50° 41.192'N 2° 49.864'E	B27
Grimshaw	36ANE2	Vieux Berquin	50° 41.009'N 2° 43.493'E	F30
Gringley Farm	20SE4	Roulers	50° 57.055'N 3° 03.795'E	Q34
Gringo Farm	36NW1	Steenwerck	50° 41.182'N 2° 49.757'E	B27
Grip Farm	28NE4	Dadizeele	50° 49.563'N 3° 07.551'E	L26
Gripper Corner	27NE1	Herzeele	50° 52.037'N 2° 31.589'E	D20
Gris Pot	36NW4	Bois Grenier	50° 39.536'N 2° 52.280'E	H24
Grizel Junction	28SW3	Bailleul	50° 44.648'N 2° 47.518'E	S18
Groene Poort Farm	20NE2	Zedelghem	51° 04.212'N 3° 06.701'E	6175
Groenelinde Cab	28SW2	Wytschaete	50° 47.636'N 2° 55.813'E	O17
Groenelinde Cabt.	28SW2	Wytschaete	50° 47.637'N 2° 55.815'E	O17
Groenen Dyk	12SW1	Nieuport	51° 08.329'N 2° 43.101'E	M26
Groenen Dyke Inn	20SW1	Loo	50° 57.776'N 2° 46.717'E	M24
Groenenburg Farm	28NE3	Gheluvelt	50° 49.305'N 2° 57.419'E	J31
Groenepoort Farm	20NW1	Nieuport	51° 04.231'N 2° 46.837'E	3875
Groening Polder	12SW1	Nieuport	51° 08.068'N 2° 46.366'E	M30
Grognie	20NW3	Lampernisse	51° 00.872'N 2° 47.634'E	3969
Groot Labeur Farm	12SW3	Ramscappelle	51° 06.815'N 2° 43.081'E	S7

Name	Sheet	Location	Coordinates	Ref
Groot Martje Bridge	20SW1	Loo	50° 57.439'N 2° 49.596'E	N27
Groot Noordhuis Farm	12SW3	Ramscappelle	51° 07.320'N 2° 47.031'E	T1
Groot Westhof Farm	20NW1	Nieuport	51° 04.937'N 2° 45.120'E	3677
Groote Bamburgh Farm	12SW1	Nieuport	51° 08.659'N 2° 46.532'E	M24
Groote Bogaarde Farm	11SE4	No Edition 0617	51° 05.502'N 2° 38.000'E	W24
Groote Hemme Farm	12SW3	Ramscappelle	51° 06.517'N 2° 48.494'E	T8
Groote Schaemel Weeze Farm	12NE2	Houttave	51° 15.377'N 3° 04.606'E	E11
Groote Schoering Farm	4SE 2 & 4	Blankenberghe	51° 16.139'N 3° 08.389'E	X28
Groote Speye Farm	20NE3	Zarren	51° 01.255'N 3° 02.659'E	K14
Grootnoordhof Farm	12SW3	Ramscappelle	51° 05.713'N 2° 45.735'E	S23
Gros Gres	70DNW4	St. Gobain	49° 35.320'N 3° 21.215'E	I13
Gros Gres	70DNW4	St. Gobain	49° 35.069'N 3° 23.589'E	I22
Gros Wood	62CNE1	Liéramont	49° 58.233'N 3° 04.777'E	E27
Grosse Borne Wood 1	62CNE3	Buire	49° 56.710'N 3° 01.774'E	J17
Grosse Borne Wood 2	62CNE3	Buire	49° 56.695'N 3° 02.068'E	J17
Grosse Poule	36SW2	Radinghem	50° 35.693'N 2° 55.995'E	O29
Grosvenor Cross Roads	28NE4	Dadizeele	50° 50.658'N 3° 06.174'E	K18
Grosville	51CSE2	Beaumetz	50° 14.013'N 2° 41.130'E	R26
Grotto Post	36SW3	Richebourg	50° 34.931'N 2° 44.579'E	S2
Group Farms	28SE2	Menin	50° 48.187'N 3° 05.991'E	Q12
Grouse Corner	20SE2	Hooglede	50° 59.771'N 3° 07.536'E	R2
Grouse Farm	20SE3 & 28NE1-3	Poelcappelle	50° 54.409'N 2° 55.817'E	U29
Grouse Farm	20SW4	Bixschoote	50° 54.412'N 2° 55.823'E	U29
Grouse Farm	28SE1	Wervicq	50° 46.883'N 2° 57.689'E	P25
Grouse Farm	28SW2	Wytschaete	50° 46.882'N 2° 57.695'E	P25
Grove Copse	51BNE1	Brébières	50° 19.747'N 3° 02.273'E	D30
Grove Farm	27NE4	Abeele	50° 50.378'N 2° 40.154'E	L14
Grove Wood	27NE4	Abeele	50° 50.301'N 2° 40.291'E	L14
Grub Farm	20SE2	Hooglede	50° 58.737'N 3° 07.253'E	R14
Grün	28NE1	Zonnebeke	50° 53.667'N 3° 01.303'E	D12
Grune Farm	28NW2	St Julien	50° 53.492'N 2° 54.723'E	C10
Grunter Farm	20SE4	Roulers	50° 54.617'N 3° 06.394'E	X25
Gruson Farm	36SW3	Richebourg	50° 33.732'N 2° 49.409'E	T14
Gruyterszale Farm	20SW4	Bixschoote	50° 55.664'N 2° 55.087'E	U16
Guard Farm	28SW2	Wytschaete	50° 46.483'N 2° 56.087'E	O29
Guard Farm	28SW2	Wytschaete	50° 46.484'N 2° 56.084'E	O29
Guard House	4SE 3 & 4	Wenduyne	51° 18.053'N 3° 04.605'E	W5
Guelcre	36NE2	Tourcoing	50° 42.065'N 3° 06.307'E	E24
Guémappe	51BSW2	Vis-en-Artois	50° 15.206'N 2° 53.322'E	N18
Guernsay Bridge	12NE3	Oudenburg	51° 12.282'N 3° 00.237'E	J18
Guesnain	51BNE2	Dechy	50° 21.113'N 3° 08.677'E	F15
Guess Farm	28NE2	Moorslede	50° 53.059'N 3° 08.240'E	F15
Guest Farm	20SE4	Roulers	50° 54.953'N 3° 07.851'E	X21
Gueudecourt	57CSW1	Guedecourt	50° 03.501'N 2° 50.430'E	N26
Gueudecourt	57DSE2+57CSW1	Le Sars	50° 03.501'N 2° 50.430'E	N26
Guibert Wood No 1	62CSW3	Vermandovillers	49° 51.901'N 2° 51.489'E	T3
Guibert Wood No 2	62CSW3	Vermandovillers	49° 51.911'N 2° 51.590'E	T3
Guillemet Copse	62CNE1	Liéramont	49° 58.511'N 3° 04.778'E	E27
Guillemin	57BSW2	Clary	50° 04.914'N 3° 19.282'E	N17
Guillemont	57CSW3	Longueval	50° 00.773'N 2° 49.463'E	N19
Guilmant Cross Roads	20SW2	Zwartegat	50° 58.490'N 2° 54.202'E	O15
Guilty Cottage	28NE2	Moorslede	50° 53.696'N 3° 10.170'E	F12
Guinea Farm	20SE2	Hooglede	50° 58.582'N 3° 06.562'E	R13
Guinguette Farm	66CNW4	Berthenicourt	49° 45.511'N 3° 20.167'E	H23
Guinguette Wood	66CNW4	Berthenicourt	49° 45.613'N 3° 20.395'E	H24
Guinness Houses	28NE4	Dadizeele	50° 50.595'N 3° 05.391'E	K17
Guisancourt Farm	57BSW3	Honnecourt	50° 00.688'N 3° 17.585'E	T27
Guise Cross Roads	20SW2	Zwartegat	50° 57.694'N 2° 55.581'E	O29
Guizancourt	62CSE3	Athies	49° 49.818'N 3° 01.255'E	V28
Gull Farm	12NE2 & 4	Ostende	51° 12.651'N 2° 53.128'E	I9
Gully farm	28NW4	Zillebeke	50° 51.384'N 2° 55.978'E	I5
Gully Post	51BNW1	Roclincourt	50° 19.892'N 2° 50.861'E	B28

Name	Map	Place	Coordinates	Ref
Gun Copse	62CSW1	Dompierre	49° 52.263'N 2° 49.946'E	N31
Gun Farm	28SW2	Wytschaete	50° 46.878'N 2° 54.272'E	O27
Gun Hollow	57CSE1	Bertincourt	50° 05.615'N 3° 02.591'E	P6
Gun Post	57CSE4	Villers-Guislain	50° 02.428'N 3° 08.292'E	X7
Gunby Corner	20SE4	Roulers	50° 55.500'N 3° 05.940'E	W18
Gunner Farm	36NW2	Armentieres	50° 43.071'N 2° 53.766'E	C2
Gunner Farm	36NW4	Bois Grenier	50° 39.740'N 2° 52.481'E	H18
Gunner House	12SW1	Nieuport	51° 09.569'N 2° 45.664'E	M11
Gunners Lodge	28NW4	Zillebeke	50° 49.630'N 2° 53.840'E	I26
Gunton Farm	27NE2	Proven	50° 52.719'N 2° 39.718'E	F13
Gurgle Farm	36ANE2	Vieux Berquin	50° 42.617'N 2° 42.972'E	F11
Gurlu Wood	62CNE1	Liéramont	49° 58.821'N 3° 00.997'E	D22
Gurnard Cross	36ANE4	Merville	50° 39.206'N 2° 36.999'E	K21
Gusto Farm	36ANE2	Vieux Berquin	50° 40.729'N 2° 37.145'E	K4
Guy Farm	28SW2	Wytschaete	50° 46.857'N 2° 53.295'E	O26
Guyencourt-Saulcourt	62CNE1	Liéramont	50° 00.032'N 3° 04.777'E	E3
Gwalia Farm	28NW1	Elverdinghe	50° 52.477'N 2° 45.953'E	A22
Gwens Bridge	28NE4	Dadizeele	50° 50.998'N 3° 08.296'E	L15
Gym Farm	28SW2	Wytschaete	50° 47.905'N 2° 55.990'E	O17
Gym Farm	28SW2	Wytschaete	50° 47.919'N 2° 55.981'E	O17
Gypsy's Cross Roads	20SE1	Staden	50° 59.440'N 3° 01.610'E	Q1
Gyroscope Farm	20SW2	Zwartegat	50° 57.720'N 2° 51.600'E	N24
H Camp	28NW1	Elverdinghe	50° 53.497'N 2° 45.136'E	A9
H.Q. Junction	20SW4	Bixschoote	50° 56.248'N 2° 55.704'E	U5
Haagebroek	20NE4	Lichtervelde	50° 59.942'N 3° 03.729'E	5867
Haalen	28NE1	Zonnebeke	50° 53.780'N 3° 00.316'E	D11
Haalen Copse	28NE1	Zonnebeke	50° 53.773'N 3° 00.597'E	D11
Haandekot	27NE2	Proven	50° 53.802'N 2° 37.374'E	E4
Haanixbeek Farm	20SE3 & 28NE1-3	Poelcappelle	50° 54.255'N 2° 55.699'E	C5
Haanixbeek Farm	20SW4	Bixschoote	50° 54.307'N 2° 55.846'E	U29
Haanixbeek Farm	28NW2	St Julien	50° 54.267'N 2° 55.708'E	C5
Haas Copse	20SE1	Staden	50° 57.212'N 3° 01.958'E	Q31
Haaselbeekstraat	20NE2	Zedelghem	51° 04.549'N 3° 10.008'E	6575
Haaszak Inn	20NE3	Zarren	51° 00.880'N 3° 03.050'E	K21
Haaszak Mill	20NE3	Zarren	51° 00.792'N 3° 03.045'E	K21
Haaszakhoek	20NE3	Zarren	51° 00.746'N 3° 02.942'E	K27
Hache Copse	66DNW3	Hattencourt	49° 45.650'N 2° 47.076'E	G15
Hades Farm	28SW2	Wytschaete	50° 47.532'N 2° 56.843'E	O18
Hadow House	27SE4	Meteren	50° 45.763'N 2° 39.760'E	R31
Hadrians Villa	27NE3	Winnezeele	50° 50.376'N 2° 30.993'E	J14
Haefen Farm	20NW4	Dixmunde	51° 00.034'N 2° 56.546'E	I36
Haegdeone	27NE3	Winnezeele	50° 49.064'N 2° 30.319'E	J31
Haegedoore	28SW3	Bailleul	50° 45.335'N 2° 45.233'E	S3
Haende Bridge	27NE3	Winnezeele	50° 49.707'N 2° 33.707'E	J23
Haezewinde	27NE3	Winnezeele	50° 50.715'N 2° 34.604'E	K7
Hag Farm	20SE1	Staden	50° 57.435'N 3° 02.794'E	Q26
Hagebaert-St. Jean	28NW3	Poperinghe	50° 50.871'N 2° 43.990'E	G8
Hagebrug	12NE3	Oudenburg	51° 10.800'N 2° 57.353'E	J32
Haghebaert Farm	20SW3	Oostvleteren	50° 56.273'N 2° 47.169'E	S6
Hagle	28NW1	Elverdinghe	50° 51.535'N 2° 47.230'E	G6
Hague Farm	28NW3	Poperinghe	50° 49.315'N 2° 47.915'E	H25
Hahley	28NW2	St Julien	50° 54.091'N 2° 54.154'E	C3
Haie Wood	57CSW4	Combles	50° 01.094'N 2° 52.908'E	T23
Hailsham House	20SE2	Hooglede	50° 59.210'N 3° 05.959'E	Q12
Haisnes	36C(44A) NW1	LaBassee	50° 30.490'N 2° 48.100'E	A30
Halden House	28NE4	Dadizeele	50° 49.922'N 3° 03.854'E	K27
Hale House	28SW1	Kemmel	50° 47.108'N 2° 47.528'E	M24
Half Way House	36NW4	Bois Grenier	50° 40.333'N 2° 52.253'E	H12
Half-thatched Cottage	36NW2	Armentieres	50° 42.330'N 2° 56.123'E	C17
Halfway Cottage	28NW2	St Julien	50° 52.104'N 2° 54.829'E	C28
Halfway House	28NW4	Zillebeke	50° 50.575'N 2° 55.536'E	I17
Halfway House	36ASE3	Gonnehem	50° 34.776'N 2° 36.271'E	W2

Halfway House	36NW2	Armentieres	50° 42.753'N 2° 55.101'E	C10
Halfway House Spur	28NW4	Zillebeke	50° 50.605'N 2° 55.571'E	I17
Halifax Camp	28NW3	Poperinghe	50° 50.403'N 2° 48.490'E	H14
Halifax Keep	28NW3	Poperinghe	50° 50.369'N 2° 48.755'E	H14
Halifax Siding	28NW4	Ypres	50° 50.202'N 2° 51.255'E	H23
Halkirk Houses	28SE3	Comines	50° 43.964'N 2° 58.922'E	V27
Hall	27NE1	Herzeele	50° 53.164'N 2° 31.162'E	D9
Hall Farm	28SW3	Bailleul	50° 44.231'N 2° 46.549'E	S23
Hallah Corner	20SE1	Staden	50° 58.705'N 2° 58.287'E	P15
Halle	62CNW4	Peronne	49° 56.349'N 2° 54.372'E	I19
Hallebast	28NW3	Poperinghe	50° 48.855'N 2° 49.172'E	H32
Hallebast Chateau	28SW1	Kemmel	50° 48.781'N 2° 49.133'E	N2
Hallebast Farm	28SW1	Kemmel	50° 48.564'N 2° 49.124'E	N2
Hallennes lez Haubourdin	36SE1	Haubourdin	50° 36.915'N 2° 58.034'E	P13
Hallu	66DNW1	Punchy	49° 47.562'N 2° 47.329'E	A21
Hallu Wood	66DNW3	Hattencourt	49° 46.634'N 2° 47.742'E	G4
Halluin	28SE2	Menin	50° 46.968'N 3° 07.673'E	R26
Hally Copse	57CNW2	Vaulx-Vraucourt	50° 10.488'N 2° 51.508'E	B10
Halpegarbe	36SW3	Richebourg	50° 34.243'N 2° 48.526'E	T7
Halt By Oboe Corner	28NE4	Dadizeele	50° 50.183'N 3° 07.428'E	L20
Halt in Haubourdin	36SE1	Haubourdin	50° 36.687'N 2° 58.329'E	P14
Halt Le Calvaire	28SE3	Comines	50° 46.035'N 3° 01.793'E	Q31
Halt Mairie de Warneton-Bas	28SE3	Comines	50° 44.637'N 2° 58.250'E	V14
Halt Near Chateau Pellegrin	28SE4	Ronq	50° 45.571'N 3° 06.601'E	X7
Halt Near Fort du Vert Galant	36NE1	Quesnoy	50° 41.636'N 3° 01.225'E	D24
Halt Near Grande Haie Farm	28SW4	Ploegsteert	50° 44.446'N 2° 55.907'E	U23
Halt Near Kortewilde	28SE1	Wervicq	50° 47.497'N 2° 57.708'E	P13
Halt Near la Rousselle	28SE4	Ronq	50° 44.139'N 3° 07.604'E	X20
Halt Near Manor Farm	28NW4	Zillebeke	50° 49.952'N 2° 54.899'E	I22
Halt Ste Marguerite	28SE3	Comines	50° 44.407'N 3° 00.582'E	V23
Halt at Morenchies	51ASW3	Eswars	50° 11.604'N 3° 14.677'E	S29
Halt at Pt. Marais	51BNE2	Dechy	50° 21.635'N 3° 10.030'E	F4
Halt at Sancourt	51ASW3	Eswars	50° 12.766'N 3° 12.011'E	S14
Halt by Farm du Biez	36NW4	Bois Grenier	50° 40.345'N 2°50.775'E	H10
Halt by la Chapelle d'Armemtieres	36NW4	Bois Grenier	50° 40.564'N 2°54.623'E	I9
Halt Corner	36ANE3	Haverskerque	50° 39.879'N 2° 35.733'E	K8
Halt de Deulemont	36NE1	Quesnoy	50° 42.963'N 2° 59.614'E	D10
Halt E of Aubencheul-au-Bac	51BSE2	Oisy-le-Verger	50° 15.066'N 3° 11.361'E	R24
Halt in Bécotdel-Brcourt	62DNE2	Méaulte	49° 59.447'N 2° 40.892'E	F7
Halt in Frevin-Capelle	51CNE2	Ecoivres	50° 20.841'N 2° 37.970'E	E10
Halt Mt sur l'Œunre	57BNW3	Rumilly	50° 08.028'N 3° 12.908'E	G9
Halt N of Benton Farm	36ANE1	Morbecque	50° 42.506'N 2° 33.801'E	D11
Halt N of Evin Maimaison	36C(44A) SE1	Dourges	50° 26.731'N 3° 01.891'E	P12
Halt N of Peronne	62CNW4	Peronne	49° 56.229'N 2° 55.874'E	I21
Halt NE of la Hongrie Farm	36NW4	Bois Grenier	50° 40.260'N 2°56.877'E	I12
Halt NE of Courcelles-le-Comie	57CNW1	Gomiecourt	50° 10.154'N 2° 47.296'E	A10
Halt NE of Courcelles-le-Comie	57DNE2+57CNW1	Courcelles	50° 10.154'N 2° 47.296'E	A10
Halt NE of Sterling Copse	51CSE2	Beaumetz	50° 15.174'N 2° 41.866'E	R15
Halt near Mont Pindo	36NW4	Bois Grenier	50° 38.416'N 2° 54.998'E	I34
Halt NW of Montigny	36C(44A) SW2	Harnes	50° 26.121'N 2°55.410'E	O16
Halt S of Aubencheul-au-Bac	51BSE2	Oisy-le-Verger	50° 15.035'N 3° 09.841'E	R22
Halt S of Bullecourt	51BSW4	Bullecourt	50° 11.316'N 2° 51.617'E	T28
Halt S of Doingt	62CNW4	Peronne	49° 55.231'N 2° 57.819'E	I35
Halt S of Etrun	51CNE4	Wagnonlieu	50° 18.362'N 2° 41.927'E	L9
Halt S of LE CATELET	62BNW1	Gouy	49° 59.268'N 3° 14.481'E	K16
Halt S of le Tronquoy	62BSW1	Gricourt	49° 54.537'N 3° 17.775'E	N9
Halt SE of Aubencheul-aux-Bois	57BSW3	Honnecourt	50° 01.606'N 3° 16.469'E	T13
Halt SE of Buissy	51BSE3	Cagnicourt	50° 12.091'N 3° 03.401'E	W19
Halt SE of Cambrai	57BNW1	Cambrai	50° 10.058'N 3° 16.950'E	B13
Halt SE of Villers au Tertre	51BNE4	Cantin	50° 17.923'N 3° 11.106'E	L24
Halt SE of Wattignes	36SE3	Seclin	50° 34.768'N 3° 03.119'E	W2
Halt SW of Estrées	62BNW3	Bellicourt	49° 57.691'N 3° 16.659'E	H1

Halt SW of Mametz	62DNE2	Méaulte	49° 59.559'N 2° 43.930'E	F11
Halt SW of Moy	66CSW2	Vendeuil	49° 44.342'N 3° 21.375'E	O1
Halt SW of Petit Fontaine	57CNE2	Bourlon	50° 10.405'N 3° 11.525'E	F12
Halt SW of Ramillies	51ASW3	Eswars	50° 11.896'N 3° 15.123'E	S24
Halt SW of Templemars	36SE3	Seclin	50° 33.885'N 3° 03.182'E	W14
Halt W of Croix-Fonsomme	62BNW4	Ramicourt	49° 55.368'N 3° 24.001'E	I35
Halte de Kortekeer	20SE2	Hooglede	50° 59.644'N 3° 10.142'E	R6
Ham Farm	28SE2	Menin	50° 46.481'N 3° 05.807'E	Q36
Hamage Farm	57BSW4	Serain	50° 01.293'N 3° 20.110'E	T24
Hamblain les-Pres	51BNW4	Fampoux	50° 17.669'N 2° 57.676'E	I24
Hamburg	28NE1	Zonnebeke	50° 53.314'N 2° 59.685'E	D16
Hamburg Copse	66DNW1	Punchy	49° 48.500'N 2° 49.396'E	A18
Hameau Farm	51CSE3	Ransart	50° 11.693'N 2° 41.819'E	X20
Hamégicourt	66CNW4	Berthenicourt	49° 44.490'N 3° 22.771'E	I33
Hamel	57DSE1 & 2	Beaumont	50° 03.900'N 2° 39.567'E	Q23
Hamel	62CNE3	Buire	49° 56.493'N 3° 03.217'E	K19
Hamel	51BNE3	Noyelle-sous-Bellonne	50° 16.743'N 3° 04.565'E	K33
Hamel Copse	62CNE3	Buire	49° 57.078'N 3° 03.390'E	K7
Hamel Farm	66CNW4	Berthenicourt	49° 46.705'N 3° 23.648'E	I10
Hamelet	62CNE3	Buire	49° 56.411'N 3° 04.509'E	K20
Hamelincourt	51BSW3	Boisleux	50° 11.058'N 2° 47.792'E	S29
Hamet Billet	36ASE1	St. Venant	50° 36.364'N 2° 31.019'E	P14
Hamet Bridge	36ASE1	St. Venant	50° 36.412'N 2° 30.749'E	P13
Hamhoek	27NE2	Proven	50° 52.171'N 2° 42.911'E	F28/F24
Hamilton Farm	20SW2	Zwartegat	50° 58.663'N 2° 55.205'E	O17
Hamlin	27SE1	St Sylvestre	50° 46.055'N 2° 35.961'E	Q32
Hammond's Corner Camp	28NW2	St Julien	50° 52.481'N 2° 53.995'E	C21
Hamp Farm	28NE3	Gheluvelt	50° 49.730'N 2° 58.736'E	J27
Hampden House	20SE2	Hooglede	50° 59.678'N 3° 05.159'E	Q5
Hamper Farm	27NE1	Herzeele	50° 53.562'N 2° 35.997'E	E8
Hampshire Farm	28NW2	St Julien	50° 52.800'N 2° 54.681'E	C22
Hamshaw House	28NE4	Dadizeele	50° 49.393'N 3° 06.794'E	L31
Hanby Farm	28SW1	Kemmel	50° 48.779'N 2° 48.027'E	N1
Hancourt	62CSE1	Bouvincourt	49° 54.209'N 3° 04.379'E	Q8
Handel Farm	20SE2	Hooglede	50° 59.550'N 3° 09.429'E	R5
Handle Copse	62CNE3	Buire	49° 56.243'N 2° 59.372'E	J20
Handzaeme	20NE3	Zarren	51° 01.536'N 3° 00.156'E	J17
Handzaeme Bridge	20NE3	Zarren	51° 01.409'N 3° 00.170'E	J17
Hanger Burnt	62CNW4	Peronne	49° 55.975'N 2° 56.936'E	I22
Hanger 13	12SW1	Nieuport	51° 10.283'N 2° 47.929'E	N2
Hanger Farm	20SW4	Bixschoote	50° 54.501'N 2° 51.542'E	T30
Hangman Farm	28NE4	Dadizeele	50° 49.322'N 3° 09.716'E	L35
Hankin Farm	27NE1	Herzeele	50° 52.993'N 2° 33.238'E	D17
Hanley Cross Roads	28NE4	Dadizeele	50° 50.862'N 3° 04.567'E	K16
Hannart Farm	28SW1	Kemmel	50° 46.774'N 2° 49.790'E	N27
Hannescamps	57DNE 1&2	Fonquevillers	50° 09.993'N 2° 38.234'E	E10
Hannescamps	57DNE2	Essarts	50° 09.993'N 2° 38.234'E	E10
Hansom Houses	20SE1	Staden	50° 58.959'N 2° 58.894'E	P9
Hant Bridge	20NW4	Dixmunde	51° 01.992'N 2° 50.978'E	H11
Hantay	36C(44A) NW2	Bauvin	50° 31.801'N 2° 51.765'E	B11
Hantée House	62CSW4	St. Christ	49° 51.092'N 2° 55.095'E	O8
Hants Farm	28SW4	Ploegsteert	50° 43.876'N 2° 53.679'E	U26
Haplincourt	57CSW2	Villers-Au-Flos	50° 05.248'N 2° 55.726'E	O9
Happlincourt	62CSW2	Barleux	49° 52.311'N 2° 55.057'E	O32
Happy Farm	28SE1	Wervicq	50° 47.489'N 2° 58.063'E	P14
Happy Farm	28SW2	Wytschaete	50° 47.484'N 2° 58.067'E	P14
Happy Valley	62DNE2	Méaulte	49° 57.626'N 2° 42.535'E	L3
Hardecourt-aux-Bois	62CNW1	Maricourt	49° 59.466'N 2° 49.110'E	A12
Hardifort	27NE3	Winnezeele	50° 50.170'N 2° 30.520'E	J13
Hardmuth Cross Roads	28NE4	Dadizeele	50° 51.261'N 3° 09.374'E	L10
Hare House	12NE2 & 4	Ostende	51° 11.213'N 2° 52.905'E	I26
Hargicourt	62CNE4	Roisel	49° 57.792'N 3° 10.596'E	L4

Name	Map Sheet	Place	Coordinates	Ref
Hargival Farm	62BNW1	Gouy	50° 00.507'N 3° 13.443'E	A3
Haricot House	12SW1	Nieuport	51° 09.119'N 2° 46.969'E	M18
Harker Farm	20SE3	Westroosebeke	50° 55.572'N 3° 02.340'E	W14
Harlech Castle	36SW1	Aubers	50° 37.488'N 2° 47.344'E	M12
Harlequin Copse	28SW1	Kemmel	50° 46.157'N 2° 44.116'E	M32
Harly	62BSW4	Homblieres	49° 50.685'N 3° 19.702'E	T23
Harmony Farm	20SE2	Hooglede	50° 59.546'N 3° 06.356'E	R1
Harmsworth Park	28NE4	Dadizeele	50° 50.394'N 3° 03.803'E	K21
Harnes	36C(44A) SW2	Harnes	50° 26.687'N 2° 54.286'E	O8
Harper Mill	27NE1	Herzeele	50° 52.671'N 2° 35.093'E	E13
Harphaw Cross Roads	20SE4	Roulers	50° 55.596'N 3° 09.411'E	X17
Harponlieu	36C(44A) SE1	Dourges	50° 26.998'N 2° 59.155'E	P2
Harpswell Farm	20SE4	Roulers	50° 55.398'N 3° 05.505'E	W18
Harrisburg Junction R7c	36NW2	Armentieres	50° 42.932'N 2° 51.594'E	B12
Harrods Farm	28NE4	Dadizeele	50° 49.336'N 3° 05.095'E	K35
Harrods Stores	28SE1	Wervicq	50° 48.670'N 2° 59.053'E	P3
Harrods Stores	28SW2	Wytschaete	50° 48.686'N 2° 59.027'E	P3
Harrods Stores	62CNE4	Roisel	49° 56.521'N 3° 11.398'E	L23
Harrow Copse	20SE2	Hooglede	50° 59.396'N 3° 05.740'E	Q6
Harrow Siding	28NW2	St Julien	50° 53.432'N 2° 50.747'E	B11
Harrow Siding	28NW4	Ypres	50° 49.820'N 2° 51.054'E	H29
Harry	62BNW3	Bellicourt	49° 56.033'N 3° 14.928'E	G29
Hart Copse	62CSW3	Vermandovillers	49° 50.145'N 2° 47.235'E	S21
Hart Farm	28NE2	Moorslede	50° 53.169'N 3° 04.172'E	E16
Harte Vent	36ASE1	St. Venant	50° 37.626'N 2° 31.574'E	P3
Harveys Homestead	20SE2	Hooglede	50° 58.024'N 3° 03.982'E	Q22
Haskell Buildings	20SE1	Staden	50° 57.932'N 3° 01.291'E	P24
Hasler House	28NW2	St Julien	50° 51.931'N 2° 54.339'E	C27
Hasted House	28SW4	Ploegsteert	50° 44.628'N 2° 53.541'E	U14
Hastings Farm	20SE2	Hooglede	50° 59.353'N 3° 04.304'E	Q4
Hatch Farm	28NE3	Gheluvelt	50° 49.054'N 2° 59.767'E	J34
Hatchet Copse	62CSW1	Dompierre	49° 54.733'N 2° 46.220'E	M14
Hatchet Wood	51BNW4	Fampoux	50° 16.785'N 2° 55.766'E	I34
Hate Farm	36ASE3	Gonnehem	50° 34.700'N 2° 37.060'E	W3
Hatier Wood	62CNE3	Buire	49° 57.450'N 3° 03.371'E	K7
Hattencourt	66DNW3	Hattencourt	49° 46.200'N 2° 47.350'E	G9
Haubourdin	28SW4	Ploegsteert	50° 44.700'N 2° 52.591'E	U13
Haubourdin	36SE1	Haubourdin	50° 36.465'N 2° 59.179'E	P21
Haucourt	51BSW2	Vis-en-Artois	50° 14.912'N 2° 57.254'E	O24
Haucourt Wood	51BSW2	Vis-en-Artois	50° 15.044'N 2° 57.293'E	O24
Haunted House	66CNW2	Itancourt	49° 48.601'N 3° 23.854'E	C16
Hausa House	27NE3	Winnezeele	50° 48.826'N 2° 33.527'E	J35
Hausa Wood	51BNW4	Fampoux	50° 18.017'N 2° 54.889'E	I15
Hause Desprez	36SW2	Radinghem	50° 35.449'N 2° 54.036'E	O32
Haut Farm	57BSW1	Bantouzelle	50° 03.617'N 3° 17.708'E	N27
Haut Jardin Farm	28SE1	Wervicq	50° 46.361'N 3° 00.303'E	P35
Haut Jardin Farm	28SW2	Wytschaete	50° 46.356'N 3° 00.304'E	P35
Haut Woods	62CNE4	Roisel	49° 57.180'N 3° 07.974'E	L7
Haut-Allaines	62CNW2	Bouchavesnes	49° 57.786'N 2° 57.014'E	I5
Haute Cense Farm	28SE2	Menin	50° 47.452'N 3° 08.004'E	R21
Haute Maison	36ANE2	Vieux Berquin	50° 41.922'N 2° 40.602'E	F14
Haute Porte Farm	27SE4	Meteren	50° 45.069'N 2° 41.698'E	X10
Haute Rive	36C(44A) SE3	Esquerchin	50° 22.364'N 3° 01.560'E	V29
Haute Rome	27SE1	St Sylvestre	50° 48.421'N 2° 32.774'E	P4
Haute-Avesnes	51CNE2	Ecoivres	50° 19.729'N 2° 38.309'E	E28
Hautevalle Farm	28SE4	Ronq	50° 44.382'N 3° 05.249'E	W23
Haverskerque	36ANE3	Haverskerque	50° 38.493'N 2° 32.436'E	J27
Havrincourt	57CNE4	Marcoing	50° 06.603'N 3° 05.132'E	K27
Havrincourt Woods	57CSE1	Bertincourt	50° 05.219'N 3° 04.156'E	Q8
Hawes Farm	20SE1	Staden	50° 59.502'N 3° 01.340'E	P6
Hawkers Corner	20SE1	Staden	50° 58.770'N 3° 00.508'E	P11
Hawkes Farm	20SE2	Hooglede	50° 58.405'N 3° 07.277'E	R14

Name	Map	Location	Coordinates	Ref
Hawthorn Farm	20SE2	Hooglede	50° 58.745'N 3° 07.850'E	R15
Hawthorn Redoubt	57DSE1 & 2	Beaumont	50° 04.966'N 2° 39.023'E	Q10
Hawthorn Ridge	57DSE1 & 2	Beaumont	50° 04.896'N 2° 38.916'E	Q10
Haxey Farm	20SE4	Roulers	50° 54.598'N 3° 07.688'E	X26
Hay farm	28NW4	Zillebeke	50° 51.536'N 2° 55.201'E	I4
Hay Houses	28NE3	Gheluvelt	50° 49.070'N 2° 59.977'E	J34
Haydn Farm	20SE2	Hooglede	50° 59.710'N 3° 09.105'E	R4
Haydn Fork Roads	20SW2	Zwartegat	50° 58.556'N 2° 56.484'E	O18
Haye Farm	66DNW1	Punchy	49° 48.596'N 2° 51.553'E	B9
Hayem	36SW2	Radinghem	50° 36.728'N 2° 50.926'E	N16
Hayettes Wood	57CSE1	Bertincourt	50° 03.330'N 3° 00.500'E	P33
Haymarket	28NW2	St Julien	50° 52.917'N 2° 52.479'E	C13
Haymarket Farm	20SE4	Roulers	50° 56.092'N 3° 08.688'E	X10
Haynecourt	51BSE4	Marquion	50° 12.736'N 3° 09.722'E	X16
Haystack Farm	36ASE1	St. Venant	50° 36.138'N 2° 35.155'E	Q19
Haystack Farm	36NW4	Bois Grenier	50° 40.253'N 2° 55.204'E	I10
Haystack Post	36SW3	Richebourg	50° 33.773'N 2° 44.875'E	S14
Hazebrouck Factory	28SE3	Comines	50° 45.983'N 3° 01.323'E	V6
Hazel Copse	20SE1	Staden	50° 59.511'N 3° 02.089'E	Q1
Hazelbury Farm	28NW4	Zillebeke	50° 49.575'N 2° 53.699'E	I26
Hazewind	20SE1	Staden	50° 59.363'N 3° 01.999'E	Q1
Hazewind	20SW1	Loo	50° 59.287'N 2° 47.239'E	M6
Hazewinde	27SE1	St Sylvestre	50° 46.438'N 2° 33.744'E	P30
Hazor Farm	27NE4	Abeele	50° 50.038'N 2° 37.925'E	K23
Head Farm	28SW2	Wytschaete	50° 46.678'N 2° 56.733'E	O30
Head Farm	28SW2	Wytschaete	50° 46.683'N 2° 56.730'E	O30
Headlight Farm	66DNW4	Nesle	49° 44.830'N 2° 57.614'E	I29
Heal House	27SE4	Meteren	50° 44.540'N 2° 40.864'E	X15
Heart Copse	62CNE4	Roisel	49° 55.307'N 3° 11.150'E	L35
Heath Farm	12NE3	Oudenburg	51° 12.765'N 3° 01.201'E	K7
Heath Farm	20SE2	Hooglede	50° 59.452'N 3° 08.569'E	R4
Heather Copse	20SE2	Hooglede	50° 59.423'N 3° 07.998'E	R3
Heathfield Copse	20SE2	Hooglede	50° 57.644'N 3° 04.864'E	Q29
Heaton Cross Roads	27SE4	Meteren	50° 45.156'N 2° 43.088'E	X11
Heavy Railway Gun Position	51ASW3	Eswars	50° 13.034'N 3° 11.745'E	S7
Heavy Traffic Bridge	57CSE3	Sorel-le-Grand	50° 02.550'N 2° 59.849'E	V2
Heavy Traffic Bridge	57CSE3	Sorel-le-Grand	50° 02.225'N 2° 59.666'E	V8
Heavy Traffic Bridge	57CSE3	Sorel-le-Grand	50° 01.393'N 2° 58.960'E	V13
Heavy Traffic Bridge	57CSE3	Sorel-le-Grand	50° 01.844'N 2° 59.344'E	V14
Heavy Traffic Bridge	57CSE3	Sorel-le-Grand	50° 00.889'N 2° 58.469'E	V19
Heavy Traffic Bridge	57CSE3	Sorel-le-Grand	50° 00.818'N 2° 58.443'E	V25
Heavy Traffic Bridge	57CSE3	Sorel-le-Grand	50° 00.600'N 2° 58.432'E	V25
Hebuterne	57DNE3+4	Hebuterne	50° 07.459'N 2° 38.235'E	K14
Hecla Farm	28NW3	Poperinghe	50° 49.325'N 2° 48.365'E	H25
Hedge Street Tunnels	28NW4	Zillebeke	50° 49.841'N 2° 56.758'E	I30
Hedge Street Tunnels	28NW5	Zillebeke	50° 49.876'N 2° 56.785'E	I30
Hei Mill	12NE1	Clemskerke	51° 14.994'N 3° 00.711'E	D12
Heidengoed Copse	20SE3	Westroosebeke	50° 55.521'N 3° 01.680'E	W13
Heidesicke	28NW1	Elverdinghe	50° 51.645'N 2° 48.829'E	H2
Heifer Farm	27SE4	Meteren	50° 45.256'N 2° 42.111'E	X10
Heihoek	20NE4	Lichtervelde	51° 00.236'N 3° 09.703'E	6567
Heindriex Farm	20SW3	Oostvleteren	50° 54.452'N 2° 45.967'E	S29
Heine House	28NE1	Zonnebeke	50° 53.465'N 3° 00.256'E	D11
Heksken	28SW1	Kemmel	50° 48.305'N 2° 44.609'E	M2
Heksken Cabt.	28SW1	Kemmel	50° 48.191'N 2° 44.635'E	M9
Helene House	12SW1	Nieuport	51° 09.379'N 2° 45.894'E	M17
Hélène Ridge	62BNW3	Bellicourt	49° 55.469'N 3° 13.557'E	G33
Heliga House	20SE1	Staden	50° 57.268'N 2° 58.318'E	P27
Hell Farm	28SW2	Wytschaete	50° 46.305'N 2° 52.994'E	O31
Hell Fire Corner	36ASE1	St. Venant	50° 37.626'N 2° 34.144'E	P6
Hell Quarry	51BSW2	Vis-en-Artois	50° 14.730'N 2° 55.623'E	O21
Helland Farm	20SE1	Staden	50° 59.507'N 3° 00.093'E	P5

Hellblast Corner	28NW4	Zillebeke	50° 50.173'N 2° 55.135'E	I22
Helle Farm	28SW1	Kemmel	50° 46.322'N 2° 44.230'E	M26
Helles	28NE1	Zonnebeke	50° 51.756'N 2° 59.094'E	J3
Helles House	20SE3	Westroosebeke	50° 55.430'N 2° 57.929'E	V14
Helles House	20SE3 & 28NE1-3	Poelcappelle	50° 55.386'N 2° 57.795'E	V14
Helles Track	28NW4	Zillebeke	50° 50.798'N 2° 56.067'E	I17
Hellfire Corner	28NW4	Zillebeke	50° 50.923'N 2° 55.024'E	I10
Hellfire Corner Stone Siding	28NW4	Zillebeke	50° 50.990'N 2° 54.918'E	I10
Hellfire Junction	28NW4	Zillebeke	50° 50.799'N 2° 55.052'E	I16
Hellfire Siding	28NW4	Zillebeke	50° 50.801'N 2° 54.906'E	I16
Hell's Delight	28SE1	Wervicq	50° 47.903'N 2° 59.060'E	P15
Hell's Delight	28SW2	Wytschaete	50° 47.906'N 2° 59.068'E	P15
Helm Mill	20NE3	Zarren	51° 00.252'N 2° 57.874'E	J26
Helmet House	27NE2	Proven	50° 53.529'N 2° 37.181'E	E10
Helmsman's Fork	20NE3	Zarren	51° 00.208'N 2° 57.500'E	J32
Hem	62CNW3	Vaux	49° 57.276'N 2° 50.379'E	H8
Hem Farm	28NE2	Moorslede	50° 51.909'N 3° 09.234'E	L4
Hem Station	62CNW1	Maricourt	49° 57.651'N 2° 51.249'E	H3
Hem Wood	62CNW1	Maricourt	49° 57.844'N 2° 51.135'E	H3
Hemarie Chapel	36ANE4	Merville	50° 39.370'N 2° 40.136'E	L19
Hemel Junction	28NW4	Ypres	50° 49.592'N 2° 51.122'E	H29
Hemelhoek	28NE4	Dadizeele	50° 51.366'N 3° 08.080'E	L9
Hemelryk Cabt.	28NW4	Ypres	50° 49.573'N 2° 50.973'E	H29
Hemme Bridge	12SW3	Ramscappelle	51° 06.982'N 2° 48.045'E	T2
Hemming Farm	28SW1	Kemmel	50° 48.035'N 2° 48.607'E	N8
Hemswell House	20SE4	Roulers	50° 55.283'N 3° 04.728'E	W23
Hendecourt-lez-Cagnicourt	51BSW4	Bullecourt	50° 12.572'N 2° 56.838'E	U17
Hendecourt-lez-Ransart	51CSE4	Blaireville	50° 12.296'N 3° 43.880'E	X17
Hengist Cross	28NW3	Poperinghe	50° 49.424'N 2° 45.234'E	G27
Henin Liétard	36C(44A) SW2	Harnes	50° 25.246'N 2° 56.870'E	O29
Héninel	51BSW2	Vis-en-Artois	50° 14.667'N 2° 52.198'E	N28
Hénin-sur-Cojeul	51BSW3	Boisleux	50° 13.451'N 2° 49.965'E	T2
Henly Bridge	36ASE1	St. Venant	50° 35.671'N 2° 32.329'E	P27
Henly Copse	51BSE3	Cagnicourt	50° 11.245'N 3° 01.271'E	V29
Henne Farm	28NE2	Moorslede	50° 52.137'N 3° 08.093'E	F27
Hennekot	28NE2	Moorslede	50° 52.098'N 3° 08.154'E	F27
Hennessy House	28NE4	Dadizeele	50° 50.530'N 3° 06.499'E	L13
Hennois Wood	57CSW4	Combles	50° 01.114'N 2° 58.086'E	U24
Henry Cross Roads	20SW2	Zwartegat	50° 57.540'N 2° 53.088'E	O26
Hens Post	36SW3	Richebourg	50° 34.584'N 2° 45.467'E	S3
Henson House	28NW1	Elverdinghe	50° 51.925'N 2° 46.919'E	A30
Henty Farm	27NE1	Herzeele	50° 52.507'N 2° 33.100'E	D23
Henwood Houses	28NE2	Moorslede	50° 52.280'N 3° 07.957'E	F27
Hepper House	28SW1	Kemmel	50° 48.694'N 2° 48.147'E	N1
Herald Copse	27NE2	Proven	50° 53.830'N 2° 42.531'E	F5
Herbécourt	62CNW3	Vaux	49° 55.330'N 2° 50.437'E	H32
Herbineaux Farm	20SW3	Oostvleteren	50° 55.380'N 2° 47.179'E	T13
Herenthage Chateau	28NE3	Gheluvelt	50° 50.365'N 2° 58.182'E	J20
Heriot Houses	20SE1	Staden	50° 59.630'N 3° 03.386'E	Q3
Herlies	36SW4	Sainghin	50° 34.691'N 2° 51.197'E	T4
Herly	66DNW4	Nesle	49° 45.304'N 2° 52.428'E	H22
Herly Wood	66DNW3	Hattencourt	49° 45.177'N 2° 51.608'E	H21
Herman Wood	66ENE4	Beaufort	49° 44.951'N 2° 45.034'E	L29
Hermies	57CNE3	Hermies	50° 06.734'N 3° 02.329'E	J30
Hermine Farm	20SW4	Bixschoote	50° 56.787'N 2° 52.179'E	O31
Hermon Cottages	28SW1	Kemmel	50° 47.632'N 2° 44.769'E	M15
Heroes Wood	51BNW1	Roclincourt	50° 21.489'N 2° 48.741'E	B1
Heron Farm	20SW2	Zwartegat	50° 58.223'N 2° 50.434'E	N16
Herrin	36SE3	Seclin	50° 32.861'N 2° 57.904'E	V25
Herring Farm	20SE2	Hooglede	50° 58.831'N 3° 09.402'E	R17
Hersin	36B(44B) NE4	Noex-les-Mines	50° 27.223'N 2° 38.998'E	K35
Hersin	36B(44B) SE2	Boyeffles	50° 27.020'N 2° 38.950'E	Q5

Herthoek	28NE4	Dadizeele	50° 49.825'N 3° 09.115'E	L28
Herts Cross Roads	28NE4	Dadizeele	50° 49.790'N 3° 08.995'E	L28
Herts Redoubt	36C(44A) NW1	LaBassee	50° 31.695'N 2° 44.999'E	A8
Hervilly	62CNE4	Roisel	49° 56.264'N 3° 07.002'E	K24
Hervilly Wood	62CNE4	Roisel	49° 56.102'N 3° 07.894'E	L19
Hervin Farm	51BNW3	Arras	50° 18.161'N 2° 49.274'E	H13
Herzeele	27NE1	Herzeele	50° 53.210'N 2° 31.940'E	D10
Hesbécourt	62CNE4	Roisel	49° 56.796'N 3° 07.745'E	L13
Hessian Wood	28SE1	Wervicq	50° 48.661'N 2° 57.109'E	P1
Hessian Wood	28SW2	Wytschaete	50° 48.660'N 2° 57.114'E	P1
Het Heidengoed Farm	20SE3	Westroosebeke	50° 55.521'N 3° 01.171'E	V18
Het Hof Cleyem Farm	4SE 2 & 4	Blankenberghe	51° 16.172'N 3° 09.885'E	X30
Het Kasteeltje Farm	20SE2	Hooglede	50° 57.731'N 3° 05.651'E	Q30
Het Pappotje Farm	28NE3	Gheluvelt	50° 49.839'N 2° 57.779'E	J26
Het Sas	20SW4	Bixschoote	50° 54.620'N 2° 50.736'E	T29
Het Waterpachthof Farm	28NE2	Moorslede	50° 51.996'N 3° 09.905'E	L5
Heudecourt	57CSE3	Sorel-le-Grand	50° 01.249'N 3° 04.672'E	W21
Hewlett Farm	27NE1	Herzeele	50° 53.414N 2° 33.570'E	D11
Hexham House	12NW3 & 4	Middlekerke	51° 10.867'N 2° 50.903'E	H36
Hexham Junction	28NW4	Zillebeke	50° 51.093'N 2° 53.859'E	I9
Hey Wood	28NW2	St Julien	50° 54.158'N 2° 52.722'E	C1
Hibernia Farm	20SE3	Westroosebeke	50° 57.058'N 3° 03.113'E	Q33
Hibou Farm	20SW4	Bixschoote	50° 56.553'N 2° 52.642'E	U1
Hickling Farm	27NE1	Herzeele	50° 53.185'N 2° 33.304'E	D11
Hickmap Farm	20SE4	Roulers	50° 56.378'N 3° 04.393'E	W4
Hickory Farm	20SE2	Hooglede	50° 58.247'N 3° 06.460'E	R19
Hicks Farm	20SE3	Westroosebeke	50° 54.810'N 3° 03.441'E	W27
Hicks Houses	28SW4	Ploegsteert	50° 44.068'N 2° 54.686'E	U21
Hidden Wood	62DNE2	Méaulte	49° 59.529'N 2° 43.567'E	F10
Hiele Farm	28SW2	Wytschaete	50° 48.127'N 2° 53.871'E	O8
Higgins Wood	28NE4	Dadizeele	50° 49.582'N 3° 03.977'E	K27
High Farm	28SW2	Wytschaete	50° 47.480'N 2° 56.367'E	O18
High Trees	12SW1	Nieuport	51° 09.233'N 2° 46.759'E	M18
High Wood	57CSW3	Longueval	50° 02.411'N 2° 47.086'E	S4
High Woods	57CSE1	Bertincourt	50° 05.494'N 3° 03.451'E	Q1
Highfield Cross Roads	20SE4	Roulers	50° 55.314'N 3° 06.371'E	X19
Highland Farm	28NW2	St Julien	50° 52.708'N 2° 52.745'E	C19
Highland Ridge	57CSE2	Gonnelieu	50° 05.356'N 3° 08.303'E	R8
Hignett Crossing	28NE4	Dadizeele	50° 49.336'N 3° 07.539'E	L32
Hilarian Farm	28NW1	Elverdinghe	50° 51.922'N 2° 45.821'E	A28
Hilary Junction	28NE4	Dadizeele	50° 49.590'N 3° 08.381'E	L27
Hilda Copse	62CSW1	Dompierre	49° 53.279'N 2° 49.513'E	N19
Hilders Redoubt	36C(44A) NW1	LaBassee	50° 31.718'N 2° 45.159'E	A9
Hill 110	62CNW2	Bouchavesnes	49° 58.472'N 2° 52.761'E	B23
Hill 115	62CNW4	Peronne	49° 57.000'N 2° 56.771'E	I10
Hill 131	36C(44A) SW3	Vimy	50° 22.395'N 2° 44.519'E	S19
Hill 142	57DSE1 & 2	Beaumont	50° 03.507'N 2° 37.931'E	Q27
Hill 145	36C(44A) SW3	Vimy	50° 22.775'N 2° 46.333'E	S16
Hill 150	62CNW2	Bouchavesnes	49° 59.235'N 2° 53.593'E	B18
Hill 20 Post	20SW4	Bixschoote	50° 56.303'N 2° 55.350'E	U5
Hill 32	20SE3 & 28NE1-3	Poelcappelle	50° 53.577'N 2° 57.959'E	D8
Hill 32	28NE1	Zonnebeke	50° 53.597'N 2° 57.941'E	D8
Hill 35	28NE1	Zonnebeke	50° 52.813'N 2° 57.382'E	D19
Hill 36	51BNE1	Brébières	50° 20.669'N 3° 02.222'E	D18
Hill 37	28NE1	Zonnebeke	50° 52.842'N 2° 57.958'E	D20
Hill 40	28NE1	Zonnebeke	50° 52.614'N 2° 58.958'E	D21
Hill 52	20SE3	Westroosebeke	50° 54.771'N 3° 00.895'E	V30
Hill 60	28NW4	Zillebeke	50° 49.430'N 2° 55.733'E	I29
Hill 63	28SW4	Ploegsteert	50° 44.672'N 2° 52.496'E	U13
Hill 65	36C(44A) SW1	Lens	50° 25.182'N 2°48.492'E	N25
Hill 65	36C(44A) SW3	Vimy	50° 23.428'N 2°48.981'E	T7
Hill 75	62CNW4	Peronne	49° 56.003'N 2° 55.432'E	I20

Hill Metier	51BNE3	Noyelle-sous-Bellonne	50° 18.915'N 2° 59.140'E	J8
Hill Redoubt	36SW3	Richebourg	50° 34.839'N 2° 46.665'E	S5
Hill Top Camp	28NW2	St Julien	50° 52.484'N 2° 54.258'E	C21
Hill Top Farm	28NW2	St Julien	50° 52.543'N 2° 54.204'E	C21
Hille	28SW3	Bailleul	50° 45.524'N 2° 44.930'E	S4
Hille	28SW3	Bailleul	50° 45.192'N 2° 45.311'E	S9
Hille Mill	20NE3	Zarren	51° 00.148'N 3° 01.448'E	K31
Hillebrand Farm	12SW3	Ramscappelle	51° 07.040'N 2° 45.558'E	S5
Hillock Farm	20SE3 & 28NE1-3	Poelcappelle	50° 55.738'N 2° 56.285'E	C12
Hillsea House	28SW1	Kemmel	50° 46.219'N 2° 43.771'E	M32
Hillside Farm	28NE1	Zonnebeke	50° 53.348'N 3° 00.458'E	D17
Hillside North Camp	28SW3	Bailleul	50° 44.537'N 2° 48.790'E	T14
Hillside South Camp	28SW3	Bailleul	50° 44.499'N 2° 48.778'E	T14
Hind Farm	27NE1	Herzeele	50° 52.641'N 2° 33.546'E	D17
Hindenburg Farm	28NW2	St Julien	50° 53.377'N 2° 53.716'E	C8
Hindleg Wood	62CNW1	Maricourt	49° 58.001'N 2° 50.512'E	B26
Hindoo Farm	28NE2	Moorslede	50° 51.982'N 3° 04.433'E	E28
Hindu Cottage	20SE3 & 28NE1-3	Poelcappelle	50° 53.165'N 2° 56.980'E	D13
Hinges	36ASE4	Locon	50° 33.871'N 2° 37.354'E	W16
Hingette	36ASE4	Locon	50° 33.978'N 2° 38.339'E	W11
Hinks Farm	28SW1	Kemmel	50° 46.286'N 2° 44.748'E	M33
Hinton Farm	20SE3	Westroosebeke	50° 55.078'N 2° 58.942'E	V21
Hip Farm	27NE1	Herzeele	50° 52.099'N 2° 34.008'E	D23
Hippo Farms	20SE4	Roulers	50° 55.070'N 3° 10.181'E	X24
Hippocrates Cross Roads	20SE3	Westroosebeke	50° 56.309'N 3° 01.392'E	V6
Hippodrome du Brun Pain	28SE4	Ronq	50° 43.941'N 3° 08.056'E	X27
Hipshoek	27NE2	Proven	50° 51.448'N 2° 39.946'E	L1
Hipwell Farm	27NE1	Herzeele	50° 51.606'N 2° 33.341'E	D29
Hitching Siding	28NW4	Ypres	50° 49.745'N 2° 50.838'E	H29
Hittite Farm	27NE1	Herzeele	50° 51.349'N 2° 35.675'E	K2
Hivite House	27SE4	Meteren	50° 44.853'N 2° 38.062'E	W11
Hoax Farm	20SE2	Hooglede	50° 58.123'N 3° 09.235'E	R23
Hobbs Farm	36NW2	Armentieres	50° 42.042'N 2° 55.866'E	C23
Hobo Fork	28NE2	Moorslede	50° 54.020'N 3° 05.669'E	E6
Hock Farm	28NE2	Moorslede	50° 52.119'N 3° 04.458'E	E28
Hockem Farm	28SW1	Kemmel	50° 48.508'N 2° 48.796'E	N2
Hocron	36SW4	Sainghin	50° 33.481'N 2° 53.365'E	U19
Hodder House	28NE4	Dadizeele	50° 50.412'N 3° 04.460'E	K22
Hoegenacker Mill	27SE4	Meteren	50° 43.497'N 2° 41.506'E	X27
Hoekske	20SW4	Bixschoote	50° 56.815'N 2° 51.514'E	N36
Hoet Farm	20NE3	Zarren	51° 01.608'N 2° 59.515'E	J16
Hoets Mill	20NE3	Zarren	51° 01.713'N 3° 02.996'E	K15
Hofland Mill Disused	20SW3	Oostvleteren	50° 56.557'N 2° 46.668'E	S6
Holden Farm	28SW1	Kemmel	50° 46.680'N 2° 44.914'E	M27
Hole in the Wall	36SW2	Radinghem	50° 37.389'N 2° 52.352'E	N16
Holhoek	27NE4	Abeele	50° 49.969'N 2° 40.657'E	L20
Holland	27NE1	Herzeele	50° 53.574'N 2° 34.735'E	E1
Hollanderie	36ASE1	St. Venant	50° 36.881'N 2° 30.938'E	P19
Holle Bosch	28NE3	Gheluvelt	50° 51.331'N 3° 01.474'E	J12
Hollebeke	28SW2	Wytschaete	50° 48.335'N 2° 56.216'E	O11
Hollebeke	28SW2	Wytschaete	50° 48.335'N 2° 56.216'E	O11
Hollebeke Chateau	28SW2	Wytschaete	50° 48.365'N 2° 56.955'E	O12
Hollebeke Junction	28SW2	Wytschaete	50° 48.653'N 2° 54.579'E	O3
Hollebeke Mill	28SW2	Wytschaete	50° 47.925'N 2° 57.500'E	P13
Hollebeque Farm	36NW1	Steenwerck	50° 41.650'N 2° 48.833'E	B20
Hollow Copse	51BNW2	Oppy	50° 19.682'N 2° 54.945'E	C27
Holnon	62BSW3	St. Quentin	49° 51.642'N 3° 12.835'E	S8
Holts	20SE3	Westroosebeke	50° 55.864'N 2° 59.035'E	V9
Holy House	20SE4	Roulers	50° 55.824'N 3° 04.708'E	W17
Holywell Farm	20SE2	Hooglede	50° 58.760'N 3° 06.712'E	R13
Homblières	62BSW4	Homblieres	49° 51.011'N 3° 21.846'E	U14
Home Farm	28NW4	Zillebeke	50° 49.659'N 2° 53.205'E	I26

Home Farm	36ASE1	St. Venant	50° 37.458'N 2° 33.695'E	P5
Homeland Farm	36ANE1	Morbecque	50° 42.161'N 2° 30.102'E	D13
Homer Farm	27NE3	Winnezeele	50° 49.167'N 2° 36.477'E	K27
Homme mort	57CNW2	Vaulx-Vraucourt	50° 10.085'N 2° 52.329'E	B17
Hondeghem Line finish	27SE1	St Sylvestre	50° 46.214'N 2° 34.353'E	P36
Hondeghem Line start	27SE1	St Sylvestre	50° 45.885'N 2° 32.157'E	P33
Hondeyghem Farm	20SW3	Oostvleteren	50° 55.838'N 2° 46.580'E	S11
Hondo Farm	28NW3	Poperinghe	50° 49.478'N 2° 48.384'E	H27
Honey Wood	27NE2	Proven	50° 52.423'N 2° 39.442'E	F19
Honeydew Farm	28NE4	Dadizeele	50° 49.380'N 3° 06.473'E	L31
Honnecourt Wood	57CSE4	Villers-Guislain	50° 02.275'N 3° 11.727'E	X11
Honore Farm	20SW4	Bixschoote	50° 56.852'N 2° 52.794'E	O31
Hoo Copse	51ASW3	Eswars	50° 12.434'N 3° 14.689'E	S17
Hoof Farm	20SE1	Staden	50° 58.933'N 2° 56.757'E	P7
Hoof Farm	27NE4	Abeele	50° 49.767'N 2° 40.193'E	L20
Hoog Mill	20NW4	Dixmunde	51° 00.838'N 2° 54.283'E	I21
Hooge	28NW4	Zillebeke	50° 50.766'N 2° 56.742'E	I18
Hooge Bridge	12SW3	Ramscappelle	51° 07.499'N 2° 46.031'E	M35
Hooge Bridge	20SW3	Oostvleteren	50° 55.450'N 2° 43.636'E	S14
Hooge Chateau	28NW4	Zillebeke	50° 50.843'N 2° 56.756'E	I18
Hooge Inn	27NE2	Proven	50° 51.490'N 2° 42.027'E	L4
Hoogemotte	28SE1	Wervicq	50° 46.360'N 3° 01.671'E	P36
Hoogenacker	28SW3	Bailleul	50° 45.881'N 2° 44.715'E	M33
Hoogenblekker	11SE4	No Edition 0617	51° 06.714'N 2° 39.128'E	X7
Hoogeschuur	20SE1	Staden	50° 58.865'N 2° 59.934'E	P11
Hooggraaf Farm	28NW3	Poperinghe	50° 49.597'N 2° 44.076'E	G26
Hooghe	20NE2	Zedelghem	51° 04.682'N 3° 05.342'E	6076
Hooghe	20SE2	Hooglede	50° 58.913'N 3° 04.165'E	Q10
Hoogkwatier	20SW2	Zwartegat	50° 58.856'N 2° 55.983'E	O12
Hooglandeken	20NW4	Dixmunde	51° 01.394'N 2° 54.977'E	I16
Hooglede	20SE2	Hooglede	50° 58.692'N 3° 04.396'E	Q17
Hoogpoort Cabt.	28NW3	Poperinghe	50° 49.460'N 2° 43.945'E	G26
Hoogpoort Farm	28SE2	Menin	50° 47.992'N 3° 04.938'E	Q17
Hoogtaijs Farm	12SW1	Nieuport	51° 09.581'N 2° 49.204'E	N9
Hook Copse	20SE1	Staden	50° 58.587'N 2° 58.988'E	P15
Hooker House	27NE3	Winnezeele	50° 49.814'N 2° 33.591'E	J23
Hooley House	28NE4	Dadizeele	50° 51.367'N 3° 05.410'E	K11
Hooper Farm	27NE1	Herzeele	50° 53.073'N 2° 34.371'E	E7
Hoorelbeke Farm	20SW3	Oostvleteren	50° 55.439'N 2° 46.702'E	S18
Hoover House	28SW1	Kemmel	50° 46.272'N 2° 44.902'E	M33
Hope Copse	62BNW4	Ramicourt	49° 55.671'N 3° 22.596'E	I33
Hope Farm	28SW2	Wytschaete	50° 48.012'N 2° 55.635'E	O11
Hopley Farm	27NE1	Herzeele	50° 52.070'N 2° 33.008'E	D22
Hoquette Copse No 1	62CNE3	Buire	49° 57.404'N 3° 02.450'E	J12
Hoquette Copse No 2	62CNE3	Buire	49° 56.893'N 3° 02.000'E	J17
Horgny	62CSW2	Barleux	49° 52.261'N 2° 53.127'E	N35
Horgny	62CSW3	St. Christ	49° 52.171'N 2° 52.973'E	N35
Hornby Siding	28NW4	Zillebeke	50° 49.785'N 2° 52.468'E	I25
Horne Farm	20SE3	Westroosebeke	50° 54.709'N 3° 02.783'E	W26
Horne Works	28NW4	Zillebeke	50° 51.024'N 2° 53.554'E	I8
Hornet Wood	27NE2	Proven	50° 53.696'N 2° 41.488'E	F4
Hors Delvoie	28SE3	Comines	50° 43.570'N 2° 59.767'E	V28
Horse Copse	62CSW4	St. Christ	49° 51.179'N 2° 54.117'E	T12
Horsehoe Farm	28SE3	Comines	50° 45.562'N 2° 58.317'E	V2
Horseshoe Dump	36ANE3	Haverskerque	50° 39.904'N 2° 36.074'E	K8
Horsley Cottages	27NE1	Herzeele	50° 52.641'N 2° 32.821'E	D16
Horvas Farm	20NW4	Dixmunde	51° 00.198'N 2° 55.620'E	I29
Hospice	36NE2	Tourcoing	50° 42.521'N 3° 05.278'E	E17
Hospice	36NW1	Steenwerck	50° 42.141N 2° 50.082'E	B15
Hospice Locre	28SW1	Kemmel	50° 46.820'N 2° 45.806'E	M23
Hospice Wytschaete	28SW2	Wytschaete	50° 47.351'N 2° 52.674'E	O19
Hospice Farm	36NW4	Bois Grenier	50° 39.107'N 2°52.372'E	H24

Name	Sheet	Location	Coordinates	Ref
Hospice Spur	28SW2	Wytschaete	50° 47.377'N 2° 52.690'E	O19
Hospice Wood	62CNW3	Vaux	49° 55.967'N 2° 49.351'E	G24
Hospital in Bethune	36B(44B) NE2	Beuvry	50° 31.733'N 2° 38.119'E	E10
Hospital Armentierea	36NW2	Armentieres	50° 41.096'N 2° 52.055'E	B30
Hospital by College	36ANE4	Merville	50° 39.003'N 2° 38.474'E	K23
Hospital by Dean Hall Lyssenthoek	27NE4	Abeele	50° 49.896'N 2° 42.261'E	L23
Hospital by Gwallia Farm	28NW1	Elverdinghe	50° 52.466'N 2° 45.898'E	A22
Hospital by Pauper's Cross Roads	20SE1	Staden	50° 58.241'N 3° 00.535'E	P23
Hospital by Touts Fork	28NE2	Moorslede	50° 54.313'N 3° 05.877'E	E6
Hospital by Whippet Fork	27NE2	Proven	50° 51.545'N 2° 42.011'E	L4
Hospital Cross Camp	27NE4	Abeele	50° 50.075'N 2° 41.860'E	L10
Hospital E of Barracks in Cambrai	57BNW1	Cambrai	50° 10.863'N 3° 13.834'E	A10
Hospital E of Jester Farm	27NE2	Proven	50° 53.825'N 2° 38.592'E	E6
Hospital E of Wellington Hippodrome	12NE2 & 4	Ostende	51° 13.401'N 2° 54.736'E	I5
Hospital Farm	62CNW2	Bouchavesnes	49° 59.219'N 2° 52.841'E	B17
Hospital Farm Camp	28NW1	Elverdinghe	50° 52.273'N 2° 48.127'E	B19
Hospital in Blankenberghe	4SE 2 & 4	Blankenberghe	51° 18.641'N 3° 07.779'E	R33
Hospital in Faubourg des Postes	36SE1	Haubourdin	50° 37.169'N 3° 02.812'E	Q14
Hospital in Lille N of Faubourg des Postes	36SE1	Haubourdin	50° 36.860'N 3° 03.206'E	Q14
Hospital in Seclin	36SE3	Seclin	50° 32.910'N 3° 01.197'E	V29
Hospital in Terdeghem	27SE1	St Sylvestre	50° 47.826'N 2° 32.628'E	P10
Hospital Lille	36NE3	Perenchies	50° 38.794'N 3° 03.764'E	K27
Hospital N of Chapelle Rompue	36NW2	Armentieres	50° 42.611'N 2° 52.731'E	C7
Hospital N of Scamp Farm	27NE2	Proven	50° 54.007'N 2° 37.116'E	E4
Hospital NE of Lavender Bend	27NE2	Proven	50° 53.623'N 2° 42.586'E	F11
Hospital Near Triez Cailloux	28SE2	Menin	50° 46.394'N 3° 08.513'E	R33
Hospital S of Abbaye de Loos	36SE1	Haubourdin	50° 36.964'N 2° 59.890'E	P16
Hospital SE of Gas Works	36SE1	Haubourdin	50° 36.635'N 3° 00.481'E	P23
Hospital Spur	28NW3	Poperinghe	50° 51.139'N 2° 47.730'E	H7
Hospital W of Cotta Crossing	27SE2	Berthen	50° 46.728'N 2° 36.771'E	Q21
Hospital W of Lavender Bend	27NE2	Proven	50° 53.486'N 2° 42.348'E	F11
Hospital W of Ste Hélène, Lille	36NE3	Perenchies	50° 39.565'N 3° 02.461'E	K19
Hospital Wood	62CNW2	Bouchavesnes	49° 59.310'N 2° 53.093'E	B17
Hosten Farm	20NE3	Zarren	51° 00.139'N 2° 54.423'E	J31
Hotel	36NW4	Bois Grenier	50° 38.812'N 2° 54.520'E	I27
Hotel de Ville	28SW3	Bailleul	50° 44.383'N 2° 44.075'E	S14
Hotel du Tertre	36C(44A) NW1	LaBassee	50° 32.272'N 2° 48.774'E	B1
Hotspur Farm	20SE4	Roulers	50° 56.071'N 3° 06.838'E	X7
Houart Farm	20SW4	Bixschoote	50° 56.686'N 2° 54.217'E	U3
Houart Wood	20SW4	Bixschoote	50° 56.679'N 2° 53.867'E	U3
Houchard Post	20SW4	Bixschoote	50° 56.272'N 2° 54.364'E	U3
Houchin	36B(44B) NE4	Noex-les-Mines	50° 28.943'N 2° 37.515'E	K16
Hounslow Camp	28NW1	Elverdinghe	50° 53.389'N 2° 46.231'E	A11
Houplin	36SE3	Seclin	50° 33.714'N 3° 00.242'E	V22
Houplines	36NW2	Armentieres	50° 41.683'N 2° 54.684'E	C21
House 10	28NW2	St Julien	50° 53.634'N 2° 52.932'E	C7
House du Brulle	36SW2	Radinghem	50° 36.164'N 2° 55.846'E	O23
House of the Allies No 1	62CSW2	Barleux	49° 53.780'N 2° 54.880'E	O14
House of the Allies No 2	62CSW2	Barleux	49° 53.717'N 2° 54.862'E	O14
Houssin Farm and Factory	36SW3	Richebourg	50° 33.941'N 2° 49.885'E	T15
Houston Fork	28NE4	Dadizeele	50° 49.346'N 3° 06.248'E	K36
Houthem	28SE1	Wervicq	50° 47.196'N 2° 57.891'E	P20
Houthem	28SW2	Wytschaete	50° 47.196'N 2° 57.893'E	P20
Houthuest Forest	20SW4	Bixschoote	50° 56.909'N 2° 55.344'E	O35
Houthulst	20SE1	Staden	50° 58.643'N 2° 57.096'E	P13
Houthulst Forest	20SE3	Westroosebeke	50° 56.924'N 2° 57.138'E	P31
Houthulst Forest	20SW2	Zwartegat	50° 57.271'N 2° 55.698'E	O29
Houtkerque	27NE1	Herzeele	50° 52.856'N 2° 35.814'E	E14
Houttave	12NE2	Houttave	51° 14.168'N 3° 06.655'E	F20
Hove Copse	62BSW2	Fonsommes	49° 54.661'N 3° 20.384'E	N12
How Farm	28SW2	Wytschaete	50° 46.662'N 2° 54.412'E	O27
How Farm	28SW2	Wytschaete	50° 46.668'N 2° 54.408'E	O27

Name	Sheet	Map	Coordinates	Ref
Howe Camp	28NW4	Ypres	50° 50.072'N 2° 51.845'E	H24
Howe Siding	28NW4	Ypres	50° 50.137'N 2° 51.885'E	H24
Howell's Farm	20SE4	Roulers	50° 56.973'N 3° 09.505'E	R35
Howitzer Wood	62CNW1	Maricourt	49° 57.687'N 2° 51.623'E	H3
Howitzer Wood	62CNW3	Vaux	49° 57.592'N 2° 51.492'E	H3
Ht Mont	36NE2	Tourcoing	50° 42.298'N 3° 07.735'E	F14
Ht Pommereau	36SW3	Richebourg	50° 34.880'N 2° 48.517'E	T1
Hte Rue	51BNE2	Dechy	50° 20.717'N 3° 10.273'E	F17
Huber Farm	28NE1	Zonnebeke	50° 54.013'N 2° 57.033'E	D1
Hübner Farm	20SE3 & 28NE1-3	Poelcappelle	50° 54.010'N 2° 57.032'E	D1
Hucksters Cross Roads	20SE1	Staden	50° 59.657'N 2° 59.155'E	P4
Huddleston	28NW2	St Julien	50° 53.730'N 2° 52.435'E	C7
Huddleston Camp	28NW2	St Julien	50° 53.448'N 2° 52.514'E	C7
Hudson House	27NE3	Winnezeele	50° 48.689'N 2° 29.799'E	J31
Hugel Halles	28NW2	St Julien	50° 53.648'N 2° 55.720'E	C11
Hügel Halles	20SE3 & 28NE1-3	Poelcappelle	50° 53.644'N 2° 55.716'E	C11
Hugel Hollow	28NW2	St Julien	50° 53.595'N 2° 55.862'E	C11
Hügel Hollow	20SE3 & 28NE1-3	Poelcappelle	50° 53.596'N 2° 55.858'E	C11
Hughes Farm	28SW3	Bailleul	50° 44.368'N 2° 45.101'E	S15
Hughes Farm Camp	28SW3	Bailleul	50° 44.332'N 2° 45.127'E	S15
Huilaert Molen	20NE3	Zarren	51° 00.907'N 3° 01.411'E	K19
Huit Maisons Post	36ASE2	Lestrem	50° 36.022'N 2° 43.487'E	R24
Hull Buildings	20SE1	Staden	50° 59.889'N 2° 57.056'E	P7
Hull Junction	28NW4	Ypres	50° 49.736'N 2° 50.456'E	H28
Hulle Bridge	20SW1	Loo	50° 57.939'N 2° 44.161'E	M20
Hullebert Farm	36ANE2	Vieux Berquin	50° 41.817'N 2° 40.094'E	F19
Hullenest Farm	12SW3	Ramscappelle	51° 06.340'N 2° 46.069'E	S17
Hull's Burnt Farm	28SW4	Ploegsteert	50° 44.466'N 2° 54.586'E	U15
Hull's Farm	28NW2	St Julien	50° 52.870'N 2° 51.788'E	B18
Hulluch	36C(44A) NW3	Loos	50° 29.092'N 2° 49.126'E	H14
Humber Farm	20SE4	Roulers	50° 55.806'N 3° 03.819'E	W16
Humming-bird Wood	66CSW4	La Fere	49° 41.148'N 3° 24.071'E	U4
Hump Farm	20SE4	Roulers	50° 56.442'N 3° 04.900'E	W5
Hun Farm	36ASE1	St. Venant	50° 36.016'N 2° 36.456'E	Q20
Hunk Houses	28NE2	Moorslede	50° 51.754'N 3° 06.811'E	L1
Hunt Wood	20SE1	Staden	50° 57.142'N 3° 00.606'E	P35
Hunter Post	36SW3	Richebourg	50° 34.344'N 2° 44.413'E	S8
Hunters Tryst	20SE1	Staden	50° 57.228'N 3° 00.854'E	P36
Hunting Lodge	70DNW2	Servais	49° 36.699'N 3° 21.918'E	C26
Huntley Farm	28NE4	Dadizeele	50° 51.060'N 3° 04.056'E	K10
Huron Siding	28SW2	Wytschaete	50° 47.935'N 2° 53.757'E	O8
Hurricane Fork	28NE4	Dadizeele	50° 49.740'N 3° 06.986'E	L25
Hurst House	20SE2	Hooglede	50° 59.779'N 3° 06.945'E	R2
Hurst Park	28NW2	St Julien	50° 53.518'N 2° 54.708'E	C10
Hurtebise Copse	57BSW1	Bantouzelle	50° 04.373'N 3° 18.117'E	N21
Hurtebise Farm	57BSW1	Bantouzelle	50° 04.487'N 3° 17.396'E	N20
Hurtevent Farms	57BSW2	Clary	50° 04.245'N 3° 22.524'E	O21
Husband Camp	27NE4	Abeele	50° 50.738'N 2° 39.521'E	L7
Hussar Camp	28NW4	Zillebeke	50° 51.491'N 2° 55.077'E	I4
Hussar Copse	62BSW4	Homblieres	49° 50.181'N 3° 23.101'E	U27
Hussar Farm	28NW4	Zillebeke	50° 51.509'N 2° 54.865'E	I4
Hussar House	12SW1	Nieuport	51° 09.413'N 2° 45.607'E	M11
Hussey's Corner	28NE4	Dadizeele	50° 49.073'N 3° 06.238'E	K36
Hustlers Farm	20SE2	Hooglede	50° 57.991'N 3° 06.657'E	R19
Hut Farm	28SE1	Wervicq	50° 48.768'N 3° 00.091'E	P4
Hutton Mill	36ANE4	Merville	50° 39.807'N 2° 39.411'E	K18
Huxley Cottages	27NE1	Herzeele	50° 52.039'N 2° 32.046'E	D22
Hyde	62BSW2	Fonsommes	49° 53.468'N 3° 21.038'E	O19
Hyde Park Corner	28SW4	Ploegsteert	50° 44.367'N 2° 53.003'E	U19
Hyde Park Corner	36B(44B) NE2	Beuvry	50° 32.277'N 2° 43.325'E	F5
Hyde Park Corner	57DSE1 & 2	Beaumont	50° 04.267'N 2° 38.936'E	Q16
Hydra Copse	66CNW4	Berthenicourt	49° 45.407'N 3° 23.233'E	I27

Hyencourt-le-Grand	66DNW1	Punchy	49° 49.277'N 2° 50.083'E	B1
Hyencourt-le-Petit	66DNW1	Punchy	49° 47.665'N 2° 50.890'E	B20
Iberian	28NE1	Zonnebeke	50° 52.655'N 2° 57.344'E	D19
Ibex Cottage	27SE4	Meteren	50° 45.657'N 2° 41.845'E	X4
Ice Factory	66CNW4	Berthenicourt	49° 45.206'N 3° 21.352'E	I25
Ida House	28NE4	Dadizeele	50° 50.709'N 3° 06.173'E	K18
Idlers Fork	20SE1	Staden	50° 59.259'N 2° 59.923'E	P5
l'Estrade	36NW1	Steenwerck	50° 41.242'N 2° 47.792'E	A30
Ifs Copse	62CSW3	Vermandovillers	49° 51.917'N 2° 49.906'E	T1
Illies	36SW3	Richebourg	50° 33.692'N 2° 49.922'E	T15
Imbros House	20SE3 & 28NE1-3	Poelcappelle	50° 55.298'N 2° 56.666'E	U18
Imoros House	20SW4	Bixschoote	50° 55.297'N 2° 56.671'E	U18
Imperial Track	28NW4	Zillebeke	50° 49.148'N 2° 55.125'E	I34
Impey Copses	27NE1	Herzeele	50° 51.357'N 2° 33.514'E	J4
Impey Farm	27NE1	Herzeele	50° 51.467'N 2° 33.575'E	J5
Implacable Farm	20SE3	Westroosebeke	50° 56.598'N 3° 02.865'E	W2
In de Schoone Wandeling Cabt	20SE4	Roulers	50° 55.415'N 3° 07.110'E	X14
In de Spanbroek	28SW2	Wytschaete	50° 46.566'N 2° 51.762'E	N30
In de Ster Cabt.	28NE3	Gheluvelt	50° 51.538'N 3° 00.753'E	J5
In de Sterkte Cabt.	28SW2	Wytschaete	50° 47.702'N 2° 54.078'E	O15
In de Wandeling Cabt.	28SW2	Wytschaete	50° 48.773'N 2° 51.634'E	N6
In de Zon Cabt.	20SW4	Bixschoote	50° 54.928'N 2° 50.270'E	T22
In den Engel Inn	12SW2	Slype	51° 10.254'N 2° 52.752'E	O2
In den Haas Cabt.	20SE1	Staden	50° 57.337'N 3° 01.670'E	Q25
In den Hert Cabt.	28SE2	Menin	50° 48.296'N 3° 10.113'E	R11
In den Jager Cabt.	28SW2	Wytschaete	50° 47.995'N 2° 53.890'E	O8
In den Rooster Cabt.	28SW4	Ploegsteert	50° 44.942'N 2° 56.433'E	U18
In der Kruisstraat Cabt.	28SW2	Wytschaete	50° 46.343'N 2° 52.126'E	N36
Incanto Farm	36ANE1	Morbecque	50° 41.702'N 2° 34.702'E	D24
Incense Corner	20SE2	Hooglede	50° 59.616'N 3° 08.009'E	R3
Inch Houses	20SE3 & 28NE1-3	Poelcappelle	50° 54.295'N 2° 58.782'E	D3
Inch Houses	28NE1	Zonnebeke	50° 54.299'N 2° 58.787'E	D3
Inchy Mill	57CNE1	Queant	50° 10.357'N 3° 02.938'E	E7
Inchy-en-Artois	57CNE1	Queant	50° 10.900'N 3° 03.226'E	E1
Indian Farm	12NE1	Clemskerke	51° 14.994'N 3° 01.204'E	E7
Indian Hill	62BSW2	Fonsommes	49° 54.430'N 3° 20.971'E	O7
Indian Spur	62BSW2	Fonsommes	49° 54.445'N 3° 22.058'E	O8
Indian Village	36SW3	Richebourg	50° 33.298'N 2° 44.018'E	S20
Indian Wood	62BSW1	Gricourt	49° 52.646'N 3° 15.709'E	M36
Indigo Corner	20SE2	Hooglede	50° 59.129'N 3° 10.357'E	R12
Indus Farm	28NW3	Poperinghe	50° 49.573'N 2° 50.077'E	H28
Infantry Barracks	28NW4	Zillebeke	50° 50.895'N 2° 52.948'E	I7
Infantry Road	36ANE3	Haverskerque	50° 39.522'N 2° 35.390'E	K13
Inflexible Farm	20SE3	Westroosebeke	50° 56.215'N 3° 02.579'E	W8
Ingersoll Camp	36NW2	Armentieres	50° 42.974'N 2° 50.462'E	B10
Ingon Wood	66DNW3	Hattencourt	49° 46.385'N 2° 50.143'E	H7
Ink Farm	28SE1	Wervicq	50° 48.481'N 3° 00.029'E	P4
Inkerman Camp	28SW3	Bailleul	50° 45.262'N 2° 47.302'E	S12
Inkerman Farm	28SW3	Bailleul	50° 45.293'N 2° 47.389'E	S12
Inn	51BNW4	Fampoux	50° 18.918'N 2° 53.373'E	I7
Inn Corner	28NW3	Poperinghe	50° 50.738'N 2° 48.942'E	H14
Inn Cross Roads	51BNW4	Fampoux	50° 18.801'N 2° 53.455'E	I7
Inquest Houses	28NE2	Moorslede	50° 53.564'N 3° 10.062'E	F11
Insect Farm	20SW2	Zwartegat	50° 58.291'N 2° 52.250'E	O13
Intact Farm	20SW3	Oostvleteren	50° 56.991'N 2° 49.849'E	N34
Intermediate X Roads	20SW4	Bixschoote	50° 55.344'N 2° 51.209'E	T17
International Corner	28NW1	Elverdinghe	50° 53.533'N 2° 44.434'E	A9
International Corner Sidings	28NW1	Elverdinghe	50° 53.704'N 2° 44.319'E	A2
Inverness Copse	28NE3	Gheluvelt	50° 50.514'N 2° 58.121'E	J14
Iodine Siding	28SW2	Wytschaete	50° 48.369'N 2° 50.307'E	N4
Iona House	28NW3	Poperinghe	50° 49.162'N 2° 49.189'E	H32
Ionic House	27SE4	Meteren	50° 44.370'N 2° 38.919'E	W18

Ireland Farm	20SW2	Zwartegat	50° 59.015'N 2° 53.156'E	O8
Iris Copse	57BSW2	Clary	50° 03.359'N 3° 24.173'E	O35
Iris Copse	57BSW4	Serain	50° 03.304'N 3° 24.205'E	O35
Iris Farm	20SW2	Zwartegat	50° 59.358'N 2° 51.900'E	N6
Iris Farm	57BSW2	Clary	50° 03.488'N 3° 23.098'E	O34
Irish Farm	28SW4	Ploegsteert	50° 45.112'N 2° 53.077'E	U7
Irish Farm	28NW2	St Julien	50° 52.227'N 2° 53.871'E	C27
Irish Farm Camp	28NW2	St Julien	50° 52.102'N 2° 53.805'E	C26
Irish House	28SW2	Wytschaete	50° 47.060'N 2° 51.165'E	N23
Irles	57CNW3	Bapaume	50° 06.040'N 2° 45.201'E	G31
Irles	57DNE4 & 5	Achiet	50° 06.040'N 2° 45.201'E	G31
Iron Bridge	28NW4	Zillebeke	50° 49.516'N 2° 53.174'E	I26
Iron Copse	66DNW1	Punchy	49° 48.780'N 2° 49.054'E	A12
Iron Cross	28NW2	St Julien	50° 54.211'N 2° 54.051'E	C3
Iroquois Farm	62BSW2	Fonsommes	49° 52.874'N 3° 24.417'E	O29
Irving Houses	28NE2	Moorslede	50° 54.083'N 3° 09.037'E	F4
Iser	20SE3 & 28NE1-3	Poelcappelle	50° 53.757'N 2° 58.646'E	D9
Iser	28NE1	Zonnebeke	50° 53.760'N 2° 58.645'E	D9
Island Farm	20SE4	Roulers	50° 54.597'N 3° 09.906'E	X29
Island Fork	28NE2	Moorslede	50° 52.222'N 3° 04.221'E	E28
Islande Post	20SW4	Bixschoote	50° 56.184'N 2° 53.417'E	U8
Isly Farm	28NW2	St Julien	50° 51.994'N 2° 51.391'E	B29
Isolée Farm	20SW4	Bixschoote	50° 56.046'N 2° 51.935'E	T12
Israel Farm	28NE2	Moorslede	50° 53.797'N 3° 09.811'E	F11
Israel House	28NE1	Zonnebeke	50° 52.821'N 2° 58.719'E	D21
Issacs Farm	28NE2	Moorslede	50° 52.849'N 3° 09.974'E	F23
Istria Junction	28NE4	Dadizeele	50° 51.750'N 3° 09.172'E	L4
Itancourt	66CNW2	Itancourt	49° 48.455'N 3° 20.747'E	B18
Itchin Farm	36ANE4	Merville	50° 40.010'N 2° 37.706'E	K10
Iteneranis Fork	20SE1	Staden	50° 58.965'N 3° 01.790'E	Q7
Ivan Cottage	27NE1	Herzeele	50° 52.305'N 2° 34.207'E	D24
Ives Buildings	20SE1	Staden	50° 58.602'N 2° 58.174'E	P15
Iveson Farm	28NE4	Dadizeele	50° 51.429'N 3° 08.416'E	L9
Ivory Corner	20SE2	Hooglede	50° 59.662'N 3° 08.919'E	R4
Ivy Farm	27NE1	Herzeele	50° 53.628'N 2° 31.913'E	D3
Ivyland Corner	20SE2	Hooglede	50° 58.308'N 3° 05.520'E	Q24
Izel-Hof	51BNW2	Oppy	50° 21.281'N 2° 55.866'E	C10
Izel-les-Equerchin	51BNW2	Oppy	50° 21.703'N 2° 56.945'E	C5
J Camp	28NW1	Elverdinghe	50° 53.568'N 2° 44.065'E	A8
Jabbeke	12NE4	Jabbeke	51° 10.948'N 3° 05.615'E	K36
Jabber House	28NE1	Zonnebeke	50° 51.711'N 2° 59.410'E	J4
Jack Copse	62BNW1	Gouy	49° 58.910'N 3° 16.740'E	B19
Jack Farm	28SW2	Wytschaete	50° 47.350'N 2° 55.653'E	O23
Jack Farm	28SW2	Wytschaete	50° 47.351'N 2° 55.641'E	O23
Jackdaw Post	28NE3	Gheluvelt	50° 50.731'N 2° 57.345'E	J13
Jack's Lodge	36SW1	Aubers	50° 37.349'N 2° 48.462'E	N8
Jackson Villa	28SW1	Kemmel	50° 47.768'N 2° 43.542'E	M7
Jacob Farm	28NE4	Dadizeele	50° 51.607'N 3° 04.145'E	K4
Jacobinessen Battery	12NE1	Clemskerke	51° 14.873'N 2° 59.455'E	D17
Jacobinessen Farm	12NE1	Clemskerke	51° 14.799'N 2° 59.325'E	D17
Jacob's Houses	28NE2	Moorslede	50° 53.872'N 3° 09.985'E	F11
Jacqvenne Copse	57CSE4	Villers-Guislain	50° 00.580'N 3° 06.140'E	W29
Jago Farm	28NE4	Dadizeele	50° 50.732'N 3° 06.491'E	L13
Jail House	36NW1	Steenwerck	50° 43.089'N 2° 48.005'E	B1
Jakko Farm	27NE3	Winnezeele	50° 48.900'N 2° 35.815'E	K32
Jallap House	28NE3	Gheluvelt	50° 50.535'N 2° 59.102'E	J15
Jalon Farm	20SW2	Zwartegat	50° 57.982'N 2° 51.207'E	N23
James Farm	28NW4	Zillebeke	50° 51.398'N 2° 55.218'E	I4
James Farm Camp	28NW4	Zillebeke	50° 51.465'N 2° 55.216'E	I4
Janet Cottages	27NE2	Proven	50° 53.949'N 2° 42.403'E	F5
Janet Farm	20SE3 & 28NE1-3	Poelcappelle	50° 53.462'N 2° 56.600'E	C12
Janet Wood	27NE2	Proven	50° 54.052'N 2° 42.281'E	F5

Name	Sheet	Location	Coordinates	Grid
Jap Farm	28NE4	Dadizeele	50° 49.292'N 3° 04.110'E	K34
Japan House	20SE3 & 28NE1-3	Poelcappelle	50° 55.285'N 2° 55.390'E	U17
Japan House	20SW4	Bixschoote	50° 55.284'N 2° 55.389'E	U17
Japy Works	66CSW4	La Fere	49° 39.373'N 3° 20.129'E	T29
Jardin de l'Esplanade	57BNW1	Cambrai	50° 10.180'N 3° 14.396'E	A17
Jardin Public	36B(44B) NE2	Beuvry	50° 31.746'N 2° 37.889'E	E10
Jargon Cross Roads	28NE3	Gheluvelt	50° 50.937'N 2° 57.675'E	J7
Jarrocks Farm	28NE3	Gheluvelt	50° 48.950'N 2° 57.052'E	J31
Jas Farm	28NW1	Elverdinghe	50° 52.146'N 2° 43.620'E	A25
Jasper Camp	28SW1	Kemmel	50° 47.596'N 2° 49.276'E	N15
Jasper Corner	28NE4	Dadizeele	50° 50.136'N 3° 07.915'E	L21
Jasper Dugouts	28NE3	Gheluvelt	50° 50.433'N 2° 57.184'E	J13
Jasper Farm	28NW2	St Julien	50° 52.306'N 2° 55.914'E	C29
Jaunt Copse	28NE1	Zonnebeke	50° 51.925'N 3° 01.431'E	J6
Jay Barn	28NE3	Gheluvelt	50° 51.542'N 3° 00.425'E	J5
Jay Copse	20SE2	Hooglede	50° 58.077'N 3° 07.438'E	R20
Jay Corner	28SW2	Wytschaete	50° 46.416'N 2° 51.063'E	N29
Jay Cottage	28NE3	Gheluvelt	50° 51.580'N 3° 00.523'E	J5
Jay Farm	57BSW1	Bantouzelle	50° 03.582'N 3° 12.980'E	M27
Jay Wood	66CSW4	La Fere	49° 40.825'N 3° 24.765'E	U11
Jean Bart House	20SW4	Bixschoote	50° 56.365'N 2° 54.759'E	U4
Jean Copse	62BNW4	Ramicourt	49° 55.746'N 3° 25.277'E	I36
Jean Copse	62CNE2	Epéhy	49° 59.292'N 3° 05.486'E	E16
Jean Farm	20SW2	Zwartegat	50° 57.481'N 2° 52.471'E	O25
Jeancourt	62CNE4	Roisel	49° 56.686'N 3° 08.929'E	L26
Jeancourt	62CNE4	Roisel	49° 55.560'N 3° 08.835'E	L32
Jedhof Farm	28NW1	Elverdinghe	50° 53.713'N 2° 49.411'E	B9
Jekyll	62BSW2	Fonsommes	49° 53.438'N 3° 20.842'E	O19
Jellicoe Sidings	28NW4	Ypres	50° 49.242'N 2° 51.898'E	H36
Jena Farm	28NW2	St Julien	50° 52.311'N 2° 51.231'E	B23
Jenkins Farm	28NE3	Gheluvelt	50° 50.596'N 3° 00.857'E	J18
Jenny Farm	20SW2	Zwartegat	50° 58.728'N 2° 54.027'E	O9
Jerk House	28NE3	Gheluvelt	50° 50.843'N 2° 59.199'E	J15
Jerry Farm	28NE2	Moorslede	50° 52.356'N 3° 08.828'E	F28
Jersey Bridge	12NE3	Oudenburg	51° 12.522'N 2° 56.668'E	J7
Jerusalem	36C(44A) SE1	Dourges	50° 26.771'N 2° 59.879'E	P7
Jerusalem	36SW4	Sainghin	50° 34.405'N 2° 51.795'E	T11
Jerusalem Farms	20SE4	Roulers	50° 56.274'N 3° 03.997'E	W10
Jess Mill	28NE2	Moorslede	50° 54.270'N 3° 04.418'E	E4
Jessop Buildings	28NE2	Moorslede	50° 54.203'N 3° 04.235'E	E4
Jester Farm	27NE2	Proven	50° 53.807'N 2° 38.410'E	E5
Jesuitengoed Farm	20SW2	Zwartegat	50° 57.000'N 2° 52.503'E	O31
Jesus Farm	36NW1	Steenwerck	50° 41.008'N 2° 49.247'E	B26
Jetty Warren	28NE3	Gheluvelt	50° 51.174'N 3° 00.247'E	J11
Jetty Wood	28NE3	Gheluvelt	50° 51.252'N 2° 59.750'E	J10
Jevington Farm	20SE2	Hooglede	50° 59.532'N 3° 06.095'E	R1
Jew Hill	20SE3 & 28NE1-3	Poelcappelle	50° 53.396'N 2° 56.548'E	C12
Jewel Farm	28SW1	Kemmel	50° 47.810'N 2° 44.031'E	M8
Jhelum Farm	27NE3	Winnezeele	50° 49.146'N 2° 34.165'E	J30
Jigger Houses	20SE1	Staden	50° 58.370'N 3° 02.521'E	Q14
Jigsaw Copse	62CNW1	Maricourt	49° 58.926'N 2° 49.927'E	B13
Jigsaw Wood	51BNW4	Fampoux	50° 17.033'N 2° 56.008'E	I34
Jill Copse	62BNW1	Gouy	49° 58.811'N 3° 16.783'E	B19
Jill Farm	28SW2	Wytschaete	50° 47.299'N 2° 55.672'E	O23
Jimjam House	28SW3	Bailleul	50° 44.014'N 2° 46.205'E	S22
Jingle Fork	36NW1	Steenwerck	50° 42.581'N 2° 45.966'E	A10
Jingle Wood	28SW1	Kemmel	50° 46.781'N 2° 45.255'E	M27
Jingo House	28NE3	Gheluvelt	50° 49.020'N 2° 57.269'E	J31
Jinks Row	28SW3	Bailleul	50° 43.669'N 2° 45.845'E	S28
Joan	62BSW2	Fonsommes	49° 53.064'N 3° 20.580'E	N30
Joan's Bridge	28NE4	Dadizeele	50° 50.555'N 3° 09.339'E	L16
Job Farm	28SE2	Menin	50° 48.231'N 3° 06.230'E	Q12

Name	Sheet	Location	Coordinates	Ref
Jobbery Crossing	36ANE1	Morbecque	50° 42.956'N 2° 36.701'E	E3
Jock Farm	28NE3	Gheluvelt	50° 50.651'N 3° 01.441'E	J18
Jockveld Farm	12SW3	Ramscappelle	51° 06.233'N 2° 45.187'E	S16
Jocobs House	28NE1	Zonnebeke	50° 52.753'N 2° 58.729'E	D21
Joe House	28NE3	Gheluvelt	50° 48.954'N 2° 57.320'E	J31
Joffre Farm	20NW4	Dixmunde	50° 59.941'N 2° 53.456'E	I32
Joffre Farm	28NW2	St Julien	50° 52.507'N 2° 52.713'E	C19
Joffre Farm Camp	28NW2	St Julien	50° 52.489'N 2° 52.753'E	C19
John Copse	57DNE3+4	Hebuterne	50° 06.574'N 2° 39.587'E	K23
Johns Bridge	28NW1	Elverdinghe	50° 52.628'N 2° 45.778'E	A22
Johnston Farm	28NE4	Dadizeele	50° 49.298'N 3° 05.867'E	K36
Joiners Rest	28NE3	Gheluvelt	50° 51.487'N 3° 00.913'E	J6
Joiners Wood	28NE3	Gheluvelt	50° 51.487'N 3° 00.913'E	J6
Joist Farm	28NE3	Gheluvelt	50° 50.950'N 2° 59.751'E	J10
Jolie Farm	28NW2	St Julien	50° 53.768'N 2° 53.833'E	C9
Jolting Houses	28NE3	Gheluvelt	50° 51.285'N 3° 00.245'E	J11
Jomini Farm	28SW1	Kemmel	50° 48.173'N 2° 43.492'E	M7
Jonas Farm	20NE3	Zarren	51° 00.872'N 2° 58.801'E	J21
Jonc Farm	20SW2	Zwartegat	50° 59.576'N 2° 51.943'E	N6
Joncourt	62BNW3	Bellicourt	49° 57.303'N 3° 18.014'E	H9
Joncourt Copse	62BNW3	Bellicourt	49° 56.749'N 3° 18.468'E	H16
Joplin Farm	20SE4	Roulers	50° 55.837'N 3° 08.657'E	X22
Jordan Farm	20SE1	Staden	50° 57.739'N 3° 02.894'E	Q26
Joseph Camp Lines	36NW2	Armentieres	50° 42.332'N 2° 51.333'E	B17
Josephine Farm	20SE3	Westroosebeke	50° 56.376'N 3° 00.122'E	V5
Joshua Crossing	28NW4	Zillebeke	50° 49.357'N 2° 55.455'E	I35
Joss Crossing	20SE1	Staden	50° 59.459'N 3° 01.464'E	Q1
Jot Farm	36NW1	Steenwerck	50° 42.214'N 2° 44.737'E	A14
Journal Wood	28NE3	Gheluvelt	50° 51.381'N 3° 01.226'E	J12
Joust Farm	28SW1	Kemmel	50° 48.595'N 2° 47.802'E	N1
Jovial House	28SW1	Kemmel	50° 48.675'N 2° 47.364'E	M6
Joye Farm	28SW2	Wytschaete	50° 47.085'N 2° 55.227'E	O22
Joyeuse Farm	28NW2	St Julien	50° 53.234'N 2° 51.114'E	B17
Joyeux Mill	36SW2	Radinghem	50° 37.360'N 2° 57.243'E	O12
Juan Farm	20NE3	Zarren	51° 00.364'N 2° 57.819'E	J26
Jubilee Croft	28NE3	Gheluvelt	50° 51.416'N 3° 00.100'E	J11
Jubilee Farm	20SE2	Hooglede	50° 59.774'N 3° 08.541'E	R4
Jud Fork	28NE2	Moorslede	50° 53.562'N 3° 09.797'E	F11
Judah Farm	20NE3	Zarren	51° 00.149'N 2° 59.748'E	J35
Judah House	28NE1	Zonnebeke	50° 52.896'N 2° 59.075'E	D15
Judas Copse	51BSW3	Boisleux	50° 11.187'N 2° 50.835'E	T27
Judas Farm	28NE3	Gheluvelt	50° 50.635'N 3° 01.102'E	J18
Judas Farm	51BSW3	Boisleux	50° 11.282'N 2° 50.465'E	T27
Judge Copse	28NE3	Gheluvelt	50° 51.140'N 3° 00.787'E	J11
Judge Cottages	28NE3	Gheluvelt	50° 51.202'N 3° 00.859'E	J12
Judge Cross Roads	28NE3	Gheluvelt	50° 51.324'N 3° 00.994'E	J12
Judson House	28NE4	Dadizeele	50° 49.132'N 3° 06.827'E	L31
Judy Copse	28SW1	Kemmel	50° 48.684'N 2° 44.125'E	M2
Judy Farm	28SW1	Kemmel	50° 48.735'N 2° 44.148'E	M2
Jug Farm	20SE2	Hooglede	50° 59.691'N 3° 03.845'E	Q4
Juggler Cross Roads	28NE2	Moorslede	50° 52.696'N 3° 07.448'E	F20
Juice Farm	28NW1	Elverdinghe	50° 51.622'N 2° 47.666'E	H1
Ju-Ju Fork	27SE2	Berthen	50° 48.345'N 2° 39.708'E	R1
Jukes Farm	20SE3	Westroosebeke	50° 55.532'N 3° 03.066'E	W15
Jukes Mouton Farm	20SW3	Oostvleteren	50° 55.120'N 2° 49.185'E	T21
Jules Farm	20SW3	Oostvleteren	50° 56.381'N 2° 45.100'E	S4
Jules Farm	28NE3	Gheluvelt	50° 49.432'N 2° 57.456'E	J25
Jules Verne Farm	20NE3	Zarren	51° 02.074'N 2° 58.547'E	J9
Juliet	28NW2	St Julien	50° 53.089'N 2° 55.378'E	C17
Juliet Farm	20SE3 & 28NE1-3	Poelcappelle	50° 53.175'N 2° 55.449'E	C17
Juliet Farm	28NW2	St Julien	50° 53.170'N 2° 55.432'E	C17
Julius Copse	28SW1	Kemmel	50° 46.810'N 2° 45.455'E	M22

Name	Sheet	Map	Coordinates	Ref
Julius Farm	28SW1	Kemmel	50° 46.760'N 2° 45.504'E	M28
July Farm	28SW2	Wytschaete	50° 47.096'N 2° 55.913'E	O23
Junction Bridge	12NE3	Oudenburg	51° 12.627'N 3° 00.229'E	J12
Junction Buildings	28SW2	Wytschaete	50° 47.562'N 2° 55.741'E	O17
Junction Copse	51BNW4	Fampoux	50° 17.782'N 2° 54.896'E	I21
Junction Farm	28SE1	Wervicq	50° 46.685'N 2° 57.661'E	P25
Junction Farm	28SW2	Wytschaete	50° 46.688'N 2° 57.689'E	P25
Junction Wood	62CNW1	Maricourt	49° 59.046'N 2° 49.713'E	B13
Junction Wood	62CNW2	Bouchavesnes	49° 58.264'N 2° 52.087'E	B28
June Copse	57BSW4	Serain	50° 01.418'N 3° 24.916'E	U24
June Farm	28SW2	Wytschaete	50° 47.089'N 2° 55.765'E	O23
Jungle Copse	20SE4	Roulers	50° 56.288'N 3° 03.997'E	W11
Jungle Houses	28SE1	Wervicq	50° 48.598'N 2° 58.386'E	P2
Jungle Houses	28SW2	Wytschaete	50° 48.589'N 2° 58.174'E	P2
Junior Farm	28SE4	Ronq	50° 44.534'N 3° 07.796'E	X20
Juniper Cottage	28NE3	Gheluvelt	50° 50.902'N 3° 00.198'E	J17
Juniper Green	20SE1	Staden	50° 58.526'N 3° 00.356'E	P17
Juniper Wood	28NE3	Gheluvelt	50° 50.808'N 3° 00.290'E	J17
Juno Wood	62BNW4	Ramicourt	49° 55.980'N 3° 25.246'E	I30
Jupiter Farm	27NE3	Winnezeele	50° 48.796'N 2° 33.894'E	J36
Jupiter Wood	66CNW2	Itancourt	49° 49.101'N 3° 24.731'E	C12
Jupp Cottage	28SW1	Kemmel	50° 47.736'N 2° 44.192'E	M14
Jury Farm	20SE3 & 28NE1-3	Poelcappelle	50° 53.504'N 2° 56.793'E	C12
Justice Wood	62CNW3	Vaux	49° 56.094'N 2° 46.048'E	G20
Justice Wood Cemetery	28NE1	Zonnebeke	50° 51.749'N 3° 01.146'E	J6
Jut Farm	28NE3	Gheluvelt	50° 50.700'N 2° 59.404'E	J16
Jute Cottage	28NE3	Gheluvelt	50° 49.877'N 2° 58.589'E	J27
Jute Factories	36NW2	Armentieres	50° 41.305'N 2° 51.665'E	B29
Jutland Farm	12NE3	Oudenburg	51° 11.922'N 2° 56.979'E	J19
Kaaie	28NW4	Zillebeke	50° 51.537'N 2° 53.099'E	I2
Kaalleput	28SW1	Kemmel	50° 47.904'N 2° 49.456'E	N9
Kabul Farm	28NE2	Moorslede	50° 52.857'N 3° 04.307'E	E22
Kaeyrtmolen	20SE3	Westroosebeke	50° 56.603'N 3° 01.065'E	V6
Kaffir Copse	62CNE4	Roisel	49° 57.034'N 3° 10.750'E	L16
Kaffir Fork	28NE2	Moorslede	50° 53.165'N 3° 04.919'E	E17
Kaiser Copse	66DNW3	Hattencourt	49° 46.683'N 2° 46.878'E	G3
Kalkaertsteen Farm	12NW3 & 4	Middlekerke	51° 11.359'N 2° 51.501'E	H30
Kalner Wood No 1	62CSW3	Vermandovillers	49° 50.774'N 2° 47.427'E	S16
Kalner Wood No 2	62CSW3	Vermandovillers	49° 50.643'N 2° 47.305'E	S16
Kalsyde Bridge	12NE2 & 4	Ostende	51° 10.487'N 2° 54.777'E	I35
Kalve	20SE3	Westroosebeke	50° 55.192'N 3° 02.691'E	W20
Kamwezi Copse	51BSE4	Marquion	50° 13.652'N 3° 06.674'E	W6
Kangaroo Huts	20SE3 & 28NE1-3	Poelcappelle	50° 53.306'N 2° 56.959'E	V13
Kangaroo Pond	20SE3 & 28NE1-3	Poelcappelle	50° 55.165'N 2° 57.003'E	V19
Kansas Cross	20SE3 & 28NE1-3	Poelcappelle	50° 53.149'N 2° 57.746'E	D14
Kansas Cross	28NE1	Zonnebeke	50° 53.148'N 2° 57.571'E	D14
Kansas House	20SE3 & 28NE1-3	Poelcappelle	50° 53.160'N 2° 57.565'E	D13
Kansas House	28NE1	Zonnebeke	50° 53.159'N 2° 57.557'E	D13
Kant Copse	66DNW3	Hattencourt	49° 46.736'N 2° 48.275'E	G5
Kanterhoek	28NE4	Dadizeele	50° 51.470'N 3° 06.069'E	K12
Kantintje Cabt.	28NE3	Gheluvelt	50° 50.334'N 2° 58.629'E	J21
Kap Copse	20SE1	Staden	50° 58.096'N 2° 59.298'E	P22
Kapelhoek	20NW4	Dixmunde	51° 01.976'N 2° 53.152'E	I8
Kapellehoek	20SE2	Hooglede	50° 59.271'N 3° 09.752'E	R11
Kaphoek	20SE3	Westroosebeke	50° 56.863'N 3° 02.948'E	Q32
Kappel van de Z Idesbaldes	11SE4	No Edition 0617	51° 06.484'N 2° 38.009'E	W12
Kappelrijkstaat	20SE1	Staden	50° 58.155'N 2° 59.713'E	P22
Kapper House	28NE2	Moorslede	50° 52.909'N 3° 08.705'E	F22
Kapple Farm	28NE2	Moorslede	50° 52.063'N 3° 05.596'E	E30
Karikal Farm	20NW4	Dixmunde	50° 59.898'N 2° 56.192'E	I36
Karnack Farm	20NE3	Zarren	51° 00.494'N 2° 59.622'E	J28
Karrier Cottage	28SW3	Bailleul	50° 43.792'N 2° 46.298'E	S29

Karte Farm	28NW1	Elverdinghe	50° 52.413'N 2° 48.199'E	B19
Kasand	20SE4	Roulers	50° 56.400'N 3° 09.371'E	X5
Kashmir Wood	51BNW4	Fampoux	50° 16.764'N 2° 57.643'E	I36
Kast Copse	28NE2	Moorslede	50° 54.243'N 3° 06.438'E	F1
Kast Farm	28NE2	Moorslede	50° 54.184'N 3° 06.190'E	E6
Kasteel Mill	28SW1	Kemmel	50° 48.625'N 2° 46.175'E	M5
Kasteelhoek	28NE2	Moorslede	50° 54.231'N 3° 05.917'E	E6
Kasteelhoek	28SE1	Wervicq	50° 48.174'N 2° 57.342'E	P7
Kasteelhoek	28SW2	Wytschaete	50° 48.156'N 2° 57.182'E	P7
Kasteelhoek Farm	20NW2	Leke	51° 04.066'N 2° 52.269'E	4575
Kat Inn	12NE4	Jabbeke	51° 12.645'N 3° 08.211'E	L10
Katerhoek	28SE2	Menin	50° 48.217'N 3° 10.098'E	R11
Katte Kerkhof	28SW1	Kemmel	50° 46.914'N 2° 49.157'E	N20
Kautermolen	20NE3	Zarren	51° 01.959'N 3° 01.673'E	K7
Kaven House	20SE4	Roulers	50° 54.818'N 3° 04.671'E	W29
Kavunga Farm	51BSE4	Marquion	50° 11.570'N 3° 09.547'E	X27
Kay Buildings	28NE2	Moorslede	50° 51.881'N 3° 06.070'E	K6
Keel Farm	28NE1	Zonnebeke	50° 51.873'N 3° 02.327'E	K1
Keeling Copse	51BNW4	Fampoux	50° 16.703'N 2° 54.817'E	I32
Keepaway Farm	28SW4	Ploegsteert	50° 44.971'N 2° 51.120'E	T11
Keepers Cottage	36SW2	Radinghem	50° 37.274'N 2° 52.751'E	O7
Keepers Farm	20SE2	Hooglede	50° 58.582'N 3° 09.191'E	R16
Keepers Farm	20SE2	Hooglede	50° 58.583'N 3° 09.200'E	R17
Keepers Hut	28SW4	Ploegsteert	50° 43.937'N 2° 54.519'E	U27
Keersebrom	28SW3	Bailleul	50° 45.003'N 2° 46.171'E	S10
Keerselaarhoek	28NE1	Zonnebeke	50° 53.280'N 3° 00.384'E	D17
Keerselare	28NW2	St Julien	50° 54.066'N 2° 56.439'E	C6
Keerslare	20SE3 & 28NE1-3	Poelcappelle	50° 54.064'N 2° 56.517'E	C6
Keg Copse	28NE3	Gheluvelt	50° 51.559'N 3° 02.278'E	K1
Keg Farm	12NE1	Clemskerke	51° 14.009'N 2° 57.532'E	D20
Keg Farm	28NE3	Gheluvelt	50° 51.268'N 3° 01.981'E	K1
Keiberg	28NE1	Zonnebeke	50° 52.313'N 3° 02.337'E	E25
Keibergmolen	28NE1	Zonnebeke	50° 52.248'N 3° 02.307'E	E25
Keir Farm	20SE3 & 28NE1-3	Poelcappelle	50° 53.022'N 2° 57.582'E	D13
Keir Farm	28NE1	Zonnebeke	50° 53.021'N 2° 57.604'E	D13
Keith Wood	51BSE4	Marquion	50° 11.996'N 3° 05.072'E	W22
Keizer Inn	27NE2	Proven	50° 52.304'N 2° 36.650'E	E21
Kellenaers Bridge	20SW1	Loo	50° 58.252'N 2° 44.303'E	M15
Kellow Crossing	36NW1	Steenwerck	50° 42.083N 2° 49.009'E	B14
Kelsey Junction	20SE4	Roulers	50° 56.549'N 3° 04.971'E	W5
Kelso Cottage	27SE4	Meteren	50° 44.621'N 2° 40.767'E	X14
Kelt Crossing	36ANE1	Morbecque	50° 43.119'N 2° 35.445'E	E2
Kelt House	36ANE1	Morbecque	50° 43.192'N 2° 35.255'E	E1
Kelvin Cottages	28SE3	Comines	50° 45.481'N 3° 00.071'E	V10
Keman Copse	62CSW3	Vermandovillers	49° 52.096'N 2° 47.480'E	M34
Kemmel	28SW1	Kemmel	50° 47.024'N 2° 49.549'E	N21
Kemmel Camp	28SW1	Kemmel	50° 47.170'N 2° 49.679'E	N21
Kemmel Hall	28SW1	Kemmel	50° 46.950'N 2° 48.254'E	N19
Kemmel Tower	28SW1	Kemmel	50° 46.749'N 2° 48.930'E	N26
Kemmel Windmill	28SW1	Kemmel	50° 46.472'N 2° 48.292'E	N25
Kemmelbeke	28NW1	Elverdinghe	50° 52.290'N 2° 48.818'E	B20
Kemmelhof	27SE2	Berthen	50° 46.331'N 2° 36.942'E	Q28
Kempton Park	28NW2	St Julien	50° 53.207'N 2° 54.278'E	C15
Kempton Park Camp	28NW2	St Julien	50° 53.170'N 2° 54.412'E	C15
Ken Copse	20SE1	Staden	50° 57.907'N 3° 02.314'E	Q20
Kendall House	20SE3	Westroosebeke	50° 55.404'N 3° 01.730'E	W13
Kenilworth Copse	28NE4	Dadizeele	50° 49.716'N 3° 06.805'E	L25
Kennedy House	28NE4	Dadizeele	50° 49.179'N 3° 04.360'E	K34
Kennel Wood	28NE3	Gheluvelt	50° 51.424'N 3° 02.195'E	K7
Kennet Cross	36ANE4	Merville	50° 39.961'N 2° 43.127'E	L11
Kennet Wood	62CNW3	Vaux	49° 57.115'N 2° 51.636'E	H10
Kent Camp	28SW3	Bailleul	50° 43.463'N 2° 48.356'E	T25

Kent Crossing	20SE2	Hooglede	50° 58.953'N 3° 07.329'E	R8
Kent Farm	28NE3	Gheluvelt	50° 49.207'N 2° 58.627'E	J33
Kerb House	12NW3 & 4	Middlekerke	51° 11.768'N 2° 50.736'E	H23
Kerensky Cross Roads	20NE3	Zarren	51° 00.144'N 2° 56.659'E	J31
Kerkepanne	11SE4	No Edition 0617	51° 05.701'N 2° 37.013'E	W23
Kerkmolen Bridge	12SW3	Ramscappelle	51° 05.517'N 2° 46.861'E	S24
Kersdaarengoed Farm	20SE4	Roulers	50° 57.012'N 3° 06.493'E	R31
Keruisstraat	20NE3	Zarren	51° 01.935'N 2° 57.603'E	J8
Kestrel Farm	28NW1	Elverdinghe	50° 53.393'N 2° 44.236'E	A8
Ketch Cross	36ANE1	Morbecque	50° 41.802'N 2° 30.865'E	D14
Ketelersdam Bridge	12SW3	Ramscappelle	51° 07.587'N 2° 46.921'E	M35
Kettering Junction	28NW3	Poperinghe	50° 50.978'N 2° 48.302'E	H7
Kettle Farm	20SE4	Roulers	50° 54.735'N 3° 09.332'E	X29
Kettle House	28NE3	Gheluvelt	50° 49.897'N 2° 59.445'E	J28
Kew Cross	36ANE2	Vieux Berquin	50° 40.855'N 2° 39.203'E	E30
Keyem	20NW2	Leke	51° 04.851'N 2° 55.886'E	4576
Kezelberg	28NE4	Dadizeele	50° 50.291'N 3° 06.890'E	L19
Khartoum Farm	28NE2	Moorslede	50° 52.595'N 3° 04.063'E	E22
Kiboko Wood	62CNW4	Peronne	49° 55.300'N 2° 53.252'E	H36
Kid Farm	28NE4	Dadizeele	50° 50.942'N 3° 10.169'E	L17
Kiduha Copse	51BSE4	Marquion	50° 13.944'N 3° 06.743'E	Q36
Kiekeput	28SW2	Wytschaete	50° 47.927'N 2° 50.405'E	N10
Kiel Cottage	28NW2	St Julien	50° 53.440'N 2° 52.737'E	C7
Kieller Farm	28NE4	Dadizeele	50° 50.802'N 3° 04.495'E	K16
Kijkuithoek	28SE2	Menin	50° 48.269'N 3° 10.274'E	R6
Kiki Farm	28SE1	Wervicq	50° 48.168'N 2° 57.913'E	P8
Kiki Farm	28SW2	Wytschaete	50° 48.190'N 2° 57.911'E	P8
Kilfauns Copse	51CSE2	Beaumetz	50° 14.720'N 2° 41.309'E	R20
Kilo Copse	20SE1	Staden	50° 58.030'N 3° 00.165'E	P23
Kilo Copse	66DNW3	Hattencourt	49° 46.600'N 2° 48.429'E	G5
Kilo Farm	20SW4	Bixschoote	50° 55.787'N 2° 51.241'E	T11
Kilo Farm	28SW2	Wytschaete	50° 46.710'N 2° 55.351'E	O28
Kilo Farm	28SW2	Wytschaete	50° 46.716'N 2° 55.223'E	O28
Kilt House	28NE3	Gheluvelt	50° 50.972'N 3° 02.124'E	K7
Kimono Inn	20NW4	Dixmunde	50° 59.965'N 2° 54.193'E	I33
Kin House	28SE4	Ronq	50° 45.517'N 3° 03.940'E	W9
Kinders Baes Farm	20SW3	Oostvleteren	50° 55.172'N 2° 45.283'E	S16
Kine Farm	28NW1	Elverdinghe	50° 52.049'N 2° 49.928'E	B28
King Castle	28NE3	Gheluvelt	50° 49.527'N 2° 57.608'E	J25
King Copse	62CNE1	Liéramont	49° 57.817'N 3° 02.823'E	J6
Kings Hill	57CSE1	Bertincourt	50° 04.377'N 3° 00.800'E	P16
Kings Way	28NW4	Zillebeke	50° 49.232'N 2° 53.769'E	I32
Kingsclere	28SW4	Ploegsteert	50° 45.777'N 2° 55.800'E	U6
Kingston Junction	28SW3	Bailleul	50° 43.623'N 2° 49.960'E	T27
Kingston Quarry	57BSW3	Honnecourt	50° 01.542'N 3° 12.494'E	S14
Kink Farm	20SE2	Hooglede	50° 59.115'N 3° 05.913'E	Q12
Kinkroo Keep	36SW3	Richebourg	50° 33.135'N 2° 45.132'E	S21
Kiosk Farm	20SE1	Staden	50° 59.275'N 3° 02.826'E	Q8
Kip Cottage	28NW1	Elverdinghe	50° 51.995'N 2° 43.314'E	A25
Kippe	20SW2	Zwartegat	50° 57.424'N 2° 51.971'E	N30
Kips	20SE4	Roulers	50° 56.941'N 3° 06.762'E	R31
Kirchner Copse	62BSW1	Gricourt	49° 52.561'N 3° 13.575'E	M33
Kirk Farm	28NE3	Gheluvelt	50° 50.830'N 3° 01.831'E	K13
Kirklee Farm	28SE3	Comines	50° 45.271'N 2° 59.371'E	V9
Kirton Farm	28NE4	Dadizeele	50° 50.910'N 3° 07.183'E	L14
Kismet House	36ANE2	Vieux Berquin	50° 42.714'N 2° 41.316'E	F9
Kiss Cottage	20SE1	Staden	50° 57.823'N 2° 58.601'E	P21
Kit & Kat	28NE3	Gheluvelt	50° 51.542'N 2° 57.453'E	J1
Kitchen Crater	57CSE4	Villers-Guislain	50° 03.078'N 3° 09.383'E	R33
Kitchen Farm	36ANE1	Morbecque	50° 42.166'N 2° 30.669'E	D13
Kitcheners Wood	20SE3 & 28NE1-3	Poelcappelle	50° 53.397'N 2° 55.377'E	C11
Kitchener's Wood	28NW2	St Julien	50° 53.447'N 2° 55.257'E	C10

Kite Copse	57DNE 1&2	Fonquevillers	50° 09.009'N 2° 40.381'E	E24
Kite Copse	57DNE2	Essarts	50° 09.009'N 2° 40.381'E	E24
Kite Farm	28NE2	Moorslede	50° 52.761'N 3° 08.193'E	F21
Kith House	28SE4	Ronq	50° 45.814'N 3° 04.088'E	W3
Kits Farm	20SE1	Staden	50° 58.269'N 3° 00.170'E	P17
Kitty Copse	28NE2	Moorslede	50° 52.024'N 3° 07.484'E	F26
Kiwi Farm	28SW4	Ploegsteert	50° 46.089'N 2° 56.513'E	O36
Klara Goed Farm	4SE 2 & 4	Blankenberghe	51° 17.225'N 3° 05.626'E	X13
Klaxon House	27NE2	Proven	50° 52.074'N 2° 39.658'E	F25
Kleber Cross roads	20SE3	Westroosebeke	50° 56.792'N 2° 57.377'E	P31
Kleber Farm	28NW2	St Julien	50° 52.223'N 2° 52.046'E	B30
Klefstenhove Farm	12SW3	Ramscappelle	51° 05.251'N 2° 47.505'E	T25
Kleibeek Farm	20SW2	Zwartegat	50° 57.972'N 2° 51.017'E	N23
Klein Koolhof Farm	12SW3	Ramscappelle	51° 06.868'N 2° 45.065'E	S10
Klein Labeur Farm	12SW3	Ramscappelle	51° 06.931'N 2° 42.827'E	S1
Klein Zillebeke	28NW4	Zillebeke	50° 49.202'N 2° 56.729'E	I36
Kleine Bamburgh Farm	12SW1	Nieuport	51° 09.415'N 2° 49.096'E	N13
Kleine Martejebrug	20SW2	Zwartegat	50° 57.072'N 2° 50.501'E	N35
Kleine Meerbeyboom Farm	12NE2	Houttave	51° 14.278'N 3° 05.139'E	E24
Kleine Molen	28SE1	Wervicq	50° 47.130'N 3° 02.316'E	Q19
Kleine Speye Farm	20NE3	Zarren	51° 01.333'N 3° 02.098'E	K13
Kleine Vierstraat Cabaret	28SW1	Kemmel	50° 48.230'N 2° 50.171'E	N10
Kleinnoordhof Farm	12SW3	Ramscappelle	51° 05.832'N 2° 45.996'E	S23
Klephoek	28NE4	Dadizeele	50° 51.027'N 3° 06.038'E	L7
Klien Noordhuis Farm	12SW3	Ramscappelle	51° 07.497'N 2° 47.061'E	N31
Kliene Hemme Farm	12SW3	Ramscappelle	51° 06.169'N 2° 48.775'E	T15
Kliene Schoering Farm	4SE 2 & 4	Blankenberghe	51° 16.100'N 3° 08.426'E	X28
Kliest Farm	28NW2	St Julien	50° 53.786'N 2° 54.493'E	C9
Klijtmolen	28SE1	Wervicq	50° 48.085'N 3° 02.638'E	Q8
Kline Schaemel Weeze Farm	12NE2	Houttave	51° 15.716'N 3° 04.701'E	E5
Klite-Hil Cross	27SE4	Meteren	50° 44.070'N 2° 38.116'E	W23
Klofkapperie	28NE2	Moorslede	50° 52.945'N 3° 08.244'E	F21
Kloosterchool	20SW2	Zwartegat	50° 57.223'N 2° 53.157'E	O26
Kloster Mill	20SW2	Zwartegat	50° 57.047'N 2° 52.862'E	O32
Klux Farm	36NW1	Steenwerck	50° 41.431'N 2° 47.069'E	A29
Klythoek	28NE4	Dadizeele	50° 49.707'N 3° 07.133'E	L26
Klytteput	27NE1	Herzeele	50° 53.481'N 2° 34.532'E	E7
Knaith Corner	20SE4	Roulers	50° 54.547'N 3° 06.498'E	X25
Knee Copse	66DNW1	Punchy	49° 49.215'N 2° 48.541'E	A5
Kneukenburg Farm	20SE3	Westroosebeke	50° 56.188'N 2° 59.132'E	V10
Knight's Farm	28NE4	Dadizeele	50° 49.369'N 3° 07.704'E	L32
Knob Farm	20SE4	Roulers	50° 54.986'N 3° 06.812'E	X19
Knob Wood	62BNW1	Gouy	50° 00.024'N 3° 13.358'E	A9
Knobkerry Ridge	62BNW3	Bellicourt	49° 56.026'N 3° 15.841'E	G30
Knock Farm	28NE2	Moorslede	50° 52.406'N 3° 05.959'E	E30
Knocke Farm	20SW1	Loo	50° 58.538'N 2° 49.705'E	N16
Knocke Old Fort	20SW1	Loo	50° 58.919'N 2° 48.344'E	N8
Knoll Farm	28NW4	Zillebeke	50° 49.817'N 2° 55.700'E	I29
Knoll Road	28NW4	Zillebeke	50° 49.763'N 2° 55.628'E	I29
Knollys Farm	28NW3	Poperinghe	50° 50.787'N 2° 47.882'E	H7
Knotty Point	57CSW1	Guedecourt	50° 05.396'N 2° 49.948'E	N2
Kobje Farm	27SE4	Meteren	50° 45.583'N 2° 42.543'E	X5
Kockelbock Farm	20SW3	Oostvleteren	50° 55.662'N 2° 46.152'E	S11
Kodak Farm	27SE4	Meteren	50° 44.928'N 2° 41.260'E	X9
Koe Farm	28NE2	Moorslede	50° 52.910'N 3° 07.721'E	F20
Koekuit	20SW4	Bixschoote	50° 55.744'N 2° 55.515'E	U17
Koekuit Inn	20SW3	Oostvleteren	50° 54.904'N 2° 47.860'E	T19
Koekuit Junction	20SW4	Bixschoote	50° 55.756'N 2° 55.483'E	U11
Koekuithoek	28NE2	Moorslede	50° 54.118'N 3° 06.137'E	E6
Koekuitkapel	28NE2	Moorslede	50° 52.917'N 3° 07.871'E	F21
Koelenberg	28NE3	Gheluvelt	50° 49.195'N 3° 02.596'E	K32
Kohinoor Cross Roads	28NE4	Dadizeele	50° 51.023'N 3° 09.594'E	L17

Koln Farm	28NW2	St Julien	50° 53.224'N 2° 53.290'E	C14
Kolpaert Farm	20SW3	Oostvleteren	50° 55.313'N 2° 47.419'E	S18
Koninghoek	20SE2	Hooglede	50° 58.324'N 3° 04.612'E	Q17
Koolhof Farm	12SW3	Ramscappelle	51° 06.684'N 2° 44.582'E	S9
Koornbloem	20NE2	Zedelghem	51° 04.863'N 3° 08.087'E	6376
Koorten Loop	27SE1	St Sylvestre	50° 46.184'N 2° 31.820'E	P27
Kopp Wood	66DNW3	Hattencourt	49° 46.637'N 2° 48.306'E	G5
Korek	20SE3 & 28NE1-3	Poelcappelle	50° 53.531'N 2° 58.586'E	D9
Korek	28NE1	Zonnebeke	50° 53.540'N 2° 58.601'E	D9
Korentje	28SE1	Wervicq	50° 46.633'N 2° 59.366'E	P27
Korentje	28SW2	Wytschaete	50° 46.634'N 2° 59.370'E	P27
Korkentap Inn	12SW4	Leke	51° 06.538'N 2° 55.563'E	U17
Korst Chapel	20SE4	Roulers	50° 56.885'N 3° 06.114'E	Q36
Korte Wandeling Inn	20NE3	Zarren	51° 01.150'N 3° 00.269'E	J23
Kortebeek Farm	20SW4	Bixschoote	50° 55.563'N 2° 56.317'E	U18
Kortekeer	20NW2	Leke	51° 03.785'N 2° 54.090'E	4774
Kortekeer Cabt.	20SW4	Bixschoote	50° 55.302'N 2° 52.826'E	U13
Kortenkeer	20SW3	Oostvleteren	50° 55.895'N 2° 44.205'E	S8
Kortepyp	28SW3	Bailleul	50° 43.917'N 2° 49.119'E	T20
Kortepyp Cabaret	28SW3	Bailleul	50° 44.172'N 2° 48.977'E	T20
Kortepyp Camp A	28SW3	Bailleul	50° 43.804'N 2° 49.313'E	T26
Kortepyp Camp B	28SW3	Bailleul	50° 43.754'N 2° 49.400'E	T27
Kortepyp Road	28SW3	Bailleul	50° 43.752'N 2° 49.279'E	T26
Kortewilde	20NW2	Leke	51° 03.026'N 2° 54.865'E	4973
Kortewilde	20NW2	Leke	51° 03.036'N 2° 56.066'E	4973
Kortewilde	28SE1	Wervicq	50° 47.776'N 2° 57.646'E	P13
Kortewilde	28SW2	Wytschaete	50° 47.775'N 2° 57.650'E	P13
Kot Copse	20SE1	Staden	50° 58.243'N 2° 59.895'E	P23
Koudekot	28SW3	Bailleul	50° 45.993'N 2° 45.931'E	M34
Koudenburg Farm	20NW1	Nieuport	51° 03.453'N 2° 43.267'E	3474
Kousseboom	20NW3	Lampernisse	50° 59.797'N 2° 45.885'E	3767
Kouter Bridge	20SW1	Loo	50° 57.239'N 2° 47.073'E	M30
Kouter Inn	27NE2	Proven	50° 51.657'N 2° 36.979'E	E28
Kraaihof Farm	20SW1	Loo	50° 59.373'N 2° 47.503'E	N1
Kraal Farm	28NE2	Moorslede	50° 53.143'N 3° 05.133'E	E17
Krabbenhof Farm	28SW1	Kemmel	50° 47.117'N 2° 46.487'E	M23
Krapina Copse	51BSE3	Cagnicourt	50° 11.316'N 3° 02.351'E	V30
Kratz Wood	62CSW3	Vermandovillers	49° 49.893'N 2° 48.789'E	S29
Krokcdil Inn	12NW3 & 4	Middlekerke	51° 10.412'N 2° 47.824'E	H32
Krommen Peerlaar Cant.	28SE1	Wervicq	50° 47.082'N 3° 01.065'E	P24
Kron Wood	66DNW1	Punchy	49° 49.252'N 2° 49.049'E	A6
Kronprinz Farm	20SE3 & 28NE1-3	Poelcappelle	50° 53.977'N 2° 58.608'E	D3
Kronprinz Farm	28NE1	Zonnebeke	50° 53.976'N 2° 58.606'E	D3
Kruger Corner	20SE2	Hooglede	50° 57.485'N 3° 04.258'E	Q28
Kruis Copse	20SE1	Staden	50° 59.233'N 3° 02.447'E	Q8
Kruis Farm	20SE1	Staden	50° 59.264'N 3° 02.638'E	Q8
Kruisdoorn	20SW3	Oostvleteren	50° 55.097'N 2° 44.875'E	S21
Kruiseecke	28NE3	Gheluvelt	50° 49.052'N 3° 01.257'E	J36
Kruishoek	28SE2	Menin	50° 48.769'N 3° 09.630'E	R5
Kruisse Abeele	20NW1	Nieuport	51° 02.395'N 2° 44.141'E	3572
Kruisstraat	20NE3	Zarren	51° 00.679'N 3° 00.426'E	J29
Kruisstraat	28NW4	Ypres	50° 50.501'N 2° 52.270'E	H18
Kruisstraathoek	28NW4	Ypres	50° 49.372'N 2° 52.040'E	H30
Krupp Copse	66DNW3	Hattencourt	49° 46.696'N 2° 48.632'E	G5
Krupp Farm	20NW4	Dixmunde	51° 00.586'N 2° 54.953'E	I28
Krupp Farm	28NW2	St Julien	50° 53.095'N 2° 53.316'E	C14
Kruystraete	27NE1	Herzeele	50° 53.032'N 2° 29.791'E	D7
Kruystraete	27SE2	Berthen	50° 47.016'N 2° 38.448'E	Q24
Kruysweg	27NE3	Winnezeele	50° 51.236'N 2° 32.016'E	J3
Kubelick Cross Roads	20SW2	Zwartegat	50° 58.026'N 2° 55.124'E	O22
Kuisdoom Farm	20SW3	Oostvleteren	50° 56.281'N 2° 45.634'E	S4
Kukri Valley	62BNW1	Gouy	49° 59.409'N 3° 17.571'E	B14

Kulmann Works	36SE1	Haubourdin	50° 37.405'N 3° 00.711'E	P11
Kultur Farm	28NW2	St Julien	50° 53.034'N 2° 54.810'E	C16
Kursaal	12NE2 & 4	Ostende	51° 13.922'N 2° 54.706'E	C29
Kusters Farm	20SE2	Hooglede	50° 58.361'N 3° 06.440'E	R13
Kut Copse	28NE2	Moorslede	50° 52.016'N 3° 06.828'E	F25
l' Agripin	36NE1	Quesnoy	50° 41.211'N 3° 02.732'E	E26
l' Attàrgette	36NW2	Armentieres	50° 41.566'N 2° 52.994'E	C19
l' Aubette du Bois	36NE1	Quesnoy	50° 41.137'N 2° 59.317'E	D27
l' Aventure	36NW2	Armentieres	50° 41.428'N 2° 56.759'E	C30
l' Enclos	36C(44A) NW2	Bauvin	50° 32.180'N 2° 56.779'E	C12
l' Epinette	36NE2	Tourcoing	50° 42.747'N 3° 08.532'E	F9
l' Epinette	36NE3	Perenchies	50° 40.357'N 3° 03.776'E	K9
l' Hôpital Farm	28SW2	Wytschaete	50° 46.354'N 2° 58.964'E	P33
l' Hugedoorn	27SE2	Berthen	50° 47.010'N 2° 37.716'E	Q23
l' Os a Moelle	36NW2	Armentieres	50° 42.980'N 2° 57.026'E	C12
l. Epinette Post	36ASE4	Locon	50° 33.459'N 2° 43.574'E	X24
L.R.B. Cottages	28NW2	St Julien	50° 52.410'N 2° 55.325'E	C22
L:a Polka	28SW1	Kemmel	50° 47.055'N 2° 49.971'E	N21
la Armée	36NW4	Bois Grenier	50° 39.956'N 2° 52.365'E	H18
la Aventure	36SW3	Richebourg	50° 34.645'N 2° 49.657'E	T2
la Balaterie	36NE3	Perenchies	50° 38.329'N 3° 00.445'E	J35
la Balle Farm	36NE1	Quesnoy	50° 42.300'N 3° 03.471'E	E15
la Baraque	62BNW3	Bellicourt	49° 55.655'N 3° 14.980'E	G35
la Barre	36SE3	Seclin	50° 32.815'N 2° 58.719'E	V26
la Barriere	12NW2	Ostende	51° 12.612'N 2° 54.328'E	I10
la Barriére	12NE2 & 4	Ostende	51° 12.513'N 2° 54.304'E	I10
la Bas Chemin	36NE2	Tourcoing	50° 42.845'N 3° 05.524'E	E11
la Bas des Bois	28SE4	Ronq	50° 46.073'N 3° 06.188'E	Q36
la Bas Hau	36SW2	Radinghem	50° 37.766'N 2° 53.884'E	O2
La Basse Cour Farm	28SW4	Ploegsteert	50° 45.773'N 2° 53.978'E	U2
La Basse-Ville	28SW4	Ploegsteert	50° 44.640'N 2° 55.664'E	U17
la Bauderie	36NE1	Quesnoy	50° 42.466'N 2° 57.677'E	D13
La Becque	36ANE2	Vieux Berquin	50° 41.532'N 2° 38.190'E	E23
la Becque	36NW1	Steenwerck	50° 42.077'N 2° 44.326'E	A14
la Bell Alliance Cabt.	28SE1	Wervicq	50° 46.394'N 3° 00.160'E	P34
La Belle Alliance	28NW2	St Julien	50° 52.495'N 2° 53.798'E	C20
la Belle Alliance Cabt	28SW2	Wytschaete	50° 46.407'N 3° 00.194'E	P35
la Belle Etoile	57BNW1	Cambrai	50° 09.109'N 3° 15.848'E	B25
la Belle Promenade	36NE1	Quesnoy	50° 42.569'N 3° 01.152'E	D18
la Belle Vue	36NE3	Perenchies	50° 40.418'N 2° 58.047'E	J8
la Bergere	62BNW3	Bellicourt	49° 55.214'N 3° 15.195'E	G35
la Bergère	51BSW2	Vis-en-Artois	50° 15.719'N 2° 53.125'E	N12
la Bergeriel	36NE1	Quesnoy	50° 42.341'N 3° 00.584'E	D17
la Besace Farm	27SE4	Meteren	50° 45.192'N 2° 40.839'E	X9
la Biette	36SW1	Aubers	50° 36.813'N 2° 50.554'E	N16
la Biette	62BSW3	St. Quentin	49° 49.877'N 3° 16.354'E	T25
la Bleue	36NW4	Bois Grenier	50° 39.725'N 2° 56.417'E	I17
la Bloquiere	51BSE2	Oisy-le-Verger	50° 14.596'N 3° 08.430'E	R26
la Bois Lasson	36SW2	Radinghem	50° 35.452'N 2° 52.444'E	N36
la Boisselle	57DSE4	Ovillers	50° 01.229'N 2° 41.688'E	X14
la Bouchaine	36SW3	Richebourg	50° 33.522'N 2° 49.354'E	T20
la Boudou	36ASE3	Gonnehem	50° 32.489'N 2° 33.638'E	V29
la Boudrelle	36NW3	Fleurbaix	50° 40.442'N 2° 46.363'E	G11
la Bourloire	36NE1	Quesnoy	50° 42.278'N 2° 58.795'E	D15
la Bourse	28SW3	Bailleul	50° 45.028'N 2° 44.042'E	S8
la Bourse	36C(44A) NW2	Bauvin	50° 32.614'N 2° 52.579'E	B6
la Boutillerie	36SW2	Radinghem	50° 37.839'N 2° 51.540'E	N5
la Bouvaque	36C(44A) NW2	Bauvin	50° 31.919'N 2° 55.832'E	C10
la Brasserie	36ASE1	St. Venant	50° 35.953'N 2° 31.985'E	P21
la Brayelle Farm	57DNE 1&2	Fonquevillers	50° 09.036'N 2° 39.728'E	E23
la Brayelle Farm	57DNE2	Essarts	50° 09.036'N 2° 39.728'E	E23
la Brevecque	36NE2	Tourcoing	50° 41.665'N 3° 07.740'E	F26

la Brianne	36ANE4	Merville	50° 38.818'N 2° 38.721'E	K30
la Brielle Farm	36ANE2	Vieux Berquin	50° 40.693'N 2° 42.743'E	L5
la Brioche Farm	51BSE3	Cagnicourt	50° 13.648'N 3° 01.266'E	P35
La Brique	28NW2	St Julien	50° 51.851'N 2° 53.641'E	C26
La Brique Camp	28NW2	St Julien	50° 51.970'N 2° 53.478'E	C26
la bse Boulogne	36SW2	Radinghem	50° 35.399'N 2° 51.467'E	N35
la Bucquieree Chateau	51BNE1	Brébières	50° 19.403'N 3° 02.167'E	J6
la Carnoy Farm	36NW4	Bois Grenier	50° 38.408'N 2° 57.031'E	I36
la Carnoye	36NE3	Perenchies	50° 38.725'N 3° 01.119'E	J29
la Carotte Cabt.	28SE1	Wervicq	50° 46.703'N 3° 00.199'E	P29
la Carotte Cabt.	28SW2	Wytschaete	50° 46.703'N 3° 00.197'E	P29
la Casan	36ASE4	Locon	50° 34.075'N 2° 40.804'E	X8
la Cave	51BSW1	Neuville Vitasse	50° 16.378'N 2° 46.544'E	M4
la Chanterelle	36NE2	Tourcoing	50° 41.632'N 3° 05.694'E	E29
la Chapelle	27SE1	St Sylvestre	50° 47.310'N 2° 30.375'E	P13
La Chapelle	28NW4	Zillebeke	50° 49.378'N 2° 54.419'E	I33
la Chapelle	62BSW3	St. Quentin	49° 50.957'N 3° 15.951'E	S18
la Chapelle Farm	36NE2	Tourcoing	50° 41.764'N 3° 06.862'E	F19
la Chapelle N.D. de Pitie	51BNE3	Noyelle-sous-Bellonne	50° 17.666'N 2° 59.719'E	J21
la Chapellette	62CSW2	Barleux	49° 54.949'N 2° 56.031'E	O3
la Chaudière	36C(44A) SW3	Vimy	50° 23.035'N 2° 48.221'E	S18
la Chaussée	51BSE2	Oisy-le-Verger	50° 16.548'N 3° 06.077'E	Q5
la Chaussee Farm	51BNE1	Brébières	50° 20.252'N 3° 00.635'E	D22
La Chavatte	66DNW3	Hattencourt	49° 45.396'N 2° 45.864'E	G19
la chef du Champ, Cabt.	28SE3	Comines	50° 45.968'N 2° 59.207'E	V3
la Chesnoye	70DNW4	St. Gobain	49° 35.599'N 3° 22.645'E	I14
la Citadelle	36NE2	Tourcoing	50° 43.422'N 3° 04.803'E	E4
la Citadelle	36NE3	Perenchies	50° 40.532'N 2° 59.373'E	J9
la Cix Marmuse	36ASE2	Lestrem	50° 36.143'N 2° 40.607'E	R20
la Cliqueterie Farm	36SW3	Richebourg	50° 34.955'N 2° 49.659'E	T2
La Clytte	28SW1	Kemmel	50° 48.040'N 2° 48.051'E	N7
La Clytte Siding	28SW1	Kemmel	50° 48.205'N 2° 48.209'E	N7
la Coquerez Farm	36SW4	Sainghin	50° 34.457'N 2° 53.273'E	U7
la Corneille	36SW4	Sainghin	50° 34.166'N 2° 56.204'E	U17
la Cornelle	36NE3	Perenchies	50° 40.284'N 2° 58.808'E	J8
la Cornet aux loups	36ASE2	Lestrem	50° 37.047'N 2° 37.795'E	Q10
la Cornette	36NE2	Tourcoing	50° 41.737'N 3° 05.247'E	E23
la Coulotte	36C(44A) SW3	Vimy	50° 24.362'N 2° 48.784'E	N31
La Coupe Gueule	57CSW1	Guedecourt	50° 05.075'N 2° 48.321'E	M11
La Couronne	36ANE2	Vieux Berquin	50° 41.333'N 2° 38.922'E	E30
La Couronne Cabt.	28SW1	Kemmel	50° 47.220'N 2° 46.286'E	M23
La Crèche	36NW1	Steenwerck	50° 43.234'N 2° 46.696'E	A5
la Crete Farm	20SW4	Bixschoote	50° 56.917'N 2° 50.432'E	T10
la Croisette	36SE1	Haubourdin	50° 36.090'N 3° 03.316'E	Q26
la Croisette	57BNW1	Cambrai	50° 10.154'N 3° 17.774'E	B15
la Croix	36SE3	Seclin	50° 33.593'N 3° 00.517'E	V22
la Croix	36NE1	Quesnoy	50° 40.073'N 3° 01.038'E	J4
la Croix au Bois	36NE1	Quesnoy	50° 41.782'N 2° 58.569'E	D20
la Croix de Fer	36B(44B) NE2	Beuvry	50° 32.347'N 2° 40.357'E	F1
la Croix de Pierre	36NE3	Perenchies	50° 38.717'N 2° 59.831'E	J28
la Croix de Pierre	36SE1	Haubourdin	50° 36.098'N 3° 02.383'E	Q25
la Croix Lescornex	36NW3	Fleurbaix	50° 38.563'N 2° 49.198'E	H26
la Cunewele	36ANE1	Morbecque	50° 42.874'N 2° 30.662'E	D1
la Daquerie	36NE1	Quesnoy	50° 41.842'N 3° 01.823'E	D24
la Don	36NW2	Armentieres	50° 43.349'N 2° 50.747'E	B4
La Don Camp	36NW2	Armentieres	50° 43.374'N 2° 50.932'E	B4
La Douve Farm	28SW4	Ploegsteert	50° 45.209'N 2° 54.052'E	U9
la Duremont Fasrm	36SE1	Haubourdin	50° 37.627'N 3° 00.120'E	P10
la Facon Farm	28SE1	Wervicq	50° 47.758'N 3° 01.294'E	P18
la Falèque Chateau	36NE3	Perenchies	50° 40.035'N 3° 00.117'E	J16
la Farme Rouge	70DNW4	St. Gobain	49° 34.680'N 3° 24.093'E	I20
la Faubourg	36C(44A) NW1	LaBassee	50° 31.562'N 2° 48.229'E	A18

la Fentaine	51BNE4	Cantin	50° 17.201'N 3° 11.166'E	L36
La Fère	66CSW4	La Fere	49° 39.749'N 3° 21.939'E	U20
La Flencque Farm	36NW2	Armentieres	50° 42.266'N 2° 54.788'E	C14
La Flencque Farm Post	36NW2	Armentieres	50° 42.277'N 2° 54.023'E	C14
la Fleur d'Ecosse	36NW4	Bois Grenier	50° 38.858'N 2° 55.796'E	I29
la Flinque	36SW1	Aubers	50° 36.947'N 2° 45.382'E	M16
la Folie	57CNE2	Bourlon	50° 09.425'N 3° 10.630'E	F23
la Folie	66DNW2	Morchain	49° 46.981'N 2° 55.313'E	I2
la Folie Farm	36C(44A) SW3	Vimy	50° 22.143'N 2° 47.188'E	S29
la Folie Farm	36SW3	Richebourg	50° 33.601'N 2° 50.313'E	T21
la Fontaine	36NE1	Quesnoy	50° 41.012'N 2° 59.341'E	J4
la Forgette	36NE1	Quesnoy	50° 42.917'N 2° 58.456'E	D8
la Fortune	28SW3	Bailleul	50° 43.993'N 2° 43.817'E	S19
la Fosse	36SW2	Radinghem	50° 37.977'N 2° 56.923'E	O6
la Fourciere Farm	70DNW4	St. Gobain	49° 34.234'N 3° 20.294'E	H29
la Fresnelle	36NW4	Bois Grenier	50° 40.566'N 2° 57.328'E	I12
la Fresnoy House	36SW2	Radinghem	50° 36.432'N 2° 53.804'E	O20
la Frette	70DNW2	Servais	49° 39.011'N 3° 19.129'E	B4
la Gaieté	62BSW1	Gricourt	49° 52.548'N 3° 18.078'E	N33
la Garenne	51BNE4	Cantin	50° 18.272'N 3° 09.502'E	L16
la Gavre	28SE3	Comines	50° 44.046'N 3° 02.777'E	W26
la Gorgue	36ANE4	Merville	50° 38.091'N 2° 42.476'E	L34
la Grande Ferme	28SE3	Comines	50° 43.689'N 3° 01.981'E	W25
La Grande Munque Farm	28SW4	Ploegsteert	50° 44.104'N 2° 52.234'E	T24
la Grange	70DNW4	St. Gobain	49° 36.276'N 3° 22.646'E	I2
La Gros Chêne	36ANE3	Haverskerque	50° 40.202'N 2° 33.930'E	J11
la Guernurie	36NW4	Bois Grenier	50° 39.356'N 2° 53.169'E	I19
la Guerre Wood	62CNW1	Maricourt	49° 58.818'N 2° 46.377'E	A13
la Haie	36C(44A) NW3	Loos	50° 29.033'N 2° 47.335'E	G17
la Haie	36SW4	Sainghin	50° 35.328'N 2° 56.564'E	O35
la Haye	36ASE1	St. Venant	50° 37.264'N 2° 33.714'E	P11
la Hays Farm	36NW2	Armentieres	50° 41.259'N 2° 50.886'E	B28
la Hennerie	36ASE1	St. Venant	50° 37.704'N 2° 36.713'E	Q3
la Hongrie Farm	36NW4	Bois Grenier	50° 40.115'N 2° 56.461'E	I11
la Houlette	36NE1	Quesnoy	50° 42.349'N 2° 57.383'E	D13
la Houssoie	36NW4	Bois Grenier	50° 38.892'N 2° 54.537'E	I27
La Hutte	28SW4	Ploegsteert	50° 44.618'N 2° 53.278'E	U14
la Hutte Farm	36NE1	Quesnoy	50° 41.538'N 2° 58.166'E	D26
la Jappe	36SE3	Seclin	50° 34.911'N 3° 02.257'E	W1
la Justice	36NE1	Quesnoy	50° 42.246'N 3° 01.027'E	D17
la Justice	57CNE4	Marcoing	50° 08.495'N 3° 08.147'E	L1
la Levette	27SE2	Berthen	50° 46.683'N 2° 42.882'E	R29
La Loge	27NE1	Herzeele	50° 51.287'N 2° 30.811'E	J2
la Maisonnette	62CSW2	Barleux	49° 54.921'N 2° 54.789'E	O2
la Maladerie	36ANE3	Haverskerque	50° 38.003'N 2° 32.794'E	J34
la Maladrerie	36SW4	Sainghin	50° 34.146'N 2° 51.051'E	T10
la Maladrerie	51BNE1	Brébières	50° 19.843'N 2° 58.846'E	D26
la Manche	27SE2	Berthen	50° 46.286'N 2° 42.790'E	R29
la Marais	36SE3	Seclin	50° 33.108'N 2° 59.247'E	V27
la Marette	70DNW4	St. Gobain	49° 35.438'N 3° 22.691'E	I15
la Marliere	28SE3	Comines	50° 43.809'N 3° 03.356'E	W26
la Marliére	57CNE2	Bourlon	50° 09.201'N 3° 11.460'E	F30
la Marotte	36NE3	Perenchies	50° 40.598'N 3° 02.150'E	K7
la Masure Farm	36SE1	Haubourdin	50° 36.082'N 2° 57.848'E	P25
la Menegat	36NW1	Steenwerck	50° 41.670'N 2° 47.669'E	A24
la Miterie	36NE3	Perenchies	50° 38.964'N 2° 59.692'E	J28
la Mon Blanche	51BNW3	Arras	50° 19.039'N 2° 48.362'E	G6
la Mon Neuve	51BSE4	Marquion	50° 11.856'N 3° 08.317'E	X20
la Mon. Rouge	36C(44A) SE1	Dourges	50° 26.620'N 3° 00.593'E	P10
la Mont Rouge Farm	70DNW2	Servais	49° 38.259'N 3° 24.580'E	C11
la Mont Wood	51BNE3	Noyelle-sous-Bellonne	50° 18.414'N 3° 02.829'E	K13
la Montagne	27SE2	Berthen	50° 47.755'N 2° 40.880'E	R9

la Montagne	28SE3	Comines	50° 45.396'N 3° 02.938'E	W8
la Motte	36B(44B) NE2	Beuvry	50° 32.379'N 2° 40.394'E	F1
la Motte	36C(44A) SE3	Esquerchin	50° 22.091'N 2° 58.962'E	V26
la Motte	36NE2	Tourcoing	50° 42.154'N 3° 08.188'E	F21
la Motte	51BNE2	Dechy	50° 21.534'N 3° 08.098'E	F8
la Motte au Bois	36ANE1	Morbecque	50° 40.985'N 2° 34.429'E	D30
la Motte Baudel	36ANE3	Haverskerque	50° 38.465'N 2° 34.110'E	J30
la Motte Farm	51CNE2	Ecoivres	50° 21.462'N 2° 41.388'E	F2
la Motte Farm	62BNW1	Gouy	49° 59.006'N 3° 18.182'E	B21
la Motte Houssain Farm	36NW4	Bois Grenier	50° 38.230'N 2° 53.868'E	I32
la Mottelette	36NE1	Quesnoy	50° 42.476'N 2° 58.890'E	D15
la Mottelette	36SW3	Richebourg	50° 34.065'N 2° 49.694'E	T14
la Nouvelle Farm	36NE3	Perenchies	50° 40.475'N 3° 00.084'E	J10
la Pannarie	36ASE4	Locon	50° 34.836'N 2° 37.731'E	W4
la Pannerie North	57BSW3	Honnecourt	50° 01.620'N 3° 14.454'E	S16
la Pannerie South	57BSW3	Honnecourt	50° 00.886'N 3° 14.904'E	S29
la Payelle	36NE2	Tourcoing	50° 42.378'N 3° 06.070'E	E18
La Pelerin	28SW4	Ploegsteert	50° 44.237'N 2° 54.716'E	U21
la Petite Couture	36SE1	Haubourdin	50° 37.722'N 2° 58.871'E	P2
La Petite Douve Farm	28SW4	Ploegsteert	50° 45.305'N 2° 53.623'E	U8
La Petite Munque Farm	28SW4	Ploegsteert	50° 44.117'N 2° 51.646'E	T23
la Pichotte	36NE3	Perenchies	50° 40.293'N 3° 00.387'E	J11
la Pierriere	36ASE1	St. Venant	50° 36.225'N 2° 30.325'E	P19
la Pierriere-au-Beure	36ASE1	St. Venant	50° 36.114'N 2° 36.773'E	Q21
la Place	36SW4	Sainghin	50° 33.228'N 2° 52.406'E	T24
la Placette	36NE2	Tourcoing	50° 42.415'N 3° 08.982'E	F16
la Planche de Santes	36SE3	Seclin	50° 34.767'N 2° 58.682'E	V2
la Plays aux Agaches	36SW3	Richebourg	50° 33.252'N 2° 49.030'E	T20
La Plus Douve Farm	28SW4	Ploegsteert	50° 45.192'N 2° 51.927'E	T12
la Polie Copse	36C(44A) SW3	Vimy	50° 22.824'N 2° 47.143'E	S17
La Polka Junction	28SW1	Kemmel	50° 47.003'N 2° 49.887'E	N21
La Potterie Farm	28SW4	Ploegsteert	50° 45.210'N 2° 55.127'E	U10
la Pouillerie Farm	36SE3	Seclin	50° 34.030'N 2° 59.243'E	V15
la Prévote	36NE3	Perenchies	50° 40.592'N 2° 57.827'E	J7
la Quenouille	36NE2	Tourcoing	50° 41.661'N 3° 05.407'E	E29
la Raquet	51BNE2	Dechy	50° 20.846'N 3° 05.380'E	E16
la Rocterie	36SW2	Radinghem	50° 37.046'N 2° 52.612'E	N18
la Rolanderie	36NW4	Bois Grenier	50° 39.987'N 2° 51.530'E	H17
la Rolanderie Farm	36NW4	Bois Grenier	50° 40.131'N 2° 51.276'E	H11
la Rousselle	28SE4	Ronq	50° 44.176'N 3° 07.654'E	X20
la Rue d'en Haut	51BSE2	Oisy-le-Verger	50° 15.805'N 3° 06.109'E	Q11
la Rue des Morts	36ANE3	Haverskerque	50° 40.087'N 2° 33.814'E	J11
la Russe	36SW3	Richebourg	50° 34.796'N 2° 48.108'E	S6
La Sars	57CSW1	Guedecourt	50° 04.276'N 2° 46.923'E	M16
La Sars	57DSE2+57CSW1	Le Sars	50° 04.276'N 2° 46.923'E	M16
la Signy Farm	57DNE3+4	Hebuterne	50° 06.116'N 2° 38.291'E	K27
la Tache	28SE3	Comines	50° 43.601'N 2° 58.439'E	V26
la Tail	36ASE3	Gonnehem	50° 33.098'N 2° 30.961'E	V19
la Targette	57BNW3	Rumilly	50° 07.564'N 3° 17.361'E	H14
la Targetts	51BNW1	Roclincourt	50° 21.251'N 2° 44.898'E	A8
la Terriere	70DNW4	St. Gobain	49° 35.703'N 3° 22.399'E	I8
la Terrière	57BSW3	Honnecourt	50° 01.970'N 3° 13.762'E	S16
la Tombe Willot	36ASE4	Locon	50° 35.021'N 2° 39.975'E	R31
la Touffe Dillancourt	36NE2	Tourcoing	50° 43.325'N 3° 04.064'E	E3
la Tour Malakof	36C(44A) SW2	Harnes	50° 25.767'N 2° 56.716'E	O23
la Tourelle	36SW3	Richebourg	50° 33.961'N 2° 46.944'E	S17
La Tromps Cabaret	28SW3	Bailleul	50° 44.897'N 2° 49.858'E	T9
La Truie Farm	28SW4	Ploegsteert	50° 44.723'N 2° 55.784'E	U17
la Tullerie Farm	36NE1	Quesnoy	50° 41.292'N 2° 59.174'E	D27
la Vacquerie	57CSE2	Gonnelieu	50° 04.528'N 3° 09.857'E	R16
la Vallee	36NW4	Bois Grenier	50° 38.137'N 2° 55.732'E	I34
la Vallée	36ASE3	Gonnehem	50° 33.512'N 2° 32.736'E	V16

La Vapeur Inn	20NW4	Dixmunde	51° 01.925'N 2° 52.237'E	I7
la Vert Chasseur	66CSW2	Vendeuil	49° 44.138'N 3° 20.707'E	N6
la Vesèe	36NW4	Bois Grenier	50° 39.502'N 2° 52.993'E	I19
la Viel Dieu	28SE3	Comines	50° 45.433'N 3° 01.081'E	V12
la Vieux Chat	36NE1	Quesnoy	50° 42.421'N 3° 01.945'E	E13
la Vigne	36NE1	Quesnoy	50° 43.110'N 3° 03.649'E	E9
La Vignette	28SE4	Ronq	50° 44.790'N 3° 05.226'E	W17
La Villa	20SW2	Zwartegat	50° 56.975'N 2° 51.521'E	N36
Laamkeek	28NE1	Zonnebeke	50° 53.779'N 2° 59.812'E	D10
l'Abbaye	36ASE3	Gonnehem	50° 32.781'N 2° 35.091'E	W25
l'Abbaye	57CNW2	Vaulx-Vraucourt	50° 09,525'N 2° 51.626'E	B22
l'Abbaye Farm	70DNW4	St. Gobain	49° 34.448'N 3° 19.988'E	H29
l'Abbayette	51BNW3	Arras	50° 18.250'N 2° 50.125'E	H14
Label Farm	20SE1	Staden	50° 57.655'N 3° 02.696'E	Q26
Labiette Farm	36ASE1	St. Venant	50° 35.527'N 2° 32.172'E	P27
Labiettehoek	20SW1	Loo	50° 57.805'N 2° 47.059'E	M24
Labis Farm	36ANE2	Vieux Berquin	50° 42.061'N 2° 39.702'E	F13
Labourse	36B(44B) NE2	Beuvry	50° 29.994'N 2° 40.894'E	L2
Laburnam Lodge	36ASE3	Gonnehem	50° 35.072'N 2° 34.756'E	P36
Lace House	12SW1	Nieuport	51° 08.569'N 2° 45.380'E	M22
Lacherie	36SW4	Sainghin	50° 35.288'N 2° 57.201'E	O36
l'Achilleion	20SW4	Bixschoote	50° 54.750'N 2° 50.990'E	T23
Lacon	36ASE4	Locon	50° 34.242'N 2° 40.009'E	X7
Lacouture	36ASE4	Locon	50° 34.881'N 2° 42.875'E	X5
Lacouture Post	36ASE4	Locon	50° 34.736'N 2° 42.754'E	X5
Ladder Farm	28NE2	Moorslede	50° 53.920'N 3° 10.254'E	F12
Ladoek Farm	20SE1	Staden	50° 59.426'N 2° 59.866'E	P5
Lagache Chateau	28SE4	Ronq	50° 45.386'N 3° 07.338'E	X8
Lagache Farm	28SW2	Wytschaete	50° 46.918'N 2° 51.265'E	N23
Laggard Farm	36ANE4	Merville	50° 39.136'N 2° 43.522'E	L24
Lagnicourt	57CNW2	Vaulx-Vraucourt	50° 09.494'N 2° 57.514'E	C24
Lagoon Farm	36ANE3	Haverskerque	50° 40.15.'N 2° 31.942'E	J9
Lagos Cottage	36ANE1	Morbecque	50° 42.471'N 2° 34.324'E	D12
l'Aire l'Oiseau	70DNW4	St. Gobain	49° 34.698'N 3° 24.124'E	I22
Laiterie	28SW2	Wytschaete	50° 47.444'N 2° 50.433'E	N16
Lake Copse	20SE3	Westroosebeke	50° 55.656'N 3° 01.869'E	W13
Lake Farm	28NW4	Zillebeke	50° 51.363'N 2° 56.734'E	I12
Lake Farm	28SW2	Wytschaete	50° 47.054'N 2° 56.518'E	O24
Lake Farm Spur	28NW4	Zillebeke	50° 51.300'N 2° 56.741'E	I12
Laknie Corner	20SW2	Zwartegat	50° 58.107'N 2° 55.571'E	O23
Laleau	36ASE1	St. Venant	50° 35.540'N 2° 33.036'E	P28
Laleeu Bridge	36ASE1	St. Venant	50° 35.473'N 2° 33.027'E	P28
Lalemans Shrine	20NE3	Zarren	51° 01.867'N 2° 57.161'E	J7
L'Alouette	28SW4	Ploegsteert	50° 44.752'N 2° 51.927'E	T16
l'Alouette	36C(44A) SE1	Dourges	50° 24.991'N 3° 00.898'E	P29
L'Alouette	51CSE3	Ransart	50° 12.842'N 2° 39.772'E	W12
l'Alouette	57BNW1	Cambrai	50° 11.216'N 3° 15.518'E	A6
Lamartine Farm	20NE3	Zarren	51° 02.246'N 3° 00.924'E	J6
Lamatte Farm	20SW4	Bixschoote	50° 54.387'N 2° 50.834'E	T29
Lamb Farm	28SE1	Wervicq	50° 48.931'N 2° 59.122'E	P3
Lamb Farm	28SW2	Wytschaete	50° 48.926'N 2° 58.797'E	P3
Lambay Farm	66CNW4	Berthenicourt	49° 46.437'N 3° 19.002'E	H10
Lambay Wood	66CNW4	Berthenicourt	49° 46.062'N 3° 18.918'E	H16
Lambersart	36NE3	Perenchies	50° 39.143'N 3° 01.547'E	J30
Lambres	51BNE1	Brébières	50° 21.153'N 3° 03.892'E	E8
Lameron Farm	36NW2	Armentieres	50° 42.456'N 2° 52.099'E	B18
l'Amidonnerie	36NE1	Quesnoy	50° 41.840'N 2° 59.585'E	D22
Lamlash Farm	28SE3	Comines	50° 45.408'N 2° 59.330'E	V9
Lamp Signal Station	28NE2	Moorslede	50° 52.726'N 3° 03.752'E	E21
Lamp Signal Station	28NE2	Moorslede	50° 51.788'N 3° 04.530'E	K4
Lamp Signal Station	28NE2	Moorslede	50° 51.817'N 3° 05.459'E	K5
Lamp Signal Station	57BSW1	Bantouzelle	50° 05.061'N 3° 12.323'E	M8

Lamp Signal Station	57BSW1	Bantouzelle	50° 04.549'N 3° 14.878'E	M17
Lamp Signal Station	57BSW1	Bantouzelle	50° 04.625'N 3° 14.996'E	M17
Lamp Signal Station	57BSW3	Honnecourt	50° 03.116'N 3° 15.348'E	M36
Lamp Signal Station	57BSW3	Honnecourt	50° 02.624'N 3° 15.320'E	S6
Lamp Signal Station	57BSW3	Honnecourt	50° 01.543'N 3° 15.234'E	S17
Lamp Signal Station	57BSW3	Honnecourt	50° 01.533'N 3° 15.262'E	S18
Lamp Signal Station	57BSW3	Honnecourt	50° 01.084'N 3° 14.449'E	S22
Lamp Signal Station	62BNW1	Gouy	49° 58.408'N 3° 13.037'E	K27
Lamp Signal Station	62BNW1	Gouy	49° 58.264'N 3° 14.661'E	K29
Lamp Signal Station	62BNW1	Gouy	49° 57.988'N 3° 13.361'E	G4
Lamp Signal Station	62BNW3	Bellicourt	49° 57.720'N 3° 15.889'E	G6
Lamp Signal Station	62BNW3	Bellicourt	49° 57.302'N 3° 12.939'E	G8
Lamp Signal Station	62BNW3	Bellicourt	49° 55.510'N 3° 15.393'E	G36
Lamp Signal Station	62BNW3	Bellicourt	49° 57.174'N 3° 18.155'E	H9
Lamp Signal Station	62BNW3	Bellicourt	49° 57.094'N 3° 18.005'E	H15
Lamp Signal Station	62BNW4	Ramicourt	49° 55.777'N 3° 19.877'E	H29
Lamp Stations	57BNW3	Rumilly	50° 07.319'N 3° 12.995'E	G21
Lampe Farm	57BSW4	Serain	50° 02.243'N 3° 20.336'E	T12
Lampernisse	20NW3	Lampernisse	51° 01.974'N 2° 46.129'E	3771
Lampernisse	36NW1	Steenwerck	50° 43.288'N 2° 49.418'E	B3
Lamplugh Farm	20SE3	Westroosebeke	50° 55.912'N 3° 01.627'E	W7
Lamrey House	28SE4	Ronq	50° 44.439'N 3° 08.834'E	X22
Lanbouver Farm	28NW3	Poperinghe	50° 50.059'N 2° 44.999'E	G21
Lanbouver Farm Camp	28NW3	Poperinghe	50° 50.146'N 2° 44.899'E	G21
Lancashire Cottage	28SW4	Ploegsteert	50° 43.758'N 2° 53.925'E	U26
Lancashire Farm	28NW2	St Julien	50° 52.861'N 2° 52.972'E	C13
Lancashire Farm	36ASE1	St. Venant	50° 35.791'N 2° 36.671'E	Q27
Lancashire Support Farm	28SW4	Ploegsteert	50° 43.737'N 2° 54.511'E	U27
Lance Bombe Farm	20SW4	Bixschoote	50° 55.759'N 2° 50.354'E	T10
Lancer Farm	28NW2	St Julien	50° 51.613'N 2° 55.003'E	I4
Lancet Farm	27SE2	Berthen	50° 47,857'N 2° 42.575'E	R11
Lancier Farm	20SW4	Bixschoote	50° 55.331'N 2° 52.570'E	U13
Lancing House	20SE2	Hooglede	50° 58.939'N 3° 05.910'E	Q12
Land van Belooften	20SE2	Hooglede	50° 59.240'N 3° 06.483'E	R7
Landbeach Farm	20SE3	Westroosebeke	50° 56.781'N 3° 01.921'E	W1
Landing Farm	20SE3	Westroosebeke	50° 55.570'N 2° 57.378'E	V13
Landing Inn	27NE2	Proven	50° 52.103'N 2° 41.066'E	F27
Landshut Wood	66DNW1	Punchy	49° 48.767'N 2° 49.608'E	A12
Lang Farm	28NE4	Dadizeele	50° 51.642'N 3° 03.822'E	K3
Lange Koeistal Farm	12SW2	Slype	51° 09.467'N 2° 53.973'E	O15
Langemarck	20SW4	Bixschoote	50° 54.804'N 2° 55.137'E	U22
Langenhoek	20NE4	Lichtervelde	51° 01.308'N 3° 04.474'E	5970
Langenhoek	20NW2	Leke	51° 04.635'N 2° 54.865'E	4776
Langes Farm	20SW3	Oostvleteren	50° 55.579'N 2° 47.679'E	T13
Langewaade	20SW4	Bixschoote	50° 56.494'N 2° 51.738'E	T6
Langley Farm	20SE2	Hooglede	50° 58.538'N 3° 06.479'E	R13
Langton Farm	28NE2	Moorslede	50° 52.134'N 3° 07.859'E	F27
Languevoisin	66DNW4	Nesle	49° 44.847'N 2° 55.930'E	I27
Languid Cottage	28SW1	Kemmel	50° 48.381'N 2° 43.661'E	M1
Lanka Farm	28NE4	Dadizeele	50° 50.964'N 3° 05.347'E	K17
Lankhof Farm	28NW4	Zillebeke	50° 49.413'N 2° 53.495'E	I26
Lannes Copse	20SW4	Bixschoote	50° 55.732'N 2° 53.876'E	U9
Lannes Farm	20SW4	Bixschoote	50° 55.947'N 2° 54.352'E	U9
Lannoy	36ASE3	Gonnehem	50° 33.445'N 2° 35.436'E	W13
Lannoy	36SW3	Richebourg	50° 34.390'N 2° 49.848'E	T9
Lannoy Mill	51BSE1	Saudemont	50° 15.913'N 2° 58.262'E	P7
Lansdowne Post	36SW3	Richebourg	50° 34.777'N 2° 45.845'E	S4
Laos Farm	20NW4	Dixmunde	50° 59.798'N 2° 56.171'E	I36
Lap House	28SE4	Ronq	50° 44.637'N 3° 08.123'E	X15
Laplin Farm	20SW4	Bixschoote	50° 54.344'N 2° 52.756'E	U25
Laplin Wood	62CSW1	Dompierre	49° 54.766'N 2° 48.875'E	M14
Lappe	27SE2	Berthen	50° 48.592'N 2° 41.713'E	R4

Name	Sheet	Place	Coordinates	Grid
Lappersfort Inn	12SW4	Leke	51° 05.687'N 2° 54.548'E	U22
Lapree Wood	62CNW1	Maricourt	49° 58.882'N 2° 45.704'E	A14
Lapworth Copse	20SE3	Westroosebeke	50° 54.724'N 3° 03.570'E	W27
Larbert Farm	28SE3	Comines	50° 44.869'N 2° 59.906'E	V16
l'Arbrisseau	36SE1	Haubourdin	50° 35.820'N 3° 03.087'E	Q26
Larch Copse	62CSW1	Dompierre	49° 53.780'N 2° 49.035'E	M18
Larch Wood	28NW4	Zillebeke	50° 49.623'N 2° 55.472'E	I29
Lard Cottage	36ANE1	Morbecque	50° 41.831'N 2° 33.568'E	D17
Laresset	51CNE4	Wagnonlieu	50° 18.752'N 2° 38.991'E	K11
Large Farm	36NW4	Bois Grenier	50° 39.304'N 2° 55.204'E	I22
Larherand Farm	12SW3	Ramscappelle	51° 06.668'N 2° 47.025'E	S12
Lariat Buildings	28NE2	Moorslede	50° 53.782'N 3° 05.723'E	E12
Lark Corner	20SE2	Hooglede	50° 58.360'N 3° 07.314'E	R14
Lark Farm	28SE1	Wervicq	50° 48.867'N 2° 59.122'E	P3
Lark Farm	28SW2	Wytschaete	50° 48.871'N 2° 59.125'E	P3
Lark Spur	57CSE4	Villers-Guislain	50° 00.948'N 3° 09.512'E	X27
Larkin Farm	36NW1	Steenwerck	50° 43.100'N 2° 47.617'E	A6
Larne Cottage	28SW3	Bailleul	50° 43.834'N 2° 49.937'E	T27
Larne Lines	28SW3	Bailleul	50° 43.828'N 2° 49.879'E	T27
Larrey Camp	28NW1	Elverdinghe	50° 53.413'N 2° 49.303'E	B9
Larrey Farm	28NW1	Elverdinghe	50° 53.466'N 2° 49.079'E	B9
Larrikan Fork	28NE2	Moorslede	50° 54.109'N 3° 06.146'E	E6
Larris Wood	62CSE2	Vermand	49° 52.455'N 3° 06.037'E	Q34
Larve	12SW1	Nieuport	51° 08.996'N 2° 48.098'E	N14
Lasalle Post	20SW4	Bixschoote	50° 55.099'N 2° 55.065'E	U10
Lascar Farm	27SE1	St Sylvestre	50° 47.334'N 2° 31.961'E	P15
Lassalle Farm	20SW4	Bixschoote	50° 56.056'N 2° 54.866'E	U10
Lassoo Houses	28NE2	Moorslede	50° 53.863'N 3° 05.714'E	E12
Lateau Wood	57BSW1	Bantouzelle	50° 04.921'N 3° 12.156'E	M14
Latin Farm	28NW3	Poperinghe	50° 50.836'N 2° 45.073'E	G9
Latte Wood	66DNW3	Hattencourt	49° 44.903'N 2° 50.635'E	H26
Lattre	36SW4	Sainghin	50° 34.392'N 2° 56.356'E	U11
Laughton Farm	20SE2	Hooglede	50° 58.213'N 3° 03.625'E	Q21
Laughton House	20SE4	Roulers	50° 55.514'N 3° 04.446'E	W16
Laundries	36NW2	Armentieres	50° 40.992'N 2° 51.245'E	H5
Laundry N of Planche de Sante	36SE3	Seclin	50° 35.090'N 2° 58.659'E	V2
Laundry NE of Pont de Nieppe	36NW2	Armentieres	50° 42.093'N 2° 52.085'E	B18
Laundry opposite Bois Muiron	36C(44A) NW2	Bauvin	50° 32.393'N 2° 54.248'E	C2
Laundry S of Harbourdin	36SE3	Seclin	50° 35.391'N 2° 58.742'E	P32
Laundry S of Le Bizet	36NW2	Armentieres	50° 42.045'N 2° 53.006'E	C13
Laundry SW of Duriez Farm	36NW2	Armentieres	50° 43.188'N 2° 55.881'E	C5
Laurence Farm	28SW4	Ploegsteert	50° 43.662'N 2° 54.231'E	U27
Laurent House	20SW4	Bixschoote	50° 54.988'N 2° 51.559'E	T24
Laurette Valley	62BSW2	Fonsommes	49° 53.345'N 3° 21.675'E	O20
Laurette Wood	62BSW2	Fonsommes	49° 52.993'N 3° 21.396'E	O25
Lauwin-Planque	36C(44A) SE3	Esquerchin	50° 23.365'N 3° 02.476'E	W13
Laval Farm	27NE4	Abeele	50° 49.709'N 2° 40.787'E	L21
Lavé Wood	66DNW3	Hattencourt	49° 44.991'N 2° 49.908'E	H25
Lavender Bend	27NE2	Proven	50° 53.492'N 2° 42.553'E	F11
Lavengro Farm	20SE1	Staden	50° 59.477'N 3° 01.618'E	Q1
Laventie	36SW1	Aubers	50° 37.722'N 2° 46.305'E	M4
Lavgepey Farm	20SW3	Oostvleteren	50° 55.201'N 2° 46.997'E	S18
Law Houses	28NE2	Moorslede	50° 51.898'N 3° 09.403'E	L5
Lawrence Farm	28NW3	Poperinghe	50° 50.870'N 2° 46.273'E	G11
Lawyers Corner	28NE2	Moorslede	50° 51.788'N 3° 09.157'E	L4
Laynebok Brasserie	28SW3	Bailleul	50° 45.714'N 2° 49.815'E	T3
Laynebok Camp	28SW3	Bailleul	50° 45.859'N 2° 49.780'E	T3
le Bac du Nord	51CSE2	Beaumetz	50° 15.471'N 2° 41.423'E	R8
le Willy	36SW4	Sainghin	50° 33.601'N 2° 51.143'E	T22
Le Barque	57CSW1	Guedecourt	50° 04.976'N 2° 49.471'E	M12
le Barque	57DSE2+57CSW1	Le Sars	50° 04.976'N 2° 49.071'E	M12
le Barriere Calverdans	27SE4	Meteren	50° 44.325'N 2° 43.401'E	X18

le Bas Champs Farm	36SW2	Radinghem	50° 37.537'N 2° 54.982'E	O9
le Bas Wailly	36SW3	Richebourg	50° 33.871'N 2° 49.004'E	T9
Le Bassee	36C(44A) NW1	LaBassee	50° 31.852'N 2° 48.172'E	A12
le Bastidon	20SW4	Bixschoote	50° 54.817'N 2° 51.114'E	T23
le beau Chene	28SE3	Comines	50° 44.945'N 3° 01.486'E	V18
le Bel Air	36NE3	Perenchies	50° 39.465'N 3° 02.222'E	K19
le Bel Arbre	36NE2	Tourcoing	50° 42.047'N 3° 05.817'E	E24
le Berquier	28SE4	Ronq	50° 45.088'N 3° 10.263'E	X17
le Beurre	27SE4	Meteren	50° 44.975'N 2° 38.392'E	W11
le Bic-Bac	51BNE4	Cantin	50° 17.154'N 3° 09.262'E	L33
le Bihamel	36NE1	Quesnoy	50° 41.718'N 3° 02.811'E	E20
le Bizet	36NW2	Armentieres	50° 42.191'N 2° 53.047'E	C13
le Bizet Convent	36NW2	Armentieres	50° 42.463'N 2° 53.506'E	C14
le Blanc Coulon	28SE3	Comines	50° 44.506'N 2° 59.406'E	V21
le Blanc Coulon	36NW4	Bois Grenier	50° 38.415'N 2° 56.483'E	I35
le Blaton	28SE3	Comines	50° 45.127'N 3° 03.177'E	W8
le Blaton	28SE3	Comines	50° 44.569'N 3° 03.657'E	W15
le Bois Malets	36SW3	Richebourg	50° 33.212'N 2° 50.230'E	T21
le Bosquet	57BSW1	Bantouzelle	50° 05.487'N 3° 14.334'E	M4
Le Boulevard Inn	36ANE1	Morbecque	50° 43.049'N 2° 33.985'E	D6
le Boulois	36NE2	Tourcoing	50° 43.614'N 3° 06.738'E	F1
le Boutillerie Farm	36NE2	Tourcoing	50° 42.976'N 3° 07.175'E	F7
le Bouzeteux Farm	36ASE2	Lestrem	50° 37.080'N 2° 38.712'E	Q11
le Bridoux	36SW2	Radinghem	50° 38.015'N 2° 53.211'E	O1
le Brulie	51BSW4	Bullecourt	50° 12.145'N 2° 57.515'E	U18
le Buin Farm	70DNW4	St. Gobain	49° 33.808'N 3° 19.301'E	H34
le Cabu	36NE2	Tourcoing	50° 41.857'N 3° 05.555'E	E23
Le Calvaire	28SE3	Comines	50° 46.047'N 3° 01.999'E	Q31
le Calvaire	36NE1	Quesnoy	50° 40.985'N 3° 02.655'E	K2
le Calvaire	36NE2	Tourcoing	50° 43.491'N 3° 04.855'E	E4
le Canon d' Or	36NE3	Perenchies	50° 39.058'N 3° 02.572'E	K25
Le Carreaux	27SE1	St Sylvestre	50° 47.814'N 2° 35.215'E	Q7
le Cartelot	36NE2	Tourcoing	50° 41.021'N 3° 06.828'E	L1
Le Catelet	62BNW1	Gouy	50° 00.169'N 3° 14.007'E	A5
le Catelets	57BSW3	Honnecourt	50° 02.958'N 3° 12.416'E	S2
le Cauroy	36ASE3	Gonnehem	50° 34.222'N 2° 36.491'E	W8
le Chat	36NE3	Perenchies	50° 40.587'N 3° 02.980'E	K8
le Chat maigre	51BSW1	Neuville Vitasse	50° 14.386'N 2° 45.999'E	M27
le Chem Vert	57BSW2	Clary	50° 05.016'N 3° 21.742'E	O14
le Cheval Blanc	36NE2	Tourcoing	50° 41.123'N 3° 05.141'E	K5
le Chien	36NE1	Quesnoy	50° 42.631'N 3° 01.713'E	D12
le Chien Blanc	36NW1	Steenwerck	50° 41.450'N 2° 44.977'E	A21
le Chinoy Farm	51CNE2	Ecoivres	50° 20.590'N 2° 40.201'E	F13
le Cimbale	28SE4	Ronq	50° 43.719'N 3° 09.873'E	X29
le Clinquet	28SE4	Ronq	50° 43.791'N 3° 07.203'E	X26
le Cliquenois	36NE3	Perenchies	50° 40.502'N 3° 01.708'E	J12
le Cocq	51BNE1	Brébières	50° 20.429'N 3° 01.290'E	D23
le Cœur Joyeux	36NE1	Quesnoy	50° 42.049'N 3° 59.878'E	D22
le Colombier	36NE1	Quesnoy	50° 41.907'N 3° 03.117'E	E20
le Corbeau	36NE3	Perenchies	50° 40.352'N 3° 01.232'E	J12
le Corbie	36ANE3	Haverskerque	50° 38.345'N 2° 34.754'E	J30
le Cornet	28SE2	Menin	50° 47.386'N 3° 09.157'E	R22
le Cornet d' Or	66CNW2	Itancourt	49° 47.927'N 3° 19.264'E	B22
le Cornet Malo	36ASE2	Lestrem	50° 35.752'N 2° 37.568'E	Q28
le Cornet Perdu	36ANE4	Merville	50° 40.473'N 2° 38.407'E	K5
le Cou-de Paille	27SE2	Berthen	50° 46.122'N 2° 39.257'E	R31
le Coupe	57DSE2+57CSW1	Le Sars	50° 05.032'N 2° 47.665'E	M10
le Crampon	28SE3	Comines	50° 43.928'N 2° 58.850'E	V27
le Crombalot	36NW4	Bois Grenier	50° 38.960'N 2° 51.808'E	H30
le Crotoir Farm	70DNW4	St. Gobain	49° 34.332'N 3° 20.699'E	H30
le Crucifix Farm	28SE1	Wervicq	50° 46.972'N 3° 01.575'E	P30
le Cruseobeaau	36NW3	Fleurbaix	50° 40.573'N 2° 44.264'E	G2

le Doux Mont	51BNE3	Noyelle-sous-Bellonne	50° 18.630'N 2° 59.549'E	J9
Le Dragon Vert Virgin Farm	28SE3	Comines	50° 43.924'N 2° 58.311'E	V26
le Drumez	36SW1	Aubers	50° 37.792'N 2° 44.965'E	M3
le Falot	36NE1	Quesnoy	50° 41.558'N 2° 57.500'E	D25
le Faubourg	36C(44A) NW1	LaBassee	50° 31.537'N 2° 48.243'E	B13
le Faubourg	36C(44A) NW2	Bauvin	50° 30.970'N 2° 54.594'E	C21
le Faubourg	36SE3	Seclin	50° 34.987'N 3° 00.750'E	V5
le Faubourg	51BNE1	Brébières	50° 20.013'N 3° 02.632'E	E25
le Faux Farm	36SW4	Sainghin	50° 33.968'N 2° 51.976'E	T17
le Ferme	36C(44A) NW2	Bauvin	50° 31.007'N 2° 53.130'E	C19
le Fond de l'eau	28SE3	Comines	50° 44.939'N 2° 57.993'E	V14
Le Forest	62CNW2	Bouchavesnes	49° 59.339'N 2° 52.216'E	B16
Le Forest Wood	62CNW2	Bouchavesnes	49° 59.261'N 2° 52.301'E	B16
le Foret	36ANE3	Haverskerque	50° 38.600'N 2° 30.664'E	J25
le Fort Mahon	36SE1	Haubourdin	50° 37.532'N 2° 59.498'E	P9
le Fringole	70DNW4	St. Gobain	49° 36.067'N 3° 23.263'E	I9
Le Gheer	28SW4	Ploegsteert	50° 44.053'N 2° 54.687'E	U21
le Gibet	36NW1	Steenwerck	50° 42.052'N 2° 50.188'E	B15
le Grand Beaumart	36NW1	Steenwerck	50° 41.880'N 2° 45.681'E	A22
le Grand Bœuf	36NE3	Perenchies	50° 39.612'N 2° 58.600'E	J20
Le Grand Bruxelles	27SE1	St Sylvestre	50° 47.182'N 2° 31.637'E	P15
le Grand Cabaret	36NE1	Quesnoy	50° 42.804'N 2° 58.983'E	FD9
le Grand Cottigny	36NE2	Tourcoing	50° 41.195'N 3° 07.595'E	L3
le Grand Hasard	36ANE1	Morbecque	50° 42.279'N 2° 31.512'E	D8
le Grand Logis	36NE3	Perenchies	50° 39.874'N 2° 58.999'E	J15
le Grand Maisnil Farm	36NW4	Bois Grenier	50° 38.174'N 2° 54.627'E	I33
le Grand Pacaut	36ANE4	Merville	50° 37.936'N 2° 38.558'E	K35
le Grand Perna	28SE3	Comines	50° 43.864'N 3° 01.191'E	V30
le Grand Pont	57BNW3	Rumilly	50° 06.075'N 3° 17.870'E	H33
le Grand Riez	36SW4	Sainghin	50° 35.319'N 2° 51.488'E	N35
le Grand Temple	36SE1	Haubourdin	50° 37.971'N 3° 00.932'E	P5
Le Grenouillere	62CNW3	Vaux	49° 56.839'N 2° 49.204'E	G18
le Gros Tilleul	70DNW4	St. Gobain	49° 36.073'N 3° 24.229'E	I11
le Hallot	28SE3	Comines	50° 44.740'N 3° 02.139'E	W13
le Halot	36NE2	Tourcoing	50° 42.783'N 3° 09.081'E	F10
le Hamel	36ASE3	Gonnehem	50° 33.103'N 2° 32.392'E	V21
le Hamel	36ASE4	Locon	50° 33.115'N 2° 41.278'E	X21
le Haut Quesnoy	36SW2	Radinghem	50° 37.719'N 2° 52.869'E	O13
le Haute Loge	36SW2	Radinghem	50° 36.879'N 2° 53.303'E	O13
le Haut-en-Bas	27SE1	St Sylvestre	50° 47.598'N 2° 30.539'E	P7
le Hautoy	36C(44A) NW2	Bauvin	50° 32.220'N 2° 52.314'E	B6
le Hem	36SE1	Haubourdin	50° 37.902'N 2° 58.356'E	P2
le Hem Farm	36NE3	Perenchies	50° 40.776'N 3° 02.424'E	K1
le Hen	36SE3	Seclin	50° 35.017'N 3° 01.697'E	V6
le Hue	36SW3	Richebourg	50° 33.821'N 2° 49.329'E	T14
le Jambon	36NE2	Tourcoing	50° 42.622'N 3° 05.998'E	E18
le Jardinet	36NE1	Quesnoy	50° 41.725'N 3° 01.460'E	D24
le Jaudrie	36ASE4	Locon	50° 33.374'N 2° 37.765'E	W22
le Kirlem	36NW1	Steenwerck	50° 41.504'N 2° 46.387'E	A23
Le Lauier	27SE1	St Sylvestre	50° 46.055'N 2° 34.977'E	Q31
le Long Champ	28SE3	Comines	50° 44.356'N 3° 01.737'E	V24
le Loup	36NE1	Quesnoy	50° 42.610'N 2° 58.381'E	D8
le Maisnil-en-Weppes	36SW2	Radinghem	50° 36.824'N 2° 53.143'E	O13
le Malplaquet	28SE2	Menin	50° 46.743'N 3° 06.290'E	Q30
le Marais	36B(44B) NE2	Beuvry	50° 30.505'N 2° 39.549'E	E30
le Marais	36C(44A) NW2	Bauvin	50° 32.342'N 2° 53.549'E	C1
le Marais	36C(44A) NW4	Pont-à-Vendin	50° 27.960'N 2° 56.990'E	I30
Le Marais	36SE1	Haubourdin	50° 38.026'N 2° 59.946'E	P4
le Marais	36SE3	Seclin	50° 34.880'N 3° 00.227'E	V4
le Marais	36SE3	Seclin	50° 34.874'N 3° 01.335'E	V6
le Marais	36SW4	Sainghin	50° 32.942'N 2° 53.627'E	U26
le Marais	51ASW3	Eswars	50° 11.393'N 3° 15.352'E	S30

le Marais	51ASW3	Eswars	50° 12.877'N 3° 17.755'E	T9
le Marais du Bols	36C(44A) NW2	Bauvin	50° 31.895'N 2° 52.186'E	B12
Le Marais E Post	36ASE2	Lestrem	50° 36.991'N 2° 42.848'E	R11
Le Marais S Post	36ASE2	Lestrem	50° 36.769'N 2° 42.536'E	R16
Le Marais W Post	36ASE2	Lestrem	50° 36.918'N 2° 42.524'E	R16
le Marais Winglois	36C(44A) NW2	Bauvin	50° 30.656'N 2° 51.922'E	B29
le Mesnil-Bruntel	62CSW2	Barleux	49° 53.679'N 2° 57.534'E	O17
le Mesnil-en-Arrouaise	57CSW4	Combles	50° 02.668'N 2° 56.630'E	U4
le Moline	36NE2	Tourcoing	50° 41.425'N 3° 06.710'E	F25
le Mont	36NE2	Tourcoing	50° 43.004'N 3° 06.517'E	F7
le Mont	51BNE3	Noyelle-sous-Bellonne	50° 18.526'N 3° 03.142'E	K13
le Moulinet	51BNE4	Cantin	50° 18.490'N 3° 05.931'E	K17
le Mulet	36SW4	Sainghin	50° 34.290'N 2° 56.839'E	U12
le Neuvea Monde	36NW3	Fleurbaix	50° 38.519'N 2° 45.158'E	G27
le Noir Trou	28SE2	Menin	50° 46.929'N 3° 06.584'E	R25
le Nouveau Monde	27NE1	Herzeele	50° 52.356'N 2° 32.012'E	D21
le Nouveau Monde	28SE2	Menin	50° 46.535'N 3° 06.501'E	R31
le Nouveau Monde	28SW3	Bailleul	50° 43.529'N 2° 43.945'E	S25
le Nouveau Monde	66CNW2	Itancourt	49° 47.475'N 3° 19.452'E	B28
le Pacau	36NE1	Quesnoy	50° 43.519'N 3° 00.559'E	D5
le Paradis	36NW4	Bois Grenier	50° 38.678'N 2° 56.165'E	I29
le Parc	36ANE3	Haverskerque	50° 40.084'N 2° 32.822'E	J10
le Parc	66CSW4	La Fere	49° 40.332'N 3° 23.276'E	U15
le Passage	70DNW4	St. Gobain	49° 35.924'N 3° 21.159'E	I7
le Pavé	57CSE2	Gonnelieu	50° 04.602'N 3° 11.366'E	R18
le Pendu	51CNE2	Ecoivres	50° 21.647'N 2° 40.094'E	F1
le Pergatoire	27SE2	Berthen	50° 46.960'N 2° 42.660'E	R23
le Perroquet	36NW2	Armentieres	50° 42.000'N 2° 51.427'E	B23
le Petit Bois Trees cut Down	51BSE3	Cagnicourt	50° 11.256'N 2° 58.706'E	V25
le Petit Mortier	36NW1	Steenwerck	50° 40.724'N 2° 45.826'E	G4
le Petit Riez	36SW4	Sainghin	50° 35.111'N 2° 51.381'E	N35
le Pied de Bœuf	28SE4	Ronq	50° 43.904'N 3° 07.231'E	X25
le Pietre	36SW1	Aubers	50° 36.357'N 2° 49.415'E	N20
le Pietre Mill	36SW1	Aubers	50° 35.753'N 2° 48.042'E	M30
le Pilly	36SW4	Sainghin	50° 34.854'N 2° 51.960'E	T5
le Plantin	36C(44A) NW1	LaBassee	50° 32.210'N 2° 44.456'E	A2
le Plaquet	36NE1	Quesnoy	50° 42.031'N 3° 58.919'E	D20
le Plouich	36SW1	Aubers	50° 35.611'N 2° 50.236'E	N27
le Plouy	36SW2	Radinghem	50° 36.344'N 2° 54.483'E	O21
le Plouy Farm	36ASE4	Locon	50° 33.619'N 2° 37.927'E	W16
le Point du Jour	51BNW3	Arras	50° 18.996'N 2° 50.327'E	H3
le Pont de Courrières	36C(44A) NW4	Pont-à-Vendin	50° 28.142'N 2° 56.548'E	I29
le Pont Moulin	51BSW2	Vis-en-Artois	50° 15.152'N 2° 57.427'E	O18
le Pré	36C(44A) SE1	Dourges	50° 25.513'N 3° 00.392'E	P22
Le Pre a Vin	36ANE3	Haverskerque	50° 40.498'N 2° 34.621'E	J6
le Préau	36NE1	Quesnoy	50° 43.430'N 2° 59.733'E	D4
le Preol	36B(44B) NE2	Beuvry	50° 31.647'N 2° 42.291'E	F10
le Pt. Pacaut	36ASE2	Lestrem	50° 37.489'N 2° 37.405'E	Q4
le Quennet	57BSW1	Bantouzelle	50° 05.176'N 3° 11.939'E	M7
le Quesne	36NW4	Bois Grenier	50° 38.586'N 2° 54.513'E	I33
le Quesnoy	36B(44B) NE2	Beuvry	50° 32.000'N 2° 41.206'E	F8
le Quesnoy-en-Santerre	66ENE4	Beaufort	49° 44.654'N 2° 42.133'E	L25
le Quinconce	62CNW4	Peronne	49° 56.112'N 2° 55.434'E	I21
le Raulieu	66CNW2	Itancourt	49° 48.975'N 3° 18.913'E	B10
le Réveillon	36ASE3	Gonnehem	50° 32.423'N 2° 31.510'E	V26
le Riest	36ANE1	Morbecque	50° 42.429'N 2° 32.467'E	D10
le Riez Charlot	36SW2	Radinghem	50° 35.440'N 2° 56.288'E	O35
le Romarin	36NW2	Armentieres	50° 43.202'N 2° 50.406'E	B4
le Rossignol	36NW1	Steenwerck	50° 41.769'N 2° 45.085'E	A21
le Rossignol	36NW2	Armentieres	50° 42.704'N 2° 50.985'E	B11
le Rossignol	27SE2	Berthen	50° 46.909'N 2° 40.639'E	R20
Le Rossignol	28SW4	Ploegsteert	50° 44.907'N 2° 52.810'E	U13

Le Rossignol Camp	36NW2	Armentieres	50° 42.701'N 2° 50.773'E	B10
le Rossignol Farm	28SE3	Comines	50° 45.746'N 3° 01.228'E	V6
le Roukloshille	27SE4	Meteren	50° 45.704'N 2° 39.476'E	X1
le Ruage	36NW2	Armentieres	50° 42.020'N 2° 54.966'E	C22
le Ruchet	51BNE4	Cantin	50° 17.083'N 3° 05.851'E	K35
le Rutoire	36C(44A) NW3	Loos	50° 28.909'N 2° 45.917'E	G15
Le Sart	36ANE3	Haverskerque	50° 38.390'N 2° 36.732'E	K27
le Saul du Boiteux	70DNW4	St. Gobain	49° 35.471'N 3° 22.030'E	I14
le Séquenteau	36NW1	Steenwerck	50° 41.179'N 2° 46.602'E	A29
Le Stemberg	28SE4	Ronq	50° 44.796'N 3° 05.212'E	W17
le Temple	27NE3	Winnezeele	50° 49.612'N 2° 32.352'E	J22
le Temple	36NW2	Armentieres	50° 41.093'N 2° 57.204'E	I6
le Tilgut	36SW3	Richebourg	50° 33.145'N 2° 48.638'E	T19
le Tilleloy	36SW1	Aubers	50° 37.006'N 2° 48.533'E	N13
le Tir Anglais	36ANE1	Morbecque	50° 41.963'N 2° 33.332'E	D17
le Touquet	36ANE3	Haverskerque	50° 38.958'N 2° 32.659'E	J22
le Touquet	36NW2	Armentieres	50° 42.981'N 2° 55.422'E	C10
le Touquet	36SW2	Radinghem	50° 37.123'N 2° 52.773'E	O7
le Touret	36ASE4	Locon	50° 33.733'N 2° 42.463'E	X16
Le Touret Central Post	36ASE4	Locon	50° 33.762'N 2° 42.408'E	X16
Le Touret N Post	36ASE4	Locon	50° 34.344'N 2° 42.464'E	X10
le Transloy	36SW3	Richebourg	50° 33.281'N 2° 49.189'E	T20
le Transloy	57CSW2	Villers-Au-Flos	50° 03.440'N 2° 53.293'E	N30
Le Trianon	20SW2	Zwartegat	50° 57.890'N 2° 54.554'E	O22
le Trier des Prêtres	28SE4	Ronq	50° 45.441'N 3° 08.900'E	X10
le Triez	36NE2	Tourcoing	50° 41.341'N 3° 08.017'E	F26
le Tronquoy	62BSW1	Gricourt	49° 54.678'N 3° 17.816'E	N9
le Trou	36NE3	Perenchies	50° 39.455'N 3° 03.975'E	K21
le Trou	36SW1	Aubers	50° 37.463'N 2° 49.823'E	N9
le Veau	36NW1	Steenwerck	50° 42.319N 2° 48.902'E	B14
le Verguier	62CNE4	Roisel	49° 55.521'N 3° 10.115'E	L34
Le Verrier	36ANE2	Vieux Berquin	50° 41.429'N 2° 43.476'E	F24
le Verrier	36NW1	Steenwerck	50° 41.435'N 2° 43.962'E	A19
le Vert Lannet	36ASE4	Locon	50° 34.784'N 2° 40.384'E	X2
le Vertannoy	36ASE3	Gonnehem	50° 33.786'N 2° 35.710'E	W15
Le Vertbois	36ANE3	Haverskerque	50° 38.753'N 2° 35.843'E	K26
le Vivier à Grues	70DNW2	Servais	49° 36.929'N 3° 22.376'E	C26
le Vivret	70DNW2	Servais	49° 36.889'N 3° 23.424'E	C28
le Waquet	36SW4	Sainghin	50° 34.769'N 2° 52.476'E	T6
le Waton	27SE4	Meteren	50° 43.593'N 2° 40.606'E	X26
Lea Farm	20SE4	Roulers	50° 54.514'N 3° 06.548'E	X25
Lead Cross Roads	20SW2	Zwartegat	50° 58.503'N 2° 54.059'E	O15
Leadhall Copse	28NE4	Dadizeele	50° 50.331'N 3° 05.519'E	K23
League Wood	28NE2	Moorslede	50° 53.990'N 3° 04.866'E	E5
Lealholm House	28NE4	Dadizeele	50° 50.548'N 3° 07.560'E	L14
Leam Farm	36ANE4	Merville	50° 39.435'N 2° 42.759'E	L17
Leaning Tower	28SW2	Wytschaete	50° 47.104'N 2° 55.612'E	O23
Leapfrog Wood	27NE2	Proven	50° 53.963'N 2° 41.125'E	F4
Lear Copse	27SE2	Berthen	50° 47.015'N 2° 40.536'E	R20
Lease Farm	20SE1	Staden	50° 58.851'N 3° 00.585'E	P11
Lèauette Farm	57BNW3	Rumilly	50° 06.206'N 3° 18.136'E	H33
Leave Farm	20SE4	Roulers	50° 55.455'N 3° 07.658'E	X14
Lebucquière	57CNW4	Beugny	50° 06.772'N 2° 58.024'E	I24
l'Ecang Farm	36ASE2	Lestrem	50° 37.028'N 2° 37.096'E	Q9
Lechelle	57CSE1	Bertincourt	50° 03.413'N 2° 58.516'E	P25
Lechelle Wood	57CSE1	Bertincourt	50° 03.136'N 2° 58.366'E	P31
l'Ecleme	36ASE3	Gonnehem	50° 34.480'N 2° 32.157'E	V3
Leclercq Farm	36SW1	Aubers	50° 35.035'N 2° 50.325'E	N27
Lecleroq Farm	28SE4	Ronq	50° 45.553'N 3° 05.238'E	W11
l'Eclorne Bridge	36ASE1	St. Venant	50° 35.382'N 2° 33.670'E	P29
Lécluse	51BNE3	Noyelle-sous-Bellonne	50° 16.717'N 3° 02.255'E	J36
Lécluse Lake	51BSE1	Saudemont	50° 16.322'N 3° 03.080'E	Q1

Name	Map Sheet	Location	Coordinates	Grid
Lécluse Wood	51BNE3	Noyelle-sous-Bellonne	50° 16.723'N 3° 02.045'E	J36
Lécluse Wood	51BSE1	Saudemont	50° 16.606'N 3° 02.135'E	P6
l'Ecuelle de Bois	36ANE1	Morbecque	50° 42.638'N 2° 30.196'E	D7
LEDEGHEM	28NE4	Dadizeele	50° 51.166'N 3° 07.597'E	L8
Ledger Copse	27SE2	Berthen	50° 47.003'N 2° 37.336'E	Q22
Lee Farm	28SW3	Bailleul	50° 44.145'N 2° 45.320'E	S21
Lee Farm Camp	28SW3	Bailleul	50° 44.104'N 2° 45.367'E	S21
Leech Farm	27NE2	Proven	50° 54.033'N 2° 37.527'E	E5
Leeds Villa	28SW1	Kemmel	50° 47.154'N 2° 47.480'E	M24
Leek Farm	27NE2	Proven	50° 53.186'N 2° 36.769'E	E10
Leek Wood	51BSE4	Marquion	50° 12.531'N 3° 07.189'E	W18
Leene Inn	27NE4	Abeele	50° 50.331'N 2° 42.813'E	L17
Leennecht Farm	20SE4	Roulers	50° 54.968'N 3° 09.658'E	X23
l'Eermitage	70DNW4	St. Gobain	49° 35.899'N 3° 24.458'E	I11
Leeuweril Inn	27NE2	Proven	50° 54.048'N 2° 41.480'E	F4
Leeuwerk Farm	28SW4	Ploegsteert	50° 44.965'N 2° 50.674'E	T10
Leeward Farm	28NW4	Ypres	50° 51.348'N 2° 50.593'E	H4
Lefebvre Cross Roads	20SW2	Zwartegat	50° 57.185'N 2° 56.146'E	O36
Lefevvre Farm	20SE1	Staden	50° 57.288'N 2° 58.787'E	P27
Leffinghe	12NE2 & 4	Ostende	51° 10.521'N 2° 52.650'E	I32
Leffinghe Br	12SW2	Slype	51° 10.315'N 2° 52.732'E	O2
Leforest	36C(44A) SE1	Dourges	50° 26.276'N 3° 03.683'E	Q14
Leg Copse	28SW2	Wytschaete	50° 47.258'N 2° 53.789'E	O20
Leg of Mutton Wood	62CNW2	Bouchavesnes	49° 59.249'N 2° 54.022'E	C13
Legal Farm	28NE2	Moorslede	50° 53.244'N 3° 06.820'E	F13
Leger Farm	28NW3	Poperinghe	50° 50.166'N 2° 48.739'E	H20
Legifloy Farm	36SW3	Richebourg	50° 33.382'N 2° 49.213'E	T20
Lehaucourt	62BSW1	Gricourt	49° 55.152'N 3° 16.787'E	N1
Lehaucourt Ridge	62BNW3	Bellicourt	49° 56.254'N 3° 17.836'E	H21
Leicester Farm	28NW3	Poperinghe	50° 50.502'N 2° 49.347'E	H15
Leigh Farm	28NE2	Moorslede	50° 52.105'N 3° 09.144'E	F28
Leinster Farm	28NW4	Zillebeke	50° 50.703'N 2° 55.713'E	I17
Leinster Junction	28NW4	Zillebeke	50° 50.690'N 2° 55.530'E	I17
Leipzig Farm	28NW2	St Julien	50° 52.385'N 2° 50.838'E	B23
Leith Farm	20SE1	Staden	50° 59.435'N 2° 58.392'E	P3
Leke	12SW4	Leke	51° 05.837'N 2° 51.911'E	U15
Leke Farm	12SW3	Ramscappelle	51° 07.229'N 2° 46.500'E	S6
lem Paradis	36NE3	Perenchies	50° 40.870'N 3° 03.088'E	K2
Leman Farm	20NW4	Dixmunde	50° 59.722'N 2° 55.692'E	I35
Lemareu Farm	20SW3	Oostvleteren	50° 55.816'N 2° 45.629'E	S11
Lemnos House	20SE3 & 28NE1-3	Poelcappelle	50° 55.210'N 2° 56.927'E	V19
Lemon Bridge	51BSW4	Bullecourt	50° 13.212'N 2° 54.244'E	U2
Lemon Farm	36ANE4	Merville	50° 38.475'N 2° 37.623'E	K28
Lemon Valley	62BSW3	St. Quentin	49° 50.990'N 3° 14.437'E	S16
Lempire	62CNE2	Epéhy	49° 59.396'N 3° 10.035'E	F16
Lemuire Farm	12SW1	Nieuport	51° 07.882'N 2° 43.166'E	M26
Lemur Cottage	28NW3	Poperinghe	50° 50.742'N 2° 46.976'E	G18
Lenet House	20SW4	Bixschoote	50° 55.102'N 2° 51.626'E	T24
L'Enfer 62	28SW2	Wytschaete	50° 46.584'N 2° 53.095'E	O25
L'Enfer Wood	28SW2	Wytschaete	50° 46.426'N 2° 52.967'E	O25
Lenglet	36ASE3	Gonnehem	50° 33.182'N 2° 33.014'E	V22
Lenotre Farm	20NE3	Zarren	51° 01.045'N 3° 00.449'E	J23
Lens	36C(44A) SW1	Lens	50° 25.752'N 2° 50.041'E	N21
Lentil Farm	28NE2	Moorslede	50° 53.814'N 3° 06.056'E	E12
Lentil House	12SW1	Nieuport	51° 09.254'N 2° 46.639'E	M18
Leonards Farm	20SE2	Hooglede	50° 59.441'N 3° 04.115'E	Q4
Leonidas Farm	20SE3	Westroosebeke	50° 56.743'N 3° 02.120'E	W1
Leopard Wood	66CSW4	La Fere	49° 41.125'N 3° 24.388'E	U5
Leopold Lock	12NE2 & 4	Ostende	51° 14.174'N 2° 55.505'E	C24
Lepe Molen Mill	12SE4	Aertrycke	51° 06.719'N 3° 08.928'E	6479
l'Epi de Soil	36SE1	Haubourdin	50° 36.191'N 3° 02.467'E	Q25
l'Epine	57BNW3	Rumilly	50° 07.391'N 3° 14.753'E	G23

l'Epine d'Andigny Farm	57BSW2	Clary	50° 04.386'N 3° 22.349'E	O21
l'Epinette	36ANE4	Merville	50° 40.228'N 2° 38.054'E	K11
l'Epinette	36ASE1	St. Venant	50° 36.228'N 2° 31.563'E	P20
l'Epinette	36ASE2	Lestrem	50° 37.118'N 2° 39.814'E	R7
l'Epinette	36NW1	Steenwerck	50° 41.229'N 2° 50.107'E	B27
l'Epinette	36NW2	Armentieres	50° 40.868'N 2° 55.820'E	C5
l'Epinette	57BSW2	Clary	50° 03.559'N 3° 24.974'E	O36
l'Epinette E Post	36SW3	Richebourg	50° 33.342'N 2° 44.196'E	S19
l'Epinette N Post	36SW3	Richebourg	50° 33.650'N 2° 44.166'E	S13
Leplat Farm	20SW3	Oostvleteren	50° 54.294'N 2° 46.048'E	S29
l'Ermitage	36ASE3	Gonnehem	50° 33.784'N 2° 30.718'E	V13
l'Ermitage	51BNE3	Noyelle-sous-Bellonne	50° 18.391'N 3° 03.818'E	K14
les 3 Fœtus	28SE3	Comines	50° 43.650'N 3° 03.025'E	W26
les 3 Louches	36NE1	Quesnoy	50° 42.090'N 3° 02.152'E	E19
Les 3 Maisons	51CSE3	Ransart	50° 13.133'N 2° 41.882'E	X2
les 3 Rois	27NE3	Winnezeele	50° 50.837'N 2° 30.701'E	J8
les 4 Chemine	28SE4	Ronq	50° 45.846'N 3° 05.300'E	W5
les 4 Cheminées Farm	27NE1	Herzeele	50° 52.970'N 2° 34.013'E	D18
les 4 Extrémités	27NE1	Herzeele	50° 53.745'N 2° 36.090'E	E2
les 4 Fils Aymon	27SE4	Meteren	50° 45.292'N 2° 40.824'E	X3
les 4 Hallots Farm	36NW2	Armentieres	50° 41.741'N 2° 56.151'E	C23
les 4 Maisons	36NE3	Perenchies	50° 39.958'N 3° 00.724'E	J17
Les 4 Vents	51BNW3	Arras	50° 18.666'N 2° 46.837'E	G10
les 5 Chemins	20SW4	Bixschoote	50° 56.363'N 2° 56.318'E	U6
les Amusoires	36ASE1	St. Venant	50° 36.457'N 2° 33.834'E	P17
les Annettes	36C(44A) NW2	Bauvin	50° 31.202'N 2° 52.519'E	B24
les Anscreuilles	36SW4	Sainghin	50° 33.370'N 2° 56.792'E	U24
les Arnould Quarry	57BSW3	Honnecourt	50° 02.912'N 3° 12.368'E	S2
les Auinois	36C(44A) NW2	Bauvin	50° 31.812'N 2° 55.387'E	C10
les Bara1ues	36NE3	Perenchies	50° 39.973'N 3° 01.014'E	J18
les Baraques	28SE2	Menin	50° 47.433'N 3° 07.581'E	R20
les Baraques	36C(44A) NW2	Bauvin	50° 31.186'N 2° 53.682'E	C20
les Bois	28SE3	Comines	50° 45.414'N 3° 02.196'E	W7
les Bonnets	36NE2	Tourcoing	50° 42.094'N 3° 08.447'E	F21
Les Brebis	36B(44B) NE4	Noex-les-Mines	50° 27.485'N 2° 43.391'E	L35
les Briques	36C(44A) NW1	LaBassee	50° 30.574'N 2° 46.488'E	A28
les Brulots	36SW3	Richebourg	50° 34.611'N 2° 47.183'E	S5
les Carrieres	70DNW4	St. Gobain	49° 35.996'N 3° 21.803'E	I7
les Carrières	70DNW4	St. Gobain	49° 34.468'N 3° 20.947'E	H30
les Carrières	70DNW4	St. Gobain	49° 35.711'N 3° 21.965'E	I8
les Caserness	28SE1	Wervicq	50° 46.789'N 3° 00.813'E	P29
les Chats Huants	28SE4	Ronq	50° 44.807'N 3° 08.290'E	X15
les Choquaux	36ASE4	Locon	50° 33.923'N 2° 39.122'E	W18
Les Ciseaux	27NE3	Winnezeele	50° 49.011'N 2° 35.736'E	K32
les Clochers	36SW2	Radinghem	50° 37.013'N 2° 51.037'E	N16
les Colbras	28SE4	Ronq	50° 45.980'N 3° 06.286'E	W6
les coulons	36NE2	Tourcoing	50° 42.838'N 3° 08.533'E	F9
les Coulquis	66DNW4	Nesle	49° 45.769'N 2° 56.808'E	I16
les Crutines	62CSE3	Athies	49° 51.545'N 3° 03.776'E	W7
les Ecluses	36NW2	Armentieres	50° 43.484'N 2° 56.981'E	C6
les Falcons	36ASE4	Locon	50° 33.712'N 2° 41.435'E	X15
les Folies	57BSW4	Serain	50° 01.289'N 3° 21.160'E	U19
les Fontaines	27SE2	Berthen	50° 46.695'N 2° 43.371'E	R30
les Fossés Farm	51BSW2	Vis-en-Artois	50° 15.838'N 2° 52.588'E	N11
les Fours	51BSW2	Vis-en-Artois	50° 15.071'N 2° 56.298'E	O16
les Francs	36NE2	Tourcoing	50° 43.311'N 3° 08.222'E	F3
les Gds Obeaux	36NE2	Tourcoing	50° 41.485'N 3° 04.796'E	E28
les Gds Sarts	57BSW2	Clary	50° 04.455'N 3° 19.526'E	N23
les Glatignies	36ASE4	Locon	50° 33.567'N 2° 40.702'E	X14
Les Haies Bses	36NW3	Fleurbaix	50° 40.575'N 2° 45.829'E	G4
les Harisoirs	36ASE3	Gonnehem	50° 34.787'N 2° 36.111'E	W2
les Hautes Gornes	70DNW4	St. Gobain	49° 36.238'N 3° 21.442'E	I1

les Jesuites	51ASW3	Eswars	50° 11.530'N 3° 14.979'E	S29
Les Lauriers	36ANE3	Haverskerque	50° 39.344'N 2° 36.321'E	K14
les Liévres	36NE1	Quesnoy	50° 43.109'N 3° 00.182'E	D4
les Lilas	20SW4	Bixschoote	50° 55.706'N 2° 52.770'E	U13
les Lobes	36ASE4	Locon	50° 35.125'N 2° 40.603'E	R32
les Meurissons	28SE2	Menin	50° 47.122'N 3° 09.131'E	R22
les Michau	36NE3	Perenchies	50° 40.021'N 3° 01.391'E	J18
les Montagnes Honnecourt	57BSW3	Honnecourt	50° 02.293'N 3° 11.979'E	S7
les Monts Sablre	51BSE1	Saudemont	50° 15.402'N 3° 02.692'E	Q13
Les Morts	27SE1	St Sylvestre	50° 47.500'N 2° 32.671'E	P16
Les Mottes Chateau	36SW2	Radinghem	50° 35.607'N 2° 53.004'E	O31
les Mottes Farm	36SW1	Aubers	50° 35.932'N 2° 48.342'E	N25
les Moulins	28SE4	Ronq	50° 43.870'N 3° 04.518'E	W28
les Moulins de Sorius Farm	36SW2	Radinghem	50° 37.068'N 2° 54.917'E	O15
les Oblards	28SE3	Comines	50° 45.435'N 3° 03.649'E	W9
les Ogiers	36NE2	Tourcoing	50° 41.034'N 3° 09.195'E	L4
les Orions	28SE4	Ronq	50° 44.150'N 3° 08.739'E	X21
les Ormes	27SE4	Meteren	50° 44.523'N 2° 40.169'E	X14
les Oursins Farm	36NW2	Armentieres	50° 41.926'N 2° 56.568'E	C24
Les Perdrix Cabt.	28SW1	Kemmel	50° 47.178'N 2° 45.670'E	M22
les Petite Obeaux	36NE2	Tourcoing	50° 41.709'N 3° 04.753'E	E22
les Phalempins	28SE4	Ronq	50° 44.347'N 3° 09.464'E	X22
les Prés Duhem	36NW2	Armentieres	50° 42.069'N 2° 52.403'E	B18
les Puresbecques	36ANE4	Merville	50° 39.403'N 2° 37.767'E	K16
les Quarante Selles	36SE1	Haubourdin	50° 37.850'N 2° 59.270'E	P3
Les Quatre Rois Cabt	28SW4	Ploegsteert	50° 46.043'N 2° 55.847'E	O35
les Quatre Vents	36ASE4	Locon	50° 32.957'N 2° 37.677'E	W22
les Rues des Vaches	36ASE1	St. Venant	50° 36.748'N 2° 35.664'E	Q15
les Rues des Vignes	57BSW1	Bantouzelle	50° 05.774'N 3° 14.380'E	M4
les Rues Vertes	57BNW3	Rumilly	50° 06.679'N 3° 12.514'E	G26
les S Maisons	36ASE2	Lestrem	50° 35.881'N 2° 43.267'E	R29
les S Tilleuls	36NW2	Armentieres	50° 41.429'N 2° 50.718'E	B28
les Sarteaux	36SW4	Sainghin	50° 34.133'N 2° 57.353'E	U18
Les Tilleuls	51BNW1	Roclincourt	50° 21.330'N 2° 47.349'E	A11
les Tranchées	57CSE4	Villers-Guislain	50° 02.053'N 3° 11.417'E	X11
les Travers	66CSW4	La Fere	49° 40.520'N 3° 23.583'E	U10
les Trois Pipes	36NW1	Steenwerck	50° 43.230'N 2° 50.167'E	B3
les Trois Tillels	36NE1	Quesnoy	50° 42.429'N 3° 03.148'E	E14
les Trole Pillers	12SW1	Nieuport	51° 09.950'N 2° 48.808'E	N3
les Vallees	57CNE2	Bourlon	50° 09.257'N 3° 10.726'E	F29
les Villettes	28SE3	Comines	50° 44.228'N 2° 58.195'E	V20
les Viviers	36NE2	Tourcoing	50° 41.509'N 3° 08.018'E	F26
les Voisines	12NW3 & 4	Middlekerke	51° 10.442'N 2° 50.740'E	H35
Lesage Farm	36ANE2	Vieux Berquin	50° 42.266'N 2° 39.811'E	F13
Lesbœufs	57CSW4	Combles	50° 02.499'N 2° 51.858'E	T4
Lesdain	57BSW1	Bantouzelle	50° 05.914'N 3° 16.087'E	N1
Lesdins	62BSW2	Fonsommes	49° 53.782'N 3° 19.665'E	N17
Lesgne Farm	28SW2	Wytschaete	50° 47.857'N 2° 54.085'E	O15
Lesigne Farm	28SW2	Wytschaete	50° 47.854'N 2° 54.107'E	O15
l'Esperance	62BNW4	Ramicourt	49° 56.476'N 3° 23.733'E	I22
l'Esperance	62BSW1	Gricourt	49° 53.905'N 3° 15.765'E	M18
l'Esperances Farm	51BSE1	Saudemont	50° 14.167'N 2° 59.204'E	P26
Lesson Farm	28NE2	Moorslede	50° 54.185'N 3° 09.570'E	F5
Lestrem	36ASE2	Lestrem	50° 37.362'N 2° 41.077'E	R9
Lestrem Post	36ASE2	Lestrem	50° 37.003'N 2° 41.219'E	R9
Lestrem Street	36ASE2	Lestrem	50° 37.099'N 2° 39.486'E	Q12
Lett Farm	36NW1	Steenwerck	50° 41.133'N 2° 48.024'E	B25
Lettenburg	12NE4	Jabbeke	51° 11.318'N 3° 05.640'E	K30
Leuridan Farm	20SW3	Oostvleteren	50° 56.402'N 2° 45.940'E	S5
Leuze Wood	57CSW3	Longueval	50° 00.769'N 2° 50.943'E	N21
Leval Cottage	28SW4	Ploegsteert	50° 44.673'N 2° 54.103'E	U15
Level Crossing at Aveluy	57DSE4	Ovillers	50° 01.401'N 2° 38.963'E	W16

Name	Map	Sheet	Coordinates	Ref
Level Crossing at Villers-Faucon	62CNE2	Epéhy	49° 58.557'N 3° 06.601'E	E23
Level Crossing by Buire-Courcelles	62CNE3	Buire	49° 55.704'N 3° 01.227'E	J28
Level Crossing E of Argent Copse	62CNE4	Roisel	49° 55.777'N 3° 05.982'E	K28
Level Crossing E of Station	62CNE2	Epéhy	49° 58.580'N 3° 06.713'E	E23
Level Crossing N of Browning Wood	66DNW1	Punchy	49° 48.609'N 2° 47.062'E	A9
Level Crossing N of Brusle	62CNE3	Buire	49° 55.499'N 3° 01.028'E	J34
Level Crossing N of Manicourt	66DNW4	Nesle	49° 46.664'N 2° 52.446'E	H4
Level Crossing N of Nesle	66DNW4	Nesle	49° 45.939'N 2° 54.097'E	H18
Level Crossing N of Ste. Emilie	62CNE2	Epéhy	49° 59.273'N 3° 07.427'E	E18
Level Crossing N of Vendelles	62CSE2	Vermand	49° 54.914'N 3° 08.158'E	R1
Level Crossing NE of Manicourt	66DNW4	Nesle	49° 46.356'N 2° 53.131'E	H11
Level Crossing NE of Rosières-en-Santerre	66ENE2	Vrely	49° 49.340'N 2° 42.730'E	F2
Level Crossing NE of Rosières-en-Santerre	66ENE2	Vrely	49° 49.266'N 2° 43.154'E	F3
Level Crossing NW of Montigny Farm	62CNE4	Roisel	49° 55.394'N 3° 06.935'E	K35
Level Crossing S of Lihons	66DNW1	Punchy	49° 48.820'N 2° 45.818'E	A8
Level Crossing S of Lihons	66DNW1	Punchy	49° 48.761'N 2° 46.171'E	A8
Level Crossing S of Obus Farm	66DNW1	Punchy	49° 47.403'N 2° 50.771'E	B26
Level Crossing S of Roisel	62CNE4	Roisel	49° 56.109'N 3° 05.718'E	K22
Level Crossing SE of Epéhy	62CNE2	Epéhy	50° 00.356'N 3° 08.184'E	F1
Level Crossing SE of Epéhy	62CNE2	Epéhy	50° 00.028'N 3° 08.271'E	F7
Level Crossing SW of Malassise Farm	62CNE2	Epéhy	49° 59.001'N 3° 08.550'E	F8
Level Crossing W of Ste. Emilie	62CNE2	Epéhy	49° 59.042'N 3° 07.358'E	E18
Level Farm	28NW3	Poperinghe	50° 51.214'N 2° 46.731'E	G11
Lever Farm	20SE1	Staden	50° 57.356'N 2° 58.642'E	P27
Levergies	62BNW4	Ramicourt	49° 55.711'N 3° 18.646'E	H28
Levergies Valley	62BNW3	Bellicourt	49° 55.439'N 3° 18.216'E	H33
Levey House	28NW1	Elverdinghe	50° 51.561'N 2° 46.238'E	G5
Levi Cottages	28NE1	Zonnebeke	50° 52.721'N 2° 58.751'E	D21
Levy Camp	27NE4	Abeele	50° 50.354'N 2° 40.193'E	L14
Lewarde	51BNE2	Dechy	50° 20.464'N 3° 10.232'E	F23
Lewer Farm	36NW1	Steenwerck	50° 41.696'N 2° 47.404'E	A24
Lewis Farm	12NE3	Oudenburg	51° 12.462'N 2° 59.980'E	J17
Lewis Farm	28SW3	Bailleul	50° 44.596'N 2° 47.161'E	S18
Lewis House	28NE3	Gheluvelt	50° 50.046'N 2° 58.974'E	J21
Lewis Keep	36C(44A) NW1	LaBassee	50° 30.406'N 2° 44.906'E	A26
lez Haubourdin	36SW2	Radinghem	50° 36.805'N 2° 56.891'E	O18
l'Hallobeau	36NW1	Steenwerck	50° 41.026'N 2° 47.968'E	B25
l'Hirondelle Mill	36C(44A) SW3	Vimy	50° 24.428'N 2°45.770'E	M33
l'Homme Mort	36C(44A) SW4	Rouvroy	50° 24.000'N 2° 54.406'E	U2
l'Homme Mort Farm	51BNE1	Brébières	50° 21.334'N 3° 01.675'E	D11
l'Homme Sauvage	27NE1	Herzeele	50° 52.100'N 2° 33.417'E	D23
l'Hôpital Farm	28SE1	Wervicq	50° 46.356'N 2° 58.976'E	P33
Liaision Farm	20SW4	Bixschoote	50° 56.617'N 2° 55.605'E	U5
Liancourt Wood	66DNW3	Hattencourt	49° 45.440'N 2° 50.117'E	H19
Liancourt-Fosse	66DNW3	Hattencourt	49° 45.248'N 2° 49.076'E	G24
Lianes Wood	66DNW3	Hattencourt	49° 44.783'N 2° 50.549'E	H26
Libel Houses	28NE2	Moorslede	50° 53.443'N 3° 09.693'E	F17
Liberton Farm	20SE1	Staden	50° 57.995'N 3° 03.241'E	Q21
Liberty Copse	66DNW4	Nesle	49° 44.488'N 2° 53.146'E	H35
Liberty Farm	12NE3	Oudenburg	51° 12.457'N 3° 02.677'E	K15
Lichfield	28NW2	St Julien	50° 53.081'N 2° 51.980'E	B18
Lichtervelde	20NE4	Lichtervelde	51° 01.645'N 3° 08.472'E	6470
Licornes Wood	66DNW3	Hattencourt	49° 45.252'N 2° 50.754'E	H20
Licourt	62CSW4	St. Christ	49° 49.604'N 2° 53.183'E	T30
Licourt	66DNW1	Punchy	49° 49.449'N 2° 53.680'E	B6
Liége Farm	20SW3	Oostvleteren	50° 55.545'N 2° 49.835'E	T16
Liénart Farm	36NW2	Armentieres	50° 42.472'N 2° 57.146'E	C18
Liéramont	62CNE1	Liéramont	49° 59.641'N 3° 02.936'E	D12
Lievans Farm	20SE2	Hooglede	50° 58.938'N 3° 09.641'E	R11
Liévin	36C(44A) SW1	Lens	50° 24.994'N 2°46.653'E	M28
Lievre Cabt.	28NW2	St Julien	50° 53.956'N 2° 53.008'E	C2
Lievre Cross Roads	20SW2	Zwartegat	50° 57.443'N 2° 53.153'E	O26

Name	Sheet	Location	Coordinates	Grid
Lift Bridge	36ANE3	Haverskerque	50° 40.190'N 2° 32.630'E	J10
Light Traffic Bridge	57CSE3	Sorel-le-Grand	50° 02.055'N 2° 59.523'E	V8
Light Traffic Bridge	57CSE3	Sorel-le-Grand	50° 01.936'N 2° 59.422'E	V8
Light Traffic Bridge	57CSE3	Sorel-le-Grand	50° 01.579'N 2° 59.122'E	V13
Light Traffic Bridge	57CSE3	Sorel-le-Grand	50° 01.235'N 2° 58.780'E	V19
Lighthouse	12NE2 & 4	Ostende	51° 14.174'N 2° 55.845'E	C24
Ligny	36SW2	Radinghem	50° 35.770'N 2° 55.474'E	O28
Ligny le Grande	36SW3	Richebourg	50° 34.496'N 2° 49.319'E	T8
Ligny le Petit	36SW3	Richebourg	50° 34.249'N 2° 47.385'E	S12
Ligny-en-Cambresis	57BSW2	Clary	50° 05.974'N 3° 22.635'E	O3
Ligny-Thilloy	57CSW1	Guedecourt	50° 05.104'N 2° 49.687'E	N7
Ligny-Thilloy	57DSE2+57CSW1	Le Sars	50° 05.104'N 2° 49.687'E	N7
Lihons	62CSW3	Vermandovillers	49° 49.542'N 2° 45.876'E	S26
Lihons	62CSW3	Vermandovillers	49° 49.541'N 2° 45.678'E	S26
Lihons	66DNW1	Punchy	49° 49.541'N 2° 45.678'E	A2
Lihu Farm	62CSW3	Vermandovillers	49° 50.185'N 2° 46.145'E	S20
Lilac Cottages	28NE1	Zonnebeke	50° 52.867'N 2° 58.152'E	D20
Lilac House	12SW1	Nieuport	51° 08.791'N 2° 46.333'E	M24
Lille Farm	20SW2	Zwartegat	50° 57.451'N 2° 54.100'E	O27
Lille Gate	28NW4	Zillebeke	50° 50.642'N 2° 53.387'E	I14
Lille Wood	20SW2	Zwartegat	50° 57.387'N 2° 54.209'E	O27
Lilt Farms	27SE2	Berthen	50° 46.870'N 2° 38.792'E	Q24
Lilwell Farm	28NE2	Moorslede	50° 52.163'N 3° 08.525'E	F27
Lily Farm	20SE2	Hooglede	50° 58.035'N 3° 07.991'E	R21
Limaçon Farm	20NW4	Dixmunde	51° 00.506'N 2° 52.426'E	I25
Limb Farm	28NE2	Moorslede	50° 52.995'N 3° 03.915'E	E16
Limber Buildings	20SE1	Staden	50° 58.218'N 2° 58.509'E	P21
Limber Farm	28SE2	Menin	50° 48.568'N 3° 08.246'E	R3
Limberlost Wood	62CNW4	Peronne	49° 56.618'N 2° 54.012'E	I13
Limbo Cottage	36NW1	Steenwerck	50° 42.725'N 2° 44.984'E	A9
Lime Copse	62BSW2	Fonsommes	49° 52.976'N 3° 21.752'E	O26
Lime Kiln	36C(44A) NW2	Bauvin	50° 30.332'N 2° 55.660'E	C28
Lime Kiln	36C(44A) SW2	Harnes	50° 26.600'N 2° 55.225'E	O9
Lime Kiln	51BSE4	Marquion	50° 12.320'N 3° 05.553'E	W16
Lime Mill	28NE4	Dadizeele	50° 50.312'N 3° 10.301'E	L24
Limetree Corner	28NE4	Dadizeele	50° 50.291'N 3° 10.255'E	L24
Limpet Copse	27NE2	Proven	50° 53.999'N 2° 40.396'E	F2
Limpsfield Farm	28NE4	Dadizeele	50° 50.163'N 3° 04.980'E	K23
Lincoln Farm	20SE4	Roulers	50° 56.308'N 3° 05.713'E	W12
Lincon Lodge	28SW2	Wytschaete	50° 46.804'N 2° 54.831'E	O28
Lincon Lodge	28SW2	Wytschaete	50° 46.804'N 2° 54.831'E	O28
Lind Cott	20SE3	Westroosebeke	50° 55.104N 2° 59.339'E	V22
Lind Wood	20SE1	Staden	50° 57.714'N 3° 02.211'E	Q26
Linde Goed Farm	28NW3	Poperinghe	50° 50.440'N 2° 46.243'E	G17
Lindeken	20SE1	Staden	50° 57.819'N 3° 01.950'E	Q19
Linden Farm	27NE3	Winnezeele	50° 50.262'N 2° 36.449'E	K15
Lindenhoek	28SW1	Kemmel	50° 46.556'N 2° 49.633'E	N27
Lindsey Farm	20SE4	Roulers	50° 56.334'N 3° 05.938'E	W12
Line Farm	28NW3	Poperinghe	50° 50.673'N 2° 47.418'E	G18
Line of Apple Trees	57DSE1 & 2	Beaumont	50° 03.034'N 2° 41.240'E	R31
Ling Farm	28SE4	Ronq	50° 44.886'N 3° 06.083'E	W18
Lingard Farm	28NE4	Dadizeele	50° 49.103'N 3° 06.591'E	L31
Link Copse	20SE1	Staden	50° 57.962'N 3° 02.745'E	Q20
Links Wood	28SE1	Wervicq	50° 48.267'N 2° 58.749'E	P9
Links Wood	28SW2	Wytschaete	50° 48.273'N 2° 58.746'E	P9
Linnet Copse	20SE2	Hooglede	50° 57.945'N 3° 07.664'E	R21
Linnet Valley	57CSE4	Villers-Guislain	50° 01.119'N 3° 08.195'E	X19
Linselles	28SE4	Ronq	50° 44.302'N 3° 04.733'E	W22
Lint Farm	20SW2	Zwartegat	50° 59.299'N 2° 54.695'E	O4
Lintel Villa	36ANE1	Morbecque	50° 43.159'N 2° 36.760'E	E3
Linton Farm	36NW1	Steenwerck	50° 43.139'N 2° 46.066'E	A4
Lion Belge Inn	20SW3	Oostvleteren	50° 55.099'N 2° 45.552'E	S22

Lion Copse	66CNW4	Berthenicourt	49° 45.641'N 3° 23.612'E	I22
Lion House	12SW1	Nieuport	51° 09.651'N 2° 45.712'E	M11
Listening Post L.P.	28SW2	Wytschaete	50° 48.606'N 2° 56.739'E	O6
Litter Farm	36NW1	Steenwerck	50° 43.050'N 2° 48.637'E	B1
Little "Z"	57DNE 1&2	Fonquevillers	50° 09.019'N 2° 39.094'E	E23
Little "Z"	57DNE2	Essarts	50° 09.019'N 2° 39.094'E	E23
Little Bear	62BNW3	Bellicourt	49° 55.255'N 3° 14.100'E	G34
Little Bear	62DNE2	Méaulte	49° 58.272'N 2° 42.794'E	F22
Little Bill	62BNW3	Bellicourt	49° 56.252'N 3° 12.437'E	G20
Little Bosun Hill	62BSW2	Fonsommes	49° 53.549'N 3° 22.379'E	O21
Little Clump	28NW2	St Julien	50° 53.971'N 2° 52.669'E	C1
Little Duke Cross Roads	20SW2	Zwartegat	50° 57.792'N 2° 54.588'E	O22
Little Farm	57DNE 1&2	Fonquevillers	50° 10.278'N 2° 41.744'E	F8
Little Farm	57DNE2	Essarts	50° 10.278'N 2° 41.744'E	F8
Little Flamicourt	62CNW4	Peronne	49° 55.402'N 2° 56.606'E	I34
Little Gables	20SE2	Hooglede	50° 57.237'N 3° 03.758'E	Q33
Little House	57BSW1	Bantouzelle	50° 04.620'N 3° 16.615'E	N13
Little Kalkaertsteen Farm	12NW3 & 4	Middlekerke	51° 11.564'N 2° 51.464'E	H24
Little Priel Farm	57CSE4	Villers-Guislain	50° 00.553'N 3° 10.619'E	X28
Little Warren	62CNW3	Vaux	49° 56.065'N 2° 49.591'E	H19
Little Wood	20SE3	Westroosebeke	50° 56.638'N 3° 00.547'E	V5
Little Wood	57CSE1	Bertincourt	50° 03.625'N 2° 59.537'E	P26
Little Wood	57CSW1	Guedecourt	50° 04.850'N 2° 46.797'E	M9
Little Wood	57DSE2+57CSW1	Le Sars	50° 04.850'N 2° 46.797'E	M9
Liver Lane	28SE2	Menin	50° 47.934'N 3° 08.341'E	R15
Liverpool Camp	28NW4	Ypres	50° 48.970'N 2° 51.342'E	H35
Liverpool Lines	28SW3	Bailleul	50° 43.998'N 2° 49.912'E	T21
Livesay Farm	28SW1	Kemmel	50° 48.535'N 2° 43.827'E	M2
Livy Farm	28SW1	Kemmel	50° 48.523'N 2° 48.022'E	N1
Lizard House	20SE1	Staden	50° 57.585'N 2° 59.071'E	P27
Lizerne	20SW4	Bixschoote	50° 54.974'N 2° 50.051'E	T22
Lloyds	20SE3	Westroosebeke	50° 56.827'N 2° 59.234'E	V10
Loaf Copse	62BSW1	Gricourt	49° 53.154'N 3° 16.499'E	N25
Loaf Farm	28NE2	Moorslede	50° 52.075'N 3° 04.836'E	E29
Lob Cottages	28NE2	Moorslede	50° 54.222'N 3° 04.502'E	E4
Lobelia Farm	20SE2	Hooglede	50° 59.107'N 3° 07.438'E	R8
Lobster Farm	36ANE4	Merville	50° 38.947'N 2° 37.482'E	K22
Lock NE of Lille	36NE3	Perenchies	50° 39.231'N 3° 03.312'E	K20
Lock by Fosse 16	36C(44A) NW4	Pont-à-Vendin	50° 28.125'N 2° 56.750'E	I29
Lock by Quay	28SE2	Menin	50° 47.571'N 3° 07.490'E	R14
Lock Copse	66CNW4	Berthenicourt	49° 45.141'N 3° 22.734'E	I27
Lock de la Masure	36NE2	Tourcoing	50° 41.037'N 3° 08.057'E	L3
Lock de la Rault	36ASE2	Lestrem	50° 36.930'N 2° 42.231'E	R16
Lock E of la Chapellette	62CSW2	Barleux	49° 54.916'N 2° 56.189'E	O3
Lock E of Marcoing	57CNE4	Marcoing	50° 07.572'N 3° 11.154'E	L17
Lock E of Paviland Wood	51BSE3	Cagnicourt	50° 11.304'N 3° 03.851'E	W26
Lock E of Station	51BSE3	Cagnicourt	50° 12.643'N 3° 04.600'E	W15
Lock in Corbehem	51BNE1	Brébières	50° 20.175'N 3° 02.761'E	E19
Lock in Courchelettes	51BNE1	Brébières	50° 20.632'N 3° 03.664'E	E14
Lock in Palluel	51BSE2	Oisy-le-Verger	50° 16.057'N 3° 06.340'E	Q11
Lock in Thun-Lévèque	51ASW3	Eswars	50° 13.473'N 3° 17.245'E	T2
Lock Keepers House	20SW4	Bixschoote	50° 54.587'N 2° 50.715'E	T29
Lock N of Cuinchy	36C(44A) NW1	LaBassee	50° 31.331'N 2° 45.291'E	A15
Lock NE of Marcoing Copse	57CNE4	Marcoing	50° 07.339'N 3° 10.928'E	L24
Lock No 10-11	28NW4	Zillebeke	50° 50.961'N 2° 52.438'E	I7
Lock No 12	28NW4	Ypres	50° 51.379'N 2° 52.763'E	I1
Lock No 3	28SE1	Wervicq	50° 46.846'N 2° 58.487'E	P26
Lock No 3	28SW2	Wytschaete	50° 46.840'N 2° 58.493'E	P26
Lock No 4	28SE1	Wervicq	50° 47.856'N 2° 57.258'E	P13
Lock No 4	28SW2	Wytschaete	50° 47.827'N 2° 57.289'E	P13
Lock No 4	57CNE1	Queant	50° 10.510'N 3° 04.085'E	E8
Lock No 5	28SW2	Wytschaete	50° 48.310'N 2° 56.760'E	O12

Lock No 5	28SW2	Wytschaete	50° 48.310'N 2° 56.760'E	O12
Lock No 5	57CNE1	Queant	50° 09.595'N 3° 04.303'E	E20
Lock No 6	28SW2	Wytschaete	50° 48.425'N 2° 56.627'E	O6
Lock No 6	57CNE1	Queant	50° 08.721'N 3° 04.560'E	K3
Lock No 6	28SW2	Wytschaete	50° 48.427'N 2° 56.624'E	O6
Lock No 6 bis	28SW2	Wytschaete	50° 48.782'N 2° 56.138'E	O4
Lock No 6 bis	28SW2	Wytschaete	50° 48.782'N 2° 56.138'E	O5
Lock No 7	28NW4	Zillebeke	50° 49.210'N 2° 53.734'E	I32
Lock No 7	57CNE3	Hermies	50° 07.857'N 3° 04.628'E	K9
Lock No 8	28NW4	Zillebeke	50° 49.249'N 2° 53.455'E	I32
Lock No 9	28NW4	Zillebeke	50° 50.224'N 2° 52.756'E	I19
Lock NW of Kingston Quarry	57BSW3	Honnecourt	50° 01.691'N 3° 11.895'E	S13
Lock NW of Proville	57BNW1	Cambrai	50° 09.952'N 3° 11.721'E	A13
Lock NW of Vaucelles	57BSW1	Bantouzelle	50° 04.619'N 3° 12.997'E	M15
Lock S of Chateau	36ANE1	Morbecque	50° 40.845'N 2° 34.250'E	D30
Lock S of Sugar Factory	57BNW3	Rumilly	50° 06.551'N 3° 13.026'E	G27
Lock SE of Moislains	62CNW2	Bouchavesnes	49° 58.866'N 2° 58.028'E	C24
Lock SE of the Magazines The Citadel	36NE3	Perenchies	50° 38.291'N 3° 03.083'E	K32
Lock SW of Gœulzin	51BNE4	Cantin	50° 18.902'N 3° 04.832'E	K10
Lock SW of Gœulzin Wood	51BNE4	Cantin	50° 18.431'N 3° 05.356'E	K16
Lock W of Cantigneul Mill	57CNE2	Bourlon	50° 09.249'N 3° 11.090'E	F29
Lock W of Fosse 9	36C(44A) SW2	Harnes	50° 26.324'N 2°53.432'E	O7
Lock W of Hamégicourt	66CNW4	Berthenicourt	49° 45.046'N 3° 22.557'E	I27
Lock W of St. Waast	57BNW3	Rumilly	50° 06.041'N 3° 14.858'E	G35
Lockyer Crossing	28NE4	Dadizeele	50° 49.995'N 3° 07.442'E	L26
Locre	28SW1	Kemmel	50° 46.944'N 2° 46.342'E	M23
Locre Chateau	28SW1	Kemmel	50° 46.419'N 2° 45.683'E	M28
Locre Spur	28SW1	Kemmel	50° 46.865'N 2° 47.382'E	M24
Locrehof Farm	28SW1	Kemmel	50° 46.416'N 2° 46.655'E	M29
Locrehof Lines	28SW1	Kemmel	50° 46.595'N 2° 46.539'E	M29
Locrestraat	28SW1	Kemmel	50° 47.018'N 2° 45.723'E	M22
Locum Farm	28NE2	Moorslede	50° 52.918'N 3° 10.070'E	F23
Lodge Farm	28NE3	Gheluvelt	50° 49.738'N 2° 59.422'E	J28
Lodge Wood	62CNW1	Maricourt	49° 57.651'N 2° 48.182'E	G5
Lodi Farm	28NW2	St Julien	50° 52.555'N 2° 52.966'E	B24
Loffre	51BNE2	Dechy	50° 21.368'N 3° 10.463'E	F11
Loft House	28NE2	Moorslede	50° 52.080'N 3° 06.684'E	F25
Logeast Wood	57CNW1	Gomiecourt	50° 08.523'N 2° 45.198'E	G2
Logeast Wood	57DNE2+57CNW1	Courcelles	50° 08.523'N 2° 45.198'E	G2
Loges Copse	62CSW1	Dompierre	49° 53.586'N 2° 49.227'E	M18
Logie Farm	20SW3	Oostvleteren	50° 55.003'N 2° 48.022'E	T19
Loise Central	36ASE4	Locon	50° 33.244'N 2° 42.670 'E	X22
l'Oiseau	70DNW4	St. Gobain	49° 34.985'N 3° 22.275'E	I21
Loisne	36ASE4	Locon	50° 32.883'N 2° 42.050'E	X28
Loisne North	36ASE4	Locon	50° 33.479'N 2° 42.019'E	X22
Loisne West	36ASE4	Locon	50° 33.351'N 2° 42.182'E	X22
Loison	36C(44A) SW2	Harnes	50° 26.281'N 2°52.085'E	N17
Lokkedyze	20NE3	Zarren	51° 00.029'N 3° 03.141'E	K33
Lomax Farm	36NW1	Steenwerck	50° 42.956'N 2° 48.763'E	B8
Lombard	28NW2	St Julien	50° 52.803'N 2° 56.602'E	C24
Lombard Farm	28NW2	St Julien	50° 52.894'N 2° 51.203'E	B17
Lombart Circus	12SW1	Nieuport	51° 09.019'N 2° 45.506'E	M17
Lombartzyde	12SW1	Nieuport	51° 09.010'N 2° 45.473'E	M17
Lombartzyde	12SW1	Nieuport	51° 08.968'N 2° 45.454'E	M17
Lombartzyde-Bains	12SW1	Nieuport	51° 09.583'N 2° 44.249'E	M9
Lomme	36NE3	Perenchies	50° 38.741'N 2° 59.097'E	J27
Lommelet	36NE3	Perenchies	50° 39.974'N 3° 02.695'E	K13
Lomond Copse	28NE2	Moorslede	50° 53.157'N 3° 09.137'E	F16
Lomond Farm	28NE2	Moorslede	50° 53.161'N 3° 09.070'E	F16
Lompret	36NE3	Perenchies	50° 40.216'N 2° 59.357'E	J9
London Bridge	36B(44B) NE2	Beuvry	50° 32.400'N 2° 38.359'E	E5
London Farm	20SE3	Westroosebeke	50° 56.317'N 3° 02.676'E	W8

London Farm	36NW2	Armentieres	50º 43.437'N 2º 54.241'E	C3
Lone Copse	51BNW4	Fampoux	50º 17.033'N 2º 53.001'E	H30
Lone Cross Roads	28NE2	Moorslede	50º 52.210'N 3º 04.816'E	E29
Lone Farm	28NW2	St Julien	50º 52.125'N 2º 55.093'E	C28
Lone Farm	36C(44A) NW1	LaBassee	50º 30.417'N 2º 46.825'E	A29
Lone House	12SW1	Nieuport	51º 10.138'N 2º 46.173'E	M6
Lone House	28NE3	Gheluvelt	50º 50.746'N 2º 58.704'E	J15
Lone House	28NE3	Gheluvelt	50º 50.006'N 2º 57.852'E	J20
Lone House	36C(44A) SW1	Lens	50º 26.008'N 2º 46.870'E	M16
Lone House	51BSW4	Bullecourt	50º 13.701'N 2º 56.266'E	O34
Lone Star Post	28NE3	Gheluvelt	50º 49.683'N 2º 57.410'E	J25
Lone Tree	51BNW2	Oppy	50º 21.391'N 2º 53.269'E	C7
Lone Tree Board	36C(44A) NW3	Loos	50º 28.261'N 2º 47.063'E	G23
Lonely Copse	57DSE4	Ovillers	50º 00.195'N 2º 42.897'E	X27
Lonely Copse	62CNW2	Bouchavesnes	50º 00.174'N 2º 56.685'E	C4
Lonely House	62CSW3	Vermandovillers	49º 50.374'N 2º 51.572'E	T21
Lonely Mill	20SW4	Bixschoote	50º 55.967'N 2º 54.968'E	U10
Long Barn	36SW1	Aubers	50º 36.671'N 2º 50.021'E	N15
Long Copse	62CNE4	Roisel	49º 55.864'N 3º 10.677'E	L28
Long Cornet	36ASE4	Locon	50º 33.308'N 2º 38.787'E	W23
Long Farm	28NE3	Gheluvelt	50º 49.309'N 2º 58.726'E	J33
Long Pré Farm	36SW4	Sainghin	50º 34.941'N 2º 56.137'E	U5
Long Red House	12NW3 & 4	Middlekerke	51º 10.689'N 2º 48.459'E	H32
Long Ruin	28SW4	Ploegsteert	50º 44.976'N 2º 54.724'E	U9
Long White House	12NW3 & 4	Middlekerke	51º 10.854'N 2º 49.232'E	H33
Long Wood	51BNW1	Roclincourt	50º 20.828'N 2º 50.168'E	B15
Long Wood	51BSW2	Vis-en-Artois	50º 15.764'N 2º 57.210'E	O11
Long Wood	62BSW4	Homblieres	49º 50.905'N 3º 21.114'E	U13
Long Wood	62CNW2	Bouchavesnes	49º 59.282'N 2º 54.625'E	C13
Longatte	57CNW2	Vaulx-Vraucourt	50º 10.684'N 2º 54.907'E	C8
Longavesnes	62CNE1	Liéramont	49º 58.279'N 3º 03.652'E	E25
Longue Grange	12SW3	Ramscappelle	51º 07.428'N 2º 48.910'E	T3
Longueval	57CSW3	Longueval	50º 01.561'N 2º 48.355'E	S17
Loo	20SW1	Loo	50º 58.853'N 2º 44.933'E	M9
Loobeek Farm	20SW4	Bixschoote	50º 54.644'N 2º 52.615'E	U25
Loobrugge	20SW1	Loo	50º 58.883'N 2º 44.260'E	M9
Looe House	20SE1	Staden	50º 58.602'N 2º 57.559'E	P14
Looge Hoek	27NE3	Winnezeele	50º 51.089'N 2º 30.396'E	J1
Loon Copse	28SE1	Wervicq	50º 48.324'N 2º 58.996'E	P9
Loon Copse	28SW2	Wytschaete	50º 48.325'N 2º 59.000'E	P9
Loon Copse	57CSW4	Combles	50º 02.615'N 2º 56.152'E	U4
Loop Road	36ASE1	St. Venant	50º 37.670'N 2º 31.759'E	P3
Loophole Farm	28SW4	Ploegsteert	50º 44.032'N 2º 55.258'E	U22
Loophole Farm	28SW4	Ploegsteert	50º 44.029'N 2º 55.255'E	U22
Loos	36C(44A) NW3	Loos	50º 27.444'N 2º 47.557'E	G35
Loos	36SE1	Haubourdin	50º 37.030'N 3º 00.855'E	P17
Lootvoet Farm	20SW1	Loo	50º 59.337'N 2º 43.999'E	M2
Loralai Farm	27NE3	Winnezeele	50º 50.164'N 2º 32.895'E	J17
Lorca Cottage	27NE3	Winnezeele	50º 48.708'N 2º 31.829'E	J33
Lord Farm	28NE2	Moorslede	50º 52.080'N 3º 06.795'E	F25
Lord Nelson Farm	20SE3	Westroosebeke	50º 56.958'N 3º 02.471'E	Q32
Loregreb House	20SW4	Bixschoote	50º 54.977'N 2º 51.479'E	T24
Lorgies	36SW3	Richebourg	50º 33.334'N 2º 48.185'E	T19
Lorival Farm	66CNW2	Itancourt	49º 49.017'N 3º 22.052'E	C8
Lormisset	62BNW1	Gouy	49º 59.525'N 3º 16.775'E	B13
Lorrival Wood	66CNW2	Itancourt	49º 48.781'N 3º 21.895'E	C14
Lory	36C(44A) SE1	Dourges	50º 25.243N 3º 01.522'E	P29
Loslanden Farm	12SW3	Ramscappelle	51º 06.296'N 2º 47.632'E	T13
Lot Farm	27NE4	Abeele	50º 50.726'N 2º 37.069'E	K10
l'Oud Kasteel Farm	20NW3	Lampernisse	51º 02.090'N 2º 45.905'E	3771
Louez	51CNE4	Wagnonlieu	50º 18.760'N 2º 42.931'E	L10
Louis Farm	20SE3 & 28NE1-3	Poelcappelle	50º 55.006'N 2º 56.221'E	U24

Louis Farm	20SW4	Bixschoote	50° 55.003'N 2° 56.239'E	U24
Lound Farm	20SE4	Roulers	50° 54.689'N 3° 07.899'E	X27
Lounge House	36ANE4	Merville	50° 38.357'N 2° 40.889'E	L32
Loungers Fork	20SE1	Staden	50° 57.127'N 2° 59.453'E	P34
Loupart Wood	57CNW3	Bapaume	50° 05.909'N 2° 47.373'E	G34
Loupart Wood	57DNE4 & 5	Achiet	50° 05.909'N 2° 47.343'E	G34
Lout Farm	27SE2	Berthen	50° 47,795'N 2° 42.103'E	R10
Loutre Farm	20NW4	Dixmunde	51° 00.398'N 2° 52.092'E	I25
Louvain Farm	20NW4	Dixmunde	51° 01.411'N 2° 54.380'E	I16
Louvain Farm	20SW2	Zwartegat	50° 57.635'N 2° 54.056'E	O27
Louvain Wood	20SW2	Zwartegat	50° 57.554'N 2° 54.160'E	O27
Louverval	57CNE3	Hermies	50° 08.395'N 3° 00.704'E	J4
Louvière Farm	57DNE3+4	Hebuterne	50° 07.181'N 2° 40.340'E	K18
Louvois Farm	20SW4	Bixschoote	50° 56.111'N 2° 55.452'E	U11
Louwaege Farm	28SW2	Wytschaete	50° 47.979'N 2° 53.065'E	O7
Lovie	12SW1	Nieuport	51° 09.415'N 2° 49.096'E	N14
Lovie Chateau	27NE2	Proven	50° 52.866'N 2° 41.867'E	F16
Low Farm	28NE1	Zonnebeke	50° 52.261'N 2° 57.187'E	D25
Low Farm	28SW2	Wytschaete	50° 47.423'N 2° 56.467'E	O24
Low Farm	28SW2	Wytschaete	50° 47.433'N 2° 56.463'E	O24
Low Remains	28NE3	Gheluvelt	50° 51.502'N 2° 57.451'E	J1
Lower Oosthoek Farm	28SW2	Wytschaete	50° 48.853'N 2° 54.190'E	O3
Lowland Farm	36NW1	Steenwerck	50° 41.677'N 2° 48.022'E	B19
Loxley Farm	28SW1	Kemmel	50° 47.701'N 2° 43.899'E	M14
Loxton House	36ANE4	Merville	50° 38.885'N 2° 37.268'E	K22
Loye	27SE2	Berthen	50° 48.693'N 2° 42.637'E	R5
Lozenge Wood	57DSE4	Ovillers	50° 00.414'N 2° 42.911'E	X27
Lozeroy Woods No 1	62CSE2	Vermand	49° 52.584'N 3° 07.459'E	Q36
Lozeroy Woods No 2	62CSE2	Vermand	49° 52.424'N 3° 07.136'E	Q36
Lubda Copse	57CSW2	Villers-Au-Flos	50° 04.369'N 2° 54.094'E	O13
Lubricant House	27NE2	Proven	50° 51.652'N 2° 38.025'E	E29
Lucian Fork	28NE4	Dadizeele	50° 51.578'N 3° 09.248'E	L4
Lucifer Farm	28NE2	Moorslede	50° 51.974'N 3° 06.615'E	L1
Lucifer Farm	28SE1	Wervicq	50° 48.144'N 3° 00.072'E	P10
Lucifer Farm	28SW2	Wytschaete	50° 48.148'N 3° 00.068'E	P10
Luck Farm	28NE2	Moorslede	50° 53.659'N 3° 06.455'E	F7
Ludendorf Lodge	27SE4	Meteren	50° 43.793'N 2° 41.461'E	X22
Ludford Farm	28SW1	Kemmel	50° 46.628'N 2° 44.311'E	M26
Lug farm	36ANE2	Vieux Berquin	50° 41.517'N 2° 37.917'E	E23
Lugano	27NE2	Proven	50° 51.608'N 2° 39.138'E	F30
Lugger Farm	28SW3	Bailleul	50° 43.445'N 2° 45.827'E	S28
Lugton Houses	28SE3	Comines	50° 43.608'N 2° 58.394'E	V26
Luighem	20SW2	Zwartegat	50° 57.836'N 2° 50.268'E	N22
Luike Farm	20SE1	Staden	50° 57.216'N 3° 01.500'E	Q31
Luike Wood	20SE1	Staden	50° 57.205'N 3° 01.261'E	P36
Luikhoek	20NE3	Zarren	50° 59.934'N 3° 00.185'E	J35
Luisenhof Farm	57CSW1	Guedecourt	50° 04.406'N 2° 49.789'E	N13
Luisenhof Farm	57DSE2+57CSW1	Le Sars	50° 04.406'N 2° 49.789'E	N13
Luke Copse	57DNE3+4	Hebuterne	50° 06.466'N 2° 39.474'E	K29
Luke Farm	28NE2	Moorslede	50° 52.572'N 3° 07.317'E	F20
Lukers Houses	36NW2	Armentieres	50° 42.780'N 2° 55.203'E	C10
Lulli Cross Roads	20SW2	Zwartegat	50° 57.968'N 2° 54.806'E	O22
Lulli Farm	20SW2	Zwartegat	50° 57.907'N 2° 52.844'E	O20
Lumley Fork	28NE4	Dadizeele	50° 51.052'N 3° 06.212'E	K12
Lumms Farm	28SW2	Wytschaete	50° 46.598'N 2° 53.624'E	O26
Lump Farm	28NE2	Moorslede	50° 51.899'N 3° 06.396'E	L1
Lunar House	27SE4	Meteren	50° 45.537'N 2° 40.443'E	X2
Lunatic Asylum	36NE3	Perenchies	50° 40.096'N 3° 02.808'E	K14
Lunaville	28NW2	St Julien	50° 53.036'N 2° 50.536'E	B16
Lunaville Farm	28NW2	St Julien	50° 53.235'N 2° 50.648'E	B17
Lundy Farm	20SW2	Zwartegat	50° 58.285'N 2° 50.108'E	N16
Lunge Farm	28NE2	Moorslede	50° 53.839'N 3° 04.388'E	E10

Name	Sheet	Location	Coordinates	Ref
Lunge Wood	66DNW1	Punchy	49° 49.428'N 2° 49.096'E	A6
Luntin Farm	27NE2	Proven	50° 51.903'N 2° 37.913'E	E29
Lupin Farm	36NW1	Steenwerck	50° 41.387'N 2° 45.415'E	A27
Lurcher Farm	28SE4	Ronq	50° 43.685'N 3° 06.607'E	X25
Luss House	28SE3	Comines	50° 43.862'N 2° 59.441'E	V27
Lutin Copse	66DNW1	Punchy	49° 48.724'N 2° 51.334'E	B9
Luton	28NW2	St Julien	50° 52.983'N 2° 52.725'E	C13
Luton Farm	20SE2	Hooglede	50° 57.846'N 3° 03.747'E	Q21
Luxmore Copse	28SW1	Kemmel	50° 46.819'N 2° 44.453'E	M20
Luxmore House	28SW1	Kemmel	50° 46.903'N 2° 44.551'E	M20
Luzerne Quarry	66CSW4	La Fere	49° 39.534'N 3° 20.236'E	T23
Lyceum House	20SE4	Roulers	50° 55.975'N 3° 08.700'E	X10
Lyd Farm	12NW3 & 4	Middlekerke	51° 11.064'N 2° 51.223'E	H30
Lyell Farm	20SE3	Westroosebeke	50° 55.211'N 3° 02.216'E	W19
Lynde Farm	36ANE2	Vieux Berquin	50° 42.254'N 2° 39.362'E	F13
Lyne Buildings	20SE2	Hooglede	50° 59.136'N 3° 05.677'E	Q12
Lynn House	27NE4	Abeele	50° 49.800'N 2° 41.257'E	L21
Lyric Crossing	20SE4	Roulers	50° 56.388'N 3° 08.609'E	X4
Lyric Farm	20SE4	Roulers	50° 56.221'N 3° 07.989'E	X9
Lys Bridge	36ANE4	Merville	50° 38.389'N 2° 42.397'E	L34
Lys Farm	36NW2	Armentieres	50° 42.217'N 2° 54.571'E	C15
Lys Farm Post	36NW2	Armentieres	50° 42.240'N 2° 54.413'E	C15
Lyssenthoek	27NE4	Abeele	50° 49.881'N 2° 43.049'E	L24
Lytham	28NW2	St Julien	50° 52.374'N 2° 55.193'E	C22
M.G. House	36NW2	Armentieres	50° 43.236'N 2° 55.189'E	C4
Maagdeveld	20NE2	Zedelghem	51° 03.937'N 3° 04.479'E	5974
Maartenoom	11SE4	No Edition 0617	51° 06.583'N 2° 37.959'E	W12
Mac Brair Farm	28NE4	Dadizeele	50° 51.544'N 3° 04.758'E	K5
Macgregors	20SE3	Westroosebeke	50° 55.865'N 2° 59.472'E	V10
Mach Electric	36SE3	Seclin	50° 35.193'N 3° 00.559'E	V5
Machine Gun Farm Depot	28NW4	Ypres	50° 51.399'N 2° 51.013'E	H5
Machine Gun Farm Siding	28NW4	Ypres	50° 51.196'N 2° 51.727'E	H12
Machine Gun Wood	62CNW1	Maricourt	49° 59.260'N 2° 46.802'E	A15
Mack House	28NE2	Moorslede	50° 52.051'N 3° 10.205'E	F30
Mackensen Farm	28NW2	St Julien	50° 53.475'N 2° 53.194'E	C8
Macquigny Farm	66CSW4	La Fere	49° 40.298'N 3° 25.317'E	U18
Macquincourt Farm	62BNW1	Gouy	50° 00.230'N 3° 13.446'E	A3
Macquincourt Valley	62BNW1	Gouy	50° 00.071'N 3° 12.612'E	A8
Mac's Ruin	28SW4	Ploegsteert	50° 44.872'N 2° 52.869'E	U13
Madagascar	51BNW1	Roclincourt	50° 19.413'N 2° 45.461'E	A26
Madame Wood	62CNE3	Buire	49° 55.742'N 3° 03.079'E	J30
Madame Wood	62CSW3	Vermandovillers	49° 50.631'N 2° 45.404'E	S13
Madcap Farm	28NE4	Dadizeele	50° 49.928'N 3° 06.963'E	L25
Madder Farm	20SE4	Roulers	50° 56.274'N 3° 06.390'E	X7
Madingley House	20SE3	Westroosebeke	50° 56.734'N 3° 01.247'E	V6
Madoux House	12SW1	Nieuport	51° 09.562'N 2° 44.534'E	M9
Maedelstede Farm	28SW2	Wytschaete	50° 46.990'N 2° 51.952'E	N24
Maenhout Farm	12SW3	Ramscappelle	51° 06.876'N 2° 46.190'E	S11
Maes Chateau	20SW2	Zwartegat	50° 57.361'N 2° 54.597'E	O28
Magazine	36B(44B) SE2	Boyeffles	50° 24.829'N 2° 40.920'E	R26
Magazine	36NE3	Perenchies	50° 38.319'N 3° 02.969'E	K32
Magazines x 7	20SE1	Staden	50° 57.074'N 2° 58.492'E	P33
Magenta	36C(44A) NW2	Bauvin	50° 30.309'N 2° 55.729'E	C28
Magenta Farm	28NW2	St Julien	50° 52.760'N 2° 50.781'E	B23
Magilligan Farm	28SW3	Bailleul	50° 44.833'N 2° 45.339'E	S9
Magilligan Farm Camp	28SW3	Bailleul	50° 44.861'N 2° 45.107'E	S9
Magnet House	28SW1	Kemmel	50° 47.947'N 2° 46.623'E	M11
Magny Valley	62BNW3	Bellicourt	49° 55.810'N 3° 15.994'E	G30
Magny Wood	62BNW3	Bellicourt	49° 55.811'N 3° 16.697'E	H25
Magny-la-Fosse	62BNW3	Bellicourt	49° 55.917'N 3° 16.651'E	H25
Magpie Farm	20SE2	Hooglede	50° 59.246'N 3° 07.156'E	R8
Magpie Wood	66CNW4	Berthenicourt	49° 45.826'N 3° 21.002'E	I19

Mahieu Farm	28SW2	Wytschaete	50° 47.134'N 2° 54.650'E	O21
Mahieu Farm	28SW2	Wytschaete	50° 47.138'N 2° 54.642'E	O21
Mahogany Farm	20SW2	Zwartegat	50° 59.113'N 2° 54.140'E	O9
Mahutonga Camp	28SW3	Bailleul	50° 44.267'N 2° 48.359'E	T19
Mahutonga Farm	28SW3	Bailleul	50° 44.264'N 2° 48.412'E	T19
Mai Farm	28SE3	Comines	50° 45.754'N 2° 58.367'E	V2
Mai-Cornet	28SE3	Comines	50° 45.885'N 2° 58.695'E	V3
Maida Camp	28NW4	Ypres	50° 49.604'N 2° 51.564'E	H30
Maiden Farm	28NE2	Moorslede	50° 53.812'N 3° 05.208'E	E11
Maiden House	12SW1	Nieuport	51° 09.295'N 2° 45.760'E	M17
Maidstone Farm	28SW1	Kemmel	50° 48.552'N 2° 44.044'E	M2
Mail House	28NE4	Dadizeele	50° 50.436'N 3° 05.200'E	K23
Maillard Cross Roads	20SE4	Roulers	50° 55.416'N 3° 08.759'E	X16
Maillardlinde	20SE4	Roulers	50° 55.463'N 3° 09.006'E	X16
Mailly-Maillet	57DSE1 & 2	Beaumont	50° 04.630'N 2° 36.282'E	Q7
Mairie de Warneton Sud	28SE3	Comines	50° 44.944'N 2° 57.191'E	V13
Maismont	62CNW4	Peronne	49° 55.706'N 2° 54.928'E	I26
Maison 1875	28SW4	Ploegsteert	50° 43.562'N 2° 53.528'E	U26
Maison allongée	51BSW1	Neuville Vitasse	50° 16.288'N 2° 46.908'E	M4
Maison Blanche	51BNW1	Roclincourt	50° 20.443'N 2° 45.034'E	A14
Maison Bleue	27NE1	Herzeele	50° 53.393'N 2° 31.695'E	D9
Maison brûlee	51BSW1	Neuville Vitasse	50° 16.089'N 2° 46.542'E	M4
Maison Buison	28NW2	St Julien	50° 54.054'N 2° 51.552'E	B6
Maison Clarion	28NW2	St Julien	50° 53.990'N 2° 52.724'E	C1
Maison de la Côte	51BNW1	Roclincourt	50° 19.922'N 2° 50.005'E	B20
Maison de Rouet	28NW2	St Julien	50° 53.765'N 2° 52.092'E	B12
Maison Forestiére	36B(44B) SE4	Carency	50° 21.872'N 2° 40.753'E	X25
Maison Gaba	36B(44B) SE2	Boyeffles	50° 26.308'N 2° 44.107'E	R12
Maison isolée	51BSW1	Neuville Vitasse	50° 16.328'N 2° 46.894'E	M4
Maison Rouge	36C(44A) NW1	LaBassee	50° 30.486'N 2° 44.976'E	A26
Maison Rouge	51BSW1	Neuville Vitasse	50° 16.377'N 2° 50.485'E	N3
Maison Rouge Farm	51BSW3	Boisleux	50° 11.261'N 2° 49.219'E	T25
Maison Tambour	28NW2	St Julien	50° 53.942'N 2° 52.702'E	C1
Maisonette	62CNW4	Peronne	49° 54.982'N 2° 54.648'E	I31
Maissemy	62CSE2	Vermand	49° 53.711'N 3° 11.218'E	R17
Maita House	20SE3 & 28NE1-3	Poelcappelle	50° 54.654'N 2° 56.901'E	V25
Maize Farm	28SE1	Wervicq	50° 47.533'N 2° 57.178'E	P13
Maize Farm	28SW2	Wytschaete	50° 47.544'N 2° 57.178'E	P13
Majestic Farm	20SE3	Westroosebeke	50° 56.265'N 3° 03.285'E	W9
Majorie House	28SW1	Kemmel	50° 47.459'N 2° 47.163'E	M18
Majorie Post	28SW1	Kemmel	50° 47.538'N 2° 47.005'E	M18
Major's Farm	20NW4	Dixmunde	51° 00.232'N 2° 53.012'E	I26
Major's Farm	20SW4	Bixschoote	50° 54.684'N 2° 52.770'E	U25
Majors Post	28SW2	Wytschaete	50° 48.332'N 2° 51.131'E	N11
Makay Camp	27NE4	Abeele	50° 51.033'N 2° 41.364'E	L10
Makerstone Farm	28NE4	Dadizeele	50° 50.970'N 3° 08.519'E	L15
Malakoff Farm	28NW2	St Julien	50° 52.550'N 2° 50.315'E	B22
Malakoff Farm	62CNE2	Epéhy	49° 58.167'N 3° 11.807'E	F30
Malakoff Wood	62BNW1	Gouy	49° 58.338'N 3° 12.756'E	K26
Malassise Copse	57BSW1	Bantouzelle	50° 04.199'N 3° 17.575'E	N21
Malassise Farm	62CNE2	Epéhy	49° 59.026'N 3° 08.821'E	F8
Malassise Farm East	57BSW1	Bantouzelle	50° 04.300'N 3° 17.129'E	N20
Malekunt	27SE1	St Sylvestre	50° 46.431'N 2° 30.721'E	P26
Malin House	28NW3	Poperinghe	50° 50.423'N 2° 44.081'E	G14
Malincourt	57BSW4	Serain	50° 02.806'N 3° 19.576'E	T5
Malincourt Station	57BSW4	Serain	50° 02.699'N 3° 19.516'E	T5
Malincourt Wood	57BSW4	Serain	50° 02.835'N 3° 18.877'E	T4
Malines Farm	20SW2	Zwartegat	50° 57.645'N 2° 53.637'E	O27
Mallet Buildings	28NE2	Moorslede	50° 52.121'N 3° 10.160'E	F30
Mallet Copse	20SE3	Westroosebeke	50° 54.942'N 3° 00.456'E	V23
Mallet Farm	28SE1	Wervicq	50° 46.521'N 2° 57.614'E	P25
Mallet Farm	28SW2	Wytschaete	50° 46.519'N 2° 57.619'E	P25

Name	Sheet	Location	Coordinates	Ref
Mallet Wood	20SE3	Westroosebeke	50° 55.089'N 3° 00.296'E	V23
Mallow Cross Roads	20SE4	Roulers	50° 56.652'N 3° 04.170'E	W4
Malplaquet Camp?	28NW3	Poperinghe	50° 49.113'N 2° 48.581'E	H33
Malta House	20SE3	Westroosebeke	50° 54.654'N 2° 56.903'E	V25
Maltz Horn Farm	62CNW1	Maricourt	50° 00.114'N 2° 48.850'E	A6
Mametz	62DNE2	Méaulte	49° 59.846'N 2° 43.990'E	F5
Mametz Wood	57CSW3	Longueval	50° 01.121'N 2° 45.078'E	S19
Mametz Wood	57DSE4	Ovillers	50° 01.182'N 2° 44.834'E	X18
Managers House	36NW4	Bois Grenier	50° 39.071'N 2° 54.584'E	I27
Manancourt	57CSE3	Sorel-le-Grand	50° 01.503'N 2° 58.660'E	V13
Manancourt Mill	57CSE3	Sorel-le-Grand	50° 00.879'N 2° 58.522'E	V19
Manasses	27NE3	Winnezeele	50° 49.900'N 2° 36.171'E	K21
Manawatu Camp	28NW4	Zillebeke	50° 50.367'N 2° 53.705'E	I14
Manbor Halt	28NW4	Zillebeke	50° 50.003'N 2° 55.052'E	I22
Manche Copse	27SE2	Berthen	50° 46.356'N 2° 42.514'E	R29
Manchester Hill	62BSW3	St. Quentin	49° 50.619'N 3° 13.681'E	S21
Manchester Keep	36NW2	Armentieres	50° 41.625'N 2° 51.355'E	B23
Mancourt Wood No1	66ENE2	Vrely	49° 48.006'N 2° 45.437'E	F18
Mancourt Wood No2	66ENE2	Vrely	49° 48.004'N 2° 45.260'E	F18
Mandalay Corner	28NW3	Poperinghe	50° 50.087'N 2° 43.879'E	G20
Mandel Farm	20SE2	Hooglede	50° 57.151'N 3° 05.721'E	Q36
Mandril Farm	27SE2	Berthen	50° 47.400'N 2° 43.305'E	R18
Mandy Place	20SE2	Hooglede	50° 58.294'N 3° 05.870'E	Q24
Manege Farm	20NW4	Dixmunde	51° 00.553'N 2° 52.557'E	I25
Mangel Cottage	28NW1	Elverdinghe	50° 52.153'N 2° 46.357'E	A29
Mangelare Post	20SW4	Bixschoote	50° 56.236'N 2° 54.767'E	U4
Mango Copse	62CSW4	St. Christ	49° 50.480'N 2° 54.140'E	T24
Manhattan Farm	28NE4	Dadizeele	50° 51.143'N 3° 07.092'E	L8
Mania House	27SE4	Meteren	50° 44.533'N 2° 39.898'E	X13
Manica Farm	20SE3	Westroosebeke	50° 56.022'N 3° 02.319'E	W8
Manicourt	66DNW4	Nesle	49° 46.086'N 2° 52.355'E	H16
Mannekensvere	12SW3	Ramscappelle	51° 07.574'N 2° 49.102'E	N33
Mannequin Hill	62BNW4	Ramicourt	49° 56.705'N 3° 21.304'E	I19
Mannequin Wood	62BNW4	Ramicourt	49° 56.003'N 3° 21.388'E	I25
Manners Copse	28SW1	Kemmel	50° 46.590'N 2° 43.520'E	M25
Manners Farm	28SW1	Kemmel	50° 46.646'N 2° 43.593'E	M25
Manners Junction	28NW2	St Julien	50° 51.973'N 2° 54.256'E	C27
Mannions	12NW3 & 4	Middlekerke	51° 10.850'N 2° 51.268'E	H36
Manor Farm	12NE1	Clemskerke	51° 14.508'N 2° 57.586'E	D14
Manor Farm	28NW4	Zillebeke	50° 50.001'N 2° 54.876'E	I22
Mansard Farm	20NE3	Zarren	50° 59.871'N 3° 00.956'E	J36
Mansard Farm	28NE4	Dadizeele	50° 50.336'N 3° 06.477'E	L19
Mansel Copse	62DNE2	Méaulte	49° 59.257'N 2° 44.061'E	F11
Mansion	62CSW3	Vermandovillers	49° 49.666'N 2° 45.724'E	S25
Manton Junction	28NW3	Poperinghe	50° 51.209'N 2° 48.702'E	H8
Manuel Farm	28SE3	Comines	50° 43.649'N 2° 59.687'E	V28
Manx Corner	28NE2	Moorslede	50° 53.627'N 3° 03.934'E	E10
Map House	28NE2	Moorslede	50° 52.698'N 3° 09.935'E	F23
Maple Copse	28NW4	Zillebeke	50° 50.143'N 2° 56.115'E	I23
Maple Copse	62BSW4	Homblieres	49° 50.388'N 3° 23.312'E	U22
Maple Farm	20SE2	Hooglede	50° 58.573'N 3° 05.416'E	Q18
Maple Lodge	28NW4	Zillebeke	50° 50.253'N 2° 55.990'E	I23
Maquet Farm	20SW3	Oostvleteren	50° 54.478'N 2° 49.863'E	T28
Marachal Farm	20SW4	Bixschoote	50° 56.760'N 2° 56.401'E	O36
Marais Chantrelle	62BSW3	St. Quentin	49° 50.193'N 3° 17.091'E	T26
Marais de Palluel	51BSE2	Oisy-le-Verger	50° 16.046'N 3° 05.271'E	Q10
Marais Delaby	36C(44A) SE1	Dourges	50° 25.591'N 3° 01.191'E	P23
Marais Farm	36ASE2	Lestrem	50° 36.770'N 2° 42.498'E	R16
Marat Fork	20NE3	Zarren	51° 00.688'N 3° 01.323'E	J30
Marathon Bridge	28SE2	Menin	50° 47.815'N 3° 07.901'E	R14
Marble Farm	20SW2	Zwartegat	50° 58.599'N 2° 52.239'E	O13
Marcel Wood	62BSW2	Fonsommes	49° 53.667'N 3° 25.052'E	O24

March Copse	57BSW4	Serain	50° 01.608'N 3° 23.332'E	U16
March Farm	28SW2	Wytschaete	50° 47.146'N 2° 55.752'E	O23
March Farm	28SW2	Wytschaete	50° 47.144'N 2° 55.719'E	O23
Marchand Farm	20SW3	Oostvleteren	50° 55.191'N 2° 47.240'E	S18
Marchélepot	62CSW3	Vermandovillers	49° 50.006'N 2° 51.956'E	T22
Marchélepot Wood No 1	62CSW3	Vermandovillers	49° 49.796'N 2° 51.583'E	T27
Marchélepot Wood No 2	62CSW3	Vermandovillers	49° 49.711'N 2° 51.672'E	T27
Marckhove	20NE1	Chistelles	51° 02.709'N 3° 02.102'E	5672
Marcoing	57CNE4	Marcoing	50° 07.321'N 3° 10.187'E	L22
Marcoing Copse	57CNE4	Marcoing	50° 06.824'N 3° 10.997'E	L29
Marcovitch Crossing	28NE4	Dadizeele	50° 50.670'N 3° 07.447'E	L14
Marcy	62BSW4	Homblieres	49° 51.035'N 3° 24.241'E	U17
Mardon Farm	28NE4	Dadizeele	50° 49.823'N 3° 10.533'E	L30
Mare des 3 Canettes	28SE4	Ronq	50° 43.683'N 3° 06.262'E	W30
Marengo House	28NW2	St Julien	50° 52.411'N 2° 52.157'E	B24
Maresfield Farm	20SE2	Hooglede	50° 59.048'N 3° 08.771'E	R10
Maretz	57BSW4	Serain	50° 02.760'N 3° 25.112'E	U6
Maretz Wood	57BSW4	Serain	50° 01.889'N 3° 25.142'E	U18
Mareval Copse	62CSE2	Vermand	49° 54.464'N 3° 11.691'E	R12
Margaret Farm	20SW2	Zwartegat	50° 59.063'N 2° 55.808'E	O11
Margate Farm	28NE3	Gheluvelt	50° 49.660'N 2° 58.059'E	J27
Marguerite Camp	28NW1	Elverdinghe	50° 53.504'N 2° 49.102'E	B9
Marguerite Farm	28NW1	Elverdinghe	50° 53.358'N 2° 49.123'E	B9
Mariakerke	12NE2 & 4	Ostende	51° 12.672'N 2° 52.354'E	I8
Mariakerke	12NW2	Ostende	51° 12.714'N 2° 52.311'E	I8
Mariakerke Bains	12NE2 & 4	Ostende	51° 13.102'N 2° 52.915'E	I2
Marichon	36C(44A) NW2	Bauvin	50° 30.912'N 2° 54.932'E	C21
Maricourt	62CNW1	Maricourt	49° 58.930'N 2° 47.070'E	A16
Maricourt Wood	62CNW1	Maricourt	49° 59.017'N 2° 47.672'E	A16
Marie de Warneton-Bas	28SE3	Comines	50° 44.606'N 2° 58.281'E	V14
Marie Farm	20SW2	Zwartegat	50° 59.304'N 2° 55.383'E	O5
Marie Farm	20SW3	Oostvleteren	50° 54.389'N 2° 49.230'E	T27
Marie Jean Farm	28NW1	Elverdinghe	50° 53.387'N 2° 49.312'E	B9
Marie Louise Farm	20SE3	Westroosebeke	50° 56.221'N 3° 00.359'E	V11
Mariecourt Wood	57CNW2	Vaulx-Vraucourt	50° 08.483'N 2° 56.474'E	I4
Marin House	20SW4	Bixschoote	50° 55.294'N 2° 52.566'E	U13
Marine View	28NE1	Zonnebeke	50° 53.849'N 2° 56.930'E	D7
Mariner Copse	62CSW4	St. Christ	49° 50.558'N 2° 52.927'E	T17
Maris d'Aubigny	51BSE2	Oisy-le-Verger	50° 15.888'N 3° 08.883'E	R9
Maris de Brunamont	51BSE2	Oisy-le-Verger	50° 16.075'N 3° 08.014'E	R8
Marius Farm	20SW2	Zwartegat	50° 57.834'N 2° 52.610'E	O19
Mark Copse	57DNE3+4	Hebuterne	50° 06.417'N 2° 39.427'E	K29
Market Farm	28NW4	Zillebeke	50° 51.507'N 2° 55.246'E	I4
Markinch	28SE3	Comines	50° 43.676'N 2° 59.857'E	V28
Marks Farm	28NE2	Moorslede	50° 52.781'N 3° 06.920'E	F19
Marlboro Wood	57CSW3	Longueval	50° 00.900'N 2° 46.078'E	S20
Marliches Farm	57BSW4	Serain	50° 01.750'N 3° 19.135'E	T17
Marlière	51BSW2	Vis-en-Artois	50° 14.970'N 2° 52.400'E	N23
Marlow Bridge	36ASE1	St. Venant	50° 35.718'N 2° 32.225'E	P27
Marlow Farm	20SE2	Hooglede	50° 58.557'N 3° 09.030'E	R18
Marlow Farm	28SE1	Wervicq	50° 46.418'N 2° 59.719'E	P34
Marlow Farm	28SW2	Wytschaete	50° 46.412'N 2° 59.704'E	P34
Marmette	66DNW2	Morchain	49° 49.322'N 2° 56.121'E	C3
Marne	28NE1	Zonnebeke	50° 53.007'N 3° 00.150'E	D17
Maroc Corons du No 5	36C(44A) NW3	Loos	50° 27.271'N 2° 45.310'E	G33
Maroc Corons du No 5	36C(44A) SW1	Lens	50° 27.078'N 2° 45.185'E	M2
Marocco Farm	28NW2	St Julien	50° 52.449'N 2° 52.555'E	C19
Marocco Farm Camp	28NW2	St Julien	50° 52.460'N 2° 52.486'E	C19
Marœuil	51CNE2	Ecoivres	50° 19.491'N 2° 42.210'E	F27
Maroon Copse	28NE2	Moorslede	50° 52.059'N 3° 04.288'E	E28
Marquaix	62CNE3	Buire	49° 56.681'N 3° 04.370'E	K14
Marqueffles Farm	36B(44B) SE2	Boyeffles	50° 25.029'N 2° 41.107'E	R26

Marquette	36NE3	Perenchies	50° 40.553'N 3° 03.920'E	K9
Marquette Farm	36SW3	Richebourg	50° 34.537'N 2° 50.377'E	T14
Marquilles	36SW4	Sainghin	50° 33.497'N 2° 52.171'E	T24
Marquion	51BSE4	Marquion	50° 12.631'N 3° 05.122'E	W16
Marquise Camp	28NW4	Ypres	50° 50.434'N 2° 51.342'E	H17
Marquois	36ASE1	St. Venant	50° 35.689'N 2° 33.832'E	P29
Marr Cross Roads	20SE3	Westroosebeke	50° 55.077'N 3° 02.087'E	W19
Marrières Wood	62CNW2	Bouchavesnes	49° 58.852'N 2° 53.801'E	B24
Marrières Wood	62CNW2	Bouchavesnes	49° 58.827'N 2° 54.121'E	C19
Marris Farm	20SE4	Roulers	50° 55.266'N 3° 08.229'E	X21
Marronier House	20SW4	Bixschoote	50° 55.146'N 2° 52.168'E	U19
Marronniers Wood	62BSW1	Gricourt	49° 53.239'N 3° 13.934'E	M22
Mars Cottage	28NW4	Ypres	50° 50.849'N 2° 51.471'E	H11
Mars Wood	66CNW2	Itancourt	49° 49.057'N 3° 24.410'E	C11
Marsala Cottage	28NW1	Elverdinghe	50° 51.948'N 2° 48.602'E	B26
Marsden Keep	36SW3	Richebourg	50° 33.421'N 2° 45.708'E	S21
Marseille Farm	20SE1	Staden	50° 57.307'N 2° 56.829'E	P25
Marseille Farm	20SW2	Zwartegat	50° 57.328'N 2° 56.709'E	O30
Marsh Bottom	28NE1	Zonnebeke	50° 53.748'N 2° 59.566'E	D10
Marsh House	12SW1	Nieuport	51° 08.886'N 2° 44.811'E	M16
Marsh Wood	62CNW4	Peronne	49° 55.096'N 2° 58.431'E	I35
Marsh Wood	62CSE3	Athies	49° 51.573'N 3° 00.651'E	V3
Marshalling Yard	28NW1	Elverdinghe	50° 53.862'N 2° 44.549'E	A3
Marshalling Yard	28SW3	Bailleul	50° 43.520'N 2° 49.202'E	T26
Marsh's Farm	28NW1	Elverdinghe	50° 51.726'N 2° 49.508'E	H3
Marsland Farm	20SE4	Roulers	50° 56.467'N 3° 09.838'E	X5
Marsouin Farm	28NW2	St Julien	50° 53.590'N 2° 53.590'E	C8
Martelette Chapelle	36NW2	Armentieres	50° 42.673'N 2° 52.918'E	C7
Martell Farm	28NE4	Dadizeele	50° 50.348'N 3° 06.728'E	L19
Martell Wood	28NE2	Moorslede	50° 53.302'N 3° 03.804'E	E15
Marten's Farm	28SW2	Wytschaete	50° 47.907'N 2° 53.748'E	O8
Martha House	20SE3 & 28NE1-3	Poelcappelle	50° 53.030'N 2° 57.783'E	D14
Martha House	28NE1	Zonnebeke	50° 53.031'N 2° 57.790'E	D14
Martin Camp	36SW2	Radinghem	50° 37.574'N 2° 53.315'E	O7
Martin Mill	20SW4	Bixschoote	50° 54.855'N 2° 54.588'E	U22
Martinets Wood	51CSE2	Beaumetz	50° 13.961'N 2° 42.872'E	R28
Martinpuich	57CSW1	Guedecourt	50° 02.987'N 2° 45.825'E	M32
Martinpuich	57DSE2+57CSW1	Le Sars	50° 02.987'N 2° 45.825'E	M32
Martin's Corner	36SW2	Radinghem	50° 37.496'N 2° 53.067'E	O7
Mary House	12SW1	Nieuport	51° 09.332'N 2° 46.011'E	M17
Maryland Buildings	20SE2	Hooglede	50° 58.203'N 3° 09.002'E	R22
Mary's Bridge	28NE4	Dadizeele	50° 51.165'N 3° 08.092'E	L9
Mas Farm	20SW3	Oostvleteren	50° 54.947'N 2° 48.610'E	T20
Mascot Corner	20SW2	Zwartegat	50° 57.834'N 2° 54.875'E	O22
Mashie Cottage	20SE1	Staden	50° 58.313'N 3° 01.754'E	Q13
Masnières	57BNW3	Rumilly	50° 07.008'N 3° 12.634'E	G20
Masnil-Bouche	36B(44B) SE4	Carency	50° 23.586'N 2° 38.146'E	W10
Mason Cross Roads	20SE3	Westroosebeke	50° 56.379'N 2° 58.908'E	V3
Massenet Junction	20SW2	Zwartegat	50° 58.710'N 2° 56.359'E	O18
Massens Cross Roads	20SE1	Staden	50° 57.436'N 2° 57.317'E	P25
Mast Copse	28SE4	Ronq	50° 45.674'N 3° 08.488'E	X3
Mastadon Farm	12NE1	Clemskerke	51° 14.329'N 3° 02.481'E	E20
Masui Farm	20SW4	Bixschoote	50° 56.501'N 2° 50.049'E	T4
Masure Farm	36SW3	Richebourg	50° 33.981'N 2° 49.600'E	T14
Matador Farm	20NW4	Dixmunde	51° 00.746'N 2° 53.256'E	I20
Matawa Camp	28NW4	Ypres	50° 49.832'N 2° 51.358'E	H29
Match Spinney	28SE1	Wervicq	50° 48.389'N 3° 00.612'E	P11
Match Spinney	28SW2	Wytschaete	50° 48.368'N 3° 00.557'E	P11
Matelot Farm	20SE3	Westroosebeke	50° 56.137'N 2° 58.977'E	V9
Matelot Fork	20SE1	Staden	50° 59.525'N 2° 57.417'E	P2
Mater Mill	20SE2	Hooglede	50° 58.454'N 3° 10.026'E	R18
Mathew Copse	57DNE3+4	Hebuterne	50° 06.273'N 2° 39.284'E	K29

Matheys Farm	20SW1	Loo	50° 58.337'N 2° 45.496'E	M16
Mathiavel Farm	20NW4	Dixmunde	51° 01.311'N 2° 55.100'E	I17
Mathieu Copse	62CSE1	Bouvincourt	49° 52.476'N 3° 03.663'E	Q31
Matlock Fork	36NW1	Steenwerck	50° 40.897'N 2° 48.514'E	H1
Matron Farm	28SE2	Menin	50° 48.842'N 3° 08.589'E	R3
Mature Define Farm	36SW3	Richebourg	50° 33.378'N 2° 49.435'E	T20
Maucourt	66ENE2	Vrely	49° 47.547'N 2° 45.264'E	F24
Maucourt Wood	66DNW1	Punchy	49° 48.003'N 2° 45.498'E	A13
Maudite Farm	12SW3	Ramscappelle	51° 05.311'N 2° 46.509'E	S30
Maugre	36SE3	Seclin	50° 35.292'N 2° 57.774'E	P31
Mauquissart	36SW1	Aubers	50° 35.737'N 2° 47.382'E	M30
Maurepas Station	62CNW1	Maricourt	49° 59.149'N 2° 49.913'E	B13
Maurianne Farm	36ANE4	Merville	50° 39.010'N 2° 42.215'E	L22
Maurice Copse	62CSW3	Vermandovillers	49° 50.763'N 2° 46.434'E	S14
Mauser Cottages	28NW2	St Julien	50° 53.291'N 2° 53.163'E	C14
Mauville Farm	51BNW2	Oppy	50° 20.540'N 2° 56.224'E	C16
Mavis Farm	20SE2	Hooglede	50° 59.748'N 3° 07.359'E	R2
Mawes Farm	20SE1	Staden	50° 59.649'N 2° 58.775'E	P3
Mawson House	28NW1	Elverdinghe	50° 51.740'N 2° 49.295'E	H3
Max Wood	20SW4	Bixschoote	50° 56.275'N 2° 52.670'E	U1
Maxim Farm	12NE3	Oudenburg	51° 13.069'N 3° 02.021'E	K2
Maximes	28SW4	Ploegsteert	50° 44.440'N 2° 54.516'E	U21
Maxwell Park	28SE3	Comines	50° 45.331'N 2° 58.315'E	V8
May Copse	57BSW4	Serain	50° 01.504'N 3° 24.483'E	U24
May Copse	62CNE2	Epéhy	49° 59.725'N 3° 09.237'E	F9
May Farm	28SE1	Wervicq	50° 48.667'N 2° 57.545'E	P1
May Farm	28SW2	Wytschaete	50° 48.666'N 2° 57.548'E	P1
Mayall House	20SE4	Roulers	50° 55.316'N 3° 05.980'E	W23
Maybury Farm	20SE4	Roulers	50° 57.040'N 3° 04.969'E	Q35
Mayo Corner	28NW3	Poperinghe	50° 50.483'N 2° 44.459'E	G14
Mayot	66CSW2	Vendeuil	49° 42.209'N 3° 23.151'E	O27
Mayot Fort	66CSW2	Vendeuil	49° 42.660'N 3° 25.101'E	O24
Mazancourt	62CSW4	St. Christ	49° 51.012'N 2° 52.605'E	T10
Mazancourt Wood	62CSW4	St. Christ	49° 50.703'N 2° 52.171'E	T16
Mazarin Cross Roads	20SW2	Zwartegat	50° 57.445'N 2° 55.931'E	O29
Mazarin Farm	20SW2	Zwartegat	50° 57.217'N 2° 52.905'E	O26
Mazeppa Farm	20SW4	Bixschoote	50° 56.443'N 2° 52.781'E	U1
Mazeppa Wood	62BSW2	Fonsommes	49° 53.228'N 3° 20.678'E	N30
Mazingarbe	36B(44B) NE4	Noex-les-Mines	50° 28.318'N 2° 43.061'E	L23
McCulloch Farm	20SE3	Westroosebeke	50° 55.283'N 3° 02.399'E	W20
Mclean Post	57CSE4	Villers-Guislain	50° 00.554'N 3° 07.326'E	W30
McPhee Post	57CSE4	Villers-Guislain	50° 00.836'N 3° 07.340'E	W30
McVitie Farm	28NE4	Dadizeele	50° 51.612'N 3° 04.524'E	K4
Mead Farm	12NE1	Clemskerke	51° 13.418'N 2° 59.807'E	J5
Meade Copse	20SE2	Hooglede	50° 59.408'N 3° 04.827'E	Q5
Meadow Farm	12NE3	Oudenburg	51° 13.063'N 3° 00.409'E	J6
Mealie Farm	12NE1	Clemskerke	51° 13.372'N 2° 59.622'E	J5
Mean Wood	66DNW3	Hattencourt	49° 44.639'N 2° 48.259'E	G29
Meath Farm	28NW3	Poperinghe	50° 48.896'N 2° 46.753'E	G35
Méaulte	62DNE2	Méaulte	49° 59.010'N 2° 39.777'E	E17
Mebus Copse	28SE1	Wervicq	50° 48.585'N 2° 59.660'E	P4
Mecca Cross	28SE4	Ronq	50° 44.223'N 3° 08.351'E	X21
Mechel hof	12SW2	Slype	51° 10.011'N 2° 53.178'E	O2
Medical Farm	20SE4	Roulers	50° 55.911'N 3° 06.714'E	X7
Medium Traffic Bridge	57CSE3	Sorel-le-Grand	50° 01.254'N 2° 58.804'E	V19
Medoc Farms	28NW3	Poperinghe	50° 49.203'N 2° 46.932'E	G36
Meersch Farm	12SW3	Ramscappelle	51° 05.524'N 2° 44.440'E	S21
Meerut House	27NE3	Winnezeele	50° 49.443'N 2° 36.260'E	K27
Meetcheele	28NE1	Zonnebeke	50° 54.139'N 3° 00.380'E	D5
Meetkerke	12NE2	Houttave	51° 14.117'N 3° 09.098'E	F23
Mehari Wood No1	66ENE2	Vrely	49° 47.693'N 2° 44.150'E	F22
Mehari Wood No2	66ENE2	Vrely	49° 47.654'N 2° 44.207'E	F22

Méharicourt	66ENE2	Vrely	49° 47.922'N 2° 43.897'E	F22
Meiboom Inn	20SW3	Oostvleteren	50° 54.728'N 2° 46.343'E	S23
Meiboomhoek	20SE2	Hooglede	50° 57.993'N 3° 05.562'E	Q24
Meister Farm	20SE2	Hooglede	50° 57.495'N 3° 05.791'E	Q30
Melaene Inn	20SW2	Zwartegat	50° 57.277'N 2° 54.528'E	O28
Mellins Farm	27SE4	Meteren	50° 45.259'N 2° 37.438'E	W4
Mellis Farm	20SW3	Oostvleteren	50° 55.435'N 2° 47.193'E	S18
Mellow Farm	28NE2	Moorslede	50° 54.202'N 3° 08.849'E	F4
Melody Buildings	28NE2	Moorslede	50° 54.211'N 3° 08.275'E	F3
Melon Copse	28NW3	Poperinghe	50° 49.787'N 2° 48.989'E	H26
Melon Farm	28NW3	Poperinghe	50° 49.762'N 2° 48.795'E	H26
Melton Copse	27NE4	Abeele	50° 51.016'N 2° 40.394'E	L8
Melton Fork	27NE4	Abeele	50° 50.861'N 2° 40.531'E	L9
Memling Farm	20SE3	Westroosebeke	50° 55.885'N 2° 57.763'E	V8
Memnon House	28SE4	Ronq	50° 44.102'N 3° 06.349'E	W24
Memo Farm	28SE4	Ronq	50° 44.468'N 3° 06.779'E	X19
Menapiens Farm	20NE3	Zarren	51° 00.109'N 2° 59.165'E	J34
Mendicants Cross Roads	20SE1	Staden	50° 57.819'N 3° 01.950'E	Q19
Mendoza Tractor Yard	20SW3	Oostvleteren	50° 54.554'N 2° 49.408'E	T27
Menham Cross	27NE4	Abeele	50° 48.793'N 2° 38.100'E	K35
Menin	28SE2	Menin	50° 47.657'N 3° 07.346'E	R14
Menin Gate	28NW4	Zillebeke	50° 51.110'N 2° 53.434'E	I8
Menu Copse	51BNW4	Fampoux	50° 16.756'N 2° 57.838'E	I36
Meraucourt	62CSE3	Athies	49° 51.469'N 3° 02.792'E	V12
Mercatel	51BSW1	Neuville Vitasse	50° 14.082'N 2° 47.680'E	M29
Mercedes Copse	62CNE3	Buire	49° 56.124'N 3° 00.483'E	J21
Merckem	20SW2	Zwartegat	50° 57.292'N 2° 50.957'E	N29
Mere Farm	36ANE2	Vieux Berquin	50° 42.206'N 2° 37.107'E	E16
Mereaucourt Wood	62CNW3	Vaux	49° 56.323'N 2° 50.191'E	H20
Mericourt	36C(44A) SW4	Rouvroy	50° 24.102'N 2° 52.021'E	T5
Mericourt	62BNW4	Ramicourt	49° 56.358'N 3° 23.238'E	I22
Merie Vede Farm	20SW3	Oostvleteren	50° 56.835'N 2° 46.831'E	M36
Meringue Farm	36ANE1	Morbecque	50° 41.095'N 2° 31.685'E	D27
Merle Brewery	28NE2	Moorslede	50° 53.951'N 3° 06.873'E	F7
Merling Farm	28NE2	Moorslede	50° 54.213'N 3° 06.843'E	F1
Mermaid House	28SW1	Kemmel	50° 47.407'N 2° 47.194'E	M18
Merope Wood	66CNW4	Berthenicourt	49° 46.124'N 3° 23.758'E	I16
Merrimac Farm	27NE3	Winnezeele	50° 49.115'N 2° 29.909'E	J25
Merris	36ANE2	Vieux Berquin	50° 42.943'N 2° 39.662'E	F1
Merry Mill	28NE4	Dadizeele	50° 51.267'N 3° 05.545'E	K12
Merschhoek	27NE3	Winnezeele	50° 49.753'N 2° 30.072'E	J19
Mersey Cross	28NW3	Poperinghe	50° 49.890'N 2° 46.352'E	G23
Merton Mill	36NW1	Steenwerck	50° 42.634'N 2° 49.223'E	B8
Merville	36ANE4	Merville	50° 38.536'N 2° 38.308'E	K29
Merville Old Mill	62BNW3	Bellicourt	49° 55.875'N 3° 17.383'E	H26
Mesnil	57DSE1 & 2	Beaumont	50° 03.206'N 2° 38.864'E	Q28
Mesnil St. Laurent	62BSW4	Homblieres	49° 49.842'N 3° 21.497'E	U25
Mesnil-le-Petit	66DNW4	Nesle	49° 46.554'N 2° 54.458'E	I7
Mesnil-St. Laurent	66CNW2	Itancourt	49° 49.726'N 3° 21.265'E	C1
Mesnil-St.-Nicaise	66DNW4	Nesle	49° 46.703'N 2° 55.245'E	I2
Mesplaux	36ASE4	Locon	50° 33.892'N 2° 40.803'E	X14
Mesplaux E Post	36ASE4	Locon	50° 33.943'N 2° 41.641'E	X15
Mesplaux N Post	36ASE4	Locon	50° 34.281'N 2° 41.114'E	X8
Messchhouck	27SE2	Berthen	50° 46.462'N 2° 41.392'E	R27
Messéan Mill	36NW1	Steenwerck	50° 41.621'N 2° 47.198'E	A24
Messenger Corner	20SW2	Zwartegat	50° 58.587'N 2° 52.450'E	O13
Messidor Wood	66CNW2	Itancourt	49° 48.645'N 3° 22.677'E	C15
Messines	28SW4	Ploegsteert	50° 45.845'N 2° 53.963'E	U2
Metal Farm	20NW4	Dixmunde	51° 00.606'N 2° 55.132'E	I29
Meteren	27SE4	Meteren	50° 44.394'N 2° 41.457'E	X15
Meteren Veld	27SE4	Meteren	50° 44.217'N 2° 41.909'E	X22
Methuen Wood	28NE4	Dadizeele	50° 50.325'N 3° 04.695'E	K22

Name	Map	Location	Coordinates	Ref
Metre Buildings	28NE2	Moorslede	50° 52.645'N 3° 09.051'E	F22
Metz en-Coutre	57CSE1	Bertincourt	50° 04.120'N 3° 03.689'E	Q19
Meudon Wood	62CSW2	Barleux	49° 54.311'N 2° 52.606'E	N11
Meulehouck	28SW3	Bailleul	50° 45.669'N 2° 43.954'E	S2
Meules Farm	20SW3	Oostvleteren	50° 56.528'N 2° 48.624'E	T2
Meulewalle	27SE2	Berthen	50° 47.402'N 2° 37.763'E	Q17
Meunier House	20SE3 & 28NE1-3	Poelcappelle	50° 55.066'N 2° 58.004'E	V20
Meuniers	36NW1	Steenwerck	50° 42.638'N 2° 48.155'E	B8
Meunlken Farm	20SW2	Zwartegat	50° 57.104'N 2° 56.533'E	O36
Meunynck Farm	27NE1	Herzeele	50° 53.146'N 2° 35.362'E	E8
Meurchin	36C(44A) NW4	Pont-à-Vendin	50° 29.723'N 2° 53.363'E	I7
Meurigny Wood	57BSW2	Clary	50° 05.981'N 3° 23.343'E	O4
Meurillon	36ANE4	Merville	50° 38.189'N 2° 39.494'E	L31
Meuse Bridge	36ANE4	Merville	50° 38.529'N 2° 43.348'E	L29
Meute Cross Roads	20SE1	Staden	50° 58.179'N 2° 58.503'E	P21
Meyerbeer Cross Roads	20SW2	Zwartegat	50° 58.363'N 2° 54.612'E	O16
Mezières Copse	57BSW1	Bantouzelle	50° 04.466'N 3° 16.775'E	N20
Mezières Farm	57BSW1	Bantouzelle	50° 04.336'N 3° 16.726'E	N20
Mézières sur-Oise	66CNW4	Berthenicourt	49° 46.928'N 3° 24.102'E	I11
Mica Farm	27NE2	Proven	50° 51.987'N 2° 36.854'E	E28
Michel Farm	28NW1	Elverdinghe	50° 53.497'N 2° 49.545'E	B9
Mick Buildings	28NE2	Moorslede	50° 52.367'N 3° 07.086'E	F26
Micmac Camp	28NW3	Poperinghe	50° 49.121'N 2° 48.193'E	H31
Micmac Farm	28NW3	Poperinghe	50° 49.033'N 2° 48.216'E	H31
Middle Bridge	36ASE1	St. Venant	50° 37.727'N 2° 33.678'E	P5
Middle Copse	20SE3	Westroosebeke	50° 55.053'N 2° 59.609'E	V22
Middle Copse	57BSW1	Bantouzelle	50° 04.032'N 3° 17.362'E	N20
Middle Copse	57CSW3	Longueval	50° 01.201'N 2° 51.252'E	N21
Middle Farm	28SW2	Wytschaete	50° 48.726'N 2° 52.304'E	N6
Middle Farm	28SW2	Wytschaete	50° 46.263'N 2° 53.261'E	O32
Middle Wood	57DSE4	Ovillers	50° 01.748'N 2° 44.811'E	X12
Middlefiwld Cross Roads	20SE4	Roulers	50° 55.281'N 3° 08.432'E	X21
Middlekerke	12NW3 & 4	Middlekerke	51° 11.077'N 2° 49.224'E	H27
Middlekerke Bains	12NW3 & 4	Middlekerke	51° 11.298'N 2° 48.818'E	H27
Middy Copse	62CSW4	St. Christ	49° 50.602'N 2° 52.542'E	T16
Midge Farm	28SW2	Wytschaete	50° 47.373'N 2° 56.280'E	O24
Midge Farm	28SW2	Wytschaete	50° 47.376'N 2° 56.279'E	O24
Mieg Wood	66DNW1	Punchy	49° 48.886'N 2° 46.931'E	A9
Might Mill	20SE2	Hooglede	50° 58.453'N 3° 08.361'E	R15
Mike Farm	20SE1	Staden	50° 58.346'N 3° 01.738'E	P18
Military Hospital	12NE1	Clemskerke	51° 14.412'N 2° 56.449'E	D19
Military Hospital	12NE1	Clemskerke	51° 14.284'N 2° 56.328'E	D19
Milky Way	28SW1	Kemmel	50° 47.992'N 2° 48.988'E	N8
Milky Way Siding	28SW1	Kemmel	50° 47.789'N 2° 49.188'E	N14
Milkyway Junction	28SW1	Kemmel	50° 47.917'N 2° 49.181'E	N7
Mill Miraumont	57DSE2+57CSW1	Le Sars	50° 05.279'N 2° 43.503'E	R4
Mill Near Ryweld	27NE3	Winnezeele	50° 49.373'N 2° 31.848'E	J27
Mill Albert	62DNE2	Méaulte	49° 59.826'N 2° 38.798'E	E4
Mill Arkmolen	28NE4	Dadizeele	50° 50.785'N 3° 04.458'E	K16
Mill at Shelleys Farm	20SE2	Hooglede	50° 57.195'N 3° 09.153'E	R34
Mill Athies	62CSW4	St. Christ	49° 51.174'N 2° 58.510'E	O12
Mill Authuille	57DSE4	Ovillers	50° 02.734'N 2° 40.028'E	Q36
Mill Bapaume	57CNW3	Bapaume	50° 06.150'N 2° 50.779'E	H33
Mill Berthenicourt	66CNW4	Berthenicourt	49° 46.244'N 3° 23.136'E	I15
Mill Clercken	20NW4	Dixmunde	50° 59.805'N 2° 54.534'E	I34
Mill Clercken	20NW4	Dixmunde	50° 59.707'N 2° 55.060'E	I34
Mill Cortemarck	20NE3	Zarren	51° 01.663'N 3° 02.434'E	K14
Mill Courchelettes	51BNE1	Brébières	50° 20.596'N 3° 03.435'E	E14
Mill De Ruiter	20SE4	Roulers	50° 55.871'N 3° 05.493'E	W12
Mill Dixmude	20NW4	Dixmunde	51° 01.895'N 2° 51.704'E	H12
Mill Dixmude	20NW4	Dixmunde	51° 01.883'N 2° 52.086'E	I7
Mill Dixmude	20NW4	Dixmunde	51° 01.978'N 2° 52.287'E	I7

Mill East of Dompierre	62CSW1	Dompierre	49° 54.410'N 2° 49.270'E	M6
Mill East of Hamel	57DSE1 & 2	Beaumont	50° 03.873'N 2° 40.206'E	Q24
Mill Ecoivres	51CNE2	Ecoivres	50° 20.539'N 2° 40.198'E	F13
Mill Ennemain	62CSW4	St. Christ	49° 50.938'N 2° 57.830'E	O17
Mill Fbg. St. Sépulcre	57BNW1	Cambrai	50° 10.081'N 3° 13.110'E	A15
Mill Fbg. St. Sépulcre	57BNW1	Cambrai	50° 10.177'N 3° 13.224'E	A15
Mill Feuillaucourt	62CNW4	Peronne	49° 57.371'N 2° 55.704'E	I9
Mill Gœulzin	51BNE4	Cantin	50° 18.918'N 3° 05.412'E	K10
Mill Gouves	51CNE4	Wagnonlieu	50° 18.050'N 2° 38.296'E	K16
Mill Hooghe	20SE2	Hooglede	50° 58.926'N 3° 04.047'E	Q10
Mill In Ruins	57CSW1	Guedecourt	50° 03.341'N 2° 46.122'E	M27
Mill in ruins	62CSW3	Vermandovillers	49° 51.333'N 2° 48.401'E	S11
Mill Kruisstraat	20NE3	Zarren	51° 00.635'N 3° 00.447'E	J29
Mill la Motte au Bois	36ANE1	Morbecque	50° 40.972'N 2° 34.303'E	D30
Mill Loobrugge	20SW1	Loo	50° 58.825'N 2° 44.478'E	M9
Mill Middlekerke	12NW3 & 4	Middlekerke	51° 11.104'N 2° 49.387'E	H28
Mill Near Béthencourt	66DNW2	Morchain	49° 47.725'N 2° 58.033'E	C23
Mill Near Breedene	12NE1	Clemskerke	51° 13.978'N 2° 58.387'E	D21
Mill Near Chapelle Bridge	12NE2	Houttave	51° 13.819'N 3° 09.600'E	F30
Mill Near Cuinchy	36C(44A) NW1	LaBassee	50° 30.854'N 2° 45.813'E	A21
Mill Near De Haan	4SE 3 & 4	Wenduyne	51° 16.212'N 3° 02.328'E	W26
Mill Near Eikhoek	20SW3	Oostvleteren	50° 54.829'N 2° 44.278'E	S20
Mill Near Ettelghem	12NE3	Oudenburg	51° 10.880'N 3° 01.553'E	K31
Mill Near Ettelghem	12NE3	Oudenburg	51° 10.730'N 3° 01.850'E	K32
Mill Near Handzaeme	20NE3	Zarren	51° 01.726'N 2° 59.985'E	J11
Mill Near Haut Bridge	20NW4	Dixmunde	51° 02.039'N 2° 50.949'E	H11
Mill Near Helmaman's Fork	20NE3	Zarren	51° 00.697'N 2° 57.661'E	J26
Mill Near Jabbeke	12NE4	Jabbeke	51° 10.891'N 3° 05.024'E	K36
Mill Near Jabbeke	12NE4	Jabbeke	51° 10.893'N 3° 05.284'E	K36
Mill Near Joncourt	62BNW3	Bellicourt	49° 57.498'N 3° 17.711'E	H9
Mill Near Kautermolen	20NE3	Zarren	51° 02.007'N 3° 01.773'E	K7
Mill Near la Boutillerie	36SW2	Radinghem	50° 37.823'N 2° 50.679'E	N4
Mill Near Leffinghe	12NE2 & 4	Ostende	51° 10.642'N 2° 52.709'E	I32
Mill Near Loutre Farm	20NW4	Dixmunde	51° 00.330'N 2° 52.197'E	I25
Mill Near Nieppe	36NW2	Armentieres	50° 42.817'N 2° 52.234'E	B16
Mill Near Noordhoek	20SW3	Oostvleteren	50° 54.878'N 2° 47.347'E	S24
Mill Near Roninghe	20SW3	Oostvleteren	50° 56.690'N 2° 47.417'E	N31
Mill Near Stalhille	12NE4	Jabbeke	51° 12.735'N 3° 04.376'E	K11
Mill Near Telegraph Farm	20NE3	Zarren	51° 00.629'N 2° 59.399'E	J28
Mill Near Travecy	66CSW4	La Fere	49° 41.413'N 3° 21.906'E	U2
Mill Near Varssenaere	12NE4	Jabbeke	51° 11.368'N 3° 09.006'E	L29
Mill Near Vimy	36C(44A) SW3	Vimy	50° 22.005'N 2°49.105'E	T25
Mill Near Vitry-en-Artois	51BNE1	Brébières	50° 19.527'N 2° 59.383'E	J2
Mill Near Wercken	20NE3	Zarren	51° 01.973'N 2° 57.514'E	J8
Mill Near Wercken	20NE3	Zarren	51° 01.881'N 2° 57.617'E	J8
Mill Near Zandvoorde Bridge	12NE3	Oudenburg	51° 11.312'N 2° 59.567'E	J29
Mill Near Zarren	20NE3	Zarren	51° 01.040'N 2° 57.390'E	J19
Mill North East of Agnez les Duisans	51CNE4	Wagnonlieu	50° 18.752'N 2° 39.819'E	K12
Mill North East of Martinpuich	57DSE2+57CSW1	Le Sars	50° 03.341'N 2° 46.122'E	M27
Mill North East of MeetKerke	12NE2	Houttave	51° 14.363'N 3° 09.555'E	F23
Mill North of Bell Farm	20SE3	Westroosebeke	50° 56.362'N 2° 58.417'E	V3
Mill North of Hamégicourt	66CNW4	Berthenicourt	49° 45.052'N 3° 22.833'E	I27
Mill North of Serain	57BSW4	Serain	50° 02.038'N 3° 22.004'E	U14
Mill North of Thélus	51BNW1	Roclincourt	50° 21.604'N 2° 48.062'E	A6
Mill North West of Houttave	12NE2	Houttave	51° 13.751'N 3° 09.573'E	F20
Mill North West of Kalsyde Bridge	12NE2 & 4	Ostende	51° 10.755'N 2° 54.410'E	I34
Mill North West of Manor Farm	12NE1	Clemskerke	51° 14.558'N 2° 57.298'E	D14
Mill Ruins	51BNW1	Roclincourt	50° 20.599'N 2° 50.867'E	B15
Mill Ruins	51BSW4	Bullecourt	50° 13.177'N 2° 55.921'E	U4
Mill Ruins	62CNE4	Roisel	49° 55.325'N 3° 10.392'E	L34
Mill Sains-lez-Marquiory	51BSE3	Cagnicourt	50° 11.683'N 3° 04.207'E	W26
Mill Site of	57BSW3	Honnecourt	50° 01.685'N 3° 16.935'E	T14

Name	Sheet	Location	Coordinates	Ref
Mill Site of	57BSW3	Honnecourt	50° 01.426'N 3° 16.565'E	T19
Mill Site of	57BSW3	Honnecourt	50° 01.428'N 3° 17.355'E	T20
Mill Site of	57BSW3	Honnecourt	50° 01.368'N 3° 17.193'E	T20
Mill Site of	57CSW1	Guedecourt	50° 04.039'N 2° 47.571'E	M22
Mill Site of	62CSE2	Vermand	49° 52.794'N 3° 10.361'E	R28
Mill Smisken	4SE 2 & 4	Blankenberghe	51° 16.029'N 3° 05.798'E	X25
Mill South East of Clemskerke	12NE1	Clemskerke	51° 14.388'N 3° 01.613'E	E19
Mill South East of La Sars	57DSE2+57CSW1	Le Sars	50° 04.039'N 2° 47.567'E	M22
Mill South East of Neuville-St-Vaast	51BNW1	Roclincourt	50° 21.112'N 2° 46.483'E	A10
Mill South of Avelu	57BSW4	Serain	50° 02.114'N 3° 24.063'E	U11
Mill South of Beaucourt-sur-Ancre	57DSE1 & 2	Beaumont	50° 04.470'N 2° 40.783'E	R13
Mill South of Morlemont	66DNW4	Nesle	49° 45.709'N 2° 53.749'E	H18
Mill South of Pollinchove	20SW1	Loo	50° 57.886'N 2° 43.802'E	M20
Mill South West of Montigny	57BSW2	Clary	50° 05.133'N 3° 24.265'E	O11
Mill Southy of Courchelettes	51BNE1	Brébières	50° 20.468'N 3° 03.860'E	E20
Mill Stadenberg	20SE1	Staden	50° 57.719'N 2° 59.974'E	P29
Mill West of Brie	62CSW2	Barleux	49° 52.589'N 2° 55.343'E	O26
Mill West of Shack Farm	12NE1	Clemskerke	51° 15.281'N 2° 59.603'E	D11
Mill Wilskerke	12NW3 & 4	Middlekerke	51° 10.712'N 2° 50.144'E	H35
Mill Woumen	20NW4	Dixmunde	50° 59.960'N 2° 52.369'E	I31
Mill Wulpen	11SE4	No Edition 0617	51° 06.242'N 2° 41.856'E	X17
Mill Copse	51BSE2	Oisy-le-Verger	50° 14.932'N 3° 05.792'E	Q23
Mill Copse	51BSW3	Boisleux	50° 11.479'N 2° 51.007'E	T27
Mill Cottages	28NW2	St Julien	50° 51.790'N 2° 55.354'E	I5
Mill Cross	57CNW4	Beugny	50° 06.484'N 2° 55.231'E	I27
Mill Farm	57CSE1	Bertincourt	50° 04.340'N 3° 02.737'E	P24
Mill Farm	66CSW2	Vendeuil	49° 44.306'N 3° 19.071'E	N4
Mill Hill	27SE1	St Sylvestre	50° 47.810'N 2° 30.510'E	P7
Mill House	28NE2	Moorslede	50° 52.546'N 3° 06.985'E	F19
Mill Ridge	62BNW3	Bellicourt	49° 57.502'N 3° 17.265'E	H8
Mill Spinney	62CNE4	Roisel	49° 55.484'N 3° 10.737'E	L34
Mill Wood	57BSW2	Clary	50° 03.737'N 3° 20.003'E	N30
Mill x 2 South East of Shack Farm	12NE1	Clemskerke	51° 15.048'N 3° 00.299'E	D12
Mille-Kapelleken Farm	28NW3	Poperinghe	50° 49.988'N 2° 48.281'E	H19
Millekruisse	28SW1	Kemmel	50° 48.360'N 2° 48.608'E	N2
Millers Houses	20SE3	Westroosebeke	50° 55.687'N 2° 56.948'E	V13
Millet Mill	28NE2	Moorslede	50° 53.035'N 3° 09.529'E	F17
Milleu Chateau	20SW2	Zwartegat	50° 58.251'N 2° 56.707'E	O18
Milner Lodge	36NW1	Steenwerck	50° 41.745'N 2° 50.111'E	B21
Milo Wood	66CNW2	Itancourt	49° 49.000'N 3° 23.577'E	C10
Miloieu Copse	62CNE3	Buire	49° 55.092'N 3° 03.423'E	K31
Miltary Hospital Lille	36SE1	Haubourdin	50° 38.065'N 3° 03.605'E	Q3
Milton Copse	20SE2	Hooglede	50° 57.305'N 3° 09.676'E	R35
Mimico Sidings?	28NW4	Ypres	50° 50.501'N 2° 52.801'E	H18
Mimosa House	12SW1	Nieuport	51° 08.772'N 2° 46.041'E	M23
Mimsey Wood	62CNW1	Maricourt	49° 57.661'N 2° 49.929'E	H1
Min Carlin	28SW4	Ploegsteert	50° 44.660'N 2° 55.148'E	U17
Min de Bouvigny	36B(44B) SE2	Boyeffles	50° 25.043'N 2° 39.675'E	Q30
Min d'en Haut In Ruins	51BSE3	Cagnicourt	50° 12.731'N 3° 01.601'E	V11
Min Fourneaux	36NW3	Fleurbaix	50° 39.343'N 2° 46.369'E	G22
Min Topart	36B(44B) SE4	Carency	50° 23.225'N 2° 41.293'E	X8
Min. de l'Hospice	28SW4	Ploegsteert	50° 45.904'N 2° 53.360'E	U2
Mine	36SE1	Haubourdin	50° 37.603'N 2° 57.474'E	P7
Mine Copse	28NE2	Moorslede	50° 53.249'N 3° 08.228'E	F15
Mine House	12SW1	Nieuport	51° 08.850'N 2° 45.849'E	M23
Mine House	28NE2	Moorslede	50° 53.211'N 3° 08.206'E	F15
Minehead Sap	36C(44A) NW1	LaBassee	50° 30.534'N 2° 45.792'E	A27
Ming Mill	20SE2	Hooglede	50° 57.488'N 3° 04.750'E	Q29
Minion Wood	62BSW2	Fonsommes	49° 52.591'N 3° 24.029'E	O35
Minories	12NW3 & 4	Middlekerke	51° 10.830'N 2° 49.854'E	H34
Minotaure Farm	20NW4	Dixmunde	51° 01.595'N 2° 54.898'E	I16
Minstrel Cross Roads	28NE2	Moorslede	50° 54.131'N 3° 08.271'E	F3

Mint Copse	20SE2	Hooglede	50° 58.952'N 3° 08.280'E	R9
Mint Copse	28SE1	Wervicq	50° 48.633'N 2° 59.959'E	P4
Mint Copse	62BNW1	Gouy	49° 58.715'N 3° 16.090'E	B19
Minto Farm	36NW1	Steenwerck	50° 42.389'N 2° 46.880'E	A17
Minver Buildings	20SE1	Staden	50° 58.044'N 3° 00.348'E	P23
Minx	36B(44B) NE2	Beuvry	50° 29.895'N 2° 38.844'E	K5
Minx Copse	20SE1	Staden	50° 58.735'N 3° 03.226'E	Q15
Miracle Farm	28NE2	Moorslede	50° 52.469'N 3° 07.530'E	F26
Miraumont	57DNE4 & 5	Achiet	50° 05.597'N 2° 43.894'E	L35
Mire Farm	36NW1	Steenwerck	50° 42.527'N 2° 46.945'E	A11
Mirtle Mill	20SE1	Staden	50° 58.321'N 3° 00.888'E	P18
Misery	62CSW4	St. Christ	49° 50.879'N 2° 53.235'E	T17
Miskin Farm	28NE4	Dadizeele	50° 49.118'N 3° 08.105'E	L33
Mispelaereik	20SE1	Staden	50° 58.973'N 3° 00.452'E	P11
Mispelburg Inn	12NE1	Clemskerke	51° 15.583'N 3° 00.527'E	D6
Mispelt Farm	20SE1	Staden	50° 59.128'N 3° 00.932'E	P12
Missancourt	70DNW2	Servais	49° 37.317'N 3° 24.743'E	C23
Mission Buildings	28NE4	Dadizeele	50° 51.605'N 3° 07.046'E	L1
Mission Farm	28NW1	Elverdinghe	50° 51.863'N 2° 49.161'E	B27
Mission Junction	28NW1	Elverdinghe	50° 51.823'N 2° 49.576'E	B27
Mission Sidings	28NW1	Elverdinghe	50° 51.818'N 2° 49.231'E	B27
Mistral Farm	20NE3	Zarren	51° 02.249'N 2° 58.124'E	J2
Mistress Wood	62BSW4	Homblieres	49° 52.522'N 3° 21.549'E	O31
Mit Cottage	36NW1	Steenwerck	50° 42.789'N 2° 46.913'E	A11
Mitchells Farm	28NE1	Zonnebeke	50° 52.421'N 2° 57.750'E	D20
Mitrailleurs Farm	28NW1	Elverdinghe	50° 54.124'N 2° 49.057'E	B3
Mitre Copse	62CSW4	St. Christ	49° 50.208'N 2° 52.585'E	T22
Mizen Farm	27NE4	Abeele	50° 50.061'N 2° 38.322'E	K24
Mizpah	36ANE3	Haverskerque	50° 37.893'N 2° 31.476'E	J32
Mo. Mahon Farm	28NW2	St Julien	50° 52.609'N 2° 50.591'E	B22
Moa Farm	28SW4	Ploegsteert	50° 45.646'N 2° 55.410'E	U4
Moat Copse	62BSW2	Fonsommes	49° 52.866'N 3° 22.435'E	O27
Moat Farm	28SE1	Wervicq	50° 48.881'N 2° 57.697'E	P1
Moat Farm	28SW2	Wytschaete	50° 48.877'N 2° 57.691'E	P1
Moat Farm	36NW4	Bois Grenier	50° 39.028'N 2° 52.682'E	I25
Moat Gun Spur	28NW4	Zillebeke	50° 50.608'N 2° 53.007'E	I13
Moated Farm	28SW4	Ploegsteert	50° 44.491'N 2° 54.141'E	U15
Moated Grange	28NW4	Zillebeke	50° 50.551'N 2° 54.903'E	I16
Moated Grange	28SW2	Wytschaete	50° 48.706'N 2° 52.597'E	O1
Moated Grange	36ANE3	Haverskerque	50° 38.523'N 2° 36.148'E	K26
Moberley House	12NW3 & 4	Middlekerke	51° 10.807'N 2° 50.977'E	H36
Mobray Wood	28SW1	Kemmel	50° 46.182'N 2° 46.290'E	M35
Modder Camp	28NW2	St Julien	50° 53.043'N 2° 51.373'E	B17
Modder Farm	28NW2	St Julien	50° 52.917'N 2° 51.359'E	B17
Model Farm	28NE2	Moorslede	50° 52.349'N 3° 09.945'E	F29
Moer Farm	20SW3	Oostvleteren	50° 55.609'N 2° 48.485'E	I14
Mœuvres	57CNE1	Queant	50° 09.822'N 3° 03.923'E	E14
Mogg Farm	28NE2	Moorslede	50° 52.370'N 3° 07.236'E	F26
Moggs Hole	36SW3	Richebourg	50° 35.144'N 2° 46.588'E	M35
Moise Wood	66DNW3	Hattencourt	49° 45.435'N 2° 47.681'E	G22
Moislains	62CNW2	Bouchavesnes	49° 59.156'N 2° 57.934'E	C18
Moislains Wood	62CNW2	Bouchavesnes	49° 59.850'N 2° 56.671'E	C10
Molar Cottage	28NE2	Moorslede	50° 52.963'N 3° 08.956'E	F22
Molder Gerome Farm	20SW3	Oostvleteren	50° 54.274'N 2° 45.043'E	S27
Mole Copse	20SE4	Roulers	50° 55.677'N 3° 04.229'E	W16
Mole Keep	36SW3	Richebourg	50° 34.360'N 2° 46.299'E	S10
Moleghem Farms	36ANE2	Vieux Berquin	50° 42.438'N 2° 37.151'E	E10
Molenaarelsthoek	28NE1	Zonnebeke	50° 51.870'N 2° 59.958'E	J4
Molenhoek	28NE3	Gheluvelt	50° 51.136'N 3° 01.785'E	K7
Molenhoek	28NE3	Gheluvelt	50° 49.794'N 3° 03.330'E	K27
Molenhoek Mill	12NE3	Oudenburg	51° 12.098'N 2° 58.677'E	J16
Molentje	20NE4	Lichtervelde	51° 02.023'N 3° 09.518'E	6571

Moliere Cross Roads	20NE3	Zarren	51° 01.997'N 2° 59.482'E	J10
Mollendachesdhuur Farm	28SW2	Wytschaete	50° 47.841'N 2° 52.123'E	N18
Mon Bulgare	20SE3 & 28NE1-3	Poelcappelle	50° 54.034'N 2° 55.619'E	C5
Mon Bulgare	28NW2	St Julien	50° 54.036'N 2° 55.623'E	C5
Mon de Rasta	20SE3 & 28NE1-3	Poelcappelle	50° 54.114'N 2° 55.753'E	C5
Mon du Hibou	20SE3 & 28NE1-3	Poelcappelle	50° 53.923'N 2° 56.139'E	C6
Mon du Hibou	28NW2	St Julien	50° 53.392'N 2° 56.134'E	C6
Mon Farm	28NE2	Moorslede	50° 53.152'N 3° 06.569'E	F13
Mon Idée	36C(44A) NW4	Pont-à-Vendin	50° 27.542'N 2° 53.438'E	I31
Mon Neuve	57BNW1	Cambrai	50° 08.719'N 3° 16.121'E	H1
Mon Plaisir Farm	57BNW3	Rumilly	50° 06.626'N 3° 13.543'E	G27
Mon Rouge	51BNW3	Arras	50° 18.409'N 2° 45.882'E	G9
Mon. Du Rasta	28NW2	St Julien	50° 54.109'N 2° 55.594'E	C5
Monacu	62CNW3	Vaux	49° 57.242'N 2° 51.091'E	H9
Monastery	27SE2	Berthen	50° 47.095'N 2° 39.914'E	R19
Monchy Mill South	57DNE 1&2	Fonquevillers	50° 10.455'N 2° 38.876'E	E4
Monchy Mill South	57DNE2	Essarts	50° 10.455'N 2° 38.876'E	E4
Monchy-au-Bois	57DNE 1&2	Fonquevillers	50° 10.794'N 2° 39.479'E	E5
Monchy-au-Bois	57DNE2	Essarts	50° 10.794'N 2° 39.479'E	E5
Monchy-Legache	62CSE3	Athies	49° 51.231'N 3° 02.697'E	V12
Monchy-le-Preux In Ruins	51BSW2	Vis-en-Artois	50° 16.234'N 2° 53.577'E	O1
Mondore Farm	36ASE4	Locon	50° 32.955'N 2° 37.258'E	W21
Mondovi Farm	20SW4	Bixschoote	50° 55.702'N 2° 53.368'E	U14
Mondovi Wood	20SW4	Bixschoote	50° 55.818'N 2° 53.485'E	U8
Mongrel Bridge	28SE2	Menin	50° 47.444'N 3° 06.504'E	R19
Monidee	62BSW1	Gricourt	49° 53.643'N 3° 15.868'E	M24
Monitor House	27NE3	Winnezeele	50° 49.697'N 2° 29.890'E	J19
Monks Fork	28NE4	Dadizeele	50° 50.287'N 3° 06.166'E	K24
Monks Quarry	66DNW2	Morchain	49° 47.518'N 2° 57.378'E	C29
Monmouth Cottage	28NW2	St Julien	50° 52.049'N 2° 55.176'E	C28
Monmouth House	36NW2	Armentieres	50° 43.216'N 2° 55.187'E	C4
Monnaart Copse	27NE2	Proven	50° 52.376'N 2° 38.021'E	E23
Mons-en-Chaussée	62CSE1	Bouvincourt	49° 52.648'N 3° 00.377'E	P27
Monsoon Cross Roads	20SE4	Roulers	50° 55.258'N 3° 08.866'E	X22
Mont à Camp	36NE3	Perenchies	50° 38.401'N 3° 00.686'E	J35
Mont Bedu	51BNE3	Noyelle-sous-Bellonne	50° 17.490'N 3° 02.863'E	K25
Mont de Lille	28SW3	Bailleul	50° 43.902'N 2° 45.438'E	S21
Mont de Merris	36ANE2	Vieux Berquin	50° 43.131'N 2° 39.205'E	E6
Mont de Prémesques	36NW4	Bois Grenier	50° 38.933'N 2° 57.008'E	I30
Mont des Recoilets	27SE1	St Sylvestre	50° 48.004'N 2° 30.406'E	P7
Mont d'Hilluin	28SE4	Ronq	50° 45.806'N 3° 08.843'E	X3
Mont Dury	51BSE1	Saudemont	50° 14.436'N 3° 00.135'E	P27
Mont Farm	28SE2	Menin	50° 46.418'N 3° 06.078'E	Q36
Mont Forêt Quarries	36C(44A) SW4	Rouvroy	50° 22.736'N 2° 51.116'E	T22
Mont George	51BNE3	Noyelle-sous-Bellonne	50° 19.174'N 2° 59.711'E	J3
Mont House	27NE3	Winnezeele	50° 50.462'N 2° 31.539'E	J15
Mont Kemmel	28SW1	Kemmel	50° 46.768'N 2° 48.725'E	N26
Mont Noir	28SW1	Kemmel	50° 46.726'N 2° 44.101'E	M26
Mont Notre Dame	51BNE3	Noyelle-sous-Bellonne	50° 18.324'N 3° 00.086'E	J16
Mont Pierre	51BNE3	Noyelle-sous-Bellonne	50° 18.503'N 2° 59.888'E	J15
Mont Pindo	36NW4	Bois Grenier	50° 38.466'N 2° 55.095'E	I34
Mont Reuge	28SW1	Kemmel	50° 47.084'N 2° 45.588'E	M22
Mont St Eloy	51CNE2	Ecoivres	50° 21.074'N 2° 41.522'E	F8
Mont Vidaigne	28SW1	Kemmel	50° 47.043'N 2° 44.855'E	M21
Mont. Lower Cross	62BSW3	St. Quentin	49° 51.361'N 3° 15.013'E	S11
Montagne Farm	28SE4	Ronq	50° 44.055'N 3° 10.039'E	X29
Montagne Quarry	27SE2	Berthen	50° 47.635'N 2° 40.737'E	R15
Montauban	57CSW3	Longueval	50° 00.367'N 2° 46.708'E	S27
Monte Farm	12SW3	Ramscappelle	51° 05.849'N 2° 49.239'E	T21
Montecourt	62CSE3	Athies	49° 51.305'N 3° 02.128'E	V11
Montecouvez Farm	57BSW3	Honnecourt	50° 03.089'N 3° 16.075'E	N31
Montelle Copse	62CSE2	Vermand	49° 53.119'N 3° 08.849'E	R26

Montesquieu Farm	20NE3	Zarren	51° 00.323'N 3° 00.643'E	J30
Montfrenoy Farm	70DNW2	Servais	49° 38.745'N 3° 23.487'E	C4
Montigny	36C(44A) SW2	Harnes	50° 25.607'N 2° 55.694'E	O22
Montigny	51BNE2	Dechy	50° 21.833'N 3° 11.144'E	F6
Montigny	57BSW2	Clary	50° 05.473'N 3° 24.551'E	O12
Montigny Copse	57BSW2	Clary	50° 05.159'N 3° 25.060'E	O12
Montigny Farm	62CNE4	Roisel	49° 55.270'N 3° 06.973'E	K35
Montmirrail Farm	20SW4	Bixschoote	50° 55.313'N 2° 54.022'E	U15
Montolaisir Farm	70DNW4	St. Gobain	49° 34.238'N 3° 22.411'E	I26
Montolu Woods No 1	62CSE2	Vermand	49° 54.163'N 3° 08.654'E	R8
Montolu Woods No 2	62CSE2	Vermand	49° 54.008'N 3° 08.993'E	R14
Montreal Camp	28NW3	Poperinghe	50° 50.223'N 2° 48.246'E	H19
Montreal Camp?	28NW3	Poperinghe	50° 50.957'N 2° 48.158'E	H7
Montreau	36C(44A) NW1	LaBassee	50° 30.509'N 2° 50.166'E	B27
Montrose Houses	28SE3	Comines	50° 44.302'N 2° 58.719'E	V21
Monts des Cats	27SE2	Berthen	50° 47.032'N 2° 39.905'E	R19
Monty Copse	62CNE3	Buire	49° 56.378'N 2° 59.721'E	J20
Monument	57DNE2	Essarts	50° 08.467'N 2° 42.929'E	L4
Monument	57DSE1 & 2	Beaumont	50° 04.094'N 2° 40.629'E	Q18
Monument Wood	57CNW3	Bapaume	50° 07.055'N 2° 51.028'E	H21
Monument Commemoratif	57CNW3	Bapaume	50° 07.310'N 2° 50.656'E	H15
Moolenacker	27SE4	Meteren	50° 44.018'N 2° 39.906'E	X19
Moon Quarry	51BSW4	Bullecourt	50° 13.627'N 2° 55.114'E	O33
Moonta Camp	28NW3	Poperinghe	50° 50.230'N 2° 45.383'E	G22
Moonta Farm	28NW3	Poperinghe	50° 50.115'N 2° 45.368'E	G22
Moor Fork	28NE2	Moorslede	50° 53.330'N 3° 04.433'E	E16
Moorhen Farm	20SE2	Hooglede	50° 58.522'N 3° 06.798'E	R13
Moorseele	28NE4	Dadizeele	50° 50.433'N 3° 09.829'E	L23
Moorslede	28NE2	Moorslede	50° 53.485'N 3° 03.691'E	E9
Moose Farm	36ASE3	Gonnehem	50° 35.085'N 2° 35.995'E	Q32
Moose Jaw	28NW3	Poperinghe	50° 50.848'N 2° 48.879'E	H8
Moose Jaw Fort	28NW3	Poperinghe	50° 50.830'N 2° 48.635'E	H8
Moral Mill	27NE2	Proven	50° 53.519'N 2° 38.826'E	E12
Moray Copse	27NE4	Abeele	50° 50.305'N 2° 41.035'E	L15
Moray Farm	27NE4	Abeele	50° 50.203'N 2° 41.328'E	L15
Moray House	20SE3	Westroosebeke	50° 54.972'N 2° 58.785'E	V21
Morbecque	36ANE1	Morbecque	50° 41.492'N 2° 30.987'E	D20
Morchain	66DNW2	Morchain	49° 48.173'N 2° 54.763'E	C13
Morchain Mill	66DNW2	Morchain	49° 47.596'N 2° 55.257'E	C26
Morchain Wood	66DNW2	Morchain	49° 48.567'N 2° 56.643'E	C14
Morchies	57CNW4	Beugny	50° 08.315'N 2° 57.386'E	I5
Morcourt	62BSW2	Fonsommes	49° 52.599'N 3° 19.310'E	N35
Morcourt	62BSW4	Homblieres	49° 52.489'N 3° 19.168'E	N34
Mordacq Farm	28NW2	St Julien	50° 52.867'N 2° 50.996'E	B17
Moreland Avenue	28NW4	Zillebeke	50° 49.726'N 2° 56.117'E	I29
Morenchies	51ASW3	Eswars	50° 11.687'N 3° 14.607'E	S29
Moreton House	20SE1	Staden	50° 57.891'N 3° 00.263'E	P23
Morgan Cottage	28SW1	Kemmel	50° 48.701'N 2° 45.115'E	M3
Morgan Post	57CSE4	Villers-Guislain	50° 00.651'N 3° 07.535'E	W30
Morguetle Farm	36SW3	Richebourg	50° 33.088'N 2° 50.167'E	T27
Moriement	66DNW4	Nesle	49° 45.816'N 2° 53.806'E	H18
Morins Farm	20NE3	Zarren	50° 59.784'N 2° 56.973'E	J31
Morlebrug	28SW3	Bailleul	50° 45.429'N 2° 48.313'E	T1
Morley House	28NE4	Dadizeele	50° 49.226'N 3° 07.069'E	L31
Morman Fork	27SE4	Meteren	50° 45.348'N 2° 40.788'E	X3
Morny Farm	36NW1	Steenwerck	50° 42.888'N 2° 49.976'E	B9
Morpeth	28NW2	St Julien	50° 51.601'N 2° 54.463'E	I3
Morris Row	28SW1	Kemmel	50° 46.953'N 2° 44.317'E	M20
Morris Wood	28SW1	Kemmel	50° 47.025'N 2° 44.472'E	M20
Morrow Farm	20SW2	Zwartegat	50° 58.907'N 2° 50.230'E	N10
Morse Copse	62CSE1	Bouvincourt	49° 53.724'N 3° 04.502'E	Q14
Morse Farm	12NE2 & 4	Ostende	51° 12.278'N 2° 53.408'E	I15

Morse Farm	28SE1	Wervicq	50° 47.363'N 2° 58.623'E	P21
Morse Farm	28SW2	Wytschaete	50° 47.342'N 2° 58.602'E	P20
Morse Houses	28SE4	Ronq	50° 45.940'N 3° 09.334'E	X4
Morshead House	28NE4	Dadizeele	50° 51.579'N 3° 06.863'E	L1
Mortar Farm	28SW4	Ploegsteert	50° 45.971'N 2° 52.320'E	N36
Mortar House	12SW1	Nieuport	51° 09.165'N 2° 44.723'E	M16
Morteldje Est.	28NW2	St Julien	50° 52.972'N 2° 54.128'E	C15
Mortho Wood	57BSW3	Honnecourt	50° 02.567'N 3° 16.298'E	T1
Mortier Post	20SW4	Bixschoote	50° 56.107'N 2° 54.258'E	U9
Morton House	20SE4	Roulers	50° 56.425'N 3° 05.137'E	W5
Mortonhall	20SE1	Staden	50° 58.751'N 3° 02.890'E	Q14
Mortonmains	20SE1	Staden	50° 58.998'N 3° 03.098'E	Q9
Morval	57CSW4	Combles	50° 01.844'N 2° 52.416'E	T11
Mosaic Cross Roads	20SW2	Zwartegat	50° 57.424'N 2° 51.971'E	N30
Moss Farm	20SE2	Hooglede	50° 58.567'N 3° 08.182'E	R15
Mosselmarkt	28NE1	Zonnebeke	50° 54.334'N 3° 00.847'E	D6
Mossy Wood	62CSW4	St. Christ	49° 50.064'N 2° 53.499'E	T24
Most	20SE4	Roulers	50° 56.779'N 3° 04.961'E	W5
Moth Copse	27SE2	Berthen	50° 47.927'N 2° 40.427'E	R8
Moth Farm	27SE2	Berthen	50° 47.851'N 2° 40.257'E	R8
Motor Car Corner	36NW2	Armentieres	50° 42.517'N 2° 53.636'E	C14
Motte Marcy Tree	62BSW4	Homblieres	49° 52.312'N 3° 25.277'E	O36
Motte Valley	62BNW1	Gouy	49° 58.591'N 3° 18.345'E	B27
Moubeke	12SE4	Aertrycke	51° 06.012'N 3° 06.290'E	6178
Moublon House	36SE3	Seclin	50° 34.689'N 2° 58.500'E	V8
Mouchoir Copse	57CSW4	Combles	50° 01.273'N 2° 53.654'E	T24
Mould Farm	20SE4	Roulers	50° 54.652'N 3° 05.674'E	W30
Moulin Brichembault	51BSE2	Oisy-le-Verger	50° 14.883'N 3° 05.991'E	Q23
Moulin Damiens	51BSE1	Saudemont	50° 14.444'N 3° 00.389'E	P28
Moulin de Buissy In Ruins	51BSE3	Cagnicourt	50° 11.941'N 3° 03.072'E	W19
Moulin d'Eau Farm	36SW3	Richebourg	50° 33.373'N 2° 46.198'E	S22
Moulin du Roi	51BSW2	Vis-en-Artois	50° 15.333'N 2° 57.947'E	O18
Moulin Farm	28NE1	Zonnebeke	50° 52.559'N 2° 59.806'E	D22
Moulin sans Souci	51BSW4	Bullecourt	50° 11.593'N 2° 57.023'E	U30
Moulton Farm	28NW1	Elverdinghe	50° 52.217'N 2° 48.372'E	B14
Mound	28SE3	Comines	50° 45.247'N 2° 57.268'E	V7
Mount Huette Wood	62CSE2	Vermand	49° 52.948'N 3° 10.407'E	R28
Mount Olympus	62BNW1	Gouy	49° 58.076'N 3° 13.216'E	G3
Mount Pleasant Wood	51BNW4	Fampoux	50° 17.787'N 2° 53.529'E	I19
Mount Sorrel	28NW4	Zillebeke	50° 49.622'N 2° 56.541'E	I30
Mountain Gun Farm	28SW4	Ploegsteert	50° 43.518'N 2° 54.108'E	U27
Mountebank Fork	28NE2	Moorslede	50° 53.733'N 3° 06.721'E	F7
Mountree Wood	62CSE1	Bouvincourt	49° 52.945'N 3° 04.362'E	Q26
Mourne Mills	12NE1	Clemskerke	51° 13.443'N 2° 58.654'E	J4
Mouse Trap Avenue	28NW2	St Julien	50° 53.061'N 2° 55.448'E	C17
Mouse Trap Farm Shell Trap Farm	28NW2	St Julien	50° 52.776'N 2° 55.205'E	C22
Mousse Farm	20SE1	Staden	50° 59.414'N 2° 57.720'E	P2
Mousse Farm	20SW4	Bixschoote	50° 55.193'N 2° 52.882'E	U19
Mouvaux	36NE2	Tourcoing	50° 41.892'N 3° 08.028'E	F20
Mow Copse	57CNE3	Hermies	50° 05.920'N 3° 04.923'E	K33
Mowgli Spinney	66DNW4	Nesle	49° 45.048'N 2° 53.764'E	H30
Moxon Farm	28SW1	Kemmel	50° 46.691'N 2° 44.605'E	M26
Moy	66CNW4	Berthenicourt	49° 45.100'N 3° 21.393'E	I26
Moyen Wood	36ANE3	Haverskerque	50° 39.151'N 2° 35.123'E	K19
Moyenneville	57CNW1	Gomiecourt	50° 10.942'N 2° 46.801'E	A4
Moyenneville	57DNE2+57CNW1	Courcelles	50° 10.942'N 2° 46.801'E	A4
Mozart Copse	20SE2	Hooglede	50° 59.668'N 3° 09.181'E	R5
Mozart Cross Roads	20SW2	Zwartegat	50° 58.617'N 2° 56.041'E	O18
Mt St. Quentin Wood	62CNW4	Peronne	49° 56.909'N 2° 56.312'E	I16
Mt. Bernenchhon	36ASE3	Gonnehem	50° 34.708'N 2° 35.151'E	W1
Mt. Elgin	28NW3	Poperinghe	50° 50.487'N 2° 45.904'E	G16
Mt. Kokereele	27SE2	Berthen	50° 47.281'N 2° 42.221'E	R16

Mt. St. Martin	62BNW1	Gouy	49° 59.421'N 3° 15.573'E	K18
Mt. St. Quentin	62CNW4	Peronne	49° 56.842'N 2° 56.103'E	I15
Mt. sur l'Œuvre	57BNW3	Rumilly	50° 08.154'N 3° 12.756'E	G8
Muaurepas	62CNW1	Maricourt	49° 59.201'N 2° 50.722'E	B14
Mud Corner	20SW2	Zwartegat	50° 57.942'N 2° 53.186'E	O20
Mud Corner	28SW4	Ploegsteert	50° 44.536'N 2° 53.917'E	U14
Mud Farm	28NW3	Poperinghe	50° 49.727'N 2° 44.715'E	G27
Mud Farm Camp	28NW3	Poperinghe	50° 49.712'N 2° 44.680'E	G27
Muff Mill	28NE4	Dadizeele	50° 49.237'N 3° 08.427'E	L33
Muffin Copse	27NE2	Proven	50° 53.715'N 2° 42.444'E	F5
Muffin House	27NE2	Proven	50° 53.664'N 2° 42.259'E	F5
Muguet Wood	62BSW1	Gricourt	49° 53.952'N 3° 13.669'E	M15
Mühle	28NE1	Zonnebeke	50° 52.102'N 2° 58.867'E	D27
Muir Farm	36NW1	Steenwerck	50° 41.475'N 2° 46.713'E	A23
Muirfield Farm	20SE1	Staden	50° 58.903'N 3° 02.153'E	Q7
Muishoek	20NE3	Zarren	51° 01.984'N 2° 59.661'E	J10
Mula Cross	27NE4	Abeele	50° 51.168'N 2° 39.366'E	L1
Mulberry Farm	20SE2	Hooglede	50° 59.592'N 3° 08.468'E	R4
Mule Copse	62BSW2	Fonsommes	49° 54.851'N 3° 18.815'E	N4
Mule Copse	62CNE3	Buire	49° 56.980'N 3° 02.529'E	J18
Mull Farm	20SE2	Hooglede	50° 59.288'N 3° 08.535'E	R10
Mullah Farm	28NE2	Moorslede	50° 52.743'N 3° 03.815'E	E21
Mullatto Corner	28NE2	Moorslede	50° 52.828'N 3° 05.868'E	E24
Müller Cottage	28NW2	St Julien	50° 53.191'N 2° 54.151'E	C15
Mullet Farm	20SE3	Westroosebeke	50° 55.284'N 3° 00.407'E	V23
Multan Farm	27NE3	Winnezeele	50° 49.676'N 2° 36.225'E	K21
Mumford Farm	20SE1	Staden	50° 59.686'N 3° 01.378'E	Q1
Mummers Cross Roads	28NE2	Moorslede	50° 54.056'N 3° 06.912'E	F1
Municipal Buildings Lille	36SE1	Haubourdin	50° 37.280'N 3° 02.374'E	Q7
Municipal Corner	20SE4	Roulers	50° 56.996'N 3° 04.834'E	Q35
Munition Farm	20SE4	Roulers	50° 54.552'N 3° 08.317'E	X27
Munity Farm	20SE4	Roulers	50° 55.297'N 3° 06.666'E	X19
Mural Farm	27SE4	Meteren	50° 44.738'N 2° 42.953'E	X17
Murat Camp	28NW2	St Julien	50° 52.757'N 2° 52.092'E	B24
Murat Farm	28NW2	St Julien	50° 52.248'N 2° 51.962'E	B30
Murchison Farm	20SE3	Westroosebeke	50° 55.409'N 3° 02.521'E	W14
Murder Farm	36NW1	Steenwerck	50° 42.000'N 2° 47.709'E	A18
Murial Farm	27NE2	Proven	50° 51.901'N 2° 38.519'E	E29
Murphy Farm	28SW2	Wytschaete	50° 47.851'N 2° 56.767'E	O18
Murphy Farm	28SW2	Wytschaete	50° 47.851'N 2° 56.767'E	O18
Murrati Farm	28NE4	Dadizeele	50° 49.276'N 3° 06.818'E	L31
Murray House	28NE4	Dadizeele	50° 49.807'N 3° 07.424'E	L26
Murray Wood	62CNW3	Vaux	49° 57.168'N 2° 46.497'E	G9
Murrimbidgee Camp	28SW1	Kemmel	50° 48.256'N 2° 47.658'E	M12
Muscle Houses	28NE2	Moorslede	50° 52.448'N 3° 06.187'E	E30
Museelhoek	28NE4	Dadizeele	50° 51.431'N 3° 10.052'E	L11
Mush Farm	20SE2	Hooglede	50° 57.407'N 3° 08.886'E	R28
Mush Farm	28SE4	Ronq	50° 45.902'N 3° 07.958'E	X2
Mushroom Quarry	62BNW1	Gouy	49° 59.122'N 3° 17.042'E	B20
Music Fork	20SW2	Zwartegat	50° 58.735'N 2° 56.670'E	O12
Mussel Farm	20SE2	Hooglede	50° 57.543'N 3° 09.195'E	R28
Musset Farm	20NE3	Zarren	51° 01.875'N 3° 00.379'E	J11
Mustang Copse	27SE2	Berthen	50° 48.121'N 2° 37.849'E	Q11
Mustard Farm	36NW1	Steenwerck	50° 42.866'N 2° 47.792'E	A12
Muston Farm	20SE2	Hooglede	50° 57.320'N 3° 06.244'E	R31
Mutton Farm	36NW1	Steenwerck	50° 42.759'N 2° 46.437'E	A11
Mutwal Farm	28NE4	Dadizeele	50° 49.475'N 3° 08.422'E	L33
Myosotis Farm	20SW2	Zwartegat	50° 59.317'N 2° 54.973'E	O4
Myreside Farm	20SE1	Staden	50° 57.237'N 3° 03.263'E	Q33
Myriad Farm	36ANE1	Morbecque	50° 42.026'N 2° 32.205'E	D15
Myrtle Copse	62CSW4	St. Christ	49° 50.249'N 2° 53.370'E	T23
Myrtle Farm	20SE2	Hooglede	50° 58.133'N 3° 05.415'E	Q24

Mysore Farm	27SE2	Berthen	50° 46.033'N 2° 39.827'E	R31
N House	20SW4	Bixschoote	50° 54.725'N 2° 51.260'E	T23
N Midland Farm	28SW4	Ploegsteert	50° 45.582'N 2° 51.916'E	T6
N.D. de Bon Secours	20NW4	Dixmunde	51° 01.811'N 2° 52.713'E	I8
N.D. de Lorette Ruined Chapel	36B(44B) SE4	Carency	50° 24.011'N 2° 43.191'E	X5
Nab Lines	28SW3	Bailleul	50° 43.601'N 2° 50.310'E	T28
Nabot Wood	66DNW1	Punchy	49° 49.108'N 2° 50.692'E	B2
Nacelle	11SE4	No Edition 0617	51° 05.688'N 2° 40.933'E	X22
Nacelle Post	20SW1	Loo	50° 56.993'N 2° 49.633'E	N33
Nachte Farm	28NE2	Moorslede	50° 52.544'N 3° 08.444'E	F21
Nachtegaal	20SW2	Zwartegat	50° 58.012'N 2° 54.136'E	O21
Nachtegaal Inn	27NE2	Proven	50° 53.219'N 2° 42.717'E	F11
Nachtegal	28NE2	Moorslede	50° 52.736'N 3° 08.524'E	F21
Nadens Track	28NW4	Zillebeke	50° 49.622'N 2° 56.666'E	I30
Naeldoog Inn	27NE2	Proven	50° 52.916'N 2° 39.967'E	F14
Nameless Copse	62BSW1	Gricourt	49° 52.622'N 3° 15.089'E	M35
Nameless Farm	12SW3	Ramscappelle	51° 07.098'N 2° 46.629'E	S6
Nameless Farm	57DNE3+4	Hebuterne	50° 07.925'N 2° 39.310'E	K11
Nameless Farm	62CSW3	Vermandovillers	49° 51.155'N 2° 48.460'E	S11
Nameless House	12SW1	Nieuport	51° 07.929'N 2° 47.293'E	N25
Nameless Wood	62CNW1	Maricourt	49° 59.164'N 2° 48.379'E	A17
Nameless Wood	62CNW3	Vaux	49° 55.512'N 2° 47.585'E	G28
Namur Crossing	20SW4	Bixschoote	50° 55.665'N 2° 56.174'E	U18
Nankin Farm	28SW1	Kemmel	50° 47.784'N 2° 49.678'E	N15
Nansen Farm	28NW1	Elverdinghe	50° 52.140'N 2° 48.598'E	B26
Nap Farm	20SE4	Roulers	50° 54.771'N 3° 09.679'E	X29
Napier Corner	20SE4	Roulers	50° 55.799'N 3° 03.802'E	W15
Napier Cottages	28NW3	Poperinghe	50° 49.796'N 2° 46.827'E	G23
Napier Junction?	28NW3	Poperinghe	50° 49.733'N 2° 46.993'E	G30
Napier Wood	62BSW2	Fonsommes	49° 52.738'N 3° 22.465'E	O33
Napkin Farm	36NW1	Steenwerck	50° 42.412N 2° 48.842'E	B14
Naples Spur	28SW2	Wytschaete	50° 46.766'N 2° 52.113'E	N30
Napoleon Farm	20SW2	Zwartegat	50° 58.460'N 2° 53.074'E	O14
Napoo Farm	28SE1	Wervicq	50° 48.256'N 2° 58.065'E	P8
Napoo Farm	28SW2	Wytschaete	50° 48.256'N 2° 58.069'E	P8
Napper House	36NW1	Steenwerck	50° 43.066'N 2° 45.781'E	A4
Naptha Cottages	28SW1	Kemmel	50° 46.487'N 2° 44.572'E	M26
Narboth's Villa	28SW1	Kemmel	50° 46.502'N 2° 48.098'E	N25
Narcissus Farm	20SE2	Hooglede	50° 57.977'N 3° 08.031'E	R21
Nard Farm	28SW1	Kemmel	50° 48.744'N 2° 49.314'E	N3
Nauroy	62BNW3	Bellicourt	49° 57.250'N 3° 15.270'E	G11
Naval Hospital	12NW3 & 4	Middlekerke	51° 11.401'N 2° 49.270'E	H21
Navarraise Cross Roads	20SW2	Zwartegat	50° 58.770'N 2° 56.316'E	O12
Nave Farm	28NE2	Moorslede	50° 52.374'N 3° 06.683'E	F25
Navet Buildings	28SW1	Kemmel	50° 48.232'N 2° 49.411'E	N9
Naylor Farm	20SE4	Roulers	50° 55.806'N 3° 09.783'E	X17
Nazareth	36SW4	Sainghin	50° 34.472'N 2° 51.880'E	T11
Neame House	28SW1	Kemmel	50° 46.684'N 2° 47.468'E	M30
Near Farm	28SW2	Wytschaete	50° 48.058'N 2° 55.434'E	O10
Near Farm	28SW2	Wytschaete	50° 48.058'N 2° 55.434'E	O10
Neat Wood	20SE1	Staden	50° 57.650'N 2° 59.538'E	P28
Neds Copse	20SE2	Hooglede	50° 59.327'N 3° 07.736'E	R9
Needle Cottage	28SW1	Kemmel	50° 48.088'N 2° 50.040'E	N10
Needle Wood	62CNW2	Bouchavesnes	49° 59.274'N 2° 54.188'E	C13
Needy House	28SW1	Kemmel	50° 48.571'N 2° 49.815'E	N3
Neer Farm	28NE2	Moorslede	50° 51.879'N 3° 09.082'E	L4
Neerbrugge Farm	28SE1	Wervicq	50° 47.147'N 3° 03.523'E	Q21
Neerhof	28NE2	Moorslede	50° 51.821'N 3° 08.969'E	L4
Neerhof Farm	28SW1	Kemmel	50° 48.651'N 2° 45.623'E	M4
Neerhouck	27SE1	St Sylvestre	50° 47.516'N 2° 36.529'E	Q15
Negre Farm	28NW2	St Julien	50° 54.076'N 2° 50.482'E	B4
Negress House	12NW3 & 4	Middlekerke	51° 10.887'N 2° 48.901'E	H27

Name	Sheet	Location	Coordinates	Ref
Neidpath Farm	20SE1	Staden	50° 59.741'N 3° 03.396'E	Q3
Nelson Camp	28NW4	Ypres	50° 49.543'N 2° 51.623'E	H30
Nelson Copse	66DNW1	Punchy	49° 48.283'N 2° 47.592'E	A16
Nènufar Farm	20SW2	Zwartegat	50° 58.698'N 2° 51.911'E	N12
Nepal Farm	28NW3	Poperinghe	50° 49.527'N 2° 48.499'E	H26
Neptune corner	20SE4	Roulers	50° 54.480'N 3° 08.583'E	X28
Neptune Wood	66CNW2	Itancourt	49° 48.885'N 3° 25.416'E	C18
Nero Fork	20SW4	Bixschoote	50° 55.548'N 2° 52.710'E	U13
Nerve Cottage	27NE3	Winnezeele	50° 50.509'N 2° 36.268'E	K15
Nerviens Farm	20NE3	Zarren	50° 59.801'N 2° 57.658'E	J32
Nesle	66DNW4	Nesle	49° 45.421'N 2° 54.481'E	I19
Net Farm	20SE4	Roulers	50° 56.884'N 3° 04.090'E	Q34
Netley Farm	28SE1	Wervicq	50° 47.744'N 2° 59.306'E	P15
Netley Farm	28SW2	Wytschaete	50° 47.745'N 2° 59.308'E	P15
Netley House	20SE4	Roulers	50° 54.898'N 3° 06.441'E	X19
Netta Farm	27NE2	Proven	50° 53.068'N 2° 36.653'E	E15
Nettle Farm	20SE2	Hooglede	50° 58.238'N 3° 07.760'E	R21
Neuf Berquin	36ANE4	Merville	50° 39.538'N 2° 40.576'E	L14
Neuf Mill	36C(44A) SE1	Dourges	50° 25.953'N 2° 59.653'E	P15
Neuter Cottage	28SW1	Kemmel	50° 48.545'N 2° 49.467'E	N3
Neutral Farm	20SE4	Roulers	50° 54.847'N 3° 07.352'E	X26
Neuve Chapelle	36SW3	Richebourg	50° 35.052'N 2° 46.797'E	M35
Neuve Eglise	28SW3	Bailleul	50° 44.753'N 2° 49.573'E	T15
Neuville Bourjonval	57CSE1	Bertincourt	50° 04.182'N 3° 01.425'E	P23
Neuville Mill	51BSW1	Neuville Vitasse	50° 14.528'N 2° 48.583'E	M24
Neuville St. Amand	66CNW2	Itancourt	49° 49.543'N 3° 19.962'E	B5
Neuville -Vitasse	51BSW1	Neuville Vitasse	50° 14.810'N 2° 49.203'E	N19
Neuville-en-Ferrain	28SE4	Ronq	50° 45.018'N 3° 09.200'E	X16
Neuville-St.-Vaast	51BNW1	Roclincourt	50° 21.291'N 2° 45.675'E	A9
Neuville-St-Romy	57BNW1	Cambrai	50° 11.243'N 3° 13.420'E	A3
Neuvireuil	51BNW2	Oppy	50° 21.057'N 2° 54.609'E	C8
Neva Farm	36NW1	Steenwerck	50° 42.202'N 2° 45.946'E	A16
Nevada	27SE4	Meteren	50° 44.443'N 2° 38.241'E	W17
Neve Farm	28SW1	Kemmel	50° 48.571'N 2° 48.517'E	N2
Nevil Farm	28SW1	Kemmel	50° 48.177'N 2° 49.795'E	N9
Nevilles Cross	62BNW4	Ramicourt	49° 57.566'N 3° 20.936'E	I7
New Copse	62CSW3	Vermandovillers	49° 50.079'N 2° 49.740'E	T19
New Cottages	28NW2	St Julien	50° 51.791'N 2° 55.475'E	I5
New Dickebusch Camp	28NW3	Poperinghe	50° 49.092'N 2° 49.472'E	H33
New Farm	28SW2	Wytschaete	50° 48.707'N 2° 52.131'E	N6
New Farm	36NW4	Bois Grenier	50° 39.216'N 2° 53.020'E	I19
New Houses	20SE3 & 28NE1-3	Poelcappelle	50° 54.330'N 2° 56.737'E	U30
New Quarry	62CNE4	Roisel	49° 57.477'N 3° 11.389'E	L11
New Rope Keep	36SW3	Richebourg	50° 33.267'N 2° 45.736'E	S21
Newland	28SW1	Kemmel	50° 47.533'N 2° 44.250'E	M14
Newland Farms	36NW1	Steenwerck	50° 42.413'N 2° 47.304'E	A18
Newlyn Farm	20SE1	Staden	50° 59.362'N 2° 57.821'E	P2
Newt Farms	27NE2	Proven	50° 52.757'N 2° 42.957'E	F17
Newton Cottage	36NW1	Steenwerck	50° 42.676'N 2° 48.720'E	B8
Ney Copse	20SW4	Bixschoote	50° 55.630'N 2° 54.303'E	U15
Ney Cross Roads	20SW4	Bixschoote	50° 55.402'N 2° 55.908'E	U16
Ney Farm	20SW4	Bixschoote	50° 55.673'N 2° 54.657'E	U16
Ney Wood	20SW4	Bixschoote	50° 55.537'N 2° 54.575'E	U16
Niblett Cross Roads	20SE4	Roulers	50° 55.280'N 3° 10.248'E	X24
Niblick Houses	20SE1	Staden	50° 58.128'N 3° 02.319'E	Q20
Nichol's Farm	28NE4	Dadizeele	50° 50.687'N 3° 09.671'E	L29
Nicholson Cross Roads	20SE3	Westroosebeke	50° 55.234'N 3° 02.312'E	W20
Nickle Farm	27SE4	Meteren	50° 44.137'N 2° 38.672'E	W24
Nickleby House	28SE3	Comines	50° 43.903'N 2° 59.751'E	V28
Nicky Farm	36NW1	Steenwerck	50° 42.588'N 2° 47.205'E	A12
Nicolas Farm	20NW4	Dixmunde	51° 00.067'N 2° 55.105'E	I35
Nid Farm	28SW1	Kemmel	50° 48.532'N 2° 49.604'E	N3

Name	Sheet	Map	Coordinates	Ref
Nieppe	36NW1	Steenwerck	50° 42.239'N 2° 50.385'E	B16
Nieppe	36NW2	Armentieres	50° 42.293'N 2° 50.484'E	B16
Nieppe Forest	36ANE3	Haverskerque	50° 39.441'N 2° 32.300'E	J15
Niergnies	57BNW1	Cambrai	50° 08.864'N 3° 15.405'E	G6
Nieucappelle	20NW3	Lampernisse	50° 59.961'N 2° 48.014'E	3967
Nieuport	12SW1	Nieuport	51° 07.747'N 2° 45.076'E	M34
Nieuport-Bains	12SW1	Nieuport	51° 09.055'N 2° 42.998'E	M13
Nieuwe Kruiseecke	28NE3	Gheluvelt	50° 49.609'N 3° 00.509'E	J29
Nieuweghe	12NE4	Jabbeke	51° 12.551'N 3° 07.459'E	L15
Nieuwemolen	28NE1	Zonnebeke	50° 53.050'N 3° 00.425'E	D17
Nieuwendamme Farm	12SW1	Nieuport	51° 08.524'N 2° 47.704'E	N19
Nieuwenhove Farm	12NE4	Jabbeke	51° 11.496'N 3° 07.656'E	L27
Nieuwe-Stede	20SW2	Zwartegat	50° 58.260'N 2° 52.693'E	O13
Nieuwe-Stede Farm	20SW2	Zwartegat	50° 58.469'N 2° 53.325'E	O14
Nieuwland Polder	12SW1	Nieuport	51° 08.156'N 2° 47.538'E	N25
Nieuwmunster	4SE 2 & 4	Blankenberghe	51° 16.438'N 3° 05.921'E	X25
Niewe Zwaan Inn	20NW4	Dixmunde	51° 00.871'N 2° 52.074'E	I19
Niger Farm	27NE4	Abeele	50° 50.676'N 2° 41.060'E	L15
Nigger Copse	62BNW3	Bellicourt	49° 56.415'N 3° 14.851'E	G23
Nigger Farm	28NE2	Moorslede	50° 52.988'N 3° 04.315'E	E16
Nigger Fork	28NE2	Moorslede	50° 52.932'N 3° 04.338'E	E22
Nigh Cottage	28NW3	Poperinghe	50° 48.055'N 2° 47.056'E	G36
Nigh Farm	28SW1	Kemmel	50° 48.753'N 2° 49.205'E	N2
Nile	20SE3 & 28NE1-3	Poelcappelle	50° 53.366'N 2° 57.579'E	D14
Nile	28NE1	Zonnebeke	50° 53.373'N 2° 57.760'E	D8
Nimble Cross Roads	20SE2	Hooglede	50° 58.445'N 3° 04.573'E	Q17
Nimrod Farm	20SE1	Staden	50° 57.253'N 3° 00.346'E	P35
Nine Elms	51BNW1	Roclincourt	50° 20.646'N 2° 47.429'E	A17
Nine Farm	28SW1	Kemmel	50° 48.086'N 2° 49.498'E	N9
Nine Wood	57CNE4	Marcoing	50° 07.956'N 3° 10.232'E	L10
Ninfield Farm	20SE2	Hooglede	50° 59.525'N 3° 05.693'E	Q6
Nip Cottage	28NE2	Moorslede	50° 53.452'N 3° 06.029'E	E18
Nipper Farm	36NW1	Steenwerck	50° 41.174'N 2° 45.765'E	A28
Nippon Bend	36NW1	Steenwerck	50° 41.860'N 2° 48.448'E	B19
Nirvana Farm	27SE2	Berthen	50° 46.216'N 2° 41.727'E	R34
Nix Farm	27SE1	St Sylvestre	50° 46.605'N 2° 30.684'E	P20
Nixon Fork	36NW1	Steenwerck	50° 42.935'N 2° 44.324'E	A2
Nlle Caserne	51BNE1	Brébières	50° 21.787'N 3° 03.753'E	E2
No 1 Siege Camp	28NW1	Elverdinghe	50° 52.454'N 2° 48.980'E	B20
No 10 Copse	62CNE1	Liéramont	49° 57.806'N 3° 02.319'E	J5
No 11 Copse A	62CSE1	Bouvincourt	49° 54.593'N 3° 03.767'E	Q1
No 11 Copse B	62CSE1	Bouvincourt	49° 54.480'N 3° 03.548'E	Q7
No 11 Wood	66ENE4	Beaufort	49° 45.760'N 2° 44.670'E	L17
No 12 Copse	62CNE2	Epéhy	50° 00.349'N 3° 09.771'E	F3
No 14 Copse	62CSE2	Vermand	49° 54.752'N 3° 06.674'E	Q5
No 15 Copse	62CNE2	Epéhy	49° 58.622'N 3° 10.574'E	F22
No 18 Copse	62CSE1	Bouvincourt	49° 54.465'N 3° 02.112'E	P12
No 2 Browne Camp	28NW1	Elverdinghe	50° 52.329'N 2° 45.848'E	A22
No 2 Siege Camp	28NW1	Elverdinghe	50° 52.314'N 2° 49.121'E	B21
No 20 Copse	62CNE1	Liéramont	49° 59.417'N 3° 02.090'E	D17
No 3 Browne Camp	28NW1	Elverdinghe	50° 52.618'N 2° 45.744'E	A22
No 3 Siege Camp	28NW1	Elverdinghe	50° 52.197'N 2° 49.265'E	B27
No 4 Camp	28SW1	Kemmel	50° 48.237'N 2° 47.966'E	N7
No 4 Siege Camp	28NW1	Elverdinghe	50° 52.446'N 2° 49.177'E	B21
No 40 Copse	62CNE1	Liéramont	49° 59.270'N 3° 02.268'E	D17
No 5 Siege Camp	28NW1	Elverdinghe	50° 52.425'N 2° 49.452'E	B21
No 6 Siege Camp	28NW1	Elverdinghe	50° 52.451'N 2° 49.752'E	B21
No Man's Cottage	28NW2	St Julien	50° 53.056'N 2° 54.024'E	C15
No Mans Land Siding	28NW4	Zillebeke	50° 51.329'N 2° 56.023'E	I11
Nob Villa	28SW1	Kemmel	50° 46.568'N 2° 47.789'E	N25
Nobby Farm	36ASE1	St. Venant	50° 35.531'N 2° 36.094'E	Q26
Nobescourt Farm	62CNE3	Buire	49° 55.305'N 3° 04.636'E	K32

Name	Map	Location	Coordinates	Ref
Nobescourt Woods 1	62CNE3	Buire	49° 55.748'N 3° 04.295'E	K26
Nobescourt Woods 2	62CNE3	Buire	49° 55.961'N 3° 04.124'E	K26
Noblas Farm	20SE3	Westroosebeke	50° 55.357'N 2° 58.076'E	V14
Noble Ville	57BSW3	Honnecourt	50° 02.599'N 3° 12.225'E	S2
Noble's Farm	20SE3 & 28NE1-3	Poelcappelle	50° 55.348'N 2° 58.061'E	V14
Noc Farm	36ASE1	St. Venant	50° 36.251'N 2° 35.647'E	Q19
Noddle Farm	27SE1	St Sylvestre	50° 47.806'N 2° 31.132'E	P8
Noé Valley	66CSW2	Vendeuil	49° 43.614'N 3° 24.262'E	O11
Noel Farm	20SE4	Roulers	50° 55.659'N 3° 06.217'E	X13
Noex-les-Mines	36B(44B) NE4	Noex-les-Mines	50° 28.843'N 2° 39.654'E	K18
Noire Bouteille	28SE1	Wervicq	50° 46.363'N 3° 03.077'E	Q32
Noire Chesnoye	70DNW4	St. Gobain	49° 35.536'N 3° 20.150'E	H17
Noisy Nook	36ASE3	Gonnehem	50° 34.280'N 2° 34.658'E	V12
Nolet Farm	20SW3	Oostvleteren	50° 55.996'N 2° 48.078'E	T7
Nollet Farm	20SE4	Roulers	50° 55.305'N 3° 09.844'E	X23
None Bosch	27SE2	Berthen	50° 48.163'N 2° 37.406'E	Q10
Nonne Bossechen	28NE3	Gheluvelt	50° 51.040'N 2° 58.291'E	J8
Nonsense Corner	20SE4	Roulers	50° 54.493'N 3° 09.075'E	X28
Noord Gasthuis Farm	11SE4	No Edition 0617	51° 05.086'N 2° 36.385'E	W28
Noordemdhoek	28NE3	Gheluvelt	50° 51.642'N 3° 00.612'E	J5
Noordhoek	20SW3	Oostvleteren	50° 54.788'N 2° 47.162'E	S25
Noordhoek	28SW3	Bailleul	50° 44.817'N 2° 48.451'E	T13
Noordhof Farm	28NW2	St Julien	50° 52.110'N 2° 52.297'E	C25
Noordhofwijk	28NW2	St Julien	50° 51.890'N 2° 52.084'E	B30
Noordhofwijk	28NW2	St Julien	50° 51.932'N 2° 52.328'E	C25
Noordschote	20SW1	Loo	50° 57.307'N 2° 48.636'E	N26
Noordschotebroek	20SW1	Loo	50° 57.953'N 2° 48.257'E	N20
Noote Boom	27SE2	Berthen	50° 46.348'N 2° 40.404'E	R26
Noote Boom	36ANE2	Vieux Berquin	50° 42.388'N 2° 42.746'E	F11
Noppe Farm	28NW1	Elverdinghe	50° 53.635'N 2° 47.945'E	B7
Noppe Sidings	28NW1	Elverdinghe	50° 53.618'N 2° 47.828'E	B7
Nora Copse	28NE2	Moorslede	50° 54.237'N 3° 09.835'E	F5
Norbury Villa	28SW3	Bailleul	50° 45.684'N 2° 46.721'E	S5
Nord -Helf	27SE4	Meteren	50° 43.619'N 2° 39.546'E	X25
Nord Mill	27NE3	Winnezeele	50° 48.901'N 2° 34.170'E	J36
Nordad	36NW2	Armentieres	50° 42.250'N 2° 53.690'E	C13
Noreuil	57CNW2	Vaulx-Vraucourt	50° 10.195'N 2° 56.018'E	C10
Norfolk Lodge	28NW4	Zillebeke	50° 49.029'N 2° 54.195'E	I33
Norham House	27NE2	Proven	50° 52.458'N 2° 37.160'E	E22
Norman Farm	28SW1	Kemmel	50° 47.691'N 2° 50.105'E	N16
Norman Stacks	36C(44A) SW1	Lens	50° 26.947'N 2°49.816'E	N2
Normans Cross	62BSW2	Fonsommes	49° 53.529'N 3° 20.661'E	N24
Normeziere	70DNW4	St. Gobain	49° 33.721'N 3° 20.880'E	H36
Norrie Farm	28SW1	Kemmel	50° 48.706'N 2° 50.020'E	N4
Norris House	36NW1	Steenwerck	50° 41.731'N 2° 45.973'E	A22
Norse Mill	27SE4	Meteren	50° 45.010'N 2° 39.040'E	W12
North Atlantic	28NW3	Poperinghe	50° 51.140'N 2° 44.992'E	G9
North Block	36NW2	Armentieres	50° 42.764'N 2° 55.000'E	C10
North Copse	57CSW4	Combles	50° 01.800'N 2° 54.061'E	U7
North Cross Farm	20NW4	Dixmunde	51° 01.409'N 2° 52.616'E	I13
North Farm	28NE3	Gheluvelt	50° 49.303'N 2° 58.038'E	J32
North House	28SW2	Wytschaete	50° 47.371'N 2° 53.121'E	O19
North School Wood	62CSW3	Vermandovillers	49° 50.103'N 2° 50.865'E	T20
North Stampkot Farm	20SW4	Bixschoote	50° 55.595'N 2° 51.179'E	T17
North Station Buildings	28NE1	Zonnebeke	50° 51.773'N 2° 57.122'E	J1
North Wood	66ENE4	Beaufort	49° 46.344'N 2° 44.945'E	L11
North Zislin Wood	66DNW1	Punchy	49° 48.348'N 2° 48.171'E	A17
Northampton	28NW2	St Julien	50° 53.398'N 2° 52.861'E	C7
Northampton Farm	28NE3	Gheluvelt	50° 50.597'N 2° 58.845'E	J15
Northern Brickstack	28SW2	Wytschaete	50° 47.589'N 2° 52.475'E	O13
Northing Farm	20SE4	Roulers	50° 54.648'N 3° 05.469'E	W30
Norton Farm	28NE4	Dadizeele	50° 50.076'N 3° 04.497'E	K22

Nosecap Road	36ASE1	St. Venant	50° 35.338'N 2° 35.701'E	Q31
Notary Cross Roads	28NE2	Moorslede	50° 53.484'N 3° 08.389'E	F15
Notre Dame Church	36NW2	Armentieres	50° 41.101'N 2° 52.451'E	B30
Notre Dame Woods No 1	62CSE3	Athies	49° 51.054'N 2° 59.796'E	V14
Notre Dame Woods No 2	62CSE3	Athies	49° 50.856'N 2° 59.967'E	V14
Notre-Dame Farm	20SW1	Loo	50° 58.712'N 2° 45.601'E	M10
Noulette	36B(44B) SE2	Boyeffles	50° 24.866'N 2° 43.259'E	R29
Nouvel Houplines	36NW2	Armentieres	50° 41.202'N 2° 54.155'E	C27
Novara Farm	28NW2	St Julien	50° 52.669'N 2° 50.965'E	B23
Noyelle-Godault	36C(44A) SE1	Dourges	50° 25.274'N 2° 59.521'E	P27
Noyelles sous Lens	36C(44A) SW2	Harnes	50° 25.919'N 2° 52.509'E	N18
Noyelles-les-Vermelles	36B(44B) NE4	Noex-les-Mines	50° 29.298'N 2° 43.442'E	L11
Noyelles-lez-Seclin	36SE3	Seclin	50° 34.569'N 3° 01.100'E	V11
Noyelle-sous-Bellonne	51BNE3	Noyelle-sous-Bellonne	50° 18.491'N 3° 01.685'E	J17
Noyelles-sur-l'Escaut	57CNE4	Marcoing	50° 08.285'N 3° 11.016'E	L11
Nubia House	27NE4	Abeele	50° 50.738'N 2° 41.691'E	L10
Numb Farm	20SE2	Hooglede	50° 59.434'N 3° 09.918'E	R5
Nuneaton	28NW2	St Julien	50° 52.765'N 2° 51.181'E	B23
Nurlu	62CNE1	Liéramont	50° 00.313'N 3° 01.312'E	D4
Nurlu Wood	57CSE3	Sorel-le-Grand	50° 00.889'N 3° 02.308'E	V30
Nut Farm	28SE1	Wervicq	50° 48.795'N 2° 58.545'E	P2
Nut Farm	28SW2	Wytschaete	50° 48.799'N 2° 58.541'E	P2
Nut Farm	28SW1	Kemmel	50° 47.402'N 2° 48.292'E	N13
Nut Road	28SW1	Kemmel	50° 47.396'N 2° 48.334'E	N13
Nuttebilek	36ANE2	Vieux Berquin	50° 42.752'N 2° 41.779'E	F10
Nuyttem Farm	28SW2	Wytschaete	50° 47.833'N 2° 53.927'E	O15
Nuytten Farm	28SW2	Wytschaete	50° 47.830'N 2° 53.954'E	O15
Nyanza Cross Roads	27SE4	Meteren	50° 45.820'N 2° 40.110'E	R32
O Camp	28NW1	Elverdinghe	50° 51.996'N 2° 47.297'E	A30
Oak Dump Siding	28SW2	Wytschaete	50° 48.820'N 2° 54.557'E	O3
Oak House	12SW1	Nieuport	51° 08.889'N 2° 45.667'E	M17
Oak Wood	66CSW2	Vendeuil	49° 42.679'N 3° 20.435'E	N24
Oakhanger	28NW1	Elverdinghe	50° 51.503'N 2° 44.461'E	G3
Oakhanger	28NW3	Poperinghe	50° 51.365'N 2° 44.801'E	G3
Oakhanger Wood	62CNW1	Maricourt	49° 49.913'N 2° 50.713'E	B2
Oakington Farm	20SE3	Westroosebeke	50° 56.420'N 3° 01.194'E	V6
Oaklands Farm	20SE2	Hooglede	50° 57.178'N 3° 05.006'E	Q35
Oasis Spur	28SW2	Wytschaete	50° 48.447'N 2° 53.729'E	O2
Oasteinau Farm	20SW2	Zwartegat	50° 58.920'N 2° 55.473'E	O11
Oaten Wood	28SW2	Wytschaete	50° 48.132'N 2° 53.604'E	O8
Oatley Farm	28SW3	Bailleul	50° 43.590'N 2° 47.486'E	S30
Oatley Farm Camp	28SW3	Bailleul	50° 43.591'N 2° 47.537'E	S30
Oban Farm	28SE3	Comines	50° 44.940'N 3° 00.176'E	V16
Oblinghem	36ASE3	Gonnehem	50° 33.200'N 2° 35.621'E	W21
Oblong Farm	28NW2	St Julien	50° 53.147'N 2° 55.137'E	C16
Oblong Farm	28SW2	Wytschaete	50° 47.242'N 2° 55.378'E	O22
Oboe Corner	28NE4	Dadizeele	50° 50.193'N 3° 07.442'E	L20
Obos Cottage	36ANE4	Merville	50° 39.108'N 2° 40.667'E	L20
Observation Wood	57DNE3+4	Hebuterne	50° 06.326'N 2° 38.814'E	K28
Observation Wood	62CNW1	Maricourt	49° 57.619'N 2° 50.398'E	H2
Observatory Farm	28SW4	Ploegsteert	50° 45.827'N 2° 50.377'E	T4
Observatory Ridge	28NW4	Zillebeke	50° 49.919'N 2° 56.476'E	I24
Obtuse Bend	20SW4	Bixschoote	50° 55.003'N 2° 55.738'E	U11
Obus Farm	66DNW1	Punchy	49° 47.510'N 2° 50.713'E	B26
Obus House	12SW1	Nieuport	51° 09.784'N 2° 46.552'E	M12
Obus Wood	62CNW2	Bouchavesnes	50° 00.277'N 2° 57.108'E	C5
Obusiers Farm	20SW4	Bixschoote	50° 56.715'N 2° 52.548'E	O31
Ocklynge Corner	20SE2	Hooglede	50° 58.544'N 3° 06.608'E	R13
Ocron	36SW4	Sainghin	50° 35.243'N 2° 52.937'E	O31
Octoroon Corner	28NE2	Moorslede	50° 53.850'N 3° 03.781'E	E10
Octroi Ravine	62BSW3	St. Quentin	49° 50.076'N 3° 14.581'E	S16
Odal Cottages	27SE2	Berthen	50° 46.530'N 2° 39.780'E	R25

Name	Sheet	Location	Coordinates	Ref
Ode Farm	28NE2	Moorslede	50° 51.906'N 3° 08.508'E	L3
Oder House	28NW2	St Julien	50° 51.895'N 2° 55.846'E	C29
Oertel Copse	62CSW3	Vermandovillers	49° 50.518'N 2° 46.818'E	S15
Offal Farm	27NE2	Proven	50° 52.774'N 2° 39.355'E	F13
Offenbach Corner	20SW2	Zwartegat	50° 58.060'N 2° 54.250'E	O21
Og Corner	27SE4	Meteren	50° 44.087'N 2° 37.567'E	W22
Ogden Fork	28NW3	Poperinghe	50° 49.374'N 2° 43.397'E	G26
Ogie Farm	20SE2	Hooglede	50° 57.325'N 3° 09.136'E	R34
Ogre Pit	51BSW4	Bullecourt	50° 13.234'N 2° 56.773'E	U5
Ohio Cottage	27NE3	Winnezeele	50° 49.363'N 2° 32.466'E	J28
Oil Factory	28SE3	Comines	50° 45.835'N 3° 00.770'E	V5
Oil Factory	36NE1	Quesnoy	50° 42.782'N 2° 59.206'E	D9
Oil Factory	36NE1	Quesnoy	50° 42.594'N 3° 00.472'E	D17
Oil Factory	51BNW3	Arras	50° 18.060'N 2° 47.345'E	G17
Oil Factory	66CSW2	Vendeuil	49° 42.677'N 3° 21.467'E	O19
Oil Mill	28SE1	Wervicq	50° 47.189'N 3° 02.940'E	Q20
Oil Tanks	51BNE1	Brébières	50° 20.512'N 3° 03.002'E	E19
Oisy-le-Verger	51BSE2	Oisy-le-Verger	50° 15.066'N 3° 07.234'E	Q24
Old Aerodrome	28SW3	Bailleul	50° 45.974'N 2° 44.852'E	S9
Old Aerodrome Bailleul	28SW3	Bailleul	50° 44.482'N 2° 44.560'E	S14
Old Ballast Pits	62CNE4	Roisel	49° 57.344'N 3° 06.110'E	K10
Old Beetroot Factory	66CNW2	Itancourt	49° 47.416'N 3° 24.779'E	I6
Old Block	28SW2	Wytschaete	50° 46.289'N 2° 54.069'E	O33
Old Brewery	36C(44A) NW1	LaBassee	50° 31.882'N 2° 49.179'E	B8
Old Brickfields	36C(44A) SE1	Dourges	50° 26.093'N 2° 58.680'E	P14
Old Brickworks	51BSW1	Neuville Vitasse	50° 16.672'N 2° 47.419'E	M5
Old Brickworks	57DNE 1&2	Fonquevillers	50° 10.158'N 2° 36.331'E	E7
Old Brickworks	66DNW2	Morchain	49° 47.508'N 2° 57.978'E	C29
Old Chalk Pit	57DNE3+4	Hebuterne	50° 05.753'N 2° 36.950'E	K32
Old Chalk Pit	57DSE4	Ovillers	50° 01.341'N 2° 40.050'E	W18
Old Copse	62CNE2	Epéhy	49° 59.992'N 3° 09.257'E	F9
Old Crown	28NW1	Elverdinghe	50° 51.505'N 2° 46.981'E	G6
Old Factory	57CNW3	Bapaume	50° 06.826'N 2° 50.600'E	H32
Old Factory	62CNW3	Vaux	49° 56.539'N 2° 47.495'E	G16
Old Factory St Gobain	62CNW3	Vaux	49° 56.553'N 2° 46.195'E	G17
Old Farms	28SW2	Wytschaete	50° 48.556'N 2° 51.858'E	N6
Old Fort Napoleon	12NE2 & 4	Ostende	51° 14.331'N 2° 56.072'E	C24
Old Fort of Nieuwendamme	12SW1	Nieuport	51° 08.618'N 2° 47.841'E	N20
Old Fosse 1 la Poussière	36C(44A) SW2	Harnes	50° 26.819'N 2° 56.715'E	O11
Old Lighthouse	12NE2 & 4	Ostende	51° 14.128'N 2° 55.169'E	C23
Old Limekiln	51BSW4	Bullecourt	50° 13.295'N 2° 56.766'E	U5
Old Mill at Pypegaale	20SW3	Oostvleteren	50° 55.395'N 2° 48.925'E	T14
Old Mill Bel Aise	57BSW1	Bantouzelle	50° 05.295'N 3° 15.421'E	M12
Old Mill by Lock No 14	66DNW2	Morchain	49° 49.318'N 2° 56.568'E	C4
Old Mill Elverdinghe	28NW1	Elverdinghe	50° 53.239'N 2° 49.094'E	B15
Old Mill NE of Bias	62CSE1	Bouvincourt	49° 54.208'N 3° 00.290'E	P9
Old Mill NW of Itancourt	66CNW2	Itancourt	49° 48.591'N 3° 20.198'E	B18
Old Mill of Lesdain	57BNW3	Rumilly	50° 06.304'N 3° 15.637'E	G36
Old Mill SE of Allennes-les-Marais	36C(44A) NW2	Bauvin	50° 31.938'N 2° 57.060'E	C12
Old Mill SE of Bienvillers au Bois	57DNE 1&2	Fonquevillers	50° 10.072'N 2° 37.460'E	E9
Old Mill SE of Noyelles-lez-Seclin	36SE3	Seclin	50° 34.439'N 3° 01.525'E	V12
Old Mill W of Rouy-le-Petit	66DNW4	Nesle	49° 46.339'N 2° 56.806'E	I10
Old Mill W of Septvaux Wood	70DNW4	St. Gobain	49° 33.836'N 3° 21.961'E	I32
Old Priory	62CSW2	Barleux	49° 53.553'N 2° 55.565'E	O14
Old Quarries	36B(44B) SE4	Carency	50° 21.897'N 2° 40.529'E	X25
Old Quarry	57CNE2	Bourlon	50° 09.849'N 3° 08.158'E	F14
Old Quarry	57CSW4	Combles	50° 01.362'N 2° 53.397'E	T18
Old Quarry	62CNE1	Liéramont	49° 58.260'N 3° 01.624'E	D29
Old Quarry	62CNW1	Maricourt	49° 57.732'N 2° 49.276'E	G6
Old Quarry	62CNW2	Bouchavesnes	49° 58.505'N 2° 54.952'E	C20
Old Quarry	62CNW2	Bouchavesnes	49° 58.641'N 2° 55.167'E	C20
Old Quarry	62CNW3	Vaux	49° 56.425'N 2° 50.970'E	H15

Name	Map	Location	Coordinates	Grid
Old Quarry	62CNW4	Peronne	49° 57.349'N 2° 52.482'E	H11
Old Rope Keep	36SW3	Richebourg	50° 33.328'N 2° 45.754'E	S21
Old Shaft	62CNW3	Vaux	49° 56.927'N 2° 47.451'E	G10
Old Sugar Factory	57CNW4	Beugny	50° 06.334'N 2° 52.071'E	H28
Old Windmill	62CNW1	Maricourt	49° 59.256'N 2° 51.387'E	B15
Olga Houses	20SW4	Bixschoote	50° 55.559'N 2° 56.644'E	U18
Olifant Mill	20SW1	Loo	50° 59.600'N 2° 49.105'E	N3
Olive House	20SE3 & 28NE1-3	Poelcappelle	50° 53.574'N 2° 57.621'E	D7
Olive House	28NE1	Zonnebeke	50° 53.576'N 2° 57.620'E	D7
Olive House	28SW2	Wytschaete	50° 46.187'N 2° 54.352'E	O33
Oliver Farm	28SE1	Wervicq	50° 48.224'N 3° 00.061'E	P10
Oliver Farm	28SW2	Wytschaete	50° 48.228'N 3° 00.056'E	P10
Olivia Farm	28NE4	Dadizeele	50° 51.423'N 3° 09.043'E	L10
Oliviers Copse	62BNW4	Ramicourt	49° 55.265'N 3° 22.899'E	I33
Olney Farm	27NE4	Abeele	50° 51.173'N 2° 37.253'E	K4
Olympia Wood	62CNW3	Vaux	49° 55.078'N 2° 45.471'E	G31
Omar Farm	28NE2	Moorslede	50° 53.389'N 3° 05.406'E	E17
Omiecourt	66DNW1	Punchy	49° 48.550'N 2° 50.705'E	B8
Omiecourt Wood	66DNW1	Punchy	49° 48.792'N 2° 50.544'E	B8
Omignon River	62CSE3	Athies	49° 51.434'N 3° 01.142'E	V10
Omissy	62BSW2	Fonsommes	49° 52.789'N 3° 18.812'E	N28
Omlette Farm	36ANE4	Merville	50° 39.124'N 2° 37.377'E	K22
Ommiécourt-les-Clery	62CNW4	Peronne	49° 57.122'N 2° 53.535'E	H12
Omrah House	27NE3	Winnezeele	50° 49.819'N 2° 34.962'E	K19
Ondank	20SE1	Staden	50° 57.881'N 2° 59.001'E	P21
Ondank	28NW1	Elverdinghe	50° 53.742'N 2° 46.465'E	A5
Ondank Cabt.	28NW1	Elverdinghe	50° 53.647'N 2° 46.743'E	A12
Ondecappelle	20NW3	Lampernisse	51° 00.791'N 2° 48.494'E	4069
Ongereet Farm	28SE1	Wervicq	50° 47.581'N 3° 02.026'E	Q13
Onraet Farm	28SW2	Wytschaete	50° 47.652'N 2° 53.255'E	O14
Onraet Junction	28SW2	Wytschaete	50° 47.473'N 2° 53.338'E	O14
Ontario Farm	28SW4	Ploegsteert	50° 45.840'N 2° 52.634'E	U1
Ontraet Wood	28SW2	Wytschaete	50° 47.581'N 2° 53.322'E	O14
Onyx House	36NW1	Steenwerck	50° 41.974'N 2° 46.248'E	A16
Oolinton Farm	20SE1	Staden	50° 58.532'N 3° 00.103'E	P17
Oost House	20SE4	Roulers	50° 55.063'N 3° 06.457'E	X7
Oostbosch Mill	20NE3	Zarren	50° 59.829'N 2° 58.751'E	J33
Oost-Dunkerke	11SE4	No Edition 0617	51° 07.024'N 2° 40.981'E	X4
Oosthoek	28NE3	Gheluvelt	50° 51.392'N 3° 02.651'E	K8
Oosthoek	28NW1	Elverdinghe	50° 52.419'N 2° 46.517'E	A23
Oosthoek	28SW2	Wytschaete	50° 48.804'N 2° 54.173'E	O3
Oosthoek	28SW2	Wytschaete	50° 48.804'N 2° 54.173'E	O3
Oosthoek Estaminet	28SW2	Wytschaete	50° 48.388'N 2° 54.291'E	O9
Oosthoek Estaminet	28SW2	Wytschaete	50° 48.388'N 2° 54.291'E	O9
Oosthoek Farm	28SW2	Wytschaete	50° 48.853'N 2° 54.193'E	O3
Oosthof Farm	12SW3	Ramscappelle	51° 05.867'N 2° 47.176'E	T19
Oosthove Farm	28NW1	Elverdinghe	50° 52.298'N 2° 43.805'E	A20
Oosthove Farm	36NW2	Armentieres	50° 42.660'N 2° 51.593'E	B11
Oostkerke	20NW1	Nieuport	51° 02.734'N 2° 47.888'E	3972
Oostlvode	27SE4	Meteren	50° 45.767'N 2° 37.074'E	Q34
Oostnieuwkerke	20SE3	Westroosebeke	50° 56.433'N 3° 03.581'E	W3
Oostnieuwkerke	20SE4	Roulers	50° 56.405'N 3° 03.734'E	W3
Oosttaveerne Junction	28SW2	Wytschaete	50° 47.534'N 2° 53.903'E	O14
Oosttaverne	28SW2	Wytschaete	50° 47.347'N 2° 54.543'E	O21
Oosttaverne	28SW2	Wytschaete	50° 47.342'N 2° 54.552'E	O21
Oosttaverne Wood	28SW2	Wytschaete	50° 47.562'N 2° 53.989'E	O15
Oosttaverne Wood	28SW2	Wytschaete	50° 47.481'N 2° 53.936'E	O15
Oostvleteren	20SW3	Oostvleteren	50° 56.022'N 2° 44.515'E	S9
Ooze Copse	62BSW4	Homblieres	49° 52.332'N 3° 21.620'E	O32
Opaque Wood	28SW2	Wytschaete	50° 48.783'N 2° 56.576'E	O6
Opaque Wood	28SW2	Wytschaete	50° 48.801'N 2° 56.549'E	O6
Open House	36NW1	Steenwerck	50° 43.225'N 2° 45.710'E	A4

Name	Sheet	Location	Coordinates	Ref
Ophir House	36NW1	Steenwerck	50° 42.419N 2° 48.048'E	B13
Opium Farm	28NW3	Poperinghe	50° 49.985'N 2° 49.526'E	H21
Oppourehaur	36SW3	Richebourg	50° 34.310'N 2° 49.526'E	T8
Oppy	51BNW2	Oppy	50° 20.937'N 2° 53.307'E	C13
Option Farm	36NW1	Steenwerck	50° 40.797'N 2° 46.457'E	G5
Oram Farm	28NE4	Dadizeele	50° 50.630'N 3° 08.350'E	L15
Orange Farm	28SE1	Wervicq	50° 47.164'N 2° 57.275'E	P19
Orange Farm	28SW2	Wytschaete	50° 47.162'N 2° 57.282'E	P19
Orange Hill	51BNW4	Fampoux	50° 16.784'N 2° 51.828'E	H35
Orange House	12SW1	Nieuport	51° 09.514'N 2° 46.710'E	M12
Oratory	36SE3	Seclin	50° 35.176'N 3° 00.047'E	V4
Orb House	36ANE2	Vieux Berquin	50° 41.901'N 2° 43.502'E	F24
Orca Farm	36NW1	Steenwerck	50° 42.033'N 2° 45.098'E	A15
Orchard	57CSW4	Combles	50° 01.536'N 2° 52.109'E	T16
Orchard Barn	36SW1	Aubers	50° 36.898'N 2° 49.682'E	N15
Orchard Corner	62CNW3	Vaux	49° 55.409'N 2° 46.482'E	G27
Orchard Farm	36ASE1	St. Venant	50° 36.494'N 2° 36.353'E	Q14
Orchard House	36SW1	Aubers	50° 36.869'N 2° 49.615'E	N15
Ore Farm	20SE2	Hooglede	50° 59.187'N 3° 04.465'E	Q10
Oresmieu Farm	36SW4	Sainghin	50° 33.904'N 2° 51.585'E	T17
Orford House	27SE2	Berthen	50° 46.233'N 2° 39.854'E	R25
Organ Farm	28NE2	Moorslede	50° 52.162'N 3° 06.660'E	F25
Organ Farm	28NW1	Elverdinghe	50° 52.702'N 2° 45.406'E	A22
Organ Farm	36NW1	Steenwerck	50° 43.245'N 2° 48.890'E	B2
Orgy House	36NW1	Steenwerck	50° 42.449'N 2° 45.377'E	A9
Origin Farm	27NE3	Winnezeele	50° 49.595'N 2° 36.086'E	K27
Orion Copse	66CNW4	Berthenicourt	49° 45.398'N 3° 24.607'E	I29
Orion House	28NW1	Elverdinghe	50° 52.686'N 2° 46.071'E	A23
Orival Wood	57CNE4	Marcoing	50° 08.064'N 3° 07.818'E	L7
Ormes Copse	62BNW4	Ramicourt	49° 55.823'N 3° 23.176'E	I28
Orphans Rest	36NW1	Steenwerck	50° 41.211'N 2° 48.195'E	B25
Orpheus House	36NW1	Steenwerck	50° 40.791'N 2° 46.918'E	G5
Orvieto	27NE2	Proven	50° 52.016'N 2° 41.787'E	F27
Orville Junction	36NW1	Steenwerck	50° 41.207'N 2° 49.948'E	B27
Orwell Farm	28NW3	Poperinghe	50° 49.925'N 2° 43.450'E	G19
Osier Farm	12NE3	Oudenburg	51° 12.039'N 3° 01.085'E	K13
Oskar Farm	28NW2	St Julien	50° 51.611'N 2° 56.119'E	I5
Osprey House	36NW1	Steenwerck	50° 42.122'N 2° 45.448'E	A15
Ossian Farm	36NW1	Steenwerck	50° 42.185'N 2° 48.083'E	B13
Ossus	57BSW3	Honnecourt	50° 01.214'N 3° 11.850'E	S19
Ossus Wood	57CSE4	Villers-Guislain	50° 00.961'N 3° 11.494'E	X30
Ostende	12NW2	Ostende	51° 13.755'N 2° 55.526'E	C29
Ostende Farm	20SW3	Oostvleteren	50° 55.633'N 2° 49.672'E	T15
Ostricourt	36C(44A) SE1	Dourges	50° 27.263'N 3° 02.044'E	P6
Osvillers Farm	51BSE1	Saudemont	50° 14.460'N 3° 04.104'E	Q26
Osvillers Lake	51BSE1	Saudemont	50° 14.760'N 3° 04.280'E	Q21
Otago Camp	28NW4	Zillebeke	50° 50.458'N 2° 53.781'E	I14
Ottawa Camp	28NW3	Poperinghe	50° 49.872'N 2° 47.108'E	G24
Ottawa Farm	28NW3	Poperinghe	50° 49.949'N 2° 47.171'E	G24
Ottawa Junction?	28NW4	Ypres	50° 49.987'N 2° 50.428'E	H22
Otter Copse	62BSW1	Gricourt	49° 52.543'N 3° 12.854'E	M32
Otto Farm	20SE3 & 28NE1-3	Poelcappelle	50° 53.138'N 2° 58.507'E	D15
Otto Farm	28NE1	Zonnebeke	50° 53.138'N 2° 58.507'E	D15
Ouckene	20SE4	Roulers	50° 55.230'N 3° 09.630'E	X23
Oudekens Kruis Farm	12SW2	Slype	51° 09.370'N 2° 50.153'E	N17
Oude-Kruiseecke	28NE3	Gheluvelt	50° 49.308'N 3° 01.085'E	J36
Oudemolen	28NE4	Dadizeele	50° 50.446'N 3° 08.711'E	L22
Ouden Dyke Siphon	12SW2	Slype	51° 09.998'N 2° 50.591'E	N5
Oudenburg	12NE3	Oudenburg	51° 11.066'N 3° 00.297'E	J30
Ouden-Roodbaart	28NE2	Moorslede	50° 53.328'N 3° 09.517'E	F17
Ouderdom	28NW3	Poperinghe	50° 49.462'N 2° 46.944'E	G30
Ouderdom Sidings?	28NW3	Poperinghe	50° 49.146'N 2° 47.232'E	G36

Oudezeele	27NE3	Winnezeele	50° 50.311'N 2° 30.598'E	J14
Ouekers Hoek	27NE3	Winnezeele	50° 50.927'N 2° 30.846'E	J8
Outcast Farm	20SE1	Staden	50° 57.877'N 3° 00.919'E	P24
Outpost Buildings	28NW2	St Julien	50° 51.900'N 2° 56.165'E	C30
Outpost Buildings	28SW2	Wytschaete	50° 46.474'N 2° 51.536'E	N29
Outpost Farm	28NW4	Zillebeke	50° 50.843'N 2° 56.001'E	I17
Outskirt Farm	28NW2	St Julien	50° 51.785'N 2° 53.449'E	I2
Outtersteene	36ANE2	Vieux Berquin	50° 42.822'N 2° 40.852'E	F8
Oval Stacks	36C(44A) SW1	Lens	50° 26.914'N 2° 50.348'E	N3
Oval Wood	62CNW3	Vaux	49° 55.180'N 2° 48.111'E	G35
Oven Copse	20SE4	Roulers	50° 56.210'N 3° 04.738'E	W11
Overheule	28NE4	Dadizeele	50° 50.966'N 3° 09.748'E	L17
Overtown Cross Roads	28SE3	Comines	50° 43.940'N 2° 57.782'E	V25
Ovid Farm	27SE1	St Sylvestre	50° 46.174'N 2° 33.619'E	P29
Ovillers-la-Boisselle	57DSE4	Ovillers	50° 01.889'N 2° 41.910'E	X8
Owl Barns	28NE2	Moorslede	50° 52.080'N 3° 08.007'E	F27
Owl Corner	20SE2	Hooglede	50° 58.000'N 3° 07.216'E	R20
Owl Farm	36NW1	Steenwerck	50° 41.760'N 2° 49.564'E	B21
Owls Wood	20SW4	Bixschoote	50° 56.582'N 2° 55.926'E	U5
Owston Farm	28NE4	Dadizeele	50° 51.455'N 3° 07.253'E	L8
Oxford Copse	62CNW1	Maricourt	49° 59.009'N 2° 46.478'E	A15
Oxford Crossing	20SE2	Hooglede	50° 57.879'N 3° 07.584'E	R20
Oxford Houses	20SE3	Westroosebeke	50° 54.650'N 2° 58.143'E	V26
Oxford Houses	20SE3 & 28NE1-3	Poelcappelle	50° 54.648'N 2° 58.145'E	V26
Oxford Houses	36ASE1	St. Venant	50° 36.368'N 2° 35.379'E	Q13
Oxford Road Siding	28NW2	St Julien	50° 52.114'N 2° 55.080'E	C28
Oxford Valley	57CNE3	Hermies	50° 05.894'N 3° 04.555'E	K33
Oxford Valley	57CSE1	Bertincourt	50° 05.618'N 3° 04.437'E	Q3
Oxgangs Farm	20SE1	Staden	50° 59.540'N 3° 03.374'E	Q3
Oxley Cottage	27SE4	Meteren	50° 43.752'N 2° 37.260'E	W22
Oxley Farm	28NW3	Poperinghe	50° 51.075'N 2° 45.113'E	G9
Oxton	20SE3	Westroosebeke	50° 55.281'N 2° 58.156'E	V14
Oxton Farm	20SE1	Staden	50° 57.126'N 3° 01.089'E	P36
Oxus Cottage	28NW1	Elverdinghe	50° 51.856'N 2° 48.307'E	B25
Oyster Farm	36ANE4	Merville	50° 38.958'N 2° 37.635'E	K22
Oyster Farm	36NW4	Bois Grenier	50° 38.189'N 2° 53.518'E	I32
P Camp	28NW1	Elverdinghe	50° 52.898'N 2° 44.840'E	A15
P Redoubt	28SW2	Wytschaete	50° 48.383'N 2° 52.003'E	N6
Pacaut	36ASE2	Lestrem	50° 36.077'N 2° 38.188'E	Q23
Pacht Houses	28NE2	Moorslede	50° 51.952'N 3° 10.165'E	L6
Pacific Farm	28NW3	Poperinghe	50° 51.188'N 2° 45.512'E	G10
Pacific Sidings?	28NW3	Poperinghe	50° 51.153'N 2° 45.488'E	G10
Pack Farm	28NE3	Gheluvelt	50° 49.362'N 2° 58.700'E	J33
Paddington Junction	28SW3	Bailleul	50° 45.333'N 2° 47.631'E	S12
Paddock Farm	12NE3	Oudenburg	51° 12.461'N 3° 01.751'E	K13
Paddy Farm	36NW1	Steenwerck	50° 42.593'N 2° 46.404'E	A11
Padre Farm	27SE4	Meteren	50° 43.624'N 2° 42.542'E	X29
Padstow Farm	20SE1	Staden	50° 58.353'N 2° 59.629'E	P16
Padua Farms	28NE4	Dadizeele	50° 51.717'N 3° 08.993'E	L4
Paganini Cross Roads	20SW2	Zwartegat	50° 58.276'N 2° 55.460'E	O17
Page Copse	62CSW3	Vermandovillers	49° 51.290'N 2° 47.111'E	S9
Page Farm	27SE1	St Sylvestre	50° 46.609'N 2° 31.909'E	P21
Paget Farm	27SE1	St Sylvestre	50° 46.821'N 2° 32.792'E	P22
Pagoda Corner	28NW2	St Julien	50° 51.901'N 2° 54.927'E	C28
Pagoda Vinery Junction	28NW2	St Julien	50° 51.831'N 2° 54.705'E	C28
Pail Copse	62BNW1	Gouy	49° 58.572'N 3° 16.716'E	B25
Paillasse Farm	20SW2	Zwartegat	50° 59.366'N 2° 54.640'E	O4
Paint Lodge	28SE1	Wervicq	50° 48.491'N 2° 58.853'E	P3
Paint Lodge	28SW2	Wytschaete	50° 48.460'N 2° 58.775'E	P3
Painters Cross Roads	20SE3	Westroosebeke	50° 56.605'N 2° 59.455'E	V4
Pair Farm	28NE2	Moorslede	50° 53.998'N 3° 08.287'E	F3
Palace Lile	36SE1	Haubourdin	50° 38.059'N 3° 03.004'E	Q2

Palace Hotel	12NE2 & 4	Ostende	51° 13.399'N 2° 53.667'E	I3
Palace Hotel	12NW3 & 4	Middlekerke	51° 10.509'N 2° 51.588'E	H31
Palace of Art Lille	36SE1	Haubourdin	50° 37.827'N 3° 03.786'E	Q3
Palace Row	36NW1	Steenwerck	50° 43.353'N 2° 47.857'E	B1
Palazzon	36ANE3	Haverskerque	50° 39.926'N 2° 33.286'E	J11
Palentin Woods 1	62CNE3	Buire	49° 55.145'N 3° 02.639'E	J36
Palentin Woods 2	62CNE3	Buire	49° 55.252'N 3° 02.957'E	J36
Palentin Woods 3	62CNE3	Buire	49° 55.155'N 3° 03.136'E	J36
Palestine Bridge	28NE4	Dadizeele	50° 51.178'N 3° 07.335'E	L8
Palestrina Cross Roads	20SW2	Zwartegat	50° 58.118'N 2° 56.653'E	O24
Palfesse Copse	62CNE3	Buire	49° 56.741'N 3° 02.603'E	J18
Palinbrug	12SW1	Nieuport	51° 08.235'N 2° 45.038'E	M28
Paling Bridge	20SW1	Loo	50° 59.456'N 2° 45.076'E	M4
Palingspot Inn	12NE1	Clemskerke	51° 13.762'N 3° 01.743'E	E26
Palissade Farm	28NW2	St Julien	50° 53.992'N 2° 52.565'E	C1
Palk Villa	28SW4	Ploegsteert	50° 44.100'N 2° 54.660'E	U21
Pall Mall Keep	36SW3	Richebourg	50° 33.882'N 2° 45.775'E	S15
Pallemaat	20NW4	Dixmunde	51° 00.451'N 2° 50.944'E	H29
Pallette Cottage	28NE2	Moorslede	50° 52.199'N 3° 09.285'E	F28
Palliasse Farm	28NE2	Moorslede	50° 53.903'N 3° 08.465'E	F9
Palliasse Wood	62BSW2	Fonsommes	49° 52.571'N 3° 21.575'E	O32
Pallid Farm	27SE1	St Sylvestre	50° 47.073'N 2° 35.092'E	Q19
Palluel	51BSE2	Oisy-le-Verger	50° 16.016'N 3° 06.990'E	Q11
Palma House	27NE4	Abeele	50° 50.074'N 2° 37.137'E	K22
Palmer Farm	28NE4	Dadizeele	50° 51.004'N 3° 04.312'E	K10
Pals Copse	20SE1	Staden	50° 57.620'N 3° 00.702'E	P30
Palsco Buildings	20SE1	Staden	50° 57.327'N 2° 58.537'E	P27
Palsley	27SE1	St Sylvestre	50° 47.457'N 2° 34.371'E	P18
Pam Pam Farm	57CSE2	Gonnelieu	50° 04.801'N 3° 11.646'E	R18
Pamagat	27SE1	St Sylvestre	50° 46.214'N 2° 34.353'E	P36
Pan Cottages	28SE1	Wervicq	50° 48.518'N 2° 58.481'E	P2
Pan Cottages	28SW2	Wytschaete	50° 48.518'N 2° 58.464'E	P2
Panama House	20SW4	Bixschoote	50° 56.508'N 2° 55.645'E	U5
Pandora	36NW1	Steenwerck	50° 42.561'N 2° 48.859'E	B8
Pandu House	66DNW3	Hattencourt	49° 46.330'N 2° 52.153'E	H10
Pandy Farm	20SE1	Staden	50° 57.401'N 3° 02.199'E	Q25
Panemolen	28NE4	Dadizeele	50° 50.077'N 3° 04.747'E	K22
Pangbourne	27SE1	St Sylvestre	50° 46.946'N 2° 33.939'E	P24
Panic House	27NE2	Proven	50° 52.134'N 2° 38.028'E	E23
Pankhurst	27SE1	St Sylvestre	50° 46.979'N 2° 32.124'E	P21
Pannell Hall	28SW1	Kemmel	50° 47.529'N 2° 47.120'E	M18
Pansy Cottage	27SE1	St Sylvestre	50° 46.714'N 2° 31.186'E	P20
Panto Camp	27NE4	Abeele	50° 50.548'N 2° 39.967'E	L14
Papa Farm	20SE3	Westroosebeke	50° 55.138'N 2° 58.744'E	V21
Papal Farm	28NE2	Moorslede	50° 53.108'N 3° 07.153'E	F14
Papal Farm	36ANE1	Morbecque	50° 40.727'N 2° 32.536'E	J4
Papal Fork	36ANE1	Morbecque	50° 40.742'N 2° 32.536'E	J4
Papegoed Farm	20SW4	Bixschoote	50° 56.452'N 2° 53.718'E	U3
Papegoed Post	20SW4	Bixschoote	50° 56.476'N 2° 53.692'E	U3
Papegoed Wood	20SW4	Bixschoote	50° 56.503'N 2° 53.511'E	U2
Papeline Mill	20NE3	Zarren	51° 01.990'N 2° 58.395'E	J9
Paper Works	28SE4	Ronq	50° 46.265'N 3° 05.213'E	Q35
Paperworks	28SE2	Menin	50° 47.147'N 3° 06.886'E	R19
Papot	36NW1	Steenwerck	50° 43.044'N 2° 49.676'E	B3
Papote	36ANE1	Morbecque	50° 41.819'N 2° 32.862'E	D16
Para Farm	27SE4	Meteren	50° 43.620'N 2° 43.352'E	X30
Parable Cross Roads	20SE1	Staden	50° 57.665'N 3° 03.401'E	Q27
Parade Ground	62BSW3	St. Quentin	49° 51.943'N 3° 16.792'E	T1
Paradine Copse	62BSW4	Homblieres	49° 51.254'N 3° 23.569'E	U16
Paradis	36ASE2	Lestrem	50° 36.400'N 2° 38.955'E	Q24
Paradis	28SE4	Ronq	50° 45.595'N 3° 10.512'E	X12
Paradise Alley	28NW2	St Julien	50° 52.045'N 2° 54.636'E	C28

Name	Map	Location	Coordinates	Ref
Paradise Copse	28NE2	Moorslede	50° 53.428'N 3° 08.666'E	F16
Paradise Inn	12SW1	Nieuport	51° 07.885'N 2° 45.790'E	M35
Paradise Inn	36ANE2	Vieux Berquin	50° 42.570'N 2° 37.941'E	E11
Paradou Farm	28NW1	Elverdinghe	50° 53.443'N 2° 49.926'E	B10
Paragon Farm	28SE2	Menin	50° 48.957'N 3° 09.285'E	R4
Paragon Wood	62BSW4	Homblieres	49° 51.698'N 3° 23.976'E	U11
Parallel Housess	28NE2	Moorslede	50° 52.620'N 3° 09.235'E	F22
Paratonnerre Farm	20SW1	Loo	50° 58.511'N 2° 45.472'E	M16
Paratonnerres Farm	20SW4	Bixschoote	50° 54.431'N 2° 50.280'E	T28
Parc Albert	12NE2 & 4	Ostende	51° 13.026'N 2° 53.218'E	I3
Parc Leopold	12NE2 & 4	Ostende	51° 13.706'N 2° 54.878'E	C29
Parc Marie Henriette	12NE2 & 4	Ostende	51° 13.244'N 2° 55.504'E	I6
Parc Prince Albert	4SE 3 & 4	Wenduyne	51° 17.876'N 3° 04.498'E	W11
Parcel House	28SE4	Ronq	50° 45.857'N 3° 07.278'E	X2
Pard Farm	27SE1	St Sylvestre	50° 46.024'N 2° 34.354'E	P36
Pargny	66DNW2	Morchain	49° 48.950'N 2° 57.064'E	C10
Paris Camp	27NE2	Proven	50° 52.010'N 2° 36.726'E	E28
Paris Copse	57BNW1	Cambrai	50° 09.178'N 3° 12.011'E	A26
Paris Farm	20SW3	Oostvleteren	50° 55.363'N 2° 49.728'E	T15
Paris Plage	36ANE3	Haverskerque	50° 38.185'N 2° 30.968'E	J32
Park Mill	28NE4	Dadizeele	50° 50.041'N 3° 06.948'E	L19
Park Wood	62CNW4	Peronne	49° 56.526'N 2° 54.805'E	I14
Park Woods No 1	62CSW1	Dompierre	49° 53.120'N 2° 51.554'E	N21
Park Woods No 2	62CSW1	Dompierre	49° 53.137'N 2° 51.652'E	N21
Park Woods No 3	62CSW1	Dompierre	49° 53.102'N 2° 51.800'E	N22
Park Woods No 4	62CSW1	Dompierre	49° 53.007'N 2° 51.667'E	N21
Parkdrive Buildings	28NE4	Dadizeele	50° 50.035'N 3° 07.001'E	L19
Parker Copse	62CSE2	Vermand	49° 54.716'N 3° 11.520'E	R5
Parkside	27SE1	St Sylvestre	50° 46.276'N 2° 31.317'E	P26
Parma Siding	28SW2	Wytschaete	50° 47.902'N 2° 51.759'E	N12
Paroo Farm	27NE4	Abeele	50° 50.163'N 2° 36.616'E	K15
Parrain Farm	28SW2	Wytschaete	50° 46.873'N 2° 50.715'E	N22
Parret Farm	28SW2	Wytschaete	50° 47.692'N 2° 50.773'E	N16
Parret Farm Junction	28SW2	Wytschaete	50° 47.629'N 2° 50.712'E	N16
Parrot Farm	20SE2	Hooglede	50° 58.253'N 3° 07.018'E	R20
Parroy Farm	28NW2	St Julien	50° 52.909'N 2° 50.256'E	B16
Parsley Farm	20SE2	Hooglede	50° 58.857'N 3° 07.800'E	R9
Parsons Buildings	20SE1	Staden	50° 59.180'N 3° 03.115'E	Q9
Partick Inn	28SE3	Comines	50° 45.132'N 3° 00.352'E	V11
Partridge Camp	27NE2	Proven	50° 52.267'N 2° 36.995'E	E22
Partridge Farm	20SE3 & 28NE1-3	Poelcappelle	50° 54.242'N 2° 55.335'E	C5
Partyntie Farm	28SW2	Wytschaete	50° 47.020'N 2° 56.940'E	O24
Partyntje Farm	28SW2	Wytschaete	50° 47.018'N 2° 56.939'E	O24
Parvillers	66ENE4	Beaufort	49° 44.690'N 2° 44.260'E	L28
Pascal Farm	20SW4	Bixschoote	50° 55.801'N 2° 56.198'E	U12
Passchendaele	28NE1	Zonnebeke	50° 54.014'N 3° 01.290'E	D6
Passent House	20SW4	Bixschoote	50° 54.866'N 2° 51.874'E	T24
Passent Wood	20SW4	Bixschoote	50° 54.918'N 2° 51.785'E	T24
Passerelle de Magenta	57DSE1 & 2	Beaumont	50° 03.177'N 2° 39.871'E	Q29
Passerelle Farm	20SW4	Bixschoote	50° 54.976'N 2° 53.843'E	U21
Passerelle Post	36ASE4	Locon	50° 34.628'N 2° 41.912'E	X3
Passmopre House	28NE4	Dadizeele	50° 51.646'N 3° 08.579'E	L3
Pastel Copse	28SW1	Kemmel	50° 48.423'N 2° 46.691'E	M5
Pastel Farm	28SW1	Kemmel	50° 48.552'N 2° 46.671'E	M5
Pat Farm	28SW2	Wytschaete	50° 47.789'N 2° 56.811'E	O18
Pat Farm	28SW2	Wytschaete	50° 47.799'N 2° 56.811'E	O18
Pat Siding	28SW2	Wytschaete	50° 48.440'N 2° 52.530'E	O1
Pater Cottage	20SE1	Staden	50° 59.694'N 3° 00.236'E	P5
Paters Bridge	28NW1	Elverdinghe	50° 53.444'N 2° 44.753'E	A10
Path Post	36SW3	Richebourg	50° 33.884'N 2° 44.795'E	S14
Patnan Cross Roads	28NE2	Moorslede	50° 51.896'N 3° 04.111'E	K4
Patte Farm	20NW4	Dixmunde	51° 01.606'N 2° 53.472'E	I14

Patter Farm	27NE2	Proven	50° 51.666'N 2° 40.287'E	F26
Patty Copse	62BSW4	Homblieres	49° 51.920'N 3° 21.984'E	U2
Pau Farm	20NW4	Dixmunde	51° 00.005'N 2° 53.556'E	I32
Paul Bucq	28SE3	Comines	50° 45.712'N 3° 02.062'E	W2
Paul Burgrave Farm	28SW1	Kemmel	50° 46.960'N 2° 47.713'E	M24
Paul Burgrave Farm	28SW1	Kemmel	50° 46.942'N 2° 47.742'E	N19
Paul Farm	20SW2	Zwartegat	50° 57.715'N 2° 52.903'E	O20
Paul Farm	28NE2	Moorslede	50° 52.609'N 3° 06.840'E	F19
Paul Farm	28NE3	Gheluvelt	50° 49.160'N 2° 59.535'E	J34
Paupers Cross Roads	20SE1	Staden	50° 58.174'N 3° 00.526'E	P23
Pauvre Farm	20SW4	Bixschoote	50° 56.796'N 2° 50.281'E	N34
Pauvres Mill	27SE2	Berthen	50° 47.180'N 2° 39.569'E	R19
Pavé de Carvin	36C(44A) NW2	Bauvin	50° 31.225'N 2° 56.186'E	C23
Pavé Wood	66CSW4	La Fere	49° 41.015'N 3° 23.794'E	U4
Pavie Farm	20NW4	Dixmunde	51° 00.122'N 2° 56.355'E	I36
Paviland Wood	51BSE3	Cagnicourt	50° 11.306'N 3° 03.626'E	W26
Pavilion Inn	20NE3	Zarren	51° 00.887'N 2° 58.082'E	J20
Pavilion Inn	20NW4	Dixmunde	51° 02.269'N 2° 52.457'E	I1
Pawn Copse	62CSE1	Bouvincourt	49° 53.596'N 3° 04.654'E	Q14
Pawn Farm	28NE4	Dadizeele	50° 49.682'N 3° 04.890'E	K29
Payen Copse	66ENE4	Beaufort	49° 44.321'N 2° 44.181'E	L34
Pays Perdu	36SW2	Radinghem	50° 35.883'N 2° 57.026'E	O30
Paytis Farm	28NE3	Gheluvelt	50° 50.043'N 2° 58.470'E	J20
Peace Farm	12NE3	Oudenburg	51° 12.710'N 3° 02.778'E	K9
Peace Farm	20SE3	Westroosebeke	50° 56.634'N 2° 58.578'E	V3
Peach Farm	20SE3	Westroosebeke	50° 54.791'N 3° 02.700'E	W26
Peacock Farm	36ASE3	Gonnehem	50° 34.897'N 2° 35.862'E	Q32
Peacock Wood	66CSW4	La Fere	49° 40.853'N 3° 23.650'E	U10
Peak Farm	27SE1	St Sylvestre	50° 47.338'N 2° 33.110'E	P17
Peake Woods	57DSE4	Ovillers	50° 01.063'N 2° 43.397'E	X22
Pear Farm	27SE1	St Sylvestre	50° 48.174'N 2° 31.641'E	P3
Pear Tree Farm	36NW4	Bois Grenier	50° 40.016'N 2° 55.397'E	I16
Pearl House	20SE4	Roulers	50° 55.221'N 3° 07.448'E	X20
Pearl Wood	57DSE4	Ovillers	50° 01.606'N 2° 44.611'E	X17
Pearson Cross Roads	28NE4	Dadizeele	50° 50.152'N 3° 04.333'E	K22
Peasant Copse	62CSW3	Vermandovillers	49° 50.773'N 2° 50.416'E	T14
Pease Corner	28NE4	Dadizeele	50° 50.941'N 3° 05.349'E	K17
Peasmarsh Houses	20SE2	Hooglede	50° 59.701'N 3° 04.345'E	Q4
Peat Copse	62BSW2	Fonsommes	49° 54.411'N 3° 19.765'E	N11
Peat Copse	62CSW4	St. Christ	49° 52.250'N 2° 57.748'E	O35
Peat House	12NE2 & 4	Ostende	51° 10.853'N 2° 53.887'E	I33
Peat House	20SE4	Roulers	50° 56.517'N 3° 06.328'E	X1
Peckam Junction	28SW2	Wytschaete	50° 46.832'N 2° 51.909'E	N30
Peckham	28SW2	Wytschaete	50° 46.816'N 2° 51.869'E	N30
Pedigree Villa	28NW1	Elverdinghe	50° 51.857'N 2° 46.248'E	A29
Pedlers Fork	20SE1	Staden	50° 58.598'N 3° 00.417'E	P17
Peebles	27SE1	St Sylvestre	50° 47.484'N 2° 34.403'E	P18
Peek Buildings	28NE4	Dadizeele	50° 50.919'N 3° 03.999'E	K16
Peereboom Inn	20SW1	Loo	50° 57.855'N 2° 47.607'E	N19
Peerless Camp	28NW3	Poperinghe	50° 50.898'N 2° 44.285'E	G8
Peg Copse	62BNW3	Bellicourt	49° 56.406'N 3° 13.730'E	G21
Peg Cottage	28NE2	Moorslede	50° 52.288'N 3° 07.727'E	F26
Pegasus Farm	28SW3	Bailleul	50° 43.582'N 2° 46.867'E	S29
Pegasus Wood	66CNW2	Itancourt	49° 48.612'N 3° 24.199'E	C17
Peiziere	57CSE4	Villers-Guislain	50° 00.574'N 3° 07.347'E	W30
Pelf Farm	28NW3	Poperinghe	50° 50.856'N 2° 47.176'E	G12
Pelican Bridge	12SW3	Ramscappelle	51° 07.233'N 2° 44.761'E	S4
Pelican Corner	20SW2	Zwartegat	50° 57.155'N 2° 54.202'E	O33
Pelissier Farm	28NW1	Elverdinghe	50° 52.527'N 2° 49.148'E	B21
Pellegrin Chateau	28SE4	Ronq	50° 45.629'N 3° 06.498'E	X1
Pellet Farm	28SE2	Menin	50° 48.462'N 3° 09.298'E	R10
Pelly Farm	27SE1	St Sylvestre	50° 47.099'N 2° 32.950'E	P23

Pelman House	27SE4	Meteren	50° 45.445'N 2° 42.401'E	X5
Pelt Farm	20SE2	Hooglede	50° 59.239'N 3° 05.970'E	Q12
Pelu Wood	57BSW1	Bantouzelle	50° 05.442'N 3° 17.068'E	N8
Pelves	51BNW4	Fampoux	50° 17.455'N 2° 54.950'E	I27
Pelves Mill	51BNW4	Fampoux	50° 17.176'N 2° 54.226'E	I26
Pemba Farm	27NE4	Abeele	50° 50.768'N 2° 37.176'E	K10
Pemmican Farm	28NW3	Poperinghe	50° 50.925'N 2° 47.663'E	H7
Pen Cottage	28NE2	Moorslede	50° 52.494'N 3° 09.382'E	F28
Pen Farm	28SE1	Wervicq	50° 48.498'N 3° 00.043'E	P4
Pencil Houses	28NE2	Moorslede	50° 52.715'N 3° 09.525'E	F23
Pendant Copse	57DNE3+4	Hebuterne	50° 05.952'N 2° 41.888'E	L31
Pendennis	27SE1	St Sylvestre	50° 48.183'N 2° 30.279'E	P1
Penfold Farm	20SE4	Roulers	50° 56.780'N 3° 09.180'E	X4
Penge Villa	36NW1	Steenwerck	50° 41.386'N 2° 49.012'E	B26
Penguin Camp	28SW3	Bailleul	50° 43.683'N 2° 46.699'E	S29
Penguin Farm	28SW3	Bailleul	50° 43.641'N 2° 46.560'E	S29
Penhay Houses	20SE1	Staden	50° 59.326'N 3° 00.029'E	P5
Penley Farm	20SE2	Hooglede	50° 57.529'N 3° 04.850'E	Q29
Penniless Buildings	20SE1	Staden	50° 57.916'N 3° 00.810'E	P24
Penny Corner	28NE4	Dadizeele	50° 50.699'N 3° 09.242'E	L16
Penshurst Camp	27NE2	Proven	50° 53.299'N 2° 37.377'E	E11
Pension Farm	20SE2	Hooglede	50° 57.343'N 3° 05.902'E	Q36
Pent House	36ANE2	Vieux Berquin	50° 41.660'N 2° 43.178'E	F23
Penthae House	20SE1	Staden	50° 57.409'N 2° 58.769'E	P27
Pentire Farm	20SE1	Staden	50° 58.447'N 2° 58.669'E	P15
Pentland Mill	27SE1	St Sylvestre	50° 48.328'N 2° 32.710'E	P4
Penury Farm	27SE2	Berthen	50° 47.735'N 2° 39.737'E	R7
Penwith House	20SE1	Staden	50° 58.562'N 2° 58.674'E	P15
Penzance Junction	28NW4	Zillebeke	50° 48.878'N 2° 52.706'E	I31
Penzance Lines	28SW3	Bailleul	50° 44.138'N 2° 49.084'E	T20
Peony House	12SW1	Nieuport	51° 08.756'N 2° 46.417'E	M24
Pepper Farm	27SE1	St Sylvestre	50° 47.988'N 2° 32.942'E	P11
Per-Cheval Farm	20SW1	Loo	50° 59.285'N 2° 48.116'E	N2
Percival	27SE1	St Sylvestre	50° 47.276'N 2° 33.561'E	P17
Percy Farm	27SE1	St Sylvestre	50° 47.457'N 2° 32.326'E	P16
Perdreau Cross Roads	20SW2	Zwartegat	50° 58.328'N 2° 55.772'E	O17
Perdreau Farm	20SW2	Zwartegat	50° 58.245'N 2° 51.260'E	N18
Perdu	36NE2	Tourcoing	50° 42.347'N 3° 08.653'E	F15
Pereboom	20NE3	Zarren	51° 02.393'N 3° 01.322'E	K1
Peregrine Farm	28SE1	Wervicq	50° 47.688'N 2° 58.983'E	P14
Peregrine Farm	28SW2	Wytschaete	50° 47.686'N 2° 57.988'E	P14
Pérenchies	36NE3	Perenchies	50° 40.079'N 2° 58.390'E	J14
Periscope House	28NW2	St Julien	50° 54.049'N 2° 53.369'E	C2
Perjury Farm	28NE2	Moorslede	50° 53.234'N 3° 10.031'E	F17
Perkins Farm	20SE3	Westroosebeke	50° 56.399'N 2° 59.402'E	V4
Perle Blanche Farm	12SW1	Nieuport	51° 09.591'N 2° 47.570'E	N7
Péronne	62CNW4	Peronne	49° 55.741'N 2° 56.092'E	I27
Perrin Farm	28NW1	Elverdinghe	50° 53.894'N 2° 49.110'E	B3
Perron Camp	27NE4	Abeele	50° 50.469'N 2° 39.715'E	L13
Persia House	36NW1	Steenwerck	50° 42.536'N 2° 50.035'E	B9
Pert House	36NW1	Steenwerck	50° 42.860'N 2° 45.332'E	A9
Pertain	66DNW1	Punchy	49° 48.755'N 2° 52.088'E	B10
Perth Farm	12NE1	Clemskerke	51° 14.573'N 2° 59.156'E	D16
Peru Spur	28SW2	Wytschaete	50° 47.765'N 2° 52.024'E	N18
Pervenches House	20SW4	Bixschoote	50° 55.484'N 2° 51.679'E	T18
Pervenches Wood	66CSW4	La Fere	49° 40.938'N 3° 23.838'E	U10
Pervyse	20NW1	Nieuport	51° 04.409'N 2° 47.706'E	3976
Peselhoek	28NW1	Elverdinghe	50° 52.672'N 2° 44.632'E	A21
Peselhoek Farm	28NW1	Elverdinghe	50° 52.550'N 2° 45.272'E	A22
Pestle Farm	27SE2	Berthen	50° 48.630'N 2° 37.822'E	Q5
Petain Farm	20SW3	Oostvleteren	50° 55.804'N 2° 49.078'E	T9
Petard Farm	27NE2	Proven	50° 53.585'N 2° 39.788'E	F7

Name	Map	Place	Coordinates	Grid
Petawawa Farm	28SW4	Ploegsteert	50° 45.372'N 2° 51.020'E	T11
Peteaux Farm	20SW2	Zwartegat	50° 57.646'N 2° 50.765'E	N29
Peter Farm	12NE3	Oudenburg	51° 11.505'N 2° 57.664'E	J20
Peter Farm	28NE3	Gheluvelt	50° 49.307'N 2° 59.824'E	J34
Peter Pan	28NE1	Zonnebeke	50° 53.927'N 2° 59.286'E	D4
Peters Park	27SE1	St Sylvestre	50° 47.570'N 2° 33.346'E	P17
Petersbank Copse	20SE2	Hooglede	50° 58.041'N 3° 06.296'E	R19
Peterson House	28NE4	Dadizeele	50° 49.562'N 3° 06.739'E	L25
Petillon	36SW1	Aubers	50° 37.698'N 2° 49.334'E	N2
Petit Barisis	70DNW4	St. Gobain	49° 34.823'N 3° 19.403'E	H22
Petit Bois	28SW2	Wytschaete	50° 47.257'N 2° 52.064'E	N24
Petit Bois Bridge	36ANE4	Merville	50° 39.627'N 2° 43.087'E	L17
Petit Brocourt	62BSW3	St. Quentin	49° 52.195'N 3° 18.320'E	T3
Petit Chateau	27NE1	Herzeele	50° 52.298'N 2° 34.340'E	E19
Petit Chateau	51CSE2	Beaumetz	50° 15.193'N 2° 44.191'E	R18
Petit Cuincy	36C(44A) SE3	Esquerchin	50° 22.744'N 3° 02.039'E	V24
Petit Fontaine	57BNW1	Cambrai	50° 10.572'N 3° 12.261'E	A8
Petit Hantay	36C(44A) NW2	Bauvin	50° 32.465'N 2° 52.362'E	B6
Petit Haubourdin	36SW2	Radinghem	50° 35.656'N 2° 54.152'E	O26
Petit Hel	28SE3	Comines	50° 44.602'N 2° 59.979'E	V16
Petit Marquette	36ANE1	Morbecque	50° 41.509'N 2° 35.058'E	E19
Petit Matais	36NW4	Bois Grenier	50° 38.867'N 2° 54.851'E	I27
Petit Menin	28SE4	Ronq	50° 44.499'N 3° 08.499'E	X21
Petit Miraumont	57DSE2+57CSW1	Le Sars	50° 05.329'N 2° 43.884'E	R5
Petit Moulin	36NW1	Steenwerck	50° 40.927'N 2° 49.675'E	H3
Petit Paris	70DNW4	St. Gobain	49° 33.993'N 3° 23.619'E	I34
Petit Sains	36B(44B) SE2	Boyeffles	50° 27.074'N 2° 41.214'E	R2
Petit Sec Bois	36ANE1	Morbecque	50° 42.449'N 2° 36.395'E	E9
Petit Sorel	57CSE3	Sorel-le-Grand	50° 01.998'N 3° 02.489'E	V12
Petit Vanuxeem	36NW1	Steenwerck	50° 40.993'N 2° 45.559'E	A29
Petit Verger Farm	57BSW4	Serain	50° 01.254'N 3° 18.947'E	T22
Petit Vimy	36C(44A) SW3	Vimy	50° 22.395'N 2° 47.916'E	S24
Petit. Moisnil	36SW4	Sainghin	50° 33.018'N 2° 51.074'E	T28
Petite Farm	20SW4	Bixschoote	50° 56.351'N 2° 50.603'E	T5
Petite Haie Farm	28SW4	Ploegsteert	50° 44.190'N 2° 55.966'E	U23
Petite Michu Junction	20SW2	Zwartegat	50° 57.809'N 2° 55.868'E	O23
Petite Rabéque Farm	36NW2	Armentieres	50° 42.737'N 2° 53.446'E	C8
Petit-Pont	28SW4	Ploegsteert	50° 44.183'N 2° 50.666'E	T22
Petits Puits Wolletjes	28SW2	Wytschaete	50° 46.714'N 2° 53.253'E	O26
Petit-Servins	36B(44B) SE2	Boyeffles	50° 24.603'N 2° 38.575'E	Q35
Petitt. Rivage	36SW4	Sainghin	50° 33.069'N 2° 52.124'E	T30
Petrograd Farm	20NW4	Dixmunde	51° 00.687'N 2° 55.740'E	I23
Petrol Depot	57BNW1	Cambrai	50° 10.014'N 3° 13.714'E	A16
Petter Farm	27SE1	St Sylvestre	50° 45.904'N 2° 32.138'E	P33
Peultevin	28NE4	Dadizeele	50° 50.384'N 3° 04.552'E	K22
Peuplieres Farm	20SW4	Bixschoote	50° 54.502'N 2° 52.520'E	U25
Pevensey	27SE1	St Sylvestre	50° 47.712'N 2° 32.436'E	P10
Pew's Buildings	20SE1	Staden	50° 59.401'N 3° 02.381'E	Q2
Pewter Farm	20SE2	Hooglede	50° 59.731'N 3° 05.399'E	Q6
Phare Lighthouse	12SW1	Nieuport	51° 09.277'N 2° 43.800'E	M14
Pharisee Farm	20SE1	Staden	50° 59.605'N 2° 58.327'E	P3
Pheasant Farm	20NE3	Zarren	51° 00.612'N 2° 57.575'E	J26
Pheasant Farm	20SE3 & 28NE1-3	Poelcappelle	50° 54.697'N 2° 56.483'E	U30
Pheasant Farm	20SW4	Bixschoote	50° 54.686'N 2° 56.463'E	U30
Pheasant Wood	28SW2	Wytschaete	50° 48.191'N 2° 54.411'E	O9
Pheasant Wood	28SW2	Wytschaete	50° 48.191'N 2° 54.411'E	O9
Phelippaux Farm	28SE4	Ronq	50° 45.424'N 3° 09.821'E	X11
Philosophe	36C(44A) NW3	Loos	50° 28.749'N 2° 44.100'E	G13
Philosophers House	62CSW3	Vermandovillers	49° 50.747'N 2° 51.835'E	T15
Phil's Farm	28NE2	Moorslede	50° 51.962'N 3° 06.805'E	L1
Phinoboom	27SE4	Meteren	50° 44.966'N 2° 40.394'E	X8
Phoenix Farm	12NE1	Clemskerke	51° 14.075'N 2° 59.471'E	D23

Phone Farm	28SE2	Menin	50° 47.538'N 3° 09.201'E	R22
Photo House	12SW1	Nieuport	51° 09.491'N 2° 45.300'E	M10
Piano House	36SW3	Richebourg	50° 33.085'N 2° 47.570'E	S24
Picantin	36SW1	Aubers	50° 37.265'N 2° 48.499'E	N7
Picardy Farm	20SW2	Zwartegat	50° 59.267'N 2° 53.302'E	O2
Piccadilly Farm	28SW2	Wytschaete	50° 48.324'N 2° 53.285'E	O8
Piccolo Farm	28NE4	Dadizeele	50° 50.070'N 3° 07.963'E	L21
Pick House	28SW2	Wytschaete	50° 46.793'N 2° 53.335'E	O26
Pick Wood	28SW2	Wytschaete	50° 46.626'N 2° 52.579'E	O25
Pickelhaube House	28NW2	St Julien	50° 52.522'N 2° 55.541'E	C23
Pickering	28NW2	St Julien	50° 51.770'N 2° 53.478'E	I2
Picket House	28SW4	Ploegsteert	50° 44.019'N 2° 54.871'E	U22
Pickle House	28SW2	Wytschaete	50° 47.609'N 2° 57.933'E	P14
Pickwick House	28NE2	Moorslede	50° 51.894'N 3° 07.941'E	L3
Picton Farm	20SE3	Westroosebeke	50° 56.125'N 3° 03.427'E	W9
Pie Farm	20SW2	Zwartegat	50° 59.172'N 2° 50.710'E	N5
Pie Farm	28SE1	Wervicq	50° 48.562'N 2° 58.062'E	P2
Pie Farm	28SW2	Wytschaete	50° 48.549'N 2° 58.060'E	P2
Piebald Farm	28NE2	Moorslede	50° 52.224'N 3° 04.991'E	E29
Piebrouk	27SE2	Berthen	50° 46.688'N 2° 40.874'E	R27
Pieffort Copse	62CSE1	Bouvincourt	49° 53.445'N 3° 04.347'E	Q20
Pienne	57BSW3	Honnecourt	50° 01.330'N 3° 14.741'E	S23
Pier	4SE 2 & 4	Blankenberghe	51° 19.290'N 3° 08.175'E	R28
Pierkenshoek	20SW2	Zwartegat	50° 58.397'N 2° 55.376'E	O17
Pierkenshoek Chateau	20SW2	Zwartegat	50° 58.251'N 2° 55.550'E	O17
Pierre Mill	57BSW2	Clary	50° 05.421'N 3° 23.197'E	O10
Pierre Mill In Ruins	57BSW3	Honnecourt	50° 02.146'N 3° 17.399'E	T8
Pierrots Copse	66CNW4	Berthenicourt	49° 45.391'N 3° 20.755'E	H30
Piètre	36SW1	Aubers	50° 35.375'N 2° 48.128'E	N31
Pieumel Wood	62CNE4	Roisel	49° 55.833'N 3° 10.367'E	L28
Pig Farm	27SE1	St Sylvestre	50° 48.497'N 2° 33.142'E	P5
Pigeon Fork Roads	20SW2	Zwartegat	50° 57.254'N 2° 54.164'E	O27
Pigeon Quarry	57CSE4	Villers-Guislain	50° 01.593'N 3° 10.736'E	X17
Pigeon Ravine	57CSE4	Villers-Guislain	50° 01.184'N 3° 09.611'E	X21
Pigeon Wood	57DNE 1&2	Fonquevillers	50° 08.922'N 2° 39.597'E	E29
Pigeon Wood	57DNE2	Essarts	50° 08.922'N 2° 39.597'E	E29
Piggeries	28SW4	Ploegsteert	50° 44.135'N 2° 52.661'E	U19
Pigment Farm	28NW3	Poperinghe	50° 50.403'N 2° 48.017'E	H13
Pigot Farm	28SW3	Bailleul	50° 46.063'N 2° 46.362'E	M35
Pigsty Farm	28SW1	Kemmel	50° 47.414'N 2° 43.616'E	M13
Pike Farm	20SE2	Hooglede	50° 59.184'N 3° 09.807'E	R11
Pike House	28SW2	Wytschaete	50° 46.701'N 2° 56.468'E	O30
Pike Wood	62BNW3	Bellicourt	49° 56.155'N 3° 13.963'E	G22
Pilcher Farm	36NW1	Steenwerck	50° 41.800'N 2° 47.366'E	A24
Pilckem	28NW2	St Julien	50° 54.041'N 2° 53.290'E	C2
Pilckem Mill	28NW2	St Julien	50° 53.890'N 2° 53.276'E	C2
Pileys's Copse	20SE2	Hooglede	50° 59.783'N 3° 06.402'E	R1
Pilgrims Camp	27NE2	Proven	50° 53.621'N 2° 36.865'E	E4
Pilgrims Cross Roads	20SE1	Staden	50° 57.359'N 3° 03.471'E	Q27
Pilgrim's Rest	51BSE4	Marquion	50° 11.537'N 3° 07.936'E	X25
Pilham Farm	20SE4	Roulers	50° 55.580'N 3° 09.389'E	X17
Pill Farm	28SW2	Wytschaete	50° 47.246'N 2° 56.461'E	O24
Pill Farm	28SW2	Wytschaete	50° 47.247'N 2° 56.457'E	O24
Pille Farm	20SW1	Loo	50° 59.404'N 2° 46.849'E	M6
Pillegrems Farm	28SW2	Wytschaete	50° 47.243'N 2° 56.659'E	O24
Pillegrems Farm	28SW2	Wytschaete	50° 47.250'N 2° 56.655'E	O24
Pilot Farm	20SE4	Roulers	50° 54.475'N 3° 05.477'E	W30
Piltdown Copse	51BSE4	Marquion	50° 12.641'N 3° 06.661'E	W18
Pimpernel Junction	28SW2	Wytschaete	50° 48.276'N 2° 52.572'E	O7
Pin Copse	62BNW3	Bellicourt	49° 56.671'N 3° 13.932'E	G16
Pin House	28SE1	Wervicq	50° 48.478'N 2° 57.243'E	P1
Pin House	28SW2	Wytschaete	50° 48.478'N 2° 57.245'E	P1

Name	Sheet	Place	Coordinates	Grid
Pindi	27NE3	Winnezeele	50° 49.537'N 2° 35.660'E	K26
Pine House	12SW1	Nieuport	51° 08.828'N 2° 45.615'E	M23
Pinepark Farm	20SE2	Hooglede	50° 57.767'N 3° 06.460'E	R25
Pinero Farm	28NE2	Moorslede	50° 54.160'N 3° 09.057'E	F4
Ping Farm	20SE2	Hooglede	50° 58.869'N 3° 06.649'E	R7
Pingle Corner	20SE4	Roulers	50° 55.262'N 3° 07.996'E	X21
Pink Farm	20SE2	Hooglede	50° 57.241'N 3° 09.894'E	R35
Pink Farm	28NE2	Moorslede	50° 53.672'N 3° 08.434'E	F9
Pinkie	27SE1	St Sylvestre	50° 46.174'N 2° 33.132'E	P29
Pinnace Cottage	27SE2	Berthen	50° 46.500'N 2° 42.795'E	R29
Pinner	28NW1	Elverdinghe	50° 52.723'N 2° 49.385'E	B21
Pinon Woods	57BSW4	Serain	50° 03.088'N 3° 23.045'E	O34 & U4
Pinson Copse	66CNW4	Berthenicourt	49° 45.722'N 3° 20.760'E	H24
Pinson Farm	20SW4	Bixschoote	50° 54.906'N 2° 53.623'E	U20
Pioneer Junction	28NW4	Ypres	50° 50.317'N 2° 50.228'E	H16
Pioneer Camp	28NW3	Poperinghe	50° 50.225'N 2° 49.659'E	H21
Pioneer Dump	36SW3	Richebourg	50° 33.425'N 2° 47.320'E	S23
Pioneer Farm	28NW1	Elverdinghe	50° 52.484'N 2° 49.813'E	B21
Pioneer Farm	28NW3	Poperinghe	50° 50.104'N 2° 49.651'E	H21
Pioneer House	28SE1	Wervicq	50° 48.858'N 2° 57.142'E	P1
Pioneer House	28SW2	Wytschaete	50° 48.855'N 2° 57.144'E	P1
Pioneer Keep	36SW3	Richebourg	50° 34.507'N 2° 46.474'E	S10
Pioneer Valley	57CSE1	Bertincourt	50° 05.547'N 3° 03.776'E	Q2
Pious Buildings	20SE1	Staden	50° 58.820'N 3° 02.382'E	Q8
Piouvain	51BNW4	Fampoux	50° 18.388'N 2° 55.553'E	I15
Pip Farm	28SE1	Wervicq	50° 47.032'N 2° 57.104'E	P19
Pip Farm	28SW2	Wytschaete	50° 47.067'N 2° 57.096'E	P19
Pipe Farm	20SE1	Staden	50° 57.157'N 2° 59.612'E	P34
Pipe Wood	66DNW2	Morchain	49° 47.230'N 2° 54.867'E	C25
Pirate Farm	62CSW1	Dompierre	49° 52.270'N 2° 49.019'E	M36
Pirbright	12NW3 & 4	Middlekerke	51° 10.906'N 2° 51.558'E	H36
Pisa Farm	27NE4	Abeele	50° 49.323'N 2° 42.863'E	L29
Pistol Farm	36NW1	Steenwerck	50° 41.469'N 2° 48.113'E	B25
Pitcairn Mill	27SE1	St Sylvestre	50° 48.531'N 2° 33.786'E	P6
Pitch Bend	36NW1	Steenwerck	50° 43.168'N 2° 46.598'E	A5
Pitch Farm	36NW1	Steenwerck	50° 43.143'N 2° 46.349'E	A5
Pitcher Farm	28NW1	Elverdinghe	50° 53.462'N 2° 44.796'E	A10
Pittsburg	28NW2	St Julien	50° 51.906'N 2° 53.139'E	C26
Pittsburg Siding	28NW2	St Julien	50° 52.063'N 2° 52.914'E	C25
Pixie Farm	28SW1	Kemmel	50° 48.281'N 2° 45.544'E	M4
Pixie Wood	28SW1	Kemmel	50° 48.190'N 2° 45.522'E	M10
Pl;um Farm	28SW2	Wytschaete	50° 47.336'N 2° 55.442'E	O22
Plaatse Mill	20NW4	Dixmunde	51° 01.499'N 2° 54.470'E	I16
Place d'Armes	57BNW1	Cambrai	50° 10.532'N 3° 14.015'E	A10
Place Mortemare	57CSE1	Bertincourt	50° 05.034'N 3° 04.155'E	Q8
Place St Hubert	57CSE1	Bertincourt	50° 05.334'N 3° 03.145'E	Q7
Placid Farm	28SW1	Kemmel	50° 46.618'N 2° 45.628'E	M28
Plaets Duinen	11SE4	No Edition 0617	51° 07.539'N 2° 41.100'E	R34
Plaintiff Farm	28NE2	Moorslede	50° 53.323'N 3° 09.999'E	F17
Planche à Quesnoy	36SE1	Haubourdin	50° 37.536'N 3° 01.405'E	P12
Planches Bridge	27NE1	Herzeele	50° 51.488'N 2° 32.835'E	J4
Planet halt	20SE4	Roulers	50° 56.134'N 3° 07.251'E	X8
Plank Farm	27SE1	St Sylvestre	50° 46.514'N 2° 34.447'E	P30
Plank Road Bridge	36ANE3	Haverskerque	50° 38.347'N 2° 32.100'E	J27
Planque	36C(44A) SE3	Esquerchin	50° 23.537'N 3° 03.096'E	W7
Plas Farm	28NE2	Moorslede	50° 54.321'N 3° 07.717'E	F2
Plasschendaele	12NE3	Oudenburg	51° 12.561'N 2° 59.932'E	J11
Plassy Farm	27SE1	St Sylvestre	50° 47.163'N 2° 32.832'E	P16
Plaster Farm	20SW2	Zwartegat	50° 57.536'N 2° 52.806'E	O25
Plateau Farm	28SW2	Wytschaete	50° 47.770'N 2° 52.135'E	N18
Platform	51BNE2	Dechy	50° 21.442'N 3° 05.589'E	E11
Platinum Cross Roads	20SW2	Zwartegat	50° 58.625'N 2° 53.613'E	O15

Name	Map	Location	Coordinates	Ref
Plato Farm	20SE3	Westroosebeke	50° 56.425'N 3° 01.797'E	W1
Platoon Fork	27SE2	Berthen	50° 46.703'N 2° 39.639'E	R25
Platter Farm	28SW1	Kemmel	50° 46.977'N 2° 44.741'E	M21
Playden Farm	20SE2	Hooglede	50° 57.626'N 3° 04.645'E	Q29
Player Cross Roads	20SE4	Roulers	50° 55.812'N 3° 04.013'E	W16
Playhouse Cross Roads	20SE4	Roulers	50° 56.806'N 3° 08.653'E	X4
Pleasant Farm	36ASE3	Gonnehem	50° 34.651'N 2° 33.292'E	V4
Pleasant House	62CNE2	Epéhy	49° 58.262'N 3° 06.934'E	E30
Pleasant Row	28SW1	Kemmel	50° 48.411'N 2° 44.841'E	M3
Pleasure Copse	28NW3	Poperinghe	50° 49.280'N 2° 44.453'E	G26
Pleiades	12SW1	Nieuport	51° 08.994'N 2° 48.025'E	N14
Pleiades Copse	66CNW4	Berthenicourt	49° 46.637'N 3° 24.656'E	I11
Plender Wood	20SE1	Staden	50° 59.306'N 2° 58.271'E	P3
Plewlands Farm	20SE1	Staden	50° 57.177'N 3° 02.625'E	Q32
Plexus Farm	28NE2	Moorslede	50° 52.196'N 3° 06.012'E	E30
Plimsol Farm	27SE1	St Sylvestre	50° 48.379'N 2° 30.272'E	P1
Ploegsteert	28SW4	Ploegsteert	50° 43.566'N 2° 52.829'E	U25
Ploem Farm	20SW2	Zwartegat	50° 57.796'N 2° 50.309'E	N22
Plog Farm	27SE1	St Sylvestre	50° 47.444'N 2° 31.747'E	P15
Plover Farm	27NE2	Proven	50° 53.440'N 2° 40.194'E	F8
Plum Far	28SW2	Wytschaete	50° 47.334'N 2° 55.451'E	O22
Plum Farm	28NW2	St Julien	50° 52.447'N 2° 56.387'E	C24
Plum Farm	36ANE4	Merville	50° 38.438'N 2° 37.242'E	K28
Plumbers Cross Roads	20SE3	Westroosebeke	50° 56.502'N 3° 00.795'E	V6
Plumers Drive	28NW4	Zillebeke	50° 50.003'N 2° 56.091'E	I23
Plumers Drive South	28NW4	Zillebeke	50° 50.006'N 2° 56.740'E	I24
Plumpton Farm	20SE2	Hooglede	50° 58.998'N 3° 06.397'E	R7
Plumstead Camp	27NE2	Proven	50° 53.257'N 2° 37.326'E	E10
Plymouth Junction	28NW2	St Julien	50° 52.459'N 2° 53.292'E	C20
Poachers Farm	12NW3 & 4	Middlekerke	51° 11.990'N 2° 51.316'E	H18
Poachers Post	28SW2	Wytschaete	50° 46.949'N 2° 54.839'E	O22
Pocklington Sidings?	28NW4	Ypres	50° 51.011'N 2° 50.894'E	H11
Podge Farm	36ANE1	Morbecque	50° 41.187'N 2° 33.033'E	D28
Poe Cross	27SE4	Meteren	50° 44.552'N 2° 42.545'E	X17
Poelcappelle	20SE3	Westroosebeke	50° 55.091'N 2° 57.482'E	V19
Poelcappelle	20SE3 & 28NE1-3	Poelcappelle	50° 55.089'N 2° 57.483'E	V19
Poerelhoek	28NE4	Dadizeele	50° 49.519'N 3° 08.980'E	L34
Poesele Farm	20SW4	Bixschoote	50° 56.681'N 2° 49.994'E	N34
Poet Woods No 1	62CSE3	Athies	49° 50.944'N 3° 00.919'E	V15
Poet Woods No 2	62CSE3	Athies	49° 50.862'N 3° 01.133'E	V16
Poet's Corner	28NE2	Moorslede	50° 51.917'N 3° 08.469'E	L3
Pœuilly	62CSE2	Vermand	49° 52.936'N 3° 06.337'E	Q29
Poezelhoek	28NE3	Gheluvelt	50° 50.500'N 3° 00.292'E	J17
Point 147	51CSE3	Ransart	50° 12.039'N 2° 38.539'E	W16
Point Arthur Keep	36SW3	Richebourg	50° 34.594'N 2° 45.532'E	S4
Point Copse	66DNW4	Nesle	49° 44.661'N 2° 53.885'E	H30
Point Cross	36ANE1	Morbecque	50° 42.406'N 2° 35.643'E	E8
Point Du Jour Redoubt	51BNW3	Arras	50° 19.079'N 2° 50.474'E	H3
Pointer Farm	12NE1	Clemskerke	51° 14.509'N 2° 59.923'E	D17
Poirier Copse	62CNE3	Buire	49° 55.745'N 3° 03.501'E	K25
Poise Farm	28SE4	Ronq	50° 46.083'N 3° 05.922'E	R31
Poitiers Farm	20SW4	Bixschoote	50° 56.464'N 2° 53.020'E	U2
Pojnt du Gladje	28SE1	Wervicq	50° 46.878'N 2° 58.720'E	P27
Pola Mill	36ANE2	Vieux Berquin	50° 41.186'N 2° 42.911'E	F29
Polaire Copse	66CNW4	Berthenicourt	49° 46.673'N 3° 24.491'E	I11
Polder Farm	12SW1	Nieuport	51° 08.094'N 2° 47.205'E	N25
Polderhoek	28NE3	Gheluvelt	50° 50.491'N 2° 59.383'E	J16
Polders Wood	20SE3	Westroosebeke	50° 56.452'N 3° 00.514'E	V5
Poldu Farm	20SE1	Staden	50° 58.080'N 2° 58.743'E	P21
Polegate Farm	20SE2	Hooglede	50° 57.599'N 3° 03.907'E	Q28
Police Farm	27SE1	St Sylvestre	50° 48.505'N 2° 30.648'E	P2
Polka Estaminet	28SW2	Wytschaete	50° 47.222'N 2° 54.842'E	O22

Name	Sheet	Map	Coordinates	Ref
Polka Estaminet	28SW2	Wytschaete	50° 47.220'N 2° 54.838'E	O22
Poll House	28SW2	Wytschaete	50° 47.814'N 2° 56.549'E	O18
Poll House	28SW2	Wytschaete	50° 47.818'N 2° 56.541'E	O18
Pollen Farm	12NE2 & 4	Ostende	51° 11.127'N 2° 53.462'E	I27
Pollen Farm	28SE1	Wervicq	50° 47.432'N 2° 58.063'E	P20
Pollen Farm	28SW2	Wytschaete	50° 47.432'N 2° 58.065'E	P20
Pollinchove	20SW1	Loo	50° 58.247'N 2° 44.000'E	M14
Pollok Cottages	28SE3	Comines	50° 45.649'N 2° 58.831'E	V3
Pollux Wood	66CNW2	Itancourt	49° 48.675'N 3° 22.244'E	C14
Polmen Farm	20SE1	Staden	50° 58.445'N 2° 59.184'E	P16
Polo Camp	27NE2	Proven	50° 52.038'N 2° 37.163'E	E28
Polo Copse	62BNW4	Ramicourt	49° 55.582'N 3° 21.780'E	I32
Poloygoneveld	28NE3	Gheluvelt	50° 51.215'N 2° 58.847'E	J9
Polsealh Buildings	20SE1	Staden	50° 59.170'N 2° 58.059'E	P8
Poltire Buildings	20SE1	Staden	50° 58.128'N 2° 58.996'E	P21
Polygon Wood	62CSW3	Vermandovillers	49° 49.463'N 2° 47.166'E	S27
Polygon Wood	66DNW1	Punchy	49° 49.306'N 2° 47.165'E	A3
Polygon Wood Rogécourt Wood	66CSW4	La Fere	49° 39.174'N 3° 24.244'E	U29
Polygone De Zonnebeke	28NE3	Gheluvelt	50° 51.091'N 2° 59.263'E	J9
Pom Cottage	36ANE4	Merville	50° 40.447'N 2° 43.394'E	L6
Pomfret Farm	36NW1	Steenwerck	50° 40.824'N 2° 48.816'E	H2
Pommard	27NE2	Proven	50° 52.733'N 2° 36.525'E	E12
Pommelottier Cross Roads	70DNW4	St. Gobain	49° 34.230'N 3° 24.991'E	I30
Pommern Castle	28NE1	Zonnebeke	50° 52.677'N 2° 57.008'E	D19
Pommern Junction	28NW2	St Julien	50° 52.877'N 2° 56.361'E	C18
Pommier	51CSE3	Ransart	50° 11.062'N 2° 35.899'E	W25
Pommier Copse	62BSW4	Homblieres	49° 51.040'N 3° 24.858'E	U18
Pommiers Farm	20SW2	Zwartegat	50° 58.084'N 2° 54.827'E	O21
Pompadour Farm	20SW4	Bixschoote	50° 54.449'N 2° 52.045'E	T30
Pompadour Farm	36ASE1	St. Venant	50° 35.989'N 2° 34.761'E	P24
Pompadour Farm	36NW2	Armentieres	50° 43.290'N 2° 54.676'E	C3
Pompadour Siding	36NW2	Armentieres	50° 43.390'N 2° 54.439'E	C3
Pompemeulen	12NE3	Oudenburg	51° 12.401'N 3° 01.491'E	K13
Pompier Camp	28SW1	Kemmel	50° 47.643'N 2° 48.562'E	N14
Ponches	66DNW3	Hattencourt	49° 46.603'N 2° 48.956'E	G6
Pond	57DSE4	Ovillers	50° 00.992'N 2° 39.384'E	W23
Pond Farm	20SE3 & 28NE1-3	Poelcappelle	50° 53.105'N 2° 56.806'E	C18
Pond Farm	28NW2	St Julien	50° 53.103'N 2° 56.827'E	C18
Pond Farm	28SW4	Ploegsteert	50° 46.104'N 2° 50.750'E	N34
Pondhurst Farm	20SE2	Hooglede	50° 57.802'N 3° 04.524'E	Q28
Pong Farm	20SE2	Hooglede	50° 59.009'N 3° 06.800'E	R7
Ponkershot	28SW1	Kemmel	50° 46.878'N 2° 49.929'E	N21
Ponsonby House	28NE4	Dadizeele	50° 49.653'N 3° 06.285'E	K30
Pont à Sault	36C(44A) SE1	Dourges	50° 26.370'N 2° 59.649'E	P15
Pont à trois Gueules	51BSW2	Vis-en-Artois	50° 15.109'N 2° 55.588'E	O15
Pont á Wuincq	28SE4	Ronq	50° 45.036'N 3° 08.258'E	X15
Pont Ballot	36NW2	Armentieres	50° 41.347'N 2° 55.696'E	C29
Pont d' Achelle Farm	36NE2	Tourcoing	50° 43.312'N 3° 06.635'E	F1
Pont d'Achelles	36NW1	Steenwerck	50° 42.825'N 2° 49.074'E	B8
Pont d'Aire	51ASW3	Eswars	50° 11.708'N 3° 15.328'E	S30
Pont d'Annoy	36C(44A) SE1	Dourges	50° 24.794'N 3° 04.039'E	Q33
Pont de |Nieppe	36NW2	Armentieres	50° 41.908'N 2° 51.615'E	B23
Pont de Boesinghe	28NW2	St Julien	50° 53.775'N 2° 51.781'E	B12
Pont de Canteleu	36SE1	Haubourdin	50° 38.142'N 3° 01.832'E	P6
Pont de Kortekeer	28SE3	Comines	50° 45.984'N 2° 59.290'E	V3
Pont de la Redoute	51BNE4	Cantin	50° 16.988'N 3° 07.316'E	L31
Pont de Pierre	36NW1	Steenwerck	50° 42.694'N 2° 45.970'E	A10
Pont de Pierre	36SW2	Radinghem	50° 36.479'N 2° 52.000'E	N24
Pont deb Cantin	51BNE4	Cantin	50° 17.379'N 3° 07.067'E	K30
Pont des Vaches	51BNE3	Noyelle-sous-Bellonne	50° 17.386'N 2° 58.834'E	J26
Pont des Vaches	51BNE3	Noyelle-sous-Bellonne	50° 17.107'N 3° 01.272'E	J29
Pont d'Hinges	36ASE4	Locon	50° 34.553'N 2° 37.424'E	W4

Name	Sheet	Location	Coordinates	Ref
Pont du Gladie	28SW2	Wytschaete	50º 46.872'N 2º 58.744'E	P27
Pont du Hem	36SW1	Aubers	50º 36.536'N 2º 45.022'E	M15
Pont du Réveillon	36ASE3	Gonnehem	50º 32.588'N 2º 32.246'E	V27
Pont Ferry	36ASE1	St. Venant	50º 36.176'N 2º 31.214'E	P20
Pont Logy	36SW3	Richebourg	50º 35.144'N 2º 46.046'E	M34
Pont Maihat	28SW2	Wytschaete	50º 46.432'N 2º 57.660'E	P31
Pont Malhet	28SE1	Wervicq	50º 46.415'N 2º 57.589'E	P31
Pont Marais	51BNE2	Dechy	50º 21.589'N 3º 09.571'E	F10
Pont Maudit	36C(44A) NW4	Pont-à-Vendin	50º 28.146'N 2º 54.675'E	I27
Pont Neuf Bridge	36B(44B) NE2	Beuvry	50º 32.210'N 2º 38.518'E	E5
Pont Riquel Post	36ASE2	Lestrem	50º 37.386'N 2º 42.045'E	R10
Pont Riqueul	36ASE2	Lestrem	50º 37.387'N 2º 41.897'E	R10
Pont Rochon	36ASE2	Lestrem	50º 37.574'N 2º 43.038'E	R5
Pont Rondin	36ANE4	Merville	50º 40.564'N 2º 39.356'E	K6
Pont Rouge	57BNW1	Cambrai	50º 11.117'N 3º 13.827'E	A4
Pont Wemeau	36ANE2	Vieux Berquin	50º 41.348'N 2º 42.744'E	F29
Pont-a-Vendin	36C(44A) NW4	Pont-à-Vendin	50º 28.426'N 2º 53.208'E	I19
Pontceau	36NW2	Armentieres	50º 42.398'N 2º 51.363'E	B17
Ponto Farm	28SE2	Menin	50º 47.379'N 3º 09.544'E	R23
Pontoon Bridge	36C(44A) NW4	Pont-à-Vendin	50º 28.158'N 2º 54.313'E	I26
Pontoon Bridge	57DSE4	Ovillers	50º 02.325'N 2º 39.786'E	W5
Pontoon Bridge	57DSE4	Ovillers	50º 01.060'N 2º 39.355'E	W23
Pont-Rouge	28SW4	Ploegsteert	50º 43.904'N 2º 56.157'E	U29
Pontru	62BSW1	Gricourt	49º 54.420'N 3º 12.200'E	M7
Pontruet In ruins	62BSW1	Gricourt	49º 54.535'N 3º 13.804'E	M9
Pony Copse	62BSW1	Gricourt	49º 54.655'N 3º 18.617'E	N10
Pood Kruis Inn	27NE4	Abeele	50º 50.488'N 2º 42.657'E	L17
Poodle Farm	28NE4	Dadizeele	50º 51.329'N 3º 09.952'E	L11
Pool Farm	28NE3	Gheluvelt	50º 49.218'N 2º 58.347'E	J32
Poole's Cottages	28SW4	Ploegsteert	50º 44.521'N 2º 53.694'E	U14
Poona	27NE3	Winnezeele	50º 49.661'N 2º 35.751'E	K20
Poop Farm	20SE2	Hooglede	50º 58.406'N 3º 09.112'E	R16
Poor Dog Spring	66CSW2	Vendeuil	49º 44.356'N 3º 23.656'E	O4
Poorterhoek	12SE4	Aertrycke	51º 05.477'N 3º 06.606'E	6177
Pop Farm	28SE2	Menin	50º 46.948'N 3º 04.290'E	Q28
Pope Farm	28NE2	Moorslede	50º 52.829'N 3º 06.378'E	F19
Poperinghe	28NW3	Poperinghe	50º 51.305'N 2º 43.552'E	G1
Poperinghe Inn	20NE3	Zarren	51º 00.761'N 3º 02.921'E	K26
Poperinghe Line Finish	27NE4	Abeele	50º 51.417'N 2º 41.869'E	L4
Poperinghe Line Start	27NE4	Abeele	50º 50.863'N 2º 41.043'E	L9
Poplar	27SE1	St Sylvestre	50º 48.266'N 2º 30.959'E	P2
Poplar	57DNE 1&2	Fonquevillers	50º 09.209'N 2º 39.085'E	E23
Poplar	57DNE2	Essarts	50º 09.209'N 2º 39.085'E	E23
Poplar Bridge	57DSE4	Ovillers	50º 01.956'N 2º 39.619'E	W11
Poplar Copse	62CSW3	Vermandovillers	49º 51.514'N 2º 50.066'E	T1
Poplar Plantation	70DNW4	St. Gobain	49º 35.688'N 3º 20.368'E	H11
Poplar Wood	66CSW2	Vendeuil	49º 42.770'N 3º 19.834'E	N23
Poppleton Camp	27NE2	Proven	50º 52.533'N 2º 36.604'E	E18
Poppy Post	57CSE4	Villers-Guislain	50º 02.794'N 3º 08.878'E	X2
Poppy Redoubt	36C(44A) NW1	LaBassee	50º 31.843'N 2º 45.369'E	A9
Porch Farm	28SE2	Menin	50º 47.027'N 3º 05.064'E	Q30
Porcupine Wood	62CSE1	Bouvincourt	49º 54.873'N 3º 03.160'E	P6
Porpoise Farm	27SE1	St Sylvestre	50º 46.385'N 2º 32.252'E	P28
Porridge Spur	28SW2	Wytschaete	50º 48.192'N 2º 53.524'E	O8
Port a Clous Farm	36NW3	Fleurbaix	50º 39.523'N 2º 49.557'E	H15
Port House	28NW1	Elverdinghe	50º 52.591'N 2º 48.520'E	B20
Porte Baudimont	51BNW3	Arras	50º 17.755'N 2º 45.804'E	G21
Porte Rouge Inn	12NE3	Oudenburg	51º 13.211'N 3º 02.093'E	K2
Portland Fork	20SE4	Roulers	50º 55.986'N 3º 06.025'E	W12
Portsea Corner	20SE3	Hooglede	50º 59.022'N 3º 03.653'E	Q9
Portugal Farm	20SW2	Zwartegat	50º 58.018'N 2º 56.707'E	O19
Posen Station	36C(44A) NW3	Loos	50º 28.666'N 2º 47.414'E	G23

Name	Map	Sheet	Coordinates	Ref
Possum Farm	12NE2 & 4	Ostende	51° 11.559'N 2° 53.310'E	I21
Possum Farm	28NW3	Poperinghe	50° 51.049'N 2° 46.739'E	G11
Post	51CNE4	Wagnonlieu	50° 17.598'N 2° 44.150'E	L24
Post 1, I23	28NW4	Zillebeke	50° 49.967'N 2° 55.067'E	I23
Post 1, I24	28NW4	Zillebeke	50° 49.973'N 2° 56.583'E	I24
Post 1, I29	28NW4	Zillebeke	50° 49.605'N 2° 56.153'E	I29
Post 1, I30	28NW6	Zillebeke	50° 49.637'N 2° 56.593'E	I30
Post 2, I24	28NW4	Zillebeke	50° 50.065'N 2° 56.298'E	I24
Post 2, I29	28NW4	Zillebeke	50° 49.858'N 2° 56.066'E	I29
Post 2, I30	28NW7	Zillebeke	50° 49.796'N 2° 56.855'E	I30
Post 3, I24	28NW4	Zillebeke	50° 50.190'N 2° 56.482'E	I24
Post 4, I24	28NW4	Zillebeke	50° 50.290'N 2° 56.552'E	I24
Post Camp	27NE2	Proven	50° 53.351'N 2° 37.380'E	E10
Post de cDouanes	28SE3	Comines	50° 44.865'N 2° 57.155'E	V13
Post I 18	28NW4	Zillebeke	50° 50.604'N 2° 56.765'E	I18
Post Office	28SW4	Ploegsteert	50° 44.575'N 2° 54.392'E	U15
Post Office	36SE1	Haubourdin	50° 37.845'N 3° 03.655'E	Q3
Post Office Farm	20NE3	Zarren	51° 00.935'N 2° 59.221'E	J22
Postern Farm	28SE2	Menin	50° 47.079'N 3° 04.275'E	Q22
Posthoornhoek	28SE2	Menin	50° 47.941'N 3° 08.781'E	R16
Poston Farms	36NW1	Steenwerck	50° 41.732'N 2° 49.215'E	B20
Pot Farm	28NE3	Gheluvelt	50° 49.932'N 2° 59.407'E	J28
Potato Farm	20SE2	Hooglede	50° 59.332'N 3° 08.535'E	R10
Potato Wood	66CSW4	La Fere	49° 40.916'N 3° 23.788'E	U10
Potijze	28NW4	Zillebeke	50° 51.596'N 2° 54.722'E	I4
Potizje Junction	28NW2	St Julien	50° 51.718'N 2° 54.475'E	I3
Potomac House	27NE3	Winnezeele	50° 49.458'N 2° 35.043'E	K25
Potsdam	28NE1	Zonnebeke	50° 52.102'N 2° 57.947'E	D26
Potsdam Farm	28SE1	Wervicq	50° 48.830'N 2° 57.393'E	P1
Potsdam Farm	28SW2	Wytschaete	50° 48.830'N 2° 57.396'E	P1
Potte	66DNW2	Morchain	49° 47.872'N 2° 54.138'E	B24
Potte Wood	66DNW2	Morchain	49° 48.162'N 2° 54.067'E	B18
Pottebezem	20NE1	Chistelles	51° 04.909'N 2° 57.302'E	5077
Pottebezemhoek	20NE2	Zedelghem	51° 04.793'N 3° 08.170'E	6276
Pottegemsgoed Farm	20SE3	Westroosebeke	50° 54.514'N 3° 02.863'E	W26
Pottenhoek	28NW1	Elverdinghe	50° 52.043'N 2° 49.004'E	B26
Pottenhoek	28NW3	Poperinghe	50° 51.478'N 2° 49.268'E	H3
Potter Farm	12NE1	Clemskerke	51° 14.505'N 3° 00.322'E	D18
Potteries	36SW2	Radinghem	50° 37.273'N 2° 53.797'E	O8
Potterijebrug	28NE4	Dadizeele	50° 51.446'N 3° 04.084'E	K10
Pottern Farm	28NW1	Elverdinghe	50° 51.606'N 2° 49.710'E	H3
Potters Farm	20SE4	Roulers	50° 54.849'N 3° 09.373'E	X29
Pouch Farm	20SE1	Staden	50° 57.225'N 2° 59.598'E	P34
Poverty House	20SE1	Staden	50° 57.889'N 3° 01.961'E	Q19
Powder Magazine	66CSW2	Vendeuil	49° 41.929'N 3° 23.637'E	O34
Powder Magazine	66CSW4	La Fere	49° 40.479'N 3° 23.237'E	U15
Powell Wood	51BNW4	Fampoux	50° 16.857'N 2° 57.588'E	I36
Power House	28NE4	Dadizeele	50° 51.277'N 3° 04.978'E	K11
Power Station	12NE1	ClemsKerke	51° 13.333'N 2° 57.511'E	J2
Power Station	12NE2 & 4	Ostende	51° 13.013'N 2° 53.516'E	I3
Power Station	12NW3 & 4	Middlekerke	51° 11.128'N 2° 48.670'E	H27
Power Station	36C(44A) NW4	Pont-à-Vendin	50° 29.280'N 2° 51.652'E	H11
Power Station	51BNE2	Dechy	50° 22.042'N 3° 07.899'E	F2
Pozières	57DSE4	Ovillers	50° 02.388'N 2° 43.434'E	X4
Prawn Farm	20SE2	Hooglede	50° 57.678'N 3° 09.309'E	R29
Praze Farm	20SE1	Staden	50° 58.621'N 2° 58.424'E	P15
Pré a Leups	70DNW2	Servais	49° 36.533'N 3° 23.168'E	I3
Pre Lardot	70DNW4	St. Gobain	49° 36.106'N 3° 23.665'E	I10
Preacher Point	28NE2	Moorslede	50° 52.467'N 3° 06.761'E	F25
Predikboom Inn	20NW4	Dixmunde	51° 00.000'N 2° 54.953'E	I28
Prémesques	36NW4	Bois Grenier	50° 39.309'N 2° 57.127'E	I24
Premium Farm	28SE4	Ronq	50° 46.225'N 3° 08.827'E	R34

Name	Sheet	Map	Coordinates	Ref
Prémont	57BSW4	Serain	50° 00.829'N 3° 23.599'E	U28
Premont Wood	57BSW4	Serain	50° 00.793'N 3° 24.810'E	U30
Premy	57CNE4	Marcoing	50° 07.531'N 3° 10.288'E	L16
Premy Chapel	57CNE4	Marcoing	50° 07.573'N 3° 09.586'E	L15
Prescott House	20SE4	Roulers	50° 57.069'N 3° 05.138'E	Q35
Préselles	62BNW4	Ramicourt	49° 56.688'N 3° 19.608'E	H23
President Cross	36ANE2	Vieux Berquin	50° 42.383'N 2° 38.093'E	E11
Pressoire	62CSW3	Vermandovillers	49° 50.078'N 2° 49.120'E	S24
Preston Camp	28NW4	Ypres	50° 49.051'N 2° 51.315'E	H35
Preston Farm	36NW1	Steenwerck	50° 42.635'N 2° 49.584'E	B9
Preston House	28NW2	St Julien	50° 51.604'N 2° 53.784'E	I2
Preston Spur	28SW2	Wytschaete	50° 47.469'N 2° 54.458'E	O15
Prévoté Farm	36C(44A) NW2	Bauvin	50° 31.688'N 2° 52.938'E	C13
Price Farm	28NE4	Dadizeele	50° 51.399'N 3° 04.658'E	K10
Priceless House	28SE2	Menin	50° 47.840'N 3° 04.294'E	Q16
Pride Cottage	27SE1	St Sylvestre	50° 47.421'N 2° 30.856'E	P14
Priel Copse	62CNE4	Roisel	49° 55.862'N 3° 11.364'E	L29
Priestlay House	20SE3	Westroosebeke	50° 54.523'N 3° 03.496'E	W27
Prieure St. Pry	36B(44B) NE2	Beuvry	50° 30.767'N 2° 37.363'E	E21
Priez Farm	62CNW2	Bouchavesnes	50° 00.199'N 2° 53.227'E	B6
Prim Farm	28NE4	Dadizeele	50° 51.369'N 3° 04.938'E	K11
Primrose Cottages	28NE1	Zonnebeke	50° 52.805'N 2° 58.183'E	D20
Primrose Farm	20SE2	Hooglede	50° 59.588'N 3° 07.954'E	R3
Primula Copse	20SE2	Hooglede	50° 58.837'N 3° 07.382'E	R14
Prince Copse	62BSW1	Gricourt	49° 53.943'N 3° 18.238'E	N15
Prince Farm	36ANE4	Merville	50° 40.569'N 2° 41.479'E	L3
Princes House	28NE3	Gheluvelt	50° 49.114'N 2° 57.395'E	J31
Princess Road	36ASE1	St. Venant	50° 37.552'N 2° 35.383'E	Q1
Princeton Junction	36NW2	Armentieres	50° 42.995'N 2° 50.882'E	B4
Pringle Farm	36NW1	Steenwerck	50° 42.615'N 2° 49.486'E	B9
Pringle Wood	20SE3	Westroosebeke	50° 54.421'N 3° 03.171'E	W27
Priofiteer Farm	20SE4	Roulers	50° 55.522'N 3° 09.626'E	X17
Priory Cottages	28NE3	Gheluvelt	50° 50.029'N 2° 57.696'E	J19
Prison	28NW4	Zillebeke	50° 51.135'N 2° 52.699'E	I7
Prison	36B(44B) NE2	Beuvry	50° 32.203'N 2° 38.279'E	E5
Prison	36C(44A) SE3	Esquerchin	50° 22.518'N 3° 03.560'E	W20
Prison	51BNW3	Arras	50° 17.566'N 2° 45.670'E	G21
Privet Cottage	28SW4	Ploegsteert	50° 45.717'N 2° 50.596'E	T4
Privet Farm	20SE2	Hooglede	50° 58.457'N 3° 05.504'E	Q18
Procyon Copse	66CNW4	Berthenicourt	49° 46.661'N 3° 24.713'E	I11
Prod Farm	36NW1	Steenwerck	50° 42.527'N 2° 49.721'E	B9
Professor Cross Roads	28NE2	Moorslede	50° 53.689'N 3° 09.330'E	F10
Promised land Corner	20SE2	Hooglede	50° 59.450'N 3° 07.013'E	R2
Prompt Farm	36NW1	Steenwerck	50° 42.817'N 2° 50.042'E	B9
Prong Farm	27SE1	St Sylvestre	50° 46.968'N 2° 33.117'E	P23
Pronville	57CNE1	Queant	50° 10.493'N 3° 00.129'E	D9
Proot Farm	20SW3	Oostvleteren	50° 56.499'N 2° 46.431'E	S5
Prose Farm	28SW1	Kemmel	50° 46.505'N 2° 46.058'E	M28
Prospect Farm	27SE4	Meteren	50° 45.309'N 2° 39.730'E	X1
Prospect Farm	51BSE1	Saudemont	50° 15.780'N 2° 59.999'E	P9
Prospect Hill	57CSE1	Bertincourt	50° 05.815'N 3° 03.303'E	Q1
Prospect Hill	62BNW1	Gouy	50° 00.414'N 3° 16.433'E	B1
Prospero Farm	36NW1	Steenwerck	50° 42.668'N 2° 50.235'E	B10
Proven	27NE2	Proven	50° 53.451'N 2° 39.415'E	F7
Proville	57BNW1	Cambrai	50° 09.786'N 3° 12.426'E	A20
Provin	36C(44A) NW2	Bauvin	50° 30.701'N 2° 54.544'E	C27
Provost Farm	12SW3	Ramscappelle	51° 06.790'N 2° 49.489'E	T10
Prowse Farm	28NW2	St Julien	50° 51.906'N 2° 55.909'E	C28
Prowse Farm Siding	28NW2	St Julien	50° 51.886'N 2° 55.228'E	C28
Prowse Point	28SW4	Ploegsteert	50° 44.665'N 2° 54.008'E	U14
Prude House	27SE4	Meteren	50° 45.429'N 2° 37.813'E	W5
Prudence Farm	28SW1	Kemmel	50° 46.955'N 2° 45.858'E	M22

Prusle	62CSE1	Bouvincourt	49° 52.638'N 2° 59.483'E	P26
Pt Bondues	36NE2	Tourcoing	50° 43.260'N 3° 04.554'E	E4
Pt Chemin	36NE1	Quesnoy	50° 43.567'N 3° 03.681'E	E3
Pt de la Boudretie	36NW3	Fleurbaix	50° 40.080'N 2° 46.348'E	G10
Pt de la Justice	36NW3	Fleurbaix	50° 39.012'N 2° 45.706'E	G22
Pt de Poivre	36NW3	Fleurbaix	50° 39.107'N 2° 43.813'E	G19
Pt du Biez	36NW4	Bois Grenier	50° 40.319'N 2° 50.750'E	H10
Pt Hel Farm	28SE3	Comines	50° 44.675'N 2° 59.443'E	V15
Pt levis	36ASE1	St. Venant	50° 36.190'N 2° 31.300'E	P20
Pt levis	36ASE1	St. Venant	50° 35.712'N 2° 32.308'E	P27
Pt Levis	36ASE1	St. Venant	50° 35.369'N 2° 33.517'E	P29
Pt levis	36ASE1	St. Venant	50° 35.283'N 2° 34.588'E	P36
Pt levis	36NW3	Fleurbaix	50° 38.589'N 2° 44.116'E	G26
Pt Perle	36NE1	Quesnoy	50° 43.057'N 3° 01.248'E	D12
Pt Porte Egal Farm	36NW4	Bois Grenier	50° 40.361'N 2° 55.609'E	I10
Pt tournant	36NW3	Fleurbaix	50° 39.617'N 2° 45.944'E	G16
Pt Villers	57BSW3	Honnecourt	50° 01.855'N 3° 16.361'E	T13
Pt. de Neuville	28SE4	Ronq	50° 44.449'N 3° 09.965'E	X23
Pt. Marais	36ASE2	Lestrem	50° 37.179'N 2° 43.001'E	R11
Pt.de Deulemont Bridge	28SW4	Ploegsteert	50° 43.849'N 2° 56.846'E	U30
Ptarmigan Junction	20SW2	Zwartegat	50° 57.291'N 2° 54.317'E	O27
Pte Folies Farm	57BSW4	Serain	50° 01.145'N 3° 20.669'E	U19
Pte. Gauchiette	36SW3	Richebourg	50° 33.503'N 2° 47.980'E	S24
Puck Farm	12NE3	Oudenburg	51° 10.539'N 2° 59.198'E	J34
Pudefort	28SW1	Kemmel	50° 47.074'N 2° 43.555'E	M19
Puff House	20SE3 & 28NE1-3	Poelcappelle	50° 54.791'N 2° 55.740'E	U23
Puff House	20SW4	Bixschoote	50° 54.792'N 2° 55.735'E	U23
Pug Farm	28NE4	Dadizeele	50° 51.488'N 3° 09.633'E	L11
Puisieux Farm	66CNW4	Berthenicourt	49° 46.232'N 3° 20.539'E	H18
Puisieux-au-Mont	57DNE3+4	Hebuterne	50° 06.944'N 2° 41.994'E	L20
Puits	28SW1	Kemmel	50° 46.941'N 2° 48.434'E	N19
Puits	36C(44A) SW1	Lens	50° 26.515'N 2°44.978'E	M8
Puits	36C(44A) SW1	Lens	50° 26.333'N 2°46.338'E	M10
Puits	36C(44A) SW1	Lens	50° 26.591'N 2°47.329'E	M11
Puits	36C(44A) SW1	Lens	50° 25.891'N 2°45.318'E	M14
Puits	36C(44A) SW1	Lens	50° 25.553'N 2°46.744'E	M22
Puits 12	36C(44A) SW2	Harnes	50° 25.424'N 2°51.605'E	N23
Puits 12bis	36C(44A) SW1	Lens	50° 26.442'N 2°48.367'E	M12
Puits 16bis	36C(44A) SW1	Lens	50° 25.878'N 2°45.976'E	M15
Puits 4	36C(44A) SW1	Lens	50° 25.494'N 2°49.347'E	N20
Puits 5	36C(44A) SW2	Harnes	50° 25.423'N 2°51.565'E	N23
Puits Farm	20SW4	Bixschoote	50° 54.562'N 2° 51.329'E	T29
Puits No 12	36B(44B) NE4	Noex-les-Mines	50° 29.340'N 2° 42.581'E	L10
Puits No 13	36C(44A) NW3	Loos	50° 29.513'N 2° 48.635'E	H7
Puits No 13 bis	36C(44A) NW3	Loos	50° 28.702'N 2° 49.324'E	H20
Puits No 14 bis	36C(44A) NW3	Loos	50° 27.765'N 2° 48.820'E	H25
Puits No 15	36C(44A) NW3	Loos	50° 27.403'N 2° 47.797'E	G36
Puits No 2	36C(44A) SW1	Lens	50° 26.300'N 2°50.385'E	N9
Puits No 2ter	36C(44A) SW2	Harnes	50° 26.569'N 2°51.352'E	N10
Puits No 3	36C(44A) NW3	Loos	50° 28.509'N 2° 44.638'E	G20
Puits No 3 de Meurchin	36C(44A) NW2	Bauvin	50° 30.201'N 2° 52.124'E	H5
Puits No 4	36C(44A) NW2	Bauvin	50° 30.274'N 2° 52.086'E	B29
Puits No 4	36C(44A) NW3	Loos	50° 29.231'N 2° 45.150'E	G8
Puits No 5	36C(44A) NW2	Bauvin	50° 30.584'N 2° 51.019'E	B28
Puits No 7	36C(44A) NW3	Loos	50° 29.745'N 2° 50.725'E	H4
Puits No 7	36C(44A) NW3	Loos	50° 27.793'N 2° 45.649'E	G27
Puits No 7 bis	36C(44A) NW3	Loos	50° 27.703'N 2° 44.995'E	G26
Pullet Farm	36ANE4	Merville	50° 39.395'N 2° 39.851'E	L13
Pulse Farm	28NW3	Poperinghe	50° 50.704'N 2° 49.215'E	H15
Pump Farm	28SW2	Wytschaete	50° 48.204'N 2° 56.733'E	O12
Pump Farm	28SW2	Wytschaete	50° 48.204'N 2° 56.733'E	O12
Pump Lane	28SW1	Kemmel	50° 47.600'N 2° 48.301'E	N13

Pumping Station	20SW2	Zwartegat	50° 58.120'N 2° 51.029'E	N23
Pumping Station	28NW1	Elverdinghe	50° 53.400'N 2° 47.756'E	B7
Pumping Station	36SE1	Haubourdin	50° 37.217'N 3° 02.604'E	Q7
Pumping Station	36SW3	Richebourg	50° 34.090'N 2° 47.578'E	S12
Pumping Station	36SW3	Richebourg	50° 33.776'N 2° 48.106'E	S18
Pumping Station	36SW3	Richebourg	50° 32.964'N 2° 47.098'E	S29
Pumping Station	36SW3	Richebourg	50° 32.981'N 2° 48.843'E	T25
Pumping Station	57BNW1	Cambrai	50° 11.024'N 3° 13.823'E	A4
Pumping Station	57CSW2	Villers-Au-Flos	50° 05.143'N 2° 52.355'E	N11
Punch Farm	28NE2	Moorslede	50° 52.294'N 3° 06.404'E	F25
Punch Row	36NW1	Steenwerck	50° 41.996'N 2° 47.292'E	A18
Punchy	66DNW1	Punchy	49° 47.503'N 2° 48.655'E	A29
Punchy Copse	66DNW1	Punchy	49° 47.148'N 2° 49.178'E	A30
Pungent Farm	36NW1	Steenwerck	50° 41.358'N 2° 48.756'E	B26
Punkah Farm	27SE4	Meteren	50° 45.823'N 2° 42.483'E	R35
Punnet House	20SE4	Roulers	50° 56.138'N 3° 07.452'E	X8
Punters Copse	20SE2	Hooglede	50° 59.273'N 3° 04.594'E	Q11
Purgartory	28SW2	Wytschaete	50° 48.068'N 2° 52.362'E	O7
Purgatoire	28SE4	Ronq	50° 45.440'N 3° 10.226'E	X11
Purity Farm	28SE2	Menin	50° 46.706'N 3° 05.154'E	Q29
Purlin House	28SW1	Kemmel	50° 46.517'N 2° 49.121'E	N26
Purse Cottage	28NE2	Moorslede	50° 52.462'N 3° 05.539'E	E30
Purvis Farms	36NW1	Steenwerck	50° 42.995'N 2° 49.144'E	B2
Push House	28NW1	Elverdinghe	50° 51.564'N 2° 44.478'E	G3
Puss Farm	20SE4	Roulers	50° 55.475'N 3° 05.216'E	W17
Putney	57BSW3	Honnecourt	50° 00.832'N 3° 12.914'E	S26
Putnik Farm	20NW4	Dixmunde	51° 00.916'N 2° 55.328'E	I23
Putois Cross Roads	20SW4	Bixschoote	50° 56.349'N 2° 55.075'E	U4
Putter House	20SE1	Staden	50° 58.036'N 3° 01.245'E	P24
Putty Farm	27SE1	St Sylvestre	50° 48.288'N 2° 33.744'E	P6
Puxton Cross	36ANE4	Merville	50° 40.458'N 2° 42.670'E	L5
Puzeaux	66DNW1	Punchy	49° 47.868'N 2° 49.480'E	A24
Puzeaux Wood	66DNW1	Punchy	49° 47.584'N 2° 49.614'E	A24
Puzzle Wood	20SE3	Westroosebeke	50° 55.756'N 3° 00.437'E	V17
Pylone Woods No1	62CSW1	Dompierre	49° 54.083'N 2° 46.213'E	M8
Pylone Woods No2	62CSW1	Dompierre	49° 53.926'N 2° 46.260'E	M8
Pylone Woods No3	62CSW1	Dompierre	49° 53.932'N 2° 46.111'E	M8
Pylone Woods No4	62CSW1	Dompierre	49° 54.007'N 2° 45.948'E	M8
Pyne Farm	28NE4	Dadizeele	50° 49.499'N 3° 06.117'E	K36
Pypegaale	20SW3	Oostvleteren	50° 55.334'N 2° 48.977'E	T14
Pys	57CSW1	Guedecourt	50° 05.241'N 2° 45.320'E	M2
Pys	57DSE2+57CSW1	Le Sars	50° 05.241'N 2° 45.320'E	M2
Pytchley	36NW1	Steenwerck	50° 42.279'N 2° 48.271'E	B13
Q Camp	28NW1	Elverdinghe	50° 51.591'N 2° 46.725'E	G5
Q Farm	20SW1	Loo	50° 58.358'N 2° 49.605'E	N15
Quackery Corner	28SE2	Menin	50° 48.760'N 3° 04.562'E	Q4
Quad Farm	28SW2	Wytschaete	50° 46.685'N 2° 56.796'E	O30
Quadroon Corner	28NE2	Moorslede	50° 53.691'N 3° 03.934'E	E10
Quaestraete	27SE1	St Sylvestre	50° 48.021'N 2° 29.976'E	P7
Quail Quarry	57CSE4	Villers-Guislain	50° 00.646'N 3° 11.100'E	X29
Quakers Cottages	28SE2	Menin	50° 48.488'N 3° 05.921'E	Q12
Quality Farm	12NE1	Clemskerke	51° 13.617'N 2° 58.224'E	D27
Quality Row	28SE2	Menin	50° 46.382'N 3° 04.191'E	Q34
Qualm Farm	28SE2	Menin	50° 48.354'N 3° 04.594'E	Q10
Quandry Farm	28SE2	Menin	50° 48.014'N 3° 05.251'E	Q17
Quarantine Farm	28SE2	Menin	50° 48.329'N 3° 04.243'E	Q10
Quarrel Farm	28SE2	Menin	50° 48.423'N 3° 04.472'E	Q11
Quarries By Bois de Riaumont	36C(44A) SW1	Lens	50° 24.907'N 2°47.704'E	M29
Quarries By Dury	51BSE1	Saudemont	50° 14.849'N 2° 58.886'E	P21
Quarries By Mossy Wood	62CSW4	St. Christ	49° 50.015'N 2° 53.609'E	T24
Quarries E of Vermand	62CSE2	Vermand	49° 52.696'N 3° 09.884'E	R27
Quarries East of Camblain-l'Abbe	36B(44B) SE4	Carency	50° 23.081'N 2° 38.576'E	W17

Name	Map	Location	Coordinates	Ref
Quarries N of Elder Wood	62CSW4	St. Christ	49° 51.990'N 2° 53.523'E	N36
Quarries Near Fme du B. de la Vache	36B(44B) SE4	Carency	50° 22.730'N 2° 38.578'E	W17
Quarries NW of Hem	62CNW3	Vaux	49° 57.497'N 2° 49.674'E	H1
Quarries SE of Cartigny	62CSE1	Bouvincourt	49° 54.495'N 3° 01.183'E	P10
Quarries SW of Wambaix Copse	57BNW3	Rumilly	50° 08.300'N 3° 16.225'E	H10
Quarries Very Deep Near Cat Copse	62CNE1	Liéramont	49° 59.389'N 3° 00.080'E	D15
Quarries West of Cité St Elie	36C(44A) NW3	Loos	50° 29.585'N 2° 47.700'E	G12
Quarry E of Berles-au-Bois	51CSE3	Ransart	50° 11.525'N 2° 39.622'E	W23
Quarry N of Vert Galant Forestors Hut	70DNW4	St. Gobain	49° 34.156'N 3° 23.549'E	I34
Quarry Near Eaucourt l'Abbaye	57DSE2+57CSW1	Le Sars	50° 03.257'N 2° 51.485'E	N28
Quarry SE of Ransart	51CSE3	Ransart	50° 12.419'N 2° 41.156'E	X7
Quarry SW of Gimble Wood	62CNW3	Vaux	49° 57.410'N 2° 49.860'E	H1
Quarry By Courcelette	57CSW1	Guedecourt	50° 03.694'N 2° 45.015'E	M19
Quarry By Lime Kiln	51BNE2	Dechy	50° 19.777'N 3° 10.788'E	F29
Quarry By Slate Copse	57BSW1	Bantouzelle	50° 04.337'N 3° 13.118'E	M21
Quarry E of Artillery Depot	66CSW4	La Fere	49° 39.611'N 3° 20.603'E	T24
Quarry E of Athies	62CSW4	St. Christ	49° 51.242'N 2° 58.070'E	O12
Quarry E of Bel Aise	57BSW1	Bantouzelle	50° 04.913'N 3° 16.193'E	N13
Quarry E of Bois Francais	62DNE2	Méaulte	49° 59.320'N 2° 43.010'E	F9
Quarry E of Brellemont Farm	70DNW4	St. Gobain	49° 34.021'N 3° 23.313'E	I33
Quarry E of Bruyant Wood No 2	62CSW3	Vermandovillers	49° 51.485'N 2° 51.848'E	T4
Quarry E of Cappy near White House	62CNW3	Vaux	49° 55.498'N 2° 45.797'E	G26
Quarry E of Curlu	62CNW1	Maricourt	49° 58.189'N 2° 49.151'E	A30
Quarry E of Curlu	62CNW1	Maricourt	49° 57.914'N 2° 49.379'E	B25
Quarry E of Fresnoy-le-Grand	62BNW4	Ramicourt	49° 56.745'N 3° 24.099'E	I17
Quarry E of Havrincourt Wood	57CSE2	Gonnelieu	50° 04.426'N 3° 05.308'E	Q16
Quarry E of Irles	57CNW3	Bapaume	50° 06.019'N 2° 45.439'E	G32
Quarry E of la Moulin Farm	66CSW2	Vendeuil	49° 44.188'N 3° 19.438'E	N4
Quarry E of Limberlost Wood	62CNW4	Peronne	49° 56.665'N 2° 54.430'E	I13
Quarry E of Mayot	66CSW2	Vendeuil	49° 42.239'N 3° 21.897'E	O26
Quarry E of Wailly	51CSE2	Beaumetz	50° 14.775'N 2° 44.045'E	R23
Quarry Givenchy	36C(44A) SW3	Vimy	50° 23.692'N 2° 45.986'E	S9
Quarry In Puisieux-au- Mont	57DNE3+4	Hebuterne	50° 07.043'N 2° 41.374'E	L14
Quarry N of Anneux Chapel	57CNE2	Bourlon	50° 09.627'N 3° 07.438'E	F19
Quarry N of Athies	62CSW4	St. Christ	49° 51.426'N 58.425'E	O12
Quarry N of Bernafay Wood	57CSW3	Longueval	50° 00.810'N 2° 47.678'E	S22
Quarry N of Blacktown	62BNW3	Bellicourt	49° 56.681'N 3° 14.498'E	G16
Quarry N of Boiry-Ste-Rictrude	51BSW3	Boisleux	50° 12.818'N 2° 44.846'E	S7
Quarry N of Cheneaux Wood	57BSW1	Bantouzelle	50° 04.978'N 3° 13.951'E	M10
Quarry N of Fosse 12 de Lens	36C(44A) SW1	Lens	50° 27.042'N 2°47.961'E	M6
Quarry N of Four Sheaves Wood	62CSW4	St. Christ	49° 51.062'N 2° 57.811'E	O11
Quarry N of Hem	62CNW3	Vaux	49° 57.513'N 2° 50.361'E	H2
Quarry N of Hindleg Wood	62CNW1	Maricourt	49° 58.227'N 2° 50.896'E	B27
Quarry N of Irles	57CNW3	Bapaume	50° 06.259'N 2° 45.356'E	G26
Quarry N of Juno Wood	62BNW4	Ramicourt	49° 56.158'N 3° 25.139'E	I30
Quarry N of la Terrière	57BSW3	Honnecourt	50° 02.184'N 3° 13.749'E	S10
Quarry N of Lewarde	51BNE2	Dechy	50° 20.939'N 3° 10.201'E	F17
Quarry N of Montauban	57CSW3	Longueval	50° 00.834'N 2° 46.953'E	S22
Quarry N of Nœux-les-Mines	36B(44B) NE4	Noex-les-Mines	50° 29.421'N 2° 39.442'E	K12
Quarry N of Transloy	57CSW2	Villers-Au-Flos	50° 03.776'N 2° 53.128'E	N24
Quarry NE of Aveluy	57DSE4	Ovillers	50° 01.658'N 2° 40.014'E	W11
Quarry NE of Basseux	51CSE2	Beaumetz	50° 13.757'N 2° 38.872'E	Q35
Quarry NE of Courcelette	57DSE2+57CSW1	Le Sars	50° 03.694'N 2° 45.015'E	M19
Quarry NE of Gouzeacourt	57CSE2	Gonnelieu	50° 03.645'N 3° 08.051'E	R25
Quarry NE of la Louvièrè Farm	57DNE3+4	Hebuterne	50° 07.240'N 2° 40.377'E	K18
Quarry NE of la-Boisselle	57DSE4	Ovillers	50° 01.600'N 2° 42.061'E	X14
Quarry NE of le Sars	57DSE2+57CSW1	Le Sars	50° 04.561'N 2° 47.591'E	M17
Quarry NE of Pont-à-Vendin	36C(44A) NW4	Pont-à-Vendin	50° 28.570'N 2° 53.716'E	I19
Quarry NW Albert	57DSE4	Ovillers	50° 00.544'N 2° 38.453'E	W27
Quarry NW of Anneux	57CNE2	Bourlon	50° 09.548'N 3° 06.903'E	E24
Quarry NW of Baralle Woods	51BSE3	Cagnicourt	50° 12.854'N 3° 02.772'E	W7
Quarry NW of Essarts	57DNE 1&2	Fonquevillers	50° 09.629'N 2° 40.037'E	E18

Quarry NW of Fresnes-les-Montauban	51BNW2	Oppy	50° 20.316'N 2° 55.459'E	C21
Quarry NW of La Sars	57CSW1	Guedecourt	50° 04.593'N 2° 46.430'E	M15
Quarry NW of Quesnoy Farm	57DNE 1&2	Fonquevillers	50° 10.329'N 2° 40.532'E	F7
Quarry NW of Quesnoy Farm	57DNE2	Essarts	50° 10.329'N 2° 40.532'E	F7
Quarry S of Athies	62CSW4	St. Christ	49° 51.094'N 2° 58.391'E	O12
Quarry S of Biefillers -les-Bapaume	57CNW3	Bapaume	50° 06.027'N 2° 49.390'E	H25
Quarry S of Ennequin	36SE1	Haubourdin	50° 36.150'N 3° 01.152'E	P29
Quarry S of Malincourt Wood	57BSW4	Serain	50° 02.665'N 3° 19.044'E	T4
Quarry S of Nœux-les-Mines	36B(44B) NE4	Noex-les-Mines	50° 28.418'N 2° 39.219'E	K24
Quarry S of Quarry Wood	62BNW3	Bellicourt	49° 56.978'N 3° 12.696'E	G14
Quarry S of Ransart	51CSE3	Ransart	50° 12.276'N 2° 41.211'E	X14
Quarry S of René Wood	62CSW4	St. Christ	49° 51.550'N 2° 56.882'E	U4
Quarry S of Simencourt	51CSE2	Beaumetz	50° 15.024'N 2° 38.622'E	Q16
Quarry SE of Boiry- Becquerelle	51BSW3	Boisleux	50° 12.661'N 2° 49.494'E	T7
Quarry SE of Itancourt	66CNW2	Itancourt	49° 47.815'N 3° 21.612'E	C25
Quarry SE of le Bosquet	57BSW1	Bantouzelle	50° 05.195'N 3° 14.578'E	M11
Quarry SE of le Transloy	57CSW2	Villers-Au-Flos	50° 03.242'N 2° 53.950'E	O31
Quarry SE of Victor Copse	62CSW1	Dompierre	49° 53.939'N 2° 51.586'E	N9
Quarry SW Farm du Mouquert	57DSE1 & 2	Beaumont	50° 02.925'N 2° 42.719'E	R33
Quarry SW of Buissy	51BSE3	Cagnicourt	50° 11.931'N 3° 01.700'E	V23
Quarry SW of Revelon Ridge	57CSE4	Villers-Guislain	50° 01.633'N 3° 05.634'E	W16
Quarry SW of Saillisel	57CSW4	Combles	50° 01.135'N 2° 54.102'E	U19
Quarry W of Blairville	51CSE3	Ransart	50° 13.091'N 2° 42.531'E	X3
Quarry W of Bois Francais	62DNE2	Méaulte	49° 59.307'N 2° 43.470'E	F10
Quarry W of Bourlon	57CNE2	Bourlon	50° 10.828'N 3° 06.245'E	E5
Quarry W of Bourlon	57CNE2	Bourlon	50° 10.756'N 3° 06.534'E	E11
Quarry W of Butte de Warlencourt	57CSW1	Guedecourt	50° 04.561'N 2° 47.591'E	M17
Quarry W of Corons de Maroc	36C(44A) NW1	LaBassee	50° 29.971'N 2° 46.142'E	G4
Quarry W of Falvy Copse	62CSW4	St. Christ	49° 49.629'N 2° 55.951'E	O28
Quarry W of Falvy Copse	62CSW4	St. Christ	49° 49.629'N 2° 57.263'E	O29
Quarry W of Favreuil	57CNW3	Bapaume	50° 07.274'N 2° 51.303'E	H14
Quarry W of Foolscap Copse	51BSE3	Cagnicourt	50° 11.294'N 3° 00.760'E	V28
Quarry W of Jean Copse	62BNW4	Ramicourt	49° 55.735'N 3° 25.115'E	I36
Quarry W of Quarry Farm	62CNW1	Maricourt	49° 57.736'N 2° 50.662'E	H2
Quarry Camp	28SW1	Kemmel	50° 47.063'N 2° 45.319'E	M21
Quarry Copse	62CSW3	Vermandovillers	49° 51.345'N 2° 51.731'E	T9
Quarry Copse	66ENE4	Beaufort	49° 44.826'N 2° 43.469'E	L27
Quarry Farm	62CNW1	Maricourt	49° 57.815'N 2° 50.813'E	H2
Quarry Farm	62CNW2	Bouchavesnes	49° 58.623'N 2° 55.543'E	C21
Quarry Post	57CSE2	Gonnelieu	50° 03.683'N 3° 11.069'E	R29
Quarry Road	28SW3	Bailleul	50° 43.712'N 2° 50.266'E	T28
Quarry W of Mézières-sur-Oise	66CNW4	Berthenicourt	49° 47.089'N 3° 23.320'E	I4
Quarry Wood	51BNW4	Fampoux	50° 17.381'N 2° 56.187'E	I28
Quarry Wood	57CNE2	Bourlon	50° 10.591'N 3° 05.239'E	E10
Quarry Wood	62BNW3	Bellicourt	49° 57.160'N 3° 12.611'E	G8
Quart Buildings	28NE3	Gheluvelt	50° 49.743'N 3° 00.082'E	J28
Quart Farm	27SE1	St Sylvestre	50° 46.653'N 2° 36.501'E	Q27
Quarter Cottages	28SE2	Menin	50° 47.980'N 3° 04.105'E	Q16
Quartet Farm	20NE3	Zarren	51° 00.474'N 3° 02.636'E	K26
Quash Farm	36NW1	Steenwerck	50° 40.804'N 2° 44.680'E	G2
Quatre Bras	28SE3	Comines	50° 44.503'N 2° 58.021'E	V14
Quatre Mondes	28SE2	Menin	50° 47.607'N 3° 06.485'E	Q13
Quatre Triage	70DNW4	St. Gobain	49° 34.033'N 3° 25.291'E	I36
Quaver Farm	28NE4	Dadizeele	50° 50.012'N 3° 08.314'E	L27
Que Copse	20SE1	Staden	50° 58.318'N 3° 02.765'E	Q14
Quéant	57CNE1	Queant	50° 10.693'N 2° 58.909'E	D7
Quéant Tower In Ruins	57CNE1	Queant	50° 10.435'N 2° 59.075'E	D8
Quebec Camp	28NW3	Poperinghe	50° 48.816'N 2° 46.302'E	G35
Quebec Farm	20SE3 & 28NE1-3	Poelcappelle	50° 53.268'N 2° 57.384'E	D1
Quebec Farm	28NE1	Zonnebeke	50° 54.271'N 2° 57.377'E	D1
Queen Farm	20SE3	Westroosebeke	50° 56.545'N 3° 02.998'E	W2
Queens Cross	57CSE2	Gonnelieu	50° 03.472'N 3° 05.769'E	Q28

Quenesson Farm	51BNE4	Cantin	50° 17.611'N 3° 09.665'E	L28
Quennemont Farm	62BNW1	Gouy	49° 58.666'N 3° 12.433'E	K20
Quennet Copse	62BNW1	Gouy	49° 58.746'N 3° 11.961'E	K19
Quentin	36ASE2	Lestrem	50° 36.439'N 2° 38.723'E	Q16
Quentin Mill	57CSE4	Villers-Guislain	50° 02.984'N 3° 07.996'E	R31
Quertin Redoubt	57CSE4	Villers-Guislain	50° 02.824'N 3° 08.062'E	X1
Query Camp	28NW3	Poperinghe	50° 51.096'N 2° 46.195'E	G11
Query Farm	28NW3	Poperinghe	50° 51.029'N 2° 46.103'E	G11
Query Farm	28SE2	Menin	50° 47.915'N 3° 06.033'E	Q18
Quesnoy Farm	57DNE2	Essarts	50° 09.906'N 2° 41.370'E	F14
Quesnoy-sur-Deûle	36NE1	Quesnoy	50° 42.702'N 3° 00.020'E	D10
Quest Farm	28SE2	Menin	50° 47.442'N 3° 04.386'E	Q22
Question Farm	28SE2	Menin	50° 46.992'N 3° 05.443'E	Q30
Queuchettes Wood	62CNE2	Epéhy	49° 58.986'N 3° 11.122'E	F23
Queue de Vache	27SE2	Berthen	50° 47.903'N 2° 38.006'E	Q11
Quick Farm	28SE2	Menin	50° 48.175'N 3° 05.699'E	Q12
Quicksand Farm	28SE2	Menin	50° 47.046'N 3° 05.120'E	Q23
Quicksilver Farm	28SE2	Menin	50° 46.917'N 3° 04.667'E	Q28
Quid Farm	27NE1	Herzeele	50° 52.677'N 2° 36.308'E	E15
Quiery la Motte	51BNE1	Brébières	50° 21.874'N 2° 58.570'E	D1
Quiet Farm	28SE2	Menin	50° 47.415'N 3° 04.868'E	Q23
Quigly	27SE1	St Sylvestre	50° 46.808'N 2° 34.635'E	Q19
Quill Farm	20NE3	Zarren	51° 00.462'N 3° 03.085'E	K27
Quilt Farm	28NE4	Dadizeele	50° 49.390'N 3° 04.952'E	K35
Quincampoix	28SE3	Comines	50° 44.392'N 3° 00.485'E	V23
Quincampoix Mill	62BNW1	Gouy	50° 00.140'N 3° 14.192'E	A4
Quince Farm	28SE1	Wervicq	50° 46.347'N 2° 57.383'E	P31
Quince Farm	28SW2	Wytschaete	50° 46.346'N 2° 57.387'E	P31
Quinine Farm	20NE3	Zarren	51° 01.474'N 3° 01.462'E	K13
Quinny's	36NW1	Steenwerck	50° 41.346'N 2° 46.628'E	A29
Quinquibus	36SW4	Sainghin	50° 35.131'N 2° 55.844'E	U4
Quinsy Crossing	28SE2	Menin	50° 47.178'N 3° 04.196'E	Q22
Quinten Sidings?	28NW3	Poperinghe	50° 50.917'N 2° 43.551'E	G7
Quinton Farm	27SE1	St Sylvestre	50° 46.703'N 2° 34.979'E	Q19
Quinton Mill	27SE1	St Sylvestre	50° 46.733'N 2° 35.047'E	Q19
Quip Farm	27SE1	St Sylvestre	50° 46.124'N 2° 34.551'E	Q31
Quiquery	66DNW4	Nesle	49° 45.333'N 2° 56.285'E	I21
Quire Farms	28SE2	Menin	50° 46.808'N 3° 04.227'E	Q28
Quirk House	28SE2	Menin	50° 47.308'N 3° 06.272'E	Q24
Quis Farm	20SW3	Oostvleteren	50° 54.898'N 2° 45.455'E	S22
Quito Farm	27NE4	Abeele	50° 50.964'N 2° 37.656'E	K11
Quittance Copse	28SE2	Menin	50° 46.770'N 3° 05.664'E	Q30
Quiver Farm	27SE1	St Sylvestre	50° 47.254'N 2° 35.816'E	Q14
Quorn Farm	27SE1	St Sylvestre	50° 46.986'N 2° 36.140'E	Q21
R 10 Line	36NW2	Armentieres	50° 42.389'N 2° 52.644'E	C13
R Farm	20SW2	Zwartegat	50° 59.359'N 2° 50.469'E	N5
R.W.F. Sap	36C(44A) NW1	LaBassee	50° 30.566'N 2° 45.778'E	A27
R5 Line	36NW2	Armentieres	50° 42.798'N 2° 52.888'E	C7
R7 Line	36NW2	Armentieres	50° 42.019'N 2° 50.979'E	B12
Raap Farm	20SW3	Oostvleteren	50° 55.489'N 2° 48.920'E	T14
Raap Inn	20NW4	Dixmunde	51° 00.187'N 2° 49.904'E	H28
Rabbi Farm	20SE2	Hooglede	50° 59.832'N 3° 09.001'E	R4
Rabbit Villa	28NE1	Zonnebeke	50° 51.765'N 2° 57.370'E	J1
Rabbit Wood	51CSE3	Ransart	50° 11.422'N 2° 41.039'E	X19
Rabeeque Farm	36NW2	Armentieres	50° 43.427'N 2° 54.973'E	C4
Rabocaigne Ravine	57BSW2	Clary	50° 05.547'N 3° 22.013'E	O2-9
Rabonnes Copse	62CSW1	Dompierre	49° 53.289'N 2° 51.523'E	N21
Rabot	36NW1	Steenwerck	50° 42.524'N 2° 48.353'E	B7
Race Course	36NE3	Perenchies	50° 38.519'N 3° 02.117'E	K31
Racecourse	51CNE4	Wagnonlieu	50° 17.639'N 2° 44.214'E	L24
Racecourse Farm	28NW2	St Julien	50° 53.287'N 2° 54.765'E	C16
Racecourse Farm Camp	28NW2	St Julien	50° 53.258'N 2° 54.820'E	C16

Rache	36SE1	Haubourdin	50° 35.872'N 2° 58.028'E	P25
Rack Farm	28SE2	Menin	50° 48.955'N 3° 10.482'E	R6
Racket Wood	20SE3	Westroosebeke	50° 55.187'N 3° 01.541'E	W19
Racquet Copse	62CSE3	Athies	49° 51.185'N 2° 59.952'E	V8
Racquet Farm	20SE4	Roulers	50° 56.919'N 3° 04.255'E	Q34
Radinghem	36SW2	Radinghem	50° 37.231'N 2° 54.450'E	O9
Radio Farm	20SE3	Westroosebeke	50° 55.792'N 2° 58.715'E	V9
Radish Farm	28SE2	Menin	50° 48.921'N 3° 08.489'E	R3
Radish House	12SW1	Nieuport	51° 09.215'N 2° 46.732'E	M18
Radley Farm	27NE1	Herzeele	50° 51.767'N 2° 32.771'E	D28
Rafia Farm	36ANE3	Haverskerque	50° 38.864'N 2° 35.980'E	K20
Rag Farms	28SW3	Bailleul	50° 44.638'N 2° 46.050'E	S16
Raglan Farm	20SE3	Westroosebeke	50° 56.091'N 3° 03.255'E	W9
Rags Post	36SW3	Richebourg	50° 34.663'N 2° 44.608'E	S2
Ragtime Villas	28SE2	Menin	50° 48.177'N 3° 10.562'E	R12
Rail Copse	20SE1	Staden	50° 57.854'N 2° 59.441'E	P22
Railhead	36C(44A) NW1	LaBassee	50° 32.464'N 2° 50.331'E	B3
Raillencourt	51BSE4	Marquion	50° 11.418'N 3° 10.125'E	X28
Railton	57CSE4	Villers-Guislain	50° 01.418'N 3° 06.012'E	W22
Railway Bridge	57DSE4	Ovillers	50° 00.693'N 2° 39.379'E	W23
Railway Camp	28SW3	Bailleul	50° 43.483'N 2° 49.104'E	T26
Railway Copse	57DSE4	Ovillers	50° 00.415'N 2° 43.623'E	X28
Railway Dump	28NE1	Zonnebeke	50° 51.898'N 2° 57.579'E	D25
Railway Farm	36NW4	Bois Grenier	50° 39.363'N 2° 54.232'E	I21
Railway Fork	20SE1	Staden	50° 58.355'N 3° 00.485'E	P17
Railway Keep	36C(44A) NW1	LaBassee	50° 29.976'N 2° 45.452'E	G3
Railway Post	51BNW1	Roclincourt	50° 19.905'N 2° 50.022'E	B20
Railway Ridge	62BNW1	Gouy	49° 58.080'N 3° 14.566'E	K23
Railway Wood	28NW4	Zillebeke	50° 51.206'N 2° 55.947'E	I11
Railway Wood Howitzer Siding	28NW4	Zillebeke	50° 51.243'N 2° 55.890'E	I11
Rain Farm	20NE3	Zarren	51° 00.765'N 3° 02.067'E	K19
Rainbow Farm	28SE2	Menin	50° 48.803'N 3° 09.369'E	R4
Rainy Corner	28NE4	Dadizeele	50° 50.399'N 3° 06.795'E	L19
Raisin House	28SE2	Menin	50° 48.927'N 3° 08.962'E	R4
Rakes Cross Roads	20SE1	Staden	50° 58.651'N 2° 56.730'E	P13
Raleigh Farm	20SE4	Roulers	50° 56.659'N 3° 05.214'E	W5
Ralph Farm	27NE1	Herzeele	50° 52.091'N 2° 34.556'E	E19
Ram Wood	28SE2	Menin	50° 48.604'N 3° 09.046'E	R4
Ramicourt	62BNW4	Ramicourt	49° 57.397'N 3° 19.815'E	H11
Ramillies	51ASW3	Eswars	50° 12.235'N 3° 15.750'E	S24
Rammer Farm	28SW3	Bailleul	50° 45.937'N 2° 44.530'E	M32
Ramp Farm	27NE1	Herzeele	50° 52.040'N 2° 36.252'E	E27
Ramponnau	28SE4	Ronq	50° 45.770'N 3° 08.325'E	X3
Ramscappelle	12SW3	Ramscappelle	51° 06.562'N 2° 45.765'E	S11
Ramsey Corner	20SE3	Westroosebeke	50° 55.424'N 3° 02.644'E	W14
Ranchi House	27NE3	Winnezeele	50° 50.840'N 2° 35.115'E	K7
Rancid Farm	28SE2	Menin	50° 48.520'N 3° 09.472'E	R11
Rancourt	62CNW2	Bouchavesnes	50° 00.254'N 2° 54.304'E	C1
Rancourt Copse	57BSW4	Serain	50° 03.042'N 3° 14.647'E	M35
Rancourt Farm	57BSW3	Honnecourt	50° 02.525'N 3° 14.124'E	S4
Range Wood	57BNW1	Cambrai	50° 08.658'N 3° 12.016'E	G2
Rank Buildings	28SW3	Bailleul	50° 43.703'N 2° 44.967'E	S27
Ransart	51CSE3	Ransart	50° 12.518'N 2° 41.206'E	X8
Raoul Farm	20SW2	Zwartegat	50° 57.304'N 2° 51.173'E	N29
Rascals Retreat	28SE2	Menin	50° 47.454'N 3° 06.625'E	R13
Rasée Farm	20SW4	Bixschoote	50° 56.838'N 2° 49.966'E	N34
Rasp Farm	27NE1	Herzeele	50° 53.530'N 2° 29.998'E	D1
Rastall Farm	20SE3	Westroosebeke	50° 55.573'N 3° 03.148'E	W15
Rastus Farm	27NE1	Herzeele	50° 53.219'N 2° 32.502'E	D10
Rat Farm	28NW2	St Julien	50° 52.662'N 2° 56.080'E	C23
Rat House	20SE3 & 28NE1-3	Poelcappelle	50° 54.546'N 2° 55.983'E	U29
Ratho Junction	28SE2	Menin	50° 47.778'N 3° 06.529'E	R13

Ration Farm	36NW4	Bois Grenier	50° 39.428'N 2° 53.352'E	I19
Ration Spur	28NW4	Zillebeke	50° 50.421'N 2° 54.426'E	I15
Rattekot	27NE4	Abeele	50° 50.481'N 2° 37.195'E	K16
Rattekot Inn	27NE4	Abeele	50° 50.582'N 2° 37.389'E	K16
Rattevalle	12SW1	Nieuport	51° 09.415'N 2° 49.096'E	N14
Ravelaer Farm	20SW3	Oostvleteren	50° 56.051'N 2° 48.789'E	T8
Ravelaere Farm	20SW3	Oostvleteren	50° 56.052'N 2° 48.800'E	T8
Ravelsberg	28SW3	Bailleul	50° 44.476'N 2° 46.113'E	S16
Ravelsberg Camp	28SW3	Bailleul	50° 44.578'N 2° 46.688'E	S17
Ravelsberg Rest Station	28SW3	Bailleul	50° 44.403'N 2° 45.637'E	S16
Ravelsberg Road	28SW3	Bailleul	50° 44.422'N 2° 45.509'E	S16
Ravelston Farm	20SE1	Staden	50° 59.367'N 3° 01.024'E	P6
Raven House	28SE2	Menin	50° 46.905'N 3° 08.682'E	R27
Ravenna	27NE2	Proven	50° 51.525'N 2° 40.908'E	L2
Raversyde	12NW3 & 4	Middlekerke	51° 11.845'N 2° 50.569'E	H23
Raversyde Bains	12NW3 & 4	Middlekerke	51° 12.382'N 2° 51.452'E	H18
Ravi Cottage	27NE3	Winnezeele	50° 50.044'N 2° 30.092'E	J12
Ravine Copse	62DNE2	Méaulte	49° 57.736'N 2° 45.022'E	L6
Ravine Wood	28SW2	Wytschaete	50° 48.145'N 2° 54.915'E	O10
Ravine Wood	28NW4	Zillebeke	50° 49.165'N 2° 54.898'E	I34
Ravine Wood Spurs	28NW4	Zillebeke	50° 49.752'N 2° 54.849'E	I28
Ravine Wood Spurs	28NW4	Zillebeke	50° 49.663'N 2° 54.952'E	I28
Ravine Wood Spurs	28NW4	Zillebeke	50° 49.589'N 2° 55.026'E	I28
Rawdom Villas	28SE2	Menin	50° 48.916'N 3° 10.109'E	R5
Rawson Camp	28SW3	Bailleul	50° 44.135'N 2° 48.773'E	T20
Rawson Farm	28SW3	Bailleul	50° 44.227'N 2° 48.782'E	T20
Raymond Farm	28NE4	Dadizeele	50° 51.117'N 3° 06.757'E	L7
Raymond Farm	28NW1	Elverdinghe	50° 53.832'N 2° 49.459'E	B3
Raynor Cross Roads	20SE4	Roulers	50° 55.473'N 3° 08.989'E	X16
Razor Row	28SE2	Menin	50° 48.173'N 3° 08.732'E	R10
Razor Wood	66DNW1	Punchy	49° 47.943'N 2° 50.291'E	B19
RE Farm	28SW4	Ploegsteert	50° 46.036'N 2° 51.573'E	N35
Reader Farm	28SE2	Menin	50° 48.036'N 3° 10.064'E	R5
Reading	28NW2	St Julien	50° 52.362'N 2° 50.229'E	B22
Ream Farm	27NE1	Herzeele	50° 51.864'N 2° 35.981'E	E26
Reaper Farm	36NW1	Steenwerck	50° 41.155'N 2° 49.341'E	B26
Rear Buildings	28SE2	Menin	50° 46.768'N 3° 10.420'E	R30
Reckem	28SE2	Menin	50° 47.161'N 3° 09.765'E	R23
Récourt	51BSE1	Saudemont	50° 15.178'N 3° 02.143'E	P18
Rectangle Farm	28SE2	Menin	50° 46.667'N 3° 07.121'E	R25
Red Chateau	28SW2	Wytschaete	50° 47.640'N 2° 52.333'E	N18
Red Copse	57BSW1	Bantouzelle	50° 03.849'N 3° 16.135'E	N25
Red Cottage	57DNE3+4	Hebuterne	50° 06.313'N 2° 38.473'E	K28
Red Cross Farm	20SW4	Bixschoote	50° 55.947'N 2° 51.896'E	T12
Red Dyke Farm	20SE2	Hooglede	50° 58.704'N 3° 06.194'E	R13
Red Farm	20SE3 & 28NE1-3	Poelcappelle	50° 53.892'N 2° 55.465'E	C5
Red Farm	28NW2	St Julien	50° 53.909'N 2° 55.452'E	C5
Red Farm	28NW3	Poperinghe	50° 51.326'N 2° 46.690'E	G5
Red Farm	57BSW1	Bantouzelle	50° 03.749'N 3° 12.888'E	M26
Red Farm	62CNW1	Maricourt	49° 58.504'N 2° 49.705'E	B19
Red Farm	66CSW4	La Fere	49° 40.678'N 3° 19.455'E	T10
Red Field	28SW4	Ploegsteert	50° 44.199'N 2° 53.526'E	U20
Red Hanger	12SW1	Nieuport	51° 09.952'N 2° 48.681'E	N3
Red Horse Farm	28NW3	Poperinghe	50° 49.609'N 2° 45.920'E	G28
Red Horse Shoe Camp	28NW3	Poperinghe	50° 49.563'N 2° 45.587'E	G28
Red House	12SW1	Nieuport	51° 07.995'N 2° 46.272'E	M30
Red House	20SE3 & 28NE1-3	Poelcappelle	50° 55.086'N 2° 56.473'E	U24
Red house	20SW4	Bixschoote	50° 55.088'N 2° 55.472'E	U24
Red House	28SW4	Ploegsteert	50° 43.583'N 2° 54.332'E	U27
Red House	36NW2	Armentieres	50° 43.110'N 2° 55.297'E	C4
Red House	36NW4	Bois Grenier	50° 39.449'N 2°52.297'E	H24
Red House	36SW1	Aubers	50° 37.533'N 2° 47.760'E	M6

Red House	62DNE2	Méaulte	50° 00.087'N 2° 42.794'E	F3
Red Lodge	28NE3	Gheluvelt	50° 51.428'N 2° 57.162'E	J1
Red Lodge	28SW4	Ploegsteert	50° 44.510'N 2° 52.354'E	T18
Red Mill	20SW4	Bixschoote	50° 55.346'N 2° 52.331'E	U13
Red Mill	36C(44A) SW1	Lens	50° 24.916'N 2° 46.025'E	M27
Red Rose Camp	28NW3	Poperinghe	50° 51.423'N 2° 48.321'E	H1
Red Sluice	12SW2	Slype	51° 09.331'N 2° 55.336'E	O17
Red Tile House	36NW2	Armentieres	50° 42.895'N 2° 55.458'E	C10
Red Wood	62BNW3	Bellicourt	49° 55.213'N 3° 12.122'E	G31
Red Wood	62CNE3	Buire	49° 56.725'N 3° 00.272'E	J15
Redan Farm	28NW2	St Julien	50° 52.495'N 2° 50.322'E	B22
Redan Wood	28SW1	Kemmel	50° 46.984'N 2° 46.997'E	M24
Redeemed Huts	20SE3 & 28NE1-3	Poelcappelle	50° 54.756'N 2° 56.255'E	U30
Redoubt Farm	28SW2	Wytschaete	50° 48.358'N 2° 52.291'E	N12
Redring Farm	28NE4	Dadizeele	50° 50.187'N 3° 07.273'E	L20
Reece Farm	27NE1	Herzeele	50° 53.964'N 2° 32.975'E	D5
Reel Farm	20SE2	Hooglede	50° 57.457'N 3° 08.427'E	R27
Referee Buildings	28SE2	Menin	50° 48.392'N 3° 07.927'E	R9
Refinery	36SE1	Haubourdin	50° 35.466'N 2° 57.789'E	P31
Refinery	36SE3	Seclin	50° 35.424'N 2° 57.760'E	P31
Regal Lodge	36ANE4	Merville	50° 40.299'N 2° 41.519'E	L9
Regent Chateau	20SE4	Roulers	50° 55.568'N 3° 08.253'E	X15
Regent St, Dugouts	28SW2	Wytschaete	50° 46.454'N 2° 51.010'E	N29
Reghier-le-Clerc	36ANE4	Merville	50° 38.084'N 2° 37.962'E	K35
Regina Cross	20SE3 & 28NE1-3	Poelcappelle	50° 53.766'N 2° 55.506'E	C11
Regina Cross	28NW2	St Julien	50° 53.768'N 2° 55.505'E	C11
Regulus Wood	66CNW2	Itancourt	49° 48.724'N 3° 24.715'E	C18
Reid Farm	20SE3	Westroosebeke	50° 56.473'N 2° 59.068'E	V3
Reigersburg	28NW2	St Julien	50° 51.798'N 2° 51.727'E	H6
Reigersburg	28NW2	St Julien	50° 51.706'N 2° 51.954'E	H6
Reims Farm or Chateau Devos	20SW3	Zwartegat	50° 57.511'N 2° 55.664'E	O29
Reines	27NE1	Herzeele	50° 53.474'N 2° 33.307'E	D11
Reitres Farm	20SW4	Bixschoote	50° 54.800'N 2° 54.850'E	U22
Reiz-du-Vinage	36ASE1	St. Venant	50° 35.740'N 2° 36.028'E	Q26
Reke Copse	20SE1	Staden	50° 58.381'N 2° 58.589'E	P15
Relic Farm	27NE2	Proven	50° 51.684'N 2° 42.505'E	L5
Relief Copse	57CSE4	Villers-Guislain	50° 00.577'N 3° 09.320'E	X27
Relief House	51BNW3	Arras	50° 16.550'N 2° 49.800'E	H32
Relieve House	20SW4	Bixschoote	50° 54.817'N 2° 51.114'E	T23
Remaucourt	62BSW2	Fonsommes	49° 53.788'N 3° 20.333'E	N18
Rembrant Buildings	28NE2	Moorslede	50° 52.567'N 3° 10.240'E	F24
Remicourt	62BSW3	St. Quentin	49° 51.053'N 3° 18.055'E	T15
Rempart Mill	20SW3	Oostvleteren	50° 54.515'N 2° 49.589'E	T27
Remus Wood	28NE1	Zonnebeke	50° 51.957'N 3° 00.017'E	D29
Remy	51BSW2	Vis-en-Artois	50° 15.212'N 2° 57.501'E	O18
Remy Siding	27NE4	Abeele	50° 50.005'N 2° 42.157'E	L22
Remy Wood	51BSW2	Vis-en-Artois	50° 15.362'N 2° 57.418'E	O18
Renaissance Farm	20SE1	Staden	50° 57.385'N 2° 59.509'E	P28
Renantel Wood	66DNW2	Morchain	49° 48.773'N 2° 56.328'E	C9
René Wood	62CSW4	St. Christ	49° 51.872'N 2° 56.705'E	O4
Reneyeux Copse	62CNE2	Epéhy	49° 58.462'N 3° 09.807'E	F27
Rening Farm	20SW3	Oostvleteren	50° 54.892'N 2° 46.663'E	S23
Reninghe	20SW3	Oostvleteren	50° 56.853'N 2° 47.376'E	M36
Reninghelst	28NW3	Poperinghe	50° 49.017'N 2° 45.867'E	G34
Reninghelst Road Camp?	28NW3	Poperinghe	50° 50.208'N 2° 44.627'E	G21
Rennet Farm	36ANE4	Merville	50° 39.695'N 2° 37.769'E	K16
Reno Farm	27NE4	Abeele	50° 49.667'N 2° 37.601'E	K23
Renty Farm	28SW2	Wytschaete	50° 47.780'N 2° 52.129'E	O13
Repair Shops	12NE3	Oudenburg	51° 13.129'N 2° 57.072'E	J2
Report Mill	27SE2	Berthen	50° 47.547'N 2° 40.894'E	R15
Repton Farm	27NE1	Herzeele	50° 52.441'N 2° 32.591'E	D22
Requete Farm	20SE3	Westroosebeke	50° 55.496'N 2° 57.768'E	V14

Name	Sheet	Nearby	Coordinates	Ref
Requete Farm	20SE3 & 28NE1-3	Poelcappelle	50° 55.500'N 2° 57.787'E	V14
Reserve Farm	36NW2	Armentieres	50° 43.302'N 2° 54.717'E	C3
Reservoir	36SE3	Seclin	50° 35.226'N 3° 00.526'E	P35
Reservoir	57CSW2	Villers-Au-Flos	50° 05.541'N 2° 51.954'E	N4
Reservoir des Eaux de la Ville de Lille	36SE1	Haubourdin	50° 35.885'N 3° 02.353'E	Q25
Reservoir Hill	36C(44A) SW1	Lens	50° 25.182'N 2° 48.492'E	N25
Reservoirs	28SE4	Ronq	50° 44.692'N 3° 06.553'E	X13
Reservoirs	36C(44A) SW1	Lens	50° 25.150'N 2° 48.477'E	N25
Resin House	36ANE1	Morbecque	50° 41.758'N 2° 33.674'E	D17
Restful Farm	20SE1	Staden	50° 59.580'N 2° 57.161'E	P1
Retaliation Farm	28NE1	Zonnebeke	50° 52.092'N 2° 59.806'E	D28
Retour Cross Roads	20SE3 & 28NE1-3	Poelcappelle	50° 54.886'N 2° 57.216'E	V19
Retour Farm	20SW2	Zwartegat	50° 58.944'N 2° 53.986'E	O9
Rettemoy Farm	57DNE 1&2	Fonquevillers	50° 08.676'N 2° 40.529'E	E30
Rettemoy Farm	57DNE2	Essarts	50° 08.676'N 2° 40.529'E	E30
Reutel	28NE3	Gheluvelt	50° 51.061'N 3° 00.338'E	J11
Reuvroy	36C(44A) SW4	Rouvroy	50° 23.514'N 2° 54.335'E	U8
Revel Farm	27NE4	Abeele	50° 51.093'N 2° 38.073'E	K11
Revelon	57CSE4	Villers-Guislain	50° 01.803'N 3° 05.032'E	W16
Revelon Chateau	57BNW3	Rumilly	50° 06.079'N 3° 14.605'E	G35
Review Farms	28SE4	Ronq	50° 45.185'N 3° 08.134'E	X9
Revinsehoek	20NE2	Zedelghem	51° 04.004'N 3° 05.716'E	6075
Revlon Ridge	57CSE4	Villers-Guislain	50° 01.775'N 3° 05.713'E	W16
Revoke Cross	20SE4	Roulers	50° 55.168'N 3° 06.063'E	W23
Reynard Farm	20SW4	Bixschoote	50° 56.743'N 2° 55.517'E	O35
Reynolds Farm	20SE4	Roulers	50° 54.688'N 3° 03.824'E	W27
Rhine	28NE1	Zonnebeke	50° 52.998'N 3° 00.896'E	D18
Rhine Copse	28NE1	Zonnebeke	50° 52.952'N 3° 01.124'E	D18
Rhino Wood	27NE2	Proven	50° 53.773'N 2° 40.990'E	F3
Rhodes Corner	27NE4	Abeele	50° 50.694'N 2° 39.705'E	L7
Rhone Farm	27NE4	Abeele	50° 51.951'N 2° 39.458'E	L7
Rhyl Farm	27NE4	Abeele	50° 51.187'N 2° 38.587'E	K6
Rialto Bridge	27SE4	Meteren	50° 44.513'N 2° 39.692'E	X13
Ribbon Factory	28SE1	Wervicq	50° 46.392'N 3° 02.811'E	Q32
Ribbon Factory	28SE3	Comines	50° 45.716'N 3° 00.804'E	V5
Ribécourt	57CNE4	Marcoing	50° 06.633'N 3° 07.768'E	L25
Ricardo Farm	28SE2	Menin	50° 47.125'N 3° 10.223'E	R23
Rice Farm	28NE4	Dadizeele	50° 49.934'N 3° 08.853'E	L28
Riche Cross Roads	20SE1	Staden	50° 58.098'N 2° 57.589'E	P20
Riche Vinage	28SE4	Ronq	50° 45.326'N 3° 05.160'E	W11
Richebourg l'Avoue	36SW3	Richebourg	50° 34.168'N 2° 45.728'E	S9
Richebourg Post	36SW3	Richebourg	50° 34.544'N 2° 44.411'E	S2
Richebourg-St Vaast	36SW3	Richebourg	50° 34.765'N 2° 44.326'E	S2
Richmond Copse	57BSW3	Honnecourt	50° 00.754'N 3° 13.749'E	S28
Richmond Cross Roads	28NE4	Dadizeele	50° 51.038'N 3° 06.617'E	L7
Richmond Quarry	57BSW3	Honnecourt	50° 00.982'N 3° 13.853'E	S28
Rick Farm	12NE2 & 4	Ostende	51° 11.000'N 2° 53.139'E	I32
Rick's Folly	36SW2	Radinghem	50° 37.560'N 2° 53.218'E	O7
Rider Wood	20SE1	Staden	50° 57.149'N 2° 57.916'E	P32
Ridge Camp	28NW3	Poperinghe	50° 51.053'N 2° 46.258'E	G11
Ridge Farm	28SW2	Wytschaete	50° 47.556'N 2° 55.380'E	O16
Ridge Farm	28SW2	Wytschaete	50° 47.557'N 2° 55.370'E	O16
Ridge Street Tunnel	28NW4	Zillebeke	50° 50.444'N 2° 55.735'E	I17
Ridge Wood	28SW2	Wytschaete	50° 48.667'N 2° 51.168'E	N5
Riencourt-les-Bapaume	57CSW2	Villers-Au-Flos	50° 05.297'N 2° 52.973'E	N6
Riencourt-lez-Cagnicourt	51BSW4	Bullecourt	50° 11.930'N 2° 57.448'E	U24
Riez Bailleul	36SW1	Aubers	50° 37.075'N 2° 44.048'E	M7
Riez Copse	62CNE3	Buire	49° 57.308'N 3° 03.562'E	K7
Rifle Bridge	28SW2	Wytschaete	50° 48.337'N 2° 52.462'E	O7
Rifle Butts	62BSW3	St. Quentin	49° 52.238'N 3° 16.556'E	N31
Rifle Farm	28SW2	Wytschaete	50° 47.175'N 2° 55.939'E	O23
Rifle Farm	28SW2	Wytschaete	50° 47.166'N 2° 55.919'E	O23

Rifle Farm	51BNW4	Fampoux	50° 16.646'N 2° 54.025'E	I31
Rifle Farm	28NW4	Zillebeke	50° 51.002'N 2° 55.337'E	I10
Rifle Farm Howitzer Spur	28NW4	Zillebeke	50° 51.029'N 2° 55.229'E	I10
Rifle Farm Spur	28NW4	Zillebeke	50° 50.824'N 2° 55.278'E	I16
Rifle House	28SW4	Ploegsteert	50° 44.128'N 2° 54.046'E	U21
Rifle Range	36B(44B) NE2	Beuvry	50° 32.036'N 2° 42.050'E	E4
Rifle Range	36B(44B) NE2	Beuvry	50° 31.951'N 2° 37.884'E	E10
Rifle Range	36C(44A) SE3	Esquerchin	50° 22.192'N 3° 02.269'E	V30
Rifle Ranges	12NE1	Clemskerke	51° 13.844'N 2° 56.805'E	D25
Rifle Ranges	70DNW2	Servais	49° 38.518'N 3° 23.224'E	C9
Rifle Road	28NE3	Gheluvelt	50° 49.399'N 2° 58.406'E	J32
Rig Farm	36NW1	Steenwerck	50° 41.361'N 2° 47.334'E	A30
Riga Buildings	28SE2	Menin	50° 46.620'N 3° 08.569'E	R27
Riga Spur	36NW2	Armentieres	50° 43.333'N 2° 52.141'E	B6
Rigale Wood	66DNW3	Hattencourt	49° 46.759'N 2° 49.238'E	G6
Rigi Farm	28NW3	Poperinghe	50° 51.329'N 2° 47.217'E	G6
Rigid Farm	20SE3	Westroosebeke	50° 56.589'N 2° 58.700'E	V3
Rijken	20NE4	Lichtervelde	51° 01.657'N 3° 09.885'E	6570
Rill Works	36ANE4	Merville	50° 38.357'N 2° 41.541'E	L33
Rille	20NW4	Dixmunde	50° 59.907'N 2° 51.066'E	H36
Rimmer Copse	20SE1	Staden	50° 59.240'N 3° 01.379'E	Q7
Ring Buildings	28NE2	Moorslede	50° 52.728'N 3° 05.367'E	E23
Ring Dump	20SW3	Oostvleteren	50° 54.189'N 2° 44.510'E	S27
Ringlet Farm	28SE2	Menin	50° 48.464'N 3° 08.595'E	R9
Rink Farm	27NE1	Herzeele	50° 53.519'N 2° 30.982'E	D2
Rinson Bridge	20SW4	Bixschoote	50° 54.932'N 2° 53.834'E	U21
Rio House	27NE4	Abeele	50° 50.621'N 2° 38.625'E	K18
Rip Cottage	20SE1	Staden	50° 58.918'N 2° 58.438'E	P9
Ripe Farm	28SE2	Menin	50° 47.997'N 3° 09.177'E	R16
Riponlon	36C(44A) SE1	Dourges	50° 25.209'N 3° 03.379'E	Q26
Riqueval	62BNW3	Bellicourt	49° 57.081'N 3° 14.246'E	G16
Riqueval Farm	62BNW3	Bellicourt	49° 56.540'N 3° 14.226'E	G22
Riqueval Ravine	62BNW3	Bellicourt	49° 57.451'N 3° 14.533'E	G10
Risemont Farm	70DNW4	St. Gobain	49° 34.326'N 3° 22.776'E	I27
Risk Farm	27NE1	Herzeele	50° 53.042'N 2° 35.717'E	E14
Rissale House	12SW1	Nieuport	51° 09.024'N 2° 46.572'E	M18
Rita House	12SW1	Nieuport	51° 09.218'N 2° 46.066'E	M17
Ritter Wood	62CSW3	Vermandovillers	49° 50.489'N 2° 47.630'E	S16
Ritz Street Tunnel	28NW4	Zillebeke	50° 50.269'N 2° 55.556'E	I23
Riva Farm	27NE4	Abeele	50° 49.501'N 2° 40.625'E	L26
Rive Farm	28SE4	Ronq	50° 43.631'N 3° 05.071'E	W29
River Bourre	36ANE4	Merville	50° 39.076'N 2° 37.997'E	K23
River Farm	20SW2	Zwartegat	50° 57.630'N 2° 50.069'E	N28
Riverside	20SE3 & 28NE1-3	Poelcappelle	50° 53.278'N 2° 58.204'E	D14
Riverside	28NE1	Zonnebeke	50° 53.279'N 2° 58.165'E	D14
Riverside Wood	57CSE3	Sorel-le-Grand	50° 00.633'N 2° 59.071'E	V25
Riviére	51CSE2	Beaumetz	50° 14.271'N 2° 41.717'E	R26
Rivoli	28NW2	St Julien	50° 52.491'N 2° 51.758'E	B24
Rivoli Farm	28NW2	St Julien	50° 52.525'N 2° 51.770'E	B24
Roach Farm	20SE2	Hooglede	50° 59.264'N 3° 09.718'E	R11
Road Camp	28NW3	Poperinghe	50° 50.983'N 2° 49.517'E	H9
Road Farm	28NE3	Gheluvelt	50° 49.272'N 2° 59.218'E	J33
Road Farm	28NW3	Poperinghe	50° 50.953'N 2° 49.529'E	H9
Road House	20SE3 & 28NE1-3	Poelcappelle	50° 53.213'N 2° 57.588'E	D13
Road House	28NE1	Zonnebeke	50° 53.224'N 2° 57.594'E	D13
Road Wood	62BSW1	Gricourt	49° 54.355'N 3° 15.641'E	M12
Road Wood	62CNW2	Bouchavesnes	49° 58.253'N 2° 54.248'E	C25
Roadside Copse	51CSE2	Beaumetz	50° 14.207'N 2° 40.687'E	R25
Roamers Fork	20SE1	Staden	50° 58.386'N 3° 03.187'E	Q15
Robber's Rents	28SE2	Menin	50° 48.206'N 3° 09.578'E	R11
Robecq	36ASE1	St. Venant	50° 36.063'N 2° 33.887'E	P23
Robermetz	36ANE4	Merville	50° 39.109'N 2° 39.315'E	K24

Roberts Buildings	28SE2	Menin	50° 46.423'N 3° 09.419'E	R34
Robertson House	28NE4	Dadizeele	50° 50.576'N 3° 04.456'E	K16
Robey Farm	28NW1	Elverdinghe	50° 51.551'N 2° 45.814'E	G4
Robida Copse	62CNE4	Roisel	49° 55.998'N 3° 05.425'E	K27
Robin Copse	62CNE3	Buire	49° 55.084'N 3° 03.912'E	K31
Robin Villa	28SE2	Menin	50° 47.090'N 3° 08.303'E	R21
Robinson Farm	28NW2	St Julien	50° 53.890'N 2° 50.334'E	B4
Robson Buildings	28NW3	Poperinghe	50° 49.458'N 2° 46.385'E	G29
Robson Sidings?	28NW3	Poperinghe	50° 49.435'N 2° 46.477'E	G29
Rochambert	27NE3	Winnezeele	50° 50.674'N 2° 30.189'E	J7
Roche Farm	20SE1	Staden	50° 58.310'N 2° 58.516'E	P15
Rochester House	28NE4	Dadizeele	50° 50.888'N 3° 06.472'E	L13
Rockstone Farms	28NE4	Dadizeele	50° 50.775'N 3° 07.971'E	L15
Roclincourt	51BNW1	Roclincourt	50° 19.520'N 2° 47.282'E	A29
Rocourt	62BSW3	St. Quentin	49° 50.206'N 3° 16.083'E	S30
Rocquigny	57CSW2	Villers-Au-Flos	50° 03.578'N 2° 56.680'E	O27
Rod Farm	27NE1	Herzeele	50° 52.190'N 2° 29.940'E	D19
Rodge Farm	20SE4	Roulers	50° 55.546'N 3° 05.635'E	W18
Rodgers Farm	20SE2	Hooglede	50° 57.613'N 3° 06.122'E	R25
Roebuck Wood	66CSW4	La Fere	49° 41.022'N 3° 24.661'E	U5
Roedesterkte Farm	12SW3	Ramscappelle	51° 06.558'N 2° 47.333'E	T7
Rœux	51BNW4	Fampoux	50° 17.645'N 2° 53.929'E	I19
Rogecourt Wood	70DNW2	Servais	49° 38.971'N 3° 24.750'E	C5
Rogécourt Wood Polygon Wood	66CSW4	La Fere	49° 39.174'N 3° 24.244'E	U29
Roger Farm	28NW1	Elverdinghe	50° 53.459'N 2° 49.893'E	B10
Roggeveld	20NW4	Dixmunde	51° 01.160'N 2° 56.363'E	I18
Rogues Cross Roads	20SE1	Staden	50° 57.258'N 2° 59.917'E	P34
Roisel	62CNE4	Roisel	49° 56.786'N 3° 05.824'E	K16
Rolleg Farm	28NE2	Moorslede	50° 51.973'N 3° 09.486'E	L5
Rolleghmcappelle	28NE2	Moorslede	50° 52.094'N 3° 08.735'E	F28
Rollencourt	36C(44A) SW1	Lens	50° 24.894'N 2°45.819'E	M27
Rollo Farm	27NE1	Herzeele	50° 52.255'N 2° 36.198'E	E20
Roma Farm	27NE4	Abeele	50° 49.389'N 2° 40.491'E	L26
Romanes Farm	20SE3	Westroosebeke	50° 55.655'N 3° 02.866'E	W14
Romantic Cross Roads	28SE2	Menin	50° 46.420'N 3° 09.242'E	R34
Romany Cross Roads	20SE1	Staden	50° 58.235'N 2° 59.046'E	P21
Romarin Camp	36NW2	Armentieres	50° 43.388'N 2° 50.499'E	B4
Rome Farm	28NW1	Elverdinghe	50° 51.680'N 2° 50.061'E	H4
Romeo Junction	28NW2	St Julien	50° 53.036'N 2° 55.055'E	C16
Rommens Farm	28SW2	Wytschaete	50° 46.844'N 2° 53.144'E	O25
Romney Farm	20NE3	Zarren	51° 02.262'N 2° 57.805'E	J2
Romp Farm	28SW1	Kemmel	50° 46.220'N 2° 46.516'E	M35
Romulus Wood	28NE1	Zonnebeke	50° 52.201'N 2° 59.962'E	D28
Ronald Farm	27NE1	Herzeele	50° 53.051'N 2° 32.699'E	D10
Ronces Wood	62CNE3	Buire	49° 56.219'N 3° 00.789'E	J21
Roncq	28SE4	Ronq	50° 45.179'N 3° 07.259'E	X8
Ronquenet Wood	66CSW2	Vendeuil	49° 42.464'N 3° 19.633'E	N23
Ronse Farm	12SW1	Nieuport	51° 08.916'N 2° 47.257'E	N13
Ronse Farm	12SW1	Nieuport	51° 08.905'N 2° 47.239'E	N19
Ronssoy	62CNE2	Epéhy	49° 58.978'N 3° 09.562'E	F21
Ronssoy Wood	62CNE2	Epéhy	49° 59.092'N 3° 09.301'E	F15
Rood Farm	28NE2	Moorslede	50° 52.833'N 3° 09.151'E	F22
Rood Huis Farm	20NW3	Lampernisse	51° 00.613'N 2° 47.158'E	3869
Roodbaart	28NE2	Moorslede	50° 52.892'N 3° 09.596'E	F23
Roode Poort Farm	20NW2	Leke	51° 03.083'N 2° 49.732'E	4273
Roode Poort Farm North	12SW1	Nieuport	51° 09.415'N 2° 49.096'E	N13
Roode Poort Farm South	12SW1	Nieuport	51° 08.325'N 2° 47.293'E	N25
Roode Poorte Farm	12NE2	Houttave	51° 13.682'N 3° 08.435'E	F28
Roodkruis	20SE3	Westroosebeke	50° 55.604'N 3° 02.987'E	W14
Rook Farm	20SE2	Hooglede	50° 58.250'N 3° 07.393'E	R20
Roome Houck	27SE1	St Sylvestre	50° 47.912'N 2° 31.492'E	P9
Roomy Wood	28SE2	Menin	50° 47.597'N 3° 06.994'E	R13

Roonehoek	20SW2	Zwartegat	50° 58.864'N 2° 52.771'E	O7
Rooney Farm	28SW1	Kemmel	50° 46.454'N 2° 47.417'E	M30
Roost Farm	28NE2	Moorslede	50° 52.003'N 3° 08.334'E	L3
Rooster Farm	36ANE2	Vieux Berquin	50° 40.987'N 2° 39.977'E	F25
Roozendaal Inn	27NE4	Abeele	50° 50.423'N 2° 38.488'E	K18
Rope Walk	28SE3	Comines	50° 45.492'N 3° 00.227'E	V11
Rope Works	36NE1	Quesnoy	50° 41.029'N 3° 02.499'E	K1
Rope Works	36NE2	Tourcoing	50° 42.319'N 3° 06.144'E	E18
Rory Farm	27NE1	Herzeele	50° 52.395'N 2° 33.478'E	D23
Rosary House	28SE2	Menin	50° 47.220'N 3° 10.503'E	R24
Rose Camp	28NW2	St Julien	50° 53.858'N 2° 52.680'E	C1
Rose Cottage	62DNE2	Méaulte	49° 59.928'N 2° 43.138'E	F3
Rose Cross Roads	28NW2	St Julien	50° 53.833'N 2° 52.480'E	C1
Rose Farm	36NW1	Steenwerck	50° 41.989'N 2° 44.427'E	A14
Rose House	12SW1	Nieuport	51° 08.818'N 2° 46.274'E	M24
Rose House	20SE3 & 28NE1-3	Poelcappelle	50° 54.821'N 2° 56.808'E	U24
Rose House	20SW4	Bixschoote	50° 54.820'N 2° 56.806'E	U24
Rose House	36ASE1	St. Venant	50° 35.189'N 2° 34.623'E	P36
Rose Wood	28SW2	Wytschaete	50° 47.868'N 2° 55.013'E	O16
Rose Wood	28SW2	Wytschaete	50° 47.873'N 2° 55.000'E	O16
Rosemary Mill	20SW2	Zwartegat	50° 57.719'N 2° 52.016'E	N24
Rosembois Farm	36SW2	Radinghem	50° 35.812'N 2° 53.414'E	O25
Roseneath	28SE3	Comines	50° 44.573'N 2° 59.111'E	V15
Roses Wood	62BSW3	St. Quentin	49° 51.468'N 3° 14.674'E	S10
Rosetta Farm	28NE4	Dadizeele	50° 51.430'N 3° 09.226'E	L10
Rosher Farm	28NW3	Poperinghe	50° 50.708'N 2° 47.754'E	H13
Rosières-en- Santerre	66ENE2	Vrely	49° 48.857'N 2° 42.050'E	F8
Rosing Bridge	28NE4	Dadizeele	50° 51.609'N 3° 09.243'E	L4
Rosoir	36SE3	Seclin	50° 35.114'N 2° 57.938'E	V1
Ross Farm	20SE2	Hooglede	50° 59.030'N 3° 07.727'E	R9
Rosseeuw Farm	12SW3	Ramscappelle	51° 07.393'N 2° 46.228'E	S5
Rossigbol Wood	28SW2	Wytschaete	50° 47.238'N 2° 50.361'E	N22
Rossignol	28SW1	Kemmel	50° 47.227'N 2° 50.003'E	N21
Rossignol	27NE1	Herzeele	50° 51.400'N 2° 32.257'E	J3
Rossignol Camp	28SW1	Kemmel	50° 47.182'N 2° 49.933'E	N21
Rossignol Farm	20SW2	Zwartegat	50° 58.182'N 2° 54.010'E	O21
Rossignol Farm	20SW4	Bixschoote	50° 55.168'N 2° 50.069'E	T22
Rossignol Wood	57DNE3+4	Hebuterne	50° 07.804'N 2° 40.336'E	K12
Roster Farm	20SE4	Roulers	50° 55.693'N 3° 05.782'E	W18
Rothesay House	28SE3	Comines	50° 44.742'N 3° 00.224'E	V16
Rouard Copse	62CSE3	Athies	49° 51.134'N 3° 04.662'E	W8
Roucourt	51BNE2	Dechy	50° 19.729'N 3° 08.917'E	F27
Rouge Bouton Farm	36SE3	Seclin	50° 34.432'N 3° 02.878'E	W7
Rouge Croix	27SE4	Meteren	50° 44.706'N 2° 36.976'E	W10
Rouge Croix	36SW1	Aubers	50° 35.956'N 2° 45.420'E	M27
Rouge de Bout	36NW3	Fleurbaix	50° 38.216'N 2° 47.334'E	G36
Rouge Farm	28NW2	St Julien	50° 53.841'N 2° 50.108'E	B4
Rouge Maison Farm	36NW3	Fleurbaix	50° 39.235'N 2°45.361'E	G21
Rouge Porte Farm	28SE2	Menin	50° 47.124'N 3° 08.936'E	R22
Rouges Bancs	36SW1	Aubers	50° 36.957'N 2° 50.290'E	N15
Rough House	28SE2	Menin	50° 46.680'N 3° 08.904'E	R28
Roulers	20SE4	Roulers	50° 56.651'N 3° 07.390'E	X2
Roulette Farm	28SE2	Menin	50° 46.627'N 3° 09.719'E	R29
Roumania Farm	20SW2	Zwartegat	50° 58.900'N 2° 52.222'E	O7
Round Hill	62BSW3	St. Quentin	49° 51.062'N 3° 12.820'E	S14
Round House	36C(44A) SW1	Lens	50° 25.037'N 2°50.481'E	N27
Round Tree	62CNW3	Vaux	49° 55.145'N 2° 47.351'E	G34
Round Wood	57DSE4	Ovillers	50° 00.764'N 2° 42.921'E	X21
Rousdamme	20NW1	Nieuport	51° 03.770'N 2° 46.290'E	3875
Roussel Camp	28NW1	Elverdinghe	50° 53.116'N 2° 47.681'E	B13
Roussel Farm	28NW1	Elverdinghe	50° 53.153'N 2° 47.604'E	B13
Roussel Farm	36ANE3	Haverskerque	50° 39.943'N 2° 35.974'E	K8

Roussky Farm	20NW4	Dixmunde	51° 00.021'N 2° 55.543'E	I35
Rouvroy	62BSW4	Homblieres	49° 51.410'N 3° 19.250'E	T10
Rouvroy-en-Santerre	66ENE4	Beaufort	49° 46.176'N 2° 42.506'E	L8
Rouy-le-Grand	66DNW4	Nesle	49° 46.486'N 2° 57.618'E	I11
Rouy-le-Petit	66DNW4	Nesle	49° 46.421'N 2° 56.995'E	I10
Rover's Cross Roads	20SE1	Staden	50° 58.308'N 2° 59.657'E	P16
Row Cottages	28SE3	Comines	50° 44.662'N 2° 58.972'E	V15
Rowlands Farm	20SE2	Hooglede	50° 58.365'N 3° 09.975'E	R23
Rowney Copse	28NE4	Dadizeele	50° 49.644'N 3° 04.521'E	K28
Rowton House	28SE2	Menin	50° 47.131'N 3° 09.673'E	R23
Royal Dragoons Wood	62CNW3	Vaux	49° 56.632'N 2° 47.466'E	G16
Royal Farm	28SE2	Menin	50° 47.719'N 3° 10.112'E	R17
Royal Wood	62CSW4	St. Christ	49° 51.029'N 2° 52.846'E	T11
Royce House	20SE1	Staden	50° 57.697'N 2° 58.632'E	P27
Roykens Akker	27SE2	Berthen	50° 48.447'N 2° 41.426'E	R3
Royston Farm	20SE2	Hooglede	50° 58.210'N 3° 09.617'E	R23
Rozenveldhoek	12SE4	Aertrycke	51° 09.492'N 3° 09.053'E	6477
Ruan Houses	20SE1	Staden	50° 58.518'N 2° 58.409'E	P15
Rubber Farm	28NE2	Moorslede	50° 52.751'N 3° 09.336'E	F22
Rubens Farm	20SE3	Westroosebeke	50° 55.976'N 2° 57.886'E	V8
Rubens Wood	28NE2	Moorslede	50° 52.565'N 3° 10.050'E	F23
Ruby Farm	12SW1	Nieuport	51° 09.415'N 2° 49.096'E	N2
Ruby Farm	20SE4	Roulers	50° 55.787'N 3° 07.461'E	X14
Ruby Wood	62BNW1	Gouy	49° 57.883'N 3° 12.298'E	G2
Rudder Copse	62BNW1	Gouy	49° 58.467'N 3° 15.149'E	K29
Ruddy Farm	28SE2	Menin	50° 47.997'N 3° 09.958'E	R17
Rudolph	28NW2	St Julien	50° 53.770'N 2° 54.396'E	C9
Rudolphe Farm	28NW2	St Julien	50° 53.909'N 2° 54.299'E	C3
Rue Allée	36NW4	Bois Grenier	50° 40.313'N 2° 53.264'E	I7
Rue de Abbaye	51BSE2	Oisy-le-Verger	50° 15.532'N 3° 09.209'E	R15
Rue de Bois	36NW4	Bois Grenier	50° 39.454'N 2° 54.493'E	I21
Rue de Bruges	36NW3	Fleurbaix	50° 39.469'N 2° 47.225'E	G24
Rue de le Lys	36NW3	Fleurbaix	50° 38.715'N 2° 45.471'E	G27
Rue Delannoy	36ASE2	Lestrem	50° 36.368'N 2° 40.856'E	R20
Rue d'Enfer	57CSE4	Villers-Guislain	50° 03.050'N 3° 07.119'E	Q36
Rue d'Hordain	57BSW4	Serain	50° 02.738'N 3° 19.929'E	T6
Rue d'Ouvert	36SW3	Richebourg	50° 32.717'N 2° 45.950'E	S28
Rue du Bois	36SW4	Sainghin	50° 32.836'N 2° 52.142'E	T30
Rue du Maris	36SW3	Richebourg	50° 32.903'N 2° 46.673'E	S29
Rue Du Ponch Post	36ASE2	Lestrem	50° 36.456'N 2° 42.582'E	R22
Rue du Sac	36NW1	Steenwerck	50° 43.156'N 2° 49.800'E	B3
Rue d'Ypres	27NE1	Herzeele	50° 51.710'N 2° 32.003'E	D27
Rue Fleurie	36NW4	Bois Grenier	50° 40.046'N 2°53.161'E	I13
Rue Gattignies	36NW4	Bois Grenier	50° 39.735'N 2° 54.621'E	I15
Rue Gaucher	57BNW1	Cambrai	50° 09.800'N 3° 15.137'E	A24
Rue Marle	36NW4	Bois Grenier	50° 40.641'N 2°52.443'E	H6
Rue Montigny	36ANE4	Merville	50° 39.849'N 2° 40.981'E	L15
Rue Neuve	62BNW1	Gouy	49° 59.776'N 3° 15.416'E	K12
Rue Provost	36ANE4	Merville	50° 40.368'N 2° 40.865'E	L8
Rue St Ladre	57BNW1	Cambrai	50° 09.650'N 3° 15.004'E	A24
Rue Verte	51ASW3	Eswars	50° 12.425'N 3° 16.647'E	T14
Ruelle de la Noix	36NW4	Bois Grenier	50° 39.867'N 2°56.253'E	I18
Ruelles Woods	62CNE4	Roisel	49° 57.208'N 3° 08.322'E	L7
Rueux Copse	66DNW2	Morchain	49° 48.253'N 2° 56.931'E	C16
Rufus House	12NE3	Oudenburg	51° 12.777'N 2° 56.924'E	J7
Rufus House	28NE2	Moorslede	50° 52.910'N 3° 09.573'E	F23
Rugby Spinney	28SE2	Menin	50° 48.349'N 3° 09.102'E	R10
Ruidenberg	20NE1	Chistelles	51° 04.125'N 3° 00.585'E	5375
Ruined Chapel	57CSW4	Combles	50° 01.734'N 2° 54.542'E	U13
Ruined Farm	20SW4	Bixschoote	50° 56.100'N 2° 52.652'E	U7
Ruined Farm	28SW2	Wytschaete	50° 48.499'N 2° 54.250'E	O3
Ruined Farm	28SW2	Wytschaete	50° 48.506'N 2° 54.231'E	O3

Name	Map	Location	Coordinates	Ref
Ruined Mill	36C(44A) SW2	Harnes	50° 25.883'N 2° 53.777'E	O13
Ruined Mill	36C(44A) SW3	Vimy	50° 21.867'N 2° 46.127'E	S27
Ruined Shed	12SW1	Nieuport	51° 09.279'N 2° 49.238'E	N15
Ruined Tower	36B(44B) SE4	Carency	50° 23.594'N 2° 43.248'E	X11
Ruisseau Bridge	20SW4	Bixschoote	50° 54.841'N 2° 54.148'E	U21
Ruisseau Farm	20SW4	Bixschoote	50° 54.783'N 2° 54.001'E	U21
Ruiterhoek	20NW4	Dixmunde	51° 00.393'N 2° 56.041'E	I30
Ruler Buildings	28NE2	Moorslede	50° 52.541'N 3° 09.231'E	F22
Rum Camp	28SW3	Bailleul	50° 45.509'N 2° 49.701'E	T3
Rum Corner	36SW3	Richebourg	50° 33.755'N 2° 44.519'E	S14
Rum Villa	28SW3	Bailleul	50° 45.492'N 2° 49.697'E	T3
Rumanian Farm	28SE2	Menin	50° 48.604'N 3° 06.943'E	R1
Rumaucourt	51BSE1	Saudemont	50° 14.582'N 3° 03.576'E	Q26
Rumbeke	20SE4	Roulers	50° 55.996'N 3° 09.251'E	X10
Rumbold Farm	28SW1	Kemmel	50° 46.224'N 2° 46.799'E	M35
Rumilly	57BNW3	Rumilly	50° 07.620'N 3° 14.284'E	G15
Rummage House	28SW1	Kemmel	50° 48.721'N 2° 44.934'E	M2
Rumour Farm	28SE2	Menin	50° 47.202'N 3° 10.132'E	R23
Runt Farm	27NE1	Herzeele	50° 53.664'N 2° 33.017'E	D5
Rupert Junction?	28NW4	Ypres	50° 50.498'N 2° 51.235'E	H17
Ruperts Copse	28SE1	Wervicq	50° 48.652'N 2° 59.201'E	P3
Rupert's Copse	28SW2	Wytschaete	50° 48.655'N 2° 59.202'E	P3
Rupprecht Farm	28NW2	St Julien	50° 51.965'N 2° 56.237'E	C30
Rush Valley	62BSW4	Homblieres	49° 51.351'N 3° 19.999'E	T11
Rusk Farm	28NE3	Gheluvelt	50° 49.700'N 2° 59.517'E	J28
Rusk Farm	36ANE1	Morbecque	50° 41.483'N 2° 32.421'E	D22
Russell Farm	20SE3	Westroosebeke	50° 56.357'N 3° 02.925'E	W2
Russell Wood	51BNW4	Fampoux	50° 16.858'N 2° 57.828'E	I36
Russet Villa	28SE2	Menin	50° 47.729'N 3° 10.317'E	R18
Russia Farm	20SW2	Zwartegat	50° 58.719'N 2° 52.345'E	O7
Russky Farm	27NE1	Herzeele	50° 51.877'N 2° 34.640'E	E25
Rust Farm	36ANE4	Merville	50° 38.804'N 2° 39.747'E	L25
Rusty Cross	28SE2	Menin	50° 47.277'N 3° 08.035'E	R21
Ruswarp Farm	27SE2	Berthen	50° 46.395'N 2° 41.110'E	R27
Rut Farm	27SE1	St Sylvestre	50° 48.602'N 2° 35.526'E	Q3
Rutter Lodge	28SW4	Ploegsteert	50° 43.910'N 2° 54.747'E	U27
Ruyaulcourt	57CSE1	Bertincourt	50° 05.023'N 3° 00.778'E	P10
Ryan Cotts	27NE4	Abeele	50° 49.716'N 2° 38.431'E	K24
Ryckenhoek Farm	12SW3	Ramscappelle	51° 06.901'N 2° 47.557'E	T7
Ryde Camp	28NW3	Poperinghe	50° 51.365'N 2° 45.144'E	G3
Ryder Farm	20SE2	Hooglede	50° 57.620'N 3° 05.295'E	Q29
Rye Farm	20SE2	Hooglede	50° 59.091'N 3° 04.484'E	Q10
Rygerie	20SE2	Hooglede	50° 57.392'N 3° 05.291'E	Q29
Rygerie Farm	20SE2	Hooglede	50° 57.363'N 3° 05.250'E	Q29
Ryweld	27NE3	Winnezeele	50° 49.346'N 2° 31.879'E	J27
S Heerwillems Cappelle Farm	20NW1	Nieuport	51° 04.720'N 2° 45.847'E	3776
S Midland Farm	28SW4	Ploegsteert	50° 45.551'N 2° 51.931'E	T6
S Redoubt	28SW2	Wytschaete	50° 48.221'N 2° 52.043'E	N12
S.O. Farm	20NW4	Dixmunde	51° 01.442'N 2° 50.655'E	H17
S.P. X	36NW2	Armentieres	50° 40.931'N 2° 55.451'E	I4
S.P. Y	36NW2	Armentieres	50° 41.000'N 2° 55.664'E	I4
Sabat House	20SW4	Bixschoote	50° 54.634'N 2° 51.845'E	T30
Sabbe Farm	20NE3	Zarren	51° 01.491'N 2° 58.598'E	J15
Sable Copse	62BSW4	Homblieres	49° 50.777'N 3° 24.177'E	U23
Sable Farm	20SE1	Staden	50° 59.413'N 3° 02.877'E	Q2
Sable Pit	51BSW4	Bullecourt	50° 13.514'N 2° 57.123'E	U5
Sabot Copse	20SE1	Staden	50° 59.386'N 3° 03.258'E	Q3
Sabot Copse	57CSW3	Longueval	50° 01.289'N 2° 45.759'E	S14
Sabre Farm	20SE1	Staden	50° 59.337'N 3° 03.425'E	Q3
Sachet Farm	36ANE4	Merville	50° 39.222'N 2° 37.936'E	K23
Sack Mill Bromdries	28NE4	Dadizeele	50° 50.680'N 3° 09.948'E	L17
Sack Wood	51BNW4	Fampoux	50° 16.566'N 2° 54.863'E	I32

Sackville Street	28SW1	Kemmel	50° 47.433'N 2° 49.930'E	N15
Sacré Coeur Church	36NW2	Armentieres	50° 41.166'N 2° 53.830'E	C26
Saddle Copse	27NE2	Proven	50° 52.510'N 2° 38.159'E	E23
Saens Farm	20SW2	Zwartegat	50° 58.160'N 2° 52.483'E	O19
Saesen Farm	20SW3	Oostvleteren	50° 55.082'N 2° 47.947'E	T19
Saffron Farm	20SE2	Hooglede	50° 57.713'N 3° 06.529'E	R25
Saga Farm	28NE2	Moorslede	50° 53.771'N 3° 04.762'E	E11
Sagar Farm	36ANE3	Haverskerque	50° 38.301'N 2° 36.750'E	K33
Sagra Farm	27NE4	Abeele	50° 50.913'N 2° 39.009'E	K12
Saillisel	57CSW4	Combles	50° 01.569'N 2° 55.367'E	U15
Sailly	51BSE4	Marquion	50° 11.566'N 3° 10.668'E	X29
Sailly Labourse	36B(44B) NE2	Beuvry	50° 29.984'N 2° 41.787'E	L3
Sailly-au-Bois	57DNE3+4	Hebuterne	50° 07.340'N 2° 36.035'E	K13
Sailly-en- Ostrevent	51BNE3	Noyelle-sous-Bellonne	50° 17.308'N 2° 59.552'E	J27
Sailly-Saillisel	57CSW4	Combles	50° 01.764'N 2° 54.739'E	U14
Sailly-sur-la-Lys	36NW3	Fleurbaix	50° 39.556'N 2°46.067'E	G16
Sailors Crossinjg	28SE3	Comines	50° 45.955'N 2° 58.596'E	V2
Sailors Wood	62CSE2	Vermand	49° 52.932'N 3° 07.003'E	Q29
Sainghin-en-Weppes	36SW4	Sainghin	50° 33.706'N 2° 54.705'E	U14
Sains-en-Gohelle	36B(44B) SE2	Boyeffles	50° 26.672'N 2° 40.616'E	R1
Sains-lez-Marquion	51BSE3	Cagnicourt	50° 11.702'N 3° 04.349'E	W27
Saint Jean	28NW2	St Julien	50° 51.887'N 2° 54.159'E	C27
Saint-Jacques-Cappelle	20NW4	Dixmunde	51° 00.946'N 2° 50.044'E	H22
Salem Farms	27NE4	Abeele	50° 50.954'N 2° 38.307'E	K12
Salford Siding	36NW2	Armentieres	50° 43.199'N 2° 53.546'E	C2
Salford Village	36NW2	Armentieres	50° 43.046'N 2° 53.740'E	C2
Sallaumines	36C(44A) SW2	Harnes	50° 24.959N 2° 52.880'E	N30
Sallow Cross	20SE2	Hooglede	50° 58.079'N 3° 10.326'E	R24
Salmon Farm	20SE2	Hooglede	50° 57.934'N 3° 05.346'E	Q24
Salmon Farm	28SW2	Wytschaete	50° 46.587'N 2° 56.684'E	O30
Salmon Wood	62CNW3	Vaux	49° 55.827'N 2° 47.274'E	G28
Salomé	36C(44A) NW1	LaBassee	50° 32.102'N 2° 50.446'E	B9
Salome Cross Roads	20SW2	Zwartegat	50° 58.381'N 2° 53.879'E	O15
Salome Farm	36SW1	Aubers	50° 35.658'N 2° 50.453'E	N28
Salt Farm	27NE1	Herzeele	50° 53.420'N 2° 32.786'E	D10
Salt Farm	36ANE4	Merville	50° 39.284'N 2° 37.592'E	K22
Salt House	12NE2 & 4	Ostende	51° 11.794'N 2° 53.776'E	I21
Saltby House	20SE4	Roulers	50° 55.849'N 3° 04.361'E	W10
Salter Corner	20SE3	Westroosebeke	50° 54.854'N 3° 01.869'E	W19
Salvation Corner	28NW4	Ypres	50° 51.526'N 2° 52.620'E	I1
Salve Farm	27SE4	Meteren	50° 45.264'N 2° 43.440'E	X12
Sambo Farm	28SE2	Menin	50° 46.749'N 3° 08.378'E	R27
Sammy Farm	28SW3	Bailleul	50° 45.743'N 2° 44.181'E	S2
Sampe Farm	20SW3	Oostvleteren	50° 55.309'N 2° 45.599'E	S16
Sampers Farm	20SW3	Oostvleteren	50° 54.660'N 2° 45.257'E	S22
Sample Crossing	20NE3	Zarren	51° 00.166'N 3° 01.799'E	K31
Samson Corner	20SW2	Zwartegat	50° 58.713'N 2° 55.374'E	O11
Sanatorium	12NE2 & 4	Ostende	51° 12.927'N 2° 52.689'E	I2
Sanatorium	28SE4	Ronq	50° 44.788'N 3° 10.659'E	X18
Sancourt	51ASW3	Eswars	50° 12.985'N 3° 11.582'E	S7
Sanctuary Track	28NW4	Zillebeke	50° 50.284'N 2° 56.418'E	I24
Sand Pit	51BNE3	Noyelle-sous-Bellonne	50° 19.119'N 2° 59.653'E	J3
Sand Pit	51BNE3	Noyelle-sous-Bellonne	50° 18.916'N 2° 59.473'E	J9
Sand Pit	51BSE2	Oisy-le-Verger	50° 15.630'N 3° 07.108'E	Q18
Sand Pit	51BSE3	Cagnicourt	50° 12.696'N 3° 00.556'E	V10
Sand Pit	51CSE4	Blaireville	50° 13.506'N 3° 43.253'E	R34
Sand Pit	62DNE2	Méaulte	49° 58.769'N 2° 40.659'E	E18
Sand Pit	66CSW4	La Fere	49° 39.591'N 3° 20.465'E	T24
Sanda House	27NE4	Abeele	50° 50.969'N 2° 36.618'E	K9
Sandal Farm	27SE1	St Sylvestre	50° 47.435'N 2° 30.299'E	P13
Sandar's Cross Roads	28NE4	Dadizeele	50° 51.465'N 3° 07.872'E	L9
Sandbag Track	28NW4	Zillebeke	50° 49.628'N 2° 54.026'E	I27

Name	Map	Location	Coordinates	Grid
Sandie Farm	12NW3 & 4	Middlekerke	51° 10.946'N 2° 46.633'E	H27
Sandown Farm	28NW2	St Julien	50° 53.231'N 2° 54.431'E	C15
Sandpit	51BNW4	Fampoux	50° 17.128'N 2° 55.339'E	I27
Sandpits	51BSE1	Saudemont	50° 14.090'N 3° 00.433'E	P34
Sandsfield Farm	28NE4	Dadizeele	50° 50.079'N 3° 05.764'E	K24
Sandy Farm	20SW4	Bixschoote	50° 54.334'N 2° 54.554'E	U28
Sanetuary Wood	28NE3	Gheluvelt	50° 50.412'N 2° 57.021'E	J13
Sanitas Corner	36ANE1	Morbecque	50° 42.253'N 2° 36.510'E	E15
Sankey Farm	27NE1	Herzeele	50° 51.432'N 2° 34.693'E	K1
Sans Souci	28NE1	Zonnebeke	50° 51.791'N 2° 57.824'E	J2
Sans Souci Valley	28NE1	Zonnebeke	50° 52.069'N 2° 58.007'E	D26-J2
Santes	36SW2	Radinghem	50° 35.859'N 2° 57.287'E	O30
Santin Farm	62CSE1	Bouvincourt	49° 53.507'N 3° 02.040'E	P23
Sapeur House	28NW2	St Julien	50° 53.859'N 2° 53.068'E	C2
Sapignies	57CNW3	Bapaume	50° 08.011'N 2° 49.964'E	H8
Sapper Camp	28NW4	Zillebeke	50° 51.391'N 2° 54.142'E	I3
Sapphire House	20SE4	Roulers	50° 55.041'N 3° 07.460'E	X20
Saragossa Farm	28NW2	St Julien	50° 52.666'N 2° 51.484'E	B24
Sarah Farm	20SE2	Hooglede	50° 57.933'N 3° 03.669'E	Q21
Sarcelle Bend	20SW2	Zwartegat	50° 57.405'N 2° 53.093'E	O26
Sark Bridge	12NE3	Oudenburg	51° 10.891'N 2° 57.728'E	J32
Sarres Copse	62CNE3	Buire	49° 56.355'N 3° 01.350'E	J22
Sarson House	36NW1	Steenwerck	50° 42.013N 2° 48.672'E	B13
Sart des Nonnains	70DNW4	St. Gobain	49° 35.690'N 3° 21.079'E	H12
Sart Farm	62CNE2	Epéhy	49° 59.492'N 3° 10.909'E	F18
Sas Slykens	12NE1	Clemskerke	51° 13.330'N 2° 56.773'E	J1
Satation	36C(44A) NW4	Pont-à-Vendin	50° 27.743'N 2° 56.461'E	I35
Satyre Wood	62CSW1	Dompierre	49° 52.713'N 2° 48.288'E	M29
Sauchicourt Farm	51BSE4	Marquion	50° 13.166'N 3° 06.755'E	W12
Sauchy-Cauchy	51BSE2	Oisy-le-Verger	50° 14.186'N 3° 05.801'E	Q35
Sauchy-Lestree	51BSE4	Marquion	50° 13.667'N 3° 06.153'E	W5
Saudemont	51BSE1	Saudemont	50° 14.626'N 3° 02.441'E	P30
Saudemont Mill	51BSE1	Saudemont	50° 15.022'N 3° 02.540'E	P24
Saulcourt	62CNE2	Epéhy	49° 59.552'N 3° 05.208'E	E9
Saulcourt Wood	62CNE1	Liéramont	49° 59.310'N 3° 04.963'E	E15
Saule Fork	36NW1	Steenwerck	50° 42.323'N 2° 45.925'E	A16
Saule Inn	36NW1	Steenwerck	50° 42.315'N 2° 45.900'E	A16
Saules Farm	20SW4	Bixschoote	50° 54.532'N 2° 52.659'E	U25
Saunders Copse	66DNW3	Hattencourt	49° 44.808'N 2° 47.597'E	G28
Sausage Valley	57DSE4	Ovillers	50° 00.951'N 2° 42.059'E	X20
Sauvetage Farm	20NE3	Zarren	51° 00.531'N 3° 01.219'E	J30
Savage Farm	28NE2	Moorslede	50° 52.713'N 3° 05.935'E	E24
Savatte Copse	66DNW3	Hattencourt	49° 44.941'N 2° 47.629'E	G28
Savernake Wood	62CNW1	Maricourt	50° 00.071'N 2° 51.511'E	B3
Savoie	36NE1	Quesnoy	50° 42.607'N 3° 03.393'E	E14
Savoury Bridge	36ANE1	Morbecque	50° 42.764'N 2° 34.231'E	D6
Savoy Cottages	27NE4	Abeele	50° 50.110'N 2° 41.584'E	L22
Saw Mill	36ANE4	Merville	50° 38.772'N 2° 37.988'E	K29
Saw Mill	62CSW2	Barleux	49° 54.872'N 2° 55.916'E	O3
Saw Mill	66DNW1	Punchy	49° 48.428'N 2° 47.936'E	A16
Saw Wood	51BNE4	Cantin	50° 17.862'N 3° 08.722'E	L21
Sawmill	28SE2	Menin	50° 47.115'N 3° 06.732'E	R19
Sawyer Farm	20SE2	Hooglede	50° 57.394'N 3° 06.549'E	R25
Saxby House	20SE4	Roulers	50° 57.023'N 3° 05.021'E	Q36
Scale Cottage	28NE2	Moorslede	50° 52.451'N 3° 08.484'E	F27
Scallop Farm	36ANE1	Morbecque	50° 41.469'N 2° 33.589'E	D23
Scamp Farm	27NE2	Proven	50° 53.996'N 2° 37.029'E	E4
Scandel Crossing	36ANE2	Vieux Berquin	50° 42.525'N 2° 40.993'E	F9
Scanian Cross	36NW1	Steenwerck	50° 41.677'N 2° 46.168'E	A22
Scantling Farm	28SW3	Bailleul	50° 45.420'N 2° 44.980'E	S4
Scarab House	28SE2	Menin	50° 47.189'N 3° 06.045'E	Q24
Scarlet Copse	62BSW4	Homblieres	49° 50.001'N 3° 20.650'E	T30

Scarp Cottage	27SE4	Meteren	50° 43.398'N 2° 40.587'E	X26
Schaakske	20NE2	Zedelghem	51° 02.666'N 3° 05.368'E	6072
Schaap-Balie	20SE3	Westroosebeke	50° 55.552'N 2° 57.911'E	V2
Schaapbrugge	20SE4	Roulers	50° 56.482'N 3° 09.691'E	X5
Schaexken	27SE4	Meteren	50° 46.003'N 2° 42.478'E	R35
Scheerbak	28SE2	Menin	50° 47.626'N 3° 10.000'E	R17
Scheidt	28NE1	Zonnebeke	50° 51.754'N 3° 01.269'E	J6
Schependom	20NW4	Dixmunde	51° 02.041'N 2° 52.350'E	I7
Scherminkel Mill	20SE1	Staden	50° 58.637'N 3° 02.370'E	Q14
Scherpenberg	28SW1	Kemmel	50° 47.599'N 2° 46.840'E	M17
Scherpenberg Mill	28SW1	Kemmel	50° 47.657'N 2° 46.903'E	M17
Scherpenberg North Camp	28SW1	Kemmel	50° 47.756'N 2° 46.887'E	M17
Scherpenberg South Camp	28SW1	Kemmel	50° 47.655'N 2° 46.906'E	M17
Schier Farm	20SE4	Roulers	50° 56.856'N 3° 05.466'E	Q36
Schierveld	20SE4	Roulers	50° 56.969'N 3° 05.644'E	Q36
Schierveld Farm	20SE2	Hooglede	50° 57.234'N 3° 05.350'E	Q36
Schiethoek	20SE2	Hooglede	50° 57.688'N 3° 05.400'E	Q30
Schillewaert H Farm	20SW1	Loo	50° 58.004'N 2° 46.280'E	M23
Schleswig Copse	62CSW1	Dompierre	49° 52.234'N 2° 48.666'E	M35
Schmee Barns	20SE1	Staden	50° 58.746'N 2° 59.418'E	P16
Schnitzel Farm	28SW4	Ploegsteert	50° 45.475'N 2° 54.333'E	U3
Scholar Cross Roads	28NE2	Moorslede	50° 54.090'N 3° 09.692'E	F5
School	12NE1	Clemskerke	51° 15.075'N 2° 58.124'E	D9
School	12SW2	Slype	51° 08.161'N 2° 55.216'E	O29
School	36ANE1	Morbecque	50° 42.664'N 2° 32.852'E	D4
School	36ANE1	Morbecque	50° 40.814'N 2° 34.403'E	D30
School	36ANE3	Haverskerque	50° 40.180'N 2° 32.661'E	J10
School	36ANE3	Haverskerque	50° 39.453'N 2° 36.719'E	K15
School	57BNW1	Cambrai	50° 10.619'N 3° 15.046'E	A12
School	62CNW4	Peronne	49° 55.872'N 2° 54.842'E	I26
School	62CSW1	Dompierre	49° 54.546'N 2° 48.153'E	M5
School Ecole	28NW4	Zillebeke	50° 50.917'N 2° 54.052'E	I9
School Camp	27NE4	Abeele	50° 51.291'N 2° 41.010'E	L3
School House	28NW4	Zillebeke	50° 50.863'N 2° 53.865'E	I9
School House Siding	28SW1	Kemmel	50° 47.216'N 2° 49.548'E	N21
School of Medicine	36SE1	Haubourdin	50° 37.683'N 3° 03.807'E	Q9
School Road	28NW4	Zillebeke	50° 50.742'N 2° 54.070'E	I15
Schooner Cross Roads	20SE4	Roulers	50° 55.752'N 3° 06.639'E	X13
Schooner House	20SE4	Roulers	50° 55.720'N 3° 06.617'E	X13
Schoonveld Farm	28SE1	Wervicq	50° 47.013'N 2° 58.218'E	P21
Schoonveld Farm	28SW2	Wytschaete	50° 47.069'N 2° 59.499'E	P22
Schoorbakke	12SW3	Ramscappelle	51° 06.040'N 2° 49.264'E	T15
Schoorbakke Bridge	12SW3	Ramscappelle	51° 05.960'N 2° 49.355'E	T21
Schoore	12SW4	Leke	51° 06.688'N 2° 50.379'E	T11
Schoudemonthoek	27NE4	Abeele	50° 50.549'N 2° 41.852'E	L15
Schout Farm	28NE2	Moorslede	50° 52.669'N 3° 06.510'E	F19
Schouthoek	28NE2	Moorslede	50° 52.701'N 3° 06.549'E	F19
Schrapnel Crossing	28NW4	Ypres	50° 51.074'N 2° 51.079'E	H11
Schreiboom	20SE3 & 28NE1-3	Poelcappelle	50° 55.103'N 2° 55.566'E	U23
Schreiboom	20SW4	Bixschoote	50° 55.103'N 2° 55.566'E	U23
Schubert Farm	20SW2	Zwartegat	50° 58.993'N 2° 52.856'E	O8
Schuitsdam Bridge	12SW3	Ramscappelle	51° 05.253'N 2° 45.522'E	S28
Schuler Farm	28NE1	Zonnebeke	50° 53.334'N 2° 57.236'E	D13
Schüler Farm	20SE3 & 28NE1-3	Poelcappelle	50° 53.336'N 2° 57.219'E	D13
Schumann Farm	20SW2	Zwartegat	50° 58.570'N 2° 53.635'E	O15
Schwerin Copse	66DNW1	Punchy	49° 47.248'N 2° 46.455'E	A26
Schwetz Wood	66ENE4	Beaufort	49° 44.949'N 2° 45.419'E	L30
Scimitar Farm	28NE2	Moorslede	50° 54.200'N 3° 07.054'E	F2
Scinde	27NE3	Winnezeele	50° 49.353'N 2° 35.874'E	K26
Scorer Junction	28NE4	Dadizeele	50° 51.367'N 3° 05.391'E	K11
Scorpion Copse	20SE4	Roulers	50° 56.501'N 3° 06.030'E	W6
Scot Farm	36ASE1	St. Venant	50° 35.819'N 2° 36.679'E	Q27

Scott Farm	20SE2	Hooglede	50° 57.433'N 3° 09.007'E	R28
Scott Farm	28SW2	Wytschaete	50° 46.819'N 2° 52.572'E	O25
Scott Post	36SW3	Richebourg	50° 34.261'N 2° 44.391'E	S8
Scottish Camp	28NW3	Poperinghe	50° 50.205'N 2° 46.519'E	G23
Scottish Farm	28NW3	Poperinghe	50° 50.173'N 2° 46.450'E	G23
Scottish House	20SW4	Bixschoote	50° 55.378'N 2° 52.331'E	U13
Scottish Wood	28NW4	Ypres	50° 49.126'N 2° 51.452'E	H35
Scout Farm	28SE2	Menin	50° 47.377'N 3° 05.363'E	Q23
Scrabo Camps	28NW3	Poperinghe	50° 49.863'N 2° 44.912'E	G21
Scramble Cross Roads	20NE3	Zarren	51° 02.062'N 3° 02.337'E	K8
Screed Farm	27NE1	Proven	50° 53.949'N 2° 36.876'E	K2
Scrin Farm	28SW3	Bailleul	50° 45.731'N 2° 44.850'E	S3
Scttish Wood Camp	28NW4	Ypres	50° 49.172'N 2° 51.366'E	H35
Scullion Cross Roads	27NE1	Herzeele	50° 52.899'N 2° 33.945'E	D18
Sculptors Fork	28NE2	Moorslede	50° 52.244'N 3° 10.234'E	F30
Scum House	20SE4	Roulers	50° 56.649'N 3° 06.801'E	X1
Scupper Farm	28NW4	Ypres	50° 51.300'N 2° 51.392'E	H11
Seaford House	20SE2	Hooglede	50° 59.691'N 3° 06.676'E	R1
Seaforth Farm	28SW4	Ploegsteert	50° 45.038'N 2° 53.674'E	U8
Seagull Farm	28SW1	Kemmel	50° 47.441'N 2° 44.746'E	M15
Seamew Farm	28SW1	Kemmel	50° 48.137'N 2° 46.353'E	M11
Seaplane Station	12NE1	Clemskerke	51° 13.809'N 2° 57.672'E	D26
Searchlight	57BSW3	Honnecourt	50° 02.458'N 3° 15.066'E	S11
Searle Farm	27NE1	Herzeele	50° 53.715'N 2° 35.254'E	E1
Seaton Farm	28SW1	Kemmel	50° 48.535'N 2° 47.120'E	M6
Sèche Rue	36NW2	Armentieres	50° 40.811'N 2° 51.544'E	H5
Seclin	36ANE2	Vieux Berquin	50° 41.363'N 2° 37.398'E	E22
Seclin	36SE3	Seclin	50° 33.023'N 3° 01.843'E	V30
Sect Farm	27SE2	Berthen	50° 46.304'N 2° 37.755'E	Q29
Section Bend	28NW3	Poperinghe	50° 51.141'N 2° 48.621'E	H8
Sedcwick Farm	20SE3	Westroosebeke	50° 55.283'N 3° 02.928'E	W20
Sediment House	36ANE1	Morbecque	50° 42.403'N 2° 33.651'E	D11
Seer Farm	28NE2	Moorslede	50° 52.462'N 3° 08.751'E	F28
Sefton Cottage	28NE2	Moorslede	50° 52.080'N 3° 06.657'E	F25
Seghers Farm	20SW3	Oostvleteren	50° 55.514'N 2° 48.689'E	T14
Seige Camp	28NW1	Elverdinghe	50° 52.373'N 2° 49.061'E	B20
Seige Junction	28NW1	Elverdinghe	50° 52.452'N 2° 48.891'E	B20
Seine	28NE1	Zonnebeke	50° 52.998'N 2° 59.735'E	D16
Selby Copse	20SE1	Staden	50° 57.154'N 3° 02.127'E	Q31
Selby Farm	20SE1	Staden	50° 57.126'N 3° 02.163'E	Q31
Selby Row	27NE4	Abeele	50° 51.002'N 2° 41.344'E	L9
Selency	62BSW3	St. Quentin	49° 51.568'N 3° 13.537'E	S9
Selfridges	28NE2	Moorslede	50° 53.716'N 3° 07.247'E	F8
Selkirk Farm	28NE2	Moorslede	50° 52.144'N 3° 03.777'E	E27
Selkirk Villas	28SE3	Comines	50° 46.092'N 2° 57.413'E	P31
Sellenick Farm	20SW2	Zwartegat	50° 58.362'N 2° 52.471'E	O13
Selvigny	57BSW2	Clary	50° 04.833'N 3° 20.812'E	O13
Senaca Farm	20SE3	Westroosebeke	50° 56.237'N 3° 01.944'E	W7
Senator Bridge	36ANE1	Morbecque	50° 42.046'N 2° 33.168'E	D17
Senator House	36ANE1	Morbecque	50° 42.070'N 2° 33.364'E	D17
Senaves Farm	62CSE2	Vermand	49° 54.229'N 3° 07.790'E	R7
Senegal Farm	20SE3	Westroosebeke	50° 55.818'N 2° 57.171'E	V7
Senior Farm	28SE4	Ronq	50° 44.613'N 3° 07.840'E	X14
Senlac Farm	27SE2	Berthen	50° 46.228'N 2° 40.546'E	R32
Sentence Houses	28NE2	Moorslede	50° 53.692'N 3° 09.881'E	F11
Sentier Farm	20SW4	Bixschoote	50° 54.936'N 2° 53.493'E	U20
Sentinel Ridge	62BNW3	Bellicourt	49° 57.383'N 3° 13.175'E	G9
Sentry Copse	20SE4	Roulers	50° 56.279'N 3° 03.899'E	W10
Sept-Fours	66DNW3	Hattencourt	49° 44.422'N 2° 50.891'E	H32
Septic House	28SW1	Kemmel	50° 46.928'N 2° 47.422'E	M24
Septic House Spur	28SW1	Kemmel	50° 46.961'N 2° 47.474'E	M24
Septieme Barn	28SW4	Ploegsteert	50° 45.862'N 2° 54.945'E	U4

Septvaux	70DNW4	St. Gobain	49° 34.209'N 3° 22.617'E	I26
Septvaux Wood	70DNW4	St. Gobain	49° 34.033'N 3° 22.523'E	I32
Sequedin	36SE1	Haubourdin	50° 37.545'N 2° 58.909'E	P9
Sequehart	62BNW4	Ramicourt	49° 55.664'N 3° 19.903'E	H35
Sequehart Ridge	62BSW2	Fonsommes	49° 55.204'N 3° 19.028'E	N4
Serain	57BSW4	Serain	50° 01.679'N 3° 22.000'E	U14
Serain Farms	57BSW4	Serain	50° 01.369'N 3° 22.835'E	U21
Seranvillers	57BNW3	Rumilly	50° 07.414'N 3° 16.835'E	H20
Seraphim Cottages	27SE2	Berthen	50° 47.217'N 2° 39.014'E	Q18
Serbia Farm	20SW2	Zwartegat	50° 59.540'N 2° 52.224'E	O1
Sérency Farm	66CNW4	Berthenicourt	49° 45.961'N 3° 23.798'E	I16
Serpent House	12SW1	Nieuport	51° 09.641'N 2° 45.864'E	M11
Serpenthoek	20SW2	Zwartegat	50° 59.557'N 2° 52.283'E	O1
Serre	57DNE3+4	Hebuterne	50° 06.298'N 2° 40.298'E	K30
Servais	70DNW2	Servais	49° 37.388'N 3° 20.982'E	B24
Séry les-Mézières	66CNW4	Berthenicourt	49° 46.469'N 3° 25.208'E	I12
Seryn Farm	20SW3	Oostvleteren	50° 55.455'N 2° 45.115'E	S16
Setsey Farm	36ANE4	Merville	50° 40.055'N 2° 42.537'E	L11
Séve Wood 1	62CNE1	Liéramont	49° 58.458'N 3° 00.160'E	D27
Séve Wood 2	62CNE1	Liéramont	49° 58.400'N 2° 59.663'E	D26
Séve Wood 3	62CNE1	Liéramont	49° 58.316'N 2° 59.781'E	D26
Séve Wood 4	62CNE1	Liéramont	49° 58.290'N 2° 59.604'E	D26
Séve Wood 5	62CNE1	Liéramont	49° 58.307'N 3° 00.090'E	D27
Sévelingue	36ASE4	Locon	50° 33.223'N 2° 38.908'E	W23
Seven Dials	57CSW1	Guedecourt	50° 03.689'N 2° 49.933'E	N26
Seven Dials	57DSE2+57CSW1	Le Sars	50° 03.689'N 2° 49.933'E	N26
Seven Elms	57CSW1	Guedecourt	50° 03.302'N 2° 47.341'E	M28
Seven Farm	28NW3	Poperinghe	50° 51.081'N 2° 47.966'E	H7
Seven Sisters	36SW3	Richebourg	50° 34.546'N 2° 46.916'E	S11
Seven Tree Corner	66ENE2	Vrely	49° 48.815'N 2° 44.481'E	F11
Seven Trees Redoubt	36NW2	Armentieres	50° 42.987'N 2° 54.708'E	C9
Seventeen Spur	57CSE4	Villers-Guislain	50° 01.881'N 3° 10.570'E	X16
Sevigne Cross Roads	20NE3	Zarren	51° 00.427'N 3° 00.119'E	J29
Sexton House	28NE1	Zonnebeke	50° 51.666'N 2° 57.560'E	J1
s'Gravenstafel	28NE1	Zonnebeke	50° 53.439'N 2° 58.762'E	D9
Shack Farm	12NE1	Clemskerke	51° 15.328'N 2° 59.954'E	D11
Shadow Crossing	20SE4	Roulers	50° 55.731'N 3° 07.212'E	X14
Shaft	20SE3	Westroosebeke	50° 55.725'N 2° 58.418'E	V15
Shaft	20SE3	Westroosebeke	50° 54.677'N 2° 58.416'E	V27
Shaft	20SE3	Westroosebeke	50° 55.885'N 2° 58.481'E	V9
Shamrock Corner	51BSW1	Neuville Vitasse	50° 15.682'N 2° 50.141'E	N8
Shamrock Farm	20SE2	Hooglede	50° 59.362'N 3° 07.430'E	R2
Shank House	20SE1	Staden	50° 57.197'N 2° 59.311'E	P34
Shankhill Camp	28SW3	Bailleul	50° 44.739'N 2° 49.925'E	T15
Shankhill Farm	28SW3	Bailleul	50° 44.723'N 2° 49.731'E	T15
Sharpers Cross Roads	20SE1	Staden	50° 59.295'N 2° 57.468'E	P1
Shave House	27NE2	Proven	50° 52.062'N 2° 37.821'E	E17
Shaw Wood	20SE3	Westroosebeke	50° 56.838'N 3° 00.448'E	P35
Shaws Farm	20SE2	Hooglede	50° 57.974'N 3° 09.273'E	R23
Sheckel Cottage	20SE1	Staden	50° 57.460'N 3° 01.857'E	Q25
Sheeny Farm	20SE1	Staden	50° 59.562'N 3° 02.019'E	Q1
Shelac Cottage	28NW3	Poperinghe	50° 50.901'N 2° 47.936'E	H7
Shelford House	20SE3	Westroosebeke	50° 56.914'N 3° 01.453'E	Q31
Shell Farm	28SW4	Ploegsteert	50° 46.086'N 2° 51.697'E	N36
Shell Trap Farm Mouse Trap Farm	28NW2	St Julien	50° 52.776'N 2° 55.205'E	C22
Shelley Farm	28SW2	Wytschaete	50° 48.657'N 2° 53.828'E	O2
Shelleys Farm	20SE2	Hooglede	50° 57.192'N 3° 09.026'E	R34
Shellhoek	28NW1	Elverdinghe	50° 52.170'N 2° 45.408'E	A28
Shelter Wood	57DSE4	Ovillers	50° 00.690'N 2° 43.223'E	X22
Shelters	28NE2	Moorslede	50° 53.977'N 3° 04.951'E	E5
Shelters	28NE2	Moorslede	50° 54.049'N 3° 06.072'E	E6
Shelters	28NE2	Moorslede	50° 53.147'N 3° 05.443'E	E17

Shepherd Copse	62CNE4	Roisel	49° 56.346'N 3° 11.383'E	L23
Shepherd Farm	20SE4	Roulers	50° 55.518'N 3° 06.504'E	X13
Shepherds Redoubt	36SW3	Richebourg	50° 33.929'N 2° 46.689'E	S17
Sheridan Farm	27NE3	Winnezeele	50° 49.915'N 2° 32.906'E	J23
Sherman Farm	27NE3	Winnezeele	50° 49.566'N 2° 34.992'E	K25
Sherp House	28SW1	Kemmel	50° 47.819'N 2° 46.835'E	M11
Sherry Copse	62CSE3	Athies	49° 50.477'N 3° 04.878'E	W24
Shifter Cottage	20SE1	Staden	50° 57.593'N 2° 58.320'E	P27
Shilling Farm	28NE4	Dadizeele	50° 50.440'N 3° 09.091'E	L22
Shindy Villa	28SE1	Wervicq	50° 47.485'N 2° 58.523'E	P14
Shindy Villa	28SW2	Wytschaete	50° 47.493'N 2° 58.553'E	P14
Shingle Corner	20SW2	Zwartegat	50° 58.135'N 2° 50.869'E	N23
Shingle Pk.	20SE4	Roulers	50° 55.232'N 3° 06.820'E	X19
Shink Farm	28NW1	Elverdinghe	50° 52.792'N 2° 43.521'E	A13
Shipton Farm	27NE1	Herzeele	50° 52.136'N 2° 31.733'E	D21
Shiver Farm	27NE1	Herzeele	50° 53.663'N 2° 35.787'E	E2
Shock Cottage	20SE1	Staden	50° 57.254'N 3° 02.809'E	Q32
Shoddy Farm	28SW3	Bailleul	50° 45.186'N 2° 44.161'E	S8
Shoe Blacks Corner	20SE1	Staden	50° 59.350'N 3° 00.232'E	P5
Shoe Wood	28SW1	Kemmel	50° 47.736'N 2° 47.667'E	M18
Sholto Farm	27NE1	Herzeele	50° 52.442'N 2° 30.946'E	D20
Shoolbred Corner	28NE4	Dadizeele	50° 50.461'N 3° 04.686'E	K22
Shoone Borst	27SE1	St Sylvestre	50° 45.894'N 2° 31.767'E	P33
Shoreham Farm	20SE2	Hooglede	50° 59.004'N 3° 06.002'E	Q12
Short Farm	20SE4	Roulers	50° 55.856'N 3° 06.852'E	X13
Shot Farm	27SE1	St Sylvestre	50° 46.438'N 2° 30.371'E	P25
Shotts Farm	28SE3	Comines	50° 44.380'N 2° 59.841'E	V22
Shovel Camp	28SW3	Bailleul	50° 44.508'N 2° 48.252'E	T13
Shovel Cottage	28SW3	Bailleul	50° 44.461'N 2° 48.240'E	T13
Showery Cross Roads	28NE4	Dadizeele	50° 50.588'N 3° 06.744'E	L13
Showman Crossing	28NE2	Moorslede	50° 52.709'N 3° 07.682'E	F20
Shramrock Tree	57DSE4	Ovillers	50° 00.159'N 2° 40.251'E	W30
Shrapnel Corner	51CSE3	Ransart	50° 13.491'N 2° 40.836'E	R31
Shrapnel Corner Howitzer Spur	28NW4	Zillebeke	50° 50.387'N 2° 53.105'E	I14
Shrewsbury Forest	28NE3	Gheluvelt	50° 49.632'N 2° 57.387'E	J25
Shrine Near Mesplaux	36ASE4	Locon	50° 33.904'N 2° 40.856'E	X14
Shrine At Rd Junct by Sugar Factory	51CSE2	Beaumetz	50° 14.335'N 2° 42.531'E	R27
Shrine At Rd Junct. N of Suzanne	62CNW3	Vaux	49° 57.206'N 2° 45.111'E	G8
Shrine At T Junct. E of Bapaume	57CNW3	Bapaume	50° 06.218'N 2° 51.380'E	H28
Shrine At T Junct. SW of Villers Outréaux	57BSW3	Honnecourt	50° 01.578'N 3° 17.681'E	T15
Shrine At X Rds Bantigny	51ASW3	Eswars	50° 13.649'N 3° 13.805'E	S4
Shrine At X Rds la Terrière	57BSW3	Honnecourt	50° 02.099'N 3° 13.841'E	S10
Shrine At Y Junct. S of Bapaume	57CNW3	Bapaume	50° 05.713'N 2° 51.365'E	H33
Shrine By Cemetery Gouy-Servins	36B(44B) SE4	Carency	50° 24.364'N 2° 38.701'E	Q35
Shrine By Quarries N of Camblain-l' Abbe	36B(44B) SE4	Carency	50° 22.581'N 2° 38.626'E	W23
Shrine E of Angelus Orchard	57BSW3	Honnecourt	50° 02.401'N 3° 17.286'E	T8
Shrine E of Sugar Factory Villers Outréaux	57BSW3	Honnecourt	50° 01.734'N 3° 17.306'E	T14
Shrine E of Sugar Factory Villers Outréaux	57BSW3	Honnecourt	50° 01.786'N 3° 17.299'E	T14
Shrine N of Petit-Servins	36B(44B) SE2	Boyeffles	50° 24.967'N 2° 38.593'E	Q29
Shrine NE of les Montagnes Honnecourt	57BSW3	Honnecourt	50° 02.465'N 3° 12.352'E	S8
Shrine Near Mesplaux	36ASE4	Locon	50° 33.873'N 2° 40.880'E	X14
Shrine Near Swing Bridge	36ASE4	Locon	50° 34.007'N 2° 40.602'E	X8
Shrine NW of Square Copse	57CNE3	Hermies	50° 06.640'N 3° 03.115'E	K25
Shrine S of Mametz	62DNE2	Méaulte	49° 59.633'N 2° 44.030'E	F11
Shrine SE of Caullery	57BSW2	Clary	50° 05.016'N 3° 22.774'E	O15
Shrine SW of Bonabus Farm	57BSW3	Honnecourt	50° 02.355'N 3° 14.702'E	S11
Shrine SW of Sapignies	57CNW3	Bapaume	50° 07.746'N 2° 49.948'E	H8
Shrine W of Aubencheul-aux-Bois	57BSW3	Honnecourt	50° 01.697'N 3° 15.727'E	S18
Shrine W of Mercatel	51BSW1	Neuville Vitasse	50° 14.112'N 2° 47.321'E	M29
Shrine W of Sugar Factory Biaches	62CNW4	Peronne	49° 55.523'N 2° 54.424'E	I25
Shrine X Rds N of Camblain-l' Abbe	36B(44B) SE4	Carency	50° 22.766'N 2° 38.290'E	W16
Shrine Camp	27NE1	Herzeele	50° 52.388'N 2° 35.641'E	E20

Shrine Camp	27NE4	Abeele	50° 50.477'N 2° 40.554'E	L14
Shrine Swing Bridge	36ASE4	Locon	50° 33.998'N 2° 40.570'E	X8
Shropshire Spur	57CSE1	Bertincourt	50° 05.498'N 3° 04.721'E	Q3
Shrpanel Corner	28NW4	Zillebeke	50° 50.252'N 2° 53.276'E	I20
Shrpanel Corner Windmill	28NW4	Zillebeke	50° 50.286'N 2° 53.307'E	I20
Shrub Farm	20SE4	Roulers	50° 55.165'N 3° 06.734'E	X19
Shunt Farm	20SE1	Staden	50° 57.502'N 2° 59.186'E	P28
Shuttle Farm	27NE1	Herzeele	50° 53.357'N 2° 36.150'E	E9
Siam Cottage	36ANE1	Morbecque	50° 41.402'N 2° 32.270'E	D21
Sickle Farm	20SE1	Staden	50° 58.504'N 2° 59.036'E	P15
Sidbury Hill	36C(44A) NW1	LaBassee	50° 31.537'N 2° 45.054'E	A14
Siddon Wood	62CNW3	Vaux	49° 56.290'N 2° 50.695'E	H20
Sieben House	28NE3	Gheluvelt	50° 51.617'N 2° 57.304'E	J7
Siege Farm	28NW1	Elverdinghe	50° 52.314'N 2° 48.993'E	B20
Siege Farm	28SW1	Kemmel	50° 47.583'N 2° 50.137'E	N16
Siège No 10 du Grenay	36B(44B) SE2	Boyeffles	50° 26.311'N 2° 41.493'E	R9
Siegfried Copse	62CSW3	Vermandovillers	49° 51.526'N 2° 48.632'E	S5
Siena Cross	27NE4	Abeele	50° 48.828'N 2° 41.822'E	L34
Sierra Farm	12NW3 & 4	Middlekerke	51° 10.460'N 2° 51.930'E	I31
Sierra Farms	27SE4	Meteren	50° 45.812'N 2° 40.647'E	R32
Siesta Cottage	27SE4	Meteren	50° 44.963'N 2° 39.462'E	X7
Sifton Farm	27NE1	Herzeele	50° 51.291'N 2° 30.486'E	J1
Sigel Farm	27NE3	Winnezeele	50° 49.897'N 2° 33.029'E	J23
Signal Copse	62CNE1	Liéramont	49° 59.857'N 2° 59.563'E	D8
Signal Cottage	28NW2	St Julien	50° 53.180'N 2° 51.503'E	B18
Signal Farm	20SW4	Bixschoote	50° 54.743'N 2° 53.763'E	U21
Signal House	12SW1	Nieuport	51° 07.954'N 2° 46.640'E	M30
Signal Wood	20SE1	Staden	50° 57.640'N 2° 59.332'E	P28
Signet House	12NW3 & 4	Middlekerke	51° 11.405'N 2° 50.161'E	H23
Silas Crossing	36NW1	Steenwerck	50° 42.756'N 2° 47.248'E	A12
Silent Farm	12SW1	Nieuport	51° 09.415'N 2° 49.096'E	N15
Silk Copse	20SE1	Staden	50° 57.565'N 3° 03.499'E	Q27
Silt Farm	27SE1	St Sylvestre	50° 48.167'N 2° 33.905'E	P6
Silver Farm	28NE4	Dadizeele	50° 50.343'N 3° 09.180'E	L22
Silver Wood	66DNW1	Punchy	49° 48.900'N 2° 48.762'E	A11
Silvers Farm	20SE1	Staden	50° 59.514'N 3° 02.669'E	Q2
Simencourt	51CSE2	Beaumetz	50° 15.312'N 2° 38.658'E	Q16
Simoen Farm	20SW3	Oostvleteren	50° 56.034'N 2° 45.847'E	S10
Simon House	28SW3	Bailleul	50° 45.440'N 2° 44.813'E	S1
Simplon Farm	27NE2	Proven	50° 52.507'N 2° 41.909'E	F22
Sims Keep	36C(44A) NW1	LaBassee	50° 30.306'N 2° 45.687'E	A27
Sin le Noble	51BNE2	Dechy	50° 21.820'N 3° 06.867'E	E6
Sinbad Farm	36ANE4	Merville	50° 39.750'N 2° 38.332'E	K17
Singlet Farm	28SE4	Ronq	50° 45.266'N 3° 06.166'E	W12
Singleton's Alley	36ASE1	St. Venant	50° 37.347'N 2° 34.384'E	P6
Sink House	28SE4	Ronq	50° 45.327'N 3° 07.840'E	X8
Sinner Farm	28NE4	Dadizeele	50° 51.439'N 3° 05.678'E	K12
Siphon	28SE1	Wervicq	50° 47.131'N 2° 57.968'E	P20
Siphon	28SW2	Wytschaete	50° 47.129'N 2° 57.968'E	P20
Sirapite Corner	20SW2	Zwartegat	50° 57.175'N 2° 50.426'E	N28
Sirius House	28NW1	Elverdinghe	50° 52.797'N 2° 46.673'E	A17
Sirius Wood	66CNW2	Itancourt	49° 48.499'N 3° 21.821'E	C14
Siva Farm	27NE3	Winnezeele	50° 49.827'N 2° 30.000'E	J19
Six Roads	20SE3	Westroosebeke	50° 56.673'N 2° 57.429'E	V1
Skate Wood	20SE4	Roulers	50° 55.085'N 3° 07.853'E	X21
Skaw Cross	27NE4	Abeele	50° 48.799'N 2° 40.737'E	L33
Skelter Cross	36ANE4	Merville	50° 38.925'N 2° 40.293'E	L20
Skewbald House	28NE2	Moorslede	50° 52.156'N 3° 05.056'E	E29
Skewer Farm	20SW2	Zwartegat	50° 58.306'N 2° 50.001'E	N16
Skiff Corner	20SE2	Hooglede	50° 59.047'N 3° 05.842'E	Q12
Skin Farm	27NE1	Herzeele	50° 52.699'N 2° 33.028'E	D17
Skinflint Farm	36NW1	Steenwerck	50° 41.031'N 2° 50.133'E	B27

Skip Wood	28SW2	Wytschaete	50° 46.611'N 2° 52.792'E	O25
Skirt Farm	20SW2	Zwartegat	50° 58.695'N 2° 53.833'E	O9
Skittle Farm	20SE4	Roulers	50° 54.798'N 3° 09.858'E	X29
Skot Farm	28NE2	Moorslede	50° 52.468'N 3° 09.765'E	F29
Skull Farm	28NE2	Moorslede	50° 53.436'N 3° 08.431'E	F15
Skunk Copse	27SE2	Berthen	50° 47.818'N 2° 37.074'E	Q10
Sky Farm	28SE1	Wervicq	50° 48.480'N 2° 59.036'E	P3
Sky Farm	28SW2	Wytschaete	50° 48.480'N 2° 59.038'E	P3
Slade Farm	28NE2	Moorslede	50° 53.457'N 3° 04.692'E	E11
Slag Quarry	62CNE4	Roisel	49° 57.650'N 3° 11.528'E	L6
Slapgat Bridge	20SW1	Loo	50° 59.505'N 2° 44.312'E	M3
Slarrin	20NE2	Zedelghem	51° 03.145'N 3° 04.586'E	5973
Slate Castle	12SW1	Nieuport	51° 09.908'N 2° 46.743'E	M6
Slate Copse	57BSW1	Bantouzelle	50° 04.306'N 3° 13.017'E	M21
Slate Farm	57BSW1	Bantouzelle	50° 03.772'N 3° 12.932'E	M27
Slavery Farm	36NW1	Steenwerck	50° 41.457'N 2° 47.636'E	A30
Sleat	27NE4	Abeele	50° 50.984'N 2° 41.053'E	L9
Sleep Copse	20SE1	Staden	50° 57.792'N 2° 59.395'E	P22
Sliejhage	20SE1	Staden	50° 57.665'N 3° 03.401'E	Q27
Sligo Cottages	27NE4	Abeele	50° 50.288'N 2° 42.115'E	L16
Slim Farm	36NW1	Steenwerck	50° 43.131'N 2° 48.960'E	B2
Slink Farm	28SW3	Bailleul	50° 44.181'N 2° 44.873'E	S21
Slip Farm	28NE2	Moorslede	50° 52.186'N 3° 06.305'E	F25
Slip Wood	28NE2	Moorslede	50° 52.115'N 3° 06.252'E	E30
Slipper Farm	36NW1	Steenwerck	50° 40.944'N 2° 47.129'E	G5
Sloane Square	28NW1	Elverdinghe	50° 54.011'N 2° 44.357'E	A2
Sloane Square	36ASE4	Locon	50° 34.331'N 2° 43.236'E	X11
Slogan Farm	36ANE2	Vieux Berquin	50° 42.804'N 2° 42.186'E	F10
Slop Farm	36NW1	Steenwerck	50° 43.193'N 2° 50.149'E	B3
Sloping Roof Farm	28SW4	Ploegsteert	50° 46.139'N 2° 53.211'E	O32
Slot Farm	27NE1	Herzeele	50° 52.493'N 2° 34.274'E	D24
Slough	28NW2	St Julien	50° 52.774'N 2° 50.258'E	B22
Slucices Corner	20SW2	Zwartegat	50° 57.095'N 2° 50.807'E	N35
Sludge Farm	36NW1	Steenwerck	50° 41.535'N 2° 49.206'E	B20
Slug Farm	27NE1	Herzeele	50° 53.690'N 2° 36.168'E	E3
Slug Farm	36ANE4	Merville	50° 40.521'N 2° 39.278'E	K6
Sluinken	20NE4	Lichtervelde	51° 00.586'N 3° 09.618'E	6468
Slumber Farm	28SE2	Menin	50° 47.248'N 3° 04.799'E	Q22
Slunsehoek	28NE4	Dadizeele	50° 49.841'N 3° 08.192'E	L27
Sly House	20SE1	Staden	50° 57.467'N 3° 03.040'E	Q27
Slype	12SW2	Slype	51° 09.289'N 2° 50.841'E	N17
Slypebrug Farm	12SW2	Slype	51° 09.923'N 2° 49.817'E	N4
Slypskapplle	28NE2	Moorslede	50° 52.038'N 3° 05.308'E	E29
Small Foot Wood	62CSE2	Vermand	49° 54.516'N 3° 09.173'E	R8
Small Wood	62CSW1	Dompierre	49° 53.708'N 2° 51.796'E	N16
Smisse	20SW2	Zwartegat	50° 59.641'N 2° 55.323'E	O5
Smith's Villa	36NW4	Bois Grenier	50° 38.763'N 2° 51.390'E	H29
Smithy	36B(44B) NE4	Noex-les-Mines	50° 27.618'N 2° 42.793'E	L34
Smoke Copse	62CSE3	Athies	49° 51.272'N 3° 00.628'E	V9
Smyrna House	36ANE2	Vieux Berquin	50° 43.253'N 2° 38.395'E	E5
Smyth Camp	28NW3	Poperinghe	50° 49.858'N 2° 49.792'E	H21
Smyth Farm	28NW3	Poperinghe	50° 49.891'N 2° 49.888'E	H21
Snaeskerke Bridge	12NE2 & 4	Ostende	51° 10.768'N 2° 56.309'E	I36
Snaeskerke Bridge	12SW2	Slype	51° 10.466'N 2° 54.805'E	O5
Snail Copse	27NE2	Proven	50° 53.956'N 2° 40.160'E	F2
Snail Farm	27NE2	Proven	50° 53.918'N 2° 39.979'E	F2
Snake House	36ASE1	St. Venant	50° 37.562'N 2° 31.867'E	P3
Sneaton Farm	27SE2	Berthen	50° 48.126'N 2° 42.326'E	R11
Snelgrove Farm	28NE4	Dadizeele	50° 49.977'N 3° 05.348'E	K29
Sneppe Gat	12SW2	Slype	51° 09.799'N 2° 54.507'E	O10
Snice Crossing	20SE4	Roulers	50° 54.993'N 3° 04.837'E	W23
Snipe Farm	28NE2	Moorslede	50° 53.388'N 3° 09.800'E	F17

Name	Map	Location	Coordinates	Ref
Snipe Hall	28NE1	Zonnebeke	50° 53.901'N 3° 00.174'E	D5
Snipe House	20SE3 & 28NE1-3	Poelcappelle	50° 54.458'N 2° 55.913'E	U29
Snipe Quarry	57CSE4	Villers-Guislain	50° 00.593'N 3° 11.117'E	X29
Sniper Houses	12SW1	Nieuport	51° 09.282'N 2° 45.627'E	M17
Snipers Barn	28SW2	Wytschaete	50° 48.490'N 2° 52.452'E	O1
Snipers House	36ANE4	Merville	50° 39.764'N 2° 38.037'E	K17
Snipers House	36NW4	Bois Grenier	50° 39.491'N 2° 55.253'E	I22
Sniper's House	28SW4	Ploegsteert	50° 45.746'N 2° 53.360'E	U2
Sniper's Square	57DNE 1&2	Fonquevillers	50° 09.089'N 2° 38.147'E	E21
Snippet Farm	20SE2	Hooglede	50° 57.787'N 3° 09.061'E	R28
Snooker Farm	28SE2	Menin	50° 48.892'N 3° 07.396'E	R2
Soap Works	20NW4	Dixmunde	51° 01.926'N 2° 51.242'E	H11
Société Metallurgique de Port-a-Vendin	36C(44A) NW4	Pont-à-Vendin	50° 29.153'N 2° 51.755'E	H17
Sock Wood	51BNE4	Cantin	50° 18.038'N 3° 08.529'E	L20
Soeke Farm	20SW1	Loo	50° 57.817'N 2° 45.697'E	M22
Sofia House	27NE4	Abeele	50° 50.445'N 2° 41.314'E	L15
Sohofield Fork	28NE4	Dadizeele	50° 50.512'N 3° 08.401'E	L21
Solace Wood	62BSW4	Homblieres	49° 52.052'N 3° 20.616'E	T6
Solar Farm	28NE2	Moorslede	50° 52.192'N 3° 05.886'E	E30
Soldier's Crossing	28SE3	Comines	50° 45.651'N 2° 57.837'E	V1
Solfege Cross Roads	20SW2	Zwartegat	50° 57.872'N 2° 56.424'E	O24
Solferino Farm	28NW2	St Julien	50° 52.636'N 2° 50.648'E	B22
Solitary Elm	62CNE3	Buire	49° 56.349'N 3° 00.154'E	J21
Sollas Farm	20SE3	Westroosebeke	50° 55.136'N 3° 02.207'E	W19
Somali Farm	28NE2	Moorslede	50° 51.749'N 3° 04.323'E	K4
Somer Farm	28SW2	Wytschaete	50° 47.460'N 2° 53.506'E	O14
Somerby Farm	28NE4	Dadizeele	50° 49.909'N 3° 06.071'E	K30
Somerset Bank	51BSW2	Vis-en-Artois	50° 14.974'N 2° 55.707'E	O21
Somerset Farm	12NE3	Oudenburg	51° 11.611'N 3° 01.927'E	K20
Somerset House	28SW4	Ploegsteert	50° 44.256'N 2° 54.065'E	U21
Somerset Spur	57CSE1	Bertincourt	50° 04.957'N 3° 02.441'E	P12
Somerville Wood	62BNW3	Bellicourt	49° 55.224'N 3° 12.561'E	G32
Somme	20SE3 & 28NE1-3	Poelcappelle	50° 52.938'N 2° 57.067'E	D13
Somme	28NE1	Zonnebeke	50° 53.050'N 2° 57.158'E	D13
Somme Copse	66DNW2	Morchain	49° 48.753'N 2° 58.051'E	C12
Sonen Farm	28SW2	Wytschaete	50° 47.262'N 2° 53.591'E	O20
Sonnet Farm	57CSE2	Gonnelieu	50° 04.200'N 3° 10.168'E	R22
Sonnet Wood	27NE4	Abeele	50° 50.081'N 2° 40.251'E	L20
Sonning Bridge	36ASE1	St. Venant	50° 35.585'N 2° 32.517'E	P27
Soot Farm	28SW3	Bailleul	50° 45.119'N 2° 44.290'E	S8
Sorby Farm	20SE3	Westroosebeke	50° 55.360'N 3° 02.227'E	W13
Sordid Farm	20SE2	Hooglede	50° 58.087'N 3° 03.659'E	Q23
Sorel Wood	57CSE3	Sorel-le-Grand	50° 00.714'N 3° 03.250'E	W25
Sorel Wood	62CSW4	St. Christ	49° 51.905'N 2° 54.350'E	O1
Sorel-le-Grand	57CSE3	Sorel-le-Grand	50° 01.390'N 3° 03.057'E	W19
Soresiano Camp	36ANE3	Haverskerque	50° 39.637'N 2° 31.497'E	J14
Sormon Farm	62CNW4	Peronne	49° 56.617'N 2° 53.164'E	H17
Sorval Chateau	57BSW2	Clary	50° 04.234'N 3° 21.519'E	O20
Souasire-Fork	57DNE 1&2	Fonquevillers	50° 08.744'N 2° 36.631'E	E25
Souchez	36C(44A) SW3	Vimy	50° 23.448'N 2° 44.502'E	S7
Soudan Farm	28NE2	Moorslede	50° 52.628'N 3° 03.811'E	E21
Soult Cottage	28NW2	St Julien	50° 52.575'N 2° 50.761'E	B23
Soult Valley	62BNW1	Gouy	49° 58.901'N 3° 15.435'E	K24
Source Farm	20SE3	Westroosebeke	50° 54.498'N 2° 59.849'E	V28
Source of the Somme	62BSW2	Fonsommes	49° 54.368'N 3° 24.172'E	O11
Source Wood	66CNW2	Itancourt	49° 47.727'N 3° 20.071'E	B29
Sourd Farm	20SE3	Westroosebeke	50° 54.717'N 2° 59.203'E	V28
Sousa	36SW1	Aubers	50° 36.678'N 2° 49.604'E	N14
Souterre Valley	70DNW4	St. Gobain	49° 34.204'N 3° 23.577'E	I28
South Atlantic Camp?	28NW3	Poperinghe	50° 50.831'N 2° 45.222'E	G9
South Chaulnes	66DNW1	Punchy	49° 48.588'N 2° 48.259'E	A11
South Copse	57CSW4	Combles	50° 01.557'N 2° 54.072'E	U13

Name	Sheet	Location	Coordinates	Ref
South Cross Farm	20NW4	Dixmunde	51° 01.285'N 2° 52.575'E	I13
South Schaaf Wood	62CSW3	Vermandovillers	49° 49.723'N 2° 50.501'E	T26
South Stampkot Farm	20SW4	Bixschoote	50° 55.415'N 2° 50.660'E	T17
South Station Buildings	28NE1	Zonnebeke	50° 51.710'N 2° 57.200'E	J1
South Zislin Wood	66DNW1	Punchy	49° 48.115'N 2° 47.819'E	A16
South Zwaanhof Farm	28NW2	St Julien	50° 53.029'N 2° 52.375'E	C13
Southern Brickstack	28SW2	Wytschaete	50° 47.401'N 2° 52.606'E	O13
Souvenir Farm	20NW4	Dixmunde	51° 01.381'N 2° 53.377'E	I14
Souvenir Farm	28SW4	Ploegsteert	50° 45.559'N 2° 51.446'E	T5
Souvenir House	20SW4	Bixschoote	50° 55.406'N 2° 56.164'E	U18
Sovereign Wood	28NE4	Dadizeele	50° 51.026'N 3° 09.356'E	L16
Soviet Farm	28SW1	Kemmel	50° 47.216'N 2° 43.596'E	M20
Soyécourt	62CSE2	Vermand	49° 53.564'N 3° 07.613'E	Q24
Soyécourt	62CSW3	Vermandovillers	49° 51.906'N 2° 47.544'E	M34
Soyécourt Wood	62CSW1	Dompierre	49° 52.264'N 2° 48.273'E	M35
Soyécourt Wood	62CSW3	Vermandovillers	49° 52.087'N 2° 48.262'E	M35
Soyer Farm	36NW2	Armentieres	50° 43.102'N 2° 52.297'E	B6
Soyer Spur	36NW2	Armentieres	50° 43.144'N 2° 52.150'E	B6
Spad House	12NW3 & 4	Middlekerke	51° 10.674'N 2° 51.073'E	H36
Spade Farm	27NE1	Herzeele	50° 51.298'N 2° 31.531'E	J3
Spahi Farm	28NW2	St Julien	50° 52.711'N 2° 52.931'E	C19
Spahi House	12SW1	Nieuport	51° 09.403'N 2° 45.639'E	M11
Span Farm	20SE1	Staden	50° 59.670'N 3° 01.997'E	Q1
Spanbroekmolen	28SW2	Wytschaete	50° 46.597'N 2° 51.709'E	N30
Spangle Farm	12NE3	Oudenburg	51° 12.823'N 3° 02.281'E	K8
Spangle Farm	28NE2	Moorslede	50° 53.273'N 3° 07.491'E	F14
Spaniel Farm	12NE1	Clemskerke	51° 15.435'N 3° 00.786'E	D12
Spanje	20SE4	Roulers	50° 56.861'N 3° 08.199'E	X3
Spanner House	28NE2	Moorslede	50° 52.838'N 3° 08.577'E	F22
Sparappelhoek	12SE4	Aertrycke	51° 05.880'N 3° 04.172'E	5978
Spare Farm	27NE2	Proven	50° 52.929'N 2° 37.022'E	E16
Spark Farm	28NE2	Moorslede	50° 52.011'N 3° 07.609'E	F26
Sparrow Copse	20SE1	Staden	50° 57.869'N 3° 01.527'E	Q19
Sparrow Farm	12NE3	Oudenburg	51° 12.217'N 3° 03.004'E	K15
Sparrow Wood	66CSW4	La Fere	49° 40.955'N 3° 24.449'E	U11
Sparta Cross Roads	20SE3	Westroosebeke	50° 56.529'N 3° 01.288'E	V6
Spartan Mill	27NE3	Winnezeele	50° 49.598'N 2° 31.203'E	J20
Spavin Houses	28NE2	Moorslede	50° 52.133'N 3° 04.889'E	E29
Spawn Farm	20SW2	Zwartegat	50° 59.456'N 2° 52.256'E	O1
Spearmint Corner	36ANE1	Morbecque	50° 42.069'N 2° 34.656'E	D18
Speckle Farm	20SE2	Hooglede	50° 59.657'N 3° 10.118'E	R12
Speed Farm	20SE2	Hooglede	50° 58.899'N 3° 10.202'E	R12
Spender House	36ANE1	Morbecque	50° 41.842'N 2° 34.683'E	D18
Spermalie	12SW4	Leke	51° 07.295'N 2° 50.791'E	T5
Sphinx Wood	62CSW3	Vermandovillers	49° 50.916'N 2° 51.621'E	T15
Sphinx Wood	66CNW2	Itancourt	49° 48.606'N 3° 19.458'E	B17
Spider Corner	51BNW3	Arras	50° 17.654'N 2° 50.244'E	H20
Spider Cross Roads	20SE3	Westroosebeke	50° 55.736'N 2° 58.344'E	V14
Spider House	28SW2	Wytschaete	50° 47.442'N 2° 55.847'E	O17
Spierynch Mill	20SW1	Loo	50° 59.528'N 2° 47.675'E	N1
Spike Spinney	66DNW2	Morchain	49° 47.451'N 2° 56.742'E	C28
Spinach Cottages	28NE2	Moorslede	50° 51.756'N 3° 06.316'E	L1
Spinet House	28NE4	Dadizeele	50° 49.855'N 3° 06.792'E	L25
Spinnekens	20SE2	Hooglede	50° 57.921'N 3° 10.332'E	R25
Spinney B	62CNW1	Maricourt	49° 58.587'N 2° 51.588'E	B21
Spinney House	28NW2	St Julien	50° 52.981'N 2° 50.780'E	B17
Spinning Mill	28SW4	Ploegsteert	50° 44.678'N 2° 56.735'E	U18
Spinning Mill	36NE1	Quesnoy	50° 42.483'N 3° 00.272'E	D16
Spinning Mill	36NE3	Perenchies	50° 39.884'N 2° 58.126'E	J14
Spinning Mill	36NE3	Perenchies	50° 38.228'N 3° 01.283'E	J36
Spinning Mill	36NE3	Perenchies	50° 39.902'N 3° 02.416'E	K14
Spinning Mill	36SE3	Seclin	50° 33.051'N 3° 01.229'E	V29

Name	Sheet	Location	Coordinates	Grid
Spinning Mill East of La Basse-Ville	28SW4	Ploegsteert	50° 44.919'N 2° 56.427'E	U18
Spirre Farm	20SW3	Oostvleteren	50° 55.284'N 2° 49.268'E	T15
Spite Cottage	36NW1	Steenwerck	50° 42.212N 2° 49.381'E	B14
Splendid Farm	36NW1	Steenwerck	50° 42.488'N 2° 43.936'E	A7
Splice Farm	20SE1	Staden	50° 57.177'N 3° 02.625'E	Q33
Splinter Copse	51BNW4	Fampoux	50° 16.956'N 2° 55.702'E	I34
Spoil Bank	28NW4	Zillebeke	50° 49.222'N 2° 53.776'E	I32
Spoil Heap	57CNE3	Hermies	50° 06.078'N 3° 01.426'E	J35
Spoil Heap	57CNE3	Hermies	50° 05.984'N 3° 01.812'E	J35
Spoil Heap	57CNE3	Hermies	50° 07.104'N 3° 03.933'E	K20
Spoil Heap	57CNE3	Hermies	50° 06.285'N 3° 04.021'E	K32
Spoof Mill	28SE4	Ronq	50° 43.968'N 3° 04.397'E	W28
Spook Cottage	36ANE1	Morbecque	50° 41.573'N 2° 33.955'E	D24
Spool Farm	36NW1	Steenwerck	50° 43.264'N 2° 45.009'E	A3
Spoon Copse	66DNW2	Morchain	49° 49.989'N 2° 58.563'E	C12
Spooners Farm	20SE2	Hooglede	50° 59.045'N 3° 05.507'E	Q12
Sports Ground	28SE4	Ronq	50° 44.756'N 3° 10.290'E	X17
Sporty Fork	20SE4	Roulers	50° 56.532'N 3° 04.087'E	W4
Spot Farm	20SE3 & 28NE1-3	Poelcappelle	50° 53.681'N 2° 56.753'E	C12
Spot Farm	27NE1	Herzeele	50° 51.797'N 2° 30.113'E	D25
Spotterke	27SE2	Berthen	50° 47.319'N 2° 41.099'E	R15
Spouse Farm	20SE2	Hooglede	50° 57.617'N 3° 03.644'E	Q27
Spread Buildings	28SE1	Wervicq	50° 46.944'N 2° 58.804'E	P27
Spread Buildings	28SW2	Wytschaete	50° 46.941'N 2° 58.809'E	P27
Spree Farm	20SE3 & 28NE1-3	Poelcappelle	50° 52.946'N 2° 56.552'E	C18
Spree Farm Howitzer Spurs	28NW2	St Julien	50° 52.941'N 2° 56.366'E	C18
Spriet	20SE3	Westroosebeke	50° 55.496'N 2° 59.306'E	V16
Spriet Copse	20SE3	Westroosebeke	50° 55.599'N 2° 59.933'E	V17
Spriethoek	28NE2	Moorslede	50° 52.328'N 3° 04.530'E	E28
Spring Copse	27NE2	Proven	50° 52.572'N 2° 38.406'E	E24
Spring Farm	20SW4	Bixschoote	50° 54.779'N 2° 54.499'E	U22
Spring Farm	27NE2	Proven	50° 52.637'N 2° 38.694'E	E18
Springbok Valley	62BNW3	Bellicourt	49° 56.213'N 3° 15.904'E	G24
Springfield	20SE3 & 28NE1-3	Poelcappelle	50° 53.741'N 2° 56.637'E	C12
Springfield	28NE1	Zonnebeke	50° 52.904'N 2° 59.201'E	D15
Springfield	28NW2	St Julien	50° 53.755'N 2° 56.626'E	C12
Springthorpe Cross Roads	20SE4	Roulers	50° 54.857'N 3° 06.317'E	X25
Sproxton Farm	20SE4	Roulers	50° 55.156'N 3° 03.965'E	W22
Spruce Farm	20SE2	Hooglede	50° 58.679'N 3° 05.753'E	Q18
Spud Farm	28SW2	Wytschaete	50° 47.904'N 2° 56.725'E	O18
Spur Copse	62CSW4	St. Christ	49° 52.196'N 2° 58.078'E	O36
Spur Quarry	62CNE2	Epéhy	49° 58.236'N 3° 06.566'E	E29
Spur Wood	62CNW1	Maricourt	49° 58.034'N 2° 47.533'E	A28
Spy Corner	28SW4	Ploegsteert	50° 44.235'N 2° 53.896'E	U20
Spy Farm Coesteker	28SW2	Wytschaete	50° 46.509'N 2° 50.382'E	N28
Squadron Farm	20SE4	Roulers	50° 56.189'N 3° 09.861'E	X11
Squadron House	12SW1	Nieuport	51° 09.466'N 2° 45.420'E	M11
Square Copse	57CNE3	Hermies	50° 06.515'N 3° 03.434'E	K25
Square Copse	62BNW3	Bellicourt	49° 55.582'N 3° 13.211'E	G33
Square Farm	28NW2	St Julien	50° 52.346'N 2° 56.810'E	C30
Square Farm	28SW2	Wytschaete	50° 46.770'N 2° 56.865'E	O30
Square Keep	28NW4	Ypres	50° 50.812'N 2° 50.734'E	H17
Square Roofs	12SW1	Nieuport	51° 09.828'N 2° 46.176'E	M12
Square Wood	12SW1	Nieuport	51° 07.791'N 2° 42.905'E	M31
Square Wood	51BNW2	Oppy	50° 19.511'N 2° 54.816'E	C27
Square Wood	57DNE 1&2	Fonquevillers	50° 08.273'N 2° 40.418'E	K6
Squaw Copse	62BSW1	Gricourt	49° 52.508'N 3° 15.857'E	M36
Squeak Farm	28SE1	Wervicq	50° 47.062'N 2° 57.373'E	P19
Squeak Farm	28SW2	Wytschaete	50° 47.061'N 2° 57.380'E	P19
Squeers Farm	28SE3	Comines	50° 44.042'N 3° 00.099'E	V22
Squib Farm	20SE4	Roulers	50° 55.161'N 3° 09.328'E	X23
Squint Cross Roads	28SE3	Comines	50° 44.585'N 2° 57.297'E	V25

Name	Map	Location	Coordinates	Ref
Squire Farm	20SE4	Roulers	50° 55.218'N 3° 04.064'E	W22
Squirrel Farms	28SE4	Ronq	50° 43.926'N 3° 05.423'E	W29
St Acaire Wood	27NE1	Herzeele	50° 51.860'N 2° 33.949'E	D29
St Accariushoek	28NE1	Zonnebeke	50° 53.506'N 3° 03.155'E	E9
St André	36NE3	Perenchies	50° 39.765'N 3° 03.152'E	K14
St Antoine	36NE3	Perenchies	50° 40.306'N 2° 57.420'E	J7
St Aubert Farm	57BSW2	Clary	50° 05.321'N 3° 20.307'E	N12
St Aubin	51CNE4	Wagnonlieu	50° 18.727'N 2° 44.449'E	L11
St Aubin	57CNW3	Bapaume	50° 06.545'N 2° 51.403'E	H28
St Barbe	28SE3	Comines	50° 44.626'N 2° 58.239'E	V14
St Catherine	51BNW3	Arras	50° 18.209'N 2° 45.797'E	G15
St Catherine Chapel	20SE2	Hooglede	50° 59.270'N 3° 09.763'E	R11
St Charles Church	36NW2	Armentieres	50° 41.202'N 2° 54.155'E	C27
St Chrisol	36NE1	Quesnoy	50° 41.954'N 3° 02.168'E	E19
St Denis	62CNW4	Peronne	49° 56.307'N 2° 56.800'E	I22
St Eloi	28SW2	Wytschaete	50° 48.680'N 2° 53.480'E	O2
St Eloi Inn	27NE4	Abeele	50° 49.360'N 2° 37.739'E	K29
St Eloi Woods No 1	62CSW2	Barleux	49° 52.723'N 2° 52.242'E	N28
St Eloi Woods No 2	62CSW2	Barleux	49° 52.787'N 2° 52.650'E	N29
St Eloi Woods No 3	62CSW2	Barleux	49° 52.947'N 2° 52.284'E	N22
St Eloy	27NE3	Winnezeele	50° 49.228'N 2° 35.170'E	K25
St Georges Chapel	62CSW3	Vermandovillers	49° 50.456'N 2° 50.463'E	T14
St Idesbalde	11SE4	No Edition 0617	51° 06.716'N 2° 36.627'E	W10
St Jacque's Church	28NW4	Zillebeke	50° 51.002'N 2° 53.395'E	I8
St Jans Cappel	27SE4	Meteren	50° 45.818'N 2° 43.275'E	R36
St Jan-ter-Biezen	27NE2	Proven	50° 51.574'N 2° 39.966'E	L2
St Jean Farm	27SE4	Meteren	50° 45.804'N 2° 38.342'E	Q35
St Jean Farm	28NW2	St Julien	50° 51.898'N 2° 54.116'E	C27
St Jean Sidings	28NW2	St Julien	50° 52.221'N 2° 53.602'E	C26
St Julien	20SE3 & 28NE1-3	Poelcappelle	50° 53.407'N 2° 56.237'E	C12
St Laurent	27NE3	Winnezeele	50° 50.328'N 2° 34.765'E	K13
St Laurent-Blangy	51BNW3	Arras	50° 18.147'N 2° 48.509'E	G18
St Lawrence Camp	28NW3	Poperinghe	50° 50.906'N 2° 46.255'E	G11
St Leger	57CNW2	Vaulx-Vraucourt	50° 11.076'N 2° 51.648'E	B4
St Maixent Spring	66CSW2	Vendeuil	49° 44.188'N 3° 23.105'E	O3
St Martin Wood	57CSW4	Combles	50° 01.443'N 2° 57.326'E	U17
St Nicholas	51BNW3	Arras	50° 18.063'N 2° 46.580'E	G16
St Olle	57BNW1	Cambrai	50° 10.964'N 3° 11.924'E	A1
St Pierre Church	28NW4	Zillebeke	50° 50.811'N 2° 53.340'E	I14
St Pierre Farm	20SW2	Zwartegat	50° 59.478'N 2° 53.459'E	O2
St Pierre Vaast Wood	62CNW2	Bouchavesnes	50° 00.244'N 2° 56.026'E	C3
St Pierre-Cappelle	12SW4	Leke	51° 07.624'N 2° 52.523'E	O32
St Pieter	28NE2	Moorslede	50° 52.512'N 3° 06.680'E	F19
St Quentin	62BSW3	St. Quentin	49° 50.867'N 3° 17.405'E	T14
St Quentin Farm	28SW4	Ploegsteert	50° 45.466'N 2° 51.812'E	T6
St Radégonde	62CNW4	Peronne	49° 55.531'N 2° 55.324'E	I26
St Roch	36C(44A) SW2	Harnes	50° 25.494'N 2° 57.147'E	O24
St Sebastiaan \inn	20NE3	Zarren	51° 00.712'N 2° 57.488'E	J26
St Sixte Junction	28NW1	Elverdinghe	50° 54.173'N 2° 43.960'E	A2
St Sixte Sidings	28NW1	Elverdinghe	50° 53.588'N 2° 43.724'E	A8
St Sylvestre-Capple	27SE1	St Sylvestre	50° 46.594'N 2° 33.226'E	P29
St Vaast	36SW3	Richebourg	50° 35.116'N 2° 44.506'E	M32
St Vaast Church	36NW2	Armentieres	50° 41.227'N 2° 53.023'E	C25
St Vaast Dump	36SW3	Richebourg	50° 35.150'N 2° 45.054'E	M33
St Vaast Post	36SW3	Richebourg	50° 35.036'N 2° 45.026'E	M33
St Yves	28SW4	Ploegsteert	50° 44.626'N 2° 54.306'E	U15
St, Jooris Inn	20NW4	Dixmunde	51° 01.470'N 2° 54.341'E	I16
St. Christ	62CSW4	St. Christ	49° 51.360'N 2° 55.870'E	O9
St. Cren	62CSE1	Bouvincourt	49° 53.027'N 3° 00.297'E	P27
St. Dunstans	28NW4	Ypres	50° 50.146'N 2° 50.659'E	H22
St. Eloi	28SW3	Bailleul	50° 44.116'N 2° 44.579'E	S20
St. Eloi Cabt.	28SE2	Menin	50° 48.007'N 3° 08.729'E	R16

St. Emilie	62CNE2	Epéhy	49° 59.088'N 3° 07.704'E	F13
St. Georges Wood	62CSW3	Vermandovillers	49° 50.562'N 2° 51.340'E	T15
St. Gobain Glass Works	70DNW4	St. Gobain	49° 35.931'N 3° 22.641'E	I8
St. Hélene	62BSW1	Gricourt	49° 54.910'N 3° 13.670'E	M3
St. Henriette	36C(44A) SE1	Dourges	50° 25.144'N 2° 58.293'E	P25
St. Huberthoek	28NW3	Poperinghe	50° 49.012'N 2° 48.342'E	H32
St. Jacques	66DNW4	Nesle	49° 45.256'N 2° 54.774'E	I19
St. Janshoek	20SW4	Bixschoote	50° 56.071'N 2° 53.217'E	U8
St. Johns Cross	28NW1	Elverdinghe	50° 52.494'N 2° 46.104'E	A23
St. Joseph Church	36NW2	Armentieres	50° 42.011'N 2° 53.105'E	C19
St. Joseph's Institute	28NE1	Zonnebeke	50° 52.211'N 2° 58.740'E	D27
St. Julien	28NW2	St Julien	50° 53.411'N 2° 56.237'E	C12
St. Leger Mill	51BSW3	Boisleux	50° 11.587'N 2° 50.180'E	T21
St. Leonard	66DNW4	Nesle	49° 45.318'N 2° 54.086'E	H24
St. Marie Copse	62CNE1	Liéramont	49° 59.331'N 3° 01.592'E	D17
St. Martin Church	28NW4	Zillebeke	50° 51.092'N 2° 53.065'E	I8
St. Martin des Prés	62CSE3	Athies	49° 51.848'N 3° 04.922'E	W3
St. Martin-sur-Cojeul	51BSW1	Neuville Vitasse	50° 13.880'N 2° 50.637'E	N33
St. Michael's Statue	51BSW2	Vis-en-Artois	50° 14.294'N 2° 55.085'E	O27
St. Nicholas	66DNW4	Nesle	49° 45.708'N 2° 54.622'E	I13
St. Pierre Vaast Wood	57CSW4	Combles	50° 00.576'N 2° 55.652'E	U27
St. Pierre-Divion	57DSE1 & 2	Beaumont	50° 04.000'N 2° 40.633'E	Q24
St. Pieters Inn	20NW4	Dixmunde	51° 00.875'N 2° 53.245'E	I32
St. Prix	62BSW3	St. Quentin	49° 50.342'N 3° 16.788'E	T19
St. Quentin Copse	62CNE3	Buire	49° 55.400'N 3° 03.762'E	K31
St. Roch	28SE4	Ronq	50° 44.298'N 3° 06.104'E	W24
St. Rohart Factory	51BSW2	Vis-en-Artois	50° 15.197'N 2° 55.343'E	O15
St. Rohart Quarry	51BSW2	Vis-en-Artois	50° 15.190'N 2° 55.010'E	O15
St. Servins Farm	51BSW2	Vis-en-Artois	50° 14.764'N 2° 57.917'E	O24
St. Sixte	28NW1	Elverdinghe	50° 53.813'N 2° 43.460'E	A1
St. Vaast	51BNW3	Arras	50° 18.533'N 2° 44.953'E	G8
St. Venant	36ASE1	St. Venant	50° 37.421'N 2° 32.988'E	P4
St. Vincent's Cross	70DNW4	St. Gobain	49° 36.226'N 3° 22.037'E	I2
St. Waast	57BNW3	Rumilly	50° 06.319'N 3° 14.394'E	G35
Stable Wood	62CSE1	Bouvincourt	49° 53.962'N 3° 00.321'E	P15
Stables	12SW1	Nieuport	51° 09.542'N 2° 44.484'E	M9
Staden	20SE1	Staden	50° 58.491'N 3° 00.892'E	P18
Stadenberg	20SE1	Staden	50° 57.723'N 2° 59.916'E	P29
Stadendreef	20SE3	Westroosebeke	50° 56.845'N 2° 59.574'E	P34
Stadendreef Chateau	20SE3	Westroosebeke	50° 56.987'N 3° 00.249'E	P35
Stadenreke	20SE1	Staden	50° 58.179'N 2° 58.501'E	P21
Stael Bend	20NE3	Zarren	51° 01.109'N 2° 59.785'E	J23
Staff Copse	57DNE3+4	Hebuterne	50° 06.497'N 2° 38.964'E	K28
Staff Farm	20SE3	Westroosebeke	50° 56.608'N 3° 00.306'E	V5
Staff House	20SE2	Hooglede	50° 59.466'N 3° 06.292'E	R1
Stag Cross Roads	20SE1	Staden	50° 58.203'N 2° 56.873'E	P19
Stage House	28NE2	Moorslede	50° 53.410'N 3° 07.141'E	F14
Stagger Farm	20SE2	Hooglede	50° 59.427'N 3° 09.110'E	R4
Stainby Farm	20SE4	Roulers	50° 55.220'N 3° 04.460'E	W22
Staines House	27SE2	Berthen	50° 47.199'N 2° 42.943'E	R23
Stake Cottage	28NE2	Moorslede	50° 52.579'N 3° 05.651'E	E24
Stalhille	12NE4	Jabbeke	51° 12.005'N 3° 05.417'E	K11
Stalhille Bridge	12NE4	Jabbeke	51° 12.228'N 3° 05.016'E	K18
Stalhillebrugge	12NE4	Jabbeke	51° 12.860'N 3° 04.276'E	K24
Stallion Farm	28NE2	Moorslede	50° 52.418'N 3° 04.985'E	E29
Stalwart House	28SE4	Ronq	50° 46.123'N 3° 05.030'E	Q35
Stamp Farm	28SE4	Ronq	50° 45.925'N 3° 06.956'E	X1
Stampkemolen	28SW3	Bailleul	50° 44.988'N 2° 49.111'E	T8
Stampkot	20SE1	Staden	50° 58.512'N 2° 59.646'E	P16
Stampkot X Roads	20SW4	Bixschoote	50° 55.342'N 2° 50.855'E	T17
Stan Houses	28NE2	Moorslede	50° 52.302'N 3° 07.337'E	F26
Stand	57BNW1	Cambrai	50° 10.167'N 3° 11.960'E	A13

Name	Map	Location	Coordinates	Ref
Stand	66CSW2	Vendeuil	49° 43.393'N 3° 20.739'E	N18
Stand	66CSW4	La Fere	49° 39.572'N 3° 19.870'E	T23
Standaert Mill	27NE3	Winnezeele	50° 48.644'N 2° 30.416'E	J31
Standard Cross Roads	20SE4	Roulers	50° 54.795'N 3° 06.960'E	X25
Standens Farm	20SE4	Roulers	50° 54.624'N 3° 08.707'E	X28
Stanley Farm	20SE1	Staden	50° 58.317'N 2° 58.429'E	P15
Stanley Farm	28NE4	Dadizeele	50° 49.947'N 3° 04.382'E	K28
Stanser's Farm	28NE4	Dadizeele	50° 49.073'N 3° 06.970'E	L31
Stanza Farm	27NE4	Abeele	50° 49.921'N 2° 40.323'E	L20
Stanza Wood	27NE4	Abeele	50° 49.959'N 2° 39.911'E	L20
Staqtion	62CNE4	Roisel	49° 55.362'N 3° 07.130'E	K36
Star Corner	51BSW2	Vis-en-Artois	50° 13.975'N 2° 55.899'E	O34
Star Wood	57DNE3+4	Hebuterne	50° 06.969'N 2° 40.277'E	K24
Starboard House	28NW1	Elverdinghe	50° 52.814'N 2° 49.163'E	B15
Starbottle	27SE1	St Sylvestre	50° 46.225'N 2° 35.752'E	Q26
Starfish Cross Roads	28SW1	Kemmel	50° 47.360'N 2° 46.599'E	M17
Starkie House	20SE1	Staden	50° 58.612'N 2° 59.225'E	P16
Starling Farm	28SW1	Kemmel	50° 46.285'N 2° 45.855'E	M34
Starry Wood	62CSW3	Vermandovillers	49° 51.284'N 2° 46.195'E	S8
Staten	27SE1	St Sylvestre	50° 45.940'N 2° 31.252'E	P32
Station Palingbrug	12SW1	Nieuport	51° 07.937'N 2° 44.849'E	M28
Station Bailleul	28SW3	Bailleul	50° 43.731'N 2° 44.088'E	S26
Station Berthenicourt	66CNW4	Berthenicourt	49° 46.405'N 3° 22.880'E	I15
Station Biache St. Vaast	51BNW4	Fampoux	50° 19.029'N 2° 56.694'E	I5
Station E of La Bassee	36C(44A) NW1	LaBassee	50° 31.998'N 2° 49.036'E	B8
Station Santes	36SE1	Haubourdin	50° 35.530'N 2° 57.809'E	P31
Station Abancourt	51ASW3	Eswars	50° 13.820'N 3° 12.289'E	M32
Station Albert	57DSE4	Ovillers	50° 00.413'N 2° 38.818'E	W28
Station Armentieres	36NW2	Armentieres	50° 40.811'N 2° 51.544'E	H6
Station Arras	51BNW3	Arras	50° 17.211'N 2° 46.882'E	G28
Station Aubers	36SW1	Aubers	50° 36.683'N 2° 49.734'E	N27
Station Aubigny-au-Bac	51BSE2	Oisy-le-Verger	50° 16.110'N 3° 09.529'E	R10
Station Auchonvillers	57DSE1 & 2	Beaumont	50° 04.757'N 2° 37.433'E	Q8
Station Aveluy	57DSE4	Ovillers	50° 01.579'N 2° 39.485'E	W17
Station Bac St. Maur	36NW3	Fleurbaix	50° 39.646'N 2° 48.056'E	H13
Station Bailleul	51BNW1	Roclincourt	50° 20.111'N 2° 50.485'E	B21
Station Baralle	51BSE3	Cagnicourt	50° 12.778'N 3° 04.553'E	W9
Station Beaucourt-sur-Ancre	57DSE1 & 2	Beaumont	50° 04.449'N 2° 40.566'E	Q18
Station Beaumetz-les-Loges	51CSE2	Beaumetz	50° 14.338'N 2° 39.650'E	Q30
Station Bellicourt	62BNW3	Bellicourt	49° 57.781'N 3° 14.102'E	G4
Station Billy-Montigny	36C(44A) SW2	Harnes	50° 24.942'N 2° 54.750'E	O27
Station Boyelles	51BSW3	Boisleux	50° 12.085'N 2° 48.766'E	S18
Station Brébieres	51BNE1	Brébières	50° 20.149'N 3° 00.768'E	D22
Station By Weevil Crossing	36ANE1	Morbecque	50° 40.844'N 2° 30.564'E	D25
Station Cambrai	57BNW1	Cambrai	50° 10.591'N 3° 15.299'E	A12
Station Canteeleu	36NE3	Perenchies	50° 38.628'N 3° 00.727'E	J35
Station Cantin	51BNE4	Cantin	50° 18.702'N 3° 07.287'E	L7
Station Carvin	36C(44A) NW4	Pont-à-Vendin	50° 29.481'N 2° 57.137'E	I12
Station Cité St. Amé	36C(44A) SW1	Lens	50° 25.482'N 2° 46.959'E	M23
Station Clary	57BSW2	Clary	50° 04.686'N 3° 23.569'E	O16
Station Clery-sur-Somme	62CNW4	Peronne	49° 57.226'N 2° 53.797'E	H12
Station Combles	57CSW4	Combles	50° 00.710'N 2° 52.237'E	T28
Station Comines	28SE3	Comines	50° 45.669'N 3° 00.643'E	V5
Station Croisilles	51BSW4	Bullecourt	50° 11.772'N 2° 53.090'E	T24
Station Dainville	51CNE4	Wagnonlieu	50° 16.458'N 2° 43.242'E	L34
Station Dechy	51BNE2	Dechy	50° 21.388'N 3° 06.768'E	E12
Station Don	36SW4	Sainghin	50° 33.101'N 2° 54.874'E	U27
Station Drocourt	36C(44A) SW4	Rouvroy	50° 23.573'N 2° 55.845'E	U10
Station E of Harnes	36C(44A) SW2	Harnes	50° 26.692'N 2° 55.326'E	O9
Station Ecoivres	51CNE2	Ecoivres	50° 20.526'N 2° 40.156'E	F13
Station Epéhy	62CNE2	Epéhy	50° 00.466'N 3° 07.986'E	F1
Station Equancourt	57CSE3	Sorel-le-Grand	50° 02.180'N 3° 01.093'E	V10

Name	Map	Location	Coordinates	Ref
Station Farbus	51BNW1	Roclincourt	50° 21.462'N 2° 49.840'E	B2
Station Fbg. Cantimpre	57BNW1	Cambrai	50° 10.610'N 3° 13.040'E	A9
Station Fins	57CSE3	Sorel-le-Grand	50° 01.936'N 3° 02.320'E	V12
Station Flamicourt	62CNW4	Peronne	49° 55.659'N 2° 56.445'E	I28
Station Fontaine Notre-Dame	57CNE2	Bourlon	50° 10.174'N 3° 09.633'E	F15
Station Fournes-en-Weppes	36SW4	Sainghin	50° 35.168'N 2° 53.309'E	O31
Station Fricourt	62DNE2	Méaulte	49° 59.756'N 2° 42.429'E	F3
Station Fromelles	36SW2	Radinghem	50° 36.282'N 2° 51.020'E	N22
Station Gouzeaucourt	57CSE2	Gonnelieu	50° 03.401'N 3° 07.888'E	R31
Station Hamelot	62CNE3	Buire	49° 56.443'N 3° 04.472'E	K20
Station Happlincourt	62CSW2	Barleux	49° 52.450'N 2° 55.256'E	O32
Station Haubourdin	36SE1	Haubourdin	50° 36.445'N 2° 59.474'E	P21
Station Havrincourt	57CNE3	Hermies	50° 06.743'N 3° 04.909'E	K27
Station Hermies	57CNE3	Hermies	50° 06.576'N 3° 01.634'E	J29
Station Illies	36SW3	Richebourg	50° 33.676'N 2° 50.385'E	T15
Station Joncourt	62BNW3	Bellicourt	49° 57.315'N 3° 17.569'E	H8
Station la Chapellette	62CSW2	Barleux	49° 54.906'N 2° 56.115'E	O3
Station la Houssois	36NW4	Bois Grenier	50° 38.948'N 2° 54.631'E	I27
Station La Motte	36C(44A) SE3	Esquerchin	50° 22.213'N 2° 58.870'E	V26
Station Lattre	36SW4	Sainghin	50° 34.468'N 2° 56.200'E	U11
Station le Pilly	36SW4	Sainghin	50° 34.824'N 2° 51.867'E	T5
Station Le Sars	57CSW1	Guedecourt	50° 04.489'N 2° 47.410'E	M16
Station Ledeghem	28NE4	Dadizeele	50° 51.494'N 3° 07.370'E	L8
Station Lens	36C(44A) SW1	Lens	50° 25.557'N 2° 49.798'E	N20
Station Ligny-en-Cambresis	57BSW2	Clary	50° 06.021'N 3° 23.186'E	O4
Station Loison	36C(44A) SW2	Harnes	50° 26.362'N 2° 51.549'E	N11
Station Loos	36SE1	Haubourdin	50° 36.774'N 3° 01.027'E	P17
Station Mailly-Maillet	57DSE1 & 2	Beaumont	50° 05.076'N 2° 36.648'E	Q1
Station Marcoing	57CNE4	Marcoing	50° 07.249'N 3° 10.920'E	L23
Station Marœuil	51CNE2	Ecoivres	50° 19.351'N 2° 41.898'E	F27
Station Masnieres	57BNW3	Rumilly	50° 07.029'N 3° 12.426'E	G20
Station Menin	28SE2	Menin	50° 48.053'N 3° 06.889'E	R7
Station Mericourt	36C(44A) SW4	Rouvroy	50° 24.122'N 2° 52.499'E	T6
Station Mesnil	57DSE1 & 2	Beaumont	50° 03.195'N 2° 38.613'E	Q28
Station Meurchin	36C(44A) NW4	Pont-à-Vendin	50° 29.783'N 2° 53.591'E	I1
Station Miraumont	57DNE4 & 5	Achiet	50° 05.863'N 2° 44.161'E	L35
Station Mons-en-Chaussée	62CSE1	Bouvincourt	49° 52.717'N 2° 59.703'E	P26
Station Montbrehain	62BNW4	Ramicourt	49° 57.805'N 3° 21.192'E	I1
Station Montigny	36C(44A) SW2	Harnes	50° 25.745'N 2° 55.882'E	O22
Station Montigny	51BNE2	Dechy	50° 21.676'N 3° 11.278'E	F6
Station N of Auchy lez-la Bassee	36C(44A) NW1	LaBassee	50° 31.233'N 2° 46.612'E	A16
Station N of Rœux	51BNW4	Fampoux	50° 18.196'N 2° 53.681'E	I13
Station Nauroy	62BNW3	Bellicourt	49° 57.523'N 3° 15.624'E	G12
Station NE Lille	36NE3	Perenchies	50° 39.188'N 3° 02.644'E	K19
Station NE of Vrély	66ENE2	Vrely	49° 48.413'N 2° 40.439'E	E11
Station Near Bailleulval	51CSE3	Ransart	50° 13.552'N 2° 36.819'E	Q32
Station Near Buissy	51BSE3	Cagnicourt	50° 11.531'N 3° 01.478'E	V29
Station Near Haut Jardin Farm	28SE1	Wervicq	50° 46.328'N 2° 59.964'E	P34
Station Near le Hem Farm	36NE3	Perenchies	50° 40.861'N 3° 02.466'E	K1
Station Nouvel Houplines	36NW2	Armentieres	50° 41.435'N 2° 54.205'E	C27
Station Pérenchies	36NE3	Perenchies	50° 40.019'N 2° 58.662'E	J14
Station Plouvain	51BNW4	Fampoux	50° 18.584'N 2° 55.031'E	I9
Station Pont-a-Vendin	36C(44A) NW4	Pont-à-Vendin	50° 28.278'N 2° 52.522'E	H30
Station Quéant	57CNE1	Queant	50° 10.900'N 2° 59.493'E	D2
Station Railton	57CSE4	Villers-Guislain	50° 01.464'N 3° 05.712'E	W16
Station Ramicourt	62BNW4	Ramicourt	49° 57.776'N 3° 20.048'E	H6
Station Ramillies	51ASW3	Eswars	50° 12.183'N 3° 15.470'E	S24
Station Ribecourt	57CNE4	Marcoing	50° 06.846'N 3° 07.649'E	L25
Station Roisel	62CNE4	Roisel	49° 57.025'N 3° 05.721'E	K16
Station Roncq	28SE4	Ronq	50° 44.957'N 3° 07.037'E	X13
Station Rosierres	66ENE2	Vrely	49° 49.343'N 2° 42.661'E	F2
Station Rouvroy	36C(44A) SW4	Rouvroy	50° 23.745'N 2° 54.394'E	U8

Name	Sheet	Location	Coordinates	Ref
Station S Lille	36SE1	Haubourdin	50° 36.940'N 3° 02.838'E	Q14
Station S of la Crèche	36NW1	Steenwerck	50° 42.774'N 2° 47.220'E	A12
Station S of Ytres	57CSE3	Sorel-le-Grand	50° 03.016'N 2° 59.789'E	P33
Station Sainghin-en-Weppes	36SW4	Sainghin	50° 34.030'N 2° 53.738'E	U14
Station SE of Annul Farm & Sidings	36ANE2	Vieux Berquin	50° 42.799'N 2° 37.711'E	E10
Station SE of Sailly sur la Lys	36NW3	Fleurbaix	50° 38.878'N 2° 46.910'E	G29
Station Seclin	36SE3	Seclin	50° 32.869'N 3° 02.047'E	V30
Station Souchy-Lestree	51BSE4	Marquion	50° 13.526'N 3° 05.878'E	W5
Station South Chaulnes	66DNW1	Punchy	49° 48.437'N 2° 48.152'E	A17
Station St. Denis	62CNW4	Peronne	49° 56.078'N 2° 56.959'E	I22
Station Ste. Emilie	62CNE2	Epéhy	49° 59.122'N 3° 07.552'E	E18
Station Sugar Factory	36SW4	Sainghin	50° 33.900'N 2° 51.767'E	T17
Station SW of Fosse 5 de Courrières	36C(44A) SW2	Harnes	50° 25.294'N 2° 51.319'E	N28
Station Templeux -le-Guerard	62CNE2	Epéhy	49° 57.938'N 3° 08.836'E	L2
Station Thun Lévèque	51ASW3	Eswars	50° 13.706'N 3° 16.883'E	T2
Station Touquet Parmentier	36NW1	Steenwerck	50° 41.808'N 2° 49.750'E	B21
Station Tourcoing	36NE2	Tourcoing	50° 43.010'N 3° 10.055'E	F11
Station Velu	57CNE3	Hermies	50° 06.572'N 2° 58.451'E	J25
Station Vermand	62CSE2	Vermand	49° 53.115'N 3° 09.255'E	R26
Station Villers Outréaux	57BSW3	Honnecourt	50° 02.083'N 3° 17.669'E	T9
Station Villers-Faucon	62CNE2	Epéhy	49° 58.513'N 3° 06.623'E	E29
Station Villers-Plouich	57CSE2	Gonnelieu	50° 04.689'N 3° 08.163'E	R13
Station Vimy	36C(44A) SW3	Vimy	50° 22.497'N 2° 49.316'E	T20
Station Vitry-en-Artois	51BNE1	Brébières	50° 19.649'N 2° 58.906'E	D26
Station W of Cuinchy	36C(44A) NW1	LaBassee	50° 31.312'N 2° 44.710'E	A14
Station W of Douvrin	36C(44A) NW1	LaBassee	50° 30.533'N 2° 48.953'E	B25
Station W of Provin	36C(44A) NW2	Bauvin	50° 30.688'N 2° 54.338'E	C26
Station Walincourt	57BSW2	Clary	50° 03.901'N 3° 20.456'E	N30
Station Wervicq	28SE1	Wervicq	50° 46.930'N 3° 02.954'E	Q26
Station West Hock	36NW2	Armentieres	50° 42.714'N 2° 54.803'E	C9
Station Wingles	36C(44A) NW4	Pont-à-Vendin	50° 29.589'N 2° 51.237'E	H10
Station Ypres	28NW4	Zillebeke	50° 50.920'N 2° 52.533'E	I7
Station Annex	36NE2	Tourcoing	50° 42.566'N 3° 09.738'E	F17
Station Copse	66DNW1	Punchy	49° 48.430'N 2° 48.461'E	A17
Station Cross Roads	51BNW4	Fampoux	50° 18.303'N 2° 53.650'E	I13
Station de secours	4SE 3 & 4	Wenduyne	51° 16.506'N 3° 01.472'E	W19
Station des Francs	36NE2	Tourcoing	50° 43.263'N 3° 07.979'E	F3
Station du Quesnoy-s-Deule	36NE1	Quesnoy	50° 42.482'N 2° 59.691'E	D16
Station Farm	28NW2	St Julien	50° 53.471'N 2° 51.714'E	B12
Station Hotel	20SW4	Bixschoote	50° 54.870'N 2° 54.588'E	U22
Station House	28SW1	Kemmel	50° 46.897'N 2° 47.825'E	N19
Station Inn	36ANE3	Haverskerque	50° 39.781'N 2° 35.758'E	K14
Station Mill	20NE3	Zarren	51° 01.137'N 2° 57.627'E	J20
Station Quarry	57CSE2	Gonnelieu	50° 04.672'N 3° 08.173'E	R13
Station Wood	51BNW1	Roclincourt	50° 21.514'N 2° 48.522'E	B2
Station Yard	57DSE4	Ovillers	50° 00.439'N 2° 38.798'E	W28
Statuette Farm	20SW4	Bixschoote	50° 54.771'N 2° 52.134'E	T24
Stave House	28NE4	Dadizeele	50° 49.843'N 3° 08.903'E	L28
Stay Copse	20SE1	Staden	50° 58.610'N 3° 01.635'E	Q13
Ste. Barbe	28SE3	Comines	50° 44.250'N 3° 03.482'E	W21
Ste. Godeelive Formerly Convent	12SW2	Slype	51° 08.969'N 2° 55.624'E	O24
Ste. Hélène	36NE3	Perenchies	50° 39.460'N 3° 02.838'E	K20
Ste. Marguerite	28SE3	Comines	50° 44.394'N 3° 00.774'E	V23
Ste. Marie Cappel	27SE1	St Sylvestre	50° 47.034'N 2° 30.536'E	P19
Stealth Farm	28NE2	Moorslede	50° 54.307'N 3° 06.323'E	F1
Steam Mill	28NW2	St Julien	50° 53.837'N 2° 51.926'E	B6
Steam Mill	36ASE2	Lestrem	50° 36.513'N 2° 38.905'E	Q18
Steam Mill	36C(44A) NW2	Bauvin	50° 30.936'N 2° 51.829'E	B23
Steam Mill	27SE4	Meteren	50° 43.833'N 2° 43.179'E	X24
Steam Mill Near Pont de Boesinghe	28NW2	St Julien	50° 53.930'N 2° 51.910'E	B6
Steel Wood	66DNW1	Punchy	49° 48.871'N 2° 49.292'E	A12
Steel Works	36C(44A) NW4	Pont-à-Vendin	50° 29.517'N 2° 51.699'E	H11

Steen Akker	27SE2	Berthen	50° 48.532'N 2° 40.557'E	R2
Steendam Farm	20NW3	Lampernisse	51° 02.045'N 2° 44.099'E	3571
Steendam Mill	12SW2	Slype	51° 08.382'N 2° 55.593'E	O29
Steene	12NE2 & 4	Ostende	51° 12.103'N 2° 54.901'E	I17
Steene Mill	12NE2 & 4	Ostende	51° 12.290'N 2° 54.201'E	I16
Steenoven Inn	12NE2 & 4	Ostende	51° 11.494'N 2° 54.006'E	I22
Steenovenhoek	20SE4	Roulers	50° 56.012'N 3° 04.289'E	W10
Steentje	36ANE2	Vieux Berquin	50° 42.780'N 2° 43.521'E	F12
Steentje Cabt.	28NW1	Elverdinghe	50° 52.686'N 2° 46.599'E	A23
Steentje Mill Siding	28NW1	Elverdinghe	50° 52.638'N 2° 46.375'E	A23
Steentjs Windmill	28NW1	Elverdinghe	50° 52.690'N 2° 46.694'E	A23
Steenvoorde	27NE3	Winnezeele	50° 48.641'N 2° 34.946'E	K31
Steenvoorde Line Finish	27SE1	St Sylvestre	50° 48.631'N 2° 35.981'E	Q2
Steenvoorde Line Start	27SE1	St Sylvestre	50° 47.814'N 2° 35.215'E	P11
Steenwerck	36NW1	Steenwerck	50° 42.033'N 2° 46.654'E	A17
Steenyzer Cabt.	28SW2	Wytschaete	50° 47.116'N 2° 53.229'E	O20
Steighast Farm	28SW4	Ploegsteert	50° 45.853'N 2° 55.629'E	U5
Stein's Farm	27SE4	Meteren	50° 43.885'N 2° 41.722'E	X22
Stellar Cross	27SE4	Meteren	50° 44.319'N 2° 37.349'E	W16
Stellite Junhction	28NE4	Dadizeele	50° 51.263'N 3° 06.054'E	K12
Step Farm	36NW2	Armentieres	50° 42.354'N 2° 56.093'E	C17
Step Wood	62BSW2	Fonsommes	49° 52.641'N 3° 24.231'E	O35
Sterling Cas No 1	28NE3	Gheluvelt	50° 50.457'N 2° 57.526'E	J13
Sterling Cas No 2	28NE3	Gheluvelt	50° 50.550'N 2° 57.577'E	J13
Sterling Castle	28NE3	Gheluvelt	50° 50.463'N 2° 57.553'E	J13
Sterling Track	28NW4	Zillebeke	50° 50.103'N 2° 56.689'E	I24
Stern Farm	28NW1	Elverdinghe	50° 52.661'N 2° 49.629'E	B21
Stevens Farm	20SE4	Roulers	50° 56.542'N 3° 10.330'E	X6
Stickaert Farm	20SW3	Oostvleteren	50° 56.667'N 2° 46.768'E	M36
Sticker Farm	20SW3	Oostvleteren	50° 55.962'N 2° 48.283'E	T8
Stiffneck Corner	20SE4	Roulers	50° 54.852'N 3° 09.643'E	X29
Stink Inn	36ASE3	Gonnehem	50° 34.052'N 2° 36.221'E	W8
Stinking Farm	28SW4	Ploegsteert	50° 45.323'N 2° 52.676'E	U7
Stint Farm	28NE4	Dadizeele	50° 51.510'N 3° 06.161'E	K6
Stirling Copse	51CSE2	Beaumetz	50° 15.052'N 2° 41.574'E	R14
Stitch Farm	28NE2	Moorslede	50° 52.448'N 3° 07.871'E	F27
Stoat Cottage	27NE2	Proven	50° 51.814'N 2° 37.497'E	E28
Stobcross	28SE3	Comines	50° 45.344'N 2° 59.421'E	V9
Stocking Farm	28NE2	Moorslede	50° 53.406'N 3° 05.668'E	E18
Stockweed Farm	20SE2	Hooglede	50° 58.514'N 3° 07.893'E	R15
Stoic Farm	27SE4	Meteren	50° 45.350'N 2° 40.444'E	X2
Stoke Farm	20SE3 & 28NE1-3	Poelcappelle	50° 54.154'N 2° 57.925'E	D2
Stoke Farm	28NE1	Zonnebeke	50° 54.156'N 2° 57.927'E	D2
Stone Farm	28NE3	Gheluvelt	50° 49.822'N 2° 59.765'E	J28
Stone Mill	57BSW4	Serain	50° 02.456'N 3° 24.500'E	U12
Stonebow Corner	20SE4	Roulers	50° 56.272'N 3° 05.692'E	W12
Stonecross Corner	20SE2	Hooglede	50° 57.860'N 3° 03.706'E	Q21
Stoneham Farm	20SE2	Hooglede	50° 57.505'N 3° 04.315'E	Q28
Stooge Farm	27SE1	St Sylvestre	50° 46.569'N 2° 31.570'E	P27
Stook Bridge	20SE1	Staden	50° 57.846'N 2° 59.754'E	P22
Stook Farm	12NE1	Clemskerke	51° 14.371'N 3° 00.940'E	E19
Stoomtuig	20SE2	Hooglede	50° 58.915'N 3° 07.087'E	R8
Stop Farm	28NE2	Moorslede	50° 52.050'N 3° 06.047'E	E30
Store Farm	28SW2	Wytschaete	50° 46.682'N 2° 51.160'E	N29
Storesby Fork	20SE4	Roulers	50° 57.151'N 3° 10.296'E	R25
Stork Farm	20SW2	Zwartegat	50° 57.310'N 2° 51.587'E	N30
Storknest Cross Roads	20SE2	Hooglede	50° 57.837'N 3° 05.346'E	Q24
Stoughton Farm	28NE4	Dadizeele	50° 50.266'N 3° 04.419'E	K22
Stout Wood	28NE3	Gheluvelt	50° 49.877'N 2° 58.312'E	J26
Stow Farm	20SE4	Roulers	50° 55.154'N 3° 05.101'E	W23
Stowaway Fork	28NE2	Moorslede	50° 54.317'N 3° 03.852'E	E3
Straffer's Nest	28SW4	Ploegsteert	50° 44.570'N 2° 53.418'E	U14

Stragiers Farm	20SE4	Roulers	50° 54.685'N 3° 09.168'E	X28
Strahan Farm	20SE3	Westroosebeke	50° 54.709'N 3° 02.783'E	W26
Strand Farm	12NE1	Clemskerke	51° 14.091'N 3° 01.479'E	E19
Stranger Farm	20SE4	Roulers	50° 56.597'N 3° 05.808'E	W6
Stranger Farm	20SE4	Roulers	50° 56.773'N 3° 06.657'E	X1
Strassaert Farm	12SW3	Ramscappelle	51° 07.431'N 2° 45.841'E	M35
Strathblane Buildings	28SE3	Comines	50° 44.158'N 2° 58.534'E	V20
Strauss Farm	20SW2	Zwartegat	50° 59.024'N 2° 53.776'E	O9
Straw Farm	20SW2	Zwartegat	50° 58.301'N 2° 50.331'E	N16
Strawberry House	36SW2	Radinghem	50° 37.986'N 2° 53.168'E	O1
Stray Copse No 1	62CSE1	Bouvincourt	49° 54.924'N 3° 02.373'E	P5
Stray Copse No 2	62CSE1	Bouvincourt	49° 54.881'N 3° 02.497'E	P6
Stray Farm	28NW2	St Julien	50° 53.995'N 2° 53.805'E	C3
Strazeele	27SE4	Meteren	50° 43.627'N 2° 37.938'E	W29
Streaky Bacon Farm	36NW4	Bois Grenier	50° 39.725'N 2° 52.073'E	H18
Strict Buildings	28NE2	Moorslede	50° 52.395'N 3° 06.220'E	E30
String Farm	12NE1	Clemskerke	51° 13.883'N 3° 00.748'E	D30
String Houses	20SE3 & 28NE1-3	Poelcappelle	50° 55.421'N 2° 57.364'E	V13
Strollers Cross Roads	20SE1	Staden	50° 57.723'N 2° 59.916'E	P29
Stromkebrug	28SE1	Wervicq	50° 46.918'N 2° 57.843'E	P26
Stromkebrug	28SW2	Wytschaete	50° 46.906'N 2° 57.900'E	P26
Strone House	28SE3	Comines	50° 45.114'N 2° 59.631'E	V10
Strong Farm	36C(44A) NW1	LaBassee	50° 32.334'N 2° 47.151'E	A5
Stroo Farm	28NE2	Moorslede	50° 51.775'N 3° 05.509'E	K6
Strooiboomhoek	28NE2	Moorslede	50° 51.777'N 3° 04.774'E	K4
Stroomken	20SE4	Roulers	50° 55.943'N 3° 10.083'E	X12
Stroppe Farm	20SE3 & 28NE1-3	Poelcappelle	50° 53.885'N 2° 57.330'E	D1
Stroppe Farm	28NE1	Zonnebeke	50° 53.885'N 2° 57.340'E	D1
Strovendorp	20SW2	Zwartegat	50° 58.524'N 2° 54.316'E	O15
Stuart Camp	51BNW3	Arras	50° 17.796'N 2° 44.522'E	G13
Stubble Farm	12NE1	Clemskerke	51° 13.792'N 3° 00.440'E	D30
Stucco House	20SE3	Westroosebeke	50° 56.740'N 3° 00.961'E	V6
Student Cross Roads	28NE2	Moorslede	50° 54.042'N 3° 09.295'E	F4
Stumer Farm	27SE1	St Sylvestre	50° 46.471'N 2° 32.824'E	P28
Stump Farm	28NE2	Moorslede	50° 53.920'N 3° 05.137'E	E11
Sturdee	28NW2	St Julien	50° 52.000'N 2° 56.439'E	C30
Sturton House	20SE4	Roulers	50° 54.773'N 3° 04.634'E	W29
Stylo Farm	12NE1	Clemskerke	51° 14.501'N 2° 58.566'E	D15
Stymie Farm	20SE1	Staden	50° 58.056'N 3° 01.688'E	Q19
Styvekenskerke	20NW1	Nieuport	51° 04.623'N 2° 49.478'E	4176
Styx House	28NW4	Ypres	50° 51.217'N 2° 50.180'E	H10
Suakim Farm	28SW1	Kemmel	50° 48.440'N 2° 46.076'E	M4
Subalton Hill	62BSW4	Homblieres	49° 52.167'N 3° 23.162'E	U4
Subalton Wood	62BSW4	Homblieres	49° 52.442'N 3° 23.082'E	O33
Submarine Shelter	12NE3	Oudenburg	51° 13.085'N 2° 56.850'E	J1
Submarine Slips	12NE2 & 4	Ostende	51° 13.930'N 2° 55.719'E	C30
Suburb Villas	28SW2	Wytschaete	50° 47.671'N 2° 57.990'E	P14
Suburb Villas	28SE1	Wervicq	50° 47.874'N 2° 57.989'E	P14
Suez Farm	20SW4	Bixschoote	50° 56.170'N 2° 55.901'E	U11
Suez Farm Post	20SW4	Bixschoote	50° 55.145'N 2° 55.918'E	U11
Sugar Factory	36B(44B) SE4	Carency	50° 23.477'N 2° 43.719'E	X11
Sugar Factory	36C(44A) NW1	LaBassee	50° 30.533'N 2° 49.579'E	B26
Sugar Factory	36SW4	Sainghin	50° 33.828'N 2° 52.001'E	T17
Sugar Factory	51BNW1	Roclincourt	50° 20.819'N 2° 50.953'E	B16
Sugar Factory	51BSW1	Neuville Vitasse	50° 14.549'N 2° 49.315'E	N19
Sugar Factory	51BSW3	Boisleux	50° 12.220'N 2° 48.683'E	S18
Sugar Factory	57BNW3	Rumilly	50° 06.815'N 3° 12.934'E	G27
Sugar Factory	57BSW3	Honnecourt	50° 01.731'N 3° 17.182'E	T14
Sugar Factory	57CNW2	Vaulx-Vraucourt	50° 09.325'N 2° 53.518'E	B24
Sugar Factory	57CNW3	Bapaume	50° 06.468'N 2° 50.917'E	H27
Sugar Factory	57CSW2	Villers-Au-Flos	50° 03.963'N 2° 53.387'E	N24
Sugar Factory	57CSW3	Longueval	50° 01.242'N 2° 48.819'E	S18

Sugar Factory	57DNE3+4	Hebuterne	50° 05.651'N 2° 37.551'E	K32
Sugar Factory	62BNW3	Bellicourt	49° 57.338'N 3° 16.082'E	G12
Sugar Factory	62BSW2	Fonsommes	49° 53.365'N 3° 18.884'E	N22
Sugar Factory	62BSW3	St. Quentin	49° 49.809'N 3° 16.528'E	T25
Sugar Factory	62CNE4	Roisel	49° 55.167'N 3° 07.320'E	K36
Sugar Factory	62CNW4	Peronne	49° 55.542'N 2° 54.537'E	I25
Sugar Factory	62CSE2	Vermand	49° 54.855'N 3° 05.567'E	Q4
Sugar Factory	62CSE3	Athies	49° 49.861'N 3° 01.378'E	V28
Sugar Factory	62CSW1	Dompierre	49° 54.218'N 2° 47.416'E	M10
Sugar Factory	62CSW3	Vermandovillers	49° 50.995'N 2° 50.289'E	T7
Sugar Factory	66CNW4	Berthenicourt	49° 45.059'N 3° 24.099'E	I17
Sugar Factory	66CSW2	Vendeuil	49° 42.571'N 3° 23.029'E	O21
Sugar Factory	66DNW1	Punchy	49° 48.493'N 2° 48.209'E	A17
Sugar Factory	66DNW4	Nesle	49° 46.706'N 2° 54.854'E	I1
Sugar Factory	66ENE2	Vrely	49° 48.680'N 2° 43.224'E	F9
Sugar Factory Destroyed	62CNW4	Peronne	49° 56.463'N 2° 56.438'E	I16
Sugar Refinery	28SW4	Ploegsteert	50° 44.613'N 2° 55.128'E	U17
Sugar Refinery	66DNW3	Hattencourt	49° 46.069'N 2° 47.069'E	G9
Sugar Refinery	70DNW2	Servais	49° 38.069'N 3° 24.661'E	C17
Sully Farm	20SW2	Zwartegat	50° 57.547'N 2° 52.614'E	O25
Sultan Farm	28NE2	Moorslede	50° 53.356'N 3° 04.920'E	E17
Summer Farm	36ANE1	Morbecque	50° 42.785'N 2° 35.665'E	E2
Summer House	28NW2	St Julien	50° 51.621'N 2° 53.254'E	I2
Summer House	28SW3	Bailleul	50° 44.544'N 2° 48.919'E	T14
Summer Rill	51BSW4	Bullecourt	50° 13.274'N 2° 55.400'E	U3
Summit Copse	62CNW1	Maricourt	49° 57.836'N 2° 50.205'E	H2
Sump Farm	28SW3	Bailleul	50° 45.984'N 2° 43.687'E	M31
Sun Cross Roads	20SE4	Roulers	50° 55.430'N 3° 08.104'E	X15
Sun Quarry	51BSW4	Bullecourt	50° 13.648'N 2° 55.295'E	O33
Sunbeam Cottage	27NE2	Proven	50° 52.907'N 2° 42.502'E	F16
Sunburst Buildings	28SE1	Wervicq	50° 46.750'N 2° 59.188'E	P27
Sunburst Buildings	28SW2	Wytschaete	50° 46.750'N 2° 59.196'E	P27
Sunken Copse	62CSE1	Bouvincourt	49° 52.905'N 2° 59.848'E	P26
Sunken Farm	28SW4	Ploegsteert	50° 44.974'N 2° 55.855'E	U11
Sunken Road	28SW2	Wytschaete	50° 47.684'N 2° 52.276'E	N18
Sunny Copse	62CSW4	St. Christ	49° 50.726'N 2° 57.243'E	O17
Sunshine Corner	28NE4	Dadizeele	50° 50.494'N 3° 06.769'E	L19
Sup Farm	20SE2	Hooglede	50° 57.710'N 3° 09.056'E	R28
Super Cross Roads	28NE2	Moorslede	50° 53.446'N 3° 06.865'E	F13
Supper Farms	28SW1	Kemmel	50° 47.137'N 2° 48.204'E	N19
Supply Depot By Daly's Cross Roads	20SE4	Roulers	50° 54.635'N 3° 04.884'E	W29
Supply Depot N of Vier Crossing	20SE4	Roulers	50° 54.651'N 3° 04.000'E	W28
Supply Depot NW from Mavis Farm	20SE2	Hooglede	50° 59.805'N 3° 07.172'E	R2
Supply Depot W from Tiger House	12SW1	Nieuport	51° 09.715'N 2° 45.397'E	M11
Supply Dump Adjacent to River Bridge	12NE2 & 4	Ostende	51° 10.716'N 2° 52.701'E	I32
Supply Dump Between Stroven & Theis Farm	20SW2	Zwartegat	50° 58.557'N 2° 54.741'E	O16
Supply Dump By Carrefour Richelieu	20SW4	Bixschoote	50° 56.894'N 2° 55.495'E	O35
Supply Dump By end of Branch Line	12NW3 & 4	Middlekerke	51° 12.434'N 2° 51.704'E	I7
Supply Dump By Hille Mill	20NE3	Zarren	51° 00.181'N 3° 01.826'E	K31
Supply Dump By Rly Sidings Middlekerke	12NW3 & 4	Middlekerke	51° 11.211'N 2° 49.395'E	H28
Supply Dump E of Cortyriendt Chateau	20SW4	Bixschoote	50° 56.993'N 2° 56.461'E	O36
Supply Dump E of Deuillet	70DNW2	Servais	49° 37.886'N 3° 22.414'E	C14
Supply Dump E of Spriet	20SE3	Westroosebeke	50° 55.503'N 2° 59.629'E	V16
Supply Dump E of Station	20NE3	Zarren	51° 01.461'N 3° 02.843'E	K14
Supply Dump E of Station Mill	20NE3	Zarren	51° 01.127'N 2° 57.571'E	J20
Supply Dump In Buidings W of Road	62BSW3	St. Quentin	49° 49.977'N 3° 18.356'E	T27
Supply Dump In Triangle by Canal Bridge	62BSW3	St. Quentin	49° 50.427'N 3° 17.836'E	T21
Supply Dump N of Zarren	20NE3	Zarren	51° 01.194'N 2° 57.353'E	J19
Supply Dump Near Brickfield	62BSW3	St. Quentin	49° 50.372'N 3° 16.577'E	T19
Supply Dump Near Corner House	12NW3 & 4	Middlekerke	51° 11.853'N 2° 51.016'E	H24
Supply Dump Near Poachers Farm	12NW3 & 4	Middlekerke	51° 11.937'N 2° 51.197'E	H18
Supply Dump Next to Destroyed Rly	20SW4	Bixschoote	50° 56.942'N 2° 55.771'E	O35

Supply Dump Next to Sid ings	62BSW3	St. Quentin	49° 50.211'N 3° 17.614'E	T26
Supply Dump NW of Morins Farm	20NE3	Zarren	51° 00.035'N 2° 56.774'E	J31
Supply Dump S of Scramble X Rds	20NE3	Zarren	51° 01.964'N 3° 02.465'E	K8
Supply Dump x 2 Mariakerke	12NE2 & 4	Ostende	51° 12.883'N 2° 52.111'E	I8
Support Copse	62CNW1	Maricourt	49° 58.777'N 2° 48.731'E	A24
Surbiton Villas	28NE3	Gheluvelt	50° 50.703'N 2° 57.568'E	J13
Surcouff Farm	20SW4	Bixschoote	50° 56.542'N 2° 54.600'E	U4
Surcouff Wood	20SW4	Bixschoote	50° 56.602'N 2° 54.816'E	U4
Surf House	12NW3 & 4	Middlekerke	51° 11.403'N 2° 49.739'E	H22
Surfleet House	20SE4	Roulers	50° 55.113'N 3° 05.303'E	W23
Surgeon Fork	28NE2	Moorslede	50° 53.128'N 3° 09.545'E	F17
Surrey Camp	28NW3	Poperinghe	50° 48.840'N 2° 49.060'E	H32
Surrey Crossing	20SE2	Hooglede	50° 58.701'N 3° 07.389'E	R14
Surrey Farm	28NE3	Gheluvelt	50° 49.957'N 2° 57.782'E	J20
Susan Farm	27NE2	Proven	50° 52.754'N 2° 37.036'E	E16
Sussex Bridge	20SE2	Hooglede	50° 59.673'N 3° 07.294'E	R2
Sutton Farm	27SE2	Berthen	50° 47.145'N 2° 42.097'E	R22
Suvla Wood	28SW1	Kemmel	50° 47.761'N 2° 45.765'E	M16
Suzanne	62CNW3	Vaux	49° 56.982'N 2° 45.896'E	G8
Swab Farm	36NW1	Steenwerck	50° 41.106'N 2° 45.527'E	A27
Swagger Farm	28NE3	Gheluvelt	50° 49.756'N 2° 58.065'E	J27
Swaine House	28NE4	Dadizeele	50° 49.701'N 3° 05.199'E	K29
Swallow Farm	20SE2	Hooglede	50° 59.622'N 3° 07.436'E	R2
Swan Chateau	28NW4	Zillebeke	50° 50.030'N 2° 52.408'E	I19
Swan Copse	66CNW4	Berthenicourt	49° 45.670'N 3° 23.186'E	I21
Swan Cross Roads	28NE2	Moorslede	50° 52.606'N 3° 04.494'E	E22
Swanage Farm	27SE2	Berthen	50° 48.163'N 2° 38.859'E	Q12
Swank Farm	27NE1	Herzeele	50° 51.723'N 2° 35.032'E	E25
Swanley Junction	28NE4	Dadizeele	50° 50.258'N 3° 10.266'E	L24
Swansston Farm	20SE1	Staden	50° 59.132'N 3° 02.413'E	Q8
Swanston Cross Roads	28NE4	Dadizeele	50° 51.533'N 3° 07.406'E	L2
Swap Farm	36NW1	Steenwerck	50° 42.133'N 2° 47.846'E	A18
Swartenbrouck	36ANE1	Morbecque	50° 41.826'N 2° 36.146'E	E14
Swaynes Farm	28SW4	Ploegsteert	50° 46.165'N 2° 53.688'E	O32
Sweat Farm	36NW1	Steenwerck	50° 41.148'N 2° 44.502'E	A26
Swede Farm	20SE2	Hooglede	50° 59.245'N 3° 10.292'E	R12
Sweep Cottage	28NE2	Moorslede	50° 52.381'N 3° 05.717'E	E30
Swell Farm	28NE2	Moorslede	50° 52.487'N 3° 04.663'E	E22
Swelter Farm	27SE1	St Sylvestre	50° 47.156'N 2° 33.593'E	P17
Swiftsure Farm	20SE3	Westroosebeke	50° 56.449'N 3° 02.504'E	W2
Swilcan Farm	20SE1	Staden	50° 58.244'N 3° 02.045'E	Q19
Swill Farm	36NW1	Steenwerck	50° 40.913'N 2° 44.124'E	G2
Swilly Row	27NE2	Proven	50° 53.776'N 2° 39.440'E	F1
Swindleboom Camp	28NW4	Ypres	50° 50.508'N 2° 50.160'E	H16
Swindon	28NW2	St Julien	50° 52.361'N 2° 50.805'E	B23
Swindon	28SW1	Kemmel	50° 46.180'N 2° 47.398'E	M36
Swindon Camp	28SW3	Bailleul	50° 44.001'N 2° 43.613'E	S19
Swing Bridge	36ANE3	Haverskerque	50° 39.557'N 2° 36.952'E	K15
Swing Bridge	51BNE1	Brébières	50° 20.163'N 3° 02.966'E	E19
Swing Bridge	51BNE1	Brébières	50° 19.383'N 3° 04.295'E	K3
Swingbridge	36ANE1	Morbecque	50° 41.124'N 2° 34.137'E	D30
Swipe Farm	20SE2	Hooglede	50° 57.937'N 3° 08.818'E	R22
Swiss Cottage	62BNW4	Ramicourt	49° 57.620'N 3° 18.834'E	H10
Swiss Farm	28NE2	Moorslede	50° 52.205'N 3° 04.198'E	E28
Swivel Copse	28SW1	Kemmel	50° 47.369'N 2° 44.352'E	M14
Swivel Cottage	28SW1	Kemmel	50° 47.316'N 2° 44.618'E	M15
Swivel Cottages	36NW1	Steenwerck	50° 41.198'N 2° 43.986'E	A25
Swynstael	27SE4	Meteren	50° 43.843'N 2° 43.270'E	X24
Sycomores Wood	62BSW1	Gricourt	49° 54.241'N 3° 15.352'E	M11
t' Goed ter Vesten Farm	20SE3 & 28NE1-3	Poelcappelle	50° 55.303'N 2° 55.874'E	U17
Taaze Wood	20SE2	Hooglede	50° 59.486'N 3° 10.156'E	R6
Tabacco Factory	36B(44B) NE2	Beuvry	50° 31.468'N 2° 38.863'E	E17

Table Wood	28NE1	Zonnebeke	50° 52.642'N 3° 01.061'E	D24
Tackle Bridge	36ANE1	Morbecque	50° 42.201'N 2° 33.671'E	D17
Tad Farm	28NW1	Elverdinghe	50° 52.635'N 2° 43.410'E	A19
Tadpole Copse	57CNE1	Queant	50° 09.868'N 3° 02.741'E	D18
Taffin Farm	28SW2	Wytschaete	50° 46.842'N 2° 50.481'E	N28
Taffrail Farm	28SW1	Kemmel	50° 48.710'N 2° 45.984'E	M4
Taffy Farm	36NW1	Steenwerck	50° 41.750'N 2° 50.372'E	B22
Tag Mill	20SW2	Zwartegat	50° 59.627'N 2° 52.183'E	O1
Tailings Mill	28NE2	Moorslede	50° 54.121'N 3° 08.534'E	F3
Tailor's Crossing	28SE3	Comines	50° 45.426'N 3° 00.246'E	V11
Talana Farm	28NW2	St Julien	50° 52.981'N 2° 51.806'E	B18
Talana Hill	62BSW1	Gricourt	49° 54.200'N 3° 17.046'E	N14
Talana Wood	62BSW1	Gricourt	49° 54.300'N 3° 16.700'E	N7
Talbot Farm	28NW1	Elverdinghe	50° 53.110'N 2° 44.156'E	A14
Tale House	28NE4	Dadizeele	50° 51.161'N 3° 03.998'E	K10
Tallow Copse	28SW1	Kemmel	50° 47.309'N 2° 44.159'E	M15
Tallow Farm	28SW1	Kemmel	50° 47.323'N 2° 45.234'E	M15
Tally Farm	36NW1	Steenwerck	50° 41.567'N 2° 44.949'E	A21
Talus Boisé	62CNW1	Maricourt	49° 59.429'N 2° 46.417'E	A9
Talus Wood	62CSW1	Dompierre	49° 53.789'N 2° 47.055'E	M15
Tamar Farms	27SE2	Berthen	50° 48.483'N 2° 38.493'E	Q6
Tamil Farm	28NE4	Dadizeele	50° 49.530'N 3° 09.221'E	L34
Tamworth	28NW2	St Julien	50° 53.422'N 2° 52.608'E	C7
Tandy Farm	36NW1	Steenwerck	50° 41.846'N 2° 48.807'E	B20
Tangle House	36NW1	Steenwerck	50° 41.386'N 2° 44.533'E	A27
Tango Buildings	28SW1	Kemmel	50° 47.851'N 2° 44.526'E	M8
Tank	28NW2	St Julien	50° 54.191'N 2° 56.471'E	C6
Tank	28NW2	St Julien	50° 53.834'N 2° 56.565'E	C12
Tank Road	36ANE3	Haverskerque	50° 39.616'N 2° 35.727'E	K14
Tankard Farm	36ANE3	Haverskerque	50° 40.203'N 2° 36.874'E	K9
Tanks	28NW2	St Julien	50° 53.778'N 2° 56.308'E	C12
Tannery	36ANE1	Morbecque	50° 42.993'N 2° 32.459'E	D4
Tannery	36ANE1	Morbecque	50° 42.805'N 2° 32.819'E	D4
Tannery	36C(44A) NW1	LaBassee	50° 32.052'N 2° 48.701'E	B7
Tannery	36SE1	Haubourdin	50° 36.688'N 2° 59.827'E	P16
Tannery	36SE1	Haubourdin	50° 36.037'N 2° 59.153'E	P27
Tap Farm	20SE4	Roulers	50° 54.706'N 3° 08.895'E	X28
Tapir Farm	27NE2	Proven	50° 52.066'N 2° 37.205'E	E28
Tapley House	28SW1	Kemmel	50° 48.011'N 2° 44.612'E	M9
Tara Hill	57DSE4	Ovillers	50° 00.706'N 2° 40.787'E	W24
Tara Valley	57DSE4	Ovillers	50° 00.363'N 2° 40.213'E	W30
Tarants Cross Roads	20SE1	Staden	50° 57.890'N 2° 58.108'E	P20
Tarenca Farm	20SE1	Staden	50° 59.191'N 2° 56.956'E	P7
Targelle Ravine	57CSE4	Villers-Guislain	50° 01.649'N 3° 10.183'E	X16
Targelle Valley	57CSE4	Villers-Guislain	50° 01.400'N 3° 10.366'E	X21
Tarlini House	20SW2	Zwartegat	50° 59.111'N 2° 54.861'E	O10
Tarrytown	62CSW4	St. Christ	49° 50.525'N 2° 57.840'E	O23
Tarsus Farm	28NE2	Moorslede	50° 52.569'N 3° 07.484'E	F20
Tassche	20SE2	Hooglede	50° 57.545'N 3° 10.102'E	R30
Tattenham Corner	12NW3 & 4	Middlekerke	51° 10.525'N 2° 49.794'E	H34
Tattenham Corner	28NW1	Elverdinghe	50° 53.427'N 2° 45.592'E	A7
Tattersall	12NW3 & 4	Middlekerke	51° 10.745'N 2° 49.606'E	H34
Taube House	20SE3	Westroosebeke	50° 55.005'N 2° 57.065'E	V7
Taunton	28NW2	St Julien	50° 52.138'N 2° 52.137'E	B30
Tausse Farm	28SE1	Wervicq	50° 46.868'N 3° 03.243'E	Q26
Tavistock House	28NW1	Elverdinghe	50° 51.583'N 2° 48.286'E	H1
Taxi Farm	36ANE3	Haverskerque	50° 39.927'N 2° 36.712'E	K9
Taylor Siding	28NW4	Zillebeke	50° 50.933'N 2° 54.462'E	I9
Taylors Farm	20SE2	Hooglede	50° 57.902'N 3° 07.871'E	R21
Tea Farm	28SW4	Ploegsteert	50° 46.027'N 2° 50.489'E	N34
Teak Farm	27NE2	Proven	50° 51.897'N 2° 40.293'E	F26
Teak Wood	27NE2	Proven	50° 52.052'N 2° 40.164'E	F26

Teal Copse	62BSW1	Gricourt	49° 54.049'N 3° 17.871'E	N15
Teall Cottage	20SE3	Westroosebeke	50° 54.698'N 3° 01.164'E	V30
Tees Farm	27SE2	Berthen	50° 47.661'N 2° 38.184'E	Q17
Teetotal Corner	36SW3	Richebourg	50° 33.919'N 2° 45.190'E	S15
Telegraph Farm	20NE3	Zarren	51° 00.674'N 2° 59.254'E	J28
Telegraph Hill	51BSW1	Neuville Vitasse	50° 15.852'N 2° 48.787'E	N7
Telegraph House	28NW2	St Julien	50° 53.963'N 2° 52.744'E	C1
Telemaque Farm	20NE3	Zarren	51° 01.273'N 3° 01.570'E	K13
Telephone Exchange	36SW2	Radinghem	50° 37.166'N 2° 54.483'E	O9
Telephone Exchange	36SW3	Richebourg	50° 33.353'N 2° 47.374'E	S23
Telephone House	20SW4	Bixschoote	50° 56.149'N 2° 52.080'E	U6
Telephone House	51BNW2	Oppy	50° 21.932'N 2° 56.671'E	C5
Telford Farm	28NE4	Dadizeele	50° 51.586'N 3° 06.700'E	L1
Temar Farm	28NW1	Elverdinghe	50° 53.775'N 2° 49.152'E	B3
Tempelaer Mill	20SW3	Oostvleteren	50° 54.687'N 2° 45.689'E	S22
Tempelhof Farm	12SW2	Slype	51° 08.419'N 2° 50.510'E	N29
Temper Farm	28SW3	Bailleul	50° 43.424'N 2° 44.845'E	S27
Tempest Cross Roads	20NE3	Zarren	51° 00.435'N 3° 00.460'E	J29
Temple Bar	36SW1	Aubers	50° 37.129'N 2° 47.435'E	M12
Templemars	36SE3	Seclin	50° 34.319'N 3° 03.265'E	W8
Templeux le-Guérard	62CNE2	Epéhy	49° 57.959'N 3° 08.955'E	L2
Templeux Wood	62CNE2	Epéhy	49° 58.192'N 3° 07.764'E	F25
Templeux-la-Fosse	62CNE1	Liéramont	49° 58.010'N 3° 01.452'E	D28
Templeux-le-Guérard	62CNE4	Roisel	49° 57.771'N 3° 08.907'E	L2
Ten Elms Camp	28NW1	Elverdinghe	50° 51.796'N 2° 43.335'E	A25
Tenant Farm	28NE2	Moorslede	50° 52.800'N 3° 10.288'E	F24
Tenbrielen	28SE1	Wervicq	50° 47.612'N 3° 00.210'E	P17
Tenbrielen	28SW2	Wytschaete	50° 47.614'N 3° 00.205'E	P17
Tenbrielen Mill	28SE1	Wervicq	50° 47.482'N 3° 00.224'E	P17
Tender Farm	27NE2	Proven	50° 51.954'N 2° 41.207'E	F27
Tendon Farm	28NW3	Poperinghe	50° 50.834'N 2° 45.752'E	G10
Tendril Farm	28SE4	Ronq	50° 46.010'N 3° 10.006'E	X5
Tenessee	27NE3	Winnezeele	50° 49.279'N 2° 33.210'E	J29
Tenet Farm	36ANE4	Merville	50° 38.408'N 2° 39.176'E	K30
Tengaate Bridge	20NE3	Zarren	51° 01.678'N 2° 57.234'E	J13
Tenner Farm	36ANE1	Morbecque	50° 42.665'N 2° 31.095'E	D8
Tennis Farm	20SE4	Roulers	50° 56.869'N 3° 04.239'E	Q34
Tent Peg Copse	20SE4	Roulers	50° 54.954'N 3° 05.446'E	W23
Tent Wood	20SE3	Westroosebeke	50° 54.764'N 3° 03.114'E	W27
Teofrani Crossing	28NE4	Dadizeele	50° 50.930'N 3° 07.338'E	L14
Terdeghem	27SE1	St Sylvestre	50° 47.925'N 2° 32.364'E	P10
Terhand	28NE3	Gheluvelt	50° 50.546'N 3° 03.552'E	K15
Terhill Farm	11SE4	No Edition 0617	51° 06.916'N 2° 41.823'E	X5
Tern Farm	36ANE2	Vieux Berquin	50° 42.161'N 2° 38.319'E	E17
Terrapin House	36ANE2	Vieux Berquin	50° 43.201'N 2° 41.195'E	F3
Terre Neuve	62BSW4	Homblieres	49° 51.299'N 3° 22.062'E	U8
Terrest	20SE1	Staden	50° 59.294'N 2° 57.466'E	P1
Terreur Farm	20NW4	Dixmunde	51° 01.907'N 2° 53.492'E	I9
Terrier Farm	20SE3	Westroosebeke	50° 54.641'N 2° 57.835'E	V26
Terrier Farm	20SE3 & 28NE1-3	Poelcappelle	50° 54.639'N 2° 57.831'E	V26
Terrière Wood	57BSW3	Honnecourt	50° 02.123'N 3° 14.105'E	S10
Terse Farm	20NE3	Zarren	51° 00.585'N 3° 01.959'E	K25
Terstille Farm	12SW3	Ramscappelle	51° 07.268'N 2° 47.808'E	T1
Tertry	62CSE3	Athies	49° 51.734'N 3° 04.230'E	W2
Tetard	12SW1	Nieuport	51° 09.415'N 2° 49.096'E	N1
Tétard Wood	62CNE2	Epéhy	50° 00.395'N 3° 08.587'E	F2
Tete Houx	70DNW4	St. Gobain	49° 33.718'N 3° 24.244'E	I35
Tetleys Farm	28NE4	Dadizeele	50° 50.640'N 3° 05.595'E	K18
Teviot Farm	28SW3	Bailleul	50° 43.777'N 2° 43.671'E	S25
Tewyn Farm	27SE4	Meteren	50° 43.519'N 2° 37.404'E	W28
Texas Farm	36ANE1	Morbecque	50° 42.433'N 2° 31.991'E	D9
Text Farm	28NE2	Moorslede	50° 52.609'N 3° 06.426'E	F19

Name	Map	Location	Coordinates	Grid
Thais Farm	20SW2	Zwartegat	50° 58.591'N 2° 54.878'E	O16
Thames	28NE1	Zonnebeke	50° 52.773'N 2° 59.734'E	D22
Thames Wood	28NE1	Zonnebeke	50° 52.656'N 2° 59.715'E	D22
Thanet Farm	12NE3	Oudenburg	51° 11.819'N 2° 57.086'E	J20
Thanet Mill	28SE2	Menin	50° 48.403'N 3° 10.568'E	R12
Thann Cross Roads	20SE1	Staden	50° 57.243'N 2° 57.505'E	P31
Thatch Barn	28NW4	Zillebeke	50° 51.299'N 2° 55.355'E	I10
Thatched Cottage	28SW4	Ploegsteert	50° 44.794'N 2° 52.375'E	T18
Thatched Cottage	28SW4	Ploegsteert	50° 44.879'N 2° 55.075'E	U16
Thatched House	28NW2	St Julien	50° 53.943'N 2° 52.392'E	C1
The "Z"	57DNE 1&2	Fonquevillers	50° 09.119'N 2° 39.261'E	E23
The "Z"	57DNE2	Essarts	50° 09.119'N 2° 39.261'E	E23
The Askews	27NE3	Winnezeele	50° 50.066'N 2° 34.792'E	K19
The Aspens	27NE3	Winnezeele	50° 49.744'N 2° 32.659'E	J22
The Bailiffs	12NE2 & 4	Ostende	51° 12.474'N 2° 52.182'E	I7
The Bakery	28SW4	Ploegsteert	50° 44.835'N 2° 53.440'E	U14
The Barn	36ASE1	St. Venant	50° 35.854'N 2° 36.558'E	Q27
The Barracks	57CSE2	Gonnelieu	50° 04.043'N 3° 09.698'E	R21
The Better Ole	36ASE1	St. Venant	50° 37.669'N 2° 34.559'E	P6
The Birdgage	36NW4	Bois Grenier	50° 38.555'N 2° 53.337'E	I31
The Blockhouse	51CSE3	Ransart	50° 13.252'N 2° 41.766'E	X2
The Bombardier	12SW1	Nieuport	51° 09.400'N 2° 45.405'E	M11
The Bowery	57DSE1 & 2	Beaumont	50° 05.163'N 2° 38.305'E	Q3
The Brewery	36NW4	Bois Grenier	50° 39.052'N 2°52.449'E	H30
The Brick Kilns	12NW3 & 4	Middlekerke	51° 12.022'N 2° 51.933'E	I13
The Brick Stacks	12SW1	Nieuport	51° 08.037'N 2° 46.320'E	M30
The Cabin	28NE4	Dadizeele	50° 49.408'N 3° 09.960'E	L35
The Caillou	36NW2	Armentieres	50° 43.377'N 2° 50.866'E	B4
The Catapult	27SE1	St Sylvestre	50° 46.643'N 2° 30.363'E	P19
The Caterpillar	28NW4	Zillebeke	50° 49.281'N 2° 55.298'E	I35
The Cellers	28SW4	Ploegsteert	50° 44.833'N 2° 52.655'E	U13
The Chapel	28NE1	Zonnebeke	50° 51.642'N 2° 57.360'E	J1
The Chesnuts	12SW1	Nieuport	51° 09.159'N 2° 46.966'E	M18
The Circle	36ANE2	Vieux Berquin	50° 41.628'N 2° 38.575'E	E23
The Citadel	36NE3	Perenchies	50° 38.463'N 3° 02.686'E	K31
The Clinkers	27NE3	Winnezeele	50° 49.306'N 2° 34.717'E	K25
The Clusters	28NE3	Gheluvelt	50° 49.037'N 2° 57.023'E	J31
The Cockcroft	20SE3 & 28NE1-3	Poelcappelle	50° 54.183'N 2° 56.136'E	C6
The Cockcroft	28NW2	St Julien	50° 54.168'N 2° 56.136'E	C6
The Cottages	62BSW3	St. Quentin	49° 51.978'N 3° 14.057'E	S4
The Crucifix	57DSE4	Ovillers	50° 00.517'N 2° 43.266'E	X28
The Culvert	28NW4	Zillebeke	50° 50.811'N 2° 56.226'E	I18
The Cutting	28NE3	Gheluvelt	50° 49.599'N 2° 57.646'E	J25
The Cutting	57DSE4	Ovillers	50° 01.505'N 2° 44.055'E	X17
The Dingle	57DSE4	Ovillers	50° 00.633'N 2° 42.822'E	X27
The Divers	12NE2 & 4	Ostende	51° 11.954'N 2° 52.380'E	I14
The Dobells	27NE3	Winnezeele	50° 49.693'N 2° 33.595'E	J23
The Dovecot	20SW4	Bixschoote	50° 55.376'N 2° 51.174'E	T17
The Drivers	27NE3	Winnezeele	50° 51.080'N 2° 32.227'E	J4
The Dump	28NW4	Zillebeke	50° 49.481'N 2° 55.501'E	I29
The Dwyers	27NE3	Winnezeele	50° 50.550'N 2° 33.476'E	J17
The Eight Trees	66ENE2	Vrely	49° 46.928'N 2° 43.484'E	L3
The Enclosure	27SE4	Meteren	50° 44.063'N 2° 41.456'E	X22
The Five Roads	12NE2	Houttave	51° 13.955'N 3° 03.615'E	E28
The Folly	66CNW4	Berthenicourt	49° 46.348'N 3° 20.014'E	H17
The Four Low Houses	12SW1	Nieuport	51° 07.879'N 2° 48.996'E	N33
The Fowl House	20SW4	Bixschoote	50° 55.429'N 2° 51.133'E	T17
The Gap	36SW2	Radinghem	50° 37.855'N 2° 54.007'E	O2
The Gothe	27SE1	St Sylvestre	50° 47.825'N 2° 33.303'E	P11
The Grand National	36ASE1	St. Venant	50° 37.698'N 2° 34.220'E	P6
The Grange	51CSE3	Ransart	50° 12.872'N 2° 41.625'E	X8
The Graspers	20SE2	Hooglede	50° 58.553'N 3° 08.844'E	R16

The Green Mill	27NE1	Herzeele	50° 52.893'N 2° 29.932'E	D13
The Grove	62CSE3	Athies	49° 51.336'N 3° 00.177'E	V8
The Half Moon	66DNW1	Punchy	49° 48.836'N 2° 47.456'E	A10
The Hebule	57CSW4	Combles	50° 01.669'N 2° 53.932'E	U13
The Homestead	12NE2 & 4	Ostende	51° 10.612'N 2° 54.381'E	I34
The Hornets	12NE2 & 4	Ostende	51° 11.067'N 2° 52.078'E	I25
The Ings	28NW2	St Julien	50° 54.259'N 2° 54.672'E	C4
The Kennels	20SE3 & 28NE1-3	Poelcappelle	50° 54.319'N 2° 55.531'E	U29
The Knob	62BNW1	Gouy	49° 59.855'N 3° 13.767'E	K10
The Knoll	62BNW1	Gouy	50° 00.044'N 3° 11.942'E	A7
The Knoll	62CNE2	Epéhy	50° 00.086'N 3° 11.799'E	F6
The Lambs	28NE4	Dadizeele	50° 49.818'N 3° 04.154'E	K28
The Locusts	36ANE1	Morbecque	50° 42.363'N 2° 34.922'E	E7
The Maiden	28SE3	Comines	50° 43.914'N 2° 57.283'E	V25
The Marsh	57BNW1	Cambrai	50° 11.241'N 3° 14.918'E	A5
The Massifs	12SW3	Ramscappelle	51° 07.596'N 2° 48.802'E	N33
The Monument Needle	62BSW1	Gricourt	49° 52.483'N 3° 14.471'E	M34
The Mound	28SW2	Wytschaete	50° 48.553'N 2° 53.741'E	O2
The Mound	51BSW2	Vis-en-Artois	50° 16.174'N 2° 54.923'E	O3
The Mound	57DSE1 & 2	Beaumont	50° 04.071'N 2° 40.184'E	Q18
The Mutes	36NW1	Steenwerck	50° 42.552'N 2° 45.648'E	A10
The Nab	57DSE4	Ovillers	50° 02.349'N 2° 41.498'E	X1
The Nine Windows	12NW3 & 4	Middlekerke	51° 10.457'N 2° 47.411'E	H31
The Orchard	36NW4	Bois Grenier	50° 39.733'N 2° 54.541'E	I15
The Orchard	57DNE 1&2	Fonquevillers	50° 09.671'N 2° 38.238'E	E16
The Orchard	57DNE2	Essarts	50° 09.671'N 2° 38.238'E	E16
The Orchard	62BSW4	Homblieres	49° 51.662'N 3° 19.435'E	T11
The Orchard	62DNE2	Méaulte	49° 59.958'N 2° 43.676'E	F4
The Orphans	12SW1	Nieuport	51° 07.713'N 2° 49.207'E	N33
The Osier Bed	51CSE3	Ransart	50° 13.551'N 2° 42.599'E	R33
The Pigeons	12NW3 & 4	Middlekerke	51° 10.730'N 2° 49.782'E	H34
The Pimple	57CSW1	Guedecourt	50° 04.205'N 2° 47.544'E	M16
The Pipers	12SW1	Nieuport	51° 08.953'N 2° 45.650'E	M17
The Pit	62BSW2	Fonsommes	49° 54.505'N 3° 20.220'E	N12
The Point	57DNE3+4	Hebuterne	50° 06.921'N 2° 39.490'E	K23
The Poodles	57DSE4	Ovillers	50° 00.426'N 2° 43.235'E	X28
The Prunes	12SW1	Nieuport	51° 09.459'N 2° 46.495'E	M12
The Quadrangle	28SE3	Comines	50° 44.654'N 2° 57.633'E	V13
The Quadrangle	57DSE4	Ovillers	50° 00.707'N 2° 44.230'E	X23
The Quarries	57DNE3+4	Hebuterne	50° 06.967'N 2° 38.059'E	K21
The Raisens	12SW1	Nieuport	51° 09.475'N 2° 46.547'E	M12
The Ratpit	28SE2	Menin	50° 48.439'N 3° 10.414'E	R12
The Ravine	28NW4	Zillebeke	50° 49.250'N 2° 55.020'E	I34
The Rectangle	57CSW1	Guedecourt	50° 05.194'N 2° 45.964'E	N2
The Rectory	28NE1	Zonnebeke	50° 51.631'N 2° 57.436'E	J1
The Ribbon	62BSW4	Homblieres	49° 52.256'N 3° 21.507'E	U1
The Ritz	28SE2	Menin	50° 46.883'N 3° 09.310'E	R28
The Roundabout	28SE2	Menin	50° 48.535'N 3° 07.701'E	R8
The Rump	28SE2	Menin	50° 47.608'N 3° 08.666'E	R15
The Savoy	20SW4	Bixschoote	50° 54.897'N 2° 55.420'E	U23
The Serpentine	51BSE1	Saudemont	50° 16.204'N 3° 03.884'E	Q2
The Shrine	36SW3	Richebourg	50° 35.289'N 2° 49.036'E	N32
The Sleeper Road	28NW4	Ypres	50° 51.426'N 2° 51.698'E	H6
The Stables	28NW2	St Julien	50° 51.737'N 2° 55.857'E	I5
The Stables	28SW2	Wytschaete	50° 48.466'N 2° 55.195'E	O4
The Stables	28SW2	Wytschaete	50° 48.466'N 2° 55.194'E	O4
The Talus	51CSE3	Ransart	50° 13.191'N 2° 41.476'E	X2
The Temple	28SE3	Comines	50° 44.127'N 2° 58.420'E	V20
The Temple	36NW4	Bois Grenier	50° 38.308'N 2° 52.168'E	H36
The Ten Trees	66ENE2	Vrely	49° 47.412'N 2° 44.017'E	F28
The Thicket	66DNW1	Punchy	49° 48.479'N 2° 50.600'E	B14
The Three Apple Trees	62CSW3	Vermandovillers	49° 49.922'N 2° 47.324'E	S22

The Three Farms	36ANE2	Vieux Berquin	50° 42.303'N 2° 41.124'E	F15
The Triangle	36ASE1	St. Venant	50° 35.796'N 2° 36.386'E	Q26
The Triangular Bluff	28SW2	Wytschaete	50° 48.730'N 2° 55.583'E	O5
The Tron	28SE3	Comines	50° 45.368'N 2° 57.804'E	V7
The Tuning Fork	36B(44B) NE2	Beuvry	50° 32.396'N 2° 42.547'E	F4
The Twins	12SW1	Nieuport	51° 08.688'N 2° 45.292'E	M22
The Twins	28SW2	Wytschaete	50° 47,984'N 2° 56.231'E	O11
The Twins	28SW2	Wytschaete	50° 47,984'N 2° 56.231'E	O11
The Vats	36NW2	Armentieres	50° 42.506'N 2° 55.802'E	C17
The Wasps	12NW3 & 4	Middlekerke	51° 11.246'N 2° 51.855'E	I25
The White Cat	36SW3	Richebourg	50° 34.771'N 2° 47.376'E	S6
Theakston Corner	20SE4	Roulers	50° 55.512'N 3° 08.637'E	X16
Theatre	36SE1	Haubourdin	50° 37.746'N 3° 03.479'E	Q2
Thébusse Bridge	12NE2 & 4	Ostende	51° 12.006'N 2° 54.859'E	I17
Thébusse Farm	12NE2 & 4	Ostende	51° 12.024'N 2° 54.967'E	I17
Thélus	51BNW1	Roclincourt	50° 21.256'N 2° 48.137'E	A12
Thelus Post	51BNW1	Roclincourt	50° 21.298'N 2° 48.783'E	B7
Thélus Station Sidings	51BNW1	Roclincourt	50° 21.021'N 2° 47.470'E	A11
Thélus Wood	51BNW1	Roclincourt	50° 21.394'N 2° 48.380'E	A6
Theophile Broott Farm	20SW3	Oostvleteren	50° 55.057'N 2° 49.206'E	T21
Theophile Farm	20SW3	Oostvleteren	50° 56.697'N 2° 48.469'E	T8
Théophile Zeegar Farm	20SW3	Oostvleteren	50° 55.329'N 2° 48.322'E	T14
Thermidor Wood	66CNW2	Itancourt	49° 48.592'N 3° 22.113'E	C14
Thick Wood	57CSW2	Villers-Au-Flos	50° 04.651'N 2° 55.552'E	O15
Thiepval	57DSE1 & 2	Beaumont	50° 03.231'N 2° 41.307'E	R25
Thiepval Wood	57DSE1 & 2	Beaumont	50° 03.332'N 2° 40.599'E	Q30
Thierru Copse	62CNE4	Roisel	49° 55.160'N 3° 09.928'E	L33
Thierru Copse	62CSE2	Vermand	49° 55.098'N 3° 09.912'E	R3
Thieushook	27SE2	Berthen	50° 46.034'N 2° 38.125'E	Q35
Thilloy	57CSW1	Guedecourt	50° 05.241'N 2° 49.961'E	N2
Thilloy	57DSE2+57CSW1	Le Sars	50° 05.241'N 2° 49.961'E	N2
Thimble Farm	12NE1	Clemskerke	51° 15.497'N 3° 01.692'E	E2
Thirouanne	36SW2	Radinghem	50° 37.036'N 2° 54.572'E	O15
Thistle Camp	28NW3	Poperinghe	50° 50.744'N 2° 47.822'E	H13
Thistle Farm	20SE1	Staden	50° 58.819'N 3° 01.479'E	Q7
Thomas Farm	20SE3	Westroosebeke	50° 55.334'N 3° 03.494'E	W21
Thomson Lines	28SW3	Bailleul	50° 45.884'N 2° 46.737'E	M35
Thong Farm	28SE2	Menin	50° 47.056'N 3° 08.983'E	R28
Thonock House	20SE4	Roulers	50° 56.531'N 3° 04.039'E	W4
Thora Camp	27NE4	Abeele	50° 50.777'N 2° 39.630'E	L7
Thorigny	62BSW1	Gricourt	49° 54.060'N 3° 16.521'E	N13
Thorn Lane	28NW4	Zillebeke	50° 49.346'N 2° 55.065'E	I34
Thornton Road	28SW3	Bailleul	50° 44.203'N 2° 46.143'E	S22
Thorp Farm	36NW1	Steenwerck	50° 40.705'N 2° 44.152'E	G2
Thourout	20NE2	Zedelghem	51° 03.936'N 3° 06.097'E	6174
Thouroux Farm	28SE1	Wervicq	50° 48.064'N 2° 59.273'E	P9
Thouroux Farm	28SW2	Wytschaete	50° 48.064'N 2° 59.293'E	P9
Three Back House	12NW3 & 4	Middlekerke	51° 10.842'N 2° 49.521'E	H34
Three Blobs	28SW1	Kemmel	50° 48.033'N 2° 46.879'E	M11
Three Farms	66DNW1	Punchy	49° 48.214'N 2° 50.720'E	B14
Three Hun's Farm	28SW4	Ploegsteert	50° 44.484'N 2° 54.490'E	U15
Three Kings Junction	28NW4	Zillebeke	50° 49.934'N 2° 53.295'E	I20
Three Points	12SW1	Nieuport	51° 09.450'N 2° 46.688'E	M12
Three Savages	62BSW1	Gricourt	49° 53.418'N 3° 15.263'E	M23
Three Tree house	28SW4	Ploegsteert	50° 44.281'N 2° 54.753'E	U21
Three Trees Camp	36NW2	Armentieres	50° 43.057'N 2° 50.689'E	B4
Three Tubs Wood	62CNE3	Buire	49° 56.181'N 2° 58.643'E	J19
Three Wood	62CNE3	Buire	49° 55.666'N 2° 58.672'E	J25
Thropp Farm	20SE4	Roulers	50° 55.970'N 3° 09.882'E	X11
Throstle Farm	28NW4	Ypres	50° 50.542'N 2° 50.560'E	H16
Throttle Farm	36NW1	Steenwerck	50° 41.328'N 2° 45.896'E	A28
Thrums Farm	20SE1	Staden	50° 58.926'N 3° 00.015'E	P11

Thrush Farm	12NE2 & 4	Ostende	51° 11.499'N 2° 53.495'E	I21
Thud House	28SW3	Bailleul	50° 44.654'N 2° 45.556'E	S16
Thug Farm	28NE2	Moorslede	50° 51.864'N 3° 04.069'E	K4
Thun Lévèque	51ASW3	Eswars	50° 13.604'N 3° 17.196'E	T2
Thun St. Martin	51ASW3	Eswars	50° 13.539'N 3° 17.783'E	T3
Thunder Cottages	36NW1	Steenwerck	50° 41.470'N 2° 50.380'E	B28
Thunder Wood	28SW1	Kemmel	50° 46.555'N 2° 45.269'E	M27
Thurso Buildings	28SE3	Comines	50° 45.470'N 2° 59.573'E	V10
Tiara Farm	28SE2	Menin	50° 48.439'N 3° 06.189'E	Q12
Tibbles	27NE2	Proven	50° 52.713'N 2° 42.717'E	F17
Tiber	28NE1	Zonnebeke	50° 53.561'N 3° 01.139'E	D12
Tiber Copse	28NE1	Zonnebeke	50° 53.475'N 3° 01.205'E	D12
Tibet Farm	27SE2	Berthen	50° 46.067'N 2° 40.812'E	R33
Tich House	28NW1	Elverdinghe	50° 51.503'N 2° 46.203'E	G5
Tick Copse	28NE2	Moorslede	50° 53.621'N 3° 07.808'E	F9
Ticker Copse	62CNW4	Peronne	49° 56.100'N 2° 53.334'E	H24
Ticklers Top	28NE3	Gheluvelt	50° 50.321'N 2° 57.170'E	J19
Tiendenberg	20SE3	Westroosebeke	50° 56.035'N 3° 00.488'E	V11
Tiff Copse	66DNW2	Morchain	49° 49.387'N 2° 54.970'E	C2
Tiffin Farm	27NE2	Proven	50° 53.120'N 2° 42.515'E	F17
Tig Farms	36NW1	Steenwerck	50° 41.465'N 2° 50.317'E	B26
Tiger Farm	36ANE2	Vieux Berquin	50° 41.549'N 2° 41.261'E	F21
Tiger House	12SW1	Nieuport	51° 09.679'N 2° 45.746'E	M11
Tigris Copse	66DNW2	Morchain	49° 48.839'N 2° 58.425'E	C12
Tigris Farm	27NE3	Winnezeele	50° 51.087'N 2° 33.824'E	J5
Tilbury House	28SE4	Ronq	50° 43.969'N 3° 07.805'E	X26
Tile Works	12NE3	Oudenburg	51° 12.916'N 2° 58.556'E	J9
Tile Works	62BSW4	Homblieres	49° 50.108'N 3° 21.730'E	U26
Tilgut Redoubt	36SW3	Richebourg	50° 33.174'N 2° 48.513'E	T19
Till Farm	27NE1	Herzeele	50° 51.727'N 2° 36.113'E	E27
Tilleul	36NW2	Armentieres	50° 43.082'N 2° 53.600'E	C2
Tilleul	36NE1	Quesnoy	50° 43.500'N 3° 01.261'E	D6
Tilleul Farm	20SW4	Bixschoote	50° 55.047'N 2° 52.107'E	T24
Tilleul Farm	28SW4	Ploegsteert	50° 45.094'N 2° 54.954'E	U10
Tilleuls Farm	20SW3	Oostvleteren	50° 55.992'N 2° 46.914'E	S12
Tillis House	36ANE2	Vieux Berquin	50° 43.006'N 2° 37.329'E	E4
Tilloy	51ASW3	Eswars	50° 11.738'N 3° 13.344'E	S27
Tilloy Copse	51ASW3	Eswars	50° 12.347'N 3° 14.389'E	S17
Tilloy Farms	62BSW2	Fonsommes	49° 53.009'N 3° 20.900'E	O25
Tilloy lez Nafflaines	51BNW3	Arras	50° 16.554'N 2° 49.125'E	H31
Tilloy Quarry	51BNW3	Arras	50° 16.586'N 2° 49.415'E	H31
Tilloy Wood	51BNW3	Arras	50° 16.486'N 2° 49.225'E	H31
Tilluel Wood	20SW4	Bixschoote	50° 54.918'N 2° 52.047'E	T24
Tilt Mill	20SE4	Roulers	50° 56.295'N 3° 09.066'E	X10
Tim Farms	36NW1	Steenwerck	50° 41.053'N 2° 43.735'E	A25
Time Farm	28NE2	Moorslede	50° 53.130'N 3° 05.972'E	E18
Timide Farm	12SW1	Nieuport	51° 09.796'N 2° 48.432'E	N8
Tin Cross Roads	20SW2	Zwartegat	50° 59.467'N 2° 52.735'E	O1
Tin Farm	28NE4	Dadizeele	50° 51.593'N 3° 09.945'E	L5
Tin Houses	28NE3	Gheluvelt	50° 49.067'N 2° 57.960'E	J33
Tina Copse	66ENE4	Beaufort	49° 45.492'N 2° 39.473'E	K16
Tincourt Wood	62CNE1	Liéramont	49° 57.758'N 3° 03.272'E	K1
Tincourt Wood	62CNE3	Buire	49° 57.537'N 3° 02.878'E	J6
Tincourt-Boucly	62CNE3	Buire	49° 56.284'N 3° 02.328'E	J23
Tine Copse	62BSW4	Homblieres	49° 50.240'N 3° 24.721'E	U30
Tingles	27SE1	St Sylvestre	50° 48.429'N 2° 31.660'E	P3
Tinker's Crossing	28SE3	Comines	50° 44.165'N 3° 00.415'E	V23
Tinkers Fork	20SE1	Staden	50° 57.450'N 3° 01.571'E	Q25
Tinkle Farm	20SE1	Staden	50° 58.919'N 2° 59.554'E	P10
Tinkle Farm	28SW1	Kemmel	50° 46.810'N 2° 47.327'E	M30
Tinsel Farm	28SE4	Ronq	50° 46.307'N 3° 09.842'E	R35
Tint Farm	28SE2	Menin	50° 48.222'N 3° 08.903'E	R10

Tinto Farm	36NW1	Steenwerck	50° 40.903'N 2° 44.727'E	G2
Tiny Copse	28NE2	Moorslede	50° 53.016'N 3° 05.595'E	E18
Tiny Farm	28SW2	Wytschaete	50° 47.510'N 2° 55.847'E	O17
Tiny Villa	28NW2	St Julien	50° 52.120'N 2° 50.538'E	B28
Tiomtir	27NE1	Herzeele	50° 53.151'N 2° 32.340'E	D10
Tip Farm	28NE2	Moorslede	50° 54.327'N 3° 09.702'E	F5
Tippo Farm	27NE2	Proven	50° 52.989'N 2° 42.752'E	F17
Tipsters Fork	20SE1	Staden	50° 59.622'N 2° 57.321'E	P1
Tipton Farm	28SW1	Kemmel	50° 48.114'N 2° 46.027'E	M10
Tipton Farm	36NW1	Steenwerck	50° 40.915'N 2° 44.925'E	G3
Tirpitz Battery	12NE2 & 4	Ostende	51° 12.756'N 2° 53.847'E	I9
Titan Farm	20SE1	Staden	50° 59.096'N 2° 59.022'E	P9
Titien Wood	20SE1	Staden	50° 59.219'N 2° 59.223'E	P10
Tivoli Wood	62CNW3	Vaux	49° 56.216'N 2° 46.614'E	G21
Toadley Farm	20SE2	Hooglede	50° 58.158'N 3° 06.532'E	R19
Toast Cottages	28NE2	Moorslede	50° 53.690'N 3° 06.168'E	E12
Tobin Buildings	28SW1	Kemmel	50° 47.091'N 2° 45.190'E	M21
Toby Farm	28SE2	Menin	50° 48.086'N 3° 05.455'E	Q11
Tock Farm	20SW2	Zwartegat	50° 58.040'N 2° 54.997'E	O22
Toine Wood	62CNE2	Epéhy	49° 58.438'N 3° 10.416'E	F28
Tokio	28NE1	Zonnebeke	50° 52.077'N 2° 59.141'E	D27
Toll Cross	36ANE3	Haverskerque	50° 38.371'N 2° 35.910'E	K26
Toll House	62CSW1	Dompierre	49° 52.483'N 2° 46.910'E	M27
Tolmino Villas	28SE1	Wervicq	50° 48.046'N 2° 58.278'E	P8
Tolmino Villas	28SW2	Wytschaete	50° 48.050'N 2° 58.309'E	P8
Tom Tit Farm	28NE4	Dadizeele	50° 50.279'N 3° 07.245'E	L20
Tomahawk Wood	62BSW1	Gricourt	49° 52.822'N 3° 15.623'E	M30
Tombelle Wood	70DNW2	Servais	49° 36.872'N 3° 24.388'E	C29
Tombois Farm	62CNE2	Epéhy	49° 59.919'N 3° 11.184'E	F11
Tombola Farm	20SE3	Westroosebeke	50° 55.653'N 2° 59.744'E	V16
Tomlin Farm	28SW3	Bailleul	50° 45.305'N 2° 44.950'E	S9
Tom's Wood	20SW4	Bixschoote	50° 56.250'N 2° 52.895'E	U2
Tonbridge Farm	20SE2	Hooglede	50° 57.136'N 3° 04.392'E	Q34
Tongue Post	51BNW3	Arras	50° 19.066'N 2° 49.997'E	H2
Tonneau Farm	20SW4	Bixschoote	50° 56.986'N 2° 50.223'E	T10
Tontine Cottage	28SW1	Kemmel	50° 48.194'N 2° 44.265'E	M8
Tool Farm	28SW2	Wytschaete	50° 47.527'N 2° 55.625'E	O17
Tooth House	20SE2	Hooglede	50° 57.470'N 3° 07.055'E	R26
Tooveresseknok	20SE4	Roulers	50° 54.535'N 3° 08.434'E	X27
Top Farm	20SW1	Loo	50° 58.816'N 2° 43.692'E	M8
Top House	28NE3	Gheluvelt	50° 49.153'N 2° 57.860'E	J32
Topaz Farm	20SE4	Roulers	50° 54.610'N 3° 07.139'E	X26
Topping Farm	28NE2	Moorslede	50° 52.041'N 3° 07.424'E	F26
Topsail Farm	28NW4	Ypres	50° 51.204'N 2° 50.475'E	H10
Tor Copse	66DNW1	Punchy	49° 48.323'N 2° 49.072'E	A18
Tor Top Tunnels	28NW4	Zillebeke	50° 49.990'N 2° 56.880'E	I24
Tordoir Lock	57BSW1	Bantouzelle	50° 05.491'N 3° 14.249'E	M4
Toreador Farm	20SW2	Zwartegat	50° 59.205'N 2° 53.710'E	O3
Torksey Farm	20SE4	Roulers	50° 55.137'N 3° 04.523'E	W22
Toronto	20SE3 & 28NE1-3	Poelcappelle	50° 53.207'N 2° 57.920'E	D14
Toronto	28NE1	Zonnebeke	50° 53.205'N 2° 57.931'E	D14
Toronto	28NW3	Poperinghe	50° 51.126'N 2° 46.567'E	G11
Toronto Camp	28NW3	Poperinghe	50° 50.683'N 2° 46.96'7E	G18
Toronto Farm	28NW3	Poperinghe	50° 50.633'N 2° 46.836'E	G18
Torpedo Farm	20SE1	Staden	50° 58.755'N 2° 59.931'E	P17
Torpor Copse	28SW1	Kemmel	50° 47.280'N 2° 46.594'E	M23
Torquil Farm	28SW1	Kemmel	50° 48.432'N 2° 45.181'E	M3
Torrance Villa	28SE3	Comines	50° 44.767'N 2° 58.297'E	V14
Torreken Corner	28SW2	Wytschaete	50° 47.020'N 2° 53.730'E	O20
Torreken Farm	28SW2	Wytschaete	50° 46.997'N 2° 53.635'E	O20
Torrent House	12SW1	Nieuport	51° 08.984'N 2° 46.361'E	M18
Torrid Farm	20SE2	Hooglede	50° 58.145'N 3° 05.155'E	Q23

Tortéquenne	51BNE3	Noyelle-sous-Bellonne	50° 17.341'N 3° 02.407'E	J30
Torture Farm	28SW1	Kemmel	50° 48.000'N 2° 45.408'E	M10
Toss Farm	27NE2	Proven	50° 52.604'N 2° 43.008'E	F24
Tot House	28NE2	Moorslede	50° 53.443'N 3° 05.928'E	E18
Tothoek	20SE1	Staden	50° 58.719'N 2° 58.683'E	P15
Tottcross	28SE3	Comines	50° 44.137'N 2° 57.220'E	V19
Tottenham Post	57CSE4	Villers-Guislain	50° 00.607'N 3° 07.195'E	W30
Touffu Wood	62CSW1	Dompierre	49° 53.454'N 2° 47.326'E	M16
Touquet Berthe	28SW4	Ploegsteert	50° 43.711'N 2° 53.379'E	U26
Touquet des Maqes Femmes	36NW4	Bois Grenier	50° 38.410'N 2°52.165'E	H36
Touquet Parmentier	36NW1	Steenwerck	50° 41.867'N 2° 49.843'E	B21
Tour des Templiers	12SW1	Nieuport	51° 07.815'N 2° 45.533'E	M35
Tourbières	36B(44B) NE2	Beuvry	50° 31.133'N 2° 43.090'E	F17
Tourbieres Keep	36C(44A) NW1	LaBassee	50° 30.853'N 2° 44.294'E	A19
Tourbieres Loop	36C(44A) NW1	LaBassee	50° 30.984'N 2° 44.235'E	A19
Tourcoing	36NE2	Tourcoing	50° 43.309'N 3° 09.562'E	F4
Tourcoing	36NE2	Tourcoing	50° 41.688'N 3° 10.211'E	F29
Tournant Bridge Swing Bridge	36B(44B) NE2	Beuvry	50° 32.039'N 2° 39.986'E	F7
Tournant Farm	20SE3	Westroosebeke	50° 54.588'N 2° 59.701'E	V28
Tournebride	36NE3	Perenchies	50° 39.657'N 2° 59.033'E	J15
Tourterau	12SW1	Nieuport	51° 08.939'N 2° 48.384'E	N14
Touts Fork	28NE2	Moorslede	50° 54.282'N 3° 05.818'E	E6
Touvent Farm	57DNE3+4	Hebuterne	50° 06.534'N 2° 39.166'E	K23
Tow House	28NE2	Moorslede	50° 53.681'N 3° 08.005'E	F9
Tower	28NW2	St Julien	50° 54.079'N 2° 52.466'E	C1
Tower	36ASE4	Locon	50° 33.837'N 2° 37.579'E	W16
Tower	36C(44A) NW3	Loos	50° 27.500'N 2° 50.132'E	H33
Tower	36C(44A) NW4	Pont-à-Vendin	50° 27.611'N 2° 52.950'E	H36
Tower	57BSW1	Bantouzelle	50° 05.305'N 3° 14.288'E	M10
Tower	62CSW2	Barleux	49° 52.984'N 2° 53.333'E	N24
Tower Hamlets	28NE3	Gheluvelt	50° 50.050'N 2° 58.604'E	J21
Tower House	20SW4	Bixschoote	50° 54.685'N 2° 51.479'E	T30
Tower House	51CSE3	Ransart	50° 11.211'N 2° 40.044'E	W30
Tower Mill	28SW2	Wytschaete	50° 48.082'N 2° 51.175'E	N11
Town Hall	36NW2	Armentieres	50° 41.176'N 2° 52.933'E	C25
Town Hall	36SE1	Haubourdin	50° 38.118'N 3° 03.740'E	Q3
Townsend Farm	28NE2	Moorslede	50° 51.781'N 3° 07.402'E	L2
Toxin Farm	28NW3	Poperinghe	50° 50.708'N 2° 46.636'E	G17
Tracas Farm	20SE3	Westroosebeke	50° 54.923'N 2° 58.242'E	V20
Tracas Farm	20SE3 & 28NE1-3	Poelcappelle	50° 54.914'N 2° 58.260'E	V20
Track B Duckboards	28NW2	St Julien	50° 53.508'N 2° 52.743'E	C7
Track Farm	12NE3	Oudenburg	51° 12.255'N 3° 00.684'E	J18
Trafalgar Post	51BNW3	Arras	50° 18.894'N 2° 45.886'E	G3
Trafalgar Square	20SW4	Bixschoote	50° 54.801'N 2° 55.339'E	U23
Traffic Copse	20SE1	Staden	50° 58.099'N 3° 00.056'E	P23
Traffic Farm	20SE1	Staden	50° 58.018'N 2° 59.918'E	P23
Tragique Farm	20SE3	Westroosebeke	50° 55.344'N 2° 56.995'E	V13
Tragique Farm	20SE3 & 28NE1-3	Poelcappelle	50° 55.350'N 2° 57.011'E	V13
Training Ground	28SE2	Menin	50° 47.272'N 3° 08.516'E	R21
Tralee Farm	28SE1	Wervicq	50° 47.791'N 2° 58.370'E	P14
Tralee Farm	28SW2	Wytschaete	50° 47.787'N 2° 58.361'E	P14
Tralee Lines	28SW1	Kemmel	50° 46.982'N 2° 46.555'E	M23
Tram Car Cottage	28NW2	St Julien	50° 53.058'N 2° 50.867'E	B17
Tram Depot	12NE2 & 4	Ostende	51° 13.284'N 2° 54.074'E	I4
Tram Farm	28NE3	Gheluvelt	50° 49.475'N 2° 59.214'E	J27
Tram House	28SE1	Wervicq	50° 47.522'N 2° 57.713'E	P13
Tram House	28SW2	Wytschaete	50° 47.526'N 2° 57.717'E	P13
Tram View	36SW2	Radinghem	50° 36.733'N 2° 50.872'E	N12
Tramore Farm	20SE4	Roulers	50° 56.679'N 3° 03.997'E	W4
Tramps Fork	20SE1	Staden	50° 58.923'N 3° 00.431'E	P11
Trancheé Wood	62BSW1	Gricourt	49° 54.491'N 3° 17.497'E	N8
Tranoy Farm	70DNW2	Servais	49° 38.704'N 3° 24.050'E	C4

Tranquille House	20SW4	Bixschoote	50° 55.954'N 2° 56.623'E	U12
Tranquille Station Post	20SW4	Bixschoote	50° 55.894'N 2° 56.701'E	U12
Transhipment Yard	20SW3	Oostvleteren	50° 54.294'N 2° 45.447'E	S27
Transport Farm	28NW4	Zillebeke	50° 50.139'N 2° 54.066'E	I21
Transport Siding	28NW4	Zillebeke	50° 50.097'N 2° 54.208'E	I21
Transvaal Farm	20SW2	Zwartegat	50° 59.439'N 2° 52.625'E	O1
Trap Farm	27NE1	Herzeele	50° 53.398'N 2° 35.015'E	E7
Trapeze Wood	28NE2	Moorslede	50° 53.177'N 3° 07.536'E	F14
Trappistes Farm	27NE4	Abeele	50° 50.475'N 2° 37.930'E	K17
Trash Farm	20SE1	Staden	50° 58.764'N 3° 00.793'E	P12
Trauer Wood	66DNW1	Punchy	49° 49.397'N 2° 48.832'E	A5
Travecy	66CSW4	La Fere	49° 41.199'N 3° 21.545'E	U1
Travers Farm	28SW3	Bailleul	50° 43.427'N 2° 44.058'E	S26
Tree	51BNW1	Roclincourt	50° 20.608'N 2° 48.851'E	B13
Tree	66ENE2	Vrely	49° 48.615'N 2° 40.661'E	E12
Tree Farm	27SE4	Meteren	50° 44.853'N 2° 41.679'E	X10
Tree Farm	28NE2	Moorslede	50° 54.002'N 3° 08.967'E	F4
Tree House	28NE3	Gheluvelt	50° 49.672'N 2° 59.747'E	J28
Tree Woods No1	62CSE3	Athies	49° 50.710'N 3° 00.377'E	V15
Tree Woods No2	62CSE3	Athies	49° 50.543'N 3° 00.473'E	V21
Trefeon Copse	62CSE3	Athies	49° 51.424'N 3° 04.935'E	W9
Trefield Buildings	20SE1	Staden	50° 57.136'N 2° 58.395'E	P33
Trefoil Cottage	20SE1	Staden	50° 58.507'N 2° 58.345'E	P14
Trehay Farm	20SE1	Staden	50° 58.461'N 2° 58.456'E	P15
Tréhout	51BNE1	Brébières	50° 19.931'N 3° 00.289'E	D28
Tréhout Mill	51BNE1	Brébières	50° 20.176'N 2° 59.101'E	D20
Trellis Bridge	36ASE1	St. Venant	50° 37.652'N 2° 32.724'E	P4
Tremain Farm	20SE1	Staden	50° 59.688'N 2° 57.693'E	P2
Tremble Copse	62CSW3	Vermandovillers	49° 51.577'N 2° 49.741'E	T1
Tremoor Copse	20SE1	Staden	50° 57.079'N 2° 58.561'E	P33
Trench Farm	28SW2	Wytschaete	50° 47.448'N 2° 55.339'E	O16
Trench Farm	28SW2	Wytschaete	50° 47.451'N 2° 55.331'E	O16
Trenoon Houses	20SE1	Staden	50° 58.229'N 2° 59.247'E	P22
Trent Depot	28SW3	Bailleul	50° 43.803'N 2° 45.252'E	S27
Trent Farm	20SE4	Roulers	50° 55.953'N 3° 05.090'E	W11
Trescault	57CSE2	Gonnelieu	50° 05.481'N 3° 05.462'E	Q4
Tresco Farm	20SE1	Staden	50° 58.316'N 2° 59.183'E	P16
Treseath Cottage	20SE1	Staden	50° 57.479'N 2° 58.400'E	P27
Tresize Copse	20SE1	Staden	50° 57.444'N 2° 57.796'E	P26
Tresize House	20SE1	Staden	50° 57.322'N 2° 57.835'E	P26
Trestle Farm	36NW1	Steenwerck	50° 40.888'N 2° 45.432'E	G3
Treuniet Bridge	20SW1	Loo	50° 57.571'N 2° 46.785'E	M30
Treuniet Farm	20SW1	Loo	50° 57.534'N 2° 46.853'E	M30
Trewith Farm	20SE1	Staden	50° 58.274'N 2° 59.671'E	P16
Trewon Farm	20SE1	Staden	50° 57.406'N 2° 58.506'E	P27
Triad House	20SE3	Westroosebeke	50° 55.937'N 3° 03.169'E	W9
Trial Farm	28NE2	Moorslede	50° 53.457'N 3° 09.894'E	F17
Triangle Copse	57CNW1	Gomiecourt	50° 09.144'N 2° 48.471'E	A24
Triangle Copse	57DNE2+57CNW1	Courcelles	50° 09.144'N 2° 48.471'E	A24
Triangle Copse	62CSW1	Dompierre	49° 53.600'N 2° 48.123'E	M17
Triangle Farm	20SE3 & 28NE1-3	Poelcappelle	50° 53.892'N 2° 56.368'E	C6
Triangle Farm	28NW2	St Julien	50° 53.896'N 2° 56.363'E	C6
Triangle Farm	28SW4	Ploegsteert	50° 43.968'N 2° 56.767'E	U30
Triangle Stacks	36C(44A) SW1	Lens	50° 26.800'N 2°50.243'E	N3
Triangle Wood	12SW1	Nieuport	51° 07.801'N 2° 43.968'E	M33
Triangle Wood	57CNE4	Marcoing	50° 06.351'N 3° 06.088'E	K35
Triangle Wood	66DNW1	Punchy	49° 48.235'N 2° 48.863'E	A17
Triangle Wood	51BSW2	Vis-en-Artois	50° 14.770'N 2° 55.513'E	O21
Triangular Wood	20SW4	Bixschoote	50° 54.981'N 2° 51.891'E	T24
Triangular Wood	28SW2	Wytschaete	50° 48.722'N 2° 54.361'E	O3
Triangular Wood	62CNW3	Vaux	49° 54.981'N 2° 48.104'E	G35
Tricar House	12SW1	Nieuport	51° 07.746'N 2° 45.981'E	M35

Name	Map	Location	Coordinates	Ref
Tricar Mill	12SW1	Nieuport	51° 07.773'N 2° 45.076'E	M35
Trick Farm	28NE2	Moorslede	50° 53.361'N 3° 07.361'E	F14
Tricky Farm	28NE3	Gheluvelt	50° 49.003'N 2° 59.926'E	J34
Triez Cailloux	28SE2	Menin	50° 46.394'N 3° 08.513'E	R33
Trifle Farm	36ANE4	Merville	50° 38.922'N 2° 37.344'E	K22
Trig Copse	51BNW4	Fampoux	50° 16.949'N 2° 57.619'E	I36
Trigger Copse	51BSE3	Cagnicourt	50° 12.878'N 2° 58.220'E	V7
Trigger Wood	62BSW2	Fonsommes	49° 55.037'N 3° 19.077'E	N4
Trigger Wood	62DNE2	Méaulte	49° 57.677'N 2° 44.881'E	L6
Trilby House	28SE2	Menin	50° 48.455'N 3° 07.211'E	R8
Trimble Farm	36NW1	Steenwerck	50° 41.635'N 2° 45.427'E	A21
Tring	28NW2	St Julien	50° 52.947'N 2° 51.968'E	B18
Trinity Farm	62CSW1	Dompierre	49° 52.395'N 2° 48.925'E	M36
Trink Wood	62CSW3	Vermandovillers	49° 51.847'N 2° 47.260'E	S4
Trinket Farm	20SE1	Staden	50° 59.131'N 3° 00.389'E	P11
Trio Farm	28SW2	Wytschaete	50° 47.636'N 2° 56.806'E	O18
Tripod Fork	27NE2	Proven	50° 52.400'N 2° 37.300'E	E22
Tripp's Farm	36ASE1	St. Venant	50° 36.681'N 2° 34.162'E	P18
Triscott House	28SW3	Bailleul	50° 45.466'N 2° 45.168'E	S3
Triumph Farm	20SE3	Westroosebeke	50° 56.425'N 3° 02.413'E	W2
Triumph Junction	28NE4	Dadizeele	50° 51.579'N 3° 05.606'E	K6
Trivelet	36SW1	Aubers	50° 36.335'N 2° 48.253'E	N19
Trocadero	36ANE1	Morbecque	50° 42.663'N 2° 31.794'E	D9
Troeleaare	20NW2	Leke	51° 02.759'N 2° 55.365'E	4872
Trois Arbres	36NW1	Steenwerck	50° 42.369N 2° 48.369'E	B13
Trois Bandes	12NW3 & 4	Middlekerke	51° 10.591'N 2° 49.740'E	H34
Trois Chemins Farm	20SW3	Oostvleteren	50° 55.259'N 2° 48.886'E	T26
Trois Fetus	36NW4	Bois Grenier	50° 38.300'N 2° 54.772'E	I33
Trois Maisons	36SW3	Richebourg	50° 32.752'N 2° 48.677'E	T25
Trois Redoubt	36SW3	Richebourg	50° 32.791'N 2° 48.361'E	T25
Trois Rois	36NW1	Steenwerck	50° 42.420N 2° 50.090'E	B15
Trois Rois	28SW3	Bailleul	50° 44.336'N 2° 48.968'E	T20
Trois Rois Camp	28SW3	Bailleul	50° 44.018'N 2° 48.754'E	T20
Trois Tilleuis	36ANE2	Vieux Berquin	50° 42.456'N 2° 41.952'E	F10
Trois Tilleuis Farm	28SW4	Ploegsteert	50° 44.508'N 2° 55.613'E	U17
Trois Tours Sidings	28NW1	Elverdinghe	50° 52.122'N 2° 49.590'E	B27
Trois-Rois	28NW4	Zillebeke	50° 50.078'N 2° 53.271'E	I20
Trombone Corner	28NE4	Dadizeele	50° 50.297'N 3° 07.416'E	L20
Trompe Bridge	36ANE4	Merville	50° 39.297'N 2° 41.353'E	L21
Trones Wood	57CSW3	Longueval	50° 00.682'N 2° 48.489'E	S30
Tronqoy	57BSW2	Clary	50° 05.972'N 3° 24.983'E	O6
Tronquoy Wood	62BSW1	Gricourt	49° 54.572'N 3° 18.039'E	N9
Troon Farm	28SE1	Wervicq	50° 48.862'N 2° 58.520'E	P2
Troon Farm	28SW2	Wytschaete	50° 48.864'N 2° 58.520'E	P2
Trooper Copse	28SW1	Kemmel	50° 46.529'N 2° 44.790'E	M27
Troost Farm	20NW2	Leke	51° 02.501'N 2° 50.087'E	4272
Troost in Nood Farm & Chapel	20NW4	Dixmunde	51° 01.957'N 2° 50.254'E	H11
Trot House	28NE3	Gheluvelt	50° 49.568'N 2° 58.718'E	J27
Trou Bayard	36NW3	Fleurbaix	50° 39.280'N 2°43.931'E	G19
Trou Farm	20SE3	Westroosebeke	50° 56.932'N 2° 59.587'E	P34
Trouser Farm	28SW3	Bailleul	50° 44.186'N 2° 46.006'E	S22
Trout Copse	62BSW2	Fonsommes	49° 52.610'N 3° 21.235'E	O31
Trout Copse	62BSW3	St. Quentin	49° 52.153'N 3° 12.686'E	S2
Trout Farm	28SW2	Wytschaete	50° 47.165'N 2° 56.389'E	O24
Trout Farm	28SW2	Wytschaete	50° 47.166'N 2° 56.406'E	O24
Trout Fork	20SE2	Hooglede	50° 59.110'N 3° 10.213'E	R12
Troy	62CSW4	St. Christ	49° 50.701'N 2° 53.752'E	T18
Truffle Farm	12NE1	Clemskerke	51° 14.287'N 2° 57.060'E	D20
Trumpet Cross Roads	28NE4	Dadizeele	50° 50.714'N 3° 07.729'E	L14
Trumpet Farm	20NW4	Dixmunde	51° 00.499'N 2° 54.257'E	I27
Trumpington Farm	20SE3	Westroosebeke	50° 56.939'N 3° 01.712'E	Q31
Trunk Farm	28SE1	Wervicq	50° 47.381'N 2° 57.283'E	P19

Trunk Farm	28SW2	Wytschaete	50° 47.388'N 2° 57.300'E	P19
t'Smisken	4SE 2 & 4	Blankenberghe	51° 16.053'N 3° 05.900'E	X25
Tube Cross Roads	28SE1	Wervicq	50° 48.406'N 2° 57.921'E	P8
Tube Cross Roads	28SW2	Wytschaete	50° 48.407'N 2° 57.920'E	P8
Tube Station Post	36SW3	Richebourg	50° 33.493'N 2° 45.408'E	S21
Tuffs Bridge	20SW4	Bixschoote	50° 54.747'N 2° 54.290'E	U21
Tuffs Farm	20SW4	Bixschoote	50° 54.614'N 2° 54.160'E	U27
Tug Copse	28NE2	Moorslede	50° 53.773'N 3° 07.807'E	F9
Tug Cottage	28NE2	Moorslede	50° 53.714'N 3° 07.855'E	F9
Tug Farm	28NE2	Moorslede	50° 52.705'N 3° 09.396'E	F23
Tugela Farm	28NW2	St Julien	50° 53.166'N 2° 51.907'E	B18
Tugost Farm	20SW3	Oostvleteren	50° 54.371'N 2° 46.479'E	S29
Tuilerie	28NW4	Zillebeke	50° 50.317'N 2° 55.141'E	I22
Tuilerie	36NW4	Bois Grenier	50° 39.506'N 2° 55.868'E	I23
Tuimeldaarehoek	28NE2	Moorslede	50° 53.249'N 3° 06.366'E	F13
Tulip Copse	62BNW4	Ramicourt	49° 56.527'N 3° 20.074'E	H24
Tulip Cottages	28NE1	Zonnebeke	50° 52.750'N 2° 58.082'E	D20
Tulip Farm	20SE2	Hooglede	50° 58.157'N 3° 08.012'E	R21
Tumbler Crossing	28NE2	Moorslede	50° 53.389'N 3° 07.589'E	F14
Tumbril Farm	12NE3	Oudenburg	51° 11.582'N 3° 01.303'E	K19
Tumulus	62BSW1	Gricourt	49° 54.744'N 3° 12.299'E	M1
Tungsten Farm	20SW2	Zwartegat	50° 58.495'N 2° 53.773'E	O15
Tunnel	28NE2	Moorslede	50° 53.090'N 3° 07.633'E	F14
Tunnel	28SE1	Wervicq	50° 46.831'N 2° 58.507'E	P26
Tunnel Junction	28NW4	Zillebeke	50° 50.022'N 2° 53.977'E	I21
Tunnel under Road	28SE1	Wervicq	50° 47.843'N 2° 57.294'E	P13
Turbine House	36ANE1	Morbecque	50° 41.026'N 2° 31.838'E	D27
Turbot Farm	28SE1	Wervicq	50° 46.670'N 2° 57.460'E	P25
Turbot Farm	28SW2	Wytschaete	50° 46.676'N 2° 57.501'E	P25
Turck Farm	20SW3	Oostvleteren	50° 55.707'N 2° 48.178'E	T7
Turco Camp	28NW2	St Julien	50° 53.018'N 2° 53.973'E	C15
Turco Farm	28NW2	St Julien	50° 52.924'N 2° 53.865'E	C15
Turco House	12SW1	Nieuport	51° 09.332'N 2° 45.613'E	M17
Turco Huts	28NW2	St Julien	50° 52.855'N 2° 53.458'E	C14
Turcoing	28SE4	Ronq	50° 43.959'N 3° 09.474'E	X28
Turenne Crossing	20SE3	Westroosebeke	50° 56.350'N 2° 57.219'E	V1
Turfhauwe	20NE2	Zedelghem	51° 02.883'N 3° 08.225'E	6372
Turin Farm	28SW1	Kemmel	50° 48.649'N 2° 49.764'E	N3
Turkeyem	20SW1	Loo	50° 58.270'N 2° 45.374'E	M16
Turkijen Battery	12NE1	Clemskerke	51° 14.449'N 2° 57.085'E	D14
Turks Cross	66DNW4	Nesle	49° 44.599'N 2° 54.769'E	I31
Turks Fork	28NE2	Moorslede	50° 53.328'N 3° 05.017'E	E17
Turks Valley	62BSW1	Gricourt	49° 53.288'N 3° 17.646'E	N20
Turmoil Cross	27NE2	Proven	50° 53.357'N 2° 42.611'E	F11
Turnberry House	28SE3	Comines	50° 44.371'N 2° 58.903'E	V21
Turnbull Farm	28NE4	Dadizeele	50° 49.800'N 3° 04.736'E	K28
Turner Quarry	57CSE4	Villers-Guislain	50° 03.191'N 3° 10.553'E	R34
Turnham Corner	27NE1	Herzeele	50° 52.196'N 2° 34.386'E	E19
Turnip Farm	28NW1	Elverdinghe	50° 52.335'N 2° 46.349'E	A23
Turnip House	12SW1	Nieuport	51° 09.121'N 2° 46.789'E	M18
Turnpike	12SW1	Nieuport	51° 09.488'N 2° 46.764'E	M12
Turo Farm	28NW1	Elverdinghe	50° 53.125'N 2° 49.331'E	B15
Turpin Crossing	28SE1	Wervicq	50° 47.260'N 3° 00.566'E	P23
Turpin Crossing	28SW2	Wytschaete	50° 47.261'N 3° 00.564'E	P23
Turpin Point	20SE1	Staden	50° 58.382'N 3° 00.835'E	P18
Turtle Farm	20SE2	Hooglede	50° 57.600'N 3° 08.679'E	R28
Turtle Farm	36ANE4	Merville	50° 39.829'N 2° 41.716'E	L15
Tusk Farm	36ANE1	Morbecque	50° 40.998'N 2° 32.880'E	D28
Tusker Farm	27NE2	Proven	50° 53.605'N 2° 40.646'E	F9
Twang House	27NE2	Proven	50° 52.871'N 2° 38.187'E	E18
Tweak House	27NE2	Proven	50° 52.972'N 2° 38.192'E	E17
Tweed House	20SE3	Westroosebeke	50° 54.451'N 2° 57.556'E	V25

Tweed House	20SE3 & 28NE1-3	Poelcappelle	50° 54.453'N 2° 57.556'E	V25
Tweezer Corner	20SE2	Hooglede	50° 57.228'N 3° 08.178'E	R33
Twig Farm	28NE4	Dadizeele	50° 50.395'N 3° 06.282'E	K24
Twin Cats	36NW2	Armentieres	50° 43.168'N 2° 55.504'E	C4
Twin Copse	62CSE3	Athies	49° 51.055'N 3° 01.976'E	V17
Twin Copses	51BSW2	Vis-en-Artois	50° 16.406'N 2° 54.439'E	O2
Twin Cottages	28NW2	St Julien	50° 53.172'N 2° 51.243'E	B17
Twin Farms	36ASE3	Gonnehem	50° 34.341'N 2° 36.514'E	W8
Twin Water Wells	36C(44A) SE3	Esquerchin	50° 24.276'N 2° 57.881'E	V1
Twine Farm	36NW1	Steenwerck	50° 43.134'N 2° 44.671'E	A2
Twinstead	20SE2	Hooglede	50° 58.333'N 3° 05.806'E	Q18
Twist Corner	28SE3	Comines	50° 44.437'N 2° 59.759'E	V22
Twisted Tree	62BNW1	Gouy	49° 57.855'N 3° 12.317'E	G2
Two Tree Farm	36SW1	Aubers	50° 37.703'N 2° 48.863'E	N2
Tyhurst Quarry	57CSE4	Villers-Guislain	50° 01.505'N 3° 10.772'E	X17
Tyndrum	28SE3	Comines	50° 43.978'N 2° 58.335'E	V26
Tyne Cott	28NE1	Zonnebeke	50° 53.197'N 3° 00.158'E	D17
Typhoon Corner	28NE4	Dadizeele	50° 49.472'N 3° 07.065'E	L31
Tyro Farm	28SW1	Kemmel	50° 46.139'N 2° 47.320'E	M36
Uckfield Post	20SW4	Bixschoote	50° 56.298'N 2° 55.964'E	U5
Uganda Copse	51BNW4	Fampoux	50° 16.964'N 2° 57.789'E	I36
Ugly Farm	28NE3	Gheluvelt	50° 49.147'N 2° 59.725'E	J34
Ugly Post	36NW2	Armentieres	50° 43.124'N 2° 53.811'E	C2
Ugly Wood	28NE3	Gheluvelt	50° 49.232'N 2° 59.654'E	J34
Uhjar Cross Roads	20SW2	Zwartegat	50° 57.578'N 2° 55.577'E	O29
Uhlan Farm	28NW2	St Julien	50° 52.245'N 2° 55.935'E	C29
Ulm Farm	28NW2	St Julien	50° 52.463'N 2° 50.892'E	B23
Ulster Camp	28SW3	Bailleul	50° 45.873'N 2° 46.469'E	M35
Ulster House	28SW2	Wytschaete	50° 46.700'N 2° 54.002'E	O27
Umber Farm	27SE2	Berthen	50° 46.377'N 2° 42.022'E	R28
Umteen Farm	27NE2	Proven	50° 51.853'N 2° 40.773'E	F27
Underhill Farm	28SW4	Ploegsteert	50° 44.506'N 2° 52.261'E	T18
Unicorn Farm	20SE1	Staden	50° 57.973'N 2° 59.050'E	P21
Uniform Farm	28SE2	Menin	50° 48.713'N 3° 06.514'E	R1
Union Bridge	12SW3	Ramscappelle	51° 07.640'N 2° 48.108'E	N32
Union Farm	12SW3	Ramscappelle	51° 07.549'N 2° 47.838'E	N32
Union Wood	62BSW2	Fonsommes	49° 52.596'N 3° 22.289'E	O32
Unity Farm	20SE2	Hooglede	50° 58.366'N 3° 06.826'E	R13
Unknown Copse	28NE3	Gheluvelt	50° 50.085'N 2° 57.863'E	J20
Unloading Wharfe	28SE2	Menin	50° 47.630'N 3° 09.015'E	R16
Unloading Wharfe	28SE2	Menin	50° 47.893'N 3° 09.724'E	R17
Unnamed Wood	28SW2	Wytschaete	50° 47.530'N 2° 52.434'E	O13
Uphall	28SE3	Comines	50° 44.200'N 2° 58.080'E	V20
Upnor Wood	62CNW3	Vaux	49° 57.207'N 2° 45.301'E	G7
Upper Cross Mont.	62BSW3	St. Quentin	49° 51.424'N 3° 14.453'E	S10
Upper Oosthoek Farm	28NW4	Zillebeke	50° 48.906'N 2° 54.168'E	I33
Upstart Farm	20SE4	Roulers	50° 56.005'N 3° 05.061'E	W11
Upton Crossing	20SE4	Roulers	50° 55.117'N 3° 07.248'E	X20
Upton Quarry	51BSW4	Bullecourt	50° 13.668'N 2° 56.777'E	O35
Upton Wood	51BSW4	Bullecourt	50° 13.572'N 2° 56.978'E	U5
Uralite Corner	20SW2	Zwartegat	50° 57.882'N 2° 52.881'E	O19
Urching Corner	20SE1	Staden	50° 58.788'N 3° 01.392'E	Q7
Urn Farm	20SE2	Hooglede	50° 58.522'N 3° 07.616'E	R14
Urvillers Wood	66CNW2	Itancourt	49° 47.148'N 3° 20.353'E	H6
Ushers Houses	28NE2	Moorslede	50° 53.711'N 3° 06.354'E	F7
Usna Hill	57DSE4	Ovillers	50° 01.091'N 2° 40.793'E	W24
Usna Valley	57DSE4	Ovillers	50° 00.788'N 2° 40.239'E	W24
Uxe Farm	27SE4	Meteren	50° 44.313'N 2° 40.303'E	X14
Uytkerke	4SE 2 & 4	Blankenberghe	51° 18.222'N 3° 08.536'E	X4
V9 Line	28NW4	Zillebeke	50° 49.599'N 2° 53.044'E	I25
Vacher Farm	20SE3	Westroosebeke	50° 54.361'N 2° 58.345'E	V26
Vacher Farm	20SE3 & 28NE1-3	Poelcappelle	50° 54.381'N 2° 58.310'E	V26

Vaches Wood	36ANE3	Haverskerque	50° 40.385'N 2° 34.210'E	J6
Vadencourt Chateau	62CSE2	Vermand	49° 54.107'N 3° 10.917'E	R17
Vagabond Copse	20SE1	Staden	50° 58.171'N 3° 00.956'E	P24
Vagabond Cross Roads	20SE1	Staden	50° 58.195'N 3° 01.076'E	P24
Vagevuur Farm	28SE2	Menin	50° 47.330'N 3° 04.066'E	Q22
Vagrants Cross Roads	20SE1	Staden	50° 57.555'N 3° 02.113'E	Q25
Vain Villa	20SE2	Hooglede	50° 59.043'N 3° 09.469'E	R11
Vair	28NW4	Zillebeke	50° 49.090'N 2° 52.593'E	I31
Vale House	20SE3 & 28NE1-3	Poelcappelle	50° 53.814'N 2° 57.622'E	D7
Vale House	28NE1	Zonnebeke	50° 53.891'N 2° 57.630'E	D7
Valentine House	28NE4	Dadizeele	50° 51.224'N 3° 09.203'E	L10
Vallaeys Farm	20SW1	Loo	50° 59.173'N 2° 43.826'E	M2
Vallêe Spinning Mill	28SE4	Ronq	50° 44.820'N 3° 07.250'E	X14
Vallet Farm	20SE4	Roulers	50° 55.233'N 3° 09.972'E	X23
Valley Copse	57CSE3	Sorel-le-Grand	50° 02.126'N 2° 59.971'E	V9
Valley Cottages	28NW4	Zillebeke	50° 50.047'N 2° 55.786'E	I23
Valley Wood	51BNE3	Noyelle-sous-Bellonne	50° 17.771'N 2° 58.598'E	J19
Valley Wood	51CSE4	Blaireville	50° 11.619'N 3° 43.424'E	X22
Valley Woods No 1	62CSE3	Athies	49° 52.332'N 3° 03.924'E	Q31
Valley Woods No 2	62CSE1	Bouvincourt	49° 52.467'N 3° 04.335'E	Q32
Valley Woods No 3	62CSE1	Bouvincourt	49° 52.655'N 3° 04.120'E	Q26
Vallulart Wood	57CSE1	Bertincourt	50° 03.287'N 3° 00.050'E	P33
Valour Farm	20SE3	Westroosebeke	50° 54.482'N 3° 00.644'E	V29
Valuation House	20SE3	Westroosebeke	50° 55.208'N 3° 00.736'E	V24
Vampir	28NE1	Zonnebeke	50° 51.257'N 2° 57.687'E	D26
Vampire Farm	20NW4	Dixmunde	51° 00.798'N 2° 56.121'E	I24
Vampire Spur	28SW2	Wytschaete	50° 48.567'N 2° 54.337'E	O3
Van Akkers Farm	28SE2	Menin	50° 48.878'N 3° 06.990'E	R1
Van de Wankaerd Farm	20SE1	Staden	50° 58.509'N 3° 01.200'E	P18
Van de Winkel Farm	20SW1	Loo	50° 59.267'N 2° 46.302'E	M5
Van den Ameele Farm	20SW1	Loo	50° 58.698'N 2° 43.061'E	M7
Van den Berghe Farm	20NE1	Chistelles	51° 02.856'N 3° 00.035'E	5473
Van den Broeck Farm	12SW3	Ramscappelle	51° 06.926'N 2° 46.013'E	S5
Van den Broucke Farm	20SW3	Oostvleteren	50° 55.414'N 2° 46.348'E	S17
Van den Meersch Farm	20SW3	Oostvleteren	50° 56.398'N 2° 47.732'E	T1
Van Dyck Farm	20SE3	Westroosebeke	50° 56.202'N 2° 57.844'E	V8
Van Eeckhout Farm	20SW3	Oostvleteren	50° 55.137'N 2° 46.237'E	S17
Van Exem Farm	20SW1	Loo	50° 57.468'N 2° 45.508'E	M28
Van Exhem Farm	28NW1	Elverdinghe	50° 53.732'N 2° 48.403'E	B8
Van Eycke Farm	20SW3	Oostvleteren	50° 55.866'N 2° 47.528'E	T7
Van Hove Farm	28SW2	Wytschaete	50° 47.237'N 2° 55.080'E	O22
Van Isackere Farm	28NE1	Zonnebeke	50° 52.801'N 2° 58.519'E	D21
Van Meulen	20SE3 & 28NE1-3	Poelcappelle	50° 53.307'N 2° 58.710'E	D17
Van Meulen	28NE1	Zonnebeke	50° 53.309'N 2° 58.721'E	D15
Van Tromp Farm	12NE3	Oudenburg	51° 11.061'N 2° 58.397'E	J27
Van Twee Boschen Farm	20SW3	Oostvleteren	50° 55.503'N 2° 45.689'E	S16
Vanackert Farm	28NW2	St Julien	50° 53.863'N 2° 54.951'E	C4
Vancouver	20SE3 & 28NE1-3	Poelcappelle	50° 53.919'N 2° 56.529'E	C6
Vancouver	28NW2	St Julien	50° 53.919'N 2° 56.524'E	C6
Vancouver Camp	28NW3	Poperinghe	50° 50.560'N 2° 48.681'E	H14
Vancouver Farm	28NW3	Poperinghe	50° 50.614'N 2° 48.501'E	H14
Vandal Farm	20SW2	Zwartegat	50° 58.519'N 2° 55.339'E	O17
Vandamme Farm	28SE2	Menin	50° 46.825'N 3° 05.409'E	Q29
Vandamme Farm	28SW2	Wytschaete	50° 47.395'N 2° 51.455'E	N17
Vandamme Hill	28SW2	Wytschaete	50° 47.282'N 2° 51.769'E	N24
Vande Lanotte Farm	20SW3	Oostvleteren	50° 54.755'N 2° 49.137'E	T21
Vanden Buleke Farm	20SW3	Oostvleteren	50° 56.725'N 2° 45.756'E	M34
Vandenberg Farm	28SW2	Wytschaete	50° 47.547'N 2° 51.705'E	N18
Vandenbroeck Far	20SW1	Loo	50° 59.300'N 2° 43.189'E	M1
Vandenwoude Farm	20NW2	Leke	51° 03.874'N 2° 50.538'E	4375
Vander Got Farm	20SW3	Oostvleteren	50° 55.550'N 2° 46.760'E	S18
Vanderfaillie Farm	20SW1	Loo	50° 59.428'N 2° 47.617'E	N1

Vandewirkel J Farm	20SW1	Loo	50° 58.257'N 2° 45.190'E	M16
Vandromme Farm	28NW1	Elverdinghe	50° 53.164'N 2° 46.405'E	A17
Vanguard Farm	20SE2	Hooglede	50° 58.413'N 3° 03.980'E	Q16
Vanheule Farm	20SE3 & 28NE1-3	Poelcappelle	50° 52.984'N 2° 55.769'E	C17
Vanilla Farm	27SE2	Berthen	50° 46.147'N 2° 42.412'E	R35
Vanished Inn	28SE3	Comines	50° 44.223'N 2° 57.492'E	V19
Vanity House	20SE3	Westroosebeke	50° 54.477'N 3° 00.153'E	V29
Vanne	36NW2	Armentieres	50° 42.256'N 2° 52.037'E	B18
Vanstenhest Farm	20SW3	Oostvleteren	50° 55.095'N 2° 45.855'E	S22
Vansterberghe Farm	20SW3	Oostvleteren	50° 55.903'N 2° 46.073'E	S11
Vapour Farm	20SE3	Westroosebeke	50° 54.481'N 3° 00.015'E	V29
Var Farm	20SW2	Zwartegat	50° 59.591'N 2° 53.529'E	O2
Vardon Farm	20SE1	Staden	50° 57.987'N 3° 01.655'E	Q19
Varlet Farm	20SE3	Westroosebeke	50° 54.380'N 2° 59.124'E	V27
Varna Farm	28NW2	St Julien	50° 54.114'N 2° 54.719'E	C4
Varna Farm Camp	28NW2	St Julien	50° 54.088'N 2° 54.712'E	C4
Varsity Farm	28NE2	Moorslede	50° 53.756'N 3° 09.344'E	F11
Varssenaere	12NE4	Jabbeke	51° 11.338'N 3° 08.562'E	L28
Vassal Farm	28SW3	Bailleul	50° 44.986'N 2° 45.987'E	S10
Vasset Copse	62CSW3	Vermandovillers	49° 51.401'N 2° 48.878'E	S12
Vat Cottages	20SE3	Westroosebeke	50° 54.788'N 3° 00.135'E	V29
Vatican Farm	28NE2	Moorslede	50° 52.930'N 3° 06.899'E	F19
Vauban Camp	28NW4	Ypres	50° 49.449'N 2° 51.596'E	H30
Vauban Farm	20SW4	Bixschoote	50° 54.621'N 2° 51.430'E	T30
Vauban Valley	62BNW1	Gouy	49° 59.557'N 3° 14.336'E	K16
Vaucelles	57BSW1	Bantouzelle	50° 04.560'N 3° 13.345'E	M15
Vaucelles Copse	57BSW1	Bantouzelle	50° 04.313'N 3° 13.440'E	M21
Vaucelles Wood	57BSW1	Bantouzelle	50° 03.453'N 3° 14.208'E	M34
Vaucellette Farm	57CSE4	Villers-Guislain	50° 01.596'N 3° 07.885'E	X13
Vaudricourt	36B(44B) NE2	Beuvry	50° 29.959'N 2° 37.670'E	K4
Vaulx-Vraucourt	57CNW2	Vaulx-Vraucourt	50° 08.826'N 2° 54.586'E	C26
Vauroy Copse	62CSE3	Athies	49° 51.952'N 3° 03.461'E	W1
Vaux	62CNW3	Vaux	49° 57.122'N 2° 47.625'E	G10
Vaux Hanger	62CNW3	Vaux	49° 57.151'N 2° 47.503'E	G10
Vaux School	62CNW3	Vaux	49° 56.847'N 2° 47.670'E	G10
Vaux Wood	57CSW4	Combles	50° 00.643'N 2° 57.524'E	U29
Vaux Wood	62CNW1	Maricourt	49° 57.564'N 2° 47.279'E	G4
Vaux Wood	62CNW3	Vaux	49° 57.446'N 2° 47.214'E	G4
Vauxhall Bridge	36C(44A) NW1	LaBassee	50° 31.390'N 2° 44.381'E	A14
Vauxhall Camp	28SW3	Bailleul	50° 44.389'N 2° 47.515'E	S18
Vauxhall Farm	28SE1	Wervicq	50° 46.368'N 2° 58.411'E	P32
Vauxhall Farm	28SW2	Wytschaete	50° 46.362'N 2° 58.436'E	P32
Vauxhall Quarry	57BSW3	Honnecourt	50° 00.941'N 3° 16.379'E	T25
Vauxhall Siding	28NW4	Ypres	50° 49.162'N 2° 52.261'E	H36
Vauxhall Villa	28SW3	Bailleul	50° 44.449'N 2° 47.487'E	S18
Vauxhall Wood	62CSE3	Athies	49° 51.447'N 3° 02.495'E	V11
VC Road	28SW2	Wytschaete	50° 47.164'N 2° 50.517'E	N22
Veal Cottages	20SE3	Westroosebeke	50° 54.882'N 3° 00.210'E	V23
Vee Bend	20SW4	Bixschoote	50° 55.895'N 2° 55.705'E	U11
Vega Farm	28NW1	Elverdinghe	50° 52.731'N 2° 47.078'E	A24
Vegelaere Farm	12SW3	Ramscappelle	51° 07.094'N 2° 49.374'E	T3
Vegetable Farm	20SE3	Westroosebeke	50° 54.445'N 3° 00.559'E	V29
Vehicle Farm	28SE1	Wervicq	50° 47.362'N 2° 59.744'E	P22
Vehicle Farm	28SW2	Wytschaete	50° 47.365'N 2° 59.737'E	P22
Veld Farm	28NE2	Moorslede	50° 53.502'N 3° 06.499'E	F7
Velde Wood	20SE4	Roulers	50° 54.452'N 3° 05.348'E	W29
Velde Wood	28NE2	Moorslede	50° 54.304'N 3° 05.259'E	E5
Veldhoek	28NE3	Gheluvelt	50° 50.473'N 2° 58.725'E	J15
Veldhoek	20SW4	Bixschoote	50° 56.269'N 2° 55.132'E	U4
Veldhoek Post	20SW4	Bixschoote	50° 56.243'N 2° 55.092'E	U4
Veldmolen	28NE2	Moorslede	50° 53.453'N 3° 06.570'E	F13
Veldt	28NW4	Zillebeke	50° 49.221'N 2° 52.542'E	I31

Veldt Farm	20SE3	Westroosebeke	50° 54.964'N 3° 00.697'E	V23
Velox Farm	20SE2	Hooglede	50° 57.444'N 3° 10.246'E	R30
Velu	57CNE3	Hermies	50° 06.345'N 2° 58.533'E	J25
Velvet Copse	20SE3	Westroosebeke	50° 55.373'N 3° 01.106'E	V18
Venant Farm	36NE1	Quesnoy	50° 43.490'N 2° 58.764'E	D3
Vendelles Site of	62CSE2	Vermand	49° 54.602'N 3° 08.163'E	R7
Venders Corner	20SE1	Staden	50° 58.303'N 3° 02.536'E	Q14
Vendeuil	66CSW2	Vendeuil	49° 43.118'N 3° 21.082'E	O13
Vendeuil Fort	66CSW2	Vendeuil	49° 43.063'N 3° 20.405'E	N18
Vendhuile	57BSW3	Honnecourt	50° 00.661'N 3° 12.470'E	S26
Vendin lez-Bethune	36ASE3	Gonnehem	50° 32.538'N 2° 36.917'E	W27
Vendin-le-Vieil	36C(44A) NW4	Pont-à-Vendin	50° 28.527'N 2° 52.197'E	H23
Venerable Farm	20SE3	Westroosebeke	50° 56.218'N 3° 02.350'E	W8
Veneurs Cross Roads	20SE1	Staden	50° 58.273'N 2° 58.528'E	P14
Vengeance Farm	20NW4	Dixmunde	51° 01.554'N 2° 53.297'E	I14
Vengeance Farm	20SE3	Westroosebeke	50° 56.508'N 3° 02.388'E	W2
Venheute Farm	28NW2	St Julien	50° 53.003'N 2° 55.777'E	C17
Venice	12SW1	Nieuport	51° 08.368'N 2° 47.867'E	N26
Venice Siding	28NW4	Zillebeke	50° 48.950'N 2° 52.872'E	I31
Venison Farm	20SE3	Westroosebeke	50° 55.102'N 3° 01.173'E	V24
Venteux Wood	62CNE3	Buire	49° 57.635'N 3° 02.184'E	J5
Venture Farm	20SE3	Westroosebeke	50° 54.600'N 3° 00.903'E	V30
Venus Wood	66CNW2	Itancourt	49° 48.947'N 3° 24.076'E	C11
Veramme Farm	20SW1	Loo	50° 57.977'N 2° 45.778'E	M22
Verbeek Farm	28NE3	Gheluvelt	50° 50.796'N 2° 58.479'E	J14
Verbois Farm	36ASE4	Locon	50° 35.137'N 2° 38.536'E	Q35
Verbrandenmolen	28NW4	Zillebeke	50° 49.522'N 2° 55.299'E	I28
Verbrandenmolen Mill	28NW4	Zillebeke	50° 49.507'N 2° 55.294'E	I28
Verbrandon Road	28NW4	Zillebeke	50° 49.787'N 2° 54.921'E	I28
Verbrandon Siding	28NW4	Zillebeke	50° 49.556'N 2° 55.092'E	I28
Verdi Cross Roads	20SW2	Zwartegat	50° 58.720'N 2° 55.957'E	O12
Verdict Farm	28NE2	Moorslede	50° 53.620'N 3° 09.848'E	F11
Vergeld Farm	20SE2	Hooglede	50° 57.630'N 3° 04.040'E	Q28
Vergelderhoek	20SE2	Hooglede	50° 57.637'N 3° 03.908'E	Q28
Verger Farm	20SW4	Bixschoote	50° 56.260'N 2° 51.026'E	T5
Verhaege Farm	28SW2	Wytschaete	50° 47.197'N 2° 55.413'E	O22
Verhaest Farm	28SW2	Wytschaete	50° 47.972'N 2° 55.102'E	O10
Verhaest Farm	28SW2	Wytschaete	50° 47.972'N 2° 55.102'E	O10
Veritas Farm	20SE2	Hooglede	50° 59.409'N 3° 06.810'E	R1
Verity Crossing	36ANE2	Vieux Berquin	50° 43.029'N 2° 42.480'E	F5
Verketst Farm	20SE2	Hooglede	50° 58.232'N 3° 07.963'E	R9
Verlinghem	36NE3	Perenchies	50° 40.858'N 2° 59.670'E	J4
Verlorenhoek	28NW2	St Julien	50° 51.858'N 2° 56.162'E	I6
Verlorenkost	12NE3	Oudenburg	51° 10.654'N 2° 56.498'E	J31
Vermand	62CSE2	Vermand	49° 52.686'N 3° 08.811'E	R26
Vermandovillers	62CSW3	Vermandovillers	49° 51.004'N 2° 47.058'E	S9
Vermelles	36C(44A) NW3	Loos	50° 29.228'N 2° 44.807'E	G8
Vermersch Farm	20NE1	Chistelles	51° 04.977'N 3° 00.612'E	5476
Vermons Farm	20SW3	Oostvleteren	50° 55.297'N 2° 47.706'E	T13
Vermot Farm	20SW1	Loo	50° 59.052'N 2° 43.835'E	M2
Vermouth Corner	36ANE4	Merville	50° 39.147'N 2° 37.179'E	K22
Vermouth Villa	28NW1	Elverdinghe	50° 52.149'N 2° 48.410'E	B26
Verne Road	28SW2	Wytschaete	50° 47.493'N 2° 55.055'E	O16
Vernes Cross Roads	20NE3	Zarren	51° 02.241'N 2° 57.122'E	J1
Verona Siding	28NW4	Ypres	50° 49.081'N 2° 52.176'E	H36
Verquigneul	36B(44B) NE2	Beuvry	50° 30.197'N 2° 40.044'E	F25
Verquin	36B(44B) NE2	Beuvry	50° 30.072'N 2° 38.439'E	E29
Verschaeve Farm	20SW3	Oostvleteren	50° 56.330'N 2° 46.734'E	S6
Versche Bridge	20SW3	Oostvleteren	50° 56.384'N 2° 43.737'E	S2
Verse Cottage	20SE3	Westroosebeke	50° 55.176'N 3° 01.178'E	V24
Verstaete Farm	20NE3	Zarren	51° 02.009'N 2° 57.737'E	J8
Versteque Farm	12SW1	Nieuport	51° 07.902'N 2° 46.635'E	N31

Vert Ballot	36SE1	Haubourdin	50° 37.488'N 2° 57.489'E	P7
Vert Bois Chateau	36NE2	Tourcoing	50° 42.699'N 3° 06.933'E	F13
Vert Feuillage	36C(44A) NW1	LaBassee	50° 31.108'N 2° 48.359'E	B19
Vert Galant	36NE1	Quesnoy	50° 41.346'N 3° 02.317'E	E25
Vert Galant	70DNW4	St. Gobain	49° 33.908'N 3° 23.449'E	I33
Vert Gazon	36C(44A) NW4	Pont-à-Vendin	50° 27.722'N 2° 56.446'E	I35
Vert Rue	36ANE2	Vieux Berquin	50° 41.018'N 2° 38.154'E	E29
Vert Touquet	36NE2	Tourcoing	50° 42.001'N 3° 04.019'E	E21
Vert Touquet	36SE1	Haubourdin	50° 37.819'N 2° 59.140'E	P3
Vertbois Road	36ANE3	Haverskerque	50° 38.706'N 2° 35.681'E	K26
Verte House	28NW2	St Julien	50° 54.162'N 2° 52.397'E	C1
Verte Mill	28NW2	St Julien	50° 54.256'N 2° 52.628'E	C1
Vertefeuille	36NE3	Perenchies	50° 40.205'N 3° 03.150'E	K8
Vertical Cottage	20SE3	Westroosebeke	50° 55.657'N 3° 01.253'E	V18
Vertoren Kost Farm	20NE2	Zedelghem	51° 05.135'N 3° 05.214'E	6177
Vertouquet	28SE4	Ronq	50° 45.965'N 3° 08.567'E	X3
Vervoote Chateau	36NE3	Perenchies	50° 40.356'N 3° 00.117'E	J10
Vesco Farm	36NW1	Steenwerck	50° 41.474'N 2° 49.692'E	B27
Vesper Farm	28NW1	Elverdinghe	50° 52.849'N 2° 44.039'E	A14
Vessaele Farm	20SW3	Oostvleteren	50° 55.681'N 2° 46.507'E	S11
Vesten Farm	20SW4	Bixschoote	50° 55.302'N 2° 55.874'E	U17
Vestry House	20SE3	Westroosebeke	50° 55.792'N 3° 01.133'E	V18
Vesuvius Spur	28SW2	Wytschaete	50° 48.490'N 2° 54.117'E	O3
Veteran Farm	12NE1	Clemskerke	51° 13.741'N 2° 59.601'E	D29
Vétry Copse 1	62CNE1	Liéramont	49° 59.616'N 3° 01.010'E	D10
Vétry Copse 2	62CNE1	Liéramont	49° 59.674'N 3° 01.235'E	D10
Veucelle Valley	66CSW2	Vendeuil	49° 43.743'N 3° 23.251'E	O9
Viaduct Farm	20NW4	Dixmunde	51° 00.498'N 2° 55.918'E	I30
Vicars Cottage	20SE3	Westroosebeke	50° 55.778'N 3° 01.357'E	V18
Vickers Farm	12NE2 & 4	Ostende	51° 11.007'N 2° 53.990'E	I28
Vicksburg	27NE3	Winnezeele	50° 49.901'N 2° 35.740'E	K20
Vicogne Farm	12NE1	Clemskerke	51° 14.233'N 2° 57.680'E	D20
Victim Copse	27SE2	Berthen	50° 46.964'N 2° 43.121'E	R24
Victor Copse	62CSW1	Dompierre	49° 54.010'N 2° 51.457'E	N9
Victor Hugo Farm	20NE3	Zarren	51° 02.049'N 2° 59.566'E	J10
Victor Masse Farm	20SW2	Zwartegat	50° 58.843'N 2° 54.620'E	O10
Victoria Camp	28SW1	Kemmel	50° 47.588'N 2° 46.666'E	M17
Victoria Copse	51BNW4	Fampoux	50° 17.134'N 2° 56.334'E	I28
Victoria Cross Roads	62BNW3	Bellicourt	49° 55.510'N 3° 13.453'E	G33
Victoria Station	36C(44A) NW3	Loos	50° 29.232'N 2° 45.174'E	G20
Victory Copse	62BSW4	Homblieres	49° 50.670'N 3° 24.580'E	U23
Victory Farm	20SW4	Bixschoote	50° 56.300'N 2° 53.213'E	U2
Victory Post	20SW4	Bixschoote	50° 56.310'N 2° 53.268'E	U2
Vieille Chapelle	36ASE2	Lestrem	50° 35.429'N 2° 42.114'E	R34
Vieille Motte	28SE4	Ronq	50° 44.787'N 3° 09.594'E	X17
Vieilles Maisons	20SE3 & 28NE1-3	Poelcappelle	50° 54.157'N 2° 56.597'E	C6
Vieilles Maisons	28NW2	St Julien	50° 54.164'N 2° 56.608'E	C6
Vielle Chapelle Post	36ASE2	Lestrem	50° 35.611'N 2° 42.576'E	R28
Vienna Cottages	28NE1	Zonnebeke	50° 53.434'N 3° 01.060'E	D12
Vienvickhove	28SW1	Kemmel	50° 47.512'N 2° 43.650'E	M13
Vierhouck	36ANE4	Merville	50° 40.133'N 2° 38.677'E	K12
Vierschaar	20NE3	Zarren	51° 00.165'N 3° 00.756'E	J36
Vierstraat	28SW2	Wytschaete	50° 48.089'N 2° 51.128'E	N11
Vieux Berquin	36ANE2	Vieux Berquin	50° 41.674'N 2° 38.633'E	E24
Vieux Chien	28NE3	Gheluvelt	50° 49.527'N 3° 01.914'E	K25
Vieux Soldat	28SE3	Comines	50° 43.747'N 3° 00.497'E	V29
Vieux Soldat	36NE3	Perenchies	50° 39.987'N 2° 59.478'E	J15
Vigie Cross Roads	20SW2	Zwartegat	50° 59.571'N 2° 56.027'E	O6
Vigil Farm	20SE3	Westroosebeke	50° 55.567'N 3° 00.996'E	V18
Vijfhuizen	20SW2	Zwartegat	50° 59.010'N 2° 50.741'E	N11
Vijfhuizen Farm	20SW2	Zwartegat	50° 58.726'N 2° 50.178'E	N10
Vijfwege	20NE4	Lichtervelde	51° 02.247'N 3° 07.643'E	6271

Vijfwegen	20SE4	Roulers	50° 55.765'N 3° 07.402'E	X15
Vijfwegen	28NE4	Dadizeele	50° 50.364'N 3° 05.731'E	K24
Vijverhoek	28NW4	Ypres	50° 49.559'N 2° 50.887'E	H29
Vijverhoek	28NW4	Ypres	50° 49.657'N 2° 50.987'E	H29
Vijwegen	20SE3	Westroosebeke	50° 56.966'N 2° 58.801'E	P33
Viking Fork	28NE2	Moorslede	50° 53.913'N 3° 04.484'E	E10
Vilenie Farm	20NW4	Dixmunde	51° 01.655'N 2° 55.683'E	I17
Viliorba Camp	36ANE3	Haverskerque	50° 39.376'N 2° 32.122'E	J15
Villa Gretchen	28NW2	St Julien	50° 53.845'N 2° 52.918'E	C1
Villa House	28SW4	Ploegsteert	50° 44.788'N 2° 52.514'E	U13
Villa Rauchet	12NE2 & 4	Ostende	51° 13.254'N 2° 53.359'E	I3
Villa Scolaire Lombartzyde	12SW1	Nieuport	51° 09.487'N 2° 45.064'E	M10
Villa Wood	57DSE4	Ovillers	50° 01.817'N 2° 44.800'E	X12
Village Wood	62CNW4	Peronne	49° 55.687'N 2° 54.200'E	I25
Villain Junction	28NW4	Zillebeke	50° 48.993'N 2° 53.080'E	I31
Ville Wood	62CNE1	Liéramont	49° 59.678'N 3° 00.094'E	D9
Villécholles	62CSE2	Vermand	49° 53.002'N 3° 09.889'E	R27
Villecourt	66DNW2	Morchain	49° 47.987'N 2° 58.226'E	C24
Villeret	62CNE4	Roisel	49° 57.189'N 3° 11.446'E	L11
Villers Farm	28SE1	Wervicq	50° 47.975'N 2° 58.995'E	P9
Villers Farm	28SW2	Wytschaete	50° 47.975'N 2° 58.970'E	P9
Villers Farm	57BSW3	Honnecourt	50° 01.443'N 3° 17.473'E	T20
Villers Hill	57CSE4	Villers-Guislain	50° 01.933'N 3° 09.813'E	X15
Villers Outreaux Ravine	57BSW4	Serain	50° 02.407'N 3° 19.627'E	T10
Villers Plouich	57CSE2	Gonnelieu	50° 04.755'N 3° 08.063'E	R13
Villers Ridge	57CSE4	Villers-Guislain	50° 02.198'N 3° 10.317'E	X10
Villers-au-Bois	36B(44B) SE4	Carency	50° 22.357'N 2° 40.105'E	X19
Villers-au-Flos	57CSW2	Villers-Au-Flos	50° 04.843'N 2° 54.221'E	O7
Villers-au-Tertre	51BNE4	Cantin	50° 18.165'N 3° 10.820'E	L23
Villers-Carbonnel	62CSW2	Barleux	49° 52.460'N 2° 53.789'E	N36
Villers-Faucon	62CNE2	Epéhy	49° 58.506'N 3° 05.866'E	E28
Villers-Guislain	57CSE4	Villers-Guislain	50° 02.459'N 3° 09.327'E	X3
Villers-lez-Cagnicourt	51BSE3	Cagnicourt	50° 13.328'N 3° 00.589'E	V4
Villers-Outréaux	57BSW3	Honnecourt	50° 01.932'N 3° 17.762'E	T15
Vim Farm	20SE1	Staden	50° 59.475'N 2° 58.484'E	P3
Vimy	36C(44A) SW3	Vimy	50° 22.315'N 2°48.818'E	T19
Vimy Junction	28NW4	Zillebeke	50° 49.387'N 2° 52.837'E	I25
Vincennes Copse	62CSW1	Dompierre	49° 53.811'N 2° 50.815'E	N14
Vinchy Lock	57BSW1	Bantouzelle	50° 05.628'N 3° 14.543'E	M5
Vinckiers Farm	20SE4	Roulers	50° 55.052'N 3° 08.412'E	X21
Vincuit Farm	12SW2	Slype	51° 07.437'N 2° 45.828'E	O7
Vindictive Cross Roads	20SE3	Westroosebeke	50° 54.503'N 3° 01.217'E	V30
Vine Corner	28SW2	Wytschaete	50° 46.329'N 2° 51.156'E	N35
Vine Cottage	20SE3	Westroosebeke	50° 54.413'N 3° 00.250'E	V29
Vinegar Siding	28SW2	Wytschaete	50° 48.741'N 2° 54.601'E	O3
Vinery	28NW2	St Julien	50° 51.799'N 2° 54.655'E	I4
Vinery	28NW2	St Julien	50° 51.797'N 2° 54.798'E	I4
Vinke Buildings	28NE2	Moorslede	50° 54.134'N 3° 10.133'E	F6
Vintage Farm	36NW1	Steenwerck	50° 41.849'N 2° 46.294'E	A22
Violaines	36C(44A) NW1	LaBassee	50° 32.357'N 2° 47.249'E	A5
Violet Farm	20SE2	Hooglede	50° 59.534'N 3° 07.561'E	R2
Violet Junction	28NW4	Zillebeke	50° 49.447'N 2° 54.556'E	I27
Violette Farm	12SW3	Ramscappelle	51° 06.998'N 2° 48.032'E	T2
Violin Farm	28NE4	Dadizeele	50° 49.890'N 3° 08.096'E	L27
Violon Farm	12SW3	Ramscappelle	51° 06.081'N 2° 46.100'E	S17
Viper Wood	66ENE2	Vrely	49° 47.321'N 2° 44.295'E	F28
Virgin Wood	62CNW3	Vaux	49° 55.370'N 2° 47.692'E	G28
Virginity Villa	28SW1	Kemmel	50° 47.364'N 2° 47.067'E	M18
Virgo Cottage	28NW1	Elverdinghe	50° 51.611'N 2° 44.229'E	G2
Virile Farm	20SE3	Westroosebeke	50° 54.686'N 3° 00.645'E	V29
Viroflay Copse	62CSW1	Dompierre	49° 54.824'N 2° 51.092'E	N3
Virtue Farm	20SE3	Westroosebeke	50° 54.611'N 3° 00.720'E	V29

Name	Sheet	Map	Coordinates	Ref
Virtue Siding	28SW2	Wytschaete	50° 48.634'N 2° 53.802'E	O2
Virus Farm	36NW1	Steenwerck	50° 41.791'N 2° 46.661'E	A23
Virus Villa	28SW3	Bailleul	50° 44.152'N 2° 45.730'E	S22
Viscort Farm	28SE4	Ronq	50° 44.418'N 3° 05.133'E	W24
Viscount Farm	28NE4	Dadizeele	50° 49.633'N 3° 08.533'E	L27
Viscourt	28SE4	Ronq	50° 44.157'N 3° 05.838'E	W24
Viscourt Factory	28SE4	Ronq	50° 44.632'N 3° 06.587'E	X13
Vis-en-Artois	51BSW2	Vis-en-Artois	50° 14.883'N 2° 56.343'E	O22
Vishnu House	27NE3	Winnezeele	50° 51.143'N 2° 35.176'E	K2
Vision Farm	27SE1	St Sylvestre	50° 48.198'N 2° 35.763'E	Q2
Vitermont	57DSE1 & 2	Beaumont	50° 03.870'N 2° 36.799'E	Q19
Vitermont Mill	57DSE1 & 2	Beaumont	50° 04.011'N 2° 37.179'E	Q20
Vitry Marsh	51BNW2	Oppy	50° 19.627'N 2° 57.526'E	C30
Vitry-en-Artois	51BNE1	Brébières	50° 19.513'N 2° 59.047'E	J2
Vitrymont Farm	28NW2	St Julien	50° 53.448'N 2° 50.328'E	B10
Vivier Mill	62DNE2	Méaulte	49° 58.990'N 2° 38.843'E	E16
Vlaa	20SE1	Staden	50° 59.567'N 2° 58.312'E	P3
Vladsloo	20NW2	Leke	51° 02.796'N 2° 54.948'E	4873
Vlamertinghe	28NW3	Poperinghe	50° 51.292'N 2° 49.268'E	H3
Vlamertinghe Chateau	28NW1	Elverdinghe	50° 51.585'N 2° 49.128'E	H2
Vlisseghem	12NE2	Houttave	51° 15.290'N 3° 03.333'E	E10
Vocation Farm	20SE3	Westroosebeke	50° 54.714'N 3° 00.757'E	V30
Vodka Fork	20SW2	Zwartegat	50° 58.642'N 2° 52.281'E	O13
Vogelsteen Farm	20NW1	Nieuport	51° 04.798'N 2° 46.307'E	3877
Vogue Farm	27NE4	Abeele	50° 49.603'N 2° 37.086'E	K28
Void Farm	20SE3	Westroosebeke	50° 54.889'N 3° 00.622'E	V23
Voie des Chasseurs	36NE3	Perenchies	50° 40.574'N 3° 00.914'E	J11
Voilée Farm	12SW1	Nieuport	51° 09.462'N 2° 48.494'E	N8
Voisinage	36NE2	Tourcoing	50° 42.399'N 3° 08.755'E	F15
Vole Farm	20SW2	Zwartegat	50° 58.339'N 2° 53.193'E	O14
Voleurs Bridge	57BSW1	Bantouzelle	50° 04.146'N 3° 12.465'E	M20
Volga Farm	28NE2	Moorslede	50° 53.228'N 3° 04.753'E	E16
Volley Farm	36ANE2	Vieux Berquin	50° 41.236'N 2° 37.202'E	E28
Volmerbeke Farm	20SE1	Staden	50° 59.713'N 3° 03.144'E	Q3
Volnay House	28NW1	Elverdinghe	50° 51.604'N 2° 48.600'E	H2
Volt Farm	20SE3	Westroosebeke	50° 55.000'N 3° 00.727'E	V24
Volt House	28NE4	Dadizeele	50° 49.934'N 3° 10.482'E	L30
Volta Farm	27NE2	Proven	50° 53.165'N 2° 39.705'E	F7
Voltaire Cross Roads	20NE3	Zarren	51° 01.269'N 3° 00.928'E	J18
Voltigeur Farm	20SW4	Bixschoote	50° 55.497'N 2° 52.816'E	U13
Von Hugel Farm	28NW2	St Julien	50° 52.501'N 2° 55.776'E	C23
Von Kluck Cottages	28NW2	St Julien	50° 53.132'N 2° 53.462'E	C14
Von Tirpitz Farm	20SE3 & 28NE1-3	Poelcappelle	50° 53.771'N 2° 57.364'E	D7
Von Tirpitz Farm	28NE1	Zonnebeke	50° 53.781'N 2° 57.367'E	D7
Von Werder House	28NW2	St Julien	50° 53.694'N 2° 54.968'E	C10
Voormezeele	28NW4	Zillebeke	50° 49.023'N 2° 52.554'E	I31
Voormezeele Junction	28NW4	Zillebeke	50° 49.140'N 2° 52.662'E	I31
Voshoek	20NE3	Zarren	51° 01.007'N 3° 02.832'E	K19
Voss Farm	28NE2	Moorslede	50° 54.183'N 3° 08.441'E	F3
Vossemolen	28NE2	Moorslede	50° 54.065'N 3° 08.420'E	F3
Vox Farm	20SE3	Westroosebeke	50° 54.758'N 3° 00.750'E	V30
Vox Vrie	28NW1	Elverdinghe	50° 53.257'N 2° 44.727'E	A10
Vox Vrie Farm	28NW1	Elverdinghe	50° 53.069'N 2° 44.830'E	A15
Voynier Farm	28NW2	St Julien	50° 53.476'N 2° 50.610'E	B10
Vraignes	62CSE1	Bouvincourt	49° 53.280'N 3° 03.889'E	Q19
Vraignes Wood	62CSE1	Bouvincourt	49° 52.911'N 3° 05.230'E	Q27
Vraucourt	57CNW2	Vaulx-Vraucourt	50° 09.245'N 2° 54.073'E	C19
Vraucourt Copse	57CNW2	Vaulx-Vraucourt	50° 09.786'N 2° 55.079'E	C14
Vrellandhoek	28SW2	Wytschaete	50° 46.701'N 2° 50.438'E	N28
Vrély	66ENE2	Vrely	49° 47.919'N 2° 41.546'E	F13
Vructemburg Farm	20SE3	Westroosebeke	50° 56.122'N 2° 59.829'E	V10
Vuila Seule Cabt.	28NW1	Elverdinghe	50° 52.581'N 2° 47.391'E	A24

Vuilenbras Cabt.	28SE1	Wervicq	50° 46.878'N 3° 03.442'E	Q27
Vuilpan	20SE1	Staden	50° 59.652'N 2° 59.807'E	P5
Vuilsterke Farm	20SW3	Oostvleteren	50° 56.886'N 2° 48.815'E	N32
Vuirsteke Farm	20SW1	Loo	50° 56.953'N 2° 48.766'E	N32
Vulcan Spur	28NW4	Zillebeke	50° 48.989'N 2° 54.581'E	I33
Vulderhoek	20NE3	Zarren	51° 02.401'N 3° 02.604'E	K2
Vulture House	20SE3	Westroosebeke	50° 55.213'N 3° 01.347'E	V24
W Camp	28NW1	Elverdinghe	50° 53.313'N 2° 43.266'E	A7
W Redoubt	28SW2	Wytschaete	50° 48.343'N 2° 51.860'E	N12
Waac Farm	27SE1	St Sylvestre	50° 47.767'N 2° 34.795'E	Q7
Waalkranz Farm	28NW2	St Julien	50° 53.352'N 2° 51.769'E	B12
Wacheux	36C(44A) NW4	Pont-à-Vendin	50° 28.916'N 2° 56.281'E	I17
Wadding Farm	20SE4	Roulers	50° 56.007'N 3° 07.665'E	X8
Wade Farm	28NE4	Dadizeele	50° 49.258'N 3° 07.180'E	L32
Waege Bridge	27SE1	St Sylvestre	50° 47.468'N 2° 33.924'E	P18
Waenebeke Sidings	28NW1	Elverdinghe	50° 53.274'N 2° 49.580'E	B9
Waeteraere Farm	20SW3	Oostvleteren	50° 55.773'N 2° 47.203'E	S12
Wagenbruge	27SE1	St Sylvestre	50° 47.703'N 2° 34.150'E	P12
Wagner Cross Roads	20SW2	Zwartegat	50° 58.198'N 2° 53.248'E	O14
Wagnonlieu	51CNE4	Wagnonlieu	50° 17.490'N 2° 42.463'E	L21
Wagnonville	36C(44A) SE3	Esquerchin	50° 23.522'N 3° 03.836'E	W8
Wagon Farm	28NW2	St Julien	50° 53.134'N 2° 51.585'E	B18
Wagram Farm	28NW2	St Julien	50° 52.570'N 2° 51.114'E	B23
Wagtail Farm	20SE2	Hooglede	50° 57.988'N 3° 07.465'E	R20
Wailly	51CSE2	Beaumetz	50° 14.819'N 2° 43.350'E	R22
Wain Faqrm	28SW2	Wytschaete	50° 46.989'N 2° 55.913'E	O23
Wakatu Lines	28NW4	Ypres	50° 49.766'N 2° 51.299'E	H29
Wakefield Huts	28SW1	Kemmel	50° 46.473'N 2° 46.365'E	M29
Wakefield Wood	28SW1	Kemmel	50° 46.370'N 2° 46.355'E	M29
Walincourt	57BSW2	Clary	50° 04.073'N 3° 20.066'E	N24
Walincourt Audigny Line	57BSW2	Clary	50° 03.801'N 3° 18.801'E	N22-34
Walincourt Mill	57BSW2	Clary	50° 03.414'N 3° 20.349'E	N36
Walincourt Wood	57BSW1	Bantouzelle	50° 03.976'N 3° 18.434'E	N28
Walincourt Wood	57BSW2	Clary	50° 03.857'N 3° 18.624'E	N28
Walker Camp	28NW3	Poperinghe	50° 49.694'N 2° 49.962'E	H27
Walker Farm	28NW3	Poperinghe	50° 49.705'N 2° 49.792'E	H27
Wall Farm	28SW2	Wytschaete	50° 47.313'N 2° 55.570'E	O23
Wallaby Post	36NW2	Armentieres	50° 42.403'N 2° 53.829'E	C14
Wallah Farm	28NE2	Moorslede	50° 51.929'N 3° 04.483'E	K4
Wallemolen	28NE1	Zonnebeke	50° 54.293'N 2° 59.199'E	D4
Walles Farm	20SW1	Loo	50° 58.966'N 2° 46.152'E	M11
Wallsend Junction	28NW2	St Julien	50° 51.898'N 2° 54.361'E	C27
Walpole Copse	28NE4	Dadizeele	50° 49.947'N 3° 04.825'E	K29
Walrus Farm	12NW3 & 4	Middlekerke	51° 11.599'N 2° 50.832'E	H24
Walrus Wood	62CNW1	Maricourt	49° 57.667'N 2° 49.492'E	H1
Waltham Cross Roads	20SE4	Roulers	50° 55.733'N 3° 07.163'E	X14
Wam Farm	28SW2	Wytschaete	50° 46.998'N 2° 55.908'E	O23
Wambaix Copse	57BNW3	Rumilly	50° 08.559'N 3° 17.946'E	H3
Wambeke	28SW2	Wytschaete	50° 46.623'N 2° 55.367'E	O28
Wambrechies	36NE1	Quesnoy	50° 41.226'N 3° 03.194'E	E26
Wancourt	51BSW2	Vis-en-Artois	50° 14.831'N 2° 52.358'E	N23
Wancourt Farm	51BSE4	Marquion	50° 12.911'N 3° 05.190'E	W10
Wancourt Tower In Ruins	51BSW2	Vis-en-Artois	50° 14.530'N 2° 53.066'E	N30
Wand Farm	20SE1	Staden	50° 59.078'N 3° 01.390'E	Q7
Wandle Farm	36ANE4	Merville	50° 39.135'N 2° 42.083'E	L22
Wandracq	36NE3	Perenchies	50° 39.371'N 3° 02.210'E	K19
Wangerie	36SW1	Aubers	50° 36.918'N 2° 46.999'E	M17
Wangle Villa	36NW1	Steenwerck	50° 41.905'N 2° 44.254'E	A20
Wanne Copse	66DNW1	Punchy	49° 49.338'N 2° 48.293'E	A5
Wanton France	27NE4	Abeele	50° 49.743'N 2° 36.638'E	K21
Warande Inn	20NW4	Dixmunde	51° 00.507'N 2° 52.238'E	I25
Waratah Camp	28NW3	Poperinghe	50° 50.474'N 2° 44.588'E	G15

Waratah Corner	28NW3	Poperinghe	50° 50.647'N 2° 44.908'E	G15
Waratah Farm	28NW3	Poperinghe	50° 50.493'N 2° 44.719'E	G15
Warbler Copse	66CNW4	Berthenicourt	49° 45.348'N 3° 20.617'E	H30
Warburg Camp	28NW3	Poperinghe	50° 48.833'N 2° 48.807'E	H32
Ware Farm	20SE1	Staden	50° 57.315'N 3° 00.718'E	P30
Warfare Crossing	20SE4	Roulers	50° 55.460'N 3° 05.991'E	W18
Waring House	28NE4	Dadizeele	50° 49.602'N 3° 04.987'E	K29
Warlencourt Faucourt	57DSE2+57CSW1	Le Sars	50° 04.995'N 2° 47.538'E	M10
Warley Lodge	36NW2	Armentieres	50° 43.236'N 2° 54.548'E	C3
Warlus	51CNE4	Wagnonlieu	50° 16.502'N 2° 40.090'E	K36
Warm Farm	36NW1	Steenwerck	50° 42.446'N 2° 44.887'E	A9
Warnave Lodge	28SW4	Ploegsteert	50° 43.669'N 2° 54.847'E	U27
Warneton	28SW4	Ploegsteert	50° 45.179'N 2° 57.045'E	U12
Warneton Sud	28SE3	Comines	50° 45.053'N 2° 57.167'E	V7
Warp Farm	36NW1	Steenwerck	50° 41.139'N 2° 46.196'E	A28
Warren Wood	28SW1	Kemmel	50° 47.206'N 2° 44.505'E	M20
Warrington Road	28NW4	Zillebeke	50° 50.497'N 2° 52.789'E	I13
Warrington Road	28NW4	Zillebeke	50° 50.479'N 2° 54.543'E	I15
Warriston Farm	20SE1	Staden	50° 57.177'N 3° 02.625'E	Q33
Warsaw Siding	28SW2	Wytschaete	50° 46.934'N 2° 51.980'E	N24
Wart Farm	28SW3	Bailleul	50° 44.434'N 2° 46.212'E	S16
Wartling Farm	20SE2	Hooglede	50° 59.327'N 3° 05.100'E	Q5
Warvillers	66ENE3	Vrely	49° 46.744'N 2° 41.333'E	L1
Warvillers	66ENE4	Vrely	49° 46.744'N 2° 41.333'E	L1
Warwick	28NW2	St Julien	50° 54.236'N 2° 53.486'E	C2
Warwick Arms	36ASE1	St. Venant	50° 35.121'N 2° 33.819'E	P35
Warwick Bridge	36ASE1	St. Venant	50° 36.305'N 2° 30.972'E	P13
Warwick Farm	28NW2	St Julien	50° 51.934'N 2° 55.596'E	C29
Washington Farm	20SE3	Westroosebeke	50° 56.352'N 3° 00.857'E	V6
Wasp Farm	20SW2	Zwartegat	50° 57.383'N 2° 51.389'E	N30
Wasp Farm	28SW2	Wytschaete	50° 47.342'N 2° 56.058'E	O23
Wasp Farm	28SW2	Wytschaete	50° 47.343'N 2° 56.054'E	O23
Wassail House	36ANE1	Morbecque	50° 41.627'N 2° 31.796'E	D21
Waster Farm	36NW1	Steenwerck	50° 42.050'N 2° 43.889'E	A13
Wastrels Corner	20SE1	Staden	50° 59.058'N 3° 00.131'E	P11
Water Copse	57CSE1	Bertincourt	50° 05.722'N 3° 04.273'E	Q2
Water Farm	12NE1	Clemskerke	51° 14.540'N 3° 00.897'E	D18
Water Farm	28NE2	Moorslede	50° 52.429'N 3° 04.303'E	E28
Water Farm	36NW4	Bois Grenier	50° 38.469'N 2° 52.838'E	I31
Water Hen Farm	20SW2	Zwartegat	50° 58.100'N 2° 49.913'E	N22
Water House	20SE3	Westroosebeke	50° 55.739'N 2° 57.558'E	V13
Water Tank	36ANE4	Merville	50° 38.844'N 2° 43.109'E	L29
Water Tank	62CNW4	Peronne	49° 55.580'N 2° 56.310'E	I28
Water Tanks	36B(44B) SE4	Carency	50° 24.201'N 2° 42.066'E	R33
Water Tower	12NE2 & 4	Ostende	51° 13.319'N 2° 55.129'E	I5
Water Tower	27SE1	St Sylvestre	50° 48.480'N 2° 34.089'E	P6
Water Tower	36C(44A) NW3	Loos	50° 29.268'N 2° 45.164'E	G8
Water Tower	36C(44A) NW3	Loos	50° 27.223'N 2° 45.428'E	G33
Water Tower	36C(44A) NW4	Pont-à-Vendin	50° 29.251'N 2° 51.749'E	H11
Water Tower	36C(44A) SW1	Lens	50° 26.566'N 2°44.475'E	M7
Water Tower	36C(44A) SW1	Lens	50° 26.325'N 2°46.292'E	M10
Water Tower	36C(44A) SW1	Lens	50° 26.321'N 2°49.887'E	N8
Water Tower	36C(44A) SW3	Vimy	50° 22.796'N 2°48.198'E	S18
Water Tower	36C(44A) SW3	Vimy	50° 24.086'N 2°48.883'E	T1
Water Tower	36NE3	Perenchies	50° 39.970'N 2° 58.350'E	J14
Water Tower	4SE 3 & 4	Wenduyne	51° 17.632'N 3° 04.267'E	W11
Water Towers	36C(44A) SE3	Esquerchin	50° 24.013'N 2° 58.124'E	V1
Waterbeach Farm	20SE3	Westroosebeke	50° 56.944'N 3° 02.162'E	Q31
Waterdamhoek	28NE1	Zonnebeke	50° 52.548'N 3° 03.441'E	E21
Waterdamhoek	28NE2	Moorslede	50° 52.498'N 3° 03.956'E	E22
Waterend House	28NE1	Zonnebeke	50° 52.544'N 2° 57.907'E	D20
Waterfields	28NE1	Zonnebeke	50° 53.611'N 2° 59.907'E	D10

Waterhoek	20SW1	Loo	50° 57.257'N 2° 47.224'E	M30
Watering Place	66CSW4	La Fere	49° 41.547'N 3° 19.229'E	N34
Wateringue Farm	20NW4	Dixmunde	51° 02.065'N 2° 53.101'E	I8
Waterlands	36NW1	Steenwerck	50° 41.348'N 2° 49.471'E	B27
Waterloo	28NE1	Zonnebeke	50° 53.628'N 2° 59.133'E	D9
Waterloo Bridge	36ASE1	St. Venant	50° 35.170'N 2° 35.305'E	Q31
Waterloo Bridge	36B(44B) NE2	Beuvry	50° 31.821'N 2° 42.772'E	F10
Waterloo Bridge	57DNE3+4	Hebuterne	50° 05.971'N 2° 38.198'E	K33
Waterloo Camp	28SW3	Bailleul	50° 44.433'N 2° 47.353'E	S18
Waters Keep	36SW3	Richebourg	50° 33.617'N 2° 45.753'E	S15
Watery Wood	51BNW3	Arras	50° 17.883'N 2° 49.868'E	H20
Watford	28NW1	Elverdinghe	50° 52.726'N 2° 49.822'E	B21
Watiencourt Eaucourt	57CSW1	Guedecourt	50° 04.995'N 2° 47.538'E	M10
Watney Cabt.	20SE3	Westroosebeke	50° 56.361'N 2° 58.634'E	V3
Watou	27NE2	Proven	50° 51.546'N 2° 37.212'E	K4
Watte Farm	20SE3	Westroosebeke	50° 54.900'N 3° 02.532'E	W20
Wattignies	36SE3	Seclin	50° 34.908'N 3° 02.721'E	W1
Wattines Farm	28SE4	Ronq	50° 45.246'N 3° 05.210'E	W11
Wattle Farm	12NE1	Clemskerke	51° 14.033'N 2° 57.183'E	D20
Wavrechin	36C(44A) SE1	Dourges	50° 26.774'N 3° 00.399'E	P10
Wavrin	36SW4	Sainghin	50° 34.128'N 2° 55.906'E	U17
Wayfarer Cross Roads	28NE2	Moorslede	50° 53.851'N 3° 05.410'E	E11
Weal House	36NW1	Steenwerck	50° 40.974'N 2° 48.587'E	H1
Weary Farm	28NW1	Elverdinghe	50° 52.339'N 2° 43.544'E	A19
Weasel Farms	27NE2	Proven	50° 53.224'N 2° 40.247'E	F8
Weasel Wood	27NE2	Proven	50° 53.109'N 2° 40.281'E	F14
Weaving Mill	28SE4	Ronq	50° 44.894'N 3° 07.084'E	X13
Weaving Mill	36NE3	Perenchies	50° 39.185'N 3° 03.821'E	K27
Weaving Mill	28SE2	Menin	50° 46.971'N 3° 07.974'E	R27
Weaving Mills	28SE2	Menin	50° 47.262'N 3° 07.149'E	R19
Weaving Mills	28SE2	Menin	50° 46.966'N 3° 06.901'E	R25
Weaving Mills	28SE2	Menin	50° 46.735'N 3° 07.718'E	R26
Weber Farm	20SW2	Zwartegat	50° 58.006'N 2° 54.607'E	O22
Weddell House	27NE3	Winnezeele	50° 50.467'N 2° 32.429'E	J16
Wedge Farm	20SE1	Staden	50° 57.423'N 3° 00.628'E	P29
Wedge Wood	57CSW3	Longueval	50° 00.333'N 2° 50.050'E	N26
Wedge Wood	28SW1	Kemmel	50° 47.645'N 2° 47.332'E	M18
Wee Copse	62BSW2	Fonsommes	49° 52.733'N 3° 23.918'E	O35
Wee Cottage	28NW4	Zillebeke	50° 50.984'N 2° 56.500'E	I12
Wee Cottage Siding	28NW4	Zillebeke	50° 51.020'N 2° 56.409'E	I12
Weevil Crossing	36ANE1	Morbecque	50° 40.944'N 2° 30.742'E	D25
Wegdiyzer Inn	20SW2	Zwartegat	50° 59.180'N 2° 52.457'E	O1
Weigh House	66ENE4	Beaufort	49° 45.126'N 2° 39.643'E	K22
Weighbridge	66CSW4	La Fere	49° 40.168'N 3° 19.792'E	T17
Weighbridge	66CSW4	La Fere	49° 40.404'N 3° 19.980'E	T17
Weigh-bridge	66CSW4	La Fere	49° 40.316'N 3° 23.463'E	U16
Weitje Sidings	28NW2	St Julien	50° 52.382'N 2° 55.307'E	C22
Weka Lines	36NW2	Armentieres	50° 43.282'N 2° 50.404'E	B4
Welbeck House	20SE4	Roulers	50° 56.080'N 3° 05.812'E	W12
Well	57CNW3	Bapaume	50° 05.016'N 2° 51.470'E	H34
Well	57DSE4	Ovillers	50° 00.822'N 2° 38.778'E	W22
Well	57DSE4	Ovillers	50° 00.715'N 2° 39.042'E	W22
Well	66CSW4	La Fere	49° 41.567'N 3° 19.368'E	N34
Well Cottage	28NW2	St Julien	50° 52.508'N 2° 50.627'E	B22
Well Cottage	28NW2	St Julien	50° 52.484'N 2° 55.310'E	C22
Well Cross Roads	28NW4	Zillebeke	50° 51.519'N 2° 53.460'E	I2
Wellbargain Farm	28NE4	Dadizeele	50° 50.849'N 3° 08.885'E	L16
Welleboom Chapel	20SW1	Loo	50° 58.695'N 2° 47.373'E	N7
Wellington	20SE3 & 28NE1-3	Poelcappelle	50° 54.144'N 2° 58.117'E	D2
Wellington	28NE1	Zonnebeke	50° 53.945'N 2° 58.124'E	D2
Wellington Buildings	28NW3	Poperinghe	50° 49.847'N 2° 47.392'E	G24
Wellington Hippodrome	12NE2 & 4	Ostende	51° 13.402'N 2° 54.013'E	I4

Wellington Junction	28NW3	Poperinghe	50° 49.829'N 2° 47.488'E	G24
Wellington Post	36ASE2	Lestrem	50° 35.749'N 2° 43.153'E	R29
Wells	12NW3 & 4	Middlekerke	51° 11.540'N 2° 49.688'E	H22
Wells Farm	20SE1	Staden	50° 57.672'N 2° 59.018'E	P27
Wells Fork	20NE3	Zarren	51° 02.180'N 2° 58.729'E	J9
Welsh Camp	28NW1	Elverdinghe	50° 52.791'N 2° 48.475'E	B14
Welsh Farm	28NW1	Elverdinghe	50° 52.786'N 2° 48.368'E	B14
Welsh Farm	28NW2	St Julien	50° 53.249'N 2° 54.306'E	C15
Welyn Farm	36ANE4	Merville	50° 40.170'N 2° 43.519'E	L12
Wemaer Gilde	36NW2	Armentieres	50° 43.064'N 2° 54.340'E	C3
Wenduyne	4SE 3 & 4	Wenduyne	51° 17.884'N 3° 04.934'E	W12
Wendy Cottages	20SE1	Staden	50° 58.598'N 2° 59.508'E	P16
Wenn House	20SE1	Staden	50° 57.735'N 2° 59.032'E	P27
Wercken	20NE3	Zarren	51° 01.705'N 2° 57.782'E	J8
Werkenhuis	20SE1	Staden	50° 58.212'N 3° 00.556'E	P23
Wervicq	28SE1	Wervicq	50° 46.620'N 3° 02.468'E	Q25
Wervicq-Sud	28SE1	Wervicq	50° 46.353'N 3° 02.559'E	Q32
Weskit Cottage	28NW1	Elverdinghe	50° 52.326'N 2° 44.959'E	A21
West Cloet Farm	12SW1	Nieuport	51° 07.784'N 2° 43.235'E	M32
West Farm	28NW4	Zillebeke	50° 51.171'N 2° 55.292'E	I10
West Farm Camp	28NW4	Zillebeke	50° 51.145'N 2° 56.085'E	I10
West Hoek	36NW2	Armentieres	50° 42.737'N 2° 54.282'E	C9
West Pier	12NE2 & 4	Ostende	51° 14.320'N 2° 55.046'E	C23
West Poort Farm	28SE1	Wervicq	50° 47.308'N 3° 00.123'E	P22
West Poperinghe Line Start	27NE2	Proven	50° 51.720'N 2° 41.704'E	F29
West Suburb	62CSW4	St. Christ	49° 51.016'N 2° 55.429'E	O8
West Wood	20SE3	Westroosebeke	50° 55.260N 2° 59.889'E	V22
Westcraig	28SE3	Comines	50° 44.133'N 2° 58.033'E	V20
Westende	12SW1	Nieuport	51° 09.563'N 2° 46.088'E	M11
Westende-Bains	12SW1	Nieuport	51° 10.245'N 2° 46.426'E	M6
Westende-Plage	12SW1	Nieuport	51° 09.991'N 2° 45.785'E	M5
Westerton Villas	28SE3	Comines	50° 44.358'N 2° 58.539'E	V20
Westhelsen	27SE2	Berthen	50° 48.192'N 2° 40.313'E	R8
Westhoek	28NE3	Gheluvelt	50° 51.215'N 2° 57.668'E	J7
Westhoek	28NE4	Dadizeele	50° 50.864'N 3° 04.838'E	K17
Westhof Farm	28SW3	Bailleul	50° 44.155'N 2° 47.971'E	T19
Weston House	28SW1	Kemmel	50° 47.522'N 2° 45.327'E	M15
Weston Wood	28SW1	Kemmel	50° 47.409'N 2° 45.344'E	M15
Westonhoek	28NW1	Elverdinghe	50° 51.703'N 2° 45.466'E	G4
Westoutre	28SW1	Kemmel	50° 47.848'N 2° 44.807'E	M9
Westpoort Farm	28SW2	Wytschaete	50° 47.310'N 3° 00.119'E	P22
Westroosebeke	20SE3	Westroosebeke	50° 55.876'N 3° 00.741'E	V12
Westwood House	20SE3	Westroosebeke	50° 55.330'N 3° 00.021'E	V17
Wet Pond	28SE1	Wervicq	50° 48.824'N 2° 57.610'E	P1
Wetherby Camp	28NW1	Elverdinghe	50° 53.838'N 2° 46.126'E	A6
Wetsteen Inn	36NW1	Steenwerck	50° 43.407'N 2° 48.394'E	B1
Wexford Farm	28SW1	Kemmel	50° 47.461'N 2° 45.806'E	M16
Weymouth Junction	28SW2	Wytschaete	50° 46.972'N 2° 52.440'E	O19
Wez Macquart	36NW4	Bois Grenier	50° 39.537'N 2° 55.725'E	I22
Wezelhoek	28SE2	Menin	50° 48.304'N 3° 09.763'E	R11
Whale Copse	66CNW4	Berthenicourt	49° 46.716'N 3° 24.689'E	I11
Whale Farm	28SW2	Wytschaete	50° 46.464'N 2° 56.868'E	O30
Whatman Copse	28NE4	Dadizeele	50° 49.741'N 3° 04.445'E	K28
Wheal Camp	28SW3	Bailleul	50° 44.495'N 2° 49.174'E	T14
Wheatley Corner	28NE4	Dadizeele	50° 49.740'N 3° 05.961'E	K30
Wheatley Farm	20SE4	Roulers	50° 57.006'N 3° 09.684'E	R35
Wheeze Farm	27NE2	Proven	50° 52.671'N 2° 37.386'E	E16
Whip Gross Roads	51BNW4	Fampoux	50° 19.111'N 2° 54.159'E	I2
Whippet Fort	27NE2	Proven	50° 51.483'N 2° 41.981'E	L4
Whisk Farm	20SE3	Westroosebeke	50° 55.062'N 3° 01.997'E	W19
Whisker Bridge	36NW1	Steenwerck	50° 42.639'N 2° 46.807'E	A11
Whiskey Farm	28NW4	Ypres	50° 50.974'N 2° 50.516'E	H10

Whisky Corner	36SW3	Richebourg	50° 34.423'N 2° 44.849'E	S8
Whisper Copse	28SW1	Kemmel	50° 47.595'N 2° 45.251'E	M15
Whist House	36NW1	Steenwerck	50° 41.484'N 2° 44.374'E	A20
Whistle Copse	62BNW3	Bellicourt	49° 56.546'N 3° 18.203'E	H21
WhistleField	28SE3	Comines	50° 44.176'N 2° 58.152'E	V20
Whistler Cross Roads	20SE4	Roulers	50° 55.935'N 3° 03.935'E	W10
Whitburn Farm	28SE3	Comines	50° 44.075'N 2° 59.272'E	V21
White Camp	28SW1	Kemmel	50° 46.094'N 2° 49.484'E	N21
White Chateau	28NW4	Zillebeke	50° 50.999'N 2° 54.669'E	I10
White Chateau	28SW2	Wytschaete	50° 48.584'N 2° 55.109'E	O4
White Chateau	28SW2	Wytschaete	50° 48.584'N 2° 55.110'E	O4
White City	36NW4	Bois Grenier	50° 38.483'N 2° 52.265'E	I31
White Copse	66DNW3	Hattencourt	49° 46.286'N 2° 49.546'E	G12
White Cottage	28NW2	St Julien	50° 52.247'N 2° 55.457'E	C29
White Estaminet	28SW4	Ploegsteert	50° 44.355'N 2° 54.694'E	U21
White Farm	36NW2	Armentieres	50° 43.448'N 2° 55.669'E	C5
White Gable	12SW1	Nieuport	51° 09.335'N 2° 44.850'E	M16
White Gables Farm	20SW2	Zwartegat	50° 56.946'N 2° 50.347'E	N34
White Gates	28SW4	Ploegsteert	50° 44.878'N 2° 51.735'E	T18
White Hart Cross Roads	20SE4	Roulers	50° 55.781'N 3° 07.871'E	X15
White Hope Corner	28NW2	St Julien	50° 53.442'N 2° 50.422'E	B10
White Horse Cellers	28SW2	Wytschaete	50° 48.720'N 2° 53.496'E	O2
White House	12SW1	Nieuport	51° 09.420'N 2° 46.890'E	M11
White House	12SW1	Nieuport	51° 07.742'N 2° 46.202'E	M35
White House	20SE3 & 28NE1-3	Poelcappelle	50° 54.785'N 2° 56.258'E	U24
White House	20SW4	Bixschoote	50° 54.791'N 2° 56.253'E	U24
White House	28NW4	Ypres	50° 49.876'N 2° 51.564'E	H24
White House	36NW2	Armentieres	50° 43.134'N 2° 55.278'E	C4
White House	36SW2	Radinghem	50° 37.939'N 2° 53.035'E	O1
White House	62CNW3	Vaux	49° 55.409'N 2° 45.759'E	G26
White Mill	20SE3 & 28NE1-3	Poelcappelle	50° 54.794'N 2° 56.073'E	U24
White Mill	20SW4	Bixschoote	50° 54.794'N 2° 56.073'E	U24
White Mill	28NW1	Elverdinghe	50° 52.898'N 2° 48.947'E	B14
White Mill Camp	28NW1	Elverdinghe	50° 52.985'N 2° 49.056'E	B14
White Post	36NW2	Armentieres	50° 42.463'N 2° 53.846'E	C14
White Slate House	12NW3 & 4	Middlekerke	51° 10.540'N 2° 49.161'E	H33
White Spot Cottages	28SW4	Ploegsteert	50° 45.758'N 2° 54.717'E	U3
Whitechapel	20SE3	Westroosebeke	50° 55.348'N 2° 58.638'E	V15
Whitehall Spur	28SW2	Wytschaete	50° 46.946'N 2° 53.240'E	O19
Whiteinch	28SE3	Comines	50° 43.650'N 2° 59.372'E	V27
Whiteley's	28NE2	Moorslede	50° 53.778'N 3° 07.339'E	F8
Whitepole Junction	28NW4	Ypres	50° 51.411'N 2° 52.329'E	I1
White's Farm	36ASE1	St. Venant	50° 36.474'N 35.804'E	Q14
Whiting Farm	36NW1	Steenwerck	50° 42.665'N 2° 44.512'E	A8
Whitley Copse	20SE2	Hooglede	50° 59.289'N 3° 05.094'E	Q11
Whittaker Farm	20SE3	Westroosebeke	50° 54.583'N 3° 03.347'E	W27
Whitworth Junction	28NE4	Dadizeele	50° 51.659'N 3° 07.133'E	L2
Whiz Bang Post	36NW2	Armentieres	50° 43.117'N 2° 53.930'E	C2
Whiz Farm	28SW2	Wytschaete	50° 47.614'N 2° 56.118'E	O17
Whiz Farm	28SW2	Wytschaete	50° 47.618'N 2° 56.114'E	O17
Whizz Farms	28SE2	Menin	50° 46.418'N 3° 08.104'E	R33
Wholesale Farm	28SE2	Menin	50° 48.745'N 3° 10.293'E	R6
Wicart Farm	28SW4	Ploegsteert	50° 44.467'N 2° 56.417'E	U24
Wick Farm	20SE1	Staden	50° 57.629'N 3° 01.297'E	P30
Wick Farm	28SE3	Comines	50° 43.568'N 2° 59.183'E	V27
Wick Siding	28SW1	Kemmel	50° 46.932'N 2° 50.177'E	N22
Wicket Buildings	28NE2	Moorslede	50° 54.181'N 3° 04.754'E	E5
Wicles	36ANE3	Haverskerque	50° 38.569'N 2° 35.414'E	K25
Wicres	36SW4	Sainghin	50° 34.252'N 2° 52.100'E	T12
Widor Fork Roads	20SW2	Zwartegat	50° 58.756'N 2° 55.730'E	O11
Widow's Crossing	20SE4	Roulers	50° 55.753'N 3° 06.534'E	X13
Widow's Farm	12SW3	Ramscappelle	51° 05.279'N 2° 48.339'E	T26

Widows House	36NW2	Armentieres	50° 42.680'N 2° 54.543'E	C9
Wiekaert Farm	20SW3	Oostvleteren	50° 56.095'N 2° 46.518'E	S11
Wieltje	28NW2	St Julien	50° 52.284'N 2° 55.151'E	C28
Wieltje Farm	28NW2	St Julien	50° 52.215'N 2° 54.743'E	C28
Wiertz Farm	20NE3	Zarren	51° 02.129'N 2° 56.992'E	J7
Wig Farm	20SE2	Hooglede	50° 58.572'N 3° 09.712'E	R17
Wigan Copse	57CNE3	Hermies	50° 06.450'N 3° 04.091'E	K26
Wight Crossing	20SE2	Hooglede	50° 58.372'N 3° 07.466'E	R14
Wigton Farm	36NW1	Steenwerck	50° 41.012'N 2° 44.611'E	A26
Wigwam Copse	27SE4	Meteren	50° 45.804'N 2° 40.940'E	R33
Wijdendrift	20SW4	Bixschoote	50° 55.107'N 2° 53.926'E	U21
Wijdendrift Bridge	20SW4	Bixschoote	50° 55.047'N 2° 53.591'E	U20
Wijn House	28NE2	Moorslede	50° 52.487'N 3° 09.614'E	F29
Wijnberg	28NE4	Dadizeele	50° 49.189'N 3° 10.019'E	L35
Wijnendaale	20NE2	Zedelghem	51° 05.025'N 3° 04.113'E	5876
Wijnendaele	20SE2	Hooglede	50° 58.379'N 3° 07.166'E	R14
Wild Farm	28NE2	Moorslede	50° 52.902'N 3° 05.631'E	E24
Wilde Wood	28NW2	St Julien	50° 51.687'N 2° 56.785'E	I6
Wildeman Jonkershove	20SW2	Zwartegat	50° 58.137'N 2° 54.744'E	O22
Wildwood Howitzer Spur	28NW4	Zillebeke	50° 51.592'N 2° 56.562'E	I6
Wildy Camp	28SW3	Bailleul	50° 44.986'N 2° 48.760'E	T8
Will Farm	36ASE3	Gonnehem	50° 34.774'N 2° 35.121'E	W1
Willard Farm	28NE2	Moorslede	50° 52.820'N 3° 05.157'E	E23
Willebeek Junction	28SW1	Kemmel	50° 47.720'N 2° 49.729'E	N15
Willebrug	12SW1	Nieuport	51° 07.998'N 2° 45.629'E	M29
Willepitte Farm	20SW3	Oostvleteren	50° 55.286'N 2° 48.606'E	T14
Willerval	51BNW1	Roclincourt	50° 21.367'N 2° 50.518'E	B9
Willesden Camp B	28SW1	Kemmel	50° 47.770'N 2° 49.621'E	N15
Willesden Junction	28SW1	Kemmel	50° 48.020'N 2° 49.422'E	N9
William Copse	62CSW3	Vermandovillers	49° 50.411'N 2° 47.060'E	S15
Willington Farm	20SE2	Hooglede	50° 59.757'N 3° 03.744'E	Q4
Willow Avenue	62DNE2	Méaulte	50° 00.015'N 2° 43.661'E	F4
Willow Bridge	36ANE3	Haverskerque	50° 38.325'N 2° 35.081'E	K25
Willow Farm	12NE3	Oudenburg	51° 11.451'N 3° 00.726'E	J30
Willow Farm	20SE2	Hooglede	50° 58.797'N 3° 05.496'E	Q18
Willow Patch	57DSE4	Ovillers	50° 00.596'N 2° 42.572'E	X27
Willow Patch "A"	57DNE 1&2	Fonquevillers	50° 09.435'N 2° 36.341'E	E13
Willow Patch "B"	57DNE 1&2	Fonquevillers	50° 09.714'N 2° 37.223'E	E14
Willow Patch "C"	57DNE 1&2	Fonquevillers	50° 09.651'N 2° 37.290'E	E14
Willow Road	36ANE3	Haverskerque	50° 38.435'N 2° 35.670'E	K26
Wills Corner	20SE4	Roulers	50° 55.559'N 3° 04.455'E	W16
Wilskerke	12NW3 & 4	Middlekerke	51° 10.882'N 2° 50.389'E	H35
Wilson Farm	28NW2	St Julien	50° 52.106'N 2° 53.597'E	C26
Wiltshire Farm	28NW4	Ypres	50° 48.870'N 2° 50.908'E	H35
Wiltshire Farm Sidings	28NW4	Ypres	50° 48.970'N 2° 50.996'E	H35
Wiltshire House	28SW2	Wytschaete	50° 47.571'N 2° 51.090'E	N16
Wimbledon	20SE3 & 28NE1-3	Poelcappelle	50° 53.339'N 2° 58.487'E	D16
Wimbledon	28NE1	Zonnebeke	50° 53.307'N 2° 58.495'E	D15
Winchester Farm	20SE3 & 28NE1-3	Poelcappelle	50° 54.192'N 2° 57.818'E	D2
Winchester Farm	28NE1	Zonnebeke	50° 54.191'N 2° 57.823'E	D2
Winchester Valley	57CSE1	Bertincourt	50° 03.911'N 3° 04.202'E	Q20
Wind Copse	20SE1	Staden	50° 59.708'N 3° 02.343'E	Q2
Wind Cottages	28SE1	Wervicq	50° 48.557'N 2° 58.323'E	P2
Wind Cottages	28SW2	Wytschaete	50° 48.558'N 2° 58.319'E	P2
Wind Mill Fressancourt	70DNW2	Servais	49° 38.102'N 3° 25.572'E	C18
Wind Mill Kings Hill	57CSE1	Bertincourt	50° 04.448'N 3° 00.730'E	P16
Wind Mill Near Metz en-Couture	57CSE1	Bertincourt	50° 03.798'N 3° 04.641'E	Q27
Wind Mill Near Dessart Ridge	57CSE1	Bertincourt	50° 03.757'N 3° 04.366'E	Q26
Wind Mill Near Ruyaulcourt	57CSE1	Bertincourt	50° 04.805'N 3° 00.265'E	P15
Wind Mill Near Ytres	57CSE1	Bertincourt	50° 04.285'N 2° 58.924'E	P19
Windlass Farm	20SE2	Hooglede	50° 58.355'N 3° 04.222'E	Q16
Windmill Near Mailly-Mailet	57DSE1 & 2	Beaumont	50° 05.197'N 2° 36.744'E	Q1

Name	Map	Location	Coordinates	Ref
Windmill Destroyed	51BSE1	Saudemont	50° 16.050'N 2° 59.771'E	P9
Windmill East of Bazentin-le-Petit	57CSW3	Longueval	50° 01.916'N 2° 46.270'E	S9
Windmill Ficheux Mill	51CSE3	Ransart	50° 12.460'N 2° 41.688'E	X8
Windmill Flaucourt	62CSW1	Dompierre	49° 54.563'N 2° 51.908'E	N4
Windmill Gheluvelt	28NE3	Gheluvelt	50° 50.030'N 2° 59.723'E	J22
Windmill Haplincourt	57CSW2	Villers-Au-Flos	50° 05.423'N 2° 56.290'E	O4
Windmill le Crampon	28SE3	Comines	50° 43.932'N 2° 58.830'E	V27
Windmill Ledeghem	28NE4	Dadizeele	50° 51.434'N 3° 07.401'E	L8
Windmill Longueval	57CSW3	Longueval	50° 01.498'N 2° 47.714'E	S17
Windmill Molenhoek	28NE3	Gheluvelt	50° 51.121'N 3° 01.831'E	K7
Windmill Near Baralle	51BSE3	Cagnicourt	50° 13.057'N 3° 03.551'E	W8
Windmill Near Bellacourt	51CSE3	Ransart	50° 13.503'N 2° 41.164'E	R32
Windmill Near Bergére	51BSW2	Vis-en-Artois	50° 15.788'N 2° 53.153'E	N12
Windmill Near Bertincourt	57CSE1	Bertincourt	50° 05.857'N 2° 58.616'E	P7
Windmill Near Bertincourt	57CSE1	Bertincourt	50° 04.614'N 2° 58.443'E	P13
Windmill Near Carvin	36C(44A) NW4	Pont-à-Vendin	50° 29.673'N 2° 57.117'E	I12
Windmill Near Cauroir	57BNW1	Cambrai	50° 10.727'N 3° 17.696'E	B9
Windmill Near Erchin	51BNE4	Cantin	50° 19.068'N 3° 11.081'E	L12
Windmill Near Gouy-Servins	36B(44B) SE4	Carency	50° 23.985'N 2° 38.553'E	W5
Windmill Near Hooggraaf Farm	28NW3	Poperinghe	50° 49.519'N 2° 44.058'E	G26
Windmill Near Monchy-au-Bois	51CSE3	Ransart	50° 11.100'N 2° 38.918'E	W28
Windmill Near Mont Noir	28SW1	Kemmel	50° 46.741'N 2° 44.030'E	M26
Windmill Near Mont Rouge	28SW1	Kemmel	50° 47.215'N 2° 45.850'E	M22
Windmill Near Neuville Bourjonval	57CSE1	Bertincourt	50° 04.445'N 3° 00.736'E	P16
Windmill Near Neuville-St. Remy	57BNW1	Cambrai	50° 11.066'N 3° 12.820'E	A3
Windmill Near Oisy-le-Verger	51BSE2	Oisy-le-Verger	50° 14.703'N 3° 08.103'E	R26
Windmill Near Petit Fontaine	57CNE2	Bourlon	50° 10.373'N 3° 11.456'E	F12
Windmill Near Plouvain	51BNW4	Fampoux	50° 18.456'N 2° 54.787'E	I14
Windmill Near St. Denis	62CNW4	Peronne	49° 56.675'N 2° 57.099'E	I17
Windmill No9rth West Mt. St. Quentin	62CNW4	Peronne	49° 56.931'N 2° 55.630'E	I9
Windmill North East of Peiziere	57CSE4	Villers-Guislain	50° 00.885'N 3° 07.771'E	X25
Windmill North of Cauroir	57BNW1	Cambrai	50° 11.346'N 3° 18.034'E	B3
Windmill North of Gavrelle	51BNW2	Oppy	50° 20.048'N 2° 53.527'E	C19
Windmill North of Gouves	51CNE4	Wagnonlieu	50° 18.500'N 2° 38.290'E	K10
Windmill North West of Lesbœufs	57CSW3	Longueval	50° 02.849'N 2° 51.343'E	N33
Windmill Northy of Estrées	62CSW1	Dompierre	49° 52.815'N 2° 49.215'E	M30
Windmill Oudemolen	28NE4	Dadizeele	50° 50.459'N 3° 09.091'E	L22
Windmill Poziéres	57DSE4	Ovillers	50° 02.711'N 2° 44.156'E	R35
Windmill Puzeaux	66DNW1	Punchy	49° 47.593'N 2° 49.130'E	A24
Windmill South East of le Transloy	57CSW2	Villers-Au-Flos	50° 03.199'N 2° 54.245'E	O31
Windmill South East of Vrély	66ENE2	Vrely	49° 47.516'N 2° 42.059'E	F20
Windmill South West of Flesquieres	57CNE4	Marcoing	50° 07.251'N 3° 06.544'E	K23
Windmill South West of Foucaucourt	62CSW1	Dompierre	49° 52.296'N 2° 45.984'E	M32
Windmill South West of le Transloy	57CSW2	Villers-Au-Flos	50° 03.146'N 2° 52.829'E	N35
Windmill South West of Vrély	66ENE2	Vrely	49° 47.403'N 2° 40.725'E	E30
Windmill Ste. Margeuerite	28SE3	Comines	50° 44.015'N 3° 00.165'E	V28
Windmill Wervicq	28SE1	Wervicq	50° 46.862'N 3° 02.157'E	Q25
Windmill Woesten	28NW1	Elverdinghe	50° 54.098'N 2° 47.673'E	B1
Windmill Cabt.	28NE1	Zonnebeke	50° 52.659'N 2° 58.823'E	D21
Windmill Camp	27NE1	Herzeele	50° 52.664'N 2° 34.794'E	E13
Windmill Copse	51BNW4	Fampoux	50° 18.507'N 2° 54.699'E	I8
Windmill Farm	51CSE4	Blaireville	50° 11.723'N 3° 43.576'E	X23
Windmill Hill 40	28NE1	Zonnebeke	50° 52.858'N 2° 58.937'E	D21
Window Farm	28SW1	Kemmel	50° 48.765'N 2° 47.359'E	M6
Windsor	12NW3 & 4	Middlekerke	51° 10.781'N 2° 51.431'E	H36
Windsor Castle	36ASE1	St. Venant	50° 37.771'N 2° 34.609'E	P6
Windsor Farm	12NE2 & 4	Ostende	51° 11.030'N 2° 52.434'E	I26
Windward House	28NW4	Ypres	50° 51.483'N 2° 50.406'E	H4
Windy Corner	36ASE1	St. Venant	50° 37.357'N 2° 33.528'E	P5
Windy Corner	36C(44A) NW1	LaBassee	50° 31.720'N 2° 44.675'E	A8
Windy Corner	36SW3	Richebourg	50° 34.520'N 2° 45.277'E	S9
Windy Cross Roads	28NE4	Dadizeele	50° 50.214'N 3° 06.845'E	L19

Windy Post	36NW2	Armentieres	50° 43.313'N 2° 53.934'E	C2
Wine Hill	20SE3 & 28NE1-3	Poelcappelle	50° 53.034'N 2° 56.259'E	C18
Wine House	20SE3 & 28NE1-3	Poelcappelle	50° 53.101'N 2° 56.376'E	C18
Wine House	28NW2	St Julien	50° 53.100'N 2° 56.371'E	C18
Wine Pond	20SE3 & 28NE1-3	Poelcappelle	50° 53.099'N 2° 56.345'E	C18
Wing House	28NW4	Zillebeke	50° 50.774'N 2° 56.216'E	I18
Wingles	36C(44A) NW4	Pont-à-Vendin	50° 29.699'N 2° 51.306'E	H10
Wink Cottage	36NW1	Steenwerck	50° 41.747'N 2° 44.505'E	A20
Winkley Farm	20SE2	Hooglede	50° 59.592'N 3° 06.903'E	R2
Winnepeg	20SE3 & 28NE1-3	Poelcappelle	50° 53.534'N 2° 56.965'E	D7
Winnepeg Camp	28NW3	Poperinghe	50° 50.150'N 2° 48.075'E	H19
Winnepeg Farm	28NW3	Poperinghe	50° 50.191'N 2° 48.175'E	H19
Winnepeg Siding?	28NW3	Poperinghe	50° 51.196'N 2° 45.881'E	G10
Winnezeele	27NE3	Winnezeele	50° 50.480'N 2° 33.021'E	J17
Winnipeg	28NE1	Zonnebeke	50° 53.540'N 2° 56.968'E	D7
Winnow Farm	12NE3	Oudenburg	51° 10.545'N 2° 57.601'E	J32
Winston Row	28SW3	Bailleul	50° 44.885'N 2° 45.561'E	S10
Wintern House	28NE4	Dadizeele	50° 51.429'N 3° 08.177'E	L9
Winters Farm	20SE2	Hooglede	50° 58.596'N 3° 05.479'E	Q18
Winton Camp	28SW3	Bailleul	50° 45.259'N 2° 49.581'E	T9
Winton Cottage	28SW3	Bailleul	50° 45.291'N 2° 49.586'E	T9
Winzig	20SE3 & 28NE1-3	Poelcappelle	50° 53.844'N 2° 57.801'E	D8
Winzig	28NE1	Zonnebeke	50° 53.849'N 2° 57.844'E	D8
Wippenhoek	27NE4	Abeele	50° 49.343'N 2° 41.533'E	L28
Wireless	20SE3	Westroosebeke	50° 54.562'N 2° 59.951'E	V29
Wireless Station	28NW2	St Julien	50° 52.148'N 2° 53.324'E	C26
Wirlwind Junction	28NE4	Dadizeele	50° 49.578'N 3° 07.032'E	L25
Wirrel Farm	28SW3	Bailleul	50° 45.044'N 2° 43.788'E	S7
Wisdom Post	36NW2	Armentieres	50° 41.949'N 2° 53.316'E	C19
Witham Farm	20SE4	Roulers	50° 54.959'N 3° 03.703'E	W21
Withers Farm	28NE2	Moorslede	50° 52.086'N 3° 04.567'E	E28
Withuis Cabt.	28NW4	Zillebeke	50° 49.904'N 2° 52.765'E	I19
Withy Patch	51CSE2	Beaumetz	50° 14.487'N 2° 41.047'E	R19
Withy Patch	51CSE2	Beaumetz	50° 14.787'N 2° 41.467'E	R20
Witness House	28NE2	Moorslede	50° 53.392'N 3° 10.100'E	F17
Witte Burg	11SE4	No Edition 0617	51° 07.307'N 2° 40.502'E	X3
Witte Poort Farm	28NW4	Zillebeke	50° 51.016'N 2° 55.853'E	I11
Wiybauw Farm	20SW3	Oostvleteren	50° 54.400'N 2° 49.719'E	T27
Woad Farm	36ANE4	Merville	50° 38.501'N 2° 37.545'E	K28
Wobble Crossing	20SE1	Staden	50° 58.853'N 3° 01.056'E	P12
Wobbly House	28NW3	Poperinghe	50° 51.323'N 2° 47.442'E	G6
Woesten	28NW1	Elverdinghe	50° 54.029'N 2° 47.411'E	A6
Wog Loop	57CSE4	Villers-Guislain	50° 01.522'N 3° 10.683'E	X17
Woking Junction	28NW2	St Julien	50° 52.848'N 2° 50.234'E	B16
Wolf Copse	28NE1	Zonnebeke	50° 54.086'N 2° 59.536'E	D4
Wolf Farm	28NE1	Zonnebeke	50° 54.110'N 2° 59.321'E	D4
Wolf Lane	36ASE2	Lestrem	50° 37.231'N 2° 37.903'E	Q10
Wolfhoek	28SW1	Kemmel	50° 46.389'N 2° 43.813'E	M25
Wolsey House	28SW3	Bailleul	50° 45.184'N 2° 45.651'E	S10
Wolvennest Farm	12SW3	Ramscappelle	51° 06.839'N 2° 46.994'E	S12
Wolverton Siding	28NW2	St Julien	50° 53.938'N 2° 51.829'E	B6
Wonderboom Camp	28NW4	Ypres	50° 51.074'N 2° 51.110'E	H16
Wonderland	20SE3	Westroosebeke	50° 55.544'N 2° 58.509'E	V15
Wood 10	20SW4	Bixschoote	50° 54.791'N 2° 51.510'E	T24
Wood 14	20SW4	Bixschoote	50° 54.343'N 2° 51.807'E	T30
Wood 22	62CNW2	Bouchavesnes	49° 58.713'N 2° 52.013'E	B22
Wood Farm	28NE3	Gheluvelt	50° 48.979'N 2° 57.583'E	J31
Wood Farm	57CSE4	Villers-Guislain	50° 00.500'N 3° 07.164'E	W30
Wood House	28NW2	St Julien	50° 54.233'N 2° 53.030'E	C2
Wood House	36ASE2	Lestrem	50° 35.199'N 2° 37.210'E	Q33
Woodbine House	28NE4	Dadizeele	50° 49.902'N 3° 06.342'E	L25
Woodcock Farm	12NE2 & 4	Ostende	51° 11.707'N 2° 52.763'E	I20

Woodcock Farm	12NE2 & 4	Ostende	51° 11.698'N 2° 52.760'E	I20
Woodcote Siding	28NW4	Zillebeke	50° 49.832'N 2° 53.114'E	I26
Woodcote House	28NW4	Zillebeke	50° 49.907'N 2° 53.238'E	I20
Wood-king Farm	20SE2	Hooglede	50° 58.606'N 3° 07.773'E	R15
Woodland	28NE1	Zonnebeke	50° 54.279'N 2° 59.934'E	D4
Woodland Plantation	28NE1	Zonnebeke	50° 54.313'N 2° 59.758'E	D4
Woodward Farm	20SE3	Westroosebeke	50° 55.237'N 3° 02.866'E	W20
Woof Bridge	36NW1	Steenwerck	50° 41.265'N 2° 46.524'E	A29
Woof Farms	36NW1	Steenwerck	50° 41.276'N 2° 46.451'E	A29
Wookey Farm	36ANE4	Merville	50° 37.939'N 2° 37.560'E	K34
Wooler Junction	28NW2	St Julien	50° 51.902'N 2° 55.310'E	C28
Woolston Crossing	20SE4	Roulers	50° 55.843'N 3° 06.701'E	X13
Woolwich Spur	28SW2	Wytschaete	50° 46.641'N 2° 52.260'E	N30
Worcester Bridge	36ASE1	St. Venant	50° 36.135'N 2° 31.337'E	P20
Wordling Farm	20SE3	Westroosebeke	50° 55.225'N 3° 02.010'E	W19
Work Farm	36NW1	Steenwerck	50° 42.396'N 2° 44.225'E	A14
Works	57BNW1	Cambrai	50° 11.042'N 3° 12.167'E	A2
Works	57BNW1	Cambrai	50° 11.326'N 3° 14.689'E	A5
Works	57BNW1	Cambrai	50° 09.951'N 3° 12.957'E	A15
Worksop Farm	20SE4	Roulers	50° 56.145'N 3° 05.453'E	W12
Worle Farm	36ANE4	Merville	50° 39.246'N 2° 41.564'E	L21
Worm Copse	20SE4	Roulers	50° 55.059'N 3° 05.660'E	W23
Wormlow Camp	28SW3	Bailleul	50° 45.079'N 2° 47.281'E	S12
Wormwood Scrubs	62CNW3	Vaux	49° 57.565'N 2° 51.208'E	H3
Worple	27SE4	Meteren	50° 45.301'N 2° 40.038'E	X2
Worren Farm	20SW3	Oostvleteren	50° 56.066'N 2° 45.202'E	S10
Worry House	36NW1	Steenwerck	50° 42.567'N 2° 44.510'E	A8
Worthington Farm	28NE4	Dadizeele	50° 50.587'N 3° 05.134'E	K17
Worzel Farm	20SE2	Hooglede	50° 59.829'N 3° 09.577'E	R5
Woumen	20NW4	Dixmunde	51° 00.068'N 2° 52.229'E	I31
Woumen Farm	20NW4	Dixmunde	51° 00.091'N 2° 52.940'E	I32
Wrangle Farm	20SE3	Westroosebeke	50° 54.998'N 3° 01.568'E	W19
Wrap Copse	20SE3	Westroosebeke	50° 54.856'N 3° 01.960'E	W19
Wrap Cottage	20SE3	Westroosebeke	50° 54.801'N 3° 03.494'E	W25
Wrath Copse	20SE3	Westroosebeke	50° 54.645'N 3° 02.133'E	W25
Wrath Farm	20SE3	Westroosebeke	50° 54.605'N 3° 01.832'E	W25
Wreck Farm	36NW1	Steenwerck	50° 41.989'N 2° 43.669'E	A13
Wren Copse	20SE1	Staden	50° 57.554'N 2° 59.558'E	P28
Wren Copse	62BSW4	Homblieres	49° 52.153'N 3° 24.638'E	U6
Wrexham	28NW2	St Julien	50° 53.933'N 2° 52.512'E	C1
Wrig House	20SE3	Westroosebeke	50° 54.546'N 3° 02.365'E	W26
Wring Wood	20SE3	Westroosebeke	50° 54.399'N 3° 02.273'E	W25
Wrist Copse	20SE3	Westroosebeke	50° 54.434'N 3° 02.809'E	W25
Written Farm	20SE3	Westroosebeke	50° 54.860'N 3° 02.433'E	W20
Wuimann Farm	20SW3	Oostvleteren	50° 54.207'N 2° 46.584'E	S29
Wulfdam	28NE4	Dadizeele	50° 51.596'N 3° 09.414'E	L5
Wulfhoek	20SE1	Staden	50° 58.391'N 3° 03.138'E	Q15
Wulpen	11SE4	No Edition 0617	51° 06.039'N 2° 42.003'E	X17
Wulpendamme Cab.	11SE4	No Edition 0617	51° 04.943'N 2° 41.783'E	X29
Wulverghem	28SW4	Ploegsteert	50° 45.610'N 2° 51.245'E	T5
Wurst Farm	20SE3 & 28NE1-3	Poelcappelle	50° 53.600'N 2° 57.556'E	D7
Wurst Farm	28NE1	Zonnebeke	50° 53.604'N 2° 57.556'E	D7
Wye Farm	36NW4	Bois Grenier	50° 38.342'N 2° 51.956'E	H36
Wye Fork	20SE4	Roulers	50° 55.687'N 3° 05.461'E	W18
Wytschaete	28SW2	Wytschaete	50° 47.172'N 2° 52.949'E	O19
X Camp	28NW1	Elverdinghe	50° 52.776'N 2° 45.243'E	A16
X Copse	62CNE2	Epéhy	49° 59.384'N 3° 10.569'E	F16
Y Copse	62CNE2	Epéhy	49° 59.291'N 3° 10.644'E	F16
Y Wood	28NW4	Zillebeke	50° 50.968'N 2° 56.046'E	I11
Y Wood	62CNW1	Maricourt	49° 58.463'N 2° 48.238'E	A23
Y1 Line	28NW4	Zillebeke	50° 50.995'N 2° 54.105'E	I9
Y2 Line	28NW4	Zillebeke	50° 50.866'N 2° 54.225'E	I9

Name	Sheet	Map	Coordinates	Grid
Y5 Line	28NW4	Zillebeke	50° 51.016'N 2° 53.712'E	I8
Yacht Farm	20SE2	Hooglede	50° 58.654'N 3° 05.446'E	Q18
Yakko Wood	62CNW3	Vaux	49° 54.987'N 2° 46.089'E	G32
Yam Farm	36ANE4	Merville	50° 39.349'N 2° 41.993'E	L22
Yanco Farm	28SE1	Wervicq	50° 46.294'N 2° 57.382'E	P31
Yanco Farm	28SW2	Wytschaete	50° 46.274'N 2° 57.367'E	P31
Yarborough Fork	20SE4	Roulers	50° 54.811'N 3° 08.373'E	X27
Yard Farm	28NE2	Moorslede	50° 52.690'N 3° 09.698'E	F23
Yatton Farm	36ANE4	Merville	50° 40.410'N 2° 41.714'E	L3
Yearling Farm	28NE2	Moorslede	50° 52.604'N 3° 04.826'E	E23
Yellow Corner	20SE2	Hooglede	50° 59.376'N 3° 09.226'E	R5
Yellow Post	36NW2	Armentieres	50° 43.445'N 2° 53.903'E	C2
Yeo Building	20SE1	Staden	50° 57.557'N 2° 58.643'E	P27
Yeomanry Post	28NW4	Zillebeke	50° 50.399'N 2° 55.967'E	I17
Yetta House	28NE1	Zonnebeke	50° 54.044'N 2° 58.950'E	D3
Yoho Farm	12NW3 & 4	Middlekerke	51° 10.580'N 2° 51.863'E	I31
Yoke Cottage	28NW3	Poperinghe	50° 50.916'N 2° 46.802'E	G11
Yoker House	28SE3	Comines	50° 43.691'N 2° 58.229'E	V26
Yonge St. Dugouts	28SW2	Wytschaete	50° 46.755'N 2° 50.966'E	N29
York Camp	28NW3	Poperinghe	50° 51.331'N 2° 46.331'E	G5
York Cross	28NW3	Poperinghe	50° 51.294'N 2° 46.408'E	G5
York Farm	20SE3 & 28NE1-3	Poelcappelle	50° 54.187'N 2° 57.712'E	D2
York Farm	28NE1	Zonnebeke	50° 54.211'N 2° 57.686'E	D2
York House	20SW4	Bixschoote	50° 55.313'N 2° 55.419'E	U17
York House	28SW2	Wytschaete	50° 47.423'N 2° 50.396'E	N16
York House Siding	28SW2	Wytschaete	50° 47.387'N 2° 50.300'E	N16
Yorker Houses	28NE2	Moorslede	50° 54.114'N 3° 04.572'E	E4
Yorkshire Bank	57CNE3	Hermies	50° 06.272'N 3° 03.994'E	K32
Young Copse	28SE2	Menin	50° 47.547'N 3° 05.075'E	Q17
Youngster Siding	28NW4	Zillebeke	50° 50.834'N 2° 54.041'E	I15
Youth Farm	20SE1	Staden	50° 57.078'N 3° 01.641'E	Q31
Ypres	28NW4	Ypres	50° 51.082'N 2° 53.239'E	I8
Ypres X Roads	20SW4	Bixschoote	50° 55.492'N 2° 51.027'E	T17
Ytres	57CSE1	Bertincourt	50° 03.844'N 2° 59.602'E	P20
Z Copse	62CNE2	Epéhy	49° 59.291'N 3° 10.644'E	F17
Z Orchard Post	36SW3	Richebourg	50° 33.994'N 2° 44.895'E	S14
Zag Buildings	28NE2	Moorslede	50° 53.124'N 3° 10.102'E	F17
Zambeze Farm	20SW3	Oostvleteren	50° 55.905'N 2° 49.744'E	T9
Zande	12SW4	Leke	51° 07.213'N 2° 55.299'E	U5
Zandhoek	20SW2	Zwartegat	50° 58.568'N 2° 51.965'E	N18
Zandvoorde	12NE3	Oudenburg	51° 12.043'N 2° 58.576'E	J15
Zandvoorde	28SE1	Wervicq	50° 48.781'N 2° 58.814'E	P3
Zandvoorde	28SW2	Wytschaete	50° 48.765'N 2° 58.875'E	P3
Zandvoorde Bridge	12NE3	Oudenburg	51° 11.263'N 2° 59.737'E	J29
Zarren	20NE3	Zarren	51° 01.115'N 2° 57.509'E	J20
Zarren Kruisstraat Inn	20NE3	Zarren	50° 59.937'N 2° 56.847'E	J31
Zavelhoek	20SW1	Loo	50° 59.268'N 2° 43.883'E	M2
Zavelhoek Farm	20NW3	Lampernisse	50° 59.786'N 2° 43.879'E	3567
Zealand Farm	28NW3	Poperinghe	50° 50.577'N 2° 45.276'E	G16
Zealand Junction	28NW3	Poperinghe	50° 50.604'N 2° 45.436'E	G16
Zed Cross Roads	20SE4	Roulers	50° 55.148'N 3° 04.990'E	W23
Zelobes	36ASE2	Lestrem	50° 36.432'N 2° 43.640'E	R27
Zelobes Post	36ASE2	Lestrem	50° 35.684'N 2° 41.256'E	R27
Zenobie Farm	20SW4	Bixschoote	50° 56.801'N 2° 50.593'E	N35
Zephyr Farm	20NW4	Dixmunde	51° 00.810'N 2° 55.967'E	I24
Zepp Copse	62BSW2	Fonsommes	49° 53.329'N 3° 20.586'E	N24
Zero House	28SW2	Wytschaete	50° 47.807'N 2° 53.359'E	O14
Zero Wood	28SW2	Wytschaete	50° 47.862'N 2° 53.450'E	O14
Zevecote	12SW2	Slype	51° 08.281'N 2° 55.216'E	O29
Zevecoten	28NW3	Poperinghe	50° 48.852'N 2° 46.032'E	G34
Zevekoten	20SW4	Bixschoote	50° 56.661'N 2° 54.160'E	U3
Zevenkote	28NE1	Zonnebeke	50° 52.497'N 2° 57.825'E	D20

Ziet House	28NE3	Gheluvelt	50° 51.276'N 2° 57.095'E	J7
Zig Buildings	28NE2	Moorslede	50° 53.273'N 3° 09.428'E	F17
Zig-Zag Copse	28NE2	Moorslede	50° 52.001'N 3° 05.914'E	E30
Zillebeke	28NW4	Zillebeke	50° 50.126'N 2° 55.342'E	I22
Zillebeke Junction	28NW4	Zillebeke	50° 50.418'N 2° 54.429'E	I15
Zillebeke Lake Siding	28NW4	Zillebeke	50° 50.231'N 2° 53.699'E	I20
Zillebeke Tunnel	28NW4	Zillebeke	50° 50.257'N 2° 54.969'E	I22
Zilver Farm	20SE4	Roulers	50° 56.208'N 3° 06.812'E	X7
Zilverberg	20SE4	Roulers	50° 55.098'N 3° 06.154'E	W23
Zinc Farm	27NE2	Proven	50° 52.235'N 2° 37.811'E	E22
Zion Mill	27SE1	St Sylvestre	50° 47.580'N 2° 33.054'E	P17
Zommerbloom Cabt	28NW1	Elverdinghe	50° 53.392'N 2° 48.579'E	B8
Zonnebeke	28NE1	Zonnebeke	50° 52.340'N 2° 59.278'E	D28
Zoom Farm	12NE3	Oudenburg	51° 12.385'N 3° 02.470'E	K14
Zoom Farm	27NE2	Proven	50° 52.245'N 2° 40.598'E	F21
Zouave House	12SW1	Nieuport	51° 09.110'N 2° 45.229'E	M16
Zouave House	28NW2	St Julien	50° 53.763'N 2° 52.696'E	C7
Zouave Sidings	28NW2	St Julien	50° 52.392'N 2° 53.529'E	C20
Zouave Villa	28NW2	St Julien	50° 52.357'N 2° 53.259'E	C20
Zouave Villa Camp	28NW2	St Julien	50° 52.209'N 2° 53.251'E	C26
Zouave Wood	28NW4	Zillebeke	50° 50.537'N 2° 56.420'E	I18
Zuidhoek	20SE2	Hooglede	50° 57.800'N 3° 08.737'E	R28
Zuidhoek	28NE3	Gheluvelt	50° 50.298'N 3° 01.654'E	K19
Zuidhoek	28NE4	Dadizeele	50° 50.703'N 3° 05.790'E	K18
Zuidhoek	28NE4	Dadizeele	50° 51.585'N 3° 08.454'E	L3
Zuidhuis Farm	20SW3	Oostvleteren	50° 54.467'N 2° 45.696'E	S28
Zuidmolen	20SE4	Roulers	50° 55.908'N 3° 07.517'E	X8
Zuid-Oosthoek	28NE3	Gheluvelt	50° 50.662'N 3° 02.323'E	K13
Zulu Copse	62CNE4	Roisel	49° 57.090'N 3° 10.814'E	L17
Zulu Cross Roads	28NE2	Moorslede	50° 52.973'N 3° 04.809'E	E17
Zurrey Farm	36NW2	Armentieres	50° 42.630'N 2° 54.548'E	C9
Zuydschoote	20SW3	Oostvleteren	50° 54.795'N 2° 49.689'E	T21
Zuyenkerke	12NE2	Houttave	51° 15.925'N 3° 09.379'E	F5
Zwaanepool Farm	20NW2	Leke	51° 03.469'N 2° 53.803'E	4674
Zwaanhoek	28NE3	Gheluvelt	50° 51.134'N 3° 00.990'E	J12
Zwaanhof Farm	20NW1	Nieuport	51° 02.939'N 2° 44.204'E	3573
Zwaenepoel Farm	12SW3	Ramscappelle	51° 06.997'N 2° 48.831'E	T3
Zwartegat	20SW2	Zwartegat	50° 58.778'N 2° 54.635'E	O10
Zwarteleen	28NW4	Zillebeke	50° 49.492'N 2° 55.958'E	I29
Zwarten Leeuw Inn	20NW4	Dixmunde	51° 02.365'N 2° 56.119'E	I6
Zwartmolenhoek	28SW3	Bailleul	50° 44.938'N 2° 47.208'E	S12
Zwerg Cottages	28NE1	Zonnebeke	50° 52.768'N 3° 01.458'E	D24
Zwijnskot	28NE2	Moorslede	50° 52.417'N 3° 09.466'E	F29
Zwynland Brewery	27NE4	Abeele	50° 50.085'N 2° 42.949'E	L12
Zwynstal Farm	20SW1	Loo	50° 58.258'N 2° 47.869'E	N13

www.ingramcontent.com/pod-product-compliance
Lightning Source LLC
Chambersburg PA
CBHW082005220426
43669CB00017B/2726